珞 珈 网 络 治 理 文 库

网络安全的法律治理

袁 康 主编

WUHAN UNIVERSITY PRESS
武汉大学出版社

图书在版编目(CIP)数据

网络安全的法律治理/袁康主编.—武汉：武汉大学出版社,2020.11
珞珈网络治理文库
ISBN 978-7-307-21823-9

Ⅰ.网…　Ⅱ.袁…　Ⅲ.计算机网络—科学技术管理法规—研究—中国
Ⅳ.D922.174

中国版本图书馆 CIP 数据核字(2020)第 193691 号

责任编辑:胡　荣　　　责任校对:汪欣怡　　　整体设计:韩闻锦

出版发行：**武汉大学出版社**　(430072　武昌　珞珈山)
(电子邮箱：cbs22@whu.edu.cn　网址：www.wdp.com.cn)
印刷:武汉鑫佳捷印务有限公司
开本:720×1000　1/16　　印张:34.75　　字数:586 千字　　插页:3
版次:2020 年 11 月第 1 版　　　2020 年 11 月第 1 次印刷
ISBN 978-7-307-21823-9　　　定价:149.00 元

网络安全法律治理体系的四个层次
（代序）

信息网络技术的发展和应用的不断深入，为经济社会进步和民族复兴带来了千载难逢的历史机遇。然而，日益突出的网络安全威胁和风险，正以隐蔽化、多样化、复杂化的形态挑战着网络空间秩序和公私利益。习近平总书记指出，没有网络安全就没有国家安全，就没有经济社会的稳定运行，广大人民群众利益也难以得到保障。因此网络安全治理事关国家安全和经济社会发展的大局，事关国家利益和人民群众的根本利益，是网络空间治理的首要任务。在网络安全形势日益严峻的背景下，以《网络安全法》为基础进一步构建和完善网络安全法律治理体系，确保互联网在法治轨道上健康运行，是提高治网管网能力、依法维护网络安全的重要保障。

实施法律治理是维护网络安全的必要手段。网络安全风险的形成，既有技术不完备或系统漏洞等客观原因，也有相关主体不作为或恶意行为等主观原因，同时还受到政治、经济和社会等方面的不确定因素影响。因此网络安全问题不只是技术问题，还是社会关系冲突在网络空间的反映。系统优化、漏洞修复、防火墙、数据加密、身份认证等技术治理手段可以成为维护网络安全的直接策略，但却无法有效回应和调节其背后的社会关系冲突和利益博弈，也因缺乏普遍性和强制性的制度依据而难以全面落实。因此，维护网络安全不仅需要技术理性也需要制度理性，法律治理与技术治理是网络安全治理一体之两翼。按照法律治理路径，通过明确网络空间主体权利义务与责任、规范和约束网络运行和服务过程中的行为、构建有效的监管框架和规则体系，以法律手段和法治思维有效调节网络空间活动中的社会关系和主体行为，并将技术规范上升为具有普遍约束力的法律规则，从而形成全面、充分且有效的网络安全法律治理体系。

网络安全法律治理体系需要基于技术规律和法治规律进行层次化构建。逻辑清晰、覆盖全面、科学合理、层次分明的制度体系，能够为相关主体及其行为提供明确法律依据以实现指引、预测和评价等效果，是实施有效法律治理的前提和保障。尽管从技术角度对网络层次划分有不同类型，但在治理视角下可以根据技术环节和功能特征的差异，将网络空间归纳为提供物理支撑和系统支持的基础层、提供连接服务和信息传输的网络层和提供内容处理和服务的应用层，相应的网络安全应当包括基础层安全、网络层安全和应用层安全等范畴。从法治规律来看，对网络安全的治理需要明确调整对象、法律主体、行为模式和法律后果，围绕主体、权利、义务、责任进行制度设计。因此，结合技术实现和社会关系调节的层次、重点和路径，可以从基础设施、主体、内容和行为四个层次构建网络安全法律治理体系。位于基础层和网络层的基础设施、位于应用层的数据和信息服务等内容以及贯穿于各层的网络空间主体及其行为，能够作为并列的调整对象在网络空间法律治理体系中实现有机统一。

首先，应在基础设施层次加强网络安全的法律治理。基础设施是为网络运行提供物理支撑和信息通信交互的软硬件集合，一旦基础设施遭到攻击或者破坏，将会导致网络瘫痪甚至严重影响国家安全、经济安全以及社会稳定。基础设施安全包括网络基础设施安全和关键信息基础设施安全。前者主要指光缆光纤、移动通信基站、数据中心、IP 地址与域名等互联网核心架构的安全稳定，是公共网络能够正常运行的基本保障。后者则是金融、能源、通信、电力等关键领域的和其他一旦遭到破坏、丧失功能或数据泄露可能产生严重危害的网站、平台和系统等。基础设施安全是网络安全的重中之重，因此需要将基础设施作为重点对象，以专门的法律制度对其进行特殊保护。具体而言，需要通过立法推动我国网络基础设施自主发展，以市场准入制度和安全审查制度确保基础设施的自身安全自主，同时建立关键基础设施安全评估与预警制度，加强和完善基础设施安全分级保护制度，以实现我国网络基础设施和关键信息基础设施的安全可信、稳定可靠和自主可控。

其次，应在主体层次加强网络安全的法律治理。尽管网络空间是虚拟的，但运用网络空间的主体是现实的。网络空间主体涵盖了政府、企业、行业协会、用户等诸多利益相关方，而这些主体参与网络空间活动的立场、习惯和行为模式都会在不同程度对网络安全造成影响。抓住网络空间主体这个“牛鼻子”，明确各方权利义务和主体责任，是网络安全法律治理的关键。法律应当明确网络安全治理中的政府角色和监管机制，理顺网络安全治理的职权归属和范围，强化政府相关部门在促进、支持和维护网络安全方面的行政权力与责任，提高网络安全监管执法的能力与效率。同时需要明确网络运营者、网络产品和服务提供者等企业以及网络用户的权利与义务，赋予行业协会和技术社群的自律监管和安全监督的权利和责任，充分调动各类主体维护网络安全的积极性和责任感，鼓励形成捍卫网络安全的社会力量，为各类主体共筑网络安全防线赋能。

再次，应在内容层次加强网络安全的法律治理。内容是网络在应用层运行的最终表现，包括提供的产品与服务、交互的数据和信息等。内容的安全直接关系到网络用户的人身财产利益，直接关系到网络空间的秩序稳定，直接关系到网络活动的经济社会效益，必须将其纳入网络安全法律治理体系之中。当前内容安全领域最为严峻的挑战是数据安全、个人信息保护、网络交易安全以及网络意识形态安全。对此，需要进一步明确数据权属和数据安全管理制度，强化和落实数据安全保护责任和数据采集、存储、使用和转移规则，建立公共数据开放和隐私数据保护的差异化制度，完善数据合规体系。同时，要完善电子商务、互联网金融等交易领域的身份验证、信息加密、信用评价等安全管理的规则与标准。对于因技术和模式创新所形成的新型应用，需要建立风险评估与安全审查制度，并且结合其风险特征及时建立有针对性的监管规则。此外，要按照总体国家安全观的要求加强网络空间内容治理，增强主流意识形态在网络信息传播和网络文化中的引领作用和主导地位，以法律规范清晰划定网络信息的政治底线和道德底线，以健全的综合治理机制为网络意识形态安全营造风清气正的网络生态。

最后，应在行为层次加强网络安全的法律治理。除自然因素等原因外，网络安全事件的爆发往往都是由于相关主体消极进行安全管理或故意实施攻击破坏等行为导致。例如因保密管理不到位导致的网上泄密、恶意网络攻击导致系统崩溃和软硬件故障、借助病毒和木马进行网络商业窃密或给文件加密实施勒索等。利用网络空间散布传播与主流意识形态和公序良俗相背离的煽动性、虚假性言论，均是不负责行为或恶意行为的结果。实施网络安全的法律治理，需要综合运用各种法律工具对危害网络安全的行为进行有效约束，明确网络空间行为的安全便捷，以减少乃至杜绝此类行为的发生。一方面需要对网络活动中的各类行为进行正面引导，以提倡性规范或强制性规范明确符合网络安全要求的行为模式和安全规范，确立合法安全用网的行为指南；另一方面需要以严格的法律责任对危害网络安全的行为进行否定性评价，完善涵盖民事、行政和刑事责任的法律责任体系，加大对于危害网络安全行为的查处和追责力度。

构建和完善网络安全法律治理体系，在法治框架下应对网络安全这一全球性挑战，是提升我国网络空间治理能力的内在要求，也是我国建设网络强国的重要保障，也是维护我国整体国家安全的应有之义。网络安全法律治理体系是一项系统工程，我们需要以整体性和系统性的思维，在尊重技术规律和法治规律的基础上，精准厘清法律治理体系的层次结构，从基础设施、主体、内容、行为等四个层次为法律治理找到着力点和落脚点，从而构建起全面、科学、有效的网络安全法律治理体系。

袁　康

目　　录

第一章
网络安全的体系界定与法律治理机制

网络安全的法律治理的前提是明确何为网络安全，然而，在立法和相关研究中，关于网络安全存在不同的认识，甚至是误用，以致用语不一和概念不清，这直接影响了网络安全立法未能对网络安全提供足够的法律供给。因此，需要对网络安全进行体系化界定，从而为构建科学、合理、可行的网络安全法律治理机制奠定基础。

一、网络安全中的“网络”及相关概念

概念是逻辑的起点，也是研究的基本要素。要探讨网络安全及其体系界定，首先需要对网络、网络安全及相关的概念进行辨析性界定。

（一）网络、互联网、信息网络的概念辨析

1. “四网融合”语境下的网络、互联网、信息网络

“网络”一词可以用于很多地方，例如社群网络、销售网络、交通网络等。互联网来到我国以后就常被简称为“网络”，随着互联网的兴起，日常生活中的“网络”一词往往指向互联网。虽然互联网和 EDI（电子数据交换）网络等都属于互联网，但由于互联网是最主要的，在很多语境中，网络就是指互联网。在我国，与互联网并列的网络还有电信网和广播电视网。由于“三网融合”的深入发展，三网之间在技术与应用方面已经不存在实质性的区别。例如，借助互联网实现的网络广播电视和网络电话等新应用和新功能，利用广播

电视网进行网上“冲浪”。

我国早在1998年就提出了互联网、电信网、广电网“三网融合”的概念。2015年8月，国务院办公厅印发了《三网融合推广方案》，这是继2010年推出《三网融合试点方案》后的全面推广方案。《三网融合推广方案》明确表明：“推进三网融合是党中央、国务院作出的一项重大决策。近年来，各地区、各有关部门认真贯彻落实国务院关于推进三网融合总体方案和试点方案有关工作部署，试点阶段各项任务已基本完成。在总结试点经验的基础上，加快在全国全面推进三网融合，推动信息网络基础设施互联互通和资源共享，有利于促进消费升级、产业转型和民生改善。”该方案说明“三网融合”的产物就是信息网络。此外，2016年和2017年的《政府工作报告》也都使用了“信息网络”一词，2018年和2019年的《政府工作报告》则多次强调了“互联网+”。如果之前关注的是基于三网的特定功能所实现的具体应用，随着“三网融合”的深入发展，“信息网络”已成为关注的焦点，也已经成为《电子商务法》等立法的规范用语。

随着物联网的兴起，业内人士曾将其称为“下一代互联网”。无论“下一代互联网”如何界定，物联网必然要与“三网融合”后的信息网络进行链接。事实上，“四网融合”早已经到来，例如借助物联网技术建立的食品安全溯源系统。相应地，“网络”还应当包括物联网，即“四网融合”后的信息网络。目前国家尚无文件明确说明“四网融合”的第四网是何网络，但在业界提到“四网融合”时一般是指物联网。在智能电网发展纳入国家“十二五”规划的背景下，国家电网公司曾提出将融合了物联网的智能电网纳入成为“四网融合”的第四网。智能电网的电力光纤网可实现到表到户，从而可以低成本解决“最后一公里”问题，确有其优势，未来也不排除“多网融合”的可能性。电力通信网本属于专网，新近的消息是获得5G牌照的中国广电与国家电网5G的合作事宜基本确定，国家电网公司的智能电网进入通信网络倒计时。

需要说明的是，虽然移动互联网不同于传统的（计算机）互联网，但在“四网融合”的语境中，是包含在“四网融合”的信息网络的范畴内的，也属于《网络安全法》所称的“网络”。5G是第五代移动通信技术的简称，自然也属于信息网络的范畴。5G的直观特点是网络速率高（最高可达10Gbit/s，比4G快100倍）和低延时（低于1毫秒，4G为30~70毫秒）。用10秒钟即可下载一部电影来说明5G的功能性应用显然是表面的，5G的真正优势是使物联网的实时“万物互联”成为可能，更使得远程外科手术、无人驾驶等成为安全性应用。总之，5G不应被简单地视为一种高速率和低延时的通信技术，更应当看到其为其他技术的应用提供的现实可能性，对人类社会的影响是之前的无线通信技术无法比拟的。从网络融合角度观察，5G的深入应用将深度推动多网融合的进程，各个网络之间的分野将会日渐消弭。

2. 信息、信息网络、网络空间、网络社会及信息社会的关系

信息、信息网络、网络空间、网络社会、信息社会的提法已经得到了各个行业领域的广泛认可，但各术语之间有何联系与区别呢？

信息安全可泛称各类信息安全问题，网络安全指称网络所带来的各类安全问题，网络空间安全则特指与陆域、海域、空域、太空并列的全球五大空间中的网络空间安全问题。三者均类属于非传统安全领域，都聚焦于信息安全，但三者所涉内涵与外延不同。信息安全作为非传统安全的重要领域，以往较多地注重信息系统的物理安全和技术安全。随着信息技术的发展，先后出现了物联网、智慧城市、云计算、大数据、移动互联网、智能制造、空间地理信息集成等新一代信息技术和载体都与网络紧密相联，伴随着这些新技术和新载体的发展而带来的新的信息安全问题，形成了隐蔽关联性、集群风险性、泛在模糊性、跨域渗透性、交叉复杂性、总体综合性等新特点。在网络空间，安全主体易受攻击，安全侵害迅即发生，威胁不可预知，易形成群体极化，安全防范具有非技术性特点。如大数据在云端汇聚之后，就给网络安全带来了信息大量泄露的新威胁；物联网、智慧城市、移动互联网在提供高效、泛在和便捷服务的同时，也使巨量的个人信息和机构数据在线上不时处于裸露状态，为网络犯罪提供了可能。随着网络安全的发展，网络武器、网络间谍、网络水军、网络犯罪、网络政治动员等相继产生。不仅如此，网络安全和网络空间安全将安全的范围拓展至网络空间中所形成的一切安全问题，涉及网络政治、网络经济、网络文化、网络社会、网络外交、网络军事等诸多领域，使信息安全形成了综合性和全球性的新特点。以上这些都是以往“信息安全”一词所不具备的内涵或无法所完全涵盖的，需要用“网络安全”和“网络空间安全”来表达。网络安全与网络空间安全形成了跨时空、多层次、立体化、广渗透、深融合的新形态，与其他传统安全和非传统安全领域形成了交叉渗透的联系，成为具有总体安全、综合安全、共同安全、合作安全性质的新安全领域。与网络安全相比较，网络空间安全作为一个相对的概念，具有针对性和专指性，与网络安全有细微的差别。尽管两者都聚焦于网络，但所提出的对象有所不同；较之“网络安全”，“网络空间安全”更注重空间和全球的范畴。美国所推出的系列网络空间战略政策文件，实际上涉及了网络空间安全的生态环境问题，体现了网络空间的专指性，可以帮助我们认识网络安全与网络空间安全两者之间的差异。信息安全、网络安全、网络空间安全三者既有互相交叉的部分，也有各自独特的部分。①

关于信息和（信息）网络，形象地说，网络基础设施就是高速公路，信息则是高速公路上行驶的客货车，这也是人们将信息网络称为“信息高速公路”的原因。正如高速公路没有了客货车就失去了其价值一样，网络基础设施也因信息而产生价值。从信息论的角度理解，其创始人香农和韦佛指出，凡是在一种情况下能减少不确定性的任何事物都叫作信息。换言之，信息的价值在于解决不确定性和可预见性问题。关于信息和数据的关系，据国家标准《信息技术词汇（第1部分）》（GB/T 5271. 1—2000），数据是指“信息的可再解释的形式化表示，以适用于通信、解释或处理”。

信息一直存在并无处不在，但信息的载体和传播方式不断发生变革，且随着新技术及其应用不断推动人类社会的进步。如果以口语传播为界，造纸术的发明可谓开启了一个新的信息传播时代。从现代信息技术的发展史观察，信息时代可以追溯到电话电报的发明，但在当前的语境中，信息时代发端于1969年诞生的互联网，盖因互联网对信息生成、信息交流、信息传递、信息存储、信息处理、信息传播、信息创新和信息增值产生了革命性的变革，信息成为人类社会发展的重要战略资源或基础资源，从而成为信息社会的特征性资源，这也是国内外普遍认为信息社会是以互联网的诞生为标志的根本原因。

“信息社会”一词用来描述人类社会从原始社会、农业社会、工业社会发展到了一个新的历史阶段，但如何理解“信息社会”及其与网络空间、网络社会的关系呢？这是一个很复杂的问题，就本书的主题而言，需要从信息网络和网络社会的视角来认识信息社会。

信息网络在各个行业和领域都得到了广泛应用，电子商务、电子政务、网络金融、网络教育、网络传播、网上医疗、网上仲裁、网上诉讼等随之兴起，

---

① 参见王世伟：《论信息安全、网络安全、网络空间安全》，载《中国图书馆学报》2015年第2期。

传统社会的部分功能已经被成功地转移到了信息网络上，准确地说，转移到了网络（虚拟）空间，从而产生了依托于网络空间的网络社会。网络空间虽然是虚拟的，但并非虚幻，而是真实的物理存在，通过“信息交换”（实际上都是人的行为）与现实社会进行互动，并在此过程中完成与现实社会的弥合，从而使信息社会具有了独特的二元融合的结构模式。可以认为，信息社会的结构、功能和方法是建立在信息网络基础设施及其提供的服务的基础上的。信息网络拓展了传统社会的功能和发展模式，依托于信息网络的信息社会已经来临，并将会随着人工智能等智能技术的应用而产生新的信息化范式。

（二）网络、互联网、信息网络的立法选择

人类社会正处于信息网络化的高速发展时期，信息网络及其应用的程度已成为衡量国家现代化水平与综合国力的一个重要标志。各国在强调机遇的同时，也清醒地认识到应当解决信息网络化过程中所面临的诸多法律问题，以规范信息网络行为，调整在此过程中所形成的新型社会关系，解决信息化过程中的立法供给不足问题。在立法过程中，术语的选择是首先应该考虑的问题。

《消费者权益保护法》将“网络、电视、电话”并列使用，由于逻辑上种属概念不能并列使用，该法中的“网络”应被理解为单指互联网。① 《广告法》则直接选用了“互联网”一词。②《国家安全法》选用了“网络”一词，并与“信息”一词并列使用。③《网络安全法》第七十六条则对“网络”做了界定，即“网络，是指由计算机或者其他信息终端及相关设备组成的按照一定

① 例如《消费者权益保护法》第二十八条规定：“采用网络、电视、电话、邮购等方式提供商品或者服务的经营者，以及提供证券、保险、银行等金融服务的经营者，应当向消费者提供经营地址、联系方式、商品或者服务的数量和质量、价款或者费用、履行期限和方式、安全注意事项和风险警示、售后服务、民事责任等信息。”

② 例如《广告法》第四十四条规定：“利用互联网从事广告活动，适用本法的各项规定。利用互联网发布、发送广告，不得影响用户正常使用网络。在互联网页面以弹出等形式发布的广告，应当显著标明关闭标志，确保一键关闭。”

③ 例如《网络安全法》第二条规定：“在中华人民共和国境内建设、运营、维护和使用网络，以及网络安全的监督管理，适用本法。”《国家安全法》第二十五条规定：“国家建设网络与信息安全保障体系，提升网络与信息安全保护能力，加强网络和信息技术的创新研究和开发应用，实现网络和信息核心技术、关键基础设施和重要领域信息系统及数据的安全可控；加强网络管理，防范、制止和依法惩治网络攻击、网络入侵、网络窃密、散布违法有害信息等网络违法犯罪行为，维护国家网络空间主权、安全和发展利益。”

的规则和程序对信息进行收集、存储、传输、交换、处理的系统”。《侵权责任法》第三十六条对网络侵权做了规定，使用了“网络”一词。①《反不正当竞争法》关注“网络产品与服务”，且也使用了“网络”一词。②

“网络”已经逐步演变为“四网融合”后的信息网络，我国的立法、司法解释、行政法规、部门规章及规范性文件也在广泛使用“信息网络”一词。我国《著作权法》在2001年修正时增加了“信息网络传播权”，这是我国在法律中第一次使用“信息网络”。《电子商务法》第二条第二款规定：“本法所称电子商务，是指通过互联网等信息网络销售商品或者提供服务的经营活动。”可见，《电子商务法》也使用了“信息网络”一词，但遗憾的是未做定义。最高人民法院和最高人民检察院的相关司法解释统一使用“信息网络”一词。例如，最高人民法院2012年发布的《关于审理侵害信息网络传播权民事纠纷案件适用法律若干问题的规定》第二条就规定：“本规定所称信息网络，包括以计算机、电视机、固定电话机、移动电话机等电子设备为终端的计算机互联网、广播电视网、固定电信网、移动电信网等信息网络，以及向公众开放的局域网络。”这是我国在法律文件范畴内对信息网络的最为明确的界定。2013年最高人民法院、最高人民检察院《关于办理利用信息网络实施诽谤等刑事案件适用法律若干问题的解释》和2017年最高人民法院、最高人民检察院《关于办理侵犯公民个人信息刑事案件适用法律若干问题的解释》继续沿用了“信息网络”一词。由于物联网的兴起较晚和实践尚不充分，相关司法解释尚未将物联网明确纳入信息网络的范围内，但其中的“等信息网络”从立法技术上

---

① 《侵权责任法》第三十六条规定：“网络用户、网络服务提供者利用网络侵害他人民事权益的，应当承担侵权责任。网络用户利用网络服务实施侵权行为的，被侵权人有权通知网络服务提供者采取删除、屏蔽、断开链接等必要措施。网络服务提供者接到通知后未及时采取必要措施的，对损害的扩大部分与该网络用户承担连带责任。网络服务提供者知道网络用户利用其网络服务侵害他人民事权益，未采取必要措施的，与该用户承担连带责任。”

② 例如《反不正当竞争法》第十二条规定：“经营者利用网络从事生产经营活动，应当遵守本法的各项规定。经营者不得利用技术手段，通过影响用户选择或者其他方式，实施下列妨碍、破坏其他经营者合法提供的网络产品或者服务正常运行的行为：（一）未经其他经营者同意，在其合法提供的网络产品或者服务中，插入链接、强制进行目标跳转；（二）误导、欺骗、强迫用户修改、关闭、卸载其他经营者合法提供的网络产品或者服务；（三）恶意对其他经营者合法提供的网络产品或者服务实施不兼容；（四）其他妨碍、破坏其他经营者合法提供的网络产品或者服务正常运行的行为。”

为物联网等新型的网络预留了适用空间。

（三）未来网络

未来网络、“下一代互联网”、“新一代互联网”常被提及，那么未来的网络到底是什么呢？业界关于 IPv6、IPv9、“雪人计划”的讨论颇多，关于 IPv6 的功能是否被夸大和基于十进制的 IPv9 是否科学的争议也很大。相关的讨论和争议将会持续下去，但也只有在开放、广泛、深入讨论的基础上，才能达成科学的共识。

截至 2019 年 11 月 25 日 15 时 35 分（欧洲时间），最后一批 IPv4 地址已被分配完毕。我国已经布局了 IPv6，据中国信息通信研究院 2019 年 10 月发布的《筑牢下一代互联网安全防线——IPv6 网络安全白皮书》，截至 2019 年 7 月，全国 30 个省区市（数据统计范围未包括澳门、台湾、新疆、香港）的 LTE 网络已完成 IPv6 升级改造；基础电信企业骨干网设备已全部支持 IPv6，13 个骨干网直联点已全部实现 IPv6 互联互通，全国 30 个省区市城域网 IPv6 改造已全面完成；基础电信企业已开通 IPv6 国际出入口带宽 1000Gbps，扩建工作不断加快；全国已有 12.78 亿名用户获得 IPv6 地址，其中 LTE 网络用户达 11.29 亿名，固定网络用户达 1.49 亿名，相比 2018 年初增长超过 10 倍。

楼培德认为，2001 年 9 月原信产部正式成立“十进制网络标准工作组”，2007 年 8 月原信产部正式将 IPv9 定义为“新一代互联网”，以区别“下一代互联网”IPv6。2016 年 6 月，工业和信息化部发布 IPv9 在全国实施的相关行业标准：SJ/T11605、SJ/T11604、SJ/T11603、SJ/T11606。这标志着经过二十多年的艰苦奋斗，中国政府采用自主研发的成熟的未来网络：IPv9 母根服务器、主根服务器、N-Z 命名的 13 个根域名服务器系统，采用 IPv9 核心骨干路由器和用户路由器产品系列已经开始建设拥有自主知识产权，且真正拥有我国网络主权的全球第二个独立于美国互联网但又兼容互联网的计算机通信网络。目前 IPv9 全国骨干网络已经覆盖京、沪、杭等主要城市，依靠独特的兼容 IPv4（包括 IPv6）网络的特点，IPv9 的网络业务已经可以覆盖全国甚至全球。未来网络 IPv9 是联合国 ISO、IEC 未来网络标准的重要基础，也是未来数字世界、数字中国，打造未来网络空间命运世界共同体的核心基础。未来网络 IPv9 不仅可以满足全球未来 750 年的通信地址需求，还是数字资产管理的重要工具，国家主权数字货币发行的重要载体。我们对我国未来网络 IPv9 新一代互联网的发展前景充满信心。①

笔者曾就此问题向牟承晋先生请教，牟先生认为，IPv6 技术协议是为解决 IPv4 地址不足设计的，可以提供 2^{128} 位地址规模，但 IPv6 地址的应用和解析仍然是建立在 IPv4 地址应用和解析的网络架构之上，即仍然是互联网原始、传统、不可逆的设计架构，是美国政府和军方不断完善、强化、严密控制的 IPv4 树状网络架构。IPv6 不能与 IPv4 互操作必然引起互联网网络架构及运行的混乱，不得不重新建设 IPv6 专用网络架构以替代 IPv4 网络架构（几乎涉及所有基础设施的网络软硬件的改变），这构成了对基于 IPv4 互联网的事实上的“颠覆”。IETF 倾向于选择尚未声明知识产权的技术，或者免费授权知识产权的技术；IETF 可以酌情采用任何技术，也可以不承诺授权许可；IETF 规范中不规定强制实施的安全技术。因此，IETF 对 IPv6 没有规范定义主要的专利技术所涉及的内在或外延的问题。那么，所谓中国已经拥有 100 多项 IPv6 知识产权的说法，有什么实际的意义呢？归根结底，承认或不承认、采用或不采用，还是受制于美国，受制于 IETF。实践（下一代互联网即 Internet 的 IPng 过渡试验）证明，许多 IPv6 安全陷阱，是在强行解决 IPv6 不能与 IPv4 互操作的问题时，或是试图利用 IPv4 技术协议的网络架构运行 IPv6 时发生和出现的。美国早已在互联网所有（IPv4 和 IPv6）DNS 服务器上，固化了首先指向美国国防部网络信息中心的必需路由。无论什么用户，无论愿意不愿意，所有数据信息交换都必须无条件地服从“美国利益至上”的安全原则和安全措施。IPv4、IPv6、IPv10 和中国自主研发的 IPv9，都还属于互联网的框架。例如，IP 协议还都是植根于、依附于、局限于 TCP/UDP 的传输层架构，是 TCP/UDP 协议族其中的一个协议栈，仅仅改变地址编码的长度或架构的某一部分，并不能真正实现自主可控、不受制于人，不能算是构成了“下一代”、“新一代”或“未来”网络。

邬江兴院士认为，Internet 在多媒体通信时代拥有辉煌历史，自诞生以来似乎无往不胜，新世纪第二个十年开始又成功地使移动通信网全盘 IP 化。但是，不得不说 Internet 正在成为数字经济深度发展的瓶颈。网络发展既需要多元化技术支持，也需要多模态网络融合环境的支撑。网络从单一物理构造向多

---

① 参见楼培德：《发展自主可控 IPv9，开启主权数字货币新时代》，载通信产业网：http：//www.ccidcom.com/yaowen/20180814/FLjhTyAQKuzvvdcia15ynusqyo28k.html，最后访问日期：2019 年 12 月 8 日。

模态融合体制的转变是网络通信发展的时代定位要求，其多元包容的属性有利于化解渐进与革命式发展方式的矛盾。针对网络安全问题，邬江兴表示要积极探索创新性、前瞻性安全技术，打破打补丁式的安全技术研发惯性思维，加强拟态安全等虚拟化异构安全体系、可信计算体系、内置安全计算机体系结构等技术体系架构创新，促进技术研发由外挂式向内生性转变。①

国务院2013年发布的《国家重大科技基础设施建设中长期规划（2012—2030年）》中载明：“建设未来网络研究设施，解决未来网络和信息系统发展的科学技术问题，为未来网络技术发展提供试验验证支撑。”关于未来网络试验设施，该规划指出：“三网融合、云计算和物联网发展对现有互联网的可扩展性、安全性、移动性、能耗和服务质量都提出了巨大挑战，基于TCP/IP协议的互联网依靠增加带宽和渐进式改进已经无法满足未来发展的需求。为突破未来网络基础理论和支撑新一代互联网实验，建设未来网络试验设施，主要包括：原创性网络设备系统，资源监控管理系统，涵盖云计算服务、物联网应用、空间信息网络仿真、网络信息安全、高性能集成电路验证以及量子通信网络等开放式网络试验系统。该设施建成后，网络覆盖规模超过10个城市，支撑不少于128个异构网络并行实验，将为空间网络、光网络和量子网络研究提供必要的实验验证条件。”该规划指出了基于TCP/IP协议的互联网的本质缺陷，也为未来网络的发展指出了方向。

2016年7月中共中央办公厅、国务院办公厅发布的《国家信息化发展战略纲要》提出了建设网络强国“三步走”目标：第一步，到2020年，固定宽带家庭普及率达到中等发达国家水平，3G、4G网络覆盖城乡，5G技术研发和标准取得突破性进展。信息消费总额达到6万亿元，电子商务交易规模达到38万亿元。核心关键技术部分领域达到国际先进水平，信息产业国际竞争力大幅提升，信息化成为驱动现代化建设的先导力量。第二步，到2025年，建成国际领先的移动通信网络，实现宽带网络无缝覆盖。信息消费总额达到12万亿元，电子商务交易规模达到67万亿元。从根本上改变核心关键技术受制于人的局面，实现技术先进、产业发达、应用领先、网络安全坚不可摧的战略目标。建成四大国际信息通道，连接太平洋、中东欧、西非北非、东南亚、中

---

① 参见孙星星、施汉、卿亿芳：《第七届江苏互联网大会开幕：精彩演讲都在这……》，载新华网：http://www.js.xinhuanet.com/2019-09/03/c_1124955736.htm，最后访问日期：2019年12月26日。

亚、印巴缅俄等国家和地区，涌现出一批具有强大国际竞争力的大型跨国网信企业。第三步，到本世纪中叶，信息化全面支撑富强民主文明和谐的社会主义现代化国家建设，网络强国地位日益巩固，在引领全球信息化发展方面有更大作为。《国家信息化发展战略纲要》务实地提出了网络建设的“三步走”目标，对我国的“未来网络”建设具有重要的指导意义。当然，《国家信息化发展战略纲要》的性质决定了其不适合预测多年以后的具体技术发展情况。

ISO/IEC 在 2014 年发布的 ISO/IEC TR 29181-2：2014《信息技术—未来网络—问题陈述与要求》报告对未来网络（FN，Future Network）的表述是：The FN is the network of the future which is made on clean-slate approach well as incremental design approach. It should provide futuristic capabilities and services beyond the limitations of the current network including the Internet，采用清晰的白板方式（clean-slate approach，也可译为“空杯方式”）以及增量设计方法重新设计的未来网络，应该超越包括互联网的当前网络的局限性提供未来的能力和服务。ISO/IEC JTC1/SC6 委员会主席姜显国表示，未来网络国际标准是指由 ISO、IEC 和 ITU 三个组织制订发布的以争取解决当前网络问题，对在未来有限时间内可预见并可实现的网络技术规范。迄今为止，ISO 的 JTC1/SC6/WG7（FN）和 ITU-SG13，正在开展未来网络标准研究，并且两个组织之间有制定过程适时的联络关系。除此之外的任何组织和个人，对未来网络概念研究的阐述，都不能被称为未来网络国际标准。从 2007 年，根据美国、韩国、中国等国家主导的建议，ISO/JTC1 SC6 正式提出未来网络概念。目前，未来网络标准已经形成三个系列的标准，分别是 29181 系列、21558 系列、21559 系列，在这三个系列的标准制定中，都有中国专家主导制定的部分。希望在未来的 3~5 年时间内，以未来网络研究已有成果作为基础，构建全球合作共赢的新型合作伙伴关系，带动形成未来网络全球共研标准并转化，形成应用的新高潮。①

总体而言，关于未来网络，国内外目前众说纷纭。俄罗斯耗资 200 亿卢布进行“断网”测试时发现了“暗桩”等网络安全问题，这给了我国和其他国家一个极其重要的启示：未来网络应当立足于自主创新，从而摆脱受制于人的

① 参见黎静、任琦：《ISO/IEC JTC1/SC6 委员会主席姜显国：制定未来网络国际标准非常有必要》，载上游新网：https：//www.cqcb.com/2019zhibohui/guandianjiaohui/2019-08-26/1824440.html，最后访问日期：2019 年 12 月 8 日。

局面，从网络体系架构上为网络安全提供根本保障。

（四）智慧社会与智慧网络

党的十九大提出了建设智慧社会的重大部署。智慧社会将是人类社会发展历程中的一次全方位、系统性变革，其发生规模、影响范围和复杂程度远超以往，将彻底改变人们的生产生活方式，重构个人、企业、政府、社会之间的互动关系，变革社会治理模式和国际竞争格局，给人类社会的发展走向带来持续且深远的影响。① 在“中国智慧社会发展与展望论坛”中，与会专家提出智慧社会是继农业社会、工业社会、信息社会之后一种更为高级的社会形态。数字化、网络化、智能化的新一轮科技与产业革命蓬勃兴起是推动智慧社会产生的根本动力。智能成为企业、行业、地区乃至国家核心竞争力的关键构成要素，这是智慧社会到来的重要特征。② 智慧社会是未来社会形态的新蓝图，智慧社会就是数字化、网络化、智能化深度融合的社会。③ 建设智慧社会是建设创新型国家的重要一环，是满足人民日益增长的美好生活需要的重要基础。其内涵丰富、覆盖面广，是一项复杂的系统工程，应着力推动智慧公共服务深入发展，努力缩小城乡、区域发展差距。④ 对智慧社会内涵的解析应当从两个维度同时展开：一是从技术主义维度来理解智慧社会，其要旨是智慧科技的创新与应用带来的网络通信设备普及以及数字经济、智慧治理、智慧生活等新现象；二是从知识主义维度来分析智慧社会，其要旨是数据、信息、知识等极大丰富并成为社会核心资源，引发知识生产和传播加速、创新活动空前活跃、知识密集型产业飞速发展等新变化。从信息社会到智慧社会的演进，正体现了技术主义和知识主义双重进化的趋势。智慧社会在技术基础、经济基础、主体结构、治理模式和社会文化等方面的特征，即技术智能化、经济数字化、主体知识

---

① 参见徐晓兰、李颋：《智慧社会来了，你准备好了吗》，载《光明日报》2018 年 2 月 1 日，第 13 版。

② 参见赵铮艳：《中国智慧社会发展与展望论坛召开“智慧社会”首次有了明确定义》，载《福州晚报》2018 年 4 月 23 日，第 A03 版。

③ 参见汪玉凯：《智慧社会倒逼国家治理现代化》，载《中国信息界》2018 年第 1 期。

④ 参见姚志伟、马宁：《智慧社会让生活更美好》，载《人民日报》2018 年 3 月 22 日，第 9 版。

化、治理智能化、文化多元化。①

智慧社会对智慧基础设施、顶层设计标准和系统规划方案提出了更高的要求。②智慧网络基础设施是智慧基础设施的重要组成部分。建设适应智慧社会建设要求的网络基础设施是建设智慧社会的基石，即未来的信息网络应是智慧型的信息网络，其名称可能是智慧信息网络（可简称为“智慧网络”），也可能是智慧互联网或其他名称。从其技术构成观察，智慧网络基础设施是集人工智能、大数据、云计算、物联网、区块链、互联网等技术为一体的泛在③、高效、安全、可控的网络基础设施体系。智慧网络基础设施建设不再满足于信息网络基础设施和在此基础上构建网络空间或网络社会，其功能不限于信息传播，而是要运用人工智能、物联网、区块链等新技术建设智慧化的网络基础设施和在此基础上建设智慧化的社会新形态。

工业和信息化部部长苗圩表示，工业和信息化部将坚持新发展理念和高质量发展要求，坚持以供给侧结构性改革为主线，牢牢把握数字化、网络化、智能化融合发展的契机，立足制造强国和网络强国建设全局，着力建设高速、移动、安全、泛在的新一代信息基础设施，深入实施工业互联网创新发展战略；着力加快关键核心技术创新突破，强化创新成果转化和产业化；着力深化新一代信息技术与制造业融合发展，加快制造业数字化转型；着力深化国际交流合作，共同推动世界数字经济繁荣发展。④ 数字化、网络化、智能化融合发展和建设高速、移动、安全、泛在的新一代信息基础设施是其中的重点内容，也就是智慧网络基础设施。

---

① 参见丁波涛：《从信息社会到智慧社会：智慧社会内涵的理论解读》，载《电子政务》2019 年第 7 期。

② 参见张薇：《多渠道推进智慧社会建设》，载《人民论坛》2018 年第 16 期。

③ 据艾媒咨询发布的《中国泛在网络安全研究报告》，泛在网络（the Ubiquitous Network）基于个人和社会的需求，利用现有的网络技术和新的网络技术，以无所不在、无所不能为基本特征，实现人与人、人与物、物与物之间按需进行的信息获取、传递、存储、认知、决策、使用等服务，网络超强的环境感知、内容感知及其智能性，为个人和社会提供泛在的、无所不含的信息服务和应用。载艾媒网：https://www.iimedia.cn/c400/39150.html，最后访问日期：2019 年 12 月 28 日。

④ 参见中国证券网讯：《工信部部长苗圩：着力建设新一代信息基础设施 深入实施工业互联网创新发展战略》，载中国证券网：http://news.cnstock.com/news，bwkx-201910-4438093.htm，最后访问日期：2019 年 12 月 30 日。

智慧网络安全要求并且可以运用人工智能、大数据、云计算等新技术发现潜在的安全风险和建立智慧化的网络安全监管和评估体系。对于智慧政务、智慧能源、智慧金融领域等关系到国家安全、国计民生、公共利益的关键网络基础设施建设，应提高其安全保障级别，确保其在规划、建设、运营、维护等方面实现自主、安全、可控。同时，应注重提高我国对于智慧网络基础设施的安全法治保障的话语权，以“共商、共建、共治、共享”的理念促进相关国际规则和标准的制定与实施。

二、网络安全的体系界定

（一）网络安全与网络空间安全、信息安全的区分

我国的相关立法和文件中，并未对网络安全、网络空间安全、信息安全等相关概念进行严格区分。对此，寿步教授对此做了专门研究。

1. 总体国家安全观中“信息安全”的提法

2014 年 4 月 15 日习近平总书记在中央国家安全委员会第一次会议上提出总体国家安全观，强调要准确把握国家安全形势变化新特点新趋势，坚持总体国家安全观，走出一条中国特色国家安全道路。他指出，当前我国国家安全的内涵和外延比历史上任何时候都要丰富，时空领域比历史上任何时候都要宽广，内外因素比历史上任何时候都要复杂，必须坚持总体国家安全观。他要求，构建集政治安全、国土安全、军事安全、经济安全、文化安全、社会安全、科技安全、信息安全、生态安全、资源安全、核安全于一体的国家安全体系。这里所说的国家安全体系所涵盖的十一种安全中包括“信息安全”。

2.《国家安全法》中“网络与信息安全”的提法

2015 年 7 月 1 日通过并施行的《国家安全法》是在总体国家安全观指导下进行的立法。其中第二十五条规定：“国家建设网络与信息安全保障体系，提升网络与信息安全保护能力，加强网络和信息技术的创新研究和开发应用，实现网络和信息核心技术、关键信息基础设施和重要领域信息系统及数据的安全可控；加强网络管理，防范、制止和依法惩治网络攻击、网络入侵、网络窃密、散布违法有害信息等网络违法犯罪行为，维护国家网络空间主权、安全和发展利益。”这里在与总体国家安全观中“信息安全”对应的条款中采用了

“网络与信息安全”的提法，而不是“信息安全”的提法。

3.《网络安全法》中“网络安全”的提法

2016年11月7日通过的《网络安全法》，从名称到正文，“网络安全”出现108次；“网络空间安全”出现1次（出现在第五条最后的“维护网络空间安全和秩序”中）。虽然就国家安全法与网络安全法的关系而言，前者是“纲”，后者是“目”，但是，在《网络安全法》中并没有沿用《国家安全法》中“网络与信息安全”的提法，而是自始至终采用了“网络安全”的提法。

4.《国家网络空间安全战略》中“网络空间安全”的提法

《网络安全法》颁布后，经中央网络安全和信息化领导小组批准，国家互联网信息办公室于2016年12月27日发布了《国家网络空间安全战略》，但却并没有沿用该法关于“网络安全”的提法，而是在标题中明确采用了“网络空间安全”的提法，并且在正文一开始就采用了“网络空间安全（以下称网络安全）”的提法，其后“网络安全”总计出现42次。这里42次出现的“网络安全”只是“网络空间安全”的简称，并不等于网络安全法中的“网络安全”一语。换言之，《国家网络空间安全战略》是用“网络空间安全（以下称网络安全）”作为过渡，舍去了“网络安全”的提法，而改用“网络空间安全”的提法。

在国外相关立法和学术文献中，信息安全（Information Security）、网络安全（Network Security）、互联网安全（Internet Security）、网络与信息安全（Network and Information Security）、网络空间安全（Cyber security）等概念都很常见。“Cyberspace/Cyber”在中国法律中或中文语境下的外延应拓展到不与互联网相连接的网络上。长远来说，宜将“Cyber”音译为“赛博”，将“Cyberspace”译为“赛博空间”。我国《网络安全法》以“网络”和“网络安全”等为核心概念，导致个人信息保护和违法信息管控等内容并不在“网络安全”概念的外延之内，（笔者注：《网络安全法》的内容涵盖了个人信息保护和违法信息管控，推测此处是针对《网络安全法》的名称而言的）《网络安全法》无法自洽，且核心概念无法与英文用语对应。如果以“ISO/IEC27032：2012”关于网络空间、网络空间安全、网络空间安全态、网络空间犯罪这四个术语的定义为逻辑起点，将网络空间安全与信息安全、应用程序安全、网络安全、互联网安全、关键信息基础设施保护等术语进行明确定义和区分，就可以在此基础上构建满足自洽要求的我国网络空间安全法的逻辑体。①

在网络安全领域确有网络安全、网络空间安全、信息安全的提法。基于前述关于网络、互联网、信息网络、网络信息、网络空间、网络社会等概念的辨析，网络安全、网络空间安全、信息安全各自指向不同的对象，宜进行统一的规范表述。从习惯用语和我国《网络安全法》的立法内容来看，或可将网络安全分为狭义的网络安全（即网络的安全）和广义的网络安全（主要包括狭义的网络安全和网络信息安全），并应考虑网络与网络安全技术与实践的发展对网络安全进行动态理解。然而，相关问题并非这么简单。例如，网络的安全包括哪些要素或内容呢？这些方面要素或内容之间又是什么关系呢？相关问题需要从网络安全的体系界定来探讨。

（二）网络安全的立法界定

《网络安全法》第二条就该法的适用范围规定，在中华人民共和国境内建设、运营、维护和使用网络，以及网络安全的监督管理，适用本法。那么，《网络安全法》是为网络的建设、运营、维护、使用及监管活动确立法律规范，调整这些活动产生的社会关系，即网络安全关系。

《电信条例》在其第五章“电信安全”中规定，任何组织或者个人不得有下列危害电信网络安全和信息安全的行为：对电信网的功能或者存储、处理、传输的数据和应用程序进行删除或者修改；利用电信网从事窃取或者破坏他人信息、损害他人合法权益的活动；故意制作、复制、传播计算机病毒或者以其他方式攻击他人电信网络等电信设施；危害电信网络安全和信息安全的其他行为。② 可见，《电信条例》中的电信安全包括电信网络安全和信息安全，虽然用语有差别，但《网络安全法》与之是一脉相承的。《网络安全法》包括七章：总则；网络安全支持与促进；网络运行安全（含一般规定和关键信息基础设施的运行安全）；网络信息安全；监测预警与应急处置；法律责任；附则。从其立法体例看，该法主要关注“网络运行安全”和“网络信息安全”。需要特别说明的是，既然二者并列使用，说明二者不是种属概念的逻辑关系。

按照《网络安全法》的规定，“网络，是指由计算机或者其他信息终端及

---

① 参见寿步：《网络安全法基本概念若干问题》，载《科技与法律》2017 年第 4 期。

② 《电信条例》第五十七条。

相关设备组成的按照一定的规则和程序对信息进行收集、存储、传输、交换、处理的系统”。① 据此立法界定，网络安全似乎限于系统安全，但这与《网络安全法》重点关注“网络运行安全”和“网络信息安全”不尽一致。那么，二者是否自相矛盾呢？这就需要回到立法本身来观察。按照《网络安全法》的规定，“网络安全，是指通过采取必要措施，防范对网络的攻击、侵入、干扰、破坏和非法使用以及意外事故，使网络处于稳定可靠运行的状态，以及保障网络数据的完整性、保密性、可用性的能力”。② 这里的网络安全涵盖了“网络的安全”（即“防范对网络的攻击、侵入、干扰、破坏和非法使用以及意外事故，使网络处于稳定可靠运行的状态”）和“网络数据安全”（即“保障网络数据的完整性、保密性、可用性的能力”）。比较二者，前者关注“网络运行安全”和“网络信息安全”，后者体现“网络的安全”（可称之为狭义的网络安全）和“网络数据安全”，在表述上并不一致。假定立法时考虑到了此差异，那么可能的解释就是后者所称的“网络的安全”虽然涉及网络建设、网络运行、网络维护、网络服务、网络应用等方面，但只是对其中最重要的网络运行安全列专章做了规定。至于网络数据安全和网络信息安全，可以解释为形式（数据）与内容（信息）的关系，抛开整个立法对数据和信息的选用是否妥当不谈，二者的统一性或可得到解释。基于此，《网络安全法》立法体例中的网络安全和该法关于“网络安全”的立法界定是不矛盾的。但是，既然《网络安全法》规定了网络的安全和网络数据（信息）安全，为何不将立法名称修改为《网络与信息（数据）安全法》呢？这与国内外的习惯用法有关，但问题并未因此而结束，例如，《网络安全法》只保护网络的安全和网络信息安全吗？对网络运行安全做专章规定，但忽视网络建设等其他方面合理吗？《网络安全法》纳入了网络数据安全，正在起草的《数据安全法》还对网络数据安全做规定吗？这些问题属于立法规划和立法体系范畴的问题，但与网络安全体系有直接关系。因此，需要对网络安全进行体系化界定，从而构建适应严峻的网络安全形势的迫切要求和适合我国国情的网络安全体系。

（三）多维视域下的网络安全的体系界定

网络安全的体系界定如果多角度观察可能得出各自侧重不一的结论，但多

---

① 《网络安全法》第七十六条第（一）项。
② 《网络安全法》第七十六条第（二）项。

角度观察和理解有助于更为全面、准确地对网络安全进行体系界定。

1. 域外网络安全体系与网络安全的体系界定

网络（空间）安全已经成为世界各国关注的重点领域，很多国家已经将网络（空间）安全战略提升到国家战略的层面，作为网络（空间）安全的理论支撑。网络安全体系是一项复杂的系统工程，需要把安全组织体系、安全技术体系和安全管理体系等手段进行有机融合，构建一体化的整体安全屏障。美国在网络安全体系研究方面一直较为领先，美国政府、学术界、工业界积极合作，提出了很多经典的网络安全体系架构模型，经典网络安全体系模型和架构主要有 PDRR 模型、P～2DR 模型、IATF 框架和黄金标准框架。美国特别重视建设积极主动的网络空间安全架构，重点在主动防御体系、攻击支撑体系、攻击装备体系三大体系上进行技术与装备的变革和发展。信息保障技术框架（Information Assurance Technical Framework，IATF）是由美国国家安全局（NSA）制定并发布的，其前身是网络安全框架（Network Security Framework，NSF）。自 1998 年起，NSA 就开始着眼于美国信息化现状和信息保障的需求，建立了 NSF。1999 年，NSA 将 NSF 更名为 IATF，并发布 IATF 2.0。随着美国信息技术的进步和对信息安全认识的逐步加深，IATF 仍在不断完善和修订。IATF 是一系列保证信息和信息设施安全的指南，为建设信息保障系统及其软硬件组件定义了一个过程，依据所谓的纵深防御策略，提供一个多层次的、纵深的安全措施来保障用户信息及信息系统的安全。IATF 将信息系统的信息保障技术层面划分成了四个技术框架焦点域：局域计算环境（Local Computing Environment）、区域边界（Enclave Boundaries）、网络和基础设施（Networks & Infrastructures）、支撑性基础设施（Supporting Infrastructures）。在每个焦点域内，IATF 都描述了其特有的安全需求和相应的可控选择的技术措施。四个焦点域中，局域计算环境包括服务器、客户端及其上所安装的应用程序、操作系统等；区域边界是指通过局域网相互连接、采用单一安全策略且不考虑物理位置的本地计算设备的集合；网络和基础设施提供区域互联，包括操作域网（OAN）、城域网（MAN）、校园域网（CAN）和局域网（LANs），涉及广泛的社会团体和本地用户；支撑性基础设施为网络、区域和计算环境的信息保障机制提供支持基础。其中人（People）、技术（Technology）和操作（Operation）是主要核心因素，是保障信息及系统安全必不可少的要素。基于美国国家安全系统信息保障的最佳实践，NSA 于 2014 年 6 月发布《美国国家安全体系黄金标准》（Community Gold Standard 2.0，CGS2.0）。CGS2.0 标准框架强调了网络空间安全四大总体性功能：治理（Govern）、保护（Protect）、检测（Detect）和响应与恢复（Respond & Recover）。其中，治理功能为各机构全面了解整个组织的使命与环境、管理档案与资源、建立跨组织的弹性机制等行为提供指南；保护功能为机构保护物理和逻辑环境、资产和数据提供指南；检测功能为识别和防御机构的物理及逻辑事务上的漏洞、异常和攻击提供指南；响应与恢复功能则为建立针对威胁和漏洞的有效响应机制提供指南。①

在复杂的信息社会环境中，摸索一套完善的网络空间安全体系很难。作为当前世界上信息安全研究最早、最先进和最完善的国家，美国的一些做法值得我们借鉴，如明晰联邦政府在网络空间的定位、设立高级别的协调机构、强调国家体系化的危机应对、完善的产学研用创新机制、持续稳定的科研投入、注重信息的共享、汇集全球的智慧、培养全民信息安全意识、利用国家级的战略规划和重大计划引导社会力量的投入等。但是，由于社会结构、国家体制及意识形态上的差异，应辩证地看待美国的网络空间体系，要结合中国的实际情况制定适合自己的发展策略。②

2. 我国网络安全立法和标准体现的网络安全的体系界定

按照《网络安全法》的规定，“网络安全，是指通过采取必要措施，防范对网络的攻击、侵入、干扰、破坏和非法使用以及意外事故，使网络处于稳定可靠运行的状态，以及保障网络数据的完整性、保密性、可用性的能力”。③从逻辑上分析，网络安全体系的基本组成要素是网络及其应用安全，网络应用安全则包括各行业领域的应用，例如金融网络应用安全。如果把数据作为网络应用安全的抓手，那么网络应用安全的核心就是应用过程的网络数据或信息安全。一般认为，信息安全应满足完整性、保密性、可用性、可控性和不可抵赖性的要求，《网络安全法》则将其简化为完整性、保密性、可用性。

从《网络安全法》的立法内容来看，网络安全包括了网络基础设施安全、网络信息系统安全、网络信息安全、网络应用安全、网络环境安全等内容。例

① 参见王妍、孙德刚、卢丹：《美国网络安全体系架构》，载《信息安全研究》2019年第7期。

② 参见刘峰、林东岱等著：《美国网络空间安全体系》，科学出版社2015年版，前言页。

③ 《网络安全法》第七十六条第（二）项。

如，“国家倡导诚实守信、健康文明的网络行为，推动传播社会主义核心价值观，采取措施提高全社会的网络安全意识和水平，形成全社会共同参与促进网络安全的良好环境”。① 这里就涉及了网络环境安全。此外，《网络安全法》第二章对“网络安全支持与促进”列专章做了规定，其内容涉及网络安全标准、网络安全技术和产业、网络安全社会化服务体系（包括网络安全认证、检测和风险评估等安全服务）、网络安全管理、网络安全宣传教育、网络安全人才培养等。

《网络安全法》关于其适用范围的规定对观察网络安全的体系界定问题提供了一个有益的视角。《网络安全法》第二条规定：“在中华人民共和国境内建设、运营、维护和使用网络，以及网络安全的监督管理，适用本法。”这是从我国国内立法的角度对网络安全法的适用范围做的界定，也表明我国要着力构建的网络安全体系的基本内容。其内容包括：（1）横向的网络建设、网络运营、网络维护、网络使用等方面的安全。（2）纵向的网络监管，网络监管渗透于网络建设、网络运营、网络维护、网络使用等方面。法律之所以如此确定网络安全体系，盖因法律调整的对象是人与人之间的社会关系，网络安全法调整的就是在网络安全活动中产生的社会关系，即横向和纵向的网络安全关系。

就网络安全立法而言，虽然《网络安全法》和正在起草的《数据安全法》《个人信息保护法》都属于法律，但与其在立法位阶上同为法律的《国家安全法》却为网络安全法律确立了基本遵循。那么，《国家安全法》是如何界定网络安全的呢？《国家安全法》第二十五条规定：“国家建设网络与信息安全保障体系，提升网络与信息安全保护能力，加强网络和信息技术的创新研究和开发应用，实现网络和信息核心技术、关键基础设施和重要领域信息系统及数据的安全可控；加强网络管理，防范、制止和依法惩治网络攻击、网络入侵、网络窃密、散布违法有害信息等网络违法犯罪行为，维护国家网络空间主权、安全和发展利益。”可见，《国家安全法》也是关注建设网络与信息安全保障体系，其关键词为网络和信息核心技术、关键基础设施、信息系统、数据、网络管理及网络空间主权、安全和发展利益。

从网络安全等级保护制度的角度也可以观察网络安全的体系及其变化。

---

① 《网络安全法》第六条。

2007 年实施的《信息安全等级保护管理办法》及相关标准确立了网络安全等级保护 1.0 体系，2018 年公安部发布《网络安全等级保护条例（征求意见稿）》，《信息安全技术　网络安全等级保护基本要求》国家标准于 2019 年 12 月 1 日开始实施，网络安全保护迈入 2.0 时代。等级保护 1.0 的保护对象主要是重要信息系统和政府网站，等级保护 2.0 将网络基础设施、重要信息系统、大型互联网站、大数据中心、云计算平台、物联网系统、工业控制系统、公众服务平台等全部纳入等级保护对象，并将风险评估、安全监测、通报预警、案事件调查、数据防护、灾难备份、应急处置、自主可控、供应链安全、效果评价、综治考核、安全员培训等工作措施纳入等级保护制度。

3. 网络安全的体系界定的主要主张

刘德良认为，网络安全应该包括国家网络安全、公共网络安全和私人网络安全。所谓的国家网络安全，应该是指攸关国家安全利益的网络及其信息系统的安全。一般来说，它包括涉及国家政治、军事和经济机密与安全的重要网络及其信息系统。所谓的公共网络安全，是指攸关不特定多数人人身和财产利益的网络及其信息系统的安全，这是一个被忽视的网络安全问题。私人网络安全，是指特定的个人或企业对其自己所有的网络及其信息系统所享有的安全利益不受非法侵害。虽然针对私人网络及其信息系统的侵害属于侵权行为，规范一般的网络侵权行为应该是私法（侵权法）而非公法（网络安全法、刑法、治安管理处罚法）的任务，但是，对于严重的侵害私人网络安全的行为同样应该被纳入公法规制的范围，且应该兼顾公民通信秘密和通信自由。① 当前关于网络安全体系的问题的研究比较欠缺，该观点是从网络的使用主体的角度对网络安全的组成部分做了逻辑解析。

随着对网络安全的认知更加深入，以及安全需求和场景的不断增加，网络安全的概念在 2019 年不断地被赋予更广泛的内涵，同时网络安全也与越来越多的领域紧密地联系在一起。2019 年，网络安全行业的格局正在快速放大，正在突破次元壁与现实世界的物理安全相互融合重塑。随着国家和整个社会数字化程度不断的加深，除了边界安全、端点安全、数据安全、应用安全、云安全等传统领域，网络安全厂商不遗余力地切入 IoT 安全、工控安全、车联网安

① 参见刘德良：《关于网络安全立法的几点看法——兼评网络安全法草案和刑法及其修正案》，载《中国信息安全》2016 年第 3 期。

全、智慧城市安全等新的数字化领域，不断推出面向新场景的安全解决方案。“网络安全”已经由最初的“Network Security”，不仅升级为范围更大的“Cyber Security”，而且正在向更大的“Safety”范畴扩展，“大安全”的概念呼之欲出。360董事长周鸿祎在2019国家网络安全宣传周上发表了“大安全时代的挑战与应对”的主题演讲，认为“网络安全已经不再只是信息安全，而是扩展到了现实世界，危害国家安全、国防安全、关键基础设施安全、社会安全、金融安全甚至人身安全，网络安全进入大安全时代”。此外，360还在2019年高调对外宣布在重庆合川、天津高新区启动实施城市安全大脑项目，为行业开辟了新的蓝海。对网络安全概念的重塑有利于业界及时调整方向，快速跟上时代发展的风口。既然物理世界网络化、数字化、智能化进程不可逆转，新的安全场景不断涌现，那么网络安全必然是一个常新常变的概念。当然如何用网络安全的方法解决更多物理世界的安全需求，还需要不断地尝试、探索和完善。①

虽然从网络安全法的角度对网络安全体系进行专门研究的成果较为欠缺，但不妨从我国学者关于网络安全法的相关著述所体现的网络安全法的体系的角度来观察其关于网络安全的体系的主张或观点。

孙昌军、郑远民、易志斌著的《网络安全法》的主要内容：网络安全问题概述、网络犯罪与刑法调整、网络安全与行政监管、电子商务安全问题与法律对策、网络环境下的民事权益安全问题及法律对策。② 该著作以总分结构对网络安全涉及的刑法、行政法、电子商务法、民法问题进行研究，从而构建一个较为完整的网络安全法律保障体系。

皮勇著的《网络安全法原论》的主要内容：绪言（信息社会与网络安全威胁、网络犯罪及其控制方略）、网络犯罪概论、网络社会犯罪场、计算机病毒相关犯罪、黑客犯罪、网络杀人犯罪、网络儿童色情犯罪、网络游戏相关越轨行为、网络犯罪预防法、网络犯罪法、刑事诉讼中的电子证据规则。③ 该著作主要从网络犯罪的预防与制裁的视角对网络安全法律问题进行研究，是本领域的扛鼎之作。

---

① 参见秦安：《2019，中国网络安全蓄势待发》，载“秦安战略”微信公众号，最后访问日期：2020年1月10日。

② 参见孙昌军、郑远民、易志斌著：《网络安全法》，湖南大学出版社2002年版。

③ 参见皮勇著：《网络安全法原论》，中国人民公安大学出版社2008年版。

徐云峰等编著的《网络安全与执法导论》的主要内容：引论（网络安全保卫）、网罗天下、网安天下、网管天下、网情天下、网控天下、网侦天下。该著作分别从网络安全形势与网络安全保卫、网络安全技术、网络安全标准、网络安全管理、网络情报与网络舆情管控、网络犯罪侦查等方面对网络安全涉及的主要问题进行了研究，在网络安全的体系建构上颇有独特之处。

谢永江、李欲晓主编的《网络安全法学》的主要内容：网络与网络治理、网络法概述、网络安全法概述、网络安全战略、网络运行安全法律制度、网络数据安全法律制度、网络安全监测预警与应急处置法律制度、个人信息保护法律制度、未成年人网络保护法律制度、网络管理法律制度、网络空间的国际治理。① 该著作的体例大体上与《网络安全法》和其他网络安全立法的体例是一致的，展现了网络安全立法关注的网络安全方面的重点内容。

王智江主编的《网络安全法概论》的主要内容：网络安全、网络安全法的战略格局、网络安全法、网络安全法涉及的技术解析、网络安全法的法律关系、国外网络安全法现状。② 该著作从国内外的网络安全法及其相关问题进行研究，其中的“网络安全法”部分与我国《网络安全法》的体系基本一致。

马民虎主编的《网络安全法律遵从》的主要内容：国内外网络安全态势，国外网络安全立法与事件，我国网络安全立法与事件，《网络安全法》的基本原理，网络安全等级保护制度，实名制与可信身份战略，网络安全监测预警和应急响应，安全认证、检测及风险评估，网络安全信息披露，协助执法，个人信息保护，网络信息内容和关键信息基础设施的界定及其范围，安全保护义务，网络安全审查，数据本地化与跨境传输，网络安全信息共享，网络产品和服务安全，网络安全漏洞通知和报告，用户信息保护，保密义务，网络关键设备和网络安全专用产品合规要求。③ 如同书名，该著作是从法律遵从的角度对我国当前的网络安全法律制度做了系统研究，从中可以观察到我国网络安全法律制度要构建和保障的网络安全体系。

寿步主编的《网络安全法实用教程》的主要内容：网络安全法导读、网络安全法总则、网络安全支持与促进制度、网络运行安全制度的一般规定、网

---

① 参见谢永江、李欲晓主编：《网络安全法学》，北京邮电大学出版社有限公司 2017 年版。

② 参见王智江主编：《网络安全法概论》，西北工业大学出版社 2018 年版。

③ 参见马民虎主编：《网络安全法律遵从》，电子工业出版社 2018 年版。

络运行安全制度的关键信息基础设施运行安全制度、网络信息安全制度的个人信息保护制度、网络信息安全制度的违法信息管控制度、个人信息和重要数据的出境管理制度、网络安全监测预警与应急处置制度、网络安全的法律责任制度。① 可见，该著作对我国网络安全法律政策的体系内容和执法实践作了较为全面完整的介绍，其体系大致与《网络安全法》相同。寿步主编的《网络空间安全法律问题研究》提出，以 ISO/IEC 27032：2012 关于网络空间、网络空间安全、网络空间安全态、网络空间犯罪（态）这四个术语的定义为逻辑起点，将网络空间安全与信息安全、应用程序安全、网络安全、互联网安全、关键信息基础设施保护等术语进行明确定义和区分，提出在此基础上构建满足自洽要求的我国《网络空间安全法》的逻辑体系，未来制定《网络空间安全法》，以使我国的网络空间安全法律建立在严谨、周密、坚实的技术基础上，以便建立科学的、完整的网络空间安全法学理论体系。②

刘峰、林东岱等著《美国网络空间安全体系》的主要内容：美国网络空间安全组织管理体系、美国网络空间法律法规体系、美国网络空间标准体系、美国重要的网络空间安全技术体系、美国网络空间安全技术发展规划、美国网络空间安全科研体系、美国网络空间安全教育体系、美国网络空间安全国家计划及战略。③ 该著作从美国网络空间安全体系的主要方面做了研究，也反映了世界各国对网络安全体系的基本共识。

总体而言，上述著述反映了当前网络安全法关注的重点问题，间接反映了作者关于网络安全的体系界定的基本主张，对网络安全的体系界定具有重要的参考价值。

4. 系统工程视域下的网络安全的体系界定

从系统工程的角度看网络安全的体系界定，其内容包括：（1）每个信息网络的个体安全，可从网络分层的角度进一步分解其网络安全的子体系。例如，对互联网安全可以从物理层、数据链路层、网络层、传输层、表示层、会话层、应用层七个层来分解保障其网络安全。（2）所有信息网络的整体安全，即融合构建网络安全体系。（3）网络安全不仅是静态安全，更是动态变化和

---

① 参见寿步主编：《网络安全法教程》，上海交通大学出版社 2019 年版。

② 参见寿步：《网络空间安全法律问题研究——基于 ISO/IEC 27032：2012 的视角》，上海交通大学出版社 2018 年版。

③ 参见刘峰、刘东岱等著：《美国网络空间安全体系》，科学出版社 2015 年版。

发展的，网络安全体系也应当紧密跟踪网络安全形势和要求，进行动态因应和在此过程中不断发展。在等级保护 2.0 的安全框架当中，明确提出了态势感知。

从网络安全的法律保障需求观察，网络安全的保障对象不限于网络安全和信息安全。结合网络安全立法和实践，网络安全法的直接保障对象主要包括网络基础设施安全、网络信息系统安全、网络信息安全、网络应用安全、网络环境安全。为了保障这些网络安全，网络安全法还应当规定网络安全国家战略、网络安全标准规范、网络安全技术与产业的规划与促进、网络安全管理体制与机制、网络安全教育与人才培养等，这些规定可以被认为是网络安全法的基础制度。此外，网络安全的法律保障不应限于国内法范畴，即网络安全的国际合作也应纳入其中，特别是国家的网络安全权和网络安全的国际合作治理机制。换言之，由于网络的全球性特点，不仅是要在国内法上对网络安全进行治理和构建网络安全体系，还需要甚至更需要从国际法上对网络安全进行合作治理和构建全球性的网络安全体系。

如将视野从网络时代推进到数字时代，Gartner（高德纳咨询公司）将数字时代的网络安全定义为“数字安全”，是指数字化转型中的网络安全，具体包括网络空间和物理空间的安全，涵盖网络系统的运行安全性、网络信息的内容安全性、网络数据的传输安全性、网络主体物理资产的安全性。①从智慧社会的视角观察，就会涉及智慧网络安全。智慧网络安全可以从两个方面来理解，其一是智慧网络的自身安全，主要是智慧网络自身的安全状况和安全形势；其二是智慧型网络安全，即运用智能技术和智慧法治保障智慧网络的安全。其中的智能技术包括人工智能、区块链、物联网、大数据与云计算等智能化信息技术，智慧法治则包括智慧立法、智慧执法、智慧司法及智慧法律服务等，技术与法治融合为网络安全提供智慧型的法律保障。这应当是亟待研究的新型网络安全问题，也是未来网络安全法的重点关注对象。

过去是基于“三网融合”或“四网融合”来探讨网络安全体系，随着区块链、5G、人工智能、大数据的深入应用与发展，信息网络的安全体系需要从智慧网络的视域前瞻观察和思考。一般认为，智慧网络具有网络化、数字

---

① 参见 Gartner：《全球网络安全产业规模发展情况及趋势预测》，载搜狐网：http://www.sohu.com/a/227624768_465915，最后访问日期：2019 年 4 月 10 日。

化、智能化的特点，智慧网络的建设和应用使得多个行业和领域应用的质量与效率提高，为新技术的发展提供良好的应用环境和创新环境，并运用新技术去创造新的市场体系和管理体制机制，从而为建设智慧社会提供智慧网络基础设施和应用服务。如前所述，智慧网络与人工智能、大数据、云计算、区块链、5G 等技术紧密相关，以人工智能为例，人工智能和网络安全的关系非常密切。人工智能的应用包括了感知层、传输层、数据层、应用层，每个层面都有信息安全的问题。通过各种传感器采集数据，网络传输信息，再进行智能协同和分析，最后反馈到应用层。同时，网络安全问题多种多样，要运用人工智能解决好身份识别认证、数据保护、服务控制安全、数据使用安全的问题。人工智能对网络安全提出了新要求，这是一个很大的挑战，目前，我们的技术上还处在初步阶段。未来，网络安全将促进人工智能的未来发展，人工智能也将改变网络安全的未来。① 沈昌祥表示，只有建设以 5G 为核心的安全可信的物联网，智慧城市、智慧交通、智慧能源、智慧医疗的正常运行才可以得到保障。其中，等级保护框架可以很好地解决 5G 网络安全问题，通过可信安全管理中心支持下的计算环境云核心网平台可信、承载接入边缘计算可信和基站接入网可信的三重防御体系框架，以及系统策略管理，能主动免疫抵御各种恶意攻击，最终才能构成一个健康的智能社会。②

三、网络安全形势及其法律治理要求

（一）网络安全形势

2020 年 4 月 20 日国家互联网应急中心（CNCERT）发布的《2019 年我国互联网网络安全态势综述》认为，2019 年，我国网络安全顶层设计不断完善，《中华人民共和国密码法》、《信息安全技术网络安全等级保护基本要求》（网

---

① 参见李舒：《中国科学院院士郑建华：人工智能对网络安全建设提出新要求》，载上游新闻网：https://www.cqcb.com/2019zhibohui/guandianjiaohui/2019-08-28/1828937_pc.html，最后访问日期：2019 年 12 月 20 日。

② 参见网易科技《5G+访谈》公众号：《中国工程院院士沈昌祥：网络必须安全可信 5G 缺安全可信》，载手机网易网：http://3g.163.com/tech/article/F26UJ16K00098IEO.html，最后访问日期：2020 年 1 月 7 日。

络安全等级保护 2.0）等多项网络安全相关法律法规、配套制度及有关标准陆续向社会发布。中央网信办、工业和信息化部、公安部等多部门开展了网站安全、App 违法违规收集使用个人信息、电信和互联网行业提升网络数据安全保护能力、“净网 2019”等专项行动，切实维护了网络空间秩序，网络安全综合治理能力水平不断提升。2019 年，在我国相关部门持续开展的网络安全威胁治理下，DDoS 攻击、APT 攻击、漏洞威胁、数据安全隐患、移动互联网恶意程序、网络黑灰产业、工业控制系统安全威胁总体下降，但呈现出许多新的特点，带来新的风险与挑战。

（1）党政机关、关键信息基础设施等重要单位防护能力显著增强，但是 DDoS 攻击呈现高发频发态势，攻击组织性和目的性更加凸显。主要是：①可被利用实施 DDoS 攻击的境内攻击资源稳定性持续降低，数量逐年递减，供给资源迁往境外，处置难度提高。②针对党政机关、关键信息基础设施等重要单位发起攻击的组织性、目的性更加明显，同时重要单位的防护能力也显著加强。③DDoS 攻击依然呈现高发频发之势，仍有大量物联网设备被入侵控制后发动 DDoS 攻击。

（2）APT 攻击监测与应急处置力度加大，钓鱼邮件防范意识继续提升，但 APT 攻击逐步向各重要行业领域渗透，在重大活动和敏感时期更加猖獗。主要是：①投递高诱惑性钓鱼邮件是大部分 APT 组织常用技术手段，我国重要行业部门对钓鱼邮件防范意识不断提高。②攻击领域逐渐由党政机关、科研院所向各重要行业领域渗透。③APT 攻击在我国重大活动和敏感时期更为猖獗频繁。

（3）重大安全漏洞应对能力不断强化，但事件型漏洞和高危零日漏洞数量上升，信息系统面临的漏洞威胁形势更加严峻。主要是：①我国漏洞信息共享与通报处路工作持续加强，漏洞应急工作开展卓有成效。②漏洞数量和影响范围仍然大幅增加，漏洞消控工作依然任重而道远。

（4）数据风险监测与预警防护能力提升，但数据安全防护意识依然薄弱，大规模数据泄露事件频发。主要是：①数据安全保护力度继续加强，及时处路应对大量数据安全事件。②App 违法违规收集使用个人信息治理持续推进，工作取得积极成效。③涉及公民个人信息的数据库数据安全事件频发，违法交易藏入“暗网”。

（5）恶意程序增量首次下降，但“灰色”应用程序大量出现，针对重要行业安全威胁更加明显。主要是：①移动互联网恶意程序增量首次出现下降，高危恶意程序的生存空间正在压缩，下架恶意程序数量连续6年下降。②以移动互联网仿冒App为代表的灰色应用大量出现，主要针对金融、交通、电信等重要行业的用户。

（6）黑产资源得到有效清理，但恶意注册、网络赌博、勒索病毒、挖矿病毒等依然活跃，高强度技术对抗更加激烈。主要是：①网络黑产打击取得阶段性成果。②网络黑产活动专业化、自动化程度不断提升，技术对抗越发激烈。③勒索病毒、挖矿木马在黑色产业刺激下持续活跃。

（7）工业控制系统网络安全在国家层面顶层设计进一步完善，但工业控制系统产品安全问题依然突出，新技术应用带来新安全隐患更加严峻。主要是：①国家层面工业控制系统网络安全顶层设计不断完善，国家级工业控制系统网络安全监测和态势感知能力不断提升。②工业控制系统产品漏洞数量居高不下。③互联网侧暴露面持续扩大，新技术的应用给工业控制系统带来了新的安全隐患。

秦安先生对2019年的网络安全形势做了回顾和总结，主要内容为：网络安全是最不缺乏事件发生的行业，过去的十年里“震网”“WannaCry”已经让人们见识了网络安全事件的巨大破坏性，但2019年发生的事情仍然足以牵动各界的神经。2019年，数以亿计的用户账户数据分批次被上传到暗网上出售，Facebook与美国联邦贸易委员会达成50亿美元的史上最大罚单，摆平2016年美国大选期间剑桥分析（Cambridge Analytica）爆出的8700万条用户信息滥用事件。除Facebook之外，Equifax、英国航空和万豪国际四家企业先后因个人隐私数据泄露被开出巨额罚单，罚款总额接近40亿美元。2019年，电网遭受网络攻击事件接连不断，笼罩在关键基础设施之上的网络威胁愈加真实显现。委内瑞拉电力系统先后两次遭受网络攻击引发大范围停电停水，6月《纽约时报》爆料美国在俄罗斯电网中植入恶意软件，7月委内瑞拉再次发生大规模电力故障，10月印度一家核电厂受到网络攻击。2019年，主权国家网络空间博弈愈演愈烈。美俄等国在网络空间管控问题上各行其是，呈现出更加强烈的“孤立主义”色彩，大大加剧了全球网络空间的不稳定因素。先有美、英率一众国家签订《关于推进网络空间负责任国家行为的联合声明》，试图为“针对间谍目标以及军事目标的网络攻击”争取合法性，后有哈萨克斯坦强推本国数字证书，而俄罗斯则在国内外一片惊愕之中通过并实施《主权互联网法》。美国纠集其盟友对华为公司5G网络产品的横加抵制上演了另外一种形式的网络空间博弈。当然不得不提的是，美军再次向伊朗发动军事级网络攻击，网络战取代了炮声隆隆的热战。2019年，频繁爆出的重大安全漏洞不断刺激着人们的神经，反复提醒着我们眼前的“安全”是多么岌岌可危。桌面端的英特尔CPU、Windows、Office、MacOS，工控端的西门子SPPA-T3000应用服务器、Phoenix工控交换机，移动端的iOS、Android、iPhone、sim卡，各种影响程度深、波及范围大的安全漏洞应接不暇，甚至连带着新人光环的5G协议也不能幸免。这些事件是最生动也是最无情的安全教育，告诉世人：无安全不发展，并且不接受任何反驳。2019年，网络安全厂商为应对日益复杂的安全威胁，不断升级安全理念和策略，推动行业整体水平向更高层次迈进。3月，被指控为伊朗政府背景的APT34组织武器库和攻击目标被曝光，16家中国企业赫然位列其中。与此相对应，APT、网络战被业界反复提起，帮助关键基础设施和重要部门应对高级网络威胁成了安全厂商能力的新标尺，基于安全大数据、攻防知识库、安全专家的数据驱动、人机协同、持续运营的安全理念代表了业界的主流发展方向。①

可见，当前的网络安全形势依然非常严峻，并呈现出新的特点。特别需要提及的是，如果说传统的网络安全威胁具有非法性的特点（虽然各国在认定非法性时的条件会有所不同），那么，近年来出现的针对网络安全的“合法威胁”应当引起高度重视。网络安全“合法威胁”之所以被称为“合法威胁”，并非指其符合国际法的要求，而是以其国内法为依据为其合法性寻求依据，对其他国家则采取双重标准。该做法或者以其国家安全为由滥用国家安全权，或者置国际法于不顾，或者肆意运用法律工具曲解国际法，从而为网络军事主义、网络恐怖主义、网络霸权主义等非法行为谋求合法性依据，其主要特征如下：奉行网络霸权主义，以其国内法为合法依据，忽视甚至无视国际法；利用网络技术和产业优势，侵害其他国家的网络安全；以供应链安全为名行战略遏制之实，直接威胁网络安全产业链安全；在网络安全上对其他国家奉行双重标准。网络安全新型“合法威胁”的危害性本是显而易见的，却因披上了国内法上的“合法”的外衣，甚至谋求国际法上的合法化，从而具有极强的迷惑

① 参见秦安：《2019，中国网络安全蓄势待发》，载“秦安战略”微信公众号，最后访问日期：2020年1月10日。

性，对网络安全的危害尤甚。这种“合法性”目前主要是采用国内法手段，但从《塔林手册》的形成和演变观察，不排除其逐步谋求国际法上的合法性的可能性。

（二）网络安全的法律治理要求

2013年11月，习近平总书记在《关于〈中共中央关于全面深化改革若干重大问题的决定〉的说明》中，就加快完善互联网管理领导体制问题指出：“网络和信息安全牵涉到国家安全和社会稳定，是我们面临的综合性挑战。”2014年2月，习近平总书记在主持召开的中央网络安全和信息化领导小组第一次会议上进一步强调：“网络安全和信息化是事关国家安全和国家发展、事关广大人民群众工作生活的重大战略问题，要从国际国内大势出发，总体布局，统筹各方，创新发展。……网络安全和信息化是一体之两翼、驱动之双轮，必须统一谋划、统一部署、统一推进、统一实施。……没有网络安全就没有国家安全……网络安全和信息化对一个国家很多领域都是牵一发而动全身的。”

在习近平总书记关于网络强国的重要思想指引下，中央网信办会同相关部门以总体国家安全观为指导，不断完善网络安全工作顶层设计和总体布局。2017年6月1日，《网络安全法》正式施行，将网络安全各项工作带入法治化轨道；金融、能源、通信、交通等领域关键信息基础设施防护体系不断完善，防护能力持续增强；《国家网络安全事件应急预案》发布实施，网络安全应急响应和处置能力有效提升；研究起草《网络安全审查办法》，有效防范化解供应链网络安全风险；制定发布《云计算服务安全评估办法》，提高党政机关、关键信息基础设施运营者采购使用云计算服务的安全可控水平。党的十八大以来，我国网络安全保障能力建设得到加强，国家网络安全屏障也进一步巩固。《国家网络空间安全战略》《关于加强网络安全学科建设和人才培养的意见》《关于加强国家网络安全标准化工作的若干意见》等网络安全战略规划和政策文件相继发布，制定网络安全国家标准289项，国家网络安全工作的政策和标准体系基本形成。①《国家安全法》《网络安全法》《密码法》等网络安全法律

① 参见王思北、翟永冠、《共筑网络家园安全防线——党的十八大以来我国网络安全工作成就综述》，载新华网：http：//www. xinhuanet. com/politics/2019-09/15/c_1124998491. htm，最后访问时间：2019年12月29日。

法规相继出台，网络空间法治进程迈入新时代。

党的十八届三中全会《中共中央关于全面深化改革若干重大问题的决定》指出，全面深化改革的总目标是“完善和发展中国特色社会主义制度，推进国家治理体系和治理能力的现代化”。党的十九届四中全会通过的《中共中央关于坚持和完善中国特色社会主义制度 推进国家治理体系和治理能力现代化若干重大问题的决定》指出：“坚持和完善中国特色社会主义制度、推进国家治理体系和治理能力现代化的总体目标是，到我们党成立一百年时，在各方面制度更加成熟更加定型上取得明显成效；到二〇三五年，各方面制度更加完善，基本实现国家治理体系和治理能力现代化；到新中国成立一百年时，全面实现国家治理体系和治理能力现代化，使中国特色社会主义制度更加巩固、优越性充分展现。”习近平总书记在 2019 国家网络安全宣传周作出新部署，指出“网络安全为人民，网络安全靠人民”，网络安全工作要做到“四个坚持”，把握新要求，展现新作为。①

国家网信办副主任刘烈宏在 2019 中国网络安全年会上指出，当前，以互联网为代表的信息技术日新月异，引领了社会生产新变革，创造了人类生活新空间，拓展了国家治理新领域，促进了全球经济社会的繁荣进步与快速发展。互联网对整个经济社会发展的融合、渗透、驱动作用日益明显，但带来的风险挑战也不断增大，网络空间威胁和风险日益增多，网络安全问题日益成为影响国家安全、社会稳定和人民群众切身利益的重大战略问题。刘烈宏强调，一是要树立正确的网络安全观，二是要强化关键信息基础设施保护，三是要加强数据安全管理和个人信息保护，四是要培育扶持网络安全技术产业做大做强，五是要持之以恒抓好网络安全人才培育和意识教育，六是要积极推动网络空间国际治理。②

信息网络发展和应用的不断深入，为经济社会进步带来了千载难逢的历史机遇。然而，日益突出的网络安全威胁和风险，正以隐蔽化、多样化、复杂化的形态挑战着网络空间秩序和公私利益。习近平总书记指出，没有网络安全就

---

① 参见秦安：《2019，中国网络安全蓄势待发》，载“秦安战略”微信公众号，最后访问日期：2020 年 1 月 10 日。

② 参见新华网：《2019 中国网络安全年会召开 国家网信办副主任刘烈宏出席并致辞》，载新华网：http：//www. xinhuanet. com/info/2019-07/19/c_138236445. htm，最后访问时间：2019 年 12 月 29 日。

没有国家安全，就没有经济社会稳定运行，广大人民群众利益也难以得到保障。因此，网络安全治理事关国家安全和经济社会发展的大局，事关国家利益和人民群众的根本利益，是网络空间治理的首要任务。在网络安全形势日益严峻的背景下，以网络安全法为基础进一步构建和完善网络安全法律治理体系，确保互联网在法治轨道上健康运行，是提高治网管网能力、依法维护网络安全的重要保障。①

四、网络安全的法律治理机制

（一）网络安全的法律治理机制的指导思想

关于网络安全的法律治理机制的指导思想，可以分为两个方面来理解：在国内治理中坚持总体国家安全观，在国际治理中倡导网络空间命运共同体建设。

1. 总体国家安全

2014 年 4 月 15 日上午中共中央总书记、国家主席、中央军委主席、中央国家安全委员会主席习近平主持召开中央国家安全委员会第一次会议并发表重要讲话，首次提出总体国家安全观。习近平指出，贯彻落实总体国家安全观，必须既重视外部安全，又重视内部安全，对内求发展、求变革、求稳定、建设平安中国，对外求和平、求合作、求共赢、建设和谐世界；既重视国土安全，又重视国民安全，坚持以民为本、以人为本，坚持国家安全一切为了人民、一切依靠人民，真正夯实国家安全的群众基础；既重视传统安全，又重视非传统安全，构建集政治安全、国土安全、军事安全、经济安全、文化安全、社会安全、科技安全、信息安全、生态安全、资源安全、核安全等于一体的国家安全体系；既重视发展问题，又重视安全问题，发展是安全的基础，安全是发展的条件，富国才能强兵，强兵才能卫国；既重视自身安全，又重视共同安全，打造命运共同体，推动各方朝着互利互惠、共同安全的目标相向而行。党的十九届四中全会通过的《中共中央关于坚持和完善中国特色社会主义制度　推进国

① 参见袁康：《法律治理是维护网络安全的重要手段》，载《光明日报》2019 年 8 月 30 日，第 11 版。

家治理体系和治理能力现代化若干重大问题的决定》进一步指出："坚持总体国家安全观，统筹发展和安全，坚持人民安全、政治安全、国家利益至上有机统一。以人民安全为宗旨，以政治安全为根本，以经济安全为基础，以军事、科技、文化、社会安全为保障，健全国家安全体系，增强国家安全能力。完善集中统一、高效权威的国家安全领导体制，健全国家安全法律制度体系。加强国家安全人民防线建设，增强全民国家安全意识，建立健全国家安全风险研判、防控协同、防范化解机制。提高防范抵御国家安全风险能力，高度警惕、坚决防范和严厉打击敌对势力渗透、破坏、颠覆、分裂活动。"习近平总书记指出，"没有网络安全就没有国家安全"，网络安全是国家安全的重要组成，应当在总体国家安全观的指导下建立网络安全的法律治理机制，与其他安全一起共同维护和保障国家安全。

2. 网络空间命运共同体

2013 年 3 月习近平主席在莫斯科国际关系学院演讲时第一次向世界阐明关于人类未来发展走向的中国判断："这个世界，各国相互联系、相互依存的程度空前加深，人类生活在同一个地球村里，生活在历史和现实交汇的同一个时空里，越来越成为你中有我、我中有你的命运共同体。"之后，习近平主席多次深入阐述关于国与国的命运共同体、区域内命运共同体、网络空间命运共同体、人类命运共同体的中国主张。关于互联网的发展，习近平主席指出："《联合国宪章》确立的主权平等原则是当代国际关系的基本准则，覆盖国与国交往各个领域，其原则和精神也应该适用于网络空间"，"要加强网络伦理、网络文明建设，发挥道德教化引导作用，用人类文明优秀成果滋养网络空间、修复网络生态"。2015 年 12 月 16 日习近平主席出席第二届世界互联网大会开幕式并在发表讲话时指出："网络空间是人类共同的活动空间，网络空间前途命运应由世界各国共同掌握。各国应该加强沟通、扩大共识、深化合作，共同构建网络空间命运共同体。"黄进教授认为，构建人类命运共同体、走和平发展道路、构建以合作共赢为核心的新型国际关系、维护以《联合国宪章》宗旨和原则为核心的国际秩序和国际体系、推动国际秩序与全球治理体系朝着更加公正合理的方向发展、加强国际法治工作等深刻思想的有机结合、辩证统一，共同构成了习近平全球治理与国际法治思想的丰富内容。在中国的国际影响力与日俱增、中国走上世界舞台中心的当下，学习领会并贯彻落实这些思想，具有重大的理论价值和现实意义。①

"人类命运共同体"这一超越民族国家、意识形态、宗教信仰及社会制度的全球观，表达了中国追求和平发展的愿望，体现了中国与各国合作共赢的理念，也是关于人类未来发展走向的中国判断和中国主张，"一带一路"倡议和建设就是其最佳实践。2017年5月，习近平主席在"一带一路"国际合作高峰论坛开幕式演讲中提出要将"一带一路"建成和平、繁荣、开放、创新、文明之路，中国要坚持创新驱动发展，加强在数字经济、人工智能、纳米技术、量子计算机等前沿领域合作，推动大数据、云计算、智慧城市建设，连接成21世纪的数字丝绸之路。数字丝绸之路建设不能简单理解为数字化基础设施建设和电子商务，而是要从政治、经济、文化、科技、安全等方面对数字丝绸之路进行多维度解读，从促进政策、规则、标准三位一体的联通出发，为数字丝绸之路构建系统的法律保障体系。数字丝绸之路是"一带一路"的重要组成部分并为"一带一路"赋予信息时代的新内涵，是和平、繁荣、开放、创新、文明之路的新场域，为打造信息时代的"南南合作"新模式和革新全球治理体系提供了新的契机。数字丝绸之路建设应融合运用数字化、智能化及法治化促进政策、规则、标准三位一体的联通，共商共建共享，彰显同舟共济、权责共担的命运共同体意识，以发展为主题谋求合作的最大公约数，推动各国加强政治互信、经济互融、人文互通，在网络空间和现实空间的弥合互动的新场景中推进人类命运共同体建设。

全球化意味着全面合作和有效竞争，但是，华为事件等表明，在信息化和全球化交融发展的趋势下，也出现了逆全球化现象，"泛网络安全"和"长臂管辖"等问题较为突出，"多利益攸关方"模式和"政府主导"模式也存在对立或冲突，导致秩序重建、规则建立、权力分配等方面存在分歧，阻碍了全球合作与发展。因此，需要在人类命运共同体（特别是网络空间命运共同体）的指引下，构建网络安全的全球合作治理的法律机制。2017年外交部和国家互联网信息办公室共同发布的《网络空间国际合作战略》指出，"作为人类社会的共同财富，互联网让世界变成了'地球村'。各国在网络空间互联互通，利益交融，休戚与共。维护网络空间和平与安全，促进开放与合作，共同构建

① 参见黄进：《习近平全球治理与国际法治思想研究》，载《中国法学（文摘）》2017年第5期。

网络空间命运共同体，符合国际社会的共同利益，也是国际社会的共同责任。”共建网络空间命运共同体是永恒的主题，也为网络安全的全球法律治理机制确立了指导思想。

（二）网络安全的法律治理机制的基本理念

网络安全的法律治理机制应采用适应网络安全新特性的网络法治思维，从国家安全战略高度和网络生态环境建设的角度来构建网络安全的法律治理体系，重视网络安全的预防或主动防御，技术与法治耦合实现网络安全目标，共商、共建、共治、共享推进实现网络空间命运共同体建设。网络安全的法律治理机制有其特殊性，就基本理念而言，在国内治理机制中强调多元规范协同共治，在国际治理中强调共商、共建、共治、共享推进网络空间命运共同体建设。无论是国内治理还是国际治理，都要强调预防重于制裁。

1. 预防重于制裁

法律治理机制一般重制裁而轻预防，但其最终目的仍然是通过行为人对其行为的法律后果的可预见性来预防纠纷的发生。网络安全有其特殊性，某些网络安全风险可能是系统性和颠覆性的，对于巨大的社会影响与后果而言，法律制裁的意义并不大。网络安全要立足于主动预防，网络安全的法律治理也需要更加重视安全风险的事前防范而非事后制裁。为此，应在技术上建立便捷统一的安全风险预警系统，在制度上建立网络安全慑止机制，鼓励和促进我国自主的网络安全技术及其应用的创新，尤其是人工智能、区块链、大数据、量子通信在网络安全风险的预防方面的研发和应用。“零信任安全”理念是当前网络安全业广为推崇的新型安全理念，甚至被认为是抵御不断变化的网络安全威胁的最好方法。“零信任”一词是由 Forrester Research 的分析师约翰·金德维格（John Kindervag）在 2010 年提出的，其核心思想是“从来不信任，始终在校验”，将“信任但需要验证”方法转化为“验证而不信任”。Evan Gilman 等所著的《零信任网络：在不可信网络中构建安全系统》是首部介绍零信任网络的专业技术著作，提出传统的安全模型有以下缺点：缺乏网络内部的流量检查，主机部署缺乏物理及逻辑上的灵活性，存在单点故障。由于数据中心内部的系统和网络流量是可信的假定是不正确的，网络边界的安全保护一旦被突破，即使只有一台计算机被攻陷，攻击者也能够在“安全的”数据中心内部自由移动。零信任网络的概念建立在以下五个基本假定之上：网络无时无刻不处于危险的环境中，网络自始至终存在外部或内部威胁，网络的位置不足以决定网络的信任程度，所有的设备、用户和网络流量都应当经过认证和授权，安全策略必须是动态的，并基于尽可能多的数据源计算而来。其核心认知基础是默认情况下不应该信任网络内部和外部的任何人、设备和系统，而是需要基于认证和授权重构访问控制的信任基础。零信任对访问控制进行了范式上的颠覆，其本质是以身份为中心的动态可信访问控制。① 2019 年 7 月，美国国防创新委员会（简称 DIB）公布一份报告：《通往零信任（安全）之路》，建议国防部以零信任安全的理念作为未来网信安全的政策基础，称之为“零信任体系结构”（Zero Trust Architecture，简称 ZTA）。为此，国防部首席信息官已与网战司令部和国安局共同探讨可行方案，并提出数个候选方案。这表明，落实 ZTA 是未来五年美国国家信息安全的重要目标，必将拉动产业的变化和转型，也将引起国际社会关于零信任安全的理念和零信任体系结构的高度关注。在当前基于边界的企业安全防护体系正在消弭的背景下，零信任安全已成为下一代主流安全技术路线。腾讯公司近年来一直致力于零信任安全技术、标准及其应用，继 2019 年 7 月《零信任安全技术-参考框架》在中国通信标准化协会成功立项后，在同年 9 月 ITU-T SG17 安全研究组全体会议上，由腾讯公司联合国家互联网应急响应中心、中国移动通信集团设计院、赛门铁克公司提出的《服务访问过程持续保护参考框架》国际标准获得立项，该框架是零信任安全技术参考框架的核心组成部分，重在识别企业用户中在网络访问过程中受到的安全威胁，指定访问过程中的持续保护措施，实时检测网络异常的访问行为，引入授权增强机制。一举拿下 ITU-T 国际标准，标志着以腾讯公司为代表的中国互联网企业在国际标准组织制定中已开始扮演越来越重要的角色，成为规则的制定者和引领者，体现了中国力量在国际网络安全领域的技术领导力和话语权，更有力推动了零信任安全技术在全球范围规模商用的进程。② 随着网络攻击日益复杂和激烈，传统的基于边界的网络安全理念已“捉襟见肘”，不再适

---

① 参见［美］埃文·吉尔曼、道格·巴斯著：《零信任网络：在不可信网络中构建安全系统》，奇安信身份安全实验室译，中国中信出版集团、人民邮电出版社 2019 年版，第 1~2 页。

② 参见《实力认证！腾讯主导确立全球首个零信任安全国际标准》，载中国经济网：http：//www. ce. cn/xwzx/gnsz/gdxw/201909/11/t20190911_33133591. shtml，最后访问时间：2019 年 10 月 19 日。

应当前严峻的网络安全形势。区块链分为私有链、联盟链和公有链，可以根据业务需求和应用场景选择特定的区块链架构，但总体来说，在区块链环境下，其主体匿名可以被验证、数据不可篡改但可被溯源、无管理中心但有共识机制，链上各方或许并不了解但可以彼此信任，这些特点恰恰符合网络安全的"零信任安全"理念。因此，可以认为，区块链将会使得"零信任安全"理念得到进一步巩固和加强。同时，也应基于"零信任安全"的理念构建区块链的安全系统和法治保障体系。

2. 多元规范协同共治

从"礼法合一""为政在人""德主刑辅"到当前全面依法治国、依法治国和以德治国相结合及健全自治、德治、法治相结合的基层社会治理体系，礼治、人治、德治、法治、自治可谓社会治理的基本手段，其中法治、德治、自治三治融合的多元共治已成为现代社会治理的共识。中共中央、国务院《关于加强和完善城乡社区治理的意见》中提出："充分发挥自治章程、村规民约、居民公约在城乡社区治理中的积极作用，弘扬公序良俗，促进法治、德治、自治有机融合。"此处的"自治"有别于民族自治地方的"自治"，而是指发挥自治章程、村规民约、居民公约在基层社会治理中的作用。自治能够适应基层社会的治理特点，弥补法治的不足，但自治应当遵循法治的原则和要求，不得违反法律法规的规定。在区块链环境中，也存在类似城乡社区的网上社区，虽无自治章程、村规民约、居民公约，但也存在自治规范，即通过共识性的技术规范来实行去中心的自治。法治、德治、自治有机融合仍然适用于区块链的治理，事实上也呈现这样的状态，区块链的自治模式也为丰富和发展自治理论提供了新的观察样本。网络安全的规范体系有其特殊性，总体上可以分解为法律规范、道德规范、技术规范、行业自律规范、社区自治规范（契约性规范）及网站（平台）安全管理规范的系统规范体系，应当依据各规范的特点和适用范围建立网络安全法律治理的规范体系。网络安全的规范体系需要特别注意三个问题：其一是确立法律规范统摄下的技术规范等非法律规范的合法性标准；其二是在必要时将非法律规范上升为法律规范；其三是运用系统工程方法控制各个规范的风险和实现各规范之间的协同效应。网络企业因其"信息枢纽"地位而承担比传统企业更多的规范责任，也面临着因承担某些特定的"执法"功能导致的侵犯个人信息权等权利的可能性，"第三方义务"等规范需要在治理规范体系中予以明确。总之，网络安全保障并不限于网络安全技术保障或安全法律保障，需要在多元规范协同治理的理念下，通过网上与网下的区别与融合治理，在网上内部自治规范和网络外部规范的协同作用下，全方位、系统性地保障网络安全。

3. 共商、共建、共治、共享

网络空间命运共同体是人类命运共同体理论在网络空间的具体体现，是网络空间和平与发展的共同期望。在2015年第二届世界互联网大会上，习近平主席指出，网络空间是人类共同的活动空间，网络空间前途命运应由世界各国共同掌握。各国应该加强沟通、扩大共识、深化合作，共同构建网络空间命运共同体。在本次互联网大会上，习近平主席就网络治理提出了“四个原则”和“五点主张”。“四个原则”是推进全球互联网治理体系变革，应该坚持四个原则，包括：尊重网络主权，维护和平安全，促进开放合作，构建良好秩序。“五点主张”包括：第一，加快全球网络基础设施建设，促进互联互通，让更多发展中国家和人民共享互联网带来的发展机遇；第二，打造网上文化交流共享平台，促进交流互鉴，推动世界优秀文化交流互鉴，推动各国人民情感交流、心灵沟通；第三，推动网络经济创新发展，促进共同繁荣，促进世界范围内投资和贸易发展，推动全球数字经济发展；第四，保障网络安全，促进有序发展，推动制定各方普遍接受的网络空间国际规则，共同维护网络空间和平安全；第五，构建互联网治理体系，促进公平正义，应该坚持多边参与、多方参与，更加平衡地反映大多数国家意愿和利益。习近平主席提出的“五点主张”和“四个原则”展现了网络治理的中国主张，也体现了世界上绝大多数国家关于网络治理的共同心愿，对于包括区块链安全在内的网络安全的国际治理具有重大的指导意义。习近平总书记在“2018世界人工智能大会”上的贺信中指出：“新一代人工智能正在全球范围内蓬勃兴起，为经济社会发展注入了新动能，正在深刻改变人们的生产生活方式。把握好这一发展机遇，处理好人工智能在法律、安全、就业、道德伦理和政府治理等方面提出的新课题，需要各国深化合作、共同探讨。中国愿在人工智能领域与各国共推发展、共护安全、共享成果。中国正致力于实现高质量发展，人工智能发展应用将有力提高经济社会发展智能化水平，有效增强公共服务和城市管理能力。中国愿意在技术交流、数据共享、应用市场等方面同各国开展交流合作，共享数字经济发展机遇。”网络空间具有全球性的特点，网络空间命运共同体的倡导已经得到了国际社会的广泛认可。网络社会也应坚持“和平共处五项原则”等国际法基本准则，反对数字民主主义和将互联网变成对他国干涉或侵略的新工具。联合国等国际组织应加强在网络安全问题上的协调作用，中国愿意与世界各国一起秉承共商、共建、共治、共享的理念推进网络空间命运共同体建设。

（三）网络安全的法律治理机制的目标和基本内容

1. 网络安全的法律治理机制的目标

我国陆续颁布了《国家信息化发展战略纲要》《中国制造 2025》《促进大数据发展行动纲要》《国家网络空间安全战略》《新一代人工智能发展规划》《数字乡村发展战略纲要》等纲领性文件，明确了信息化时代的奋斗目标和实施进路。信息安全工作通常强调 CIA 三个要素，即保密性（Confidentiality）、完整性（Integrity）和可用性（Availability）。在网络安全法中一般强调可信、可靠、可控的网络安全目标，但实际上隐含了可用的网络安全目标。可用目标可以从两个层面来理解：其一是可信、可靠、可控的最终目标就是为了可用；其二是在确保网络可信、可靠、可控时需要同时协调好与可用的关系，避免片面强调可信、可靠、可控而忽视了可用，这对于未来网络的讨论有重要意义。

2. 网络安全的法律治理机制的基本内容

网络安全的法律治理机制在形式上表现为三个层面的内容：网络安全的国内法律治理机制、网络安全的国际法律治理机制及二者的融合治理机制，重点是网络安全的国内法律治理机制，核心内容是我国网络安全立法、执法、司法、守法及网络安全的国际合作治理法制，特别是网络安全国家战略与标准、网络基础设施安全的法律保障、网络信息安全的法律保障、网络环境安全的法律保障、网络应用安全的法律保障及网络安全产业促进法，从而构建科学的网络安全法治化治理体系。故此，需要运用系统工程方法对我国各层次的网络安全立法进行体系化梳理和反思，确立我国网络安全立法的系统规划，避免立法交叉、立法冲突、立法层累及立法空白现象，确保我国网络安全立法的协同发展。同时，通过与国际组织和外国的网络安全立法的比较研究探讨如何进一步完善我国的网络安全法律治理机制，并对国外的网络安全立法的影响进行评估，以便采取适当、适度、适应的国内法措施进行立法应对。

网络安全的法律治理机制的实质性内容是适应网络安全本质属性的法治化治理原则、治理机构、治理规范、治理措施及治理责任。因此，需要建立网络安全的法律治理机制的基本理论体系，需要通过网络安全立法的横向和纵向的比较研究发现网络安全的法律治理的规律和趋势，需要运用系统科学方法建立网络安全的法律治理机制的系统工程模型，从而制定科学的网络安全立法规划和建立动态的自协调立法机制，进而从法治系统工程（立法、执法、司法、守法）的角度构建网络安全的法律治理机制的系统模型和实践模式。

（四）网络安全的法律治理机制的进路：技术与法律耦合

网络安全风险的形成，既有技术不完备或系统漏洞等客观原因，也有相关主体不当行为或恶意行为等主观原因，同时还受到政治、经济和社会等方面不确定因素的影响。因此，网络安全问题不只是技术问题，还是社会关系冲突在网络空间的反映。系统优化、漏洞修复、数据加密、身份认证等技术治理手段可以成为维护网络安全的直接策略，但无法有效回应和调节其背后的社会关系冲突和利益博弈，也因缺乏普遍性和强制性的制度依据而难以全面落实。因此，维护网络安全不仅需要技术理性也需要制度理性，法律治理与技术治理是网络安全治理一体之两翼。法律治理路径，是通过明确网络空间主体权利义务与责任、规范和约束网络运行和服务过程中的行为、构建有效的监管框架和规则体系，以法律手段和法治思维有效调节网络空间活动中的社会关系和主体行为，并将技术规范上升为具有普遍约束力的法律规则，从而形成全面、充分且有效的网络安全法律治理体系。①

Rimavera De Filippi 和 Samer Hassan 认为，这些年随着互联网日益普及，我们对数字技术的依赖日益加深，通过技术规则取代现行法律和法规的趋势开始慢慢形成。因为法律法规只能通过国家干预进行事后救济，而技术规则可以通过代码进行事先预防。法律与代码在互联网社会下的功能和作用可谓高下立判。“代码即法律”是指随着数字技术的出现，代码逐渐成为规范互联网用户行为的主要方式。代码与法律相比可以更为有效地执行规则，然而因为法律规则具有模糊性和灵活性，有时很难将其转化为代码形式，代码也有其局限性。不过，长远来看，随着区块链技术以及智能合约的发展，在规范互联网用户行

① 参见袁康：《法律治理是维护网络安全的重要手段》，载《光明日报》2019 年 8 月 30 日，第 11 版。

为问题上代码将会比法律发挥出更大作用。① 笔者赞同技术规则取代现行法律和法规的趋势开始慢慢形成和技术规则可以通过代码进行事先预防，但法律法规只能通过国家干预进行事后救济的观点是不成立的。法律的价值更重要的是为行为人对其行为的法律结果提供可预见性，从而预防纠纷的发生（而非救济或解决纠纷）和促进行为人的利益的合法化前提下的最大化，从而实现立法者所期望的构建有序社会秩序和推动社会发展的立法目的。但是，代码与法律的关系确实是值得探讨的法律问题。

与代码的唯一性比较，法律规范的模糊性（甚至因此引发歧义）及其所产生的不确定性的确是法律规范的固有缺陷。然而，探讨代码与法律的作用孰大孰小或许是个伪命题，因二者的关系并不适宜从作用的大小进行讨论且在事实上也是不可能进行量化比较。代码与法律的关系问题在计算机时代就已经提出来了，区块链的独特机制所产生的互信机制和自治性为“代码即法律”的观点赋予了新的内涵和提供了新的佐证。区块链产生无政府主义的观点固不足虑，但“代码即法律”（或代码在区块链世界中取代法律）的观点也是值得商榷的。

关于本问题的研究，凯文·沃巴赫的观点更值得关注。凯文·沃巴赫认为，本质上来讲，区块链和法律都是信任机制，两者关系的不确定性引致对区块链两极分化的评价。区块链利用分布式分类账、共识和智能合约等特征实现避免对中央机关的依赖以及建立普遍诚信的价值主张。但区块链信任系统并非无懈可击，分类账、智能合约、边缘服务提供商以及代币销售各层次各有风险，网络解放和政府架空无异于天方夜谭，法律和监管介入的需求毋庸置疑。监管可能抑制创新并引起管辖权竞争问题，但并非无解之局。区块链可以补充法律、与之互补甚至取而代之，两者分别有其治理局限性，融合治理方为解决之道，而这可以通过法律代码化与代码法律化两种模式实现。② 表面上看，凯文·沃巴赫的观点是自洽的且富有新意。然而，对相关问题具体分析以后得出的结论与其提出的观点不尽相同，相关的讨论也有助于厘清代码与法律的关系

---

①　参见［法］Rimavera De Filippi、［西］Samer Hassan：《从“代码即法律”到“法律即代码”——以区块链作为一种互联网监管技术的法律分析》，赵蕾、邓楚伊编译，载腾讯研究院：http：//www. tisi. org/5039，最后访问日期：2018 年 9 月 20 日。

②　参见［美］凯文·沃巴赫：《信任，但需要验证：论区块链为何需要法律》，林少伟译，载《东方法学》2018 年第 4 期。

和分析其耦合效应。

1. 代码的规范价值

在区块链中，用户的资产和行为数据化，数据则遵循代码的指令自动执行，代码即其中的技术规范。智能合约确实需要编写为代码，但当事人之间的智能合约与第三方或中立的区块链运行代码有着本质区别。换言之，区块链本质上是建立一种互信机制，用户则通过智能合约约定其权利、义务及责任的具体内容。法律规范有直接规范和间接规范之分，代码并非直接确定权利、义务及责任的直接规范。不过，与国际私法中的间接规范有所不同，代码虽也不能够直接作为当事人作为或不作为的准则，但可通过智能合约实现自动触发合同的对待给付或自动进行救济，当事人是无法改变这一已经取得共识的行为准则的。换言之，不存在用户选择作为或不作为的可能性。

2. 法律代码化与代码法律化

凯文・沃巴赫提到的法律代码化与代码法律化是具有代表性的，多元规范之间的相互影响与作用必然会传导到其他规范，从而从形式和内容上引发互动和调适，最终形成多元规范协同治理的规范系统，也就是凯文・沃巴赫所说的“区块链可以补充法律、与之互补甚至取而代之，两者分别有其治理局限性，融合治理方为解决之道”。① 需要说明的是，融合并非意味着规范效力的平等性，从自治、德治、法治的范畴观察，代码等技术规范在法律属性上应纳入自治规范（无论是用户自行创设的或者共同选择或分别认可的），作为自治规范的技术规范应当符合法律的要求，代码也不例外，正如凯文・沃巴赫所认为的“法律和监管介入的需求毋庸置疑”。“法律代码化与代码法律化”作为一种法律现象是客观存在的，然而，或许最大的担忧不是规范之间的形式化融合，而是法律规范所秉承和坚持的人性理念如何在链治社会中“嵌入”到代码中，如同人们关注算法正义、算法歧视、算法黑箱、算法合谋一样。技术进步正在将人类社会带入一个未知的领域，科技理性和法律理性的融合应是技术规范和法律规范融合的“不二法门”。

3. 法律规范的价值并未因代码规范的崛起而被弱化

从当前的行为规范体系和发展趋势看，法律规范的作用似乎随着技术规范

---

① 参见［美］凯文・沃巴赫：《信任，但需要验证：论区块链为何需要法律》，林少伟译，载《东方法学》2018 年第 4 期。

的崛起而弱化。然而，虽然可以通过法律规范介入的广度和深度观察法律规范的作用，但法律规范的价值并非体现为其介入的广度和深度，而是通过维护有序的社会秩序和促进社会的安全、效率、和谐来体现其效用并进而彰显其价值。法律规范统摄下的多元规范共治正是法律规范的价值所在，共商、共建、共治、共享的理念也将从规范治理的角度在网络社会发挥其独特的价值引导功能。

网络安全的创新技术治理是近年来的研究重点，也代表着网络安全保护的未来走向。人工智能、大数据、云计算、区块链、物联网、5G 等技术是把双刃剑，在给网络安全带来新的威胁的同时也能更好地维护网络安全。这些新技术及其应用对网络安全法是否构成颠覆性的影响尚需根据技术应用情况进行评估，但可以预见的是其对网络安全乃至人类社会的影响将会极其深远。随着智慧社会的到来，传统的网络将会演进为智慧网络，网络安全法的研究对象将会相应地推进到智慧网络安全的法制促进与保障。人工智能、区块链、大数据都依赖于算法，算法黑箱、算法歧视、算法陷阱、算法共谋已经引起了国内外的高度关注，算法的可解释性、算法问责及算法救济在一些地方已经提上了议事日程。智能制造、智能驾驶、智慧医疗等已经成为现实，国内外已经对其中的一些法律问题做了探索，如何建立健全公开透明的智能产业监管体系，实现对人工智能算法设计、产品开发和成果应用安全的法制化监管保障是当前必须直面的问题。

五、网络安全的法律治理体系

（一）网络安全的法律治理体系的基础框架

基于严峻的网络安全形势和网络安全之于国家安全的重要意义，应从国家安全的战略高度，从网络生态环境建设构建网络安全的法律保障体系。从系统科学的角度来看，法治系统属于政治系统的子系统，是社会系统的控制系统，是控制社会主体在追求物质利益、精神利益、政治利益最大化的过程中实现自然与人、人与人和谐相处的规范体系。从系统工程的角度看，网络生态系统需要从哲学、科学、工程、技术四个层次进行架构，需要为客观存在的网络生态系统原型提供最优的法治系统保障模型。其中，法治系统分为立法系统和法律实施系统（包括执法、司法、守法等），把法治保障置于网络生态环境建设中，通过规范控制和技术支撑实现网络安全法治生态环境建设，并在此过程中推进国家治理体系和治理能力现代化。

网络安全法律治理体系需要基于技术规律和法治规律进行层次化构建。从技术规律来看，逻辑清晰、覆盖全面、科学合理、层次分明的制度体系，能够为相关主体及其行为提供明确法律依据以实现指引、预测和评价等效果，是实施有效法律治理的前提和保障。尽管从技术角度对网络层次有不同类型的划分，但在治理视角下可以根据技术环节和功能特征的差异，将网络空间归纳为提供物理支撑和系统支持的基础层、提供连接服务和信息传输的网络层以及提供内容处理和服务的应用层，相应的网络安全应当包括基础层安全、网络层安全和应用层安全等范畴。①

网络安全法是调整网络安全关系的法律规范的总称。网络安全中的“网络”应为新型的信息网络，不仅包括“三网融合”（互联网、电信网及广播电视网的融合）的传统信息网络，还应包括新兴的物联网，即“四网融合”的信息网络。当前，国内外对互联网及其安全问题比较重视，但必须认识到物联网的重要性。随着5G时代的到来，“万物互联”将逐步成为现实，且会与人工智能等新技术融合形成智慧化的网络。面对人工智能、大数据、云计算、区块链等智能技术的广泛应用，也需要发现潜在的安全风险要素，找到法律治理的切入点，制定相应的安全法律制度来保障智慧网络的安全，以应对网络安全的新挑战和运用智能技术保障网络安全。因此，网络安全法的调整对象和法律治理体系也将随之进行动态发展。

狭义的网络安全和网络信息安全是网络安全的两个车轮，相应地，狭义的网络安全法和网络信息安全（在信息网络法的语境中常被简称为“信息安全”）是网络安全法的核心内容。

我国《网络安全法》以网络运行安全和网络信息安全为核心保障对象，辅之以网络安全战略、规划与促进及监测预警与应急处置等方面的规范。就网络安全的法律保障需要来看，网络安全法的范围应该更为广泛一些。网络安全法的直接保障对象包括网络基础设施安全、网络信息系统安全、网络信

① 参见袁康：《法律治理是维护网络安全的重要手段》，载《光明日报》2019年8月30日，第11版。

息安全、网络应用安全、网络环境安全等。为了保障这些网络安全，网络安全法还应对网络安全国家战略、网络安全产业规划与促进、网络安全管理体制与机制、网络安全标准规范、网络安全教育与人才培养等作出规定。

网络安全的立法体系是运用系统论方法对我国各层次的网络安全立法进行体系化梳理和反思，避免杂乱无章的立法导致的立法交叉、立法冲突、立法层累等现象，以便确立我国网络安全立法的系统规划，确保我国网络安全立法的协同发展。基于此，对网络安全的法制保障体系提议如下：

1. 网络安全法的基础制度

其主要内容包括：网络安全国家战略与规划；网络安全法的基本原则；网络安全管理体制与机制；网络安全标准；网络安全技术创新与产业促进；网络安全教育与人才培养。

2. 网络基础设施安全法

其主要内容包括：网络基础设施的安全规划、建设、运营、维护；网络频谱资源安全；互联网交换中心安全；网络数据中心安全。需要特别说明的是，网络频谱资源是具有重要战略地位的稀缺资源，5G 网络的发展就面临频谱资源短缺的问题，技术上已经在不懈努力寻求新的解决方法，法律上也应当高度重视保障频谱资源安全。

3. 网络信息系统安全法

《国家安全法》规定了“关键基础设施和重要领域信息系统”的安全保障，可见信息系统并不属于关键基础设施的范畴。《密码法》也有关于信息系统安全保障的规定，该法第十四条规定：“在有线、无线通信中传递的国家秘密信息，以及存储、处理国家秘密信息的信息系统，应当依照法律、行政法规和国家有关规定使用核心密码、普通密码进行加密保护、安全认证。”等级保护 2.0 定级对象分为基础信息网络、信息系统和其他信息系统，其中信息系统细分为工业控制系统、物联网、大数据、移动互联及云计算平台。《网络安全法》未明确提及网络信息系统（隐含在“网络安全”中），以后的网络安全立法应予以特别关注，特别是重要信息系统的安全保障。

4. 网络信息安全法

网络安全法的核心目标是保障网络信息安全，即为网络信息（包括政府信息、企业信息、社会组织信息、个人信息等）的传输、挖掘、归集、处理、保存及利用提供安全法律保障，从而保障网络信息的完整性、保密性及可用性。

其主要内容包括：网络信息的安全等级保护；个人信息保护；网络非法信息的界定与治理；网络信息公开、共享的安全保护；数据资源的安全开发与利用；跨境数据流动的安全法制（包括但不限于数据出境安全评估和审查）。

5. 网络应用安全法

其重点是网络在各行业领域的“应用安全”。主要内容包括：网络金融安全、电子政务安全、电子商务安全及网络传播安全等。网络应用安全法侧重于关系到国家安全、国计民生、社会公共利益的网络应用安全的法律保障，需要针对各行业领域的特殊性为其提供专门的安全法律保障。

6. 网络环境安全法

网络环境安全不同于网络空间安全，网络空间安全仅从软件建设与保障的角度营造安全的网络空间，网络环境安全的外延较广，其目标是为网络活动提供安全的生态环境。其主要内容包括：网络环境安全与信息生态建设；网站安全与可信任网站；网络空间的身份认证与可信管理；新型网络权利体系及其法律保护；网络违法犯罪的预防与制裁。其中，新型网络权利体系及其法律保护主要是民法的任务，《民法总则》《著作权法》等立法已有相关规定，《民法典（草案）》也有所体现。

7. 网络安全的国际合作法制

由于网络的全球性特点，网络安全保障也必然是国际性的合作保障。其主要内容包括：网络主权（含网络安全权和数据主权）；国际网络反恐与网络犯罪治理；网络战争；数据资源的主权管辖与跨境数据流动；网络产业链和供应链安全；网络安全的国际合作机制（重点是网络安全违法犯罪的国际合作预防与制裁机制）。

（二）《网络安全法》与相关立法的协同治理

1. 网络安全立法动态与立法协同的必要性

《网络安全法》及其配套立法确立了我国网络安全法制的基本框架和法律遵循，但并未对网络安全涉及的问题作出系统、全面的立法，这也是后续立法的任务。从当前的立法规划看，相关立法主要是《数据安全法》和《个人信息保护法》。

《个人信息保护法》和《数据安全法》在 2018 年 9 月公布的“十三届全

国人大常委会立法规划”的第一类项目，与其他67部法律被列为“条件比较成熟、任期内拟提请审议的法律草案”，之后也被纳入2019年和2020年的立法规划，目前尚未公布征求意见稿。

国家互联网信息办公室于2019年5月28日公布了《数据安全管理办法（征求意见稿）》，从中或可管窥《数据安全法》的大致内容。《数据安全管理办法（征求意见稿）》的立法目的是“为了维护国家安全、社会公共利益，保护公民、法人和其他组织在网络空间的合法权益，保障个人信息和重要数据安全”，可见其重点关注个人信息和重要数据安全。其内容包括五章：总则、数据收集、数据处理使用、数据安全监督管理、附则。就立法体系而言，《数据安全管理办法（征求意见稿）》涉及个人信息和重要数据安全，是不是意味着其为未来的《个人信息保护法》和《数据安全法》共同的下位法呢？或许问题不仅如此，《数据安全管理办法（征求意见稿）》折射出了一个很重要的问题，即个人信息应纳入《个人信息保护法》还是《数据安全法》的立法范围。《网络安全法》已经颁布实施，其内容也包含个人信息和数据安全的保护问题，加上其他的相关立法，例如《消费者权益保护法》《电子商务法》等法律和诸多行政法规、部门规章、地方性法规等，有些固然可以解释为一般法与特别法和上位法与下位法，但总体来说，网络安全立法体系欠缺一个系统的立法规划的情况是存在的。

由于《个人信息保护法》和《数据安全法》从2018年开始就被纳入了立法规划，重新对网络安全立法进行系统性安排的可能性非常小。目前亟待讨论的是正在起草的《个人信息保护法》和《数据安全法》与《网络安全法》的立法范围该如何衔接和协调，甚至还要考虑与《民法典》的衔接和协调问题。

《个人信息保护法》已经纳入人大的立法计划，应做好《民法典》等一般立法与专门立法的衔接。王利明提出，《民法典》作为民事基本法，在其编纂中应进一步强化数据共享过程里的个人信息保护，可以只规定平衡人格权保护和数据流通之间的基础性规则，或者作原则性规定，为有关单行法细化规定个人信息保护提供依据。① 至于《数据安全法》，洪延青认为，数据安全保障的是信息或信息系统免受未经授权的访问、使用、披露、破坏、修改、销毁等，

① 参见王利明：《数据共享与个人信息保护》，载《现代法学》2019年第1期。

数据安全=保密性+完整性+可用性。① 连玉明认为《网络安全法》主要侧重于物理层和网络层的安全保护，并未针对数据采集、存储、流通、应用、销毁等环节的数据安全进行保障，不能完全满足大数据时代数据安全管理保障的需求，希望加大数权、数权制度和数权法理论研究的力度，强化数据跨境管辖权，牢牢把握数据安全规则制定权和国际话语权。② 史宇航认为，除了对数据设置权限或通过访问控制列表的方式控制不同用户对数据的使用，还可以与《密码法》结合对数据的保密措施做出具体规定要求数据控制者采取版本控制与定期备份措施，以及结合《电子签名法》等法律法规要求数据访问用户的身份进行验证。③

虽然《网络安全法》和正在起草的《数据安全法》《个人信息保护法》都属于法律，但同为法律的《国家安全法》为网络安全法律制度确立了基本遵循。至于《网络安全法》与《个人信息保护法》《数据安全法》的关系，可以视为一般立法和专门立法的关系。从目前的情况看，两部法律都会对个人信息进行规定，《个人信息保护法》侧重于个体信息权利的保护，《数据安全法》不限于网络数据安全且侧重于数据安全的全生命周期的保护。然而，即使这样设计，仍然不能彻底避免立法交叉现象，且未能与其他立法构建一个完整的网络安全法律保障体系。当前的网络安全形势非常严峻，如何处理好《网络安全法》与宪法及其他立法的衔接与协调，进而从法律制度层面构建系统、完整的网络安全法律体系是当务之急。

2.《网络安全法》与宪法和其他立法的衔接与协调

《网络安全法》与其他立法的协同治理的关键是要与宪法和其他立法相衔接和相协调，避免立法交叉、立法冲突及立法空白现象。分述如下：

（1）《网络安全法》与《宪法》的衔接与协调。《网络安全法》作为法律

---

① 参见洪延青：《评〈网络安全法〉对数据安全保护之得与失》，载《信息安全与通信保密》2017 年第 1 期。

② 参见李平：《连玉明委员：加快数据安全立法保障数据安全》，载新华网：http：//www. xinhuanet. com/mrdx/2019-03/14/c_137893919. htm，最后访问日期：2019 年 12 月 26 日。

③ 参见史宇航：《今年将推进立法的〈数据安全法〉，有哪些看点?》，载微信公众号界面新闻：https：//mp. weixin. qq. com/s/tlWYE819IWAD42yp65Etog，最后访问日期：2019 年 12 月 26 日。

应当遵守《宪法》，不得违背《宪法》的规定。需要探讨的问题为是否有必要将《网络安全法》中的若干原则和规则上升为《宪法》的内容。这里涉及以下两个问题：①网络安全与国家安全。习近平总书记指出“没有网络安全，就没有国家安全”。《宪法》和其他法律中关于国家安全的规定，应当根据总体国家安全观将网络安全纳入国家安全中并赋予新的内涵，以便适应信息社会的发展要求和国家安全面临的新形势、新问题及新挑战。应当看到，随着网络社会作为新型的社会组织结构的出现和传统社会的功能网络化（例如电子政府、电子银行等），加之网络战或信息战的出现和对传统战争形式的克制，网络安全极可能成为国家安全体系中最为重要的内容。②个人信息权与宪法权利。有无必要将个人信息权纳入宪法的基本权利体系也是值得研究的问题。由于个人信息泄露事件频发和引发的严重后果，个人信息的法律保护获得了全社会的普遍关注，个人信息权也再次成为法律界关注的热点问题，也有主张将个人信息权纳入宪法的基本权利体系中。从当前的立法和实践情况看，《民法总则》已经确立个人信息受法律保护，行政法和刑法也有相关保护立法，可以满足个人信息的法律保护需要。因此，至少目前没有必要将此具体权利专门纳入国家的根本大法的基本权利体系中。

（2）《网络安全法》与刑法的衔接与协调。刑法是诸法律保护中的最后一道屏障，也是其他法律最坚强的后盾。《网络安全法》不可避免地会涉及网络犯罪，对其中属于网络犯罪的行为应当依法追究刑事责任。《网络安全法》应当与《刑法》及其修正案（七）和（九）关于网络犯罪的立法相衔接。《刑法》及其修正案（七）和（九）规定的罪名如下：非法侵入计算机信息系统罪，破坏计算机信息系统罪，非法获取计算机信息系统数据罪，非法控制计算机信息系统罪，提供侵入、非法控制计算机信息系统程序、工具罪。由于网络安全犯罪的形态不断变化，刑法将会呈现动态发展的特点，以适应网络安全的刑事法律保障要求。

（3）《网络安全法》与行政法律法规、部门规章的衔接与协调。《网络安全法》是一部综合性的立法，但其中主要是行政立法。《网络安全法》作为法律与《治安管理处罚法》等行政法律法规和部门规章的关系在《立法法》中是明确的，需要重视以下问题：首先，如同《网络安全法》应当与刑法相衔接和相协调，《网络安全法》中关于行政法律责任的规定应当与《行政处罚法》《治安管理处罚法》等行政法律法规和部门规章相衔接和相协调；其次，网络安全方面的行政法规和部门规章非常多，应当将行政法规和部门规章中行之有效的规定纳入法律层面的网络安全立法中；再次，网络安全法涉及各部门的利益，其蕴藏的产业价值也与网络安全企业有关，需要平衡各方利益和保障各方的合法权益；最后，网络安全法与行政法的衔接与协调，既要避免“九龙治水”，也要避免管理空白。对于网络安全监管中的具体问题，可在立法技术上采用授权立法的方法交由更为灵活的行政法规和部门规章来进行立法，但同时也要在立法过程中防范各部门在制定部门规章时谋求不正当的部门利益。

（4）《网络安全法》与民法的衔接与协调。《网络安全法》与民法的联系也非常紧密，二者的衔接与协调主要涉及以下三个问题：首先是与网络安全有关的民事权利问题。《民法总则》明确了个人信息和虚拟财产受法律保护，有助于《网络安全法》关于个人信息保护的规定在民事活动中得到切实实现。已纳入立法规划的《个人信息保护法》将为个人信息权的主体、客体、权能及保护确立具体的法律规范。其次是与网络安全有关的民事责任问题。《网络安全法》第七十四条规定：“违反本法规定，给他人造成损害的，依法承担民事责任。”这是《网络安全法》唯一一条关于民事责任的规定，民法需要解决如何与之衔接的问题，特别是民事责任的归责原则、责任构成与责任承担方式。《侵权责任法》第三十六条确立了网络侵权的三个规则，即网络工具规则、避风港规则及红旗规则，为解决网络侵权问题确立了基本准则，但是在实践中不乏争议，《民法典》在一定程度上对此做了完善性规定。最后需要关注的是正在制定的《民法典》与《网络安全法》的衔接与协调，特别是其“人格权编”和“侵权责任编”，以期协同实现民事主体的网络安全权益的法律保护。

（5）《网络安全法》与诉讼法的衔接与协调。一般而言，《网络安全法》并不直接涉及诉讼法，但也需要从“程序保护权利”和法律责任的司法追究的角度考虑与三大诉讼法的协调和衔接问题。以电子数据证据为例，《网络安全法》关于网络运营者留存网络日志不得少于6个月的规定就与证据法有关。然而，《网络安全法》使用了“电子数据”“电子信息”“网络数据”“网络信息”等词，这些词与诉讼法使用的是“电子数据”证据不一致，需要统一和协调。

（6）《网络安全法》与国际法的衔接与协调。网络安全与网络空间主权紧密相关。只有确立了网络空间主权，网络安全才可能得到切实保障。或者说，网络空间主权是网络安全的根基，国家网络安全权是网络空间主权的必然要求。《国家安全法》首次在立法中明确了网络空间主权，这为网络安全的相关立法奠定了立法基础。习近平总书记提出了“网络空间命运共同体”理论并强调指出，中国愿意同世界各国携手努力，本着相互尊重、相互信任的原则，深化国际合作，尊重网络主权，维护网络安全，共同构建和平、安全、开放、合作的网络空间，建立多边、民主、透明的国际互联网治理体系。这为网络安全的国际合作立法确定了目标和基本准则。网络安全具有全球性，需要国际社会通力合作建立国际合作法制，中国作为负责任的大国应通过双边和多边方式发挥积极作用。我国既要在国内法中遵循网络安全方面的国际法准则，也要通过国内法推动国际法的发展，坚决反对网络霸权、网络恐怖主义及网络侵略，坚定维护国际社会特别是发展中国家的网络空间主权与安全。

（三）网络安全的法律治理的结构与机理

治理制度体系解决的是“如何保障治理结构有效运转”的问题。建构好治理主体、明确了治理功能后，重点要有一套完备的法律和制度体系，保障治理体系的有效运转。制度作为软实力，在某种程度上，直接决定着国家治理体系的成败。需要确立三大根本性制度体系：法制体系、激励制度体系、协作制度体系。其中，法制体系是在政党建设、经济建设、社会建设、文化建设、生态建设等领域，适时更新和建立成套的法律体系，把所有的政治活动、经济活动、社会活动、文化活动、生态活动，全纳入法律框架体系之下，严格执法，严厉杜绝非法犯罪活动的产生和蔓延。其次，激励制度体系。通过制定科学、有效的激励体系，最大限度地调动所有领域的多元化主体，在合法前提下，激发和释放内在潜能和活力，促进国家各领域主体“从一般走向优秀、从优秀走向卓越”的纵向流动，协同推动个人和国家不断走向进步。最后，协作制度体系。在强调各领域、各条线依法高效运转的同时，强调纵横交叉协作，是国家治理体系的根本要义。为此，大到全球治理、次区域治理，小到主体功能区治理、地方治理、城市治理、特定问题治理等，需要一套完备的国际间、政府间、部门间、公私间的跨界协作制度体系，化解冲突和矛盾，在互动合作中寻求整体利益最大化。治理方法体系则包括法律、行政、经济、道德、教育、协商六大方法。①

从法治规律来看，对网络安全的治理需要明确调整对象、法律主体、行为模式和法律后果，围绕主体、权利、义务、责任进行制度设计②：

1. 主体层次

尽管网络空间是虚拟的，但运用网络空间的主体是现实的。网络空间主体涵盖了政府、企业、行业协会、网络用户等诸多利益相关方，而这些主体参与网络空间活动的立场、习惯和行为模式都会在不同程度对网络安全造成影响。抓住网络空间主体这个“牛鼻子”，明确各方权利义务和主体责任，是网络安全法律治理的关键。法律应当明确网络安全治理中的政府角色和监管机制，理顺网络安全治理的职权归属和范围，强化政府相关部门在促进、支持和维护网络安全方面的行政权力与责任，提高网络安全监管执法的能力与效率。同时需要明确网络运营者、网络产品和服务提供者等企业以及网络用户的权利与义务，赋予行业协会和技术社群的自律监管和安全监督的权利和责任，充分调动各类主体维护网络安全的积极性和责任感，鼓励形成捍卫网络安全的社会力量，为各类主体共筑网络安全防线赋能。

2. 内容层次

内容是网络在应用层运行的最终表现，包括提供的产品与服务、交互的数据和信息等。内容的安全直接关系到网络空间的秩序稳定，直接关系到网络活动的经济社会效益，必须将其纳入网络安全法律治理体系之中。当前内容安全领域最为严峻的挑战是数据安全、个人信息保护、网络交易安全以及网络意识形态安全。对此，需要进一步明确数据权属和数据安全管理制度，强化、落实数据安全保护责任和数据采集、存储、使用、转移规则，建立公共数据开放和隐私数据保护的差异化制度，完善数据合规体系。同时，要完善电子商务、互联网金融等交易领域的身份验证、信息加密、信用评价等安全管理的规则与标准。对于因技术和模式创新所形成的新型应用，需要建立风险评估与安全审查制度，并且结合其风险特征及时建立有针对性的监管规则。此外，要按照总体

① 参见［荷］萨什·贾亚瓦尔、［荷］达恩尤瑞思·拉里克、［荷］艾瑞·杰克森：《网络治理：有效全球治理的挑战、解决方案和教训》，载《信息安全与通信保密》2016年第10期。

② 本部分转引自袁康：《法律治理是维护网络安全的重要手段》，载《光明日报》2019年8月30日，第11版。

国家安全观的要求加强网络空间内容治理，增强主流意识形态在网络信息传播和网络文化中的引领作用和主导地位，以法律规范清晰划定网络信息的政治底线和道德底线，以健全的综合治理机制为网络意识形态安全营造风清气正的网络生态。

3. 行为层次

除自然因素等原因外，网络安全事件的爆发往往都是由于相关主体消极进行安全管理或故意实施攻击破坏等行为导致。例如保密管理不到位导致的网上泄密、恶意网络攻击导致系统崩溃和软硬件故障、借助病毒和木马进行网络商业窃密或给文件加密实施勒索、利用网络空间散布传播与主流意识形态和公序良俗相背离的煽动性、虚假性言论等，均是不负责行为或恶意行为的结果。实施网络安全的法律治理，需要综合运用各种法律工具对危害网络安全的行为进行有效约束，以减少乃至杜绝此类行为的发生。一方面需要对网络活动中的各类行为进行正面引导，以提倡性规范或强制性规范明确符合网络安全要求的行为模式和安全规范，确立合法安全用网的行为指南；另一方面需要以严格的法律责任对危害网络安全的行为进行否定性评价，完善涵盖民事、行政和刑事责任的法律责任体系，加大对于危害网络安全行为的查处和追责力度。

(四) 网络安全的国际法律治理机制

1. 建立网络安全的国际法律治理机制的重要性

《国家信息化发展战略纲要》指出："随着世界多极化、经济全球化、文化多样化、社会信息化深入发展，全球治理体系深刻变革，谁在信息化上占据制高点，谁就能够掌握先机、赢得优势、赢得安全、赢得未来。发达国家持续推动信息技术创新，不断加快经济社会数字化进程，全力巩固领先优势。发展中国家抢抓产业链重组和调整机遇，以信息化促转型发展，积极谋求掌握发展主动权。世界各国加快网络空间战略布局，围绕关键资源获取、国际规则制定的博弈日趋尖锐复杂。"

由于网络具有全球性的特点，网络安全的国际法律治理机制是解决网络安全问题的关键所在。Abraham D. Sofaer 等在 2000 年就提议制定关于网络犯罪的国际公约。相关研究较普遍认为应尽力缔结和实行司法互助和引渡协定，在适当尊重人权和基本自由的情况下，确保根据引渡或起诉原则，将任何参与资助、策划、筹备、实施或支持网络犯罪行为的人绳之以法，并确保国内的法律将网络犯罪行为定性为刑事罪行。各成员国在防止、调查和起诉网络犯罪方面需展开执法合作、信息交流并相互提供最佳援助措施。于志刚认为，随着全球化进程的加快和网络时代的到来，犯罪的跨国化趋势发生重大变化，网络因素（主要是网络的无国界因素）与传统犯罪的跨国化趋势相结合，催生了被称为“信息化跨国犯罪”的新的犯罪形态。为了有效地制裁和预防新时期的跨国犯罪，有必要协调国内法体系和国内法规则、立法更新和传统法律的合理扩张解释、刑事实体法和刑事程序法等一系列的关系，这不仅仅是若干规则与制度的更新、扩容与调整，而且涉及法律制度的基本价值、基本理念、基本制度、基本规则的变革。①

随着世界各国面临网络威胁的风险越来越大，各国对于构建统一性的国际合作性机制的需求也日益迫切。早在 2001 年，欧洲委员会 26 个成员国和美国、加拿大、日本和南非的政府官员在布达佩斯所共同签署了《网络犯罪公约》。2003 年 1 月 23 日，欧盟在斯特拉斯堡通过了《网络犯罪公约补充协定：关于通过计算机系统实施的种族主义和排外性行为的犯罪化》。《网络犯罪公约》是迄今为止打击网络犯罪领域最具影响力的区域性法律文书，不仅是其成员国打击网络犯罪适用的首要法律依据，而且为中国在内的很多非成员国的国内立法所借鉴，还推动了其他区域性国际法机制的快速发展。② 该公约是世界上第一部也是目前唯一针对网络犯罪的国际公约，所建立的治理网络犯罪的国际刑事司法协助体系是全球影响最大的合作框架，其中也涉及网络安全犯罪，但它毕竟不是普遍性的国际公约，应当重视发挥联合国等国际组织的作用，协调世界各国共同推进网络安全的国际治理。

2. 发挥联合国和其他相关国际组织的作用，推进网络安全的国际合作治理

1999 年 8 月 10 日，联合国大会发布了《从国际安全的角度来看信息和电信领域的发展秘书长报告》（A/54/213），2001 年 1 月 22 日联合国大会未经表决通过了第 55/59 号决议《打击非法滥用信息技术》，2003 年联合国大会通过了《创造全球网络安全文化》决议，2010 年 7 月 20 日，联合国大会针对“从国际安全的角度来看信息和电信领域”这一议题发布了政府专家组报告（A/

① 参见于志刚著：《全球化信息环境中的新型跨国犯罪研究》，中国法制出版社 2016 年版，“前言”第 5 页。

② 参见胡健生、黄志雄：《打击网络犯罪国际法机制的困境与前景——以欧洲委员会〈网络犯罪公约〉为视角》，载《国际法研究》2016 年第 6 期。

65/201）。2011 年，在中国、俄罗斯和巴西等国倡议下，联合国经济和社会理事会下的预防犯罪和刑事司法委员会根据联合国大会决议设立联合国网络犯罪政府专家组。①

2011 年，中国、俄罗斯、塔吉克斯坦和乌兹别克斯坦四国向第 66 届联合国大会联名提交了《信息安全国际行为准则》（“准则 1. 0”），旨在加强国际合作应对信息安全领域的共同挑战。② 这是目前国际上就信息和网络安全国际规则提出的首份较为系统、全面的文件。③ 该准则提出了网络信息领域的一系列基本原则，涵盖政治、军事、经济、社会、文化和技术等领域，但因其为一份建议性的准则文件，强调的是国家的自觉遵守，因此并无强制性的法律拘束力，应称之为“软法”。这份提案后来作为大会文件（A/66/359）分发，在国际社会中引起了较大反响。2015 年，该准则在综合各方意见后得以进一步修改完善，推出新版《信息安全国际行为准则》（“准则 2. 0”），并提交第 69 届联合国大会。④ 2018 年联合国发布《数字相互依存的时代——联合国数字合作高级别小组报告》，报告分三个主要部分：数字技术如何支持实现可持续发展目标以及如何确保更具包容性的数字经济的前景；审查与数字领域、人的代理关系和安全有关的问题；数字合作模式。该报告由马云与梅琳达·盖茨担任联合主席的联合国数字合作高级别小组提出，被视为引领全球数字经济未来发展的纲领性报告。

网络恐怖主义、网络犯罪也是联合国关注的焦点。联合国于 2006 年 9 月 8 日遵循《联合国宪章》的宗旨和原则，制定了一项综合性的全球反恐战略，即《联合国全球反恐战略》。⑤ 2014 年第 68 届联大进行了《联合国全球反恐

---

① 参见宋冬：《打击网络犯罪国际合作形势与展望》，载《中国信息安全》2018 年第 6 期。

② 参见龙坤、朱启超：《网络空间国际规则制定——共识与分歧》，载《国际展望》2019 年第 3 期。

③ 参见苏金远：《“信息安全国际行为准则”草案简评》，载《中国信息安全》2013 年第 8 期。

④ 参见龙坤、朱启超：《网络空间国际规则制定——共识与分歧》，载《国际展望》2019 年第 3 期。

⑤ 参见张楠：《联合国全球反恐战略及其重要意义》，载（国际）人民网：http：//world. people. com. cn/n1/2018/1015/c1002-30340614. html，最后访问日期：2019 年 6 月 17 日。

战略》第 4 次评审，根据中方提出的修改意见首次在全球反恐战略的框架内写入了打击网络恐怖主义犯罪的内容，并要求各国关注恐怖分子利用互联网等信息技术从事煽动、招募、资助或者策划恐怖活动。① 未来，各国加强打击网络犯罪国际合作的需求及势头将持续加强，需要国际社会共同努力，积极为打击网络犯罪国际合作提供机制和规则等公共产品。② 2008 年 12 月 18 日联合国大会通过了第 63/193 号决议，将“犯罪分子使用科学技术方面以及主管机关利用科学技术打击犯罪包括网络犯罪方面的最新发展情况”批准为一项议程。2010 年通过的第 65/230 号决议将网络犯罪包括进联合国毒品与犯罪办公室（UNODC）的技术援助计划和能力建设。2018 年 10 月 22 日通过第 73/211 号决议《消除国际恐怖主义的措施》。2013 年 12 月 18 日通过的第 68/193 号决议，强调指出必须在分担责任原则基础上依照国际法加强国际合作，以期捣毁非法网络，对付世界毒品问题，打击跨国有组织犯罪。2014 年 12 月 18 日通过的第 69/197 号决议，鼓励会员国加强努力，打击网络犯罪和所有形式滥用信息和通信技术的犯罪行为，并加强这方面的国际合作。2017 年通过的第 72/196 号决议要求会员国加强计算机网络安全和保护相关基础设施的完整性，以及致力于提供长期技术援助和能力建设，以加强国家机关对付网络犯罪的能力，包括预防、侦查、调查和起诉一切形式的此类犯罪。2019 年 12 月，联合国通过了由俄罗斯提出的旨在打击网络犯罪的决议草案。该决议案由俄罗斯和其他 47 个国家联合起草，呼吁联合国大会成立一个专家委员会，以制定一项全面的国际公约，以打击信息和通信技术犯罪行为。

在网络安全领域，联合国的作用虽然不尽如人意，但目前仍然是国际社会处理国际事务的最佳平台。信息社会世界峰会进程、联合国信息安全政府专家组及联合国网络犯罪问题政府专家组的合作动态和立法进程应予以充分关注。此外，WTO、IMF（国际货币基金组织）等普遍性国际组织关于网络安全的战略、决议、立法、工作动态等也应予以及时关注，且应就相关议题代表发展中国家提出合理、可行的建议。

---

① 参见外交部就联大进行《联合国全球反恐战略》第四次评审等答问，载中国政府网：http：//www. gov. cn/xinwen/2014-06/19/content_2704512. htm，最后访问日期：2019 年 6 月 29 日。

② 参见宋冬：《打击网络犯罪国际合作形势与展望》，载《中国信息安全》2018 年第 6 期。

对 WTO 电子商务议题所涉及的网络安全问题，需要在充分了解各国的提议和原则立场的基础上，平衡安全与发展的关系，通过各成员方的协调意志特别是推动 WTO 的改革和相关议题的实质性进展来解决此类问题。在 WTO 国家安全例外条款语境下，当一国在和平时期受到网络攻击的规模和后果尚达不到 GATT1994 第 21 条（b）款（ⅲ）项的“战时或国际关系中的其他紧急情况”时，GATT1994 第 21 条其余款项的规定不能成为受攻击国援引国家安全例外提供抗辩依据。从 WTO 部长级会议关于电子商务的宣言和声明及 WTO 成员关于电子商务议题的提案观察，当前与网络安全有关的分歧主要在于：数据本地化存储与数据跨境流动，安全可信交易环境与权益保护，发展与发达国家的责任平衡。2019 年 4 月中方通过 WTO 散发了首轮提案，中方认为，谈判应以世贸组织现有协定和框架为基础，坚持发展导向，尊重成员监管权利和发展中成员的合理诉求，推动建立规范便利、安全可信的电子商务交易和市场环境。我国应当代表发展中国家的利益，联合其他发展中国家积极参与电子商务国际规则的制定，促进全球电子商务乃至数字经济的健康、有序、可持续发展，增进各国消费者的福祉，推动世界经济持续增长。

现代经济的核心是金融，金融的核心是货币。数字货币将会成为国际社会面临的新难题，也是网络安全的国际治理需要直面的问题。2017 年 6 月，IMF 发布了一份关于数字货币和区块链技术报告，主张各国政府共同合作，积极探索发展分布式分类技术（DLT），政策制定者将需要灵活、实验性和合作的态度，并最终鼓励各国政府共同努力，为分布式分类账技术开发一套包容性的监管准则。IMF 是否发行超主权的数字货币也引起了讨论，但 IMF 没有就此作出明确的表态。在 2019 年七国集团（G7）财长及央行行长会议上，各国对类似 Libra 的数字货币在发展中可能带来的安全隐患表现出一致担忧，同时表示如果不加强对该类数字货币的监管，势必会扰乱全球金融体系的稳定。2018 年 8 月银保监会、中央网信办、公安部、人民银行、市场监管总局发布的《关于防范以“虚拟货币”“区块链”名义进行非法集资的风险提示》指出：一些不法分子打着“金融创新”“区块链”的旗号，通过发行所谓“虚拟货币”“虚拟资产”“数字资产”等方式吸收资金，侵害公众合法权益。此类活动并非真正基于区块链技术，而是通过炒作区块链概念进行非法集资、传销、诈骗。数字货币特别是比特币的监管是当前各国面临的一大难题，包括我国在内的一些国家已经立法明确禁止 ICO 并关闭了交易平台，但实践中各种数字货币层出不穷，比特币也被应用于洗钱等犯罪活动。中国人民银行经国务院批准正在组织市场机构进行央行数字货币的研发和试点，未来也必然会跨境流通，所涉及的网络安全问题也需要做好跨境流通的方案设计和对可能产生的安全风险采取适宜的对策予以积极应对。

数据资源被誉为“21 世纪的石油（金矿或钻石矿）”，已经成为与能源同等重要的国家基础性战略资源和重塑国家竞争优势的新动力。也因此，数据主权应运而生，以数据安全的名义要求数据本地化存储已经成为各国立法的一般选择。然而，严格的数据的跨境流动管制也会限制本国的数据跨境流入。GDPR 是欧盟针对个人数据保护的一项立法，将使得有关问题更为复杂。按 GDPR 的个人数据跨境转移规则，除非第三方国家或者国际组织对个人数据和隐私的保护水准与欧盟相当和作出充分保护决定，否则转移个人数据均需要获得特别授权。美国则在 TISA 谈判中提出数据的跨境自由流动。可以预见，相关的博弈仍将继续，并将发展到整个国际社会。联合国和 WTO 的相关议题已经涉及此问题，尊重数据资源主权、平衡数据安全和经济发展的关系应是数据资源国际合作开发、利用及保护的基本理念，在对数据资源进分级分类管理基础上的惠益分享将可能是解决数据资源的国际合作问题的可行方式。

3. 重视网络安全的“合法”威胁和采取适当的法律对策

华为事件等一系列的事件表明，在“逆全球化”中，以网络安全为名的“泛网络安全”和“长臂管辖”需要引起高度警惕。网络安全新型“合法威胁”之所以被称为“合法威胁”，并非指其符合国际法的要求，而是以其国内法为依据为其合法性寻求依据，或者以其国家安全为由滥用国家安全权，或者肆意运用法律工具曲解国际法，甚至置国际法于不顾，从而为网络霸权主义等非法行为谋求合法性依据。网络安全“合法威胁”因其披上了“合法”的外衣，从而具有极强的隐蔽性、迷惑性，国际社会尚未充分认识到其隐蔽性、非法性及危害性。因此，需要揭示其本质特征和对全人类利益的危害性，唤起国际社会的警醒，进而采取有效措施反击和遏制网络安全的“合法威胁”。

网络安全的“合法威胁”目前主要是利用国内法手段为其不法行为寻求法律依据，并借助“长臂管辖”和霸权制裁实现其不当目的，但从《塔林手册》的形成和演变观察，不排除其逐步谋求国际法上的合法性的可能性，应综合运用国际法和国内法对策“双管齐下”应对网络安全的新型“合法威胁”。国际法方面，建议采取下列对策：推动形成网络安全领域的国际共识和基本准则；倡导网络空间命运共同体，确立网络安全国际治理的基本原则和主张；加强国际合作，充分发挥联合国及其专门机构的作用，着重于建立反对网络霸权主义的国家间的网络安全合作机制；对网络攻击有权采取国际法上的单独或集体自卫措施；重视 WTO 安全例外条款的解释和适用，反对“双重标准”，充分利用 WTO 争端解决机制反击网络霸凌主义；维护信息技术中立和产业全球化，共同遏制滥用信息网络技术和产业优势；反对滥用国家安全权，维护全球供应链安全。国内法方面，建议采取以下对策：加强各国的国内立法应对网络安全新型“合法威胁”；以受威胁国的国内法为依据对网络安全的“合法威胁”进行反击；以网络安全“合法威胁”国的宪法或法律证明该“合法威胁”的非法性。

我国建立的外商投资国家安全审查、国家技术安全清单管理、不可靠实体清单等制度也是这方面的有效举措。2018 年 3 月 18 日国务院办公厅印发了《知识产权对外转让有关工作办法（试行）》，对技术出口、外国投资者并购境内企业等活动中涉及国家安全的知识产权对外转让行为进行审查。审查类型包括专利权、集成电路布图设计专有权、计算机软件著作权、植物新品种权等知识产权及其申请权。转让行为包括权利人的变更、知识产权实际控制人的变更和知识产权的独占实施许可等三种主要情形；审查内容包括知识产权对外转让对我国国家安全和重要领域核心关键技术创新发展能力的影响。2020 年 4 月 13 日国家互联网信息办公室、国家发展和改革委员会、工业和信息化部、公安部、国家安全部、财政部、商务部、中国人民银行、国家市场监督管理总局、国家广播电视总局、国家保密局、国家密码管理局联合发布了《网络安全审查办法》，目的是确保关键信息基础设施供应链安全和维护国家安全，网络安全审查重点评估采购网络产品和服务可能带来的国家安全风险。网络安全审查坚持防范网络安全风险与促进先进技术应用相结合、过程公正透明与知识产权保护相结合、事前审查与持续监管相结合、企业承诺与社会监督相结合，从产品和服务安全性、可能带来的国家安全风险等方面进行审查。①

党的十九届四中全会通过的《中共中央关于坚持和完善中国特色社会主义制度 推进国家治理体系和治理能力现代化若干重大问题的决定》指出：“坚持

---

① 本办法自 2020 年 6 月 1 日起实施，《网络产品和服务安全审查办法（试行）》同时废止。

总体国家安全观，统筹发展和安全，坚持人民安全、政治安全、国家利益至上有机统一。以人民安全为宗旨，以政治安全为根本，以经济安全为基础，以军事、科技、文化、社会安全为保障，健全国家安全体系，增强国家安全能力。完善集中统一、高效权威的国家安全领导体制，健全国家安全法律制度体系。加强国家安全人民防线建设，增强全民国家安全意识，建立健全国家安全风险研判、防控协同、防范化解机制。提高防范抵御国家安全风险能力，高度警惕、坚决防范和严厉打击敌对势力渗透、破坏、颠覆、分裂活动。”“健全外商投资国家安全审查、反垄断审查、国家技术安全清单管理、不可靠实体清单等制度。”上述决定对于完善我国网络安全治理机制和应对网络安全的“合法威胁”具有重要的指导意义。

针对一些外国实体出于非商业目的，对中国企业采取封锁、断供和其他歧视性措施的行为，商务部于 2019 年 5 月 31 日宣布，根据相关法律法规，中国将建立“不可靠实体清单”制度。中国政府在决定是否将某个实体列入“不可靠实体清单”时，会综合考虑四方面因素：该实体是否存在针对中国实体实施封锁、断供或其他歧视性措施的行为；该实体行为是否基于非商业目的，违背市场规则和契约精神；该实体行为是否对中国企业或相关产业造成实质损害；该实体行为是否对国家安全构成威胁或潜在威胁。对列入清单的实体，中方将依据对外贸易法、反垄断法、国家安全法等有关法律法规和行政规章，采取任何必要的法律和行政措施。① 2020 年 1 月 1 日开始施行的《外商投资企业法》第四条确立了国家对外商投资实行准入前国民待遇加负面清单管理制度，第三十五条规定国家建立外商投资安全审查制度，对影响或者可能影响国家安全的外商投资进行安全审查，依法作出的安全审查决定为最终决定。2020 年 1 月 1 日开始施行的《外商投资企业法实施条例》对负面清单制度做了细化规定。②

4. 跨国网络企业与网络安全的国际治理机制

互联网具有全球性、虚拟性、非管理中心化的特点，网络安全的国际治理往往需要通过跨国网络企业来实现，但这恰恰是当前网络安全的国际治理

---

① 参见于佳欣：《谁会列入“不可靠实体清单”？中国明确四种考虑因素》，载新华网：http：//www. xinhuanet. com/2019-06/01/c_1124571988. htm，最后访问日期：2020 年 1 月 19 日。

② 《外商投资企业法实施条例》第三十三、三十四、三十五条。

的难点。

2013 年发生的微软境外数据调取一案中，美国纽约某地方法院要求微软提供某位 Hotmail 用户的邮箱中的内容，但这些数据存储于爱尔兰，履行美国法院的要求就意味着违反爱尔兰当地的隐私保护法。由跨国互联网企业承担更多的社会责任是可以预见到的事情，未来大量的情报收集工作很可能寄生于互联网公司的资源和技术之上。但是，面对端对端技术，传统的数据留存加解密技术的做法已然失灵。即便拿到了原材料，往往解密得到的结果是一串乱码。①

我国《反恐怖主义法》第十八条规定："电信业务经营者、互联网服务提供者应当为公安机关、国家安全机关依法进行防范、调查恐怖活动提供技术接口和解密等技术支持和协助。" BBC、路透等西方媒体报道，西方国家对中国反恐法中要求国际电讯公司合作的条文表达关切，也担心反恐措施是否会侵犯公民组织的合法权益。针对类似疑问，全国人大法工委刑法室副主任李寿伟表示：恐怖主义是对国家安全、公共安全、公民生命财产安全的重大威胁，所以强化反恐怖主义措施，有效地防范和打击恐怖主义活动，这本身就是人权保障的一个重要方面。在反恐怖主义措施当中要赋予执法机关必要的手段，同时要加强对执法的规范，要防止执法手段本身侵害公民和组织的合法权益。制定第十八条的原因，是因为现在随着信息技术的发展，越来越多的恐怖分子利用网络宣扬煽动恐怖主义，利用网络组织策划实施恐怖活动。网络恐怖主义活动已经成为国际公害。美国、欧盟等的法律，都对网络运营商和网络服务商的一些协助义务在法律中有明确的规定。《反恐怖主义法》的相关规定，符合反恐怖主义工作的实际，也是同世界上主要一些国家的规定基本一致的。②

平衡网络反恐和隐私保护、言论自由、通信自由是普遍赞同的观点，但对于如何平衡在实践中有难度。有一点应该是没有异议的，即原则性和灵活性相结合，根据网络安全形势动态调整和平衡各方的关系。如果从人权的角度去

---

① 参见李汶龙：《靠互联网公司反恐？——2015 国际反恐的最新立法及其影响》，载智合东方网：https：//www. zhihedongfang. com/15644. html，最后访问日期：2019 年 7 月 3 日。

② 参见郭金超、马德林、蒋涛：《人大法工委：强化反恐措施与尊重保障人权相辅相成》，载搜狐网：http：//www. sohu. com/a/50823777_121315，最后访问日期：2020 年月 1 月 19 日。

看，网络反恐就是为了维护人权。当前网络安全形势非常严峻，甚至在不断加剧，可能引发的社会后果难以估量，对于网络反恐和惩治其他严重网络犯罪而言，隐私保护、言论自由、通信自由更多的是大型跨国互联网企业的借口，其本质目的是试图建立独立于公权力之外的“独立平台”甚至“平台帝国”，而非关注私权利或人权的保护。

随着超联结社会的到来，由资本和技术联姻下的超级网络平台不断崛起，其拥有的超级权力越来越成为双刃剑。这种超级权力既创造了巨大的社会福利，谋求了超级利润，同时也因为权力的失衡和治理能力的严重不对称，带来了极大的社会治理问题，甚至冲击国际政治和国际秩序。在资本和技术的加持下，超级网络平台的私权如何继续扩张，利用私权扩大对公权的影响，甚至侵袭公权的界限，如何处理好私权与公权的关系等，都将是平台经济时代超级网络平台与政府共同面临的新课题。最终的目标应该是通过与时俱进的全新治理机制，有效驾驭超级权力，既有利于网络平台健康发展，又能够在新形势下促进国家治理和全球治理。① 总体而言，跨国网络企业的权利、义务及责任是争议较大的问题，但对于网络安全的国际治理机制而言，跨国网络企业特别是大型的跨国网络企业的作用不容低估，平台虽非治理的中枢环节，但往往是治理的着力点，在信息化和全球化交融发展的背景下，相关的国际规则需要就此作出积极回应。

---

① 参见方兴东、严峰：《网络平台的“超级权力”的形成与治理》，载《人民论坛·学术前沿》2019 年第 14 期。

第二章
网络安全法律与政策的全球实践

习近平总书记提出："网络安全的本质在对抗，对抗的本质在攻防两端能力较量。"中美未来对抗与博弈的主战场在网络空间，两国能力较量的焦点是网络治理话语体系，而中美网络治理话语权的争夺主体体现为网络政策和网络法律等话语权的争夺。当前网络空间安全发展处于传统安全持续影响、数据安全迅猛崛起、关键基础设施安全核心化、物联网安全隐患突出等发展现状，不仅面临着网络霸权主义崛起、新技术发展副作用不断凸显、网络空间混乱之治、监控资本主义发展等因素的影响，还面临着国家网络战、跨国犯罪组织、黑色产业链和无政府主义等重大威胁。这为我国维护网络安全、推动国际网络空间治理带来了很大的难度和挑战。我国网络空间安全发展最大的矛盾是人民日益增长的美好生活需要和网络空间不平衡不充分的发展之间的矛盾。

网络离不开稳定的秩序。有效地利用政策和法律实施网络治理是国家主权的重要体现，而网络空间治理的水平和能力是国家治理能力体系化和现代化的重要内容。本书挑选了全球具有代表性的网络大国、地区和相关国际组织，通过对这些主体在网络空间的政策和立法等体系化比较研究，为我国推动网络空间政策和立法提供相应的参考物。

习近平总书记指出，"中国走向世界，以负责任大国参与国际事务，必须善于运用法治。在对外斗争中，我们要拿起法律武器，占领法治制高点，敢于向破坏者、搅局者说不。"在比较和借鉴全球网络安全政策和立法发展基础上，本书立足于我国实际需求，按照国家"坚持底线思维着力防范化解重大风险"的要求，提出相应的政策、理论、立法和司法建议，为有效防范"黑天鹅"

和“灰犀牛”事件纳言提议，以期服务于国家重大战略需求，助力我国的网络空间法治体系现代化建设，有效保障主权安全、政权安全和人民安全。本书力图按照“总体国家安全”和“网络命运共同体”的要求，积极参与和推动全球网络空间治理，贡献“中国方案”“中国力量”和“中国智慧”。

一、全球网络安全发展的整体检视

（一）全球网络安全发展的现状

1. 传统安全仍在持续影响

互联网诞生的第一个20年是1980年至本世纪初，这段时期被称为“互联网1.0时代”。这一时代以“终端和网民的连接”为主的信息交换，网页是只读的，用户只能搜索、浏览信息，被动地接受网络信息的单向传播，个人与计算机系统的互动程度被降到了最低。在此阶段，计算机系统与个人之间的相互独立自是不必说，甚至各个计算机系统之间的互联互通都无法实现。这个时代不仅见证了互联网技术的腾飞，还目睹了各种计算机病毒和漏洞的侵袭。世界上的首例计算机病毒出现于1987年。截至目前，全世界已有几万种病毒，令人担忧的是计算机病毒还在以几何速度递增，也就是说，任何计算机技术的重大突破都不可避免地伴随着新型病毒的出现。1995年，计算机Java语言的出现极大推进了互联网程序开发，同时还具备安全的存储分配模型，然而JavaSnake病毒就直接通过该语言的运行来获取用户的关键资料。除此之外，邮件服务器也成了不法分子散播病毒的手段，例如破坏文件的Mail-Bomb病毒，它的出现大大降低了互联网的运行效率。

同时，未知病毒和后台漏洞使传统网络防御手段变得不堪一击。传统的网络防御侧重事后的防御措施，在传统的网络架构之上建立涵盖防火墙、入侵检测、数据加密在内的立体防御体系保证网络和应用软件的安全，然而，这样的技术是建立在静态的网络配置之下的，也就是说是基于不变的一系列配置信息，包括网络节点地址、网络协议等，只要攻击者获取这些信息，有针对性的网络攻击就变得轻而易举了。面对已知病毒的攻击，传统防御模式是有效的，但是它无法解决未知病毒或者后门漏洞，只能依靠事后的安全审计才有可能发现，但那时已为时已晚。此外，这个时期网络黑客入侵计算机系统的事件开始大规模出现。传统网络安全设备并不能完全阻挡恶意的网络攻击、窃取网络数据和破坏应用软件的行为。因为传统的网络攻击就是凭借网络信道，再利用恶意软件来偷偷地传输数据，以达到窃取数据的目的。2007年，“熊猫烧香”病毒以极快的速度席卷了中国互联网系统，数百万件企业、个人文件的丢失，给我国带来上亿元的经济损失，该病毒也被视为我国最严重的病毒之一。在黑客攻击下，系统宕机和操作系统碎片化的现象频现。如Gitlab服务曾遭受DDoS攻击，使得数据库被锁定，最后网站出现大面积的宕机现象，当维修人员试图对不同步的数据库进行修复时，由于碎片式的操作系统而导致错误的执行了对数据库目录进行删除的命令，造成大量数据的销毁，Gitlab服务不得不下线。

从2000年起，互联网步入了第二个阶段，即互联网2.0时代。这个时代的显著特征是双向互动，不管是网民之间还是网民与网络之间的信息都能够进行主动的“点对点式”的交换。云存储、智能设备等快速普及更是快速推动互联网的发展，用户通过网络应用在平台进行信息交换，然而平台集中式的数据存储方式也会引发很多问题。相较于过去网络安全集中于对计算机系统的攻击，这一时期的网络安全的威胁更多地来源于恶意软件威胁、云存储攻击、数据保护等方面。

一方面，恶意软件和木马取代病毒，而传统的网络安全技术无法因对恶意软件和木马威胁。通过互联网2.0组建社区，通过社区交流制作木马的经验，分享黑客代码，开展黑客技术培训，甚至出售现成的木马黑客工具，传统的病毒传染方式已经为新型的网络漏洞攻击所取代，因为它能极大地降低制作木马、黑客工具的技术要求和成本。从事黑客的人员数量不断增多，甚至形成相互协作的技术、经济产业链。互联网2.0社区的虚拟性和分散化，使得针对木马黑客的打击变得困难，很难追溯到攻击源头，木马的样本难以采集使得传统的杀毒软件难以进行查杀。

另一方面，集中式的数据存储平台成为攻击重点。互联网2.0时代的系统架构大多基于服务器，而这一时代的显著特征是平台充当了用户数据的管理者，所有数据集中地存储在访问权不在我们手中的服务器当中，用户想要获取数据只有通过网络发起查询请求，这样一来，数据存储机构很难不发生腐败问题，当数据出现故障也无法界定是人为还是机器问题，因此，针对集中式的数据存储结构具有各种潜在的故障点。这一时期对计算机系统本身产生的攻击行为呈下降趋势，网络攻击直接转向了对财产权、隐私权、数据使用权、软件使用权的侵害上。例如：酒店住宿信息泄密、盗刷用户银行账户等。2017 年，洲际酒店的旗下分店出现了大规模的支付卡信息泄露现象，并且黑客袭击的绝大多数分店都位于美国，受到影响的酒店包括伍德酒店、假日酒店等。黑客利用房卡上的磁条获取了持卡人的一系列数据及个人隐私，并从中攫取了大量利益。同年，中国出现某电商工作人员与贩卖个人信息的犯罪团伙合作，入侵互联网公司的服务器泄露公民敏感信息，造成大量经济损失。此外，网络社会工程学快速发展。人始终是网络安全中最薄弱的环节。网络的依赖性增强以及应用环境的复杂，使得很多安全威胁通过终端从内部入侵，但是内部的网络攻击很难通过网络边界设备有效地进行过滤。

2. 数据安全已经迅猛崛起

在当今时代，数据被认为是重要的国家战略资源以及生产要素。现代技术的发展使得数据的存储、分享越来越方便，但同时，信息安全和数据传输隐患也越发突出。数据安全已经成为能够深度影响到国家安全、社会安全和公民安全的重要问题：首先，数据安全的不利影响可能危及国家安全。根据美国媒体的报道，在 2016 年美国大选期间，特朗普阵营聘用的“剑桥分析”就在收集脸谱网上 5000 多万名美国用户的数据，以便预测和左右选民的大选投票意向，企图通过对用户的数据分析影响国家的政治决策。其次，数据安全危及社会安全。缺乏对数据防护的全面的保障体系。传统算法加密程序繁琐导致加密速度慢，保护范围具有局限性。对于数据保护需要采取法律、经济、技术等多种方式相结合的手段，既要确保技术支持，又要调动社会力量进行监督，构建政府执法管理、企业遵守规则、公民配合的保护体系。同时，漏洞扫描和供给监测技术仍然是数据平台的薄弱环节。数据平台仍在采用传统的网络防护手段，且较少关注到隐蔽的攻击方式，导致预防手段不足。再次，常态化的个人隐私和商业信息泄露现象使得个体安全面临巨大威胁。2018 年 1 月，伟易达的安全漏洞致使数百万名家长和孩子的数据遭曝光，被处以 65 万美元的罚款。2018 年 2 月，脸谱网在未告知比利时用户的前提下违法收集网民的个人信息、浏览网页信息，侵犯个人隐私权，触碰了比利时隐私法。此外，数据泄露的溯源技术尚不成熟。目前已经有较为完备的技术支持应对数据泄露问题，然而确保数据处理过程中的机密信息以及数据流动路径追踪溯源问题尚未找到有效的解决方式。

对此，面对数据泄露和滥用方面的威胁，各国采取了一些应对措施：第一，出台了一些数据安全保护方面的法律法规。欧盟的《通用数据保护条例》（GDPR）于2018年5月正式生效，爱尔兰、塞尔维亚等欧盟国家都需参照GDPR的内容制定法律法规或者自行发布国内与数据保护相关的规定，而阿根廷、巴西、伊朗、印度、泰国等非欧盟国家，则调整当地的数据保护法规，使其与GDPR保持一致。第二，加强对数据流动问题的讨论。2018年，巴西提出了关于促进网络数据流动规则制定问题的文件，希望世界贸易组织尽快将其纳入议事日程。2018年7月，欧盟与日本在数据的自由流动问题上形成了统一意见。同年10月，欧盟通过了名为《欧盟非个人数据自由流动条例》的文件，旨在消除成员国数据本地化的限制。第三，推行更为严格的数据安全执法调查。2018年8月，韩国政府对20家跨国公司的在韩办事处展开用户数据的安全审查。10月，欧洲数据保护监督官员称，将在2018年底对外公布第一批依据GDPR处罚的情况，并依法实施制裁。

通过资料发现，即使各国已经采取一些必要措施来保障数据安全，却不免存在一些漏洞：第一，从技术层面来说，典型的新一代互联网技术包括移动互联网和云计算等内容，它们对应用环境中的数据传输、存储、处理有更高的要求，然而目前的数据安全技术上不足以支撑新技术的发展；第二，从监管方面来说，对于海量的网络数据缺乏快速有效的分析方法，使得对新型的网络安全的威胁监控不到位，造成数据泄露；第三，从全球数据法规的规章制度来说，各国对于数据泄露等方面的问题尚未形成协调一致的法律规范，阻碍全球数据安全的保障工作。同时，各国的网络安全评估体系不够完善。目前的网络安全检查工作聚焦寻找漏洞，但对于漏洞修复的奖励措施还有对漏洞等级的评估体系存在空缺。

3. 关键基础设施安全成为安全的关键核心

互联网关键基础设施是“一国之命脉”，一旦出现功能丧失或者数据破坏的情况，甚至会对国家造成不可挽回的后果。如今，随着科技的进步，国防、军事、金融、能源、通信等领域与网络的关系日益紧密，与此相对的网络攻击也在不断升级。实际上，互联网关键基础设施的安全问题远比我们想象的要更加严峻，针对该领域的攻击很容易得逞。攻击者往往出于政治或军事打击的目的，对金融、能源等关键领域进行攻击，主要的网络安全事件包括：破坏国家系统、泄露机密信息以及窃取金融资产等。甚至有国家提前规划部署对他国关键基础设施的网络攻击，例如2012年美国在俄罗斯电网系统中植入病毒，作为未来发起网络攻击的前期准备工作。此外，关键信息基础设施的渗透和控制使网络安全面对严峻挑战。隶属于NSA的“方程式”组织攻击中东SWIFT金融服务提供商一事就是“方程式”组织利用国家网络武器，通过层层渗透控制商业组织网络，以获取关键信息，进而实现获得该组织的实际控制权的目的。因此，全球的互联网关键基础设施都在同时遭受内部和外部的网络攻击。下面以金融、能源、通信领域为例，具体阐述各国面临的互联网关键基础设施的威胁。

2016年和2017年是金融机构深受网络攻击之苦的两年，给全球经济造成了巨大的损害。而金融领域中最高危的要数SWIFT（环球银行金融电信协会，或指该协会运营的世界级金融电文网络）受到攻击，也就是利用SWIFT系统存在的安全漏洞发起攻击。2016年，一起高达一点多亿美元的网络案件就波及了孟加拉央行和纽约联邦储蓄银行，要不是其中一笔交易因为出现拼写错误而引发广泛质疑，只怕会带来更多经济损失。2017年，全球十多家银行的SWIFT系统遭到网络攻击，攻击者利用恶意软件在全球任意的金融机构提取现金。

能源一直是关乎国计民生的重要方面，一旦出现问题，不仅会带来断水、断电等生产安全事故，更会导致地质信息、军事情报等重要资源的泄露。能源业的主要安全问题发生在两个方面：第一是受到网络攻击而出现的断网现象；第二是电信系统本身面临信息泄露的风险。几乎所有国家都面临网络战争的威胁，甚至有学者将我们所处的时代称为“网络战时代”。俄罗斯国际信息安全协会理事长阿纳托里·斯米尔诺夫在2019年中国互联网安全大会上表示：2018年，俄罗斯重要信息基础设施受到的网络攻击超过43亿次，而其中超过80%的攻击行为都出自美国。2017年1月土耳其部分地区出现了长时间的停电现象，能源部长表示这是由于地下电路的破坏以及美国的网络攻击造成的。2017年一位美国工程师为报复公司的解雇，利用攻击语言破坏美国东海岸的多个供水设施。而能源也会涉及国家信息的泄露。2017年，据美国知情人士爆料，维德路特公司制造的油品液位仪的漏洞问题给攻击者提供了袭击的可能。只要找到配置错误的telnet端口，攻击者就能获得包括油品监测和库存管理系统在内的信息。并且，攻击者只需要串口线就能实现对加油站设备的物理控制。可见，网络漏洞会给国家安全造成了巨大的安全隐患。

（二）全球网络安全发展的背景

1. 网络霸权主义的崛起

随着网络技术在全球的进一步发展，网络霸权主义趋势逐渐出现，下文将以美国举例，从政治、经济、文化三个层面分别探讨其网络霸权主义行为，以及对全球网络安全的影响。

作为互联网技术的发明者，美国一直在全球网络空间发展中牢牢占据着绝对优势，并将网络作为工具实施其霸权行为。

在政治层面，肆意侵犯他国政治主权，扩大本国政治权力，依靠宣扬“网络自由”试图模糊网络国界。早在 2009 年，美国就宣布实施“公民社会 2.0”计划，旨在训练和帮助世界各地的地方性非政府组织使用互联网，以提高其组织和通信水平，使他们的抗议活动更有效。而该计划最成功的实施当属 2011 年突尼斯的“茉莉花革命”，由于美国维基解密揭露的外交电文激起了突尼斯民众的不满情绪，成为该国骚乱爆发的重要导火索，最终引发时任总统政权倒台。此举充分反映了美国通过互联网技术支持其他国家或地区的反政府运动，以培养有利于自身的“政治傀儡”，扩大其在全球的政治影响力，严重侵犯了他国的政治主权，这正是美国网络政治霸权主义的表现。

在经济层面，美国主要是依靠谷歌、微软、英特尔、亚马逊等网络跨国公司，由它们掌握全球互联网的主要信息生产与信息交流通道，并制定现行网络规则与标准以约束其他国家和他国企业，从而，事实上由美国掌握全球互联网经济的绝对控制权。同时，这些网络巨头通过为用户之间互相传递信息就能营利，比如谷歌旗下的视频分享网站 YouTube，自身并不产出视频，上传视频的博主可能是韩国人、澳大利亚人或墨西哥人，而谷歌仅靠视频播放前的网络广告收入每年就能为美国带来巨额经济收益，在此过程中，势必无偿占有了其他国家的信息资源，对于其他国家来说也是一种经济霸权主义。

在文化层面，网络空间作为一种信息传播和交流的工具，需要一定的语言文字载体，而国际互联网信息中大部分是用英语为主要传播途径的，英语成为网络通用语言，其背后的文化信息和语言逻辑会极大地影响网络用户，再次加强话语霸权。美国同时极其注重文化产业发展，不遗余力在全球网络空间推广其电影、电视、音乐等产业，无形中提高美国文化的网络号召力，进一步削弱各国本土文化在信息时代的影响力，最终使美国文化成为全球网络主流文化。

2. 人工智能和大数据等技术发展

进入21世纪，随着互联网发展和计算机技术的成熟，人工智能和大数据已成为全球信息时代的重要关键词。以下将讨论其对网络安全的影响。

大数据通俗来说可以理解为超出传统数据规模的、难以用常规工具处理的大型数据或数据库的集合。大数据技术则是指在此基础上的对大数据的搜集、存储和分析能力。而人工智能即对人类思维能力、分析能力等相关能力的延伸，将其赋予到机器或程序上，使之能对大数据的处理和分析更深入有效。对这两种技术的应用已随着人类实践的发展拓展到社会生活中的方方面面，包括商业、社交、医疗，甚至政府服务。

在这个大背景下，各行各业都在努力发现和利用大数据的价值。商业公司借助自身产品或平台优势，搜集尽可能多的用户资料，借助大数据技术分析其偏好，从而进行精准的广告营销或定制服务；社交媒体凭借用户信息也可以准确推送“可能认识的人”，不仅扩大用户范围更提高用户对社交媒体的依赖性；传统的医疗服务，只能解决患者已产生的疾病，而在大数据技术的帮助下，能够通过处理大量生物医疗数据，预测新药物研发方向，为发现新的治疗手段提供线索；政府部门更是能够通过大数据技术提高决策效率、预估政策结果，减少政策风险。

但从另一个方面来看，技术迅猛发展的背后也存在许多问题。“2018年度社会生活类十大流行语”之一的“大数据杀熟”即为一例，指的是互联网企业会根据不同用户信息所反映的产品偏好设定不同价格，谋求更高利益，引起了用户们的强烈不满。2019年8月，AI换脸App也被质疑滥用用户数据，强制协议规定永久免费使用用户肖像权，引起抵制；美国旧金山一营销公司搜集Facebook旗下社交软件Instagram用户的公开贴文、个人信息及造访地区等数据，并依此投放广告。

这些大数据技术应用过程中暴露出来的问题，不仅仅是个人信息泄露，更反映了全球性的数据安全管理薄弱，个人和组织缺乏信息管理意识，国家和政府缺失网络监督体系和立法规范。大数据时代，以数据为重要特征的网络信息会发挥越来越重要的作用，信息安全或网络空间安全将不再是局域性或者行业性问题，而是新型的国家安全问题。

3. 网络空间的治理难题

随着全球参与使用互联网的人数不断增长，网络成为人们社会生活日益重要的组成部分，网络空间成为继陆地、海域、空域、太空后的全球第五大空间。网络空间既包括狭义上虚拟的网络互联与通信信号所构成的互联网，也应包括建立这一联系的实体计算机设备、信号传输设备及通信规则。然而，由于目前全球网络技术发展水平各异、各国治理能力参差不齐等多种原因，网络空间治理仍呈现出一个较为混乱无序的状态，并极大地影响了全球网络安全。下文将试从三个方面总结全球网络空间治理的现状，并分析其背后的原因。

不同于主权国家的领域分明，网络空间不具备清晰的边界线，且具有典型的“全球互联”的特征，因此网络治理主体始终存在争议。首先，各网络发展大国都已将网络空间安全视为国家安全战略的重要组成部分，并制定了相应的法律政策，例如日本政府 2010 年发布的《网络安全战略》，美国 2011 年发布《网络空间国际战略》，中国也于 2017 年制定了《网络空间国际合作战略》。然而除主权国家外，国际上还存在许多非营利性组织制定影响全球网络空间发展的规则，例如，互联网名称与数字地址分配机构（ICANN）、联合国国际电信联盟（ITU）、国际网络安全保护联盟（ICSPA），它们都在各自侧重领域发挥着巨大影响力。对于不同的主权国家和国际组织，所制定的网络规范可能存在着互相冲突，但治理主体各自为政，缺少一致认可的权力机构协调全球网络空间治理，可以被认为是现状混乱的原因之一。

目前，以中国、俄罗斯为代表的许多发展中国家主张全球网络空间的“多边主义”治理模式，即效仿传统的主权国家“领土”观念，将网络空间视为领土，任何国家不得干涉别国内政。然而以美国为代表的西方网络强国，主张“多利益攸关方”治理模式，倡导所有参与网络行为的主体和利益攸关方，包括政府、国际组织、私营企业、公民个人都应参与治理。事实上，这种看似宣扬网络开放自由的模式背后掩盖了美国政府实际操控国际组织的行为。“斯诺登棱镜门”事件向我们揭露了美国在全球网络空间中的监视行为，暴露其实际控制行为。因此，各国家实行的国内对网络空间治理的政策法规约束还具有较大差异，缺少共同遵守的国际规范，不能形成一致认同的治理体系，也是造成混乱的原因之一。

最后，是网络空间本身所具有的复杂特性，造成了治理的难度。作为虚拟空间，网络每时每刻都在产生巨大的信息数据量，动态变化极快，现有的公共安全基础治理方案可能并不适用，客观上对治理能力有较高要求。其次，网络空间对不同的行为主体来说有不同的含义，对公民个人来说可能仅仅是获取信息和沟通交流的媒介平台；对私营企业来说，网络空间是能够帮助获取商业价值和财富的市场；但对国家和组织来说，网络空间可能是提升其地位和影响力的领域之一，不同的目的构成了各行为主体在网络空间产生实践活动的方式不同，增加了治理难度。

（三）全球网络安全发展的威胁

网络空间的主要特征有：载体虚拟数字化、开放隐蔽性、高效率低成本性。随着网络的兴起与迅速发展，信息革命和全球化使人类对网络的研究利用达到了新的高度，丰富了人们的互动模式，提高了全球资源共享率，给人类生活提供了巨大的便利。与此同时，网络也在人们的日常生活与社会生活中都扮演着重要的角色，所以说，我们的生活离不开网络。但是接踵而至的是形形色色的网络威胁，网络攻击事件频繁发生、网络犯罪屡禁不止、国家间网络攻防如火如荼，这使得大家在使用互联网时，就面临着个人数据或是商业数据流失的威胁，同时也不利于互联网的蓬勃发展。2019 年，全球网络攻击案件频发，世界经济论坛首次将网络攻击纳入了全球风险排名前五，使之成为了 2018 年第三大风险因素。①网络安全面临的主要威胁来源有四种：国家间网络战、网络犯罪组织、网络黑色产业链以及个人黑客攻击。

1. 国家间的网络战

目前全球网络安全形势复杂多变，单边主义抬头、监控资本主义兴起、技术发展的失衡以及国际统一规则的缺失使得各国为了维护本国的利益，开始打起了“网络攻防战”，如网络监控和网络攻击等，由此导致了国际形势的不稳定，国家间的互相不信任、不合作，并且也阻碍了全球网络命运共同体的繁荣发展。比较常见的表现形式就是国家间网络战，网络战是利用计算机系统有组织地对另一个国家发起破坏性的攻击以达到政治目的，利用网络手段达到与现实战争相似的状态。例如 1998 年的科索沃攻击，美国采取了网络攻击来打击塞尔维亚的防空体系，以及 2008 年的格鲁吉亚攻击，②俄罗斯对格鲁吉亚的公

---

① 赛迪智库网络安全形势分析课题组：《2019 年中国网络安全发展形势展望》，载《中国计算机报》，2019 年 4 月 1 日。

② 参见 Freebuf：《全球国家“破坏性网络攻击”30 年 Cybereason 情报组报告》，载 FreeBuf：https：//www. freebuf. com/articles/network/142729. html，最后访问日期：2020 年 5 月 4 日。

共和私人网站展开大规模的 DDos 攻击，导致格鲁吉亚大部分网站瘫痪。在 2015 年，中国发布的网络安全蓝皮书中称，网络冲突和攻击将会成为国家间网络对抗的主要形式，比如，俄罗斯卡巴斯基公司指责美国“方程式小组”通过植入间谍软件，感染伊朗、俄罗斯、中国等 30 多个国家的军事、金融、能源等关键部门的上万台电脑。①

由于国家组建网军、网络武器的低成本和高收益，以及互联网和信息化的迅速发展，使得各国之间也不再仅仅是军事或经济实力上的较量，更多的是国家间的网络信息攻防，全球网络对抗态势进一步加强，网络安全形势更加严峻。据统计，全球已经有 120 多个国家正在具有网络作战力量，② 研发基于互联网的攻击性武器，美国、俄罗斯、欧盟等互联网大国纷纷将网络安全作为衡量国家安全的一项重要指标，在许多国家和组织的顶层规划中，网络对抗战略意识比较明显，积极组建网络部队，形成强有力的作战能力，希望在信息时代占据绝对优势。例如，2019 年 6 月，立陶宛宣布欧洲联盟 9 个成员国将成立快速回应小组对抗网络攻击；③ 7 月，美国发布《2019 年国防授权法案》，明确将中国、俄罗斯等国列为美国国家安全“威胁”，建议增加网络冲突前线的军事部署；10 月，北约提出将成立网络指挥部④，以全面及时掌握网络空间状况，随着各国网络安全政策的调整，在国际社会激发了国家间网络军备竞赛，网络空间争夺也越来越激烈，潜伏的不稳定状况依然持续威胁着国际社会的安全。

2. 网络犯罪组织

网络犯罪成本低、传播速度快、传播范围广。⑤ 互动性高、隐蔽性高以及具有严重的社会危害性，其最大的特点就是扰乱网络世界的安全与秩序以及信息的真实性。根据网络犯罪使如何使用网络来进行犯罪来分类，一共有三个发

---

① 惠志斌、覃庆玲：《网络空间安全蓝皮书：中国网络空间安全发展报告（2016）》，社会科学文献出版社 2016 年版，第 36 页。

② 刘志强、赵磊：《信息时代背景下的网络战与国际政治》，载《东南亚纵横》2002 年第 8 期。

③ 参见赛迪智库网络安全形势分析课题组：《2019 年中国网络安全发展形势展望》，载《中国计算机报》2019 年 4 月 1 日。

④ 参见赛迪智库网络安全形势分析课题组：《2019 年中国网络安全发展形势展望》，载《中国计算机报》2019 年 4 月 1 日。

⑤ 安于茉：《虚拟世界“罪”该何当》，载《中国信息安全》2011 年第 10 期。

展阶段：第一个阶段是以网络为对象的犯罪，第二个阶段是以网络为工具的犯罪，第三个阶段是以网络为空间的犯罪。①目前的网络犯罪是以三种形式并用的形态发展的，其中以网络为空间的犯罪也就是第三阶段的网络犯罪形式比例整体趋重。对网络进行有意图的恶意破坏和攻击都属于网络犯罪的表现形式之一，最常见的是网络攻击，因为网络攻击的形式多样，并不固定，而且对技术的要求没有那么高，所以基本上每个使用网络的人都遭遇过网络攻击，所谓网络攻击，即通过网络漏洞以及网络的安全缺口来进行攻击的行为。常见的网络攻击有特洛伊木马、网页或者邮件诈骗、黑客入侵等。由于网络攻击行为，个人信息被大量外泄，网页内容被篡改，网络运行出现障碍等，造成大量损失和社会危害。

网络犯罪组织是不法分子组织利用网络技术对其网络系统或信息进行攻击、破坏或利用网络进行经济犯罪或其他犯罪的总称。这些网络犯罪组织主要的犯罪行为就是经济犯罪，即以经济利益为目的的犯罪。如 Gaza 犯罪组织，与一般以经济目标为主的犯罪组织不同，这个组织是一个以政治为目的的网络犯罪组织，该组织于 2012 年出现在阿拉伯他们的攻击目标遍及全球。② 有最新研究发现了一个令人惊讶的趋势：网络犯罪组织已经不满足于对网络个人用户进行网络攻击，他们的“胃口”变得更大，将犯罪目标转向了企业或者财团，主要是全球内知名的金融公司和组织，进行网络恶意勒索，并且通常数额巨大。目前全球网络用户超过半数以上，而且还在以十分快的速度不断增长，使网络犯罪分子的犯罪空间不断扩大，网络犯罪组织的数量也是如雨后春笋般越来越多。

3. 个人黑客攻击

黑客是从事恶意破解商业软件、恶意入侵别人的网站等事务的计算机专家③。拥有硬件和软件的知识，同时精通计算机的操作系统，并能从系统和软件中发现漏洞，发起攻击并强行进入他人系统窃取信息或故意破坏信息系统。黑客发起攻击的方式有主动攻击和被动攻击，主动攻击又包括篡改窃取的信

---

① 参见于志刚：《网络犯罪立法与法学研究契合的方向》，载《重庆邮电大学学报（社会科学版）》2015 年第 6 期。

② 参见 Freebuf：《对 Gaza 网络犯罪组织 2018 年新动向的分析》，载 Freebuf：https：//www. freebuf. com/articles/network/156740. html，最后访问日期：2020 年 5 月 10 日。

③ 臧志成：《黑客漫谈》，载《黑龙江科技信息》2010 年第 19 期。

息，对数据信息进行伪造和拒绝服务；① 被动攻击包括对网络中的数据进行窃听、进行流量分析和对进行加密的数据流进行破解。黑客常见的攻击手段有放置木马程序、电子邮件攻击以及放置各类网络病毒等。黑客利用网络空间的虚拟隐蔽性，对互联网系统、软件、数据发起恶意袭击，然后利用互联网作为工具，对公共设施进行暴力破坏和毁灭。黑客攻击具有成本低、隐蔽性强、手段多样、破坏力大、跨国性等特点，是国家社会的共同敌人，需要各方合作共同打击。

二、美洲网络安全治理的实践发展

（一）美国网络安全政策与立法

根据美国参谋长联席会议的定义，美国国家安全战略是“为达到巩固国家安全目标而发展，运用和协调国力的各个部分的艺术和科学，这其中包括了外交、经济、军事和信息方面”。② 美国在冷战时期后，经济社会高速发展，对世界的影响深远，为发展和维护美国在世界经济中的主导地位，对国家安全战略作出了统筹规划，总统每年向国会提交国家安全战略报告，是每任总统的法定职责，它通常是重申政府现有立场，但可以影响预算和立法，受到国际社会的广泛关注，意义重大。③ 以此来把握国家安全动态，对国家安全战略的统计分析可以分为以下阶段，克林顿时代，小布什时代、奥巴马时代和特朗普时代。

1. 政策

美国网络信息安全战略起源于克林顿总统时期，美国网络信息安全战略自诞生至今共经历了四个重要发展阶段，即克林顿时期的战略起步、小布什（乔

---

① 参见李明柱、时忆杰：《黑客攻击与安全防范技巧及实例》，北京航空航天大学出版社 2002 年版，第 78~102 页。

② 军事科学院世界军事研究所：《美国军事基本情况》，军事科学出版社 2004 年版，第 56~57 页。

③ 张梦旭：《奥巴马政府发布国家安全战略报告 放弃先发制人》，载中国网：http：//www.china.com.cn/international/txt/2010-05/28/content_20133997.htm，最后访问日期：2020 年 5 月 3 日。

治·沃克·布什）时期的战略强化、奥巴马时期的战略扩展及特朗普时期的战略修复。在这四个发展阶段中，美国政府对网络安全战略体系不断地制定、修改、补充完善。①

（1）克林顿执政时期

这个时期的美国网络安全战略主要在于维护国家基础设施建设，提出“国家信息基础设施”的建设来抵御互联网发展的带来的网络风险。这一时期，对于网络安全的建设有了初步的认识，开始将网络安全纳入国家安全战略的范畴之内。1993年万维网的建立推动了互联网的巨大变革，“网络黑客”也运营而生。大量的黑客入侵，对国家军事、财务、政治机密以等国家数据安全造成了极大的威胁，1992年在《新世纪国家安全战略》中提出“网络安全”这一概念，2002年的《全球时代的国家安全战略》则为第一个国家网络安全战略，2000年推出的《信息系统保护国家计划》则提出了国家信息基础设施保护的概念，将“网络安全”战略提升到了国家战略的高度。② 在网络安全建设初期，克林顿着重强调了网络安全信息系统的重要性，开始有针对性地进行网络风险识别，明确网络风险威胁对象，不仅继续强调网络安全基础设施建设的重要性，并提出网络安全战略的总体目标，以加强网络风险的防御与抵御能力。其列出了可能对美国网络关键基础设施发起攻击的六大敌人：国家、市场竞争者、犯罪组织、黑客、恐怖主义和国家组织内部人员。③

在网络恐怖主义方面，美国反网络恐怖主义这个时期初步形成和确立，这一时期开始将网络安全建设制度化，规范化，开始以明确的法律条文对网络恐怖主义进行定义。以“全面防御”机制来应对网络犯罪和网络恐怖主义威胁，2001年，美国颁布《爱国者法案》，该法案中将“网络恐怖主义”定义为正式的法律术语，将网络反恐定于重要的战略地位。④ 而《关于保护美国关键基础设施第63号行政令》以及《信息系统保护国家计划》指出网络信息系统的三

① 刘勃然、魏秀明：《美国网络信息安全战略：发展历程、演进特征与实质》，载《辽宁大学学报（哲学社会科学版）》2019年第3期。

② 陈宝国：《美国国家网络安全战略解析》，载《信息网络安全》2010年第1期。

③ 赵衍：《国家信息安全战略中的互联网因素》，上海外国语大学博士学位论文，2011年。

④ 吴超：《网络恐怖主义及对关键基础设施的保护》，载《上海政法学院学报》2016年第4期。

个目标，即准备和防范、检测和处断以及建立牢固的响应机制。

（2）小布什执政时期

这一时期对国家网络安全进行建设围绕反恐怖主义运动。9·11 事件的发生，让美国更清楚地意识到加强国家网络安全建设乃至国家安全建设的重要性。小布什着眼于“关键基础设施和网络空间安全响应系统的建设”，2003 年签发的《关键基础设施和重要资产物理保护的国家战略》强调了关键基础设施是系统和资产，不管是物质的还是虚拟的，都会对国家安全产生影响。① 而 2003 年颁布的《网络空间安全国家战略》提出三个总体战略目标，即阻止针对美国至关重要的基础设施的网络攻击；减少美国应对网络攻击的脆弱性；在确实发生网络攻击时，使损坏程度最小化、恢复时间最短化。② 不仅如此，小布什还重视美军网络安全攻击策略，研制计算机病毒，在网络安全防御的同时进行网络攻击，网络安全战略由被动防御转为防守结合，同样体现了小布什国家安全战略“先发制人”的思想。

在网络恐怖主义方面，布什政府时期，9·11 时间的爆发让美国的反恐工作的战略地位达到了空前绝后的地位，反网络恐怖主义从“技术性防御”到“防守结合”进行“先发制人”的战略性转变。2003 年美国国土安全部发布的《确保网络空间安全国家战略》是世界上首个反网络恐怖主义的国家战略。该战略强调国土安全部门在网络反恐的枢纽和沟通协调作用，并强调应调动社会力量建立防御系统，培养美国公民个人的网络信息安全意识。布什政府时期对网络反恐有了进一步更细化的举措，在网络安全性提高的基础上，加强打击网络恐怖主义能力建设，在网络空间中设立网军加强网络反恐部队建设。

（3）奥巴马执政时期

经济危机席卷全球，国家推动经济发展，稳定国家国际地位迫在眉睫，对于网络安全战略有了更为全面的规划，将网络空间定义为军事战略空间之一，并为适应全球化的发展，要求加强国际网络安全战略合作。2009 年颁布的《网络空间政策评估报告》表示网络安全已经对美国的国家安全如经济安全、军事安全构成严重的威胁，提出加强网络空间顶层领导、建立数字国家、共担网络安全责任、建立有效的信息共享和应急响应机制以及鼓励创新的建议，这

---

① 朱路：《美国网络空间政策国际法研究》，载《北京理工大学学报（社会科学版）》2014 年第 1 期。

② 程群：《美国网络安全战略分析》，载《太平洋学报》2010 年第 7 期。

一期间美国的网络安全工作更着重于国际合作，以信息共享共同抵御网络安全威胁。① 2011 年美国颁布了第一份有关国际网络空间的《网络空间国际战略》，② 这份报告已经划分了海、陆，空，太空和网络空间五大空间体系。《网络空间行动战略》也随后出台，③ 战略旨在加强网络安全战略防御系统，稳固网络安全作战基础。其中《网络空间国际战略》在如下几个方面强调了网络空间政策的利益关系：基于隐私保护、法律有效执行，国家整体安全及利益，以及公民个人在网络空间中的安全性。该战略是美国网络安全战略成熟的标志，美国不仅开始国际网络安全的合作，也开始进行各个部分的统筹协作，政府部门在网络安全的管理中起决定性作用。

在网络恐怖主义方面，这一时期进入到反网络恐怖主义战略的强化阶段，这一时期 9・11 带来的网络恐怖主义问题有所缓解，但是仍然是互联网时代网络安全最大的威胁。2009 年美国发布的《网络空间国际战略》中，提出"网络威慑"这一术语，以现实武力对抗网络恐怖主义。④ 美国强调用外交、防御以及发展的手段制定网络威慑战略，并运用网络空间的技术手段和实体世界的物理武力手段，应对虚拟数字世界的网络恐怖主义袭击。该时期注重网络安全的国家合作，共同治理，以完善网络反恐体系，应对网络犯罪以及各种形式的网络恐怖主义。

（4）特朗普执政时期

这个时期，美国奉行"美国优先、美国第一"的国家政策。这一时期，在前人的基础上对网络安全的战略部署有了更加系统的规划，明确提出了网络安全四大支柱及其相应目标和具体措施，为稳定美国在全球网络安全防御建设的优先地位。美国 2018 年白宫正式发布了《美国国家网络战略》，该战略被美国称为"15 年来首份完整清晰的美国国家网络战略"。该战略与另外两份文

---

① 朱诗兵：《世界范围内网络主权的主要观点综述》，载《中国工程科学》2016 年第 6 期。

② 《网络空间国际战略》，载 The White House：http：//www.whitehouse.gov/sites/default/files/rss_viewer/international_strategy_for_cyberspace.pdf，最后访问日期：2020 年 5 月 3 日。

③ 《网络空间行动战略》，载中国网络安全审查技术与认证中心：http：//www.isccc.gov.cn/xwdt/xwkx/07/448684.shtml，最后访问日期：2020 年 5 月 3 日。

④ 何廷润：《网络安全的"美国样本"解析与借鉴》，载《移动通信》2014 年第 23 期。

件《加强联邦网络和关键基础设施的网络安全》《国家安全战略报告》共同勾勒出美国网络安全战略的路线图。《美国国家网络战略》系统针对美国网络安全提出四大支柱及其相应目标和具体措施。第一个支柱是保护美国人民、土地和美国的生活方式。目标是管理网络安全风险，以提高国家信息的安全性和灵活性。第二个支柱是促进美国的繁荣。目的是保护美国在技术生态系统中的影响，将网络空间视为经济增长、创新和效率的开放引擎。第三个支柱是通过力量维持和平。目标是识别，对抗、攻击、摧毁、减少和制止在网络空间破坏和违背美国国家利益的行为，同时保护美国在网络空间的优势。① 第四个支柱是增加美国的影响力。目标是保持互联网的长期开放性、互操作性、安全性和可靠性。特朗普政府高度重视网络安全的突出地位，将网络安全建设致力于联邦政府、关键基础设施和国家三个领域。

在网络恐怖主义方面，特朗普政府颁布了《国家网络安全战略》，该战略在以前的网络战略基础上，进一步提高国家空间的防御体制以应对网络恐怖主义的威胁。该策略中提出加强关键基础设施的建设，打击网络犯罪、网络恐怖主义、经济间谍以及侵害知识产权的行为是网络安全建设的部分内容。该战略提出美国国际网络震慑倡议，与其他国家一同抵抗网络恐怖主义事件，通过国家网络数据情报分享，网络反恐经验分享，共同声明等行为对国际网络恐怖主义施压，抑制网络恐怖主义的滋生和发展。② 该战略体现了特朗普政府在网络安全治理达到成熟，为其他国家提供借鉴意义。

美国网络信息安全的发展根据美国各个时期的国情，根据不同的经济、军事、外交等方面的变化以此来提出相应的网络安全措施。网络安全建设从关键基础设施建设，进行战略防御到网络安全系统的成熟与完善，防守结合，“先发制人”等网络攻击手段，其出发点都是维护美国的国家利益，是美国国家安全战略思维在网络安全上的运用与发展，其发展轨迹与未来发展趋势都与国家其他安全战略高度一致，其本质是保障并维护“美国第一”的强国地位。其中，美国网络恐怖主义的基本方向由“全面防御”到“先发制人”“防守结合”“主动抵御”，由被动防御到主动出击。网络反恐也由国内国防防御体制

---

① 陆峰：《特朗普国家网络战略的中国对策》，载《互联网天地》2018 年第 10 期。

② 《美国国家网络战略》，载 The White House：https：//www. whitehouse. gov/articles/president-trump-unveil-americas-first-cybersecurity-strategy-15-years，最后访问日期：2020 年 5 月 3 日。

建设再到加强国际间的网络反恐合作。在综合战略部署上，有几大特点，其中包括：将网络反恐提升为国家战略目标；立法规范网络空间环境；政府和私营部门合作；重视网络技术的创新和变革；努力提高公众的网络安全威胁意识等方面。其根本目的是为了维护国家利益，以及美国公民利益，也是网络反恐工作的本质所在。

2. 立法

尽管在过去十年中美国国内提出了大量立法建议，但针对网络安全的大多数重要法律条款制定于 2009 年之前。① 在 2001 年 9・11 恐怖袭击事件发生后，美国政府在网络安全问题上有了明显转向，这一倾向也随之反映在网络安全立法工作上。1984 年至 2002 年，美国通过成文法、含有网络安全相关条文的法律达三十余部。根据其规范的主要内容，这些相关法律大致可分为网络基础设施保护、网络泄密与数据保密、打击网络恐怖主义、网络色情等犯罪活动治理、惩治网络信息滥用与欺诈、网络知识产权保护等。②

“9・11 事件”对美国网络安全立法产生了巨大的影响，特别是开启了大规模元数据监视项目。行政部门开始大规模使用收集国内通话元数据的项目，这些数据涉及电话的呼叫方和接听方，以及接听电话的时间以及持续时长，并且规避了必要的权力制衡程序。这些项目，包括目前的呼叫详细记录项目，前所未有地侵犯了美国人的隐私而无明显可察觉的迹象。这些监视项目揭露了一个事实，那就是政府为了继续进行监视活动，可以颠覆看似清晰的法律标准和规则。监视计划侵犯了美国人的隐私，十年来一直在秘密运作，而且严重缺乏法律正当性。“政府监督项目”（Project on Government Oversight）呼吁国会结束“呼叫详细记录”计划，该计划获取了无法被证实有不当行为的人群的大量通话记录。

（1）第 113 届国会立法情况概要

在第 113 届国会（2013—2014 年）期间，美国时任总统奥巴马于 2014 年 12 月 18 日签署通过了五项网络安全相关的法案：《网络安全行业人员评估法案》（H. R. 2952），该法案要求国土安全部制定网络安全行业的人员发展战略；《2014 年网络安全增强法案》（S. 1353），明确了美国国家标准与技术研究

① 戚鲁江：《美国国会网络安全立法探析》，载《中国人大》2013 年第 16 期。
② 戚鲁江：《美国国会网络安全立法探析》，载《中国人大》2013 年第 16 期。

院（NIST）在网络安全中的作用；《2014 年边境巡逻员薪资改革法案》（S. 1691），赋予国土安全部权力去雇佣网络安全人员；《2014 年国家网络安全保护法案》（S. 2519），将国土安全部的网络安全中心写入法律；《2014 年联邦信息安全现代化法案》（S. 2521），改革了联邦信息技术的安全管理。同时，《2014 财年国防授权法》于 2013 年 12 月 26 日正式成为法律（公法号 113-66），其中包括多项与网络安全相关的规定，这些规定与网络安全人员及培训有关。

（2）第 114 届国会立法情况概要

在第 113 届国会（2015—2016 年）期间，共提出了 20 多个法案涉及网络安全问题，包括数据泄露通知、涉及其他民族国家的事件、信息共享、执法和网络犯罪、关键基础设施保护、人员发展和教育。其中，众议院于 2015 年 4 月 22 日通过了 H. R. 1560 法案，该法案为与政府和其他公司共享网络威胁信息的公司提供保护，前提是在共享此类信息之前将个人信息删除。众议院于 2015 年 4 月 23 日通过了 H. R. 1731 法案，通过保护相关实体免受民事责任来鼓励其与国土安全部共享信息。此外，在行政令方面，白宫于 2015 年 2 月发布了第 13691 号行政命令，连同一项立法提案，旨在加强民营经济实体之间网络安全方面的信息共享。它促进了对信息共享和分析组织（ISAOs）的运用，《国土安全法》（《美国法典》第 6 编第 131 条第 5 款）将 ISAOs 定义为收集、分析和共享关于关键基础设施安全性信息的实体，以提高针对意外事件的防御和恢复能力。除关键基础设施以外，白宫的提议或将 ISAOs 组织的权限扩大到所有亲和团体。从这个意义上讲，ISAOs 不同于更为人所知的信息共享和分析中心（ISACs），该中心根据 1998 年的第 63 号总统决策令创建，专门用于解决关键基础设施领域中的信息共享需求。2015 年 2 月，奥巴马政府通过总统备忘录成立了网络威胁情报集成中心（CTIIC），该中心将由美国国家情报总监（DNI）建立。其建立目的是对影响国家利益的外国网络安全威胁和事件进行综合分析，并为相关政府实体提供支持，包括国土安全部的国家网络安全和通信整合中心（NCCIC）以及国防部和司法部中的其他机构。

（3）第 115 届国会立法情况概要

在第 115 届国会（2017—2018 年）中，有 31 项网络法案已得到国会委员会的审议或至少在两院之中的一院通过，其中五项法案已正式成为法律。2017 年 11 月 2 日，国会通过了《2017 年加强州和地方网络犯罪打击法案》（公法号 115-76)，该法授权美国特勤局下属的国家计算机取证研究院（NCFI）传播信息，这类信息与调查和预防网络、电子犯罪及相关威胁有关。2017 年 11 月 21 日，《联邦政府信息技术采购改革加强法案》正式成为法律（公法号 115-88)，除规定的其他事项外，该法律要求各部门的首席信息官对已被评估为高风险的投资进行连续四个季度的风险管理审查。2017 年 12 月 12 日，美国总统签署了《2018 财年国防授权法案》(公法号 115-91)，其中明确了多项网络安全措施以及与信息安全相关的新规则和计划，包括正式禁止卡巴斯基实验室软件（《美国法典》第 1634 节)；总统将明确“网络战争”（《美国法典》第 1633 节）的定义，国防部将重新检查其涉及网络安全相关任务（《美国法典》第 1641 节，第 1644 节及其他）的内部组织结构；美国国家科学基金会和联邦人事管理局将联合开展一项奖学金试点计划，旨在直接从大学中培养和招募人才（《美国法典》第 1649 节)。2018 年 8 月 13 日，《约翰 · 麦凯恩 2019 财年国防授权法案》正式成为法律（公法号 115-232)。该法案授权拨款并制定了与国防部军事行动相关的政策，包括网络安全事务。2018 年 9 月 28 日，《能源部研究与创新法案》正式成为法律（公法号 115-246)。这一法律确立了能源部的科学和能源研究与开发计划的政策，并改革了国家实验室管理和技术转让项目，并要求能源部向国会报告有关网络安全和国家安全的综合研究计划。

(二) 加拿大网络安全政策与立法

1. 政策

在网络安全方面，加拿大循序渐进，出台相关政策和法律法规，加强和行业合作，采取愈加严格的措施，设立相关部门，加强行业间合作，力求降低网络安全隐患，保护国家安全。

(1) 加拿大《国家网络安全战略》

2010 年，加拿大政府通过了加拿大的第一个《网络安全策略》发起了一项全国性的努力，以抵御网络威胁。2013 年 8 月，加拿大公共安全部发布了“加拿大网络安全战略：为建设一个更加繁荣强盛的加拿大”。国家网络安全战略的愿景：数字时代的安全与繁荣。为实现愿景，加拿大政府及其合作伙伴将围绕三个主题开展合作：安全与弹性、网络创新、领导与合作。2016 年，加拿大政府迈出了制定新的网络安全战略的第一步。发起《网络审查》是为了了解作为一个互联国家的网络安全隐患，并促使加拿大政府建立一种新方法来反映面临的挑战和机遇。《网络审查》揭示了三个主要趋势：支持执法机构解决网络犯罪，同时保护网络空间隐私的努力；广泛需要改进的网络安全知识和技能；人们呼吁在网络安全方面加强联邦领导。网络事件有可能危及国家安全和公共安全。通过与合作伙伴的协作行动和增强的网络安全功能，保护加拿大免受网络犯罪的侵害，应对不断发展的威胁，并捍卫关键的政府和私营部门系统。

2018 年加拿大《国家网络安全战略》旨在满足加拿大人和主要利益相关者的安全需求，同时使其从数字化经济的机遇中受益。该战略的核心目标体现在《2018 年预算》中对网络安全的大量投资。在引入的新措施中：第一，为新的加拿大网络安全中心提供资金，以支持各级政府和国际合作伙伴之间的领导和协作，同时为加拿大公民和企业提供清晰可信赖的资源；第二，建立了国家网络犯罪协调部门，以扩大加拿大皇家骑警调查网络犯罪的能力，为国内和国际伙伴建立协调中心；第三，用于促进创新和经济增长以及加拿大网络人才发展的资金。

扩展网络安全领域。技术和业务发展的新视野，网络安全日益推动加拿大的创新和经济活动。加拿大政府、企业和其他组织利用数字技术，为产品和服务建立强大的安全性，在保护这些利益方面发挥着核心作用。对合格的网络安全专业人员的需求激增。全球高素质专业人员的短缺为加拿大受过高等教育的劳动力提供了立即增长的机会。随着网络安全环境的不断发展，始终需要可靠和最新的信息。学者、研究人员和政策制定者可以使用此信息来了解趋势、管理风险，为将来的投资提供信息以及在适当时调整路线。

通过支持先进研究，促进数字创新以及发展网络技能和知识，联邦政府将加拿大定位为网络安全的全球领导者。加拿大政府将与合作伙伴一起推动投资并促进网络研究与开发。政府将专注于加拿大卓越的新兴领域，例如量子计算和区块链技术。联邦政府已经在这方面取得了进展，2017 年预算宣布了一项针对研究和人才的泛加拿大人工智能战略。

协作以实现数字生活的利益。提高加拿大的基准网络安全。加拿大政府正在网络安全中发挥领导作用，以帮助加拿大人认识到网络安全的价值，并支持提高加拿大网络安全基线的工作。

动态环境中的联邦网络安全领导力。加拿大政府在网络安全中扮演着领导角色。这源于与私营和公共部门的广泛关系，与各省、地区和国际官员合作处理一系列网络安全问题的历史以及先进的网络安全专业知识和能力。有效的领导，治理和协作联邦政府将与各省，地区和私营部门密切合作，发挥领导作用，以促进加拿大的网络安全，并将与盟国协调，为加拿大建立国际网络安全环境。

（2）美加《网络安全行动计划》

加拿大公共安全部门和美国国土安全部合作，通过协调一致的方法来增强网络基础设施的弹性。加拿大公共安全部和美国国土安全部之间的《网络安全行动计划》（《行动计划》）旨在通过各自的国家网络安全活动的加强整合以及与私营部门的合作来增强加拿大的网络安全。

加拿大和美国在合作保护共享的基础架构方面还有其他共同利益。该行动计划概述了三个目标，以改善与私营部门和国土安全部开展的活动在运营和战略层面上与私营部门的参与，改善协作和信息共享，该计划的目标是国家网络安全运营中心之间增强的网络事件管理协作；与私营部门在网络安全方面的联合参与和信息共享；在持续的网络安全公众意识方面继续合作。加拿大公共安全部的高级官员打算审查并提供其他指导，以便每季度更新此行动计划。该行动计划旨在成为美国和加拿大政府机构之间更广泛的政府间协调的一部分。

2. 加拿大网安立法

2017 年《国家安全法案》（C-59 号法案）阐述加拿大在国家安全层面勾勒出的发展规划。在这项“反恐怖主义”法案当中，加拿大政府明确希望全面改造决策机制，从而加强对反恐怖主义、监控与网络空间内相关事务的监督与部长级控制能力。对于军方网络作战人员而言，加拿大政府投入巨大决心以明确决策流程并调整网络作战行动的政策性规划。这份拟议法案所规定的重点网络行动包括计算机网络漏洞利用（简称 CNE）、计算机网络攻击（简称 CAN）以及防御性网络空间行动（简称 DCO）。加拿大通过颁布法案，进一步强化了信息安全应对等级。C-59 号法案所赋予的新型网络攻击与漏洞利用权限必须同民众数据、网络与公共事业防御工作紧密协调。C-59 号法案提出建立联合 DND，即外交部长级网络行动协调体系，并将其视为未来网络行动管理工作的重要起点。加拿大第 59 项法案，涉及国家安全事务，颁布了“国家安全和情报审查机构法”，其中设立了国家安全和情报审查机构；颁布了“情报专员法”；颁布了“通信安全机构法”；修订“加拿大安全情报服务法”；修订了“加拿大信息共享法”，强调该法仅涉及信息的披露，而不涉及信息的收集或使用。

三、欧洲网络安全的实践发展

（一）欧盟网络安全政策与立法

1. 政策

欧盟共出台过三份安全战略文件，包括2003年《欧盟安全战略》、2008年《欧盟全球战略：〈共同愿景，共同行动：一个更强大的欧洲——欧盟共同外交与安全政策的全球战略〉》和2016年《欧盟全球战略》。

其中，2003年《欧盟安全战略》，是基于当时的地缘政治环境以及20世纪90年代以来共同外交、安全而出台的战略文件。该安全战略虽为欧盟共同外交与安全政策建设提供了整体框架，但理想主义色彩浓厚，“欧盟的安全战略更像是一个概念，不能为欧盟各成员国对外政策提供指导”，并没有发挥其应有的作用。同时，欧盟自身对共同外交与安全政策的无效多边主义也倍感困扰。2008年版的执行报告是在2003年欧盟安全战略的总体框架下，根据5年来的实施情况对其进行检讨，提出相关改进措施。因此，执行报告只是对2003年欧盟安全战略的“小修小补”，并没有触及根本问题。近年来，国际形势和欧盟内部的情况都发生了重大变化，欧洲面临着内部权力分配的变化、强势的俄罗斯、动荡的中东局势、难民危机和恐怖主义的困扰，欧盟需要集中精力“确保自己的边界，阻止潜在的侵略者，消除恐怖主义的威胁”。欧盟需要就前进的道路进行战略思考，调整其安全战略以应对上述挑战。因此，2016年6月28日，欧盟出台了新的安全战略文件，简称《欧盟全球战略》（也称《欧盟新安全战略》），提出协调各国应对网络威胁和混合威胁。

此外，欧盟还颁行了一系列相关指令和政策。2017年9月19日，欧盟委员会推出了加强欧盟网络安全的“一揽子”计划，并提出了一套管理欧盟非个人数据自由流动的新规。该计划针对的主要对象是网络攻击，其大概内容是加强欧盟网络与信息安全局的职能，建立一个欧盟范围内的网络安全认证框架，制定如何应对大规模网络安全事件及危机的计划，以及成立一个欧洲网络安全研究和能力中心。2018年5月25日，欧盟《一般数据保护条例》

（GDPR）开始施行，该条例规定任何网站甚至 App 只要能够被欧盟境内的个人访问和使用、产品或服务使用的语言是英语或者特定的欧盟成员国语言、产品标识的价格为欧元。颁布这项条例也是为了加强个人权利，为个人提供更多的对自己信息的控制权，加强欧盟内部的隐私和安全法律，强化企业维护数据安全的责任、限制企业针对个人的数据分析活动、加强对数据跨境转移的监管，以及提供当如果一个实体要向第三方传递个人身份信息时对该信息的“充分保护”。

2. 立法

2016 年 8 月，由欧洲议会通过的《网络与信息安全指令》（NIS）开始生效，该指令的主要内容是从欧盟层面提出同意的安全保障要求，促进成员国间安全战略协作和信息共享，推行基于风险管理策略的安全理论，从而提升欧盟整体网络安全保障水平。2017 年 4 月，欧盟委员会立法打击网络仇恨言论，其主要内容为通过立法手段来协调脸书、推特和谷歌之类的网络平台遏制网络仇恨和煽动暴力言论内容。同年 6 月，欧洲议会、欧盟委员会提出在新的数据隐私提案中禁止“后门”，其主要内容是电子通信服务的提供商应当确保实施了重组的保护措施，防止针对电子通信数据的未经授权访问和修改，传输数据的保密性和安全行应当通过数据传输方法的特性或先进的端到端加密方法进行保障。随后，到 2019 年 5 月，欧盟理事会提议建立了针对网络攻击的制裁制度，依据这一制度，无论袭击是否按计划实施，欧盟都可以制裁网络攻击发起人和那些向他们提供资金、技术或实际支持的个人、企业和机构，包括禁止他们进入欧盟 28 个成员国境内和冻结他们在欧盟成员国的资产。欧盟制定的措施包括应对潜在威胁和加强成员国间合作。另外，任何列入“黑名单”的个人无法在欧盟范围内获得银行金融服务。① 2019 年 6 月，由欧洲议会、欧盟理事会共同颁布《网络安全法》，该法案适用的主要对象为欧盟机构、机关、办公室和办事处等机构，主要内容是：欧盟机构在处理个人用户、组织和企业网络安全问题的过程中加强网络安全结构、增强对数字技术的掌控、确保网络安全应当遵守的法律规制，旨在促进卫生、能源、金融和运输等关键部门的经济，特别是促进内部市场的运作。

---

① 参见《释放信号 欧洲联盟首次出手制裁网络攻击发起者》，载人民网：http：//yn. people. com. cn/n2/2019/0519/c378441-32954260. html。

(二) 德国网络安全政策与立法

1. 政策

德国为了应对新形势下的安全风险，且跟上强国的步伐，于2011年2月公布了《网络安全战略》，并以此为德国网络安全建设的纲领性文件。其基本原则如下：联邦政府的目标是采取实质性的措施保障网络空间，以便维护和促进德国经济和社会的繁荣。德国网络安全应当保持在一个与互联的信息基础设施所需的重要性和保护力度相称的水平，不能妨碍网络空间的机会和利用。①

德国是欧盟成员国中人口最大的国家，也是欧洲大陆最主要和最具影响力的经济与政治实体。各方面都处于世界领先地位的德国在制造业方面也毫不逊色，它在1999年制定的“21世纪信息社会的创新与工作机遇”纲要是德国第一个走向信息社会的战略计划。进入21世纪以后，德国又先后制定了“2006年德国信息社会行动纲领”等一系列信息化战略。随着互联网的高度普及，对互联网的监督和保障工作就势在必行了。德国网络空间安全管理的特点是以法制为基础，以战略为导向，网络空间信息安全重点领域出了保护德国关键的基础设施、信息技术系统免受网络攻击外，防止新纳粹组织通过网络传播极端思想等。②

德国政府认为，要想实现网络空间安全，就必须坚持两项基本原则。其一，网络空间安全措施的制定，既要确保网络的畅通与开放，又要有效地保护中德的信息数据不受侵害；其二，加强信息交流与合作，这就包括民用的措施和方法以及国家间政府或非政府组织的共同努力。就德国而言，其加强国际合作与协同的主要措施包括：在执法权和保护重要信息基础措施方面加强合作；参与制定和执行国际行为准则、标准和规范；强调网络安全不仅要有民事、军事的预防举措，还要有国际层面的相互合作。依据欧盟的《网络犯罪公约》，德国积极打击网络犯罪行为；遵循多元的办法与主权评估和抉择权一致的原则；支持八国“反僵尸安全计划”行动，拥护北约有关网络安

---

① 刘静著：《网络强国助推器 网络空间国际合作共建》，知识产权出版社2018年版，第67~68页。

② 邹瑛：《网络信息安全及管理研究》，北京理工大学出版社2018年版，第49~50页。

全的规定。①

2. 立法

德国作为欧洲信息技术最发达的国家，一向重视网络空间的安全与发展，在注重国家网络安全行动的顶层设计方面更甚。德国相关立法部分积极立法应对日益严峻的网络空间挑战，德国联邦议会通过并推行多项立法。2015 年 7 月，德国通过《网络安全法》，该法主要针对德国信息技术系统，其主要内容为强化政府的网络信息安全管理能力，保护网络空间政府，企业和公民的安全；以关键基础设施为重点，提高基础设施服务。2015 年 7 月，德国联邦参议院通过了新的《联邦信息安全法》，该法主要针对信息基础设施运行安全，其对能源、信息与通信、交通运输、卫生保障等基础设施运营者进行重点保护。该法案从受保护资产的可用性、完整性、保密性和可靠性的角度，强化信息技术安全局的职能，以应对信息技术系统面临的现实和未来的威胁。2015 年年底针对网络空间、基础设施保护颁布《信息技术安全法》，其主要内容是强化政府的网络信息安全管理能力，保护网络空间政府，企业和公民的安全；以关键基础设施为重点，提高对基础设施服务提供高的要求。②

在德国政府及相关权力机关的大力推进下，德国在政策制定和立法保障方面取得了质的进展：2001 年和 2009 年颁布和修订了《联邦信息技术安全局法》（BSIG）。2001 年《联邦信息技术安全局法》是德国最早的网络安全立法，其设立了一个专门机构——“联邦信息技术安全局”，该机构承担着网络安全管理职能。但因德国的金融系统、卫生医疗系统、能源系统等均有自己的联邦管理部门来承担安全管理，所以联邦信息技术安全局的权力非常小，只是一个统筹协调机构，不能发布指示和直接调查。基于 2001 年《联邦信息技术安全局法》，一个新的法案（修改几十部法律）在 2009 年出现了，其将原本分布于各职能部门的权力收归联邦信息技术安全局，大大提升其权力，而各行业的权力部门如金融部门、食品部门等仅是辅助机构。

德国立法是针对问题型立法，即通过法律修改法案、法律改革法案，比如第一条规定修改此法、第二条规定修改彼法。2015 年《网络安全法》的目标

① 刘静著：《网络强国助推器 网络空间国际合作共建》，知识产权出版社 2018 年版，第 156~157 页。

② 刘山泉：《德国关键信息基础设施保护制度及其对我国〈网络安全法〉的启示》，载《信息安全与交通保密》2015 年第 9 期。

是提升德国信息技术系统的安全性能，涉及《能源法》《电媒法》等多项法律的修改，其包含两个主要内容：一是，增加对关键基础设施的保护（如能源、通信、交通、金融等）；二是，确保其他职能部门的报告义务，如在出现安全事件、网络事故或者遭到网络袭击事件时，向联邦信息技术安全局进行汇报，由其进行协调打击和预防等。

在内容上，德国《网络安全法》对《联邦信息技术安全局法》增加了5个条文：第7a条（信息技术安全的调查）、第8a条（关键基础设施信息技术的安全）、第8b条（关键基础设施信息技术安全问题上的中央机构）、第8c条（适用范围）、第8d条（信息申请）。2016年4月27日欧盟《通用数据保护条例》（GDPR）（2018年5月25日生效）。该部法律相当于德国的国内法，直接适用于德国。在《网络安全法》第8a条中提到的“保密性”即涉及此处的“数据”。在德国，数据权是一个基本的宪法性权利，其在人口普查时就确立了个人信息自决权，属于一般人格权的分支权利。此后，该概念扩展到了世界各国，尤其是欧盟范围，被规定于《欧洲人权公约》中。在《欧洲人权公约》中还存在另外一个基本权利：“隐私权”，其有别于“数据保护权”。前者包括宗教信仰、政治信仰（团员、党员）、身体状况、性取向、私人生活、金融状况等；后者则指姓名、性别、工作单位之类的个人信息，其不属于隐私权范围，但如果对这些信息进行不恰当地收集、利用等，也会对个人造成影响。因此，要在隐私之外确立信息保护法，保护姓名、生日、电话号码、身份证号码等能够识别个人的信息。对此类信息的收集、处理、加功等行为设置一定规则，防止个人利益受到侵害。2016年7月6日欧盟正式通过《网络与信息系统安全指令》（NSI-Richtlinie）。该指令需要德国制定专门的实施法，进行转化。

（三）英国网络安全政策与立法

1. 政策

英国政府意识到必须协调一致地应对这些威胁和风险带来的安全挑战，而制定一个全面的网络安全威胁应对方案是实现这一目标的根本，因此于2009年6月发布了首个网络安全国家战略文件《英国网络安全战略：网络空间的安全、保障与恢复力》（*Cyber Security Strategy of the United Kingdom: Safety, Security and Resilience in Cyber Space*），提高政府各部门对网络安全的认识，为国家的网络安全建设谋划整体性布局。该战略的总目标是通过提高知识、能力和决策来降低风险和抓住机遇，提高英国的总体安全性和可恢复性，确保英国在网络空间的优势，并强调政府、企业、国际合作伙伴和公众的共同努力。①

网络威胁的规模不断演变，其复杂性和发展速度急剧增长。为适应网络空间复杂而动态的威胁和风险，英国政府随后于 2011 年和 2016 年继续出台了两项五年国家网络安全战略——《网络安全战略：在数字时代保护和推进英国发展》（*Cyber Security Strategy*：*Protecting and Promoting the UK in a Digital World*）② 和《国家网络安全战略（2016～2021）》（*National Cyber Security Strategy* 2016～2021）。③ 与 2009 年建设安全的网络空间本身相比，2011 年版英国网络安全战略旨在通过构建充满活力，有弹性和安全的网络空间促进经济繁荣、国家安全和社会稳定。正如此外，为回应英国在《2010 年国家安全策略》中正式将网络攻击定为国家安全“一级”（最高）威胁，2011 年版战略还提出了“国家网络安全计划”（NCSP，National Cyber Security Programme），描述政府如何与私营企业及他国携手实现其愿景目标。

NCSP 计划依靠市场来驱动安全的网络行为使得英国在网络安全领域取得了重大改善，但要在快速变化的威胁面前保持领先一步，还需扩大变革规模、加快变革步伐。因此，英国政府于 2016 年 11 月再次推出一项五年国家网络安全战略，其愿景是维护国家安全，灵活应对网络威胁，并在数字世界中保持繁荣与自信。英国政府意识到，安全而繁荣的数字社会需既能抵御网络威胁，又具备实现机会最大化和管理风险所需的知识和能力。在最新的五年战略中，政府计划投资 19 亿英镑用于捍卫网络空间，威慑敌对分子以及发展自身能力，从而大幅改善英国的网络安全。具体来说，政府将着重提高对英国任何部分发动攻击的成本，渗透网络技能于各行各业，使公民，企业和公共部门均具有捍卫自己利益的知识和能力；侦查、了解、调查和破坏针对英国的敌对行动，必

---

① UK Cabinet Office, Cyber Security Strategy of the United Kingdom: Safety, Security and Resilience in Cyber Space, The Stationary Office, 2009, p. 4.

② UK Cabinet Office, The UK Cyber Security Strategy Protecting and Promoting the UK in a Digital World, https://www.gov.uk/government/uploads/system/uploads/attachment_data/file/60961/uk-cybersecurity-strategy-final.pdf, 2019-10-12.

③ UK Government, National Cyber Security Strategy 2016～2021, https://assets.publishing.service.gov.uk/government/uploads/system/uploads/attachment_data/file/567242/national_cyber_security_strategy_2016.pdf, 2019-10-13.

要情况下在网络空间采取进攻行动，同时将追踪并起诉违法者；形成自我维持的人才管道，以满足国家在公共和私营部门的需求；采取国际行动，通过投资伙伴关系发挥英国的影响力。此外，英国政府建立了一个国家层面的单一网络安全中心——国家网络安全中心（NCSC，National Cyber Security Centre）负责战略实施。该机构分享网络安全相关知识，解决系统漏洞，并在国家网络安全关键问题上发挥领导作用。该战略还指出，英国致力于将安全嵌入商品技术中，以提高消费者信心；巩固国家安全网络空间的声誉，以吸引投资落户；将网络安全纳入社会主流，让市场和技术推动英国经济和社会在网络安全领域的演变。

2. 立法

1990 年，英国制定了《计算机滥用法》，将未经授权非法占用计算机数据并意图犯罪，故意损坏、破坏、修改计算机数据或程序认定为违法。2000 年，英国制定了《通信监控权法》，规定在法定程序条件下，为维护公众的通信自由和安全以及国家利益，可以动用皇家警察和网络警察。该法规定了对网上信息的监控。“为国家安全或为保护英国的经济利益”等目的，可以截收某些信息，或强制性公开某些信息。为了国家安全或保护英国的经济利益，政府可以截收或强制性公开认为必须予以公开的网上信息内容。2001 年实施的《调查权管理法》（*Regulation of Investigatory Powers Act* 2000），要求所有的网络服务商均要通过政府技术协助中心发送数据。2014 年 7 月 10 日，英国内政部长向议会作出陈述，要求议会对于《紧急通信与互联网数据保留法案 2014》（*Data Retention and Investigatory Powers Act* 2014）予以考虑，强调通信数据的拦截与监听对于发现犯罪、保护网络安全的作用和意义。①

2015 年 11 月 4 日，《调查权法草案》正式公布，旨在加强网络监控能力、维护国家安全、打击网络犯罪、建立世界领先和透明的网络监控机制。② 草案主要规定以下五点：一是对网络监控建立双锁授权机制。在紧急情况下，部级首长可绕过司法审查进行监控授权，法官对该行为具有事后否决权。二是网络服务商和通信运营商必须存储用户通信数据 12 个月以上，这些数据仅限于用

① Legislation. gov. uk，Data Retention and Investigatory Powers Act 2014，http：//www. legislation. gov. uk/ukpga/2014/27/contents/enacted/data. htm，2019-10-16.

② Legislation. gov. uk，Investigatory Powers Act 2016，http：//www. legislation. gov. uk/ukpga/2016/25/contents/enacted/data. htm，2019-10-15.

户网页浏览、社交软件等网络连接记录，不包括通信内容。三是网络服务商和通信运营商有义务协助警方和安全机构调查嫌疑人的手机和计算机。四是政府将支付企业因为存留数据或协助安全机构侵入电子设备等需要的费用。五是加密技术不受禁用和限制，但要求通信服务提供者须向获得授权的警方或情报机构提供未经加密的通信。英内政部强调，该草案的宗旨是加强警察机关与情报机关完成其关键任务的能力，弥补这些机构之间的工作漏洞，使其更有能力针对可疑人等的网络活动搜集情报和证据。①

为适应日益增长的数字经济和社会的需求，英国于 2018 年 5 月推出《数据保护法 2018》（*Data Protection Act* 2018）。② 该法案为英国的数据保护提供了一个整体框架，对违法行为进行了更严厉的制裁。根据欧盟的 GDPR 标准，英国设置了保护一般数据的新标准，使人们能够更好地控制其数据使用并赋予他们新的权利移动或删除个人数据，同时也为英国脱欧做准备。法案保留了在 1998 年《数据保护法》中运行良好的豁免措施，确保英国企业和机构组织可以继续支持世界领先的研究、金融服务、新闻和法律服务。通过制定强有力的数据保护法律和采取适当的保护措施，企业能够在全球开展业务。刑事司法机构和情报部门的需求得以满足，同时保护受害者、证人和嫌疑人的权利，同时确保英国能够应对不断变化的全球威胁。

四、国际组织网络安全的实践发展

（一）联合国网络安全实践发展情况

网络空间无国界。网络犯罪往往具有互通性和跨国性，网络犯罪团伙及其受害者可能位于不同的地区，同一事件的影响可能会波及多个国家。单一主权国家难以应对日益复杂的网络威胁，采取全球性行动以及国际交流合作的必要性由此凸显，国际组织和机构在全球网络安全联合治理中发挥着重要的作用。为了解决日益普遍和复杂的网络安全问题，联合国先后成立了信息安全政府专

---

① 崔翀：《英国网络监控立法建立双锁授权机制》，载《保密科学技术》2015 年第 12 期。

② Legislation. gov. uk, Data Protection Act 2018, http://www. legislation. gov. uk/ukpga/2018/12/contents/enacted/data. htm, 2019-10-16.

家组和打击网络犯罪政府专家组对网络犯罪立法、国际合作等方面进行讨论，网络空间治理框架正在逐渐形成，并朝着规范化的方向发展。国际电联以及毒品和犯罪问题办公室在维护网络安全、打击网络犯罪中扮演者重要角色。

1. 政策

（1）全球网络安全议程

在突尼斯信息社会世界峰会上，国家元首和世界各国领导人委托国际电联担任“建立使用ICT的信心和增强安全性”C5行动方针的协调人。为此，国际电联于2007年5月启动了《全球网络安全议程》（以下简称《议程》）作为这一领域国际网络安全框架，力求建立成员国之间的立法规范模型。《议程》构建在法律措施、技术和程序性措施、组织结构、能力建设和国际合作五个支柱基础之上，由七个目标组成：制定全球适用并与现存法律相协调的网络犯罪立法的发展模型；建立全球认可的国家战略和通用的策略模型；全球公认的最低安全标准；建立检测、预警和紧急响应全球框架；建立数字身份系统；发展促进人类和机构能力建设的全球战略；建立全球利益相关者就上述领域进行协调和合作的战略框架。① 2008年11月，应对网络威胁的国际多边伙伴关系（IMPACT）被选为《议程》的实体运行所在地，负责实施《议程》的各项举措。

2014年，国际电联正式启动网络安全指数（GCI），通过在线问卷调查的方式衡量成员国履行网络安全职责的程度。问卷包含五个核心指标、25个子指标和157个二元问题，内容围绕全球网络安全议程的五大支柱。2018年GCI排名前5的国家如表2-1所示。

表2-1　**2018年GCI排名前5的国家**

排名	成员国	GCI	法律	技术	组织	能力建设	合作
1	英国	0.931	0.200	0.191	0.200	0.189	0.151
2	美国	0.926	0.200	0.184	0.200	0.191	0.151
3	法国	0.918	0.200	0.193	0.200	0.186	0.139

① ITU Global Czybersecurity Agenda, https://www.itu.int/osg/spuold/cybersecurity/gca/goals.html, 2007-05-17.

续表

排名	成员国	GCI	法律	技术	组织	能力建设	合作
4	立陶宛	0.908	0.200	0.168	0.200	0.185	0.155
5	爱沙尼亚	0.905	0.200	0.195	0.186	0.170	0.153

根据评分结果将成员国的网络安全建设分为起步（得分低于第 50 百分位）、成熟（得分介于第 50 和第 89 百分位之间）和领先（得分在第 90 百分位以上）三个等级。2017 年数据显示，处于起步阶段的有 96 个国家，77 个国家处于成熟阶段，21 个国家处于领先阶段。① 该指数采取量化的方法，以排名的形式直观地反映出各成员国对网络安全承诺的履行情况对比，促使各国政府加强对网络安全的重视程度。

（2）国家网络安全战略制定指南

《国家网络安全战略制定指南》（以下简称《指南》）由来自政府间和国际组织、私营部门以及学术界和民间团体的十二个合作伙伴共同编写而成，旨在为各国，尤其是发展中国家的领导人和决策者制定、建立和实施国家网络安全战略提供一套统一的原则和良好做法②，也就是提供一个框架。《指南》将战略的制定分为启动、分析、制定、实施、监督和评估五个阶段，并提出了制定过程中应遵循的九项原则以及一项成功政策需要具备的七大优秀做法。

国际电联认为，决策机构应从战略角度看待互联网带来的机遇与挑战，对国家网络安全形势有清晰的认识。《指南》的出版为的就是激发各国领导人的战略思维，以期更多的国家能够在正确的引导下建立自己的网络安全战略。

（3）能力建设

国际电联鼓励成员国建立自己的全国计算机事件响应小组（CRIT），并通过举行全球性的演习测试各国响应小组的事件响应应急处理能力和防御能力，为未来政策制定提供实践经验和改进措施，并促进各国之间的合作。截至 2019 年，国际电联共开展了 28 场网络演习，涉及 100 多个国家和地区③。演

① 参见《国际电信联盟全球网络安全指数报告概要》载搜狐网：https：//www.sohu.com/a/164525019_468736，最后访问日期：2017 年 8 月 14 日。

② 参见国际电信联盟（ITU）、世界银行等：《2018 年国家网络安全战略制定指南——网络安全的战略参与》，知识共享机构署名 3.0IGO（CC BY 3.0 IGO），第 8 页。

③ Cyberdrill，https：//www.itu.int/en/ITU-D/Cybersecurity/Pages/cyberdrills.aspx.

习的流程一般为：设置虚拟场景（包括各种常见的网络攻击类型），将情景以邮件的形式发给参与小组，参与小组分析讨论得出减轻威胁的办法并提交报告。2011 年，国际电联、国际多边网络威胁多边伙伴关系（IMPACT）、F-Secure 和趋势科技在东南亚地区联合开展了首次跨界演习“国际电联-IMPACT 应急响应应用知识小组（TU-IMPACT ALERT）”，涉及四个不同经济状况的国家：快速发展的发展中国家越南和柬埔寨、老挝和缅甸三个最不发达国家。因此，该演习能够充分考虑到发展中国家不同经济体所面临的现实网络空间中的制约因素。国际电联开展的各项演习取得了若干积极成果，包括检验每个国家计算机事件响应小组（CIRT）的准备情况，提醒各国培训应对网威胁人员的重要性。

2. 立法

（1）《国际电信规则》

《国际电信规则》（以下简称《规则》）产生于政企合一的电信垄断时期，是成员国在处理国际信息通信关系时应当遵循的国际法律规则，① 对所有成员国均有约束力，也是对国际电信联盟《组织法》和《公约》的条款补充。② 随着信息通信技术的发展，传统电信行业出现了与互联网战略合作的新趋势，但同时也受到了互联网产业的冲击，网络与信息安全问题随之出现。因此，为了与时俱进，更好发挥国际公法的作用，2012 年国际电信世界大会（WCIT-12）审议并修订了《规则》，形成互联网时代第一个全球性网络规范条约，赋予政府监管本国互联网访问路径的新权力，将监管范围扩大到互联网公司，③ 权利与义务主体修改为“经授权的运营机构”，增加了网络安全和遏制垃圾邮件的规定。自 2017 年以来，专家组（EG-TIR）正在对《规则》进行第二次审议和修订，目前已经开过四次会议，但以美国为首的发达国家阵营宣称《规则》已经不再适用这个信息通信技术飞速发展的时代，应废除并制定新的法律规则而不是继续修订。

---

① 王春晖：《〈国际电信规则〉（ITR）审议和修订的分析与思考（之一）——国际电联 ITR 专家组第二次会议提案综述》，载《中国电信业》2018 年第 1 期。

② 王春晖、黄西平：《中国推动〈国际电信规则〉的全面审议》，载《中国电信业》2018 年第 11 期。

③ 王孔祥：《〈新国际电信规则〉及网络安全的法律分析》，载《网络安全技术与应用》2013 年第 4 期。

（2）网络犯罪立法工具包

在缺少全球统一的网络犯罪法律框架的背景下，国际电联秘书长、网络安全高级专家组成员和隐私与计算机犯罪委员会主席乔迪·韦斯特比（Jody R. Westby）牵头创立了网络犯罪立法工具包（toolkit for cybercrime legislation）①。该工具包作为一个资源中心，实现了《全球网络安全议程》的七个战略目标之一，即通过为各国提供示范法，以制定可在全球适用并与现有国家和区域立法措施相互操作的网络犯罪立法战略。所包含的立法样本语言基于对研究发达国家的法律和欧洲委员会网络犯罪公约的全面分析，为各国制定、起草或修改本国网络犯罪法律提供指导。除此之外，该工具包还包含三个为制定网络犯罪立法提供实际帮助的材料：关于样本语言某些条款或内容的解释性评论；对不同国家法律的规定，包括欧洲委员会网络犯罪公约进行比较；参考资料的清单，包括有关法律、书籍和讨论网络犯罪法律的文章。

（二）北大西洋公约组织

北约是为实现军事防卫协作而建立的军事同盟，近年来，其成员国越来越认识到恶意网络会对国家的繁荣、安全与稳定造成威胁。2002 年，布拉格首脑会议上首次提出了“网络安全”概念，加强网络攻防能力成为一个重要议题。2008 年北约通过了第一项网络防御政策，之后的威尔士峰会首次将网络攻击确认为其集体防御的一部分。2016 年华沙峰会上，北约正式将网络空间升级为与海陆空同等级的作战领域。秘书长斯托尔滕贝格（Jens Stoltenberg）在 2018 年网络防御承诺年度大会上指出，北约在其网络空间的使命主要是做好三个重要角色，即网络事业的推动者、网络服务的提供者、网络安全的捍卫者。②

北约合作网络防御卓越中心（CCD COE，以下简称“卓越中心”）在爱沙尼亚与德国、意大利、拉脱维亚、立陶宛、斯洛伐克共和国和西班牙等其他六个国家的共同发起下于 2008 年 5 月 14 日在爱沙尼亚首都塔林成立。同年 10 月，北大西洋理事会授予该中心国际军事组织地位。该中心由北约转型与改革司令部认证，汇集了来自 25 个国家的军队、政府、学术界和法律界等多个领

① ITU toolkit for cybercrime legislation, http://www.combattingcybercrime.org/files/virtual-library/assessment-tool/itu-toolkit-for-cybercrime-legislation-%28draft%29.pdf, 2010-02.

② 参见陈雅东：《北约加强网络防御的“门道”》，载《天下军事》2019 年 3 月 21 日。

域的研究人员、教育工作者组成专家团队，力图在网络防御方面以独特的跨学科专业知识为成员国和北约提供支持。通过与北约成员国和伙伴国就网络技术、战略、作战和法律等问题展开研究、培训与演习，从理论和技术两方面为北约网络防御中的关键问题提供最佳解决方案。

1. 政策

（1）北约网络防御政策

2008 年 1 月，北约出台首部《网络防御政策》，2011 年 6 月 8 日修订的北约网络防御政策将北约的重点放在保护其自身的通信和信息系统上，以履行联盟的集体防御和危机管理的核心任务。该政策还强调了与伙伴国家、私营部门和学术界合作的必要性。2014 年，北约宣布网络攻击可能引发北约使用《北大西洋公约》集体防御第五条，即一旦某成员国遭到外部攻击，将被视为对整个联盟的攻击，北约全体成员国将发起反击进行报复。

（2）能力培养

卓越中心旨在从理论和实践两个层面构建一个成员国间能相互学习、彼此借鉴的平台。当前，其官网可查询和下载全球 90 余个国家网络安全战略及立法文本，以及各类网络空间治理相关信息，发挥着全球智库的作用，为各成员国的理论研究提供指导。

在提高成员国实际应对能力方面，卓越中心主要组织了两项大型演习：锁盾（Locked Shield）和十字剑（Crossed Swords）。锁盾全称锁定之盾，始于 2010 年，是一项国际网络防御年度演习，可以称为世界上最复杂的技术实弹挑战。通过模拟复杂型大规模网络事件，考察各国网络安全专家面对实时攻击时防御国家 IT 系统和关键基础架构的能力，以及战略决策和危机公关的能力。演习分为红方和蓝方，红方除了需维护虚拟化系统同时遭受的攻击外，还必须有效地向媒体公众报告事件，执行战略决策并寻找解决法。十字剑始于 2016 年，起初是面向测试人员、数字取证专家、态势感知专家的年度网络培训，现在已从演化成了演习活动，该演习同时也为锁盾网络防御演习中的红方提供训练机会。2018 年的十字剑演习首次在不同地理位置进行网络模拟作战，参与者包括 15 个国家的 80 多名专家。① 此外，还设有多国共同应对同一网络安全

① 参见《揭秘北约“2018 十字剑”网络演习的独特之处》，载《中国信息安全》2018 年第 3 期。

事件的联盟战士互操作性演习（CWIX），旨在检验国家之间相互协作的能力。多种形式的演习活动为北约成员国的技术专家、决策者及军事人员提供了实操平台，使他们能够在虚拟情景中发现问题并总结经验，更好地应对今后实际出现的网络威胁。

2. 立法

（1）塔林手册

《塔林网络战国际法手册》（以下简称《手册》）于2013年出版，由20名专家集体完成。卓越中心的安全专家及研究员肯尼思·杰尔（Kenneth Geers）和雷恩·奥蒂斯（Rain Ottis）作为专家组技术专家参与了手册的制定。主要关注涉及使用武力以及发生在武装冲突时期的网络行动，即诉诸战争权和战时法规对网络行动的适用性。《手册》并不是一部新的国际法，而是现行国际法在网络战争这一全新战争形式中的适用规则，为使用国际法规范处理网络战中涉及的法律问题提供了明确的指引。但该《手册》并不是北约发布的官方文件，不具有法律约束力，性质仅为“各国最高权威之公法学家学说”，根据《国际法院规则》第三十八条第一项（卯）规定，可作为“确定法律原则之辅助资料”。

（2）“塔林手册2.0”

《网络行动国际法塔林手册2.0版》（以下简称《手册2.0》）是对塔林手册的修订和更新，发布于2017年，采取会议讨论的形式，由19名法律从业者、学者和技术专家组成独立专家组共同撰写而成，现任北约卓越中心大使丽斯·维芙尔（Liis Vihul）担任执行主编。除专家会议外，考虑到涉及主题的广泛性，卓越中心还召开了许多专题研讨会，例如2015年与雪城大学法学院合办的两场有关网络间谍和网络空间国际人权法的研讨会。

相比塔林手册，升级版从主权、管辖权、人权法等15个领域构建了一个相对系统全面的网络空间国际法规则体系。将手册内容扩展到规范和平时期的网络行为，即未达到《联合国宪章》第2条第4项规定的使用武力的程度，也不构成国际人道法下的武装冲突的网络行动。《手册2.0》将网络空间分为三个层次：物理层（硬件和基础设施）、逻辑层（设备之间的连接关系）和社会层（使用网络的个人和团体），从不同层次分析网络威胁。全书共有154条规则，每一条规则都有大量描述性批注，以及专家的各种不同观点。目前“塔林手册2.0”已经翻译成多国语言，以推动“国际法适用于网络安全领域”这一观点形成国际共识。

（3）网络法律工具包

网络法律交互式工具包（International Cyber Interactive Toolkit）是国际网络冲突会议的成果之一，由卓越中心、捷克国家网络和信息安全局（NCISA）、红十字国际委员会（ICRC）、英国埃克塞特大学（Exeter）和中国武汉大学共同负责。① 2019 年 5 月 28 日在爱沙尼亚塔林正式发布，是国际范围内有关国际法适用于网络领域的在线作战指导资源，每年会以论文形式征集专家意见进行更新。工具包法律分析的重点是国际法，适用于所有国家，将学术理论和实际应用结合在一起，为法律顾问和决策者在实际处理网络事件时提供适用法律参考。该工具包根据真实案例设定了 13 个假设场景，每个场景包含对网络事件的描述、法律分析以及相关案例。

五、全球网络安全实践发展的困难与应对

（一）发展困难

1. 政治上美国优先等单边主义的崛起

作为单边主义的典型代表，美国自布什政府执政以来就已经把单边主义奉为对外政策的宗旨，并试图把外交领域的单边主义投射、贯彻到网络空间中。事实上，美国也一直是单边主义的践行者，奥巴马时期就开始宣扬“网络自由战略”，为了维护国家利益，网络监听和网络攻击早已成了家常便饭，包括特朗普上台时推出的与单边外交政策相连的“进攻性”网络战略。② 因此，单边主义换言之就是坚持从片面的角度出发，最大化地追求自身利益，而丝毫不顾及其他人合理的利益诉求的处事理念。

美国在互联网诞生之初就掌握着互联网的 IP 地址分配权和根域名控制权，后来由于国际社会的强烈谴责，美国成立了 ICANN 公司，专门负责 IP 地址分配等业务，虽然美国政府早在“棱镜门”事件后就宣布放弃对该公司的管理权，但政府依然把控公司的主要资金和实际控制权。IP 地址的数量

---

① Cyber Law Toolkit（2019-），www. cyberlaw. ccdcoe. org，28 March 2019.

② 叶江：《单边主义与多边主义的相互转换——试析多边主义在布什第二任期回归的可能》，载《美国研究》2004 年第 4 期。

关乎一国的网络安全，由于美国享有 IP 地址的分配权，因此世界各国的 IP 地址数量悬殊，用一组数字来证明：美国的分配地址高达 67%，人口最多的亚洲只占到了 9%。2003 年的伊拉克战争，美国利用 ICANN 公司在服务器方面的优势地位，隔绝了伊拉克的信息来源，导致伊拉克仿佛瞬间在互联网世界蒸发了一样。不仅如此，2014 年美国也曾经使中国的互联网域名系统近乎全部瘫痪，这不得不说是美国在利用自己的资源、技术优势最大化地满足本国利益。

美国在网络空间领域一直宣扬的理念是“网络自由”，即不愿在全球范围内接受任何网络方面的约束，企图通过互联网达到控制全球的目的。奥巴马执政期间多次鼓吹“网络自由”理念，拒绝限制互联网的使用，利用 Twitter 在伊朗、摩尔多瓦大量制造骚乱，同时批判中国的言论自由以及网络审查问题。自 2010 年以来，希拉里多次在有关“网络自由”的演说中指责中国威胁了互联网的信息流通，① 试图通过塑造符合美国利益的网络环境，并且积极地在网络空间输出美国政府价值观，企图捍卫其霸权地位。② 除了政府首脑的演说之外，美国还成立网络协调员办公室贯彻网络自由的行动，与科技公司进行合作，资助他们提高“网络自由”的宣传力度，甚至投资开发影子系统，帮助伊朗等国摆脱政府的网络封锁。其次，世界大多数国家为推动全球网络安全的发展进程，纷纷要求美国向联合国或其他国家组织转交部分的互联网管理权限时，美国又声称互联网是美国的产物，同时以拒绝承认互联网的公共属性为由而执意保留网络管控权，这其实是霸权主义在网络空间的体现，阻碍了全球网络安全的整体发展。

随着《国家信息基础设施：行动计划》的颁布，网络技术标准的设定权就落入了国际互联网工程任务组（IETTF）的手中，这个任务组负责颁布与互联网域名系统协议相关的基础技术标准的文件以供各国互联网运营进行参考，③ 但其实该小组也受制于美国政府，逐渐演变为美国推行本国技术标准的

---

① 王四达：《美国华文网站的中国政治传播研究》，华侨大学博士学位论文，2017 年，第 32 页。

② 刘勃然：《21 世纪初美国网络安全战略探析》，吉林大学博士学位论文，2013 年，第 58 页。

③ 中国互联网网络信息中心网站：《CNNIC 技术专家主导制定互联网下一代 WHOIS 国际标准》，载《中国标准导报》2015 年第 5 期。

职能机构。其实包括 ICANN 等在内的十多个组织曾表示过“网络的基础设施必须摆脱美国的牵制”，然而这项工作错综复杂，很难有突破性进展。除此之外，仍有不少机构、国家试图挑战国际互联网工程任务组设定的标准，尝试获取互联网的部分控制权，但美国利用自己的地位和资源对别国的提议进行打压和阻挠，新的技术标准难以真正建立。

为了维护在互联网方面的优势和利益，美国早在 2002 年就建立了网络部队，以应付黑客对于美国网络系统的威胁，同时，为了应对“伊斯兰国”组织发起的网络战，美国很有可能从国家安全局中组建独立的网络攻防作战部门予以应对。① 2010 年启动“美国网络司令部”，以保证美国在网络方面的行动自由。2011 年的《网络空间国际战略》和《网络空间行动战略》两份文件明确表示美国将对网络攻击行为进行反攻，标志着正式进入回击网络攻击的时代。特朗普更是明确提出攻击性战略以及“网络威慑”的口号，声明将利用全部国家手段震慑对本国利益产生威胁的网络攻击活动。②

普通的用户群体缺少准确的信息来源渠道，以至于他们的信息只能从资本家那里获取，而资本家提供的信息都是经过处理、加工、对自身利益有益的，因此普通用户的信息接受通常会受到政治资本的影响，任何政府政策、国际组织的动态、网络公司的活动都会影响用户的信息接受以及处理过程，因此，相较于资本家、社会组织来说，普通网民近乎没有话语权，就算有也很容易受到政治因素的影响。

2. 经济上监控资本主义的兴起

互联网时代，大部分的核心科技都被商业公司所掌握，为了寻求新的技术支持，各国政府很早就主动寻求和互联网公司开展合作，同时受到新公共管理改革思想的影响，私人企业开始承担部分公共职能，以提高效率。

电子监控、大数据等新一代信息技术的兴起改变了以往资本主义企业的生产方式，同时也催生出来了一种处于监控之下的新型经济形态——监控资本主义，也就是通过监控用户获取数据，再通过对数据的处理、加工，向用户精准

---

① 沈逸、江天骄：《网络空间的攻防平衡与网络威慑的构建》，载《世界经济与政治》2018 年第 2 期。

② 蔡翠红：《中美网络空间战略比较：目标、手段与模式》，载《当代世界与社会主义》2019 年第 1 期。

地投放广告，最终从中获取利润。① 监控资本主义的诞生使得个人隐私被充分暴露在网上，所有人的日常生活都有可能受到资本家的剥削。监控资本主义也成为了互联网公司的新型商业模式，其中最为典型的代表就是谷歌和脸书，这两家公司拥有互联网大部分的数据流量，在数字市场上占有垄断地位，几乎瓜分了美国过半的数字广告收入。截至目前，谷歌的市值已突破万亿大关。目前这种新的经济形态的发展已进入成熟阶段，囊括了数据分析、处理、语音识别、商业智能软件等多个领域。而全球最大的大数据营销服务商安客诚（Acxion）更是监控资本主义的杰出代表。该公司掌管着200多亿条的消费者数据，每天整合40多亿条数据。同时，自2001年9月以来，国土安全部、美国联邦调查局都和这家公司保持密切合作，共享数据，2001年韦斯利·克拉克被纳入了该公司的理事会，负责协调与国防部和国土安全部的关系，同时，借助克拉克的力量，安客诚公司开始与美国国防部高级研究计划局下的TIA（整体情报识别系统）就建立全方位监视美国和全球人口的技术系统展开合作。② 其实，早在克里顿执政期间，部分企业承包商就开始承接情报机构的任务，这是因为企业的通信技术始终走在时代的前列，甚至一度超过政府情报部门的加密技术，2000年美国政府的计算机系统发生死机现象，影响了美国的监察和监听工作，为了保证情报工作的内容即时传达给领导人，情报承包商开始接管此类任务。政府通过和企业签订合同，把项目资金、技术转移到企业中去，例如博思艾伦公司一直和美国国家安全局保持合作，负责运营“9·11”事件后的“秘密监控”（或者被称为总统的监控项目），也就是监控所有美国人的项目。

有学者认为监控资本主义的迅速崛起是源于“9·11”事件后，美国出于反恐利益的需要，通过国家安全局启动的“总统的监控项目”和“无界告密者”项目对电话、电子邮箱等进行非法窃听监听，21世纪也被称作是电子监控时代的第一次扩张。监控制度不仅应用于反恐和军事领域，还有日常生活，同时，私营部门也参与其中，包括彻底用于互联网监视的“棱镜计划”也是与互联网公司开展合作的结果，监控技术越来越集中在私人承包商的手中。然

---

① 杨子飞：《“全景式”监控与“生活化剥削”——论监控资本主义体系下的2.0版剥削》，载《华中科技大学学报（社会科学版）》2018年第3期。

② ［美］约翰·B. 福斯特、刘顺、胡涵锦：《监控式资本主义-垄断金融资本-军工复合体和数字时代》，载《国外社会科学》2015年第1期。

而，委托、外包的不良后果就是，这些垄断企业能够探测到社会各个层面的机密，一些为美国政府服务的私营公司雇员甚至有能力入侵大多数企业的数据库，公共安全的私有化也因此引发了人们的担忧。近些年来，美国安全基础设施的私有化程度越来越高，这些私人承包商既要对股东的利益负责，同时还要兼顾国家安全，这二者之中的矛盾势必会影响美国，乃至全世界的网络安全。虽然通过技术承包商购买监控服务的行为可以降低成本、提高效率，但是购买国也必须承担起数据泄露的风险。"斯诺登事件"就充分体现了这一点，斯诺登曾是美国国家安全局的技术人员，他将国家安全局"棱镜计划"监听公众通信的有关文档透露给媒体的行为，差点摧毁了美国的监控体系。从斯诺登披露的内容来看，隶属于美国国家安全局的一个黑客组织"TAO"为了窃取叙利亚的互联网数据以及电子邮件，曾在2012年尝试在该国的某个互联网服务提供商的路由器其中植入一个后门，万幸这次任务没有成功，然而却使得叙利亚突然断网。这说明情报产业的私有化程度存在严重的监管问题，与此同时公众并未意识到如此严重的数据泄露风险竟然来自国家监控。这种监控资本主义不仅侵犯了个人隐私，更威胁到了别国的国家安全和机密信息，虽然监控资本主义的出现是科技进步的产物和政治的需要，但最终还是要为国家治理服务。因此，既要忠于国家，又要对股东负责，如果无法协调好监控资本主义的内在矛盾，那么这种经济形态将一直会是影响全球网络安全发展的绊脚石。

3. 治理上统一国际规则的缺位

目前，全球网络安全发展面临的最重要的困难就是缺乏统一的国际规则。这主要是由于：网络安全治理是新兴的课题，国家社会对于网络安全的属性、治理方式等方面都存在较大争议，网络安全的治理问题既包含传统的主权国家治理，又包含新兴的网络空间的治理，面临的第一个问题是谁来掌握全球网络安全治理规则的制定权。以美欧为代表的网络发达国家试图将目前由本国创制的网络规则作为全球治理规则，这样可以最大限度地满足本国利益，同时在国际网络治理体系中占据绝对的话语权，而以中俄为代表的网络后发达国家则希望依托国际会议、联合国等国际组织发起议案，赋予国际组织等平台制定规则的全球合法性，鼓励各国共同参与网络治理新规则的创制过程，同时，本国也会拟定与之相适应的法律法规，扩大本国在网络安全治理领域的话语权。但是，也有学者提出质疑声，如果采用美欧等国现有的网络治理规则，那难免出现网络发达国家只顾自身利益而忽略共同利益的情况，另外如果借助国际治理平台的力量，那么以联合国为代表的国际组织是否真的能具备广泛的代表性也存在争议。第二个问题是如何确保全球网络安全治理规则的执行力。其实目前国际上已经出现了网络安全规则方面的尝试（硬法和软法）。然而，硬法存在规范体系的缺失，软法又缺乏强制执行力，如何确保全球网络安全规则的强制执行也是重要议题。

同时，治理理念存在差异阻碍了全球网络安全发展的进程。美欧等发达国家主张“网络信息自由”理念，这是为了保障私营企业的利益，确保资本在全球的流通，因此，美欧国家的网络治理侧重于网络犯罪对经济带来的危害，例如欧洲委员会 2001 年通过的《布达佩斯网络犯罪公约》就将网络知识侵权和间谍行为纳入网络犯罪的重要类型；而中俄国家则侧重于突出“网络主权”概念，将威胁国家安全的网络犯罪领域视为重点。同时，基于不同的治理理念，网络发达国家和网络欠发达国家也推行不同的全球网络治理模式。美欧等国认为应该推行多利益攸关方治理模式，反对国家对互联网进行过多干预，提倡充分发挥社会组织和企业在网络安全治理方面的作用，限制政府的管制，同时主张网络空间应该依托现有的国际规则，否定网络空间的国家主权。而中俄等国强调“网络主权”概念，提倡在维护各国网络主权的前提下开展网络安全治理合作，充分发挥政府和国际组织的主导作用，鼓励多边合作。① 治理理念以及模式的巨大分歧使得全球网络安全的发展寸步难行。

（二）发展应对

面对现如今全球网络安全的严峻形势，中国作为发展中国家中的重要力量之一，应该不断推进网络环境净化工作，加强对于网络安全威胁的应对措施，这样才能更有力地为国家网络安全的发展提供保障。为此，中国不仅需要向网络发展较快的国家学习相关经验和技术支持，同时也应该立足自身国情和实际情况，走出一条有中国特色的网络安全发展之路。

1. 中国目前的网络安全现状

我国目前的网络安全系统还处于发展初期，相关技术、法律、政策、组织机构、合作等内容正在逐步建立和完善，而且发展速度相对较快。与其他国家

---

① 刘小燕，崔远航：《网络安全规则与国际话语权角力——基于犯罪与恐怖主义维度的阐释》，载《新闻大学》2019 年第 7 期。

相比，我国在移动互联网和新兴数字技术的发展速度飞快，应用场景复杂，在很多行业引发了深刻的数字化变革。由此，在这样的大环境下，我国所面临的许多网络安全挑战都具有“中国特色”。

从政府角度来看，我国政府在过去几年的时间内颁布了一系列有利于网络安全发展的文件，其中包括涉及网络安全的法律法规、标准和政策等。在2015年出台的《国家安全法》，首次提出了“维护国家网络空间主权”这一概念，①并且是以法律形式提出的，同时也明确制定了国家如何建设和保护网络安全的相关目标和程序。在2017年6月1日，《中华人民共和国网络安全法》正式实施，作为我国第一部全面规范网络空间安全管理方面问题的基础性法律。②这几年间我国先后提出了多个相关配套法律法规，这些法律法规和政策的出台极大地推动了我国网络空间法制体系的建设和完善，对我国在保护网络空间主权、防范公共互联网风险、规范企业网络服务和保护个人数据与隐私方面起到了不可替代的作用。由于处于发展初期，所以这些政策和法律还需要在未来经历不断的实践来检验，才能在维护网络安全中发挥真正的作用。并且，政府办公也在逐渐与互联网融合，推行了电子政务等一系列网上政府，但恶意网页攻击会直接导致政府工作瘫痪、机密数据泄露以及引发社会恐慌。

从企业角度而言，企业在加强国际网络安全合作以及提高自身防护能力上在不断进步，但是不同领域的企业在网络安全维护能力差别较为明显，对于一些刚刚成立的中小型企业或者处于发展初期的新兴产业来说，需要利用信息技术以及网络这个大平台来打开市场和赢得顾客，但是由于自身资本和能力的限制，网络安全能力建设水平较低，所以存在很大的网络安全风险。同时，企业也积极加强对客户隐私数据的保护和合理使用，随着全球化的进一步发展以及中国在国际上的地位日益重要，中国的企业尤其是跨国企业，针对客户数据的收集、存储、使用等方面问题还是颇为严重，数据滥用、数据泄露的问题依然突出，同时企业网站环境不佳，容易受到网络恶意攻击，根据《2019年度DDoS攻击报告》，游戏行业和互联网行业仍然是重点被攻击的行业，共占据被

---

① 参见何波：《数据主权法律实践与对策建议研究》，载《信息安全与通信保密》2017年第5期。

② 唐斌、张钰钏、张郑武文：《网络强国语境下我国网络安全治理现状及对策研究》，载《无线互联科技》2018年第7期。

攻击目标的半数以上。①

从公民个人角度来看，相比政府和企业网络安全问题的种类复杂和严重结果，个人网络安全直接关系到个人数据和隐私保护。21 世纪已经是大数据的时代，网络技术发展突飞猛进，据 2019 年中国互联网络信息中心发布的《统计报告》统计显示，截至 2019 年 6 月，我国网民规模达 8.54 亿人，较 2018 年年底增长 2598 万人；互联网普及率达 61.2%，②而且还会持续增加，因此个人数据的经济价值也在不断上升，网络攻击者开始通过多种渠道和方式获取个人敏感数据，进而造成数据泄露。个人数据一旦泄露发生，往往所涉及的人数较多，且泄露的数据一般较为敏感。近年来个人数据泄露的重大事件数量逐年升高，且在 2017 年泄露的数据总量创历史新高。③除此之外，还有恶意病毒程序、木马安全漏洞以及黑色产业链的威胁。所以现如今，个人用户越来越注重个人信息安全，并意识到个人数据和信息泄露随时都可能导致个人人身和财产损失的情况下，个人用户对用户网络安全特别是个人数据和隐私保护的要求也越来越高。

总体来说，我国目前的网络安全发展形势总体势头呈现稳中向好的趋势，但是问题依旧还有很多，我们依然处于发展初期，国家关于维护网络安全相关方面的法律出台较少，政企合作以及相关政策落实不到位，网络威胁的监测力度比较薄弱。

2. “中国方案”

（1）借鉴国外先进经验

首先，由于我国处于网络安全发展的初期，最不可忽视的就是借鉴其他国家的“前车之鉴”。虽然我国与其他国家在基本国情上有很多不相同的地方，但是中国还是应该要积极借鉴国外相关方面先进经验并与自身国情结合发掘出一条有中国特色的网络治理道路。我们需要积极与其他国家开展国际合作，不断推进全球网络空间治理的框架建设，明确自身在其中所扮演的角色以及所承

① 《2019 年度 DDoS 攻击报告》，https://files.alicdn.com/tpsservice/02c8f14880966afed6f44273f78eb261.pdf?.pdf，最后访问日期：2020 年 5 月 9 日。

② 中国互联网络信息中心：第 44 次《中国互联网络发展状况统计报告》，2019 年 8 月 30 日。

③ 中国互联网络信息中心：第 44 次《中国互联网络发展状况统计报告》，2019 年 8 月 30 日。

担的责任，在合作过程中不断学习借鉴，为全球网络治理贡献自身一份微薄之力；除此之外，中国的国情特点决定了我们不能生搬硬别国的做法，必须走自己的路，第一，要做好网络安全治理的规划蓝图，大致方向定好了，才能知道往哪里努力；第二，从人力、物力、财力三个方面，确保做好保障工作；第三，从法律法规、标准规范、技术研发、试点示范、产业发展等多方面推进体系建设。①在网络安全顶层战略部署方面，目前全球已有许多国家网络安全列入顶层设计之中，发布网络安全战略性文件，美国是第一个这样做的国家，紧跟其后的就是日本、英国等国家，中国作为最大的发展中国家，却不在其中，所以我们要高度重视网络安全的地位和作用。而且由于全球网络对抗态势不断加剧，各国也在不断筹建网络作战部队，美国、印度、日本纷纷为了应对网络战争而做准备，中国向来以和为贵，但是一定要加强自身防护能力，完善自身的防御体系，形成网络的“铜墙铁壁”。

（2）提高网络安全技术自主权

计算机和互联网都来自美国，并且以美国为首的发达国家多数都掌握着全世界大部分的网络关键技术和核心的软件服务。作为世界的网络强国，在技术上的优势是十分明显的，它们通过最新的网络技术，正在控制着全球的互联网平台，从而占领网络信息技术发展的高地。正如美国之前十分热门的“棱镜”计划、面向世界公开建立网络作战部队等，表明网络强国的信息技术实力已经被应用于政治中，网络技术力量也成为综合国力评判的关键因素之一。而我国，网络发展起步晚，所以实力上相比有所差距，一些网络关键技术和设备都仍然依赖进口，无法自主研发。

因此，如果我国网络发展想要更上一层楼，就必须提高网络安全技术从研发到应用等各方面的自主权，我国的一项基本国策就是“自主可控战略”，在这样的全球背景下，这样的政策就显得意义深刻，那么，如何才能提高我国的自主权呢？第一，我国网络发展进程较缓慢的原因，除去起步晚之外，还有一个限制条件就是技术突破速度较慢，技术突破又分为软件和硬件的技术突破，与硬件技术突破相比，软件技术的提升更加的适合当前的国情与背景，所以应该将重心先放在软件技术的提升上，做到“以软促硬，以硬带软”，二者相互促进发展；第二，应该增加对高精尖技术研发的投入和建设，相比起发达国

---

① 赛迪智库：《2019年中国网络安全发展形势展望报告》，2019年3月22日发布。

家，我国在这方面的基础较薄弱，一直未涉足太多关于高精尖技术的研究，没有掌握一些领先的、价值较高的技术，因此我国应该集中投入这方面的建设；第三，提高网络安全技术的社会知名度。这几年，我国也在一些芯片或者系统等方面获得了重大的突破，但是这些技术最终都是无疾而终，原因就是网络安全技术未向大众普及，太多的老百姓没有这个概念，所以这些技术的商用价值一直上不来，无法在激烈的市场竞争中存活下来。

（3）提高网络安全人才培养的质量

习近平总书记强调："网络空间的竞争，归根结底是人才竞争。"因此，必须大力培养网络安全人才。近年来，虽然网络安全人才培养已经取得重要进展。但据预测，当前网络安全人才缺口已经达到 70 万，到 2020 年将迅速增加至 140 万。①但是根据相关统计，我国各个高校涉及网络安全专业的招生情况并不是那么地理想，每年招收人数在大约 1 万人，② 这与 70 万人甚至 140 万人的缺口相比，就是杯水车薪。但是仅仅依靠学校的培训教育，耗时太长，短期内看不见成效，所以能够在短时间内补上这个巨大的人才缺口，行之有效的方法就是在全社会广泛开展相关职业教育。从事互联网技术或者网络安全相关的企业可以为员工提供这样的职业教育，不断更新他们的技能，将知识与实战相结合才能有效的培养相关人才以当前最急需解决的相关问题为目标，与相关企业合作，提供实践平台，由此丰富实战经验。同时还应该完善此类职业教育的体制机制，为人才培养提供制度保障。

除此之外，国家和政府也应该对于相关人才培养给予支持。首先，可以将网络安全技术考核列入国家职业考试范围中，由此在提高从业素质的同时，也能调动相关从业人员的工作积极性；其次，政府应该与学校和企业互相合作，充分发挥各自的作用，学校不断培养人才，企业提供实习机会，三者共同为网络安全人才培养发力；最后，政府在相关方面应该给予财政上的帮扶，例如招商引资或者纳税方面的倾斜。这些都有助于网络安全人才培养。

（4）提高公民网络安全意识

中国是有着 14 亿人口的发展中大国，在使用互联网方面，也是世界上互

---

① 参见王珅、伍军：《构建网络空间安全人才价值体系的高校责任》，载《信息安全研究》2018 年第 12 期。

② 参见王珅、伍军：《构建网络空间安全人才价值体系的高校责任》，载《信息安全研究》2018 年第 12 期。

联网使用人口最多的国家，网络在生活的方方面面都发挥着不可取代的作用，例如近些年来逐渐成为生活习惯的网络购物、网络转账、实时阅读各种热点新闻以及网络游戏等，这些都在不知不觉地改变我们的生活方式。但是风险也随之而来，可能你不知不觉的一个“点击”，你的个人信息就已经被泄露，甚至让你的银行账户一扫而空，所以必须提高每个人自身的维护网络安全意识。

中国人口基数大，因此首先要积极开展基层教育活动，让最基层的网民也要有网络安全意识，切实提高群众对网络安全的认识和对网络威胁的防范能力；其次，政府要加强相关方面的宣传，例如开展网络安全宣传月、宣传周活动，并且随着时代发展，不断加入新的内容，政府的相关宣传要落实到位，不能只做表面功夫；形成和提高网络安全意识需要长期的学习，不是一蹴而就的，所以应该尤其注重对青少年在此方面的教育。中国有一句俗语叫“从娃娃抓起”，所以“网络安全意识培养要从青少年抓起”，学校应该以各种形式开展网络安全的相关教育，例如：开讲座、网络安全知识有奖问答、演讲比赛或者网络安全技术攻防赛等，这样既能激发学生学习的兴趣，也能达到最终的目的。

第三章
网络运营者的安全保障义务

在信息革命持续演进的时代，全球信息技术日新月异，互联网越来越深刻地影响着人类的生产和生活方式，人类也别无选择地走进了一个以数据化和智能化为特征的网络时代。从法学角度审视这场信息革命，现有的法律制度面临着日益频繁的“破窗性”挑战和“创造性破坏”。① 挑战之一来自日益严峻的网络安全形势，根据国家互联网应急中心（CENTER）发布的《2019 年上半年我国互联网网络安全态势》，我国网络空间安全仍面临着许多风险与挑战。CENTER 在 2019 年上半年协调处置的网络安全事件约 4.9 万起，其中个人信息和重要数据泄露的风险尤为严峻，“我国境内互联网上用于 MongoDB 数据库服务的 IP 地址约 2.5 万个，其中存在数据泄露风险的 IP 地址超过 3000 个，涉及我国一些重要行业”。② 例如，2019 年 2 月，深网视界（AI 安防）泄露了数百万人的人脸数据；③ 2019 年 7 月，中国智能家居公司欧瑞博的产品数据库泄露超过 20 亿条 loT 日志；2019 年 12 月，美国短信服务商 Truedialog 数据库暴露导致 10 亿条数据泄露。④ 现实生活中相类似的事件数不胜数，这些事件

---

① 马长山：《智能互联网时代的法律变革》，载《法学研究》2018 年第 4 期。

② 《CNCERT 发布〈2019 年上半年我国互联网网络安全态势〉》，载中华人民共和国国家互联网信息办公室网：http：//cac. gov. cn/2019-08/13/c_1124871596. htm，最后访问日期：2019 年 12 月 15 日。

③ 《深网视界被曝百万数据泄露，人脸识别信息安全引担忧》，载搜狐网：https：//www. sohu. com/a/298138448_118680，最后访问日期：2019 年 12 月 15 日。

④ TrueDialog Database Leaked Online Tens of Millions of SMS Text Messages，载 https：//securityaffairs. co/wordpress/94593/data-breach/truedialog-data-leak. html，最后访问日期：2019 年 12 月 15 日。

很大程度上源于提供相关网络服务的运营者未能积极、及时地升级系统以及修补安全漏洞，进而对网络用户的隐私与财产安全等方面构成了严重威胁。

网络空间可以分为底层的关键信息基础设施、中间层的互联网服务提供商与应用层的互联网信息三个层面，① 每一个层面均和网络安全存在千丝万缕的关联。其中，关键信息基础设施是互联网的基础层，其是网络安全治理的基础所在；② 互联网服务提供商作为网络空间的核心参与者，享有技术上的优势以及管理上的便利，在越来越多的领域对公民权益、公共安全与国家安全发挥重要的作用。③ 面对日趋严峻的网络安全局势，全球各国注意到网络运营者在互联网中的特殊地位，急需通过给网络运营者课以安全保障义务来加强对网络空间的治理。纵观我国相关规定，“网络运营者”与“安全保障义务”在我国现行法律中属于不同的概念范畴，“网络运营者安全保障义务”作为一个整体性概念没有在立法中予以明确规定。我们试图在界定网络运营者这一主体以及分析安全保障义务的法律性质基础上，突破网络运营者安全保障义务在侵权法上的局限并在公法层面上扩展，形成公私法二元结构的网络运营者安全保障义务。

一、网络运营者安全保障义务的基本界定

我国首部网络立法《中华人民共和国网络安全法》（以下称《网络安全法》）主要涉及国家、网络运营者以及网络用户这三方主体的权利义务关系，网络运营者作为网络空间的核心角色，发挥着连接网络用户与互联网的通道作用，由其承担安全保障义务能够最高效地保障网络安全与用户权益。从逻辑起点上说，研究网络运营者安全保障义务需要准确界定网络运营者的概念、内涵以及安全保障义务的法律性质及内容。

（一）网络运营者的概念及内涵

网络运营者在法律层面首次定义于《网络安全法》第七十六条，④ 其将网

① 周汉华：《论互联网法》，载《中国法学》2015 年第 3 期。

② 陈越峰：《关键信息基础设施保护的合作治理》，载《法学研究》2018 年第 6 期。

③ 刘海涛：《网络运营者的安全责任与义务界定》，载《社会治理》2017 年第 4 期。

④ 此前，“网络运营者”一词只有在现已失效的《电信服务标准（试行）》中出现过，但在该法律文件中，网络运营者主要是提供电路段、通道的网络服务提供商。

络运营者定义为网络的所有者、管理者以及网络服务提供者。这是公法上对网络运营者的定义，但在私法上难以找到“网络运营者”这一用词表述，与之相关联的概念是“网络服务提供者”，如在侵权法中网络服务提供者的“通知-删除”义务。与此同时，刑法中的拒不履行信息网络安全管理义务罪也使用了“网络服务提供者”这一概念。但相应的法律规范都缺乏对这些概念的明确界定，因此需要在围绕相关法律规范进行分析的基础上对网络运营者以及网络服务提供者进行学理解释，明确本书语境下承担安全保障义务的主体。

1. 网络运营者的基本内涵及法律地位

尽管《网络安全法》将网络运营者定义为网络的所有者、管理者和网络服务提供者，但对于什么是网络的所有者、网络的管理者以及网络服务提供者并没有予以明确的回应。鉴于网络的所有者、网络的管理者以及网络服务提供者这三类主体都是基于“网络”而建立起来的，而根据《网络安全法》第七十六条的界定，网络是指由计算机或者其他信息终端及相关设备组成的按照一定的规则和程序对信息进行收集、存储、传输、交换、处理的系统，通过逻辑演绎可知，网络的所有者、管理者是这些信息系统的所有者和管理者，网络服务提供者则是依托于前述信息系统而提供各类服务的服务提供者。值得一提的是，《网络安全法》（草案）第六十五条对网络运营者有着不同的表述。① 从草案与《网络安全法》对于“网络运营者”的不同表述可以看出，正式出台的《网络安全法》删去了“包括基础电信运营者、网络信息服务提供者、重要信息系统运营者等”的规定。从私法角度来看，我国的《侵权责任法》只规定了“网络服务提供者”，但也未明确规定该概念和范围。究其原因，可能是立法者考虑到当今互联网飞速发展，对网络运营者的定义更适宜仅规定基本内涵而对其外延采取开放的态度。这种做法虽然较为合乎时宜，但也容易引起对于“网络运营者”主体范围的理解分歧。

宏观层面上，网络运营者与网络服务提供者都是较为宽泛的一般性概念，且从字面含义理解，网络的所有者、管理者以及网络服务提供者这三类主体似乎是有所交叉的。《网络安全法》区分了网络运营者和网络服务提供者，依照法条的规定来看两者之间似乎形成了种属关系且不存在等同关系。但有学者提

---

① 《网络安全法》（草案）第六十五条规定：“网络运营者，是指网络的所有者、管理者以及利用他人所有或者管理的网络提供相关服务的网络服务提供者，包括基础电信运营者、网络信息服务提供者、重要信息系统运营者等。”

出，网络的所有者和管理者作为网络基础设施的运营者，运营网络基础设施本身就是提供网络服务的表现，其服务对象包括了一般终端用户和其他网络服务提供者。① 从广义来看，包括网络的所有者和管理者在内的所有网络运营者所从事的与网络有关的活动都是在提供网络服务，也就是所有的网络运营者在本质上都是在提供网络服务。而从狭义来看，网络运营者与网络服务提供者是种属关系，网络运营者主要包括网络服务提供者，此外还包括网络的所有者、管理者。

网络运营者的法律地位具有双重身份属性。一方面，网络运营者作为市场主体，参与市场经济活动，它与网络用户之间成立的是民事合同关系。但需要注意的是，网络运营者在该合同法律关系之中属于强势的一方，其在经济实力、专业知识以及技术手段上具有绝对的优势地位。鉴于许多网络运营者在其运营的领域处于垄断地位，网络运营者与用户之间的关系除了受《合同法》调整外，还应该受到诸如《消费者权益保护法》《电子商务法》《网络安全法》等具备公法色彩的法律加以调整，以防止形式上的平等带来实质上的不平等，损害用户权益甚至阻碍网络产业的健康发展。另一方面，相对于其他市场参与者来说，网络运营者还是"监管者"，承担着对网络用户的监管职能，这源于网络新技术的发展给监管部门带来的挑战以及网络运营者享有技术和管理上的天然优势条件。② 正如有学者所言，通过"使用即同意"规则，网络服务提供者拥有了规则制定权、规则单方修改权、用户信息特别许可权、纠纷裁决权、责任限制或免除权等"权力"，成为网络空间主宰者。③ 网络运营者这一主体的双重身份属性导致了在其运营过程中义务划分和责任认定的复杂性，因此明确网络运营者的这一属性更有利于把握其主体范围以及应承担的责任范围。

2. 网络运营者与网络平台的关系辨析

在互联网发展的初期，网络的所有者构建网络并由网络管理者进行管理，

---

① 许长帅：《〈网络安全法〉的适用：网络运营者及其主管部门的确定》，载《通信管理与技术》2017 年第 5 期。

② 有学者认为，网络平台是一种"专家系统"，应当为网络用户提供足够的信任感。参见张新宝：《顺风车网络平台的安全保障义务与侵权责任》，载《法律适用》2018 年第 12 期。

③ 刘迎霜：《"使用即同意"规则与网络服务提供者的法律规制》，载《社会科学》2015 年第 7 期。

网络上的信息主要是由网络服务提供者提供，网络服务提供者占主导地位。在这一阶段，互联网的主要表现形态为不时更新的网站页面，这些页面仅供用户浏览而不能进行互动，网络服务提供者的角色具有中立性、工具性和被动性的特征。随着现代互联网的发展以及 Web2.0 技术的普及应用，人类的生产方式和生活方式愈加依赖于网络，网络上人与人之间的交流协作和信息交换越来越频繁，一场席卷全球的网络平台革命蔓延开来，以亚马逊、脸书、优步、爱彼迎为代表的平台深刻改变了全球经济和社会面貌。① 网络用户可以通过极具开放性、共享性、互联性的网络平台发布以及上传信息，因此在由用户主导内容生成的 Web2.0 时代，网络用户在网络空间中占主导地位，众多的网络运营者及其运营的网络平台成为了网络空间中的基础支撑主体。正如有学者所言，此时的网络运营者在网络社会交往中的角色定位正向为网络用户提供信息交流的平台场所，并保障此平台正常运行所需要的安全性和稳定性方面转变。② 类似的观点认为，作为信息聚合与流散的中心，网络平台通过高效的信息匹配形成了双边或多边效应，成为社会生产生活的组织中心。③ 这里的“网络平台”，是指由网络运营者或者专业的平台开发商以信息技术为基础在网络上构建的为网络用户提供检索、通信、消费以及社交等服务的一种商业模式。④ 网络平台的功能不仅仅是简单的技术支撑或者“单纯通道”服务，还是网络空间中信息交互的综合性平台。网络平台运营者也脱离了早期网络服务提供者工具性、被动性、中立性的特征，其对平台里的信息流动能够加以有效掌控。

网络平台作为联结网络用户和网络运营者之间的纽带，网络运营者对网络平台进行经营管理，并且制定网络平台的运营规则，网络运营者通过网络平台的运营获取利益。与网络用户日常生活密切相关的网络平台，有以淘宝、京东等为代表的网络交易平台；以腾讯微信、新浪微博等为代表的通信社交平台；以 YouTube、抖音等为代表的内容分享平台；以 58 同城、大众点评等为代表的网络信息平台；以百度、谷歌等为代表的网络搜索平台等。此外，还有名目

① 丁晓东：《平台革命、零工经济与劳动法的新思维》，载《环球法律评论》2018 年第 4 期。

② 王思源：《论网络运营者的安全保障义务》，载《当代法学》2017 年第 1 期。

③ 孔祥稳：《网络平台信息内容规制结构的公法反思》，载《环球法律评论》2020 年第 2 期。

④ 李源粒：《网络安全与平台服务商的刑事责任》，载《法学论坛》2014 年第 6 期。

繁多、形态各异的各种互联网金融平台，如股权众筹平台、第三方支付平台、网络借贷平台等，共同构成了互联网金融的组织基础。① 虽然平台类型繁多，但是我们可以发现不同类型的网络平台提供的服务不再局限于一种平台类型，而是在其原有的主要服务类型基础上向其他类型的平台扩张，即网络平台存在着互相融合的趋势。如抖音作为一个视频内容分享平台，抖音直播带货的现象使内容分享平台与网络交易平台融合。微信朋友圈作为一个社交平台，"微商"的出现使社交平台与网络交易平台相融合。在这种平台融合的趋势下，一方面表明了网络运营者角色定位转变成为网络用户的信息交换以及交流协作提供平台场所，并保障其运营平台的安全、稳定性能；另一方面，各种网络平台服务内容的扩张和某些大型平台的垄断趋势会促进网络的所有者、管理者以及网络服务提供者趋于一体化，并且在可预见的一段时期内网络平台运营者会是网络运营者的主要类型。在本书的语境下，网络运营者主要指的是作为私营部门的网络平台运营者，排除具有行政管理部门性质的国家机关政务网络的运营者。

（二）安全保障义务的法律性质及基本内容

在网络环境中，网络运营者作为网络社会交往的开启者，其运营的网络平台中存在着损害他人权益的潜在危险，相比于普通网络用户，具备专业技术水平的网络运营者更能对网络平台的安全进行保障，对网络运营者赋予安全保障义务显得理所当然。不同类型的网络运营者所提供的平台服务涉及不同方面，其承担的安全保障义务不应一概而论，而应结合平台服务内容的性质在个案中具体讨论。

1. 网络运营者承担安全保障义务的依据

网络运营者作为开启并主导网络交往之主体，应保障其运营网络环境的安全以及保护在其平台上活动的网络用户的合法权益。网络运营者承担安全保障义务的依据有以下三个方面：

首先，民法上的信赖利益保护原则要求网络运营者承担安全保障义务。网络用户接受网络运营者提供的网络服务的前提是该网络用户已对其所接受服务

---

① 李安安：《互联网金融平台的信息治理：工具、模式与法律变革》，载《社会科学》2018 年第 10 期。

的服务提供商产生合理的信赖期待，即认为网络运营者提供服务的平台是安全的，网络运营者具备保障网络平台安全的能力。对于网络用户所无法察觉的安全隐患，网络运营者能够及时检测并消除。其次，危险防控理论的要求。网络运营者作为开启网络交往这一“危险活动”的开启者和主导者，最有可能了解和控制由其自身经营的网络服务平台，能够实时监测并了解平台的实际情况，在有可能发生安全隐患或者侵权事件时及时采取必要措施以防止损害发生或者减轻损害的程度。最后，收益与风险相一致的要求。网络运营者是以营利为目的而经营网络平台的，网络运营者通过经营有着潜在安全风险的网络平台而获得了利益，其就应当承担相应的危险排除义务。①

2. 网络运营者安全保障义务的法律性质

我国立法中的安全保障义务起源于德国法中的交往安全义务，② 实质上是一种危险防范义务，该义务要求开启、维持或者主导社会交往的人，不仅要做到消极地不侵害他人，还要积极地采取合理与适当的措施控制社会交往中的危险。经过法律移植之后，安全保障义务已经成为我国法律中的一项重要制度安排。例如《侵权责任法》第三十七条规定：“宾馆、商场、银行、车站、娱乐场所等公共场所的管理人或者群众性活动的组织者，未尽到安全保障义务，造成他人损害的，应当承担侵权责任。因第三人的行为造成他人损害的，由第三人承担侵权责任；管理人或者组织者未尽到安全保障义务的，承担相应的补充责任。”③ 再如《消费者权益保护法》第十八条规定：“经营者应当保证其提供的商品或者服务符合保障人身、财产安全的要求。对可能危及人身、财产安全的商品和服务，应当向消费者作出真实的说明和明确的警示，并说明和标明正确使用商品或者接受服务的方法以及防止危害发生的方法。宾馆、商场、餐

---

① 王思源：《论网络运营者的安全保障义务》，载《当代法学》2017 年第 1 期。

② 德国侵权法中的交往安全义务，是指开展或主导的社会交往活动之人可能引起危险或使危险持续，因此应当采取必要的保障措施，从而保护他人利益免受侵害。关于德国法上交往安全义务的具体内涵及其发展，可参见冯珏：《安全保障义务与不作为侵权》，载《法学研究》2009 年第 4 期。

③ 我国侵权法上所规定的安全保障义务源于司法实践，2001 年的“银河宾馆案”中，法院在判决书的说理部分第一次采用了违反安全保障义务的表述，随后，最高人民法院《关于审理人身损害赔偿适用法律若干问题的解释》第 6 条作出了相应的规定，后被吸收进《侵权责任法》之中。参见陈芳：《虚拟空间之保障义务研究——以互联网服务提供商的视角》，载《武汉大学学报（哲学社会科学版）》2014 年第 1 期。

馆、银行、机场、车站、港口、影剧院等经营场所的经营者，应当对消费者尽到安全保障义务。”安全保障义务尽管在整体上属于侵权法概念，但在适用范围上呈现出扩大趋势，虚拟财产的法律保护、金融数据的资源配置等方面均有其存在空间。① 网络运营者如果仅承担侵权法上的安全保障义务则会存在适用局限，即无法满足公共利益和社会秩序的安全保障需求，也就无法完整保护网络空间的安全。因此，本书将网络运营者的安全保障义务界定为以网络运营者为主体承担的所有相关立法中规定的具有安全保障功能的义务总称，既指向私法上的义务，也涵摄公法上的义务，是由公法和私法多维度构成的完整体系。②

学界对于安全保障义务性质的认识大相径庭，存在合同义务说、法定义务说、双重义务说等观点。我们认为，网络运营者的安全保障义务具有法定义务与合同义务的双重属性。从安全保障义务来源的角度看，首先，法律、行政法规、规章等明文规定是安全保障义务的最直接来源，如《侵权责任法》《网络安全法》《电子商务法》中直接规定的相关安全保障义务。其次，如果当事人在合同中约定了安全保障义务，这种情况义务的性质就是合同义务。在现实生活中，网络用户在接受平台服务前大多数都会与网络运营者订立“用户服务协议”，在该协议中网络运营者可以与网络用户约定运营者保障用户在平台中安全地接受服务，这种约定义务就是合同义务。当然，如果某一行为违反了侵权法上的安全保障义务可能会产生侵权责任与违约责任的竞合，该情况下网络用户可以依照请求权竞合的有关规定，选择对自己最有利的救济途径。

3. 网络运营者安全保障义务的基本内容

网络运营者的安全保障义务是涉及多个方面的综合性义务群，其基本内容在于网络运营者为实现网络运营的最低安全保障而应履行的义务范围。与此同时，本书所指的网络运营者安全保障义务异于《网络安全法》中的安全保护义务。网络运营者应承担的安全保障义务应该是网络安全与用户权益保障的最

---

① 参见林旭霞：《论运营商对虚拟财产的安全保障义务》，载《福建师范大学学报（哲学社会科学版）》2008 年第 5 期；辜明安：《大数据时代金融结构的安全保障义务与金融数据的资源配置》，载《社会科学研究》2016 年第 3 期。

② 有学者认为，安全保障义务可以被视作民事义务、行政义务和企业社会责任的结合体。参见周樨平：《电子商务平台的安全保障义务及其法律责任》，载《学术研究》2019 年第 6 期。

低限度的义务，其主要保障两类权益：一是网络系统的安全性和运行的稳定性；二是防止不特定的第三人利用网络平台侵害平台中网络用户的合法权益，该合法权益主要是非物质形态的民事权益。网络运营者承担的安全保障义务的根本目的是保障网络安全和网络用户合法权益。

网络用户在接受平台服务的各个阶段都有可能受到来自各方面的侵害，需要网络运营者在不同阶段采取不同的措施来保障安全，为此笔者根据危险的各个阶段来分析网络运营者安全保障义务的基本内容。

首先，安全保障义务的性质决定了该义务的功能主要是事前的保障，为此其基本内容是事前预防义务，该类义务要求网络运营者提供安全的网络运行环境，防止不安全因素的侵害，从而预防损害结果的发生。事前预防义务又可分为以下几个方面：（1）保障网络运行安全义务。网络服务的正常运行是用户接受服务的前提条件。网络运行安全要求网络运营者提供的服务是连续性的，如果由于人为或自然的原因使得服务中断或服务水平下降，网络运营者有能力保证在可预期的时间内恢复正常的业务运营状态。（2）履行网络安全等级保护制度的义务。在内部管理方面要求网络运营者制定内部安全制度和规范操作流程。在技术措施方面要求网络运营者采取技术措施防范计算机病毒等危害网络安全的行为以及采取数据分类、数据备份和加密等措施，从而保障系统的安全、有序运行。（3）履行制定网络安全事件应急预案制度的义务。网络运营者应制定应急预案，及时处置安全风险，在发生网络安全事件时，及时启动应急预案并采取补救措施。（4）保障用户信息安全的义务。这一方面包括依法管理用户信息的义务，从事信息服务的网络运营者应当有健全的信息安全管理制度；另一方面包括用户信息保密义务，即网络运营者对其收集到的用户信息承担保密义务，不得将其收集到的用户信息非法泄露给任何第三人，未经用户本人同意不得将用户信息提供给他人。①（5）履行审查义务，包括审核用户信息以及审核平台上的内容。就前者而言，网络运营者对于首次“入网”接受

① 也有学者认为，网络服务提供者的信息安全保障具体内容包括四个方面：未经法律规定或者用户同意不得任意收集、存储和处理他人信息；采取措施维护信息在产生及流转过程中的安全；对用户违反法律、法规规定发布或传输信息的行为应当予以禁止；终止其技术服务时应最大限度地确保使用该技术服务的用户的信息安全。参见梅夏英、杨晓娜：《网络服务提供者信息安全保障义务的公共性基础》，载《烟台大学学报（哲学社会科学版）》2014 年第 6 期。

其服务的网络用户提交的身份信息负有审核义务，用户提交的身份信息要符合网络实名制认证的要求。实名制认证制度有助于规范网络用户在网络空间的行为，在网络安全事件中网络运营者能够更快定位侵害人和受害者以便及时作出相关措施。该审核义务主要是形式审核，但如果可以通过行政管理部门获取用户信息，网络运营者则应进行实质审核。就后者而言，网络运营者对用户在平台中上传的内容负有一定的审核义务，以及对内容可能产生的风险负有提示义务。

其次，在危险发生时，网络运营者还应承担一定的危险消除义务，以防止损害结果的发生以及损失的进一步扩大。该义务具体包括：（1）危险排除义务。该义务是指网络运营者在已经知道并可以定位到危险的具体范围时而需要采取相应措施以排除危险的义务。例如，网络运营者应当采取积极措施，防治病毒、木马、蠕虫、黑客工具、恶意代码等有害程序。①（2）审查、处理投诉与举报的义务。网络运营者在接到投诉或者举报违法信息后，应及时受理并作出处理决定。以新浪微博等社交平台为例，平台运营者在收到网民对违法信息的举报后应及时审查相关信息，然后根据审查的结果采取做出相应的处理，对于违法信息要及时删除、断开链接。（3）风险提示义务。风险提示义务是指网络运营者需要提醒网络用户某些已经存在但无法确定范围的风险，让网络用户树立风险防范意识。

最后，在损害发生后，网络运营者还需要承担相应的补救、协助执法以及巡视义务。该义务的内容具体包括：（1）补救义务。补救义务要求在发生损害的情况下网络运营者要在合理范围内补救权利人受到的损失，并要防止损害的进一步扩大。（2）公共信息巡视义务。由于网络平台具有开放性与共享性的特征，一旦有害信息在平台扩散将可能迅速地导致损害扩大，在危险事件发生后网络运营者应该加强对网上公共信息的巡查，巡查的内容仅限于公共信息，不包括具有隐私性的个人通信或者小范围内的群体通信。②（3）协助执法义务。在虚拟空间取证困难的背景下，网络运营者要为执法机构提供技术支持，包括通信监控、合法拦截以及对执法过程的保密义务。

---

① 霍永库、冯潇洒：《社会角色理论的网络运营者安全保障义务分析》，载《西安交通大学学报（社会科学版）》2016 年第 1 期。

② 谢永江：《论网络运营者的网络信息安全义务》，载《汕头大学学报（人文社会科版）》2017 年第 7 期。

二、网络运营者安全保障义务的适用局限与实现困境

目前，我国学者对于网络运营者安全保障义务的研究多限定在围绕《侵权责任法》第三十六条关于网络侵权规定中的“通知-删除”义务以及相关的侵权内容审查义务。原因在于，安全保障义务在我国一般是被认为是严格的法定义务，其义务内容和范围应有立法予以明确规定。因此，要研究网络运营者的安全保障义务，应先从《侵权责任法》中的有关规定入手，进一步分析网络运营者的安全保障义务制度在侵权法的适用局限以及公法上的扩展困境。

（一）网络运营者安全保障义务的私法适用局限

从私法层面来看，网络运营者与安全保障义务制度在我国民法体系中仍属于不同的系统，即便是在《民法典》的编撰中立法者似乎也没有考虑将网络运营者与安全保障义务二者结合起来。由于立法上的缺失导致了在司法实践中适用网络运营者安全保障义务的困境。

1. 网络运营者安全保障义务的侵权法依据缺失

《侵权责任法》第三十六条规定了网络服务提供者的“通知-删除”义务，即“网络用户利用网络服务实施侵权行为的，被侵权人有权通知网络服务提供者采取删除、屏蔽、断开链接等必要措施”。该条在规制网络运营者的安全保障义务时存在以下局限：首先，该条文仅规定了网络运营者在网络侵权事件发生后的“事后止损义务”，而没有规定事前保障义务。这种规定似乎是免除了网络服务提供者承担网络平台安全保障的义务，因为其将网络运营者承担义务的时间点从侵权行为发生前延后至侵权发生之后。其次，该条虽然规定了“通知”规则以保障被侵权人的利益，但缺少了“反通知”的规则，形成了保护表达自由方面的不平等后果。① 最后，侵权法体系仅规制破坏网络信息安全行为，而排除了破坏网络运行安全的行为。《侵权责任法》第三十六条仅在网络平台处于稳定安全的运行状态下发生的网络侵权案件才能适用，在发生黑客侵入之类的直接破坏网络运行的侵权情况下，该条就无法发挥规制作用。

---

① 杨立新：《电子商务交易领域的知识产权侵权责任规则》，载《现代法学》2019年第2期。

《侵权责任法》第三十七条规定的仅是传统物理空间的组织者和管理者的安全保障义务，并未将网络运营者纳入承担安全保障义务的主体范围。可以看出现行的侵权法体系将网络运营者应承担的义务与安全保障义务制度分割成两个不同的法律制度。① 在立法没有明确规定网络运营者是安全保障义务主体的情况下，如果因网络运营者未履行安全保障义务而发生侵权损害，权利人就无法依据法律规定去追究网络运营者的安全保障责任。侵权法是属于民法领域的专门法，具有民法的私权保护属性，这也决定了侵权法中的安全保障义务制度只限于保障私人利益，而无法涵盖公共利益的要求。而网络平台具有开放性、共享性、公共性的特点，网络运营者提供的网络服务具有一定的“公共产品”属性。② 因此网络空间具有公共利益保障的需求，侵权法下安全保障义务制度无法满足公共利益保护的制度需求。

2. 司法层面的适用困境

在缺乏网络运营者安全保障义务侵权法依据的条件下，司法如何回应实践中的有关争议案件是一个值得关注的问题。“极限运动第一人”吴某坠亡案中一审和二审法院的不同观点值得关注。自 2017 年起，吴某在花椒直播等平台发布自己徒手攀爬高楼等高危视频并获取了超 3 亿次的播放量和百万粉丝。而在 2017 年 11 月 8 日，他在直播攀爬湖南某座高楼时失手坠亡，其家属以直播平台未尽合理的审查义务致吴某坠亡为由将花椒直播平台诉至法院要求平台赔偿损失。③ 一审法院认为网络空间中也实际存在着公共空间和群众性活动，存在着侵害危险的可能性，因此安全保障义务适用于网络空间，网络运营者作为网络空间的管理者、组织者，在一定情况下应对网络用户负有一定的安全保障义务。花椒平台作为网络服务提供者对网络用户吴某负有一定的安全保障义务，具体义务内容为对其上传的攀爬高楼的危险动作视频进行被动审查，并根据审查结果采取相应的屏蔽、删除以及断开链接等措施。④ 二审法院则否定了

① 参见王思源：《论网络服务提供者的安全保障义务》，对外经济贸易大学博士学位论文，2018 年。

② 霍永库、冯潇洒：《社会角色理论的网络运营者安全保障义务分析》，载《西安交通大学学报（社会科学版）》2016 年第 1 期。

③ 关于该案的深入分析，可参见陈访雄：《浅析网络服务提供者的安全保障义务——以“网红坠亡”案为例分析》，载《法律适用》2019 年第 16 期。

④ 北京市互联网法院〔2018〕京 0491 民初 2386 号判决书。

一审法院将安全保障义务的主体扩张到网络服务提供者的裁判思路，认为一审判决适用法律错误。① 二审法院认为作为虚拟公共空间的网络空间与现实物理公共空间存在明显差异，能否将《侵权责任法》第三十七条第一款的有形物理空间的安全保障义务扩张到虚拟的网络空间进而确定网络运营者的安全保障义务，尚存争议。因此二审法院通过适用《侵权责任法》第六条第一款的过错责任原则来认定花椒直播平台在本案中应承担的责任。

在申瑾与上海携程商务有限公司等侵权责任纠纷一案中,② 原告通过携程平台订购机票，由于携程平台系统存在个人信息保护上的安全漏洞致使原告在订票过程中的个人信息泄露，诈骗分子根据泄露的信息内容给原告发送诈骗短信最终导致原告的个人财产受损。本案中法院的裁判思路为通过论证网络空间的公共性进而认定虚拟数字世界中的网络运营者与现实世界中的安全保障义务主体一致，对其服务用户负有侵权排除义务以及对未来的妨害负有审查与控制义务。这一义务的法理基础与侵权法中的安全保障义务系属同源。因此法院适用《侵权责任法》第三十七条的规定认定携程公司违反了网络运营者的安全保障义务，存在安全维护漏洞进而导致原告财产损失，最终酌情认定携程公司承担补充责任。

以上两个案件中，不同法院的裁判思路表明司法实践中关于能否对网络运营者适用《侵权责任法》第三十七条的安全保障义务存在争议，尚未形成统一的裁判标准。有的法院通过扩大解释第三十七条第一款的适用范围将网络运营者纳入安全保障义务的主体，而有的法院遵循严格的法定主义，通过别的归责路径进行追责。

网络运营者在私法上安全保障义务的适用标准问题实质是网络运营者的安全保障义务的范围限定问题，也是网络运营者应承担多大程度的注意义务问题。实践中关于适用标准的争议多是围绕网络运营者的平台审查义务展开。关于平台审查义务的典型案例是 2010 年发生的首例“QQ 相约自杀案”。2010 年 6 月，张某在 QQ 群中多次发出相约自杀的要求，范某看到张某的自杀邀请后与张某约定到丽水自杀。两人在宾馆自杀过程中张某放弃自杀，劝范某放弃自杀无果后离开，最终范某自杀身亡。本案中原告范某父母诉请被告腾讯公司承

① 北京市第四中级人民法院〔2019〕京 04 民终 139 号判决书。

② 北京市朝阳区人民法院〔2018〕京 0105 民初 36658 号判决书。

担损害赔偿责任。一审法院判决为相约自杀者提供网络社交服务的腾讯公司承担10%的责任，该判决作出后引发了各方讨论。① 本案中的焦点是腾讯公司对QQ群聊信息是否具有事先主动审查、监管的法定义务。一审法院的观点是腾讯公司一直未采取措施停止传输“相约自杀”这一可能危害他人生命健康身体权的信息，长期放任该有害信息的存在，不履行监控、事后处理的法定义务，该观点事实上承认了腾讯公司应对用户的聊天进行监控。但二审法院认为腾讯公司负有事后被动审查、监管QQ群聊信息的义务，难以通过人工、技术手段事先主动审查群聊信息，因此最后二审法院判决腾讯公司不承担责任。② 通过该案可以看出司法实践中对于网络运营者审查义务的两种不同态度。这一现象发生的原因，其一是法律并没有对网络运营者承担的安全保障义务的适用标准作出明确的规定；其二是不同的法官通过利益平衡作出的自由裁量不一致。此外，关于网络运营者在何种情况下可主张免责的事由也不确定。

3. 网络运营者违反安全保障义务时的责任配置问题

网络运营者责任指向的是网络运营者对其运营的网络平台中的不法行为应承担的法律责任。从民法角度看，网络运营者承担民事责任的原因大多源于网络侵权，网络侵权分为网络运营者单独侵权和网络运营者与第三人共同侵权两大类。在单独侵权的情况下，网络运营者自身是造成损害的全部原因力，因此网络运营者承担全部责任并无争议。而在共同侵权的情况下，特别是在第三人的积极侵权与网络运营者不作为侵权相结合的情况下，网络运营者作为安全保障义务人应承担的责任形式则存在争议。从我国《侵权责任法》以及其他专门性的法律规定来看，网络运营者民事责任的承担形式整体上是以承担连带责任为主。③ 同时，前面所提到的侵权责任法第三十七条并未将网络运营者纳入安全保障义务的主体，因此在法律适用中并不能将违反安全保障义务时的网络运营者责任归入侵权责任法第三十七条中的补充责任。但在司法实践中，对于未履行事前审查义务的网络运营者几乎不用承担连带责任，只有在侵权发生后

---

① 《全国首例QQ相约自杀民事赔偿纠纷案宣判》，载中国法院网：https://www.chinacourt.org/article/detail/2010/12/id/437838.shtml，最后访问日期：2020年1月18日。

② 浙江省丽水市中级人民法院〔2011〕浙丽民终字第40号判决书。

③ 如《食品安全法》规定了平台经营者如果因未履行审查、报告的义务而侵害民事权益的，平台要承担连带责任。

不制止侵权行为时才承担连带责任。司法实践中的做法更符合网络运营者承担安全保障义务的法理基础，因为该义务的来源是未履行安全保障义务而非共同侵权行为。从法理基础来理解，《侵权责任法》第三十七条规定违反安全保障义务的责任承担方式是补充责任。然而在其他特别法中对于违反安全保障义务的主体责任有着不同的规定。如《电子商务法》第三十八条第二款①规定了电子商务平台经营者对消费者未尽到安全保障义务而给消费者造成损害的，依法承担相应的责任，但该法并没有明确“相应的责任”究竟是何种责任。“相应的责任”可以理解为按份责任、连带责任和补充责任在内的所有责任配置类型的综合，也可限缩解释为按份责任。② 电子商务平台经营者属于一种典型的网络运营者，该类经营者从事的电子商务活动受《电子商务法》调整。因此，在电子商务平台经营者违反安全保障义务时，按照《侵权责任法》第三十七条的法理，电子商务平台经营者应承担补充责任，而按照《电子商务法》第三十八条第二款的特别规定，电子商务平台经营者应承担“相应的责任”。此处就存在不同法律对同一事项有着不同规定的问题，《电子商务法》第三十八条第二款可能存在破坏安全保障义务法理基础之嫌疑。

从属性上可以将网络运营者责任分为公法责任和私法责任，网络运营者的公法责任和私法责任会有交织在一起的情况，如某行为既违反公法的禁止性规定又侵害了民事主体私权，《网络安全法》第七十四条的规定使网络平台因“公行为”而承担民事责任。③ 但这种情况下可能会使网络运营者动辄承担责任，加重网络运营者的责任负担。

（二）网络运营者安全保障义务的公法实现困境

《网络安全法》等与网络安全相关的法律和司法解释构建了网络运营者框

---

① 《电子商务法》第三十八条第二款规定：“对关系消费者生命健康的商品或者服务，电子商务平台经营者对平台内经营者的资质资格未尽到审核义务，或者对消费者未尽到安全保障义务，造成消费者损害的，依法承担相应的责任。”

② 关于“相应的责任”如何理解，学界认识不一，具体讨论可参见陈晓敏：《论电子商务平台经营者违反安全保障义务的侵权责任》，载《当代法学》2019 年第 5 期；姚海放：《网络平台经营者民事责任配置研究——以连带责任法理为基础》，载《中国人民大学学报》2019 年第 6 期。

③ 《网络安全法》第七十四条规定：“违反本法规定，给他人造成损害的，依法承担民事责任。”

架性的法律义务和责任体系，但是目前的相关法律规定存在着精细化程度不高以及可操作性不强的缺陷，要真正发挥网络运营者的安全保障功能存在公法上的实现困境，相关法律规则有待进一步完善。

1. 网络运营者安全保障义务的保障性制度以及配套规定的缺乏

虽然《网络安全法》框架性的构建了网络运营者的法律义务，但这些规定都较为原则化，甚至许多规定仅仅停留在“点到为止”的状态，同时目前与这些义务相关的制度和配套规定仍缺失。首先，《网络安全法》第二十一条仅原则性地规定了安全等级保护制度，但与之相配套的具体的安全等级保护制度尚未出台。其次，《网络安全法》第四十条规定了建立健全用户信息保护制度，网络运营者的网络平台服务本质上属于信息服务，其能力范围内防范的风险主要是信息致害的风险，① 但与该信息保护义务相配套的个人信息保护立法却迟迟难产。据统计，我国现行与公民个人信息保护有关的法律法规多达 200 余部，在《民法典》《消费者权益保护法》《网络安全法》《刑法》等诸多法律法规和规章中都有关于个人信息保护的条款。然而，涉及的法律条款过于分散、繁杂和笼统，缺乏统一操作标准，亟待专门立法解决有关难题。② 再次，《网络安全法》中关于信息保护的投诉与举报制度，在立法条文上仅是笼统地规定了“网络运营者应当及时受理并处理有关网络信息安全的投诉和举报”，而对于该制度的具体实施条件却未做规定，如处理投诉与举报的最长期限，处理期限的决定权就会掌控在网络运营者手中，可能会出现拖延处理的现象。最后，我国《网络安全法》虽给网络运营者设定了多项义务以及违反这些法律义务所应承担的行政责任，但缺乏对该类责任范围的限制以及特殊情况下的免除责任的相关规定。这些关键配套规定以及保障性制度的缺失有碍于网络安全法的有效实施。

2. 网络运营者公法与私法上的审查义务存在矛盾

从我国现行网络安全法的法律内容框架来看，网络运营者应该承担网络运行和网络信息两方面的安全保障义务。网络信息安全保障的实现要求网络运营者承担信息审查义务，该审查义务是指网络运营者应积极主动地审查网络用户

---

① 齐爱民、陈琛：《论网络交易平台提供商之交易安全保障义务》，载《法律科学》2011 年第 5 期。

② 在 2020 年的全国“两会”上，全国人大常委会工作报告中指出，要制定个人信息保护法等法律。这预示着该法的出台曙光初现。

提供内容的合法性，如发现违法时则应及时采取必要措施制止违法的义务。① 网络运营者的审查义务存在公法与私法之分，公法上的审查义务是指公法规范中规定的审查义务，主要法律依据为《网络安全法》第四十七条，“网络运营者在发现法律法规禁止发布或传输的信息时应立即停止传输该违法信息，采取消除等处置措施，防止违法信息扩散，同时保存相关记录并向相关部门报告”。此时，平台运营者体现出明显的公共性色彩，其审查义务的行使其实具备公权力特征，这也让人产生了它是在承担“义务”还是行使“权力”的疑问。② 私法上的审查义务是指私法规范中规定的审查义务。前文提到，《侵权责任法》第三十六条的“通知-删除”规则实质上只规定了网络运营者的事后审查义务而免除了事前审查义务。在是否要求事前审查的角度看，公法和私法对该问题存在着矛盾，有学者将其称为“悖论式并行”的现象。③这一矛盾的规定会使得网络运营者公法上的审查义务对其私法义务产生不当影响，具体表现在：（1）未履行公法上的审查义务会被认定为未尽合理的注意义务，从而存在侵权法上的“过错”，因此需要承担侵权责任。（2）网络运营者为履行公法上的审查义务而对平台内容进行审查，这种情况下就可能会认为网络运营者已经实质性地接触到违法内容后会提高其注意义务，在一定情况下可能会认定网络运营者对违法行为或内容构成“应知”。在这种情况下，网络运营者会陷入“不履行公法义务则承担公法责任”或者“履行公法义务，承担私法责任”的两难困境中，因而可能无法得到避风港规则的保护，但如果错误地采取阻止违法的措施而给用户造成损失又会承担私法上的侵权责任。

3. 网络运营者安全保障义务的实质效果难以完全实现

我国网络平台的监管模式为行政机关监管网络平台，网络平台监管网络用户。从前文提到的网络运营者双重角色定位来看，网络运营者具有身份双重性的特征：一方面，网络运营者作为市场主体受行政机关监管，是被监管者；另一方面，网络运营者作为网络专业技术的操控者应监管网络用户，是监管者。

① 姚志伟：《技术性审查：网络服务提供者公法审查义务困境之破解》，载《法商研究》2019 年第 1 期。

② 王勤、刘晓庆、唐亦非：《网络运营者参与互联网治理的角色定位——基于权利与义务的判断》，载《江汉论坛》2018 年第 5 期。

③ 姚志伟：《技术性审查：网络服务提供者公法审查义务困境之破解》，载《法商研究》2019 年第 1 期。

可以认为网络运营者对网络用户所负的监管职责是其安全保障义务的组成部分，但网络运营者作为一个不具备执法能力的私人机构，面临着其承担的监管职责是否能发挥实质效果的问题。

从审查效果来看，网络运营者审查是否到位会影响安全保障效果的实现。一方面，公法上的审查要求会给网络运营者造成巨大的审查负担。2019 年 8 月 30 日，中国互联网络信息中心发布了第 44 次《中国互联网络发展状况统计报告》，该报告中显示，截至 2019 年 6 月，我国网民规模达 8. 54 亿人，互联网普及率达 61. 2%；我国手机网民规模达 8. 47 亿人，网民使用手机上网的比例达 99. 1%。① 新浪微博数据中心在 2019 年 3 月 15 日发布最新的《2018 微博用户发展报告》中显示，微博月活跃用户 4. 62 亿人，微博垂直领域数量扩大至 60 个，月阅读量过百亿领域达 32 个。② 由此可见，在网络上的用户数量越来越多，而平台上的用户每天则会产生海量的内容，在这种情况下要求网络运营者对其运营的平台上产生的所有信息进行审查会给网络运营者带来巨大的负担，虽然人工审查可以最大保障审查结果的准确性，但从成本和效率角度来看这是不现实的。另一方面，法律规范的模糊性造成了网络运营商作出违法性判断的困难，前面提到《网络安全法》关于网络运营者的义务规定是原则性的，原则性的立法往往操作性不强，容易导致法律适用的模糊性。网络运营者也并非专业的执法机构，缺乏判定违法的专业知识能力。鉴于立法的不确定以及审查成本高的考量，网络运营者的信息审查义务的落实存在障碍，急需在立法上予以明确审查义务的范围以清除障碍。

4. 网络运营者的安全保障义务缺乏类型化区分

对网络运营者作类型化区分既是有效监管的需要，同时也是分层分类讨论其责任的前提。我国法律层面上的规范并没有对网络运营者作类型化区分，仅有少数的一些行政法规、规章对网络服务提供者予以简单概括式的分类，同时有关立法对于不同类型的网络运营者义务和责任的承担采取的是一体化的处理方式。然而不同类型的网络运营者提供的服务内容不一样，其对社会的影响以

① 《第 44 次〈中国互联网络发展状况统计报告〉（全文）》，载中华人民共和国国家互联网信息办公室网：http：//www. cac. gov. cn/2019-08/30/c_1124938750. htm，最后访问日期：2020 年 1 月 18 日。

② 新浪微博数据中心：《2018 微博用户发展报告》，载微博报告网：https：//data. weibo. com/report/reportDetail? id=433，最后访问日期：2019 年 3 月 15 日。

及调动社会资源的方式也不一样，如对于涉及生命健康案件的服务领域，平台则应承担更重的安全保障义务。① 让提供不同服务的网络运营者承担内容相同的安全保障义务以及法律责任显然不合理。例如仅提供网络接入、网络存储、通信传输等纯粹的网络技术服务提供者是中立的，不应该赋予其过重的安全保障义务以及法律责任。而对于那些不仅提供信息发布平台且参与信息内容生成的网络运营者来说，它们就应当承担更多的安全保障义务和更重的法律责任。

三、网络运营者安全保障义务的域外法考察及其经验借鉴

互联网信息技术的发展带动了人类生产方式和生活方式的创新，同时也给网络空间治理带来全新的挑战，网络侵权、网络攻击等违法行为成为各国共同面对的难题，对网络运营者课以安全保障义务逐渐成为世界各国的共识。各国对该制度的立法模式有所区别，美国采取的是区分行业的分别立法模式，德国和日本采取统一的立法模式，欧盟则是一体化立法与成员国分别立法相结合的立法模式。通过考察分析域外关于网络运营者安全保障义务的相关法律制度，吸取相关立法经验，可以为我国网络运营者安全保障义务制度建设提供参考。

（一）网络运营者安全保障义务的域外立法考察

欧美、日本等国家的互联网技术发展较早，在与网络相关的立法和司法方面也一直走在世界的前列。因此，相对而言这些国家在网络空间治理方面的问题暴露得更加充分，法律制度也更为成熟。因此借鉴美国、欧盟、德国和日本的相关立法经验对我国网络运营者安全保障义务的制度建设具有重大意义。

1. 美国网络运营者安全保障义务的法律保障

互联网技术较为发达的美国在 20 世纪就注意到了网络运营者在维护网络用户权益方面的作用。美国在设定网络运营者安全保障义务的历程中，形成了以《通信规范法》（*The Communications Decency Act*，简称 CDA）与《数字千年版权法》（*Digital Millennium Copyright Act*，简称 DMCA）两部法律为主的法律保障。美国在 1996 年颁布的《通信规范法》（即 1996 年《通信法》第五

① 周樨平：《电子商务平台的安全保障义务及其法律责任》，载《学术研究》2019 年第 6 期。

编）的立法目的在于促进网络发展与鼓励网络服务提供者主动对网络平台的违法内容进行规制。① 《通信规范法》第二百三十条区分了“网络服务提供者”（Internet Service Provider，简称 ISP）与“网络内容提供者”（Information Content Provider，简称 ICP），规定网络提供商或网络用户不得被视为其他信息内容提供商提供的任何信息的发布者或发言人，无须为他人提供的内容承担责任，还规定了网络服务提供者不对出于善意而针对色情、暴力等内容采取的任何措施以及对网络内容上传者提供限制访问技术措施的行为承担民事责任。② 该条内容实际上加强了对在线服务提供商和用户的保护，使其免受基于第三方内容的起诉。据此，网络服务提供者和网络用户对他人使用其网站或在线论坛的侵权行为不承担责任，即使网络服务提供者在收到有害或冒犯性内容的实际通知后未能采取行动。整体而言，上述立法能够有效保护互联网产业的发展，促进网络空间中信息和思想的自由交流，同时鼓励网络服务提供者自愿监控冒犯性或淫秽材料。

美国国会在 1998 年通过的《数字千年版权法》被认为是网络运营者责任的国际范本，该法案虽然仅解决的是网络空间内发生的版权侵权问题，但其在发展到为世界所接受时已经转变成网络运营者责任的一般性原则。《数字千年版权法》规范对象是“不参加内容制作也不以自己的名义发布内容的网络服务提供者”。《数字千年版权法》第五百一十二条规定的避风港原则和红旗规则是网络服务提供者的安全保障义务的立法保障。避风港原则，是指不参加内容制作的网络服务提供者在权利人提出符合规定的通知后及时处理涉嫌侵权的信息，就能免于承担损害赔偿责任。该原则体现在《数字千年版权法》第五百一十二条（c）（1）（A）中，即网络服务提供者对于以下两种情况免责：（i）对于系统或者网络中有关内容或使用内容的行为构成侵权的情况不明知；（iii）在明知或注意到侵权存在后，网络服务提供者迅速采取删除、断开侵权内容链接的措施。红旗规则是避风港原则的例外适用，根据第五百一十二条（c）（1）（A）（ii）中规定的网络服务提供者的免责条件，即对网络内容侵权不明知，也未注意到明显侵权的事实或情况。通过反面解释，如果网络上的侵权信息像“红旗”一样明显，那么网络服务提供者应主动处理侵权信息，此

---

① See The Telecommunications Act of 1996, Title Ⅴ.

② See 47 U. S. C. § 230.

时不能以避风港原则来主张免责。《数字千年版权法》规定的可适用“避风港”而得到豁免保护的三种网络服务行为分别是数据传输服务、缓存服务以及存储服务。① DMCA 的立法考虑是网络服务提供者并不从其传输或存储的内容中获利，因此网络服务提供者并不对内容负责。②

然而，《通信规范法》与《数字千年版权法》颁布于互联网处于 Web1.0 时代的 20 世纪 90 年代，网络运营者这一角色以被动性、中立性与工具性为特征。随着互联网产业的发展以及 Web2.0 时代的演进，平台责任日趋复杂，网络服务提供者在网络空间中发挥的作用不再仅仅限于单纯的通道以及容量支持，还制定活动规则，甚至引导或者帮助网络用户作出各种选择。网络服务提供者不再是中立、被动、工具性的代表，而更强调网络服务提供者在内容生成中的作用。③ 公民对于健康生态文明的网络环境需求愈加强烈，技术革新发展使得网络平台实施主动审查的技术成本优势更为明显，网络运营者在客观环境实践中所应当承担的社会义务与传统的少承担责任规则之间的矛盾愈发显现。④ 此时《通信规范法》第二百三十条和《数字千年版权法》第五百一十二条正面临着多方面挑战。如美国国会议员提出了针对《通信规范法》第二百三十条的立法修改提案，主要内容是取消巨头科技公司对其网络平台上第三方内容的免责权，这一条款存在将被删除的可能性，这一现象值得我们关注。

2. 欧盟网络运营者安全保障义务的法律保障

欧盟 2000 年通过的《电子商务指令》（2000/31/EC）沿袭了美国《数字千年版权法》中的避风港制度，但其适用范围不仅仅限于版权领域，还适用于不正当竞争、商标侵权等各种网络信息侵权行为。欧盟的“指令”并不属于国家性的立法，而是欧盟层面的指令，其规定实质上是设置欧盟各成员国关于某项制度的最低标准。该指令的避风港原则体现在第四节规定不同类型网络服务提供者的相应免责条款中。根据该指令第十五条，网络运营者并不承担一般性的监控义务，即网络运营者在提供本指令第十二条到第十四条规定的纯粹传

---

① See 17 U. S. C. § 512.

② 《数字千年版权法》第 512（c）条规定了在网络服务提供者有权利以及有能力控制侵权行为时，没有从该行为中直接获取经济利益。

③ 刘文杰：《网络服务提供者的安全保障义务》，载《中外法学》2012 年第 2 期。

④ 谢尧雯：《论美国互联网平台责任规制模式》，载《行政法学研究》2018 年第 3 期。

输服务、缓存服务以及宿主服务时不承担监督其传输和存储的信息的一般性义务，也不要求其主动收集违法的事实，①因为这些网络运营者无法保证无数通过其系统的信息的合法性。但该指令第十五条同时要求网络服务提供者承担向公共管理部门报告以及提供用户信息的义务。综上可以发现，网络服务提供者的安全保障义务仅体现在向公共管理部门报告义务和提供用户信息的义务。

2016年出台的《网络与信息系统安全指令》（NIS指令）是欧盟层面的第一部网络安全立法。NIS指令将"基本服务运营者"与"数字服务提供者"纳入监管的市场主体。"基本服务运营者"是指"依赖于网络和信息系统而提供维持社会关键活动基本服务的主体"。②"数字服务提供者"则包括在线搜索引擎服务提供者、在线市场服务提供者、云计算服务提供者。该指令第四章与第五章分别规定了基本服务运营者与数字服务提供者的网络与信息系统安全义务。指令规定了基本服务运营者与数字服务提供者应当履行以下三个方面的安全保障义务：采取适当的措施管理安全风险的义务；保障提供的服务持续性义务；安全事件通知报告义务。③NIS指令注重维护网络安全和产业发展间的平衡，对于数字服务提供者采取事后监管的"轻监管"举措，针对未达到监管要求的服务提供者仅要求其采取补救措施。

2019年欧盟出台了《欧盟单一数字市场版权指令》（*Directive on Copyright in the Digital Single Market*，简称DSM版权指令），打破了《电子商务指令》设定的版权人与网络运营者之间的责任平衡。DSM版权指令第十七条第一款规定了在线内容共享服务提供者的上传前的审查义务，即服务提供者要审查用户上传的内容，如果用户上传的内容涉及版权作品的则要得到作者的授权。第三款明确了本条涉及的在线内容共享服务以及用户生产的内容信息不适用《电子商务指令》第十四条第一款的避风港原则。在DSM版权指令下，如果网络用户上传的内容存在侵犯版权的违法行为，相应服务提供者将就要承担侵权责任，满足第十七条第四款规定的三个条件的除外。第十七条构建了网络运营者新的责任机制，立法倾向于保护权利人的利益，但可能会给网络运营者造成较大的负担。该规定在实际执行中可能会面临技术上的难题以及人们对自由权利保护的质疑。实际效果如何还需在各成员国将指令转化为国内法后的实施情况

---

① See EU E-Commerce Directive, Article 15.

② See NIS Directive, Art. 5.

③ See NIS Directive, Art. 14, Art. 16.

再下定论。但可以肯定的是，今后的立法价值取向是倾斜于保护权利人的利益而不是网络运营者的利益。

3. 德国网络运营者安全保障义务的法律保障

德国作为大陆法系的典型代表，其互联网立法始于1997年。德国联邦议院于1997年通过了《信息和通信服务规范法案》，即《多媒体法》。① 该法案的第一章“电信服务法”（Teledienstegesetz/TDG）的第五条对网络服务活动区分了自己提供内容以及他人提供内容这两种情况，在他人提供内容的网络服务情形中又分为提供通道服务和自动缓存服务的类型。“电信服务法”实质上将网络服务提供者类型化区分为通道服务提供者以及自动缓存服务提供者，并规定了网络服务提供者依据一般性法律对由自己提供的内容负责；对于由他人提供的内容，网络服务提供者仅在了解该内容并且在技术上有可能采取阻止措施的情况下负责；对于只提供接入服务的网络服务提供者不对其接入内容负责；网络服务提供者如果在不违背关于保守通信秘密规定的情况下了解到这些内容并且可能在技术上予以阻止且不超其承受能力的，这种情况下网络服务提供者有义务根据一般性法律对相关违法内容进行封锁。② 据此，网络运营者的安全保障义务主要是违法信息或内容出现后网络运营者确切了解并有技术能力解决前提下采取相应措施的义务。

为了适应欧盟新颁发的《欧盟电子商务指令》以及《多媒体法》生效适用以来的实践需要，相关法律需要作出调整。2007年德国联邦议院通过了《电子商务交易统一法案》。③ 该法案第一章即为“电信服务法”（Telemediengesetz/TMG）。“电信服务法”基本沿袭了2001年欧盟的《电子商务指令》有关网络服务提供者责任的规定，该法的第二章与第四章分别规定了

---

① 该法案全称：Gesetz zur Regelung der Rahmenbedingungen für Informations-und Kommunikationsdienst；简称：Informations-und Kommunikationsdienste-Gesetz；缩写：IuKDG。该类法案通常包括多部新法以及相关法修正案，法案本身并不直接适用。转引自韩赤风：《网络服务提供者的义务与责任——以德国电信媒体法为视角》，载《法学杂志》2014年第10期。

② Vgl. Teledienstegesetz, 1997, § 5.

③ 该法案全称：Gesetz zur Vereinheitlichung von Vorschriften über bestimmte elektronische Informations-und Kommunikationsdienste；简称：Elektronischer-Geschaftsverkehr-Vereinheitlichungsgesetz；缩写：ElGVG。转引自韩赤风：《网络服务提供者的义务与责任——以德国电信媒体法为视角》，载《法学杂志》2014年第10期。

网络服务提供者的信息披露义务以及用户数据保护义务，此外还在第十三条规定了网络服务提供者的告知义务以及保障性义务。德国《电信媒体法》关于网络服务提供者义务的规定是明确且具有可操作性的，如在关于信息披露义务的规定中，该法要求义务主体全面提供包含服务主体的基本信息、联系方式、相关主管部门、登记类型及号码等。

近年在德国的司法实践中，联邦最高法院通过类推适用《德国民法典》第八百二十三条、第一千零四条规定了网络服务提供者的妨害人责任，即规定了网络服务提供者要承担“面向未来的审查义务”。该义务要求网络运营者不仅要排除正在发生的侵权，还要负责审查控制未来可能发生的妨害。①

在德国，互联网行业自律是网络信息内容监管的主要途径，但由于仅依靠行业自律达成的监管效果不理想，因此德国联邦议会于 2017 年通过了《改进社交网络中的法律执行的法案》（简称《网络执行法》），作为《网络安全法》的配套法律。该法案将社交网络与部门 IT 行业作为重点的监管对象，目的是解决社交网络中存在违法信息的问题。《网络执行法》的规范对象是以营利为目的的有 200 万名以上注册用户的社交平台，如推特（Twitter）、YouTube 等，对规范对象的限制是为了避免给小型企业带来负担以及防止阻碍互联网创新。《网络执行法》首先明确界定了网络服务提供者应处理的“违法内容”，其次确立了网络服务提供者建立强制投诉机制的义务，详细规定了易于识别而又直接的投诉与处理程序以及投诉处理的通报义务，最后还规定了违反义务的相应行政处罚机制。《网络执行法》的核心内容是其将违法内容的投诉管理机制扩展为网络服务提供者的义务系统，关于违法内容处理流程的规定十分详尽，建立了一个比较复杂的保障违法内容得到有效处理的义务系统。该法改变了德国政府对网络信息内容监管的方式，而确立了一种新的合作规制模式，②通过行政处罚形式的负向激励促使社交平台运营者对其平台中的违法内容进行自我规制，同时赋予了社交平台运营者一定的处置其平台内违法内容的监管权力。

4. 日本网络运营者安全保障义务的法律保障

2001 年日本颁布了《特定电子通信服务提供者损害赔偿责任限制以及发

① 刘文杰：《网络服务提供者的安全保障义务》，载《中外法学》2012 年第 2 期。

② 孙禹：《论网络服务提供者的合规规则——以德国网络执行法为借鉴》，载《政治与法律》2018 年第 11 期。

信人信息披露的法律》（简称《提供者责任限制法》），该法同样借鉴了美国DMCA，其中第三条第一款规定了避风港规则，但有所不同的是，第二款规定了特定电信服务提供者也就是网络服务提供者针对违法内容采取必要措施的责任豁免，条款内容包括特别的询问和7日内通知程序，即在权利人发出权利侵害通知与采取必要措施的申请后，网络服务提供者需要将该通知转发给有关信息发布者并询问其意见，如果信息发布者在7日内未答复，网络服务提供者就可以在必要范围内免除责任。可见，在该法中网络服务提供者可免责的前提是其有正当理由相信被屏蔽或删除的违法内容会对他人权利造成损害。而免除的责任内容仅为免除赔偿责任，相比于免除“全部责任”更为合理，日本法中的这一规定相比于美国、欧盟等法律规制而言更鲜明体现出对于信息发布者利益的关注，重视权利人与信息发布者之间的公平对阵。

2014年日本国会众议院表决通过了《网络安全基本法》，目的在于加强网络安全领域政府与民间的协调以更好应对网络安全事件。① 该法规定电力、金融等重要社会基础设施运营商、相关网络企业等应履行配合网络安全相关举措或提供相关情报的义务。2018年11月，日本国会提出《网络安全法》的修正案，预备开启筹划新阶段的网络安全。修正案的主要内容是成立一个公共部门与私营部门实体多元化的委员会组织，以实现相互合作以及信息共享。由该法可看出，在网络安全方面日本采取的是政府与私营部门“协同作战”的“官民合作”方式。

（二）网络运营者安全保障义务域外立法对我国的启示及借鉴

纵观发达国家关于网络运营者安全保障义务以及责任的立法规定，可以发现公法和私法规制相结合的体系已成为国际主流趋势。通过回顾域外有关网络运营者安全保障义务和责任的立法，可以从中得到一些启示与借鉴。

首先，相关立法应该精细化、分情况，不能以“一刀切”的方式界定网络运营者的义务。上述提到的相关立法都有明确的适用主体范围，如美国的DMCA仅适用于著作权侵权的情况，欧盟的《电子商务指令》规定的网络运营者安全保障义务的适用主体是传输服务、缓存服务以及宿主服务提供者，德

① 参議院：《サイバーセキュリティ基本法》，载 http：//www. shugiin. go. jp/internet/itdb_gian. nsf/html/gian/honbun/houan/g18601035. html。

国《网络执行法》的规范对象则是一定条件下的社交平台。这些国家的相关立法都有着明确的适用主体和适用范围。反观我国的《网络安全法》以及《侵权责任法》，仅仅大致规定了“网络运营者”或者“网络服务提供者”的义务，并没有对这些概念类型化分析从而进一步界定不同主体的义务。我国应该在相关立法中明确网络运营者的范围与层次，进而分层次配置相应的安全保障义务。

其次，充分发挥自律模式的作用。近年来网络违法与恐怖主义信息充斥于网络空间，各国都开始重新审视网络运营者的义务，在制定、完善相关网络立法的基础上引导互联网行业加强自律，完善行业内部相关管理制度，强化网络运营者履行业务的强制性。① 美国以及欧盟各国对于网络空间的监管方式是行业自律与指导性立法相结合，体现出的规制思路是“少干预，重自律”，由政府制定导向性的政策后，网络行业组织根据政府政策制定并实施具体规范。德国为确保网络内容的安全性设立了“国际性内容自我规范网络组织”，以及由私营企业、行业协会和非营利组织组成的向私人以及中小企业提供信息安全服务的“德国 web 安全运动”联盟。加强行业自律有助于网络运营者切实代表本行业的整体利益，以保障互联网行业的稳步发展，同时可以减轻政府监管压力。

最后，在立法理念上应坚持“自由”与“规制”并重。该理念主要是针对网络运营者审查方面的安全保障义务，通过立法，一方面要加强网络运营者在信息审查方面的义务和责任，另一方面又要确立网络自由的原则，不能过度限制网络用户的自由。基于互联网发展初期网络运营者的技术性、中立性、工具性的特征，美国 DMCA、欧盟《电子商务指令》都规定网络服务提供者不承担对网络信息的一般性审查义务。然而互联网进入 Web2. 0 后，互联网涌现出许多内容共享的网络平台，网络用户在这些平台上大量生成内容，推动了互联网的繁荣，同时也催生了违法信息内容大量存在于网络空间中的问题。长期依赖于网络运营者的自律以及网络运营者与监管部门之间非正式合作的监管机制已无法有效管理网络环境，因此近年来的立法趋势是加强对网络空间违法信息的规制以及网络运营者的审查义务，德国《网络执行法》以及欧盟《欧盟单

---

①　参见中国网络空间研究院编著：《世界互联网发展报告 2018》，电子工业出版社 2019 年版，第 207 页。

一数字市场版权指令》的出台正是这一趋势的体现，这一现象值得我国关注。

四、网络运营者安全保障义务的制度完善

鉴于网络运营者安全保障义务在立法和司法上适用的障碍以及公法上的实现困境，通过剖析目前的制度局限以及借鉴域外的立法经验，我国可以从价值定位与基本立场、与其他法律制度的体系协调、具体的制度完善对策以及配套制度安排方面寻求相应的完善之道。

（一）制度完善的前提：价值定位与基本立场

明确网络运营者安全保障义务制度的价值取向与基本立场是对该制度进行完善的逻辑前提。我们认为，网络空间内应以维护公共秩序与公共安全为安全保障义务的价值取向，坚持网络安全与互联网发展的二元立场。

1. 安全保障义务的价值取向：维护公共秩序与公共安全

随着信息技术的飞速发展，互联网不断渗透进人们的生活中，社会公众对于互联网服务的依赖性也越来越强。网络运营者作为提供信息交换平台的服务提供者，在整个网络活动中发挥着枢纽作用，网络运营者提供的网络服务也由此具有了社会公共服务的属性。基于网络运营者在网络系统中所处的地位以及网络服务的社会公共服务属性，网络运营者的安全保障义务应该将维护公共秩序与公共安全作为价值取向。公共秩序追求的是网络系统的持续稳定运行、网络信息的流畅有序，网络用户可以期待其接受的网络服务持续有效。公共安全强调的是网络空间内系统安全、不被侵犯与网络信息不被搅扰的状态，网络用户可以信赖其接受的网络服务是安全而不被侵犯的。① 公共秩序与公共安全的着重点虽然不同，但是二者是相辅相成的，公共秩序的维持可以确保公共安全，而公共安全保障有助于公共秩序的实现。公共秩序与公共安全保护的是潜在的不特定公众的利益，从而能最大限度地维护私人利益。因此，网络运营者安全保障义务应从侵权法中的私权保护的立法取向扩展至维护公共秩序与公共安全的价值取向，尤其应当明确网络运营者承担安全保障义务是实现网络空间

---

① 梅夏英、杨晓娜：《网络服务提供者信息安全保障义务的公共性基础》，载《烟台大学学报（哲学社会科学版）》2014 年第 6 期。

公共秩序与公共安全维护的重要途径。

2. 网络运营者安全保障义务设定的基本立场

网络运营者安全保障义务设定的基本立场是指在准确界定网络运营者法律地位的基础上如何配置网络运营者的安全保障义务。一方面，网络运营者是网络安全的守护者。安全保障义务要求网络运营者时刻监控网络平台中隐藏的危险，在发生或者可能发生网络安全事件时快速处理以保障用户权益不受侵害。① 这一点前文多有论及，不再赘述。另一方面，网络运营者是公民基本权利的“避风港”。有质疑的声音认为，网络运营者在履行审查方面的安全保障义务时会涉嫌侵害公民言论自由的基本权利。其实，这一质疑是没有必要的，言论自由作为公民的一项基本权利，不是不受节制的绝对权力，理应受到必要限制。② 网络运营者作为网络安全的守护者和公民基本权利的避风港，在其安全保障义务的设定上应在这两个方面寻求一个恰当的平衡点，兼顾网络安全与互联网发展的二元立场，使其运营的网络平台得以安全、健康地发展。

（二）网络运营者安全保障义务的体系协调

互联网法是属于“领域法学”的范畴，③ 网络空间的治理需要多个部门法之间相互协调作用。因此探讨网络运营者的安全保障义务需要在民法、刑法、网络安全法等法律中寻求体系协调，以实现对网络空间的最优化治理。

1. 网络运营者安全保障义务的二元结构界定

从网络运营者作为网络安全的守护者以及公民基本权利的“避风港”的法律地位来看，网络运营者这一角色在网络社会中具有公共性。考虑到安全保障义务肇始于私法且在我国主要规定在《侵权责任法》之中，但限定在私法维度上又缩小了其应然范围，故需要秉持“公私兼顾”的思维，在私法方面将网络运营者的安全保障义务界定为《侵权责任法》和《民法典》中该规定的“通知-删除”义务以及与之相关联的侵权内容审查义务，在公法方面将网

① 魏小雨：《论侵权法中网络服务提供者的安全保障义务》，载《国家行政学院学报》2013 年第 1 期。

② 相关讨论，可参见刘艳红：《网络时代刑法自由的刑法边界》，载《中国社会科学》2016 年第 10 期。

③ 刘剑文：《论领域法学：一种立足新兴交叉领域的法学研究范式》，载《政法论丛》2016 年第 5 期。

络运营者的安全保障义务界定为围绕《网络安全法》的相关网络安全立法中规定的具有安全保障功能的义务群。

网络运营者安全保障义务的二元结构中存在重合的是审查义务，公法与私法规范都明确了网络运营者对网络内容的审查义务，前面提到了这两种审查义务存在着一定的矛盾。化解该矛盾的一个有效途径是单独针对公法上的审查义务设立免责条款，即网络运营者履行公法审查义务的行为不意味着其实质性的接触到违法信息从而对于侵权内容处于"应知"的状态，从而避免承担侵权责任，由此可以有效破解网络运营者审查义务的两难困境。

2.《民法典》出台背景下的体系协调

互联网繁荣发展是我们所处时代的重要特征，而保障互联网安全在当今尤为重要。作为"市民社会的百科全书"和"市民经济宪法"的《民法典》应该充分体现这一时代特征并保障网络安全，融入互联网时代的新元素而保持一定的开放性，同时又应保障体系的完备性。

在网络侵权规则方面，《民法典》侵权编规定的网络侵权规则是有关网络运营者安全保障义务的重要规定，相比于《侵权责任法》的"避风港"规则，该法典第一千一百九十五条以及第一千一百九十六条作出了重大的改进。① 首先是对"通知"规则的改进，《侵权责任法》第三十六条仅规定了通知权、接到通知后采取必要措施、未采取必要措施的对损害的扩大部分承担连带责任。而《民法典》则对该条增加了更多内容：一是将"被侵权人"表述改为"权利人"；二是要求通知权的行使需要提供构成侵权的初步证据与权利人的真实信息；三是要求网络服务提供者将该通知转送给网络用户，使被采取必要措施

① 《民法典》第一千一百九十五条规定："网络用户利用网络服务实施侵权行为的，权利人有权通知网络服务提供者采取删除、屏蔽、断开链接等必要措施。通知应当包括构成侵权的初步证据及权利人的真实身份信息。网络服务提供者接到通知后，应当及时将该通知转送相关网络用户，并根据构成侵权的初步证据和服务类型采取必要措施；未及时采取必要措施的，对损害的扩大部分与该网络用户承担连带责任。权利人因错误通知造成网络用户或者网络服务提供者损害的，应当承担侵权责任。法律另有规定的，依照其规定。"第一千一百九十六条规定："网络用户接到转送的通知后，可以向网络服务提供者提交不存在侵权行为的声明。声明应当包括不存在侵权行为的初步证据及网络用户的真实身份信息。网络服务提供者接到声明后，应当将该声明转送发出通知的权利人，并告知其可以向有关部门投诉或者向人民法院提起诉讼。网络服务提供者在转送声明到达权利人后的合理期限内，未收到权利人已经投诉或者提起诉讼通知的，应当及时终止所采取的措施。"

的网络用户知悉原因以及行使反通知权的权利。其次是新增了“反通知”规则，其与“通知-删除”规则结合组成了更完整的“避风港”规则，反通知权的行使同样需要提交侵权行为不存在的初步证据，更有助于实现对争议双方的平等保护。最后，对于网络运营者承担连带责任的条款中增加了“应当知道”的要求，澄清了多年来法学界和实务界对“知道”是否包含“应当知道”的适用困惑。《网络安全法》进一步规定了事前的保障义务，使得网络运营者安全保障义务在公法与私法上全方位地协调。但遗憾的是，《民法典》中关于安全保障义务的规定中仍未将“网络运营者”或者“网络服务提供者”纳入安全保障义务的主体，没有解决适用法律的缺陷问题。

当前我国对于个人信息的保护过于宽松，各种信息产业野蛮生长，信息泄露以及电信诈骗等屡屡发生。网络运营者在运营活动中会收集网络用户的个人信息，因此在一定程度上可以认为网络运营者是信息控制者，其重要的一个安全保障义务体现在对用户的个人信息保护方面，因为如果网络运营者运营的平台发生了个人数据泄露事件会对其带来声誉、客户流失、法律责任承担等消极影响。传统理论认为个人信息完全由个人控制，这一观点建立在个人主义的观念之下。《网络安全法》《消费者权益保护法》以及有关司法解释、行政法规、规章都规定个人信息的收集和使用以“同意”为前提，即“同意”规则成为我国个人信息处理的合法性基础之一。但以“同意”规则为中心展开的个人信息收集与使用，似乎意味着只要形式上的同意要件满足了，信息控制者的后续使用和处理行为就能当然免除法律责任。随着信息科技的发展，个人信息的公共属性、社会属性逐渐被重视，有学者认为“同意”规则作为个人信息处理的必要条件会阻碍个人信息的社会化利用，进而损害信息使用者的利益以及公共利益。① 从我国现有的法律来看，《网络安全法》第四章规定了网络运营者在个人信息收集方面的相关安全保障义务，而《民法典》人格权编中关于个人信息保护的规定是立足于《网络安全法》相关规定不足而进行的完善。② 首先，《民法典》人格权编第一千零三十四条对个人信息作出了相比于《网络安全法》更明确的定义，规定“个人信息是以电子或者其他方式记录的能够

---

① 高富平：《个人信息使用的合法性基础——数据上利益分析视角》，载《比较法研究》2019 年第 2 期。

② 张彤：《论民法典编纂视角下的个人信息保护立法》，载《行政管理改革》2020 年第 2 期。

单独或者与其他信息结合识别特定自然人的各种信息，包括自然人的姓名、出生日期、身份证件号码、生物识别信息、住址、电话号码、电子邮箱、健康信息、行踪信息等”，这给实践中判断关于某类信息是否属于个人信息给出了标准。其次，《民法典》第一千零三十七条规定了网络运营者收集、处理个人信息的免责事由：“信息处理者不得泄露或者篡改其收集、存储的个人信息，未经自然人同意，不得向他人非法提供其个人信息，但是经过加工无法识别特定个人且不能复原的除外”，这完善了网络运营者对个人信息方面的安全保障义务。最后，《民法典》第一千零三十八条进一步强化了网络运营者作为信息收集者、控制者的个人信息安全保障义务。个人信息的社会控制论要求法律制约的重心要从收集行为转向使用行为，将规制重点转向于个人信息的安全使用更有利于减少安全风险。由于我国缺乏专门性的个人信息保护法，目前我国个人信息保护的相关法律法规存在着规定过于原则，缺乏整体的制度设计问题以及重视责任追究而缺乏信息控制者的法律义务规定问题。① 在未来出台的《个人信息保护法》中，应重视对信息使用行为的规制，完善信息控制者特别是网络运营者的内部治理机制，将信息安全保障义务内嵌于整体的信息安全防范体系之中，完善规定违反义务时应承担的法律责任以及救济方式，以实现个人信息的正当使用以及互联网产业的健康发展。

总之，在《民法典》与《网络安全法》以及其他法律法规的衔接协调下，使得网络运营者安全保障义务制度兼备稳定性与开放性，更有效保护网络空间的安全以及网络用户的权利。

（三）网络运营者安全保障义务的路径选择

1. 私法上的制度完善

首先，将私法上安全保障义务的适用范围扩展至网络空间。鉴于《民法典》没有把“网络运营者”纳入“经营场所、公共场所的经营者、管理者或者群众性活动的组织者”，未来可以通过《民法典》司法解释的方式把网络运营者明确列入安全保障义务主体范围，打破立法对其场所限制从而使安全保障

① 有学者认为，个人信息保护是一项独立的法律制度，有独立的法律渊源、程序设计、制度配置、执法机制、交流平台等，甚至已经形成一个专门的复合型知识结构的职业共同体和不同于传统的隐私权保护的话语体系，因而需要单独立法。参见周汉华：《个人信息保护的法律定位》，载《法商研究》2020 年第 3 期。

义务更好地发挥其制度价值。

其次，明确安全保障义务的适用标准，特别是对于网络运营者的平台审查义务的判断标准。该标准可以从以下三个角度把握：（1）网络运营者应承担高于一般的个人用户的注意标准，这是由网络运营者专业技术能力以及控制能力决定的。（2）网络运营者安全保障义务的承担应具有期待可能性，即安全保障义务的承担应与网络运营者的安全保障能力相适应。对于超出网络运营者保障能力的网络安全风险，网络用户没有对网络运营者预防或制止该风险的合理期待，而不同网络运营者安全保障义务的标准应综合考虑其安全保障能力与安全风险等具体情境。（3）安全保障义务的适用应符合最小必要以及最大透明度原则。为了避免在履行义务的过程中对他人合法权益特别是隐私权的侵害，网络运营者应当权衡履行义务中可能侵害的合法利益与拟保护的利益后在最小必要的范围内履行相应的安全保障义务。①

关于网络运营者违反安全保障义务的责任构成问题，聚焦在民事责任的承担形态上，《侵权责任法》第三十七条规定了“未尽到安全保障义务的，承担相应的补充责任”，《民法典》第一千一百九十八条在规定承担相应补充责任的基础上进一步规定了“经营者、管理者或者组织者承担补充责任后，可以向第三人追偿”。有学者认为《侵权责任法》中有关补充责任条款应限定在安全保障义务人与直接侵权人处于不同责任级别或者层级的场合，且补充责任限定在内部关系上的补充性。② 在网络运营者安全保障责任的语境下，有学者认为由于网络运营者作为直接救济唯一中介的特点以及网络安全风险的不特定性以及隐蔽性，网络运营者应承担更为严格的“特殊补充责任”，即在第一顺位上由直接侵权人承担全部责任，网络运营者承担第二顺位的全部责任，而不是过错范围内的补充责任，最后网络运营者按其内部的责任划分比例向直接侵权人追偿。③ 笔者认为，这种严格的责任承担不太合理，在第二顺位中网络运营者要承担全部的赔偿责任可能会导致网络运营者负担过重，这种做法把责任承担的风险集中转移给了网络运营者，不利于网络运营者的发展。因此，网络运营

---

① 霍永库、冯潇洒：《社会角色理论的网络运营者安全保障义务分析》，载《西安交通大学学报（社会科学版）》2016 年第 1 期。

② 李中原：《论违反安全保障义务的补充责任制度》，载《中外法学》2014 年第 3 期。

③ 王思源：《论网络运营者的安全保障义务》，载《当代法学》2017 年第 1 期。

者按照传统的补充责任形式承担相应责任即可，同时网络运营者应给受侵害的网络用户向直接侵害人主张权利提供便利，如给受侵害者提供侵权人的信息。对于《电子商务法》第三十八条第二款规定的“相应的责任”是何种责任，是仅包括民事责任还是包含行政责任、刑事责任在内的各种责任形式，如果仅包括民事责任，那么该责任是按份责任、连带责任还是补充责任。这些问题有待在未来的司法解释中明确，从而进一步完善网络运营者安全保障义务的责任承担方式，也有利于法律之间的衔接协调。

2. 公法上的因应之策

针对公法上网络运营者安全保障义务的实现困境，可以从以下几个角度作出应对之策。首先，要进一步完善网络运营者安全保障义务保障性制度以及配套规定，细化网络运营者承担安全保障义务的操作性规范。当务之急是尽快出台《个人信息保护法》以配套《网络安全法》中相关的用户信息保护义务，细化义务要求。在安全等级保护制度方面，应尽快出台与安全管理相关的安全等级保护制度的实施条例。此外，还应鼓励网络运营者制定相应的自律条例以进一步落实其安全保障义务。

其次，通过行业自律加政府指导的方式来适用网络运营者安全保障义务，鼓励不同的互联网行业建立相应的行业协会，在政府的引导下由协会内部制定章程要求网络运营者承担安全保障义务。在2019年中国互联网大会上，包括中国移动、中国电信、中国联通、阿里巴巴、京东、腾讯等28家互联网企业签署了《用户个人信息收集使用自律公约》，该自律公约可以有效督促和引导互联网企业规范收集和使用用户个人信息。政府应有效引导网络运营者从内部决策环节起重视风险管理，使网络运营者将安保义务内化于心。① 政府相关部门指导网络运营者制定并实施相应的安全管理制度，网络运营者按照一定的程序制定包含事前预防与事后处理的安全管理制度。网络运营者在以文件的形式发布其安全管理制度后向有关监管部门备案，监管部门可要求网络运营者定时报告网络安全风险事件以及该安全管理制度执行经过。对于未制定或者落实安全管理制度的网络运营者，相关监管部门可通过“约谈”的柔性执法方式督促网络运营者制定或实施安全管理制度，如果实施效果未达目标，有关部门可

① 洪延青：《“以管理为基础的规制”——对网络运营者安全保护义务的重构》，载《环球法律评论》2016年第4期。

采取进一步的措施。① 此外，在义务履行方面可借鉴日本的“官民合作”立法经验，在履行违法内容审查义务过程中实现政企协同合作。网络运营者虽享有违法内容审查的技术优势，但缺乏对违法标准的权威判断，而政府部门可以有效作出这一判断，因此这一义务的履行可依赖于政企合作。政府有关监管部门可以对一些明显且容易被技术识别的违法内容出具明确、清晰的违法内容负面清单，为网络运营者提供更为清晰细致的指引。一些技术优势不大的小型网络运营者可能会面临较重的审查负担，这种情况下可由一些技术较为成熟的大型企业成立一个独立的第三方技术审查中心，为它们提供技术服务。

再次，协调公法与私法的规范分工。我国的有关法律免除了网络服务提供者私法意义上的一般性审查义务，而在公法上对网络运营者的审查义务有着十分具体的规定。为了防范网络运营者公法义务产生的不当影响，有学者建议确立公法意义上审查义务的免责机制以及在公法与私法的审查义务之间建立“防火墙”，也就是通过在网络侵权领域引入转介条款使公法规范进入私法调整，只有在网络运营者违反“保护性规范”时，才能认定其未尽到注意义务。② 另有学者认为，修建公私法汇流的“闸口”的思路比建立“防火墙”的思路更为理想，即调整好公法与私法规范之间相互规范的效力，守好二者交汇“闸口”，进而把握好公法规范与私法规范之间汇流的方式，维护好私法自身的体系性。③ 我们认为，从转介的视角来看，判断公法上的义务是否能够转介到私法体系中首先需要考察相关公法规范的目的是保护公共利益还是保护他人利益。如果该法条的制定目的纯粹是为了保护公共利益，那么该法条就不能转介到私法规范中作为私法上注意义务的判断标准。此种情况私主体获得权利救济的依据有用户服务协议、行政法规中确定性的指引规范或者规定的特别民事责任。

最后，目前网络运营者主要以网络平台运营者的角色出现，可以从网络平

---

① “约谈”作为一种新型的政府规制工具，在实践中的运用不断扩充。关于其运作机制和制度原理，可参见卢超：《社会性规制中约谈工具的双重角色》，载《法制与社会发展》2019 年第 1 期。

② 姚志：《公法阴影下的避风港——以网络服务提供者的审查义务为中心》，载《环球法律评论》2018 年第 1 期。

③ 万方：《公私法汇流的闸口——转介视角下的网络经营者安全保障义务》，载《中外法学》2020 年第 2 期。

台运营者的角度对其进行类型化区分以划定其安全保障义务。根据服务内容的不同，网络平台运营者可分为通信社交平台运营者、搜索引擎平台运营者、云服务平台运营者以及电子商务交易平台运营者等。未来立法中应改变现在对于网络运营者责任的“一刀切”方式，对网络运营者作类型化区分并根据不同类型的网络运营者设置不同的安全保障义务。借鉴国外的立法经验，立法者可以针对不同服务领域的网络运营者制定不同的管理条例，进而分别给这些网络运营者设置不同的安全保障义务以及免责条件，加强对于网络运营者管理政策的规则化、标准化以及程序化的管理力度。对网络运营者安全保障义务以及责任的类型化界定要符合“比例原则”，合理确定平台运营者承担安全保障义务以及责任的边界，为网络运营者的创新活动提供坚实的法律基础。此外，在对网络平台服务进行监管时要注意其服务的线上缔约、线下履行的特征，这种情况下平台的监管应具有分级性，在平台运营者履行交易的本地来落实相关措施才能实现最有效的监管。① 例如在外卖平台对入驻商家仅做线上的审查就会导致监管实质的虚化，而应该在入驻外卖平台的商家当地近距离的监管才能实质有效。

（四）网络运营者安全保障义务的配套制度安排

网络运营者安全保障义务制度需要在相关制度的配套作用下才能发挥最好的实施效果。首先，在顶层设计方面，网络运营者的安全保障义务实际上是平台治理的一项重要内容，而平台治理需要贯彻互联网法治理念。网络空间并非法外之地，网络治理必须以法治作为基本原则。网络法治越强就越能构筑网络安全底线，由此奠定国家长治久安和可持续发展的基础。② 政府应该持开放、创新的理念为网络运营者的发展创造良好的法治环境，提倡网络运营者积极参与网络空间治理，网络运营者也要树立法治意识，承担起保障网络安全的社会责任。在法治理念指导下的互联网立法应把重心放到对网络运营者的规范上，③ 而我国目前对于网络平台治理的法律规制体系仍不够健全，以《网络安

---

① 徐可：《互联网平台的责任结构与规制路径——以审查义务和经营者责任为基础》，载《北方法学》2019 年第 3 期。

② 周汉华：《网络法治的强度、灰度与维度》，载《法制与社会发展》2019 年第 6 期。

③ 王利明：《论互联网立法的重点问题》，载《法律科学》2016 年第 5 期。

全法》为核心的网络平台治理法律体系仍有待完善，对平台义务与责任规定的分散性立法特征较为明显。如在平台的针对性立法方面，仅有《电子商务法》对特定的电子商务平台有着法律层面的规制，尚欠缺对其他领域平台的专门性立法。另外，这些法律规定之间的协同配套性较弱，有些法律缺乏对于网络平台上发生的违法信息或行为的判定标准的详细阐释，不同法律之间的配套衔接性欠缺。为此，应重视构建协同配套的平台治理法律体系，强化推进法律制度的协同配套，增强有关法律的可操作性，以此形成涉及多领域、层次化的法律法规制度，强化对网络平台的多方位监管治理。

其次，在网络内容的生态治理方面，由于网络内容治理滞后，网络平台运营者法治水平有限以及部分网络用户法律素质不高，网络空间中充斥着不少暴力、色情、诈骗等不良信息内容。为此要营造网络空间的良性生态，需要重视网络运营者在网络空间的内容“生态”安全的规范与引领。我国目前网络空间的协同监管体制尚不成熟，以政府、平台企业、用户等为主体代表的治理角色分工体系尚未形成有效合力，为此应该构建网络平台中各主体间的协同监管治理体系。我国目前正在为实现网络信息内容生态治理而努力，国家互联网信息办公室发布的《网络信息内容生态治理规定》于 2020 年 3 月 1 日起正式施行，强调网络信息内容平台要加强平台内网络信息内容生态治理，履行信息内容管理的安全保障义务，以确保网络空间的健康发展。该规定还确定了平台运营者、网络用户等多元主体参与的协同治理模式，这是对平台运营者自主开展平台治理的赋权。① 网络信息内容生态治理的实现有赖于网络运营者安全保障义务的承担。

再次，随着全球数字经济的蓬勃发展，网络安全风险持续加剧的背景下，网络运营者既面临着创新转型的压力和各种网络攻击、数据泄露的风险危机，又要承担对网络用户的法律责任，为此让网络运营者适当转移风险，吃下一颗“企业网络安全保险”的定心丸方为上策。企业网络安全保险一方面可有效利用网络安全企业的技术优势以保障网络安全，另一方面在发生数据泄露、服务中断等网络安全事件时可以减少网络运营者的损失。但企业网络安全保险在我国的推广仍面临着一些困境，如无充分的政策引领，相关监管法规、技术标准

① 《落实网络生态新规，共建清朗网络空间》，载中华人民共和国国家互联网信息办公室网：http：//www.cac.gov.cn/2020-03/08/c_1585208360001283.htm，最后访问日期：2020 年 2 月 20 日。

和操作指引仍欠缺，保险产品数量有限、客户对网络安全风险转移的认识不足。我们建议根据行业领域特色以及应用场景的不同，先在行业内的龙头企业开展网络运营者安全保险试点工作，同时可配套制定网络安全保险保费补贴政策，充分发挥国家财政资金引导作用。

对网络运营者课以安全保障义务是在日益严峻的网络安全形势下维护网络公共秩序与公共安全的有效抉择。网络运营者安全保障义务制度应突破侵权法上的安全保障义务局限而扩展为公法与私法共同规制的二元义务，以最大限度地实现对个人利益、社会公共利益以及国家利益的保护。未来网络运营者安全保障义务需要更为精细化的制度设计，对网络运营者安全保障义务的设置应符合“安全”与“发展”并重的原则，坚持“自由”与“规制”相结合的理念，一方面充分发挥网络运营者对于网络安全与用户权益的保障作用，另一方面保证网络运营者的健康发展，从而为我国互联网安全与繁荣助力。

第四章
网络安全治理中的政府定位与监管机制

自互联网诞生之日起至今，已有数十年的发展历史，随着信息网络技术的发展，互联网发展更是步入发展的快车道，各种网络技术不断涌现，网络逐渐渗透进人类工作生活的方方面面。网络空间作为社会公共空间的虚拟延伸，每天都有无数的网络参与者在此空间下进行社会活动。网络空间中时常会发生网络安全事件、不同网络参与主体之间产生利益冲突。网络空间的网络参与主体众多，彼此之间各司其职、互相配合，共同维护网络空间的安全。但政府作为网络空间的最重要参与者，肩负着维护网络安全的使命。为明确政府在网络安全治理中的作用，本章拟从以下三方面展开研究：首先，对网络安全观进行追本溯源，这旨在准确把握与网络安全治理相关的核心概念，找准基点；其次，着重探讨我国政府在网络安全治理中的角色定位与责任担当，意在从宏观把握政府主要的工作方向；最后，在微观上分析了我国网络安全治理的监管机制存在的不足，并有针对性地提出完善意见。

一、网络安全观的滥觞与价值追求

（一）网络安全治理的发展历程

1. 网络安全治理的基本内涵

我们处于互联网的时代，互联网不仅是我们这个时代商业模式的基础设施，也是我们的学术研究、科技创新，乃至日常生活的基础设施。作为时代的重要命题，互联网治理愈发成为全球治理关注的焦点，亦是国际竞争的重点领域。相较于欧美发达国家，中国接入互联网时间较短，然而，处于后发身位的中国互联网发展迅速，在部分产业领域甚至实现了弯道超车。爆发式的增长进一步推动了互联网的普及，也为中国互联网治理带来了更复杂的形势和更严峻的挑战。

2014 年，在中央网络安全与信心化领导小组的第一次会议上，提出了“没有网络安全，就没有国家安全；没有信息化，就没有现代化”。一般而言，网络安全治理指的是在国家安全观的要求下，对网络内容及其相关设施进行协调、管理。① 具体而言，网络安全治理的内容是维护网络“硬安全”与“软安全”，前者涉及信息储存、交换的互联网基础设施的安全，后者则包括保护网络信息安全以及对网络空间中衍生的网络文化、网络舆论、网络意识形态进行治理。②

2. 网络安全治理发展阶段的考察

从 1969 年到 2020 年，互联网诞生至今已经 50 多年了。1969 年 9 月 2 日，APPR（美国国防部研究计划署）利用阿帕网将首次在加州大学洛杉矶分校实现了两台计算机间的数据交换测试，这一天被视为互联网的“诞生日”。根据互联网发展各阶段的特点，曾经出现过不同的治理模式，对这些治理模式的考察，有利于我们总结利弊，为未来的制度发展提供参考。一种观点认为，互联网治理历经了四个阶段，分别是：技术治理模式、网络化治理模式、联合国治理模式和国家中心治理模式。③也有人根据治理机构的不同，将互联网治理分为：IETF（互联网工程任务组）技术治理，ICANN（互联网名称与数字地址分配机构）治理，私人、联合国参与治理，后 WSIS（信息社会世界峰会）治理与后 WICT（国际电信联盟世界大会）并存治理模式等五个阶段。④ 必须指

① 王明国：《全球互联网治理的模式变迁、制度逻辑与重构路径》，载《世界政治与经济》2015 年第 3 期。

② 景星维、吴满意《如何理解网络安全治理》，载中华人民共和国国家互联网信息办公室网：http：//www.cac.gov.cn/2019-03/06/c_1124198062.htm，最后访问日期：2020 年 2 月 6 日。

③ 王明国：《全球互联网治理的模式变迁、制度逻辑与重构路径》，载《世界政治与经济》2015 年第 3 期。

④ 郑文明：《互联网治理的进程、模式争议与未来走向》，载《新闻与传播评论》2020 年第 2 期。

出的是，各种分类方法并不是绝对的，只是对各个时期曾出现过的治理模式进行一种相对的分类。在不同的时期可能存在着多种模式并存的情形，比如，在当今的网络治理中，就仍然存在着国家中心主义治理模式与以 ICANN 为代表的模式间的冲突与争议。这种分类对国家而言也是相对的，即使是极力推行网络自由主义的美国，在其互联网治理中亦体现着国家中心主义的色彩。

（1）制度的萌芽：技术治理模式

早期的网络治理有着十分显著的技术中心主义色彩。彼时互联网尚未普及，仅存在于大学和研究机构的实验室中，仍然属于科学研究的领地。在这一阶段，技术专家起到了很大的作用。因此，相比起安全和管制问题，研究人员更关注的是技术标准问题，即应该采取何种连接协议。1985 年成立的互联网工程任务组（IETF）是技术治理模式的显著体现。该组织多数由技术专家组成，负责互联网技术标准的制定。IETF 制定了互联网协议第四版（IPv4）、互联网协议第六版（IPv6）、传输控制协议及用户数据报协议，统一了互联网的技术标准。①

商业应用的开展使互联网走出了科学研究的藩篱。涉及互联网的资源分配和公告政策问题越来越突出，在资源分配的问题上，由于早期互联网治理的技术中心主义，域名地址的分配掌握在互联网数字分配机构（IANA）和美国国家科学基金手中。② 但在互联网开放的背景下，这种做法招致了各方的反对，传统的技术治理模式很快遭到了抛弃。

（2）制度的初创：网络化治理

互联网的发展使得其从一个少数工程师和科学家参与的科研项目衍变为各方主体共同参与的社群。政府、互联网公司、个人用户等各类主体在参与网络活动时产生的利益冲突需要一种新的调和机制。互联网早期的参与者与美国政府在互联网“私有化”和“国际化”的博弈中达成了相对的平衡，选择建立一个代表商业、学术界、政治团体等各方利益的非营利性协作组织，即 ICANN（互联网名称与数字地址分配机构），协调和管理技术标准、资源分配

---

① 王明国：《全球互联网治理的模式变迁、制度逻辑与重构路径》，载《世界政治与经济》2015 年第 3 期。

② 刘杨钺：《全球网络治理机制：演变、冲突与前景》，载《国际政治》2012 年第 1 期。

等相关问题。① 至此，以 ICANN 为核心的网络化治理模式②成为了互联网治理的模式选择。所谓网络化治理模式指的是治理组织的网络化，它包括松散的附属组织和个体，依赖于基于规则的互动来实现合作目的。

虽然与技术治理模式一样，ICANN 同属于自下而上的互联网治理模式，代表着中立的自律型治理机制。但不得不注意的是 ICANN 从一开始就接受着美国这一单一主权国家监管。建立之初，ICANN 的主要决策机构董事会就有多达 9 位成员来自于美国政府相关的各类组织。即使在舆论压力下，ICANN 对推选方式进行了改革，目前仍有 90%的成员来自北美国家。③ 处于美国的管辖下，以 ICANN 为代表的网络化治理模式不得不成为美国推行网络霸权的工具，美国在设立 ICANN 时承诺的逐步退出互联网管理并未兑现。在 2001 年后，由于"9·11"恐怖袭击的发生，反恐怖主义的压力使得美国政府空前重视网络安全，先后出台了《爱国者法案》（*USA Patriot Act*）和《国土安全法》，赋予了美国国家安全部门监控和管制网络信息的权利。在这一背景下，ICANN 与其代表的治理模式更加受到了发展中国家的反对，发展中国家试图通过国际组织推动建立新的治理模式。

（3）制度的发展：全球治理模式

各国政府和私营企业组成的国际电信联盟（ITU）在质疑以 ICANN 为核心的治理模式中发挥了重要作用。2003 年，在国际电信联盟倡议下，联合国在日内瓦召开信息世界峰会第一阶段会议。发展中国家希望能通过峰会能确立政府间国际组织对互联网的主导地位，以取代 ICANN。然而，在两个阶段的会议后，这一目标并未得到实现。但会议并非毫无成果，第二阶段的会议面临的难题是如何在缩小数字鸿沟和互联网国际管理上达成协议，但是关于后一点争论严重，难以达成共识。最终的结果是要求联合国建立一个帮助发展中国家和人民建立信息化社会的平台，即互联网治理论坛。互联网论坛为参与方提供了传达诉求的平台，通过各利益攸关方在互联网论坛上的交流，逐步搭建起互联网治理这一问题上的国际共识。可惜的是，由于发达国家和发展中国家在互联

---

① 邹军：《从个人管理到全球共治：互联网治理的历史变迁与未来趋势》，载《现代传播》2017 年第 1 期。

② 也有人将其表述为网格化治理模式，此处统一表述为网络化治理模式。

③ 郑文明：《互联网治理的进程、模式争议与未来走向》，载《新闻与传播评论》2020 年第 2 期。

网治理的问题上分歧严重，互联网论坛并未能够在任何实质问题上达成共识，亦未能改变ICANN及美国在互联网治理领域的垄断现状。

（4）制度的现状：国家中心治理模式

随着中国、俄罗斯等国家互联网的发展与普及，为了维护自身的国家安全与网络安全，互联网治理出现了“再主权化”的潮流。自互联网诞生起，这一技术便一直伴随着去中心化的特点，网络空间一直呈现着开放性和无国界的特征。但技术的发展拓展了主权国家在网络空间的治理能力。正如劳伦斯·莱斯格所言，政府可以通过修改网络空间中任何一层的代码（网络空间的法律）来改变互联网架构的实际约束力。①

当前，国家中心主义成为了更多主权国家的选择。为了应对网络安全方面的挑战，2012年的国际电信大会中，俄罗斯提出了“网络主权”的倡议，又于2019年4月19日通过了《主权互联网法》来打造俄罗斯自主互联网系统。英国于2011年11月发布了《英国网络安全战略》，又于2013年1月发布了《国防与网络空间安全》报告。与此相关联的，国际社会对网络空间主权的看法也在悄然转变。2004年，联合国成立了由15个国家组成的“从国际安全的角度来看信息和电信领域发展政府专家组”，对网络和信息安全领域存在的威胁进行研究，并提出可采取的合作措施。2015年7月，联合国在《从国际安全的角度来看信息和电信领域发展的政府专家组的报告》中明确了“国家主权原则”②，说明国家主权在网络空间的延伸已经基本成为国际社会的共识。

3. 中国网络安全治理的问题提出

（1）中国网络安全治理历程概述

自1994年中关村首次接入互联网已经二十余年。互联网在我国已经得到了大范围的普及，我国在应对互联网发展时，对既有的治理制度不断推陈出新。根据不同时期互联网治理对网络安全问题的回应，可以将我国网络安全治理分为三个阶段。

第一阶段，从1994年至1999年，是我国网络安全治理的起始阶段。由于中国刚刚全面接入互联网，彼时的互联网政策较少，较具有代表性的是《计算

---

① ［美］劳伦斯·莱斯格著：《代码2.0：网络空间中的法律》、李旭、沈伟伟译，清华大学出版社2009年版，第70页。

② 李传军、李怀阳：《基于网络空间主权的互联网全球治理》，载《电子政府》2018年第5期。

机信息系统安全保护条例》与《中华人民共和国计算机信息网络国际联网管理暂行规定》，这一时期的互联网相关法律法规中的核心主题词是网络接入与网络安全。① 前者的高频出现并不意外，但后者的出现说明中国在接入互联网伊始，网络安全就已经成为互联网治理中关注的核心问题。

第二阶段，从 2000 年至 2013 年，是我国网络安全治理的发展阶段。随着互联网在我国各行各业的应用与普及，2000 年底，全国人民代表大会常务委员会通过了《全国人民代表大会常务委员会关于维护互联网安全的决定》。此后，各国家机关、行业监管部门先后出台了一系列政策法规，我国网络安全治理逐步走向正规。值得一提的是，在此期间，由于电子商务与大数据产业的发展，个人信息的经济价值不断增大，个人信息安全成为了互联网治理的新问题。2012 年，全国人大常务委员会颁布了《全国人民代表大会常务委员会关于加强网络信息保护的决定》，将保护网络信息安全作为网络安全治理的重要内容。

第三阶段，2014 年至今，是我国网络安全治理的成熟阶段。2014 年，中共中央成立网络安全与信息化领导小组②，首次将网络安全上升为国家安全战略。2015 年实施的《国家安全法》第一次明确了“网络空间主权”这一概念，将国家主权延伸至网络空间。2016 年，《网络安全法》颁布，并于次年实施。至此，我国拥有了全面规范网络安全治理的基础性法律。

（2）习近平“国家网络安全观”的提出

近年来，我国互联网产业得到了长足的发展，但网络安全亦受到了很大的挑战。针对互联网带来的机遇与挑战，习近平指出，“网络和信息安全牵涉到国家安全和社会稳定，是我们面临的新的综合性挑战”。③

十八大以来，以习近平同志为核心的党中央对我国网络安全与信心化事业进行了全面部署。十八大报告指出“加强网络社会管理，推进网络依法规范有

---

① 黄丽娜：《基于共词分析的中国互联网政策变迁：历史、逻辑与未来》，载《情报杂志》2019 年第 5 期。

② 2018 年 3 月，根据《深化党和国家机构改革方案》，中央网络安全和信息化领导小组被改为中央网络安全和信息化委员会。

③ 新华网《习近平：网络和信息安全牵涉到国家安全和社会稳定》，载中华人民共和国国务院新闻办公室网：http：//www. scio. gov. cn/zhzc/9/6/document/1350719/1350719. htm，最后访问日期：2020 年 2 月 10 日。

序运行”，十八届三中全会在强调加强网络管理的同时特别提到，“要确保国家网络和信息安全”。2014 年，中共中央成立中央网络安全和信息化领导小组，由习近平亲自担任组长。在领导小组第一次会议上，习近平提出了“网络强国”的战略目标。2014 年 11 月 19 日，习近平向首届世界互联网大会致贺词，提出“尊重网络主权，维护网络安全”。2015 年，在第二节世界互联网大会上，习近平提出，网络空间不是“法外之地”，网络空间是虚拟的，但运用网络空间的主体是现实的，大家都应该遵守法律，明确各方权利义务。① 2016 年 4 月 19 日，在网络安全和信息化工作座谈会上，习近平总书记提出维护网络安全要“树立正确的网络安全观”。总结起来，习书记的网络安全观包括：①主权观：应尊重各国网络主权；②国家观：没有网络安全就没有国家安全；③发展观：网络安全和信息化相辅相成；④法治观：让互联网在法制轨道上健康运行；⑤人民观：网络安全为人民，网络安全靠人民；⑥国际观：维护网络安全是国际社会的共同责任；⑦辩证观：把握好网络安全的五大特点。②

（二）网络安全治理的基本特征

1. 网络空间治理主体具有多样性

20 世纪 90 年代以来，治理理论登上了历史舞台，并得到了广泛的认同。相对于统治（government）由政府主导，治理（governance）的主体是多元的，包括政府、政党、社会组织和普通公民。

互联网改变了主体间的互动方式，削弱了个人对权威的依附关系，传统社会治理中自上而下的权力结构和管理模式已经不再适合网络空间的治理。③ 具体而言，互联网改变了信息的传播方式，使得信息的传播更具实时性。传统媒体中属于稀缺资源的传播渠道在网络空间中得到了改善，大众从信息的被动接受地位开始走向了主动。作为个体的网民的参与决定了网络空间的信息内容。

---

① 《习近平的网络安全观》，载中华人民共和国国家互联网信息办公室网：http：//www. cac. gov. cn/2017-08/07/c_1121443712. htm，最后访问日期：2020 年 2 月 10 日。

② 谢永江：《习近平总书记的网络安全观》，载人民网：http：//theory. people. com. cn/GB/n1/2016/0516/c386965-28354614. html？ from = singlemessage&isappinstalled = 0，最后访问日期：2020 年 2 月 10 日。

③ 熊光清：《网络社会的兴起与治理变革——中国的问题与出路》，载《学习与探索》2017 年第 9 期。

因而，网络空间的信息治理必须促进公众参与，而不能仅仅成为简单的行政管理行为，要从单一主体的公权力导向走向共同治理、协同治理的模式。

互联网社区等网络空间共同体的存在亦为互联网治理提供了新的选项。网络社区是不同于传统社会组织的松散的组织体。在网络空间中，网民们往往在一个或多个网络社区中活动。网络社区通过兴趣爱好、职业身份或者其他共同特征将个人聚集起来，进行信息的分享与交流。虽然网络社区在大多数情况下并不能像传统的社会组织那样形成一致的观点，甚至其内部的观点会相互对立。① 但网络社区给予了分散的网民一个聚合的平台，将网络社区治理纳入网络空间治理体系，有利于协调与管理社区成员行为。而且，这同样有利于降低政府的治理压力，通过加强对网络社区的管理，完善社区的制度建设，可以有效提高网络空间治理的效率，实现网络空间多元治理主体的协同与合作。

2. 网络空间治理要求高度技术性

网络空间的技术性和专业性，使网络空间区别于现实的物理空间，这也使得网络空间的治理更加复杂。② 不同于有着实体存在的现实空间，网络空间是一种数字化的存在。借由计算机技术和数字通信技术，海量的二进制代码构成了这个虚拟的世界。③ 代码在网络空间中发挥着举足轻重的作用，通过特定的方式对代码进行描述及解析，构成了网络空间的基础内容。可以说，人在网络空间中开展的各类活动，都离不开这套技术规则的支持。正如莱斯格所言，代码植根于软件与硬件中，指引着网络空间的塑造，构成了社会生活的预设环境和架构，并成为网络社会实际的规制者。④ 而且，随着互联网技术的发展，在传统的 C/S 架构模式外出现了对等网络（P2P）架构模式。⑤ 对等网络是一种在对等者（Peer）之间分配任务的分布式应用架构。在 P2P 网络中，彼此连

---

① 王芳：《论政府主导下的网络社会治理》，载《人民论坛 · 学术前沿》2017 年第 7 期。

② 郑智航：《网络社会法律治理与技术治理的二元共治》，载《中国法学》2018 年第 2 期。

③ 张新宝、许可：《网络空间主权的治理模式及其制度构建》，载《中国社会科学》2016 年第 8 期。

④ ［美］劳伦斯 · 莱斯格著：《代码 2.0：网络空间中的法律》，李旭、沈伟伟译，清华大学出版社 2009 年版，第 136 页。

⑤ 王芳：《论政府主导下的网络社会治理》，载《人民论坛 · 学术前沿》2017 年第 7 期。

接的多个节点处于对等的地位，每个节点既是网络资源的提供者，又是网络资源的获取者。从节点的身份认证、信息的互相传递、再到奖励机制的实现，P2P 网络的运行依赖于既定的算法或技术规则，具有强烈的技术特征。

因此，虽然互联网已经走进千家万户，但其背后因循的依然是一整套技术规则，网络安全治理首先面对的依然是互联网的技术难题。技术治理遵循的是自我偏好的逻辑，与传统的法律治理模式有所区别。核心技术承载着维护国家网络安全的使命，是网络安全治理的前提和保障。我国正处于信息化和现代化的重要阶段，关键技术的掌握影响着信息化的水平，影响着我国的国家利益。如果忽视网络空间治理的技术性特征，不掌握互联网核心技术，国家在网络空间的主权就会犹如空中楼阁，对网络安全和国家安全造成重大影响。

3. 网络犯罪管控极具挑战性

尽管网络空间依托于现实社会而存在，但网络社会带来的行为模式的更新，仍然造成了犯罪认定的迥异。网络空间存在的部分法益侵害仍未能在我国当前的刑事立法中体现出来。这包括：（1）网络空间存在的部分客体不能得到周全认定，虚拟货币、特定的网络物品仍然无法与实体财物被赋予同等价值；（2）犯罪的场域仍未能得到充分认定，现行的做法是将传统刑法规范中存在的相关概念进行扩张适用，但简单地将“公共场所”或是“公共场所秩序”扩张为“网络空间”或“网络空间秩序”，从而使既有的罪名适用于网络空间，未免有类推解释之嫌；①（3）行为方式的互动性未能得到重视，网络犯罪的危害结果除了危及网络空间公共秩序外，还应该认识到，在网络时代，犯罪的发展往往呈现链条状的态势，行为一旦发生，结果会变得难以预测，甚至会无限度地扩展，影响到现实社会。②

此外，传统的司法治理模式在处理网络犯罪时仍然面临着合理性和有效性的困境。中国目前网络犯罪的司法治理依然保持着扩张主义的路径，即借助扩张传统刑法规范的兜底条款和相关概念来规范网络犯罪。但司法政策的一味扩张有时并不能遏制网络犯罪，甚至有“重新立法”的嫌疑。而且，这种做法在维护秩序的同时极大地损害了网络空间的自由价值，甚至侵蚀了法治和民主

① 王玉薇：《网络犯罪司法治理的困境与出路》，载《哈尔滨工业大学学报（社会科学版）》2020 年第 1 期。

② 陈伟、熊波：《网络犯罪的特质性与立法技术——基于“双层社会”形态的考察》，载《大连理工大学学报（社会科学版）》2020 年第 2 期。

精神。不仅如此，扩张主义的网络犯罪司法治理模式面临着有效性的拷问。网络犯罪案件往往极为复杂，而且案涉主体和行为往往分布于各地，给司法管辖和事实认定带来了极大的挑战，过度的司法依赖会造成裁判效率低下，甚至有碍于司法的运行秩序。

4. 网络治理兼具地域性与全球化特质

互联网是人类社会互通共享的空间，网络安全问题亦是全球需要共同面对的治理难题。2015 年，习近平总书记就曾倡议构建网络空间命运共同体，提出世界各国应携手应对网络安全的挑战。

虽然最初的互联网选择的治理模式推崇技术中立，主张自我管理，由网民自发形成一套规则体系并建立起独立的全球社区，排斥主权国家的管辖权。但随着网络的不断发展，上述治理模式被证明仅仅是一种网络空间的“无政府主义”，是一种不切实际的空想。虽然许多先锋人士仍然倡导互联网免于主权管辖，但当今网络空间的架构无法脱离国家主权而单独存在。在物理层面，互联网基础设施需要财产权的保护，毋庸置疑，这需要依赖于主权国家的法律体系；在规则层面，即使是号称是关切所有“利益攸关方”的 ICANN 依然受到美国的资助和控制。①

网络治理的“再主权化”并不意味着互联网应该进行单边管辖。网络空间实现了建立与国家相平行的虚拟社区，在一定程度上，这些社区不受到单边管辖。如果网络可以实现完全的主权管辖，全球网络空间将会被肢解，变成一系列碎片化的社群，这与互联网的根本宗旨——促进信息流通相悖。再者，如果拒绝互联网治理领域的全球合作，允许一国的管辖顺着网络空间蔓延，无可避免地会造成本国法律的域外适用，对法律适用的正当性和合法性提出难题。②

因此，网络空间并非单纯意义上的全球公域或者纯粹的国内私域，而是介于二者之间的混合场域。基于此，网络安全治理更需要全球协作，在明确国家主权对于网络安全治理的首要作用的前提下，建立互惠合作的互联网秩序，在尊重每个国家网络主权的前提下，依托协商对话的方式建立起多边框架和规

① 张晓君：《网络空间国际治理的困境与出路——基于全球混合场域治理机制之构建》，载《法学评论》2015 年第 4 期。

② 王芳：《论政府主导下的网络社会治理》，载《人民论坛 · 学术前沿》2017 年第 7 期。

则，并在这个基础上展开合作，维护国际社会的网络安全。①

（三）网络安全治理的价值追求

1. 维护国家网络主权

国家主权在很长一段时间内是被互联网治理的参与者所排斥的。他们认为，网络空间是开放的、无边界的，应该如同国际水域、空间一般，属于全球公域，不应受主权国家治理。而且，网络自由与创新是网络空间应有的秩序，国家对网络的治理会损害这种价值。

近年来，这种观念受到了批判。网络空间虽然并没有物理实体，但网络空间的存在并不是孤立的。事实上，网络空间是人与人、人与设备之间通过技术互动而形成的一个虚拟空间，网络空间的参与主体仍然是现实意义上的“人”，网络空间的存在也依赖于各类基础信息设备。② 而且，网络空间并非与主权不相兼容。主权是为了保护权利而产生的一种“政治发明”，其存在重要目的之一在于调和个人利益与公共利益之间的冲突。无论网络空间中的“网民”拥有几重虚拟身份，其背后仍然是置于主权国家管理下的公民。公民的身份是在主权国家的语境下产生的，公民的权利与义务依赖于主权国家的法律调整，无论公民个人在网络上拥有几重身份，其行为依然要受到法律的规制。而且，网络空间的稳定也离不开主权国家的法律，虽然技术规则可以对网络进行一定程度的管理，但这种管理存在着很高的风险，可能会损害个体的利益。失去了主权者的调节，个体的利益无法在交互的过程中维持稳定的状态。同样地，网络空间的维系是建立在基础技术设施之上的，如何确立这些设施的权属以及如何对其进行保护，仍然依赖于主权国家的法律制度。

国家主权可以分为内部主权和外部主权，内部主权主要指的是管辖权，外部主权则包括独立权、自卫权、平等权。网络空间的管辖权，意味着主权国家可以依照国情决定网络空间治理制度，对网络空间的事务进行司法干预和行政管辖。网络空间的自卫权意味着主权国家为了维护国家主权，可以在网络空间内对外来侵略和威胁进行防卫。网络空间的平等权指的是，不论一国的政治制

---

① 景星维、吴满意：《如何理解网络安全治理》，载中华人民共和国国家互联网信息办公室网：http：//www. cac. gov. cn/2019-03/06/c_1124198062. htm，最后访问日期：2020年2月6日。

② 程卫东：《网络主权否定论批判》，载《社会科学文摘》2019年第1期。

度、经济、文化差异，各国在网络空间所拥有的管理权是平等的。平等权一方面强调主权国家对网络空间管理的互不干涉性，一国不能将因为对网络空间的控制力强而干涉他国对网络空间的治理；另一方面则强调在网络治理国际协作中的平等地位。由于网络空间所具有的全球性特征，我们很难将一国的网络空间从互联网世界中“独立”出来。但是，网络空间的独立权依然存在，它强调的是主权国家对网络空间的管理具有独立性，不受外来干涉。

对于网络空间主权的争论并非单纯的学理问题，其本质上是对网络空间控制权的争夺。认真考察各国在网络领域的治理实践可以发现，各国都在以不同的方式对网络行使主权。即使是一直在鼓吹网络空间自由的美国，仍然在以各种手段维系其对网络空间的控制。2003 年，美国政府就曾授意 ICANN（互联网名称与数字地址分配机构）停止对伊拉克国家顶级域名的解析，造成了伊拉克网络的瘫痪。2013 年被斯诺登爆出的“棱镜计划”也打着反恐怖主义的旗号肆意窥探他人隐私，乃至于损害网络安全。因此，在网络空间，并不存在离开主权保护的自由，失去了秩序的自由并没有任何意义。网络空间作为“海、陆、空、天”之外的“第五空间”，若国家网络主权受到威胁，网络空间的秩序将不复存在，网络空间参与者的实践亦会受到严重影响。树立网络空间主权观念，保证网络主权不受侵犯，对于网络安全治理而言意义非凡。

2. 国家安全

随着互联网的普及与发展，网络安全对于国家安全的重要性不言而喻。我国作为一个网民人数高达 7 亿人的网络大国，网络安全牵涉到社会稳定和国家安全。特别是在我国建设信息化社会的背景下，互联网相关产业在国民经济生活中占据了很大的比重，网络安全影响着国民经济的稳定性。而且，我国的政治安全依然面临着境内外颠覆势力的挑战，这些颠覆势力对我国网络基础设施的攻击和破坏活动依然存在。互联网作为当今最大的信息中转站，其内也不乏各种不良信息，甚至是被用来从事颠覆宣传活动的信息。这类信息的存在严重威胁了我国的国家安全。

习近平总书记的总体国家安全观强调：在信息时代，网络安全对国家安全牵一发而动全身，同许多其他方面的安全有着密切关系。在国家总体安全观的指导下，网络安全治理大致可以分为两个层面：技术层面与制度层面。与国土安全、科技安全等其他领域的国家安全体系建设一样，硬实力才是根本，对关键信息技术的掌握决定着网络安全治理的广度和深度。技术层面的网络安全治理需要关注两个方面的问题，网络运行安全和网络信息安全，前者指的是网络服务提供不因他人故意或过失行为而遭到破坏与中断，有关系统可以连续性地运转。① 后者指的是网络系统中涉及的各类信息在技术层面不会遭到不当更改与泄露，并具有一定的抵御风险的能力。为了在技术层面维护网络安全，必须加大网络安全领域的技术投入力度，尤其是需要鼓励关键信息基础设施和网络信息安全管理方面的技术创新。但是，仅强调技术层面的安全还不足以在网络领域维护国家安全，如何在网络空间中搭建主权体系、鼓励网络技术的创新和应用、提高网络安全保护能力仍然需要构建起完善的网络安全治理体系。《中华人民共和国网络安全法》及一系列配套行政规范性文件的出台已经搭建起国家总体安全观下的网络安全治理基本框架，要继续因循这一路径，为网络安全治理提供制度指引。

3. 维护社会公共利益和各参与主体的利益

法律是利益平衡的工具，立法的目的在于通过规则的确立来平衡各方利益。面对网络空间纷繁复杂的利益格局，我国网络安全治理在维护网络安全、国家安全与国家主权的同时，亦需要维护社会公共利益与各参与主体的利益。

所谓社会公共利益，指的是具有普遍性和整体性的，区别于个人利益、集体利益、国家利益的范畴。② 维护社会秩序的稳定是社会公共利益的重要方面。随着信息技术的发展与互联网的普及，网络空间与现实空间交织相融，我们的生活、生产方式离不开网络的支持。网络安全事关网络空间的秩序，亦会影响到社会整体秩序。

在强调社会公共利益的同时，网络安全治理亦不可忽视对公民、法人和其他组织等个体利益的保护。从本质上来说，社会公共利益是个体利益的高度概括，具有一致性。但公共利益与个体利益的冲突是一个不可避免的问题。网络安全立法是个利益平衡的过程，对网络空间秩序的维护总会引起公民权利的减损。秩序是发展的基础，但一个多元的社会不能仅着眼于维护社会秩序，亦应该有其他的价值追求。如何在网络安全治理中防止公权力的滥用与无限扩大，

---

① 陈彦彬：《数据通信与计算机网络》，西安电子科技大学出版社 2018 年版，第 183 页。

② 梁上上：《利益的层次结构与利益衡量的展开——兼评加藤一郎的利益衡量论》，载《法学研究》2002 年第 1 期。

在网络空间中合理地确立言论自由等政治自由的合理边界，是网络安全治理中需要认真考虑的问题。

4. 探寻网络安全治理的法治模式

现代社会是风险社会，技术本身的不确定性增加了我们所面临的风险。互联网在经济社会中的重要性越高，社会所面临的技术风险就越大。网络技术为人们的生活提供了极大的便利，但技术的发展并非尽善尽美的童话故事，其实亦包含着“悲剧”的色彩。黑客恶意攻击、网络信息系统技术缺陷、管理人不当操作，种种不明或无法预料的情况可能会对我们的社会造成极大的威胁。如何有效地应对风险，避免网络安全威胁所引发的连锁反应，需要将网络安全治理纳入法治的轨道，用具有整体性的制度来分担不确定的风险。

具体而言，网络安全治理法治模式的构建需要：（1）优化顶层设计，要尽快形成以宪法授权性规定为根本，以保护国家数据安全、基础信息设施安全、公民数据权利等为中心环节的法律制度体系；①（2）完善网络安全治理立法，立法的创制活动既要遵循网络空间治理的规律，也要符合一般法律的创制规律，在出台网络安全治理的相关法律法规时要注意规则设计间的相互协调；（3）健全网络安全监管体制，网络安全监管只是手段而非目的，监管需要建立在对公权力进行必要限制的基础上，因而必须有相应的限制方式和个体进行救济的程序规则，来限制网络监管中行政执法、司法等公权力机关的权力行使；（4）确定网络安全法律调整的范围，精准界定法律关系主体及内容，能否精准届分法律的调整范围，彰显着法律制度的科学性。②

法治是现代文明国家治理的最佳选择和基本形式。如何运用法治的价值和法律治理的手段，对技术治理进行有效规划，以既有的法律制度为基础构建起网络安全治理的法治模式，是我们面临的新难题与挑战。

随着互联网向各行业的渗透，互联网已经成为各国政治、经济、文化、社会发展的基础设施。网络安全关系着国家信息安全，甚至是国家整体安全。在历经了多种治理模式后，互联网治理路径的选择依然存在着各种争论。伴随着互联网的发展，我国确立了以维护网络主权和国家安全为核心的网络安全治理

---

① 徐汉明：《我国网络法治的经验与启示》，载《中国法学》2018年第3期。
② 徐汉明：《我国网络法治的经验与启示》，载《中国法学》2018年第3期。

体系。互联网发展的背景下，个体的崛起与网络社区的出现，丰富了网络空间治理的主体。互联网本身的技术特征与网络新型犯罪的出现，亦给网络安全治理提出了新的难题。同时，网络安全治理需要关注互联网的全球化特质，有效的治理离不开国际协作。在追寻建立网络安全治理法治模式的道路上，应该认识到，虽然网络空间是开放和无边界的，但依然需要置于国家主权的架构之下。只有这样，才能更好地在网络安全治理中维护国家安全、社会公共利益和各参与主体的利益。

二、网络安全治理中的政府定位

网络安全治理的参与主体呈现多元化态势包含政府等其他利益相关主体。由此便延伸出一个问题，即各参与主体的角色定位，特别是政府在网络安全治理中应当扮演何种角色？政府在网络安全治理中的准确定位将直接决定我国网络治理能够取得什么样的效果。尽管关于政府定位存在不同的论述，但我们较为赞同网络安全治理应选择“层化分权”模式,① 该模式有别于“扁平化”的协商模式，即政府在网络安全治理中仍然处于领导地位，对于维护网络安全承担主要责任。

（一）政府角色的宏观定位

1. 立足总体国家安全观

政府在网络安全治理中立足于总体国家安全观要增强网络安全意识，提高政府在网络安全治理中更加积极主动的作为度，同时巩固维护经济社会稳定。2014 年 4 月 15 日，习近平总书记在主持召开中央国家安全委员会第一次会议时首次论述了总体国家安全观的内涵，具体包括政治安全、国土安全、军事安全、经济安全、文化安全、社会安全、科技安全、信息安全、生态安全、资源安全、核安全等板块共同构建起了总体国家安全观的理论体系。② 此外，2016 年 12 月 27 日，国家互联网信息办公室发布的《国家网络空间安全战略》的目

① 董青岭：《多元合作主义与网洛妾全治理》，载《世界经济与政治》2014 年第 11 期。

② 《习近平主持召开十九届中央国家安全委员会第一次会议并发表重要讲话》，载人民政府网：http：//www. gov. cn/xinwen/2018-04/17/content_5283445. htm。

标章节明确指出国家网络空间安全战略应当以总体国家安全观为指导。① 总体国家安全观内部各种安全之间是一种彼此联系、相互影响的和谐共存关系，其中任何一个安全因素的变化都会影响到这个体系的运行，因此需要协调总体国家安全观内部各类安全因素之间的关系，不可偏废。

自互联网诞生之日起，网络对于世界的影响就与日俱增。21 世纪以来，互联网迅速发展，对促进人类社会生活的发展具有重大意义，同时利用网络破坏违法犯罪的行为也日益频繁。不乏破坏势力利用网络散布不当政治言论等现象存在，这不仅破坏了国家的政治安全，还造成了社会恐慌，严重威胁着社会安全。自克林顿政府实施“新经济计划”以来，以信息化为代表的互联网持续推动着国民经济的发展，但互联网的高度技术性特征也为经济犯罪提供了便利。以互联网金融犯罪为例，倘若网络安全失控，网络的全球化特质势必将造成严重的金融恐慌甚至是全球范围内的金融危机，② 进而严重威胁国家的经济安全、政治安全、社会安全。为加强互联网犯罪的司法管控力度，两院于 2019 年 11 月 21 日联合发布了《关于办理非法利用信息网络、帮助信息网络犯罪活动等刑事案件适用法律若干问题的解释》就网络犯罪活动作出了最新的司法解释。由此可见，总体国家安全观内部之间的联系是十分密切的，在信息网络时代将是牵一发而动全身。

2. 充分发挥政府中流砥柱的作用

网络安全治理中的层化分权模式相较于多元合作主义所倡导的各参与主体共同参与、平等协商模式而言，具有责任主体明确的特点。多元合作主义倡导人人参与、人人负责，但事实上这种模式最终会陷入相互推诿，治理效率低下的窘境。而在层化分权的模式下，政府在网络安全治理中将扮演更多的角色并将处于网络治理中的核心位置，这有利于厘清网络安全治理中各参与主体之间的关系，促进各参与主体之间的分工合作。毋庸置疑，网络安全治理的最理想状态是在国家的主导下，各网络参与主体积极配合国家网络安全治理的行为。③ 因为网络安全治理涉及环节众多，从技术开发到网络运行再到网络监管，每一个子环节都考验着网络参与主体的治理水平和能力，对

---

① 《〈国家网络空间安全战略〉发布》，载中国网信网：http：//www.cac.gov.cn/2016-12/27/c_1120195878.htm。

② 刘宪权：《互联网金融时代证券犯罪的刑法规制》，载《法学》2015 年第 6 期。

③ 刘勃然：《21 世纪初美国网络安全战略探析》，吉林大学博士论文，2013 年。

任何网络参与主体都是一个巨大的挑战。与此同时，网络安全治理的复杂性要求大量的人力、物力、财力与之相匹配，尽管将网络安全治理的责任分配给政府是不切实际的，但除政府以外的任何一方网络参与主体都不具备比政府更强的实力。

网络安全治理中的每一环节政府都需要积极作为。即便是在政府承担协助责任时，也需要其积极辅助相关主体，以便更好地进行网络治理。例如，在开发网络产品环节网络运营主体面临技术障碍、资金缺口、人才短缺等困境时，政府可以通过向有需求的网络运营主体提供技术扶持、提供信贷支持和制定相关的人才培养、引进政策等方式承担起相应的网络治理责任。

3. 构建网络空间的基本原则

一个安全稳定繁荣的网络空间环境，对一个国家甚至是全世界的健康发展都是至关重要的。面对错综复杂的形式，政府如何最有效地开展网络安全治理工作？鉴于信息网络所具备的全球化特性，政府在构建网络安全治理原则时应当立足国内，放眼全球，统筹国际国内两个大局。毫无疑问，在立足总体国家安全观的总体目标前提下，网络安全治理应坚持国家利益至上的最基本原则，并在此基本原则的指导下构建若干指导性原则。对此，《国家网络空间安全战略》明确了网络安全治理应当遵守的四项基本原则，即尊重网络主权、和平利用网络空间、依法治理网络空间、统筹网络安全与发展。

（1）国家利益至上原则

没有永恒的敌人，也没有永恒的朋友，只有永恒的利益。当开展网络安全治理国际合作的时候，首要应当坚持国家利益至上原则，在互相尊重网络空间与和平使用网络空间的前提之下，任何时候都要维护好我国的国家利益，坚持国家利益高于一切。① 美国于 2003 年 2 月发布的《网络空间安全国家战略》，② 2009 年 5 月发布的《网络空间政策评估》③ 以及 2011 年 5 月发布的

① 刘勃然：《21 世纪初美国网络安全战略探析》，吉林大学博士论文，2013 年。

② The White House, “The National Strategy to Secure Cyberspace”, February 2003, http://www.us-cert.gov/reading_room/cyberspace_strategy.pdf.

③ The White House, Cyberspace Policy Review: Assuring a Trusted and Resilient Information and Commu-nications Infrastructure, May 2009, http://www.whitehouse.gov/assets/documents/Cyberspace_Policy_Review_final.pdf.

《网络空间国际战略》① 都清楚地表明了美国政府在网络安全治理中以国家利益至上为首要原则。美国作为世界上唯一的超级大国，也是在网络安全治理中拥有丰富经验的国家，其在网络安全战略中坚持实施国家利益至上原则值得我国思考借鉴。

（2）尊重网络主权原则

网络空间作为自然地理空间的延伸，尽管其具有全球化的特征，但仍从属于具体的国家，网络主权是国家主权的延展，国家网络主权不容侵犯。在开展网络空间治理过程中，鉴于不同国家之间的国情差异，应当尊重世界各国选择适合本国国情的网络治理道路、模式以及平等参与国际网络安全治理的权利，抵制一切形式的网络霸权主义，抵制一切利用网络手段干涉他国内政的行为。此外，在网络安全治理监管过程中，还应当不支持、不纵容任何妨碍别国进行网络安全治理的行为。

（3）和平利用网络空间原则

和平与发展是当今国际社会的主旋律，和平利用网络空间符合世界各国的共同利益。在网络安全治理环节，政府应同世界各国一道共同警惕网络霸权主义势力利用信息网络手段作出有违世界和平的行为。政府在进行网络治理的国际合作时，应当秉持求同存异，共同发展的和平发展信息网络的理念。

（4）依法治理网络空间原则

党的十八届四中全会以来，全面依法治国成为我国的战略举措，是推进的重要法治保障。为维护良好的网络秩序，保护网络参与各方的合法权益，有效打击各类破坏网络安全的违法犯罪行为，推动政府网络空间管理的法治化进程。政府在开展网络安全治理时必须坚持依法治网，对各种网络违法行为及新型网络犯罪，政府应当及时制定相关法规进行立法规制。政府在积极采取措施的同时应充分尊重其他各网络参与主体的合法权益，坚决抵制暴力执法，不文明执法的行为。

（5）统筹网络安全与发展原则

在网络信息化时代，若网络安全得不到保障，则国家安全将面临巨大的威

---

① The White House, International Strategy for Cyberspace: Prosperity, Security, and Openess in a Networked World, May 2011, http://www.whitehouse.gov/sites/default/files/rss_viewer/international_strategy_for_cyberspace.pdf.

胁。统筹网络安全与发展原则又包含两个子原则：安全能力构建原则与安全发展原则。首先，政府在网络安全治理中应当着力提升网络空间中的国家安全能力，如此才能更好地保障国家安全，维护国家利益与人民利益。国家安全能力指一国政府统筹各种战略资源，运用多种战略手段，谋求并护持国家安全利益的主观能动力的集合，在网络安全治理语境下，国家网络安全能力的大小直接影响着国家网络安全战略的实施效果。① 政府在进行网络安全治理时应注意国家网络安全能力的构建，以提高我国应对突发性网络安全事件的能力。其次，保障网络安全的最终目的是促进社会的发展。网络安全与发展之间呈现出辩证统一的关系，网络安全是信息网络空间发展的前提，离开网络安全谈发展将是无本之木；反过来信息网络的发展又能为维护网络安全治理提供所必需的人、财、物支撑，因此缺乏信息网络的发展，网络安全也无从保障。

4. 倡导诚实守信、健康文明的网络行为

政府的网络安全治理工作离不开网络参与主体的积极配合，文明有序的网络环境能够缓解政府面临的网络治理压力。毋庸置疑，现阶段还存在诸多不文明的网络行为，网络暴力行为即为典型代表。严重的网络暴力行为会侵犯相对人的隐私权、名誉权甚至生命健康权。在中国网络暴力第一案当中，法院认为任何人不得在电子公告服务系统中发布含有侮辱或者诽谤他人、侵害他人合法权益的信息，② 该案历经两审最终判令张乐奕承担侵权责任，由此可见国家对不文明网络依法规制的态度。

为缓解政府巨大的网络安全治理压力，有必要从意识形态上全面树立起健康文明的网络行为观念，进而潜移默化地引导网络参与主体进行文明有序地网络行为。为此，《网络安全法》第六条对国家倡导诚实守信，健康文明的网络行为作出了明确规定。③政府在培育文明有序的网络行为时可以从两个方面着手：第一，在社会主义核心价值观的指引下，大力培育正能量的网络文化，提供积极向上的网络文化产品，以身作则营造良好网络环境；第二，网络社会作为人类社会的新型表达渠道然有其特有的伦理道德，政府在倡导健康文明的网络行为时，应加强网络伦理、网络文明建设，充分挖掘为网络社会所普遍倡导

① 刘勃然：《21世纪初美国网络安全战略探析》，吉林大学博士论文，2013年。

② 王菲诉张乐奕名誉权、隐私权纠纷案，北京市朝阳区人民法院〔2008〕朝民初字第10930号民事判决书。

③ 《网络安全法》第六条。

的网络道德，修复网络生态。

（二）政府角色的中观定位

1. 明确工作机制与职能部门

政府在网络安全治理时如何合理构建一套分工明确，相互协作的网络安全治理工作运行机制将影响网络安全治理工作的效率。在整体上需确立网络安全治理工作的组织原则与各相关工作部门的工作内容。

（1）分工协作原则

依据《网络安全法》第八条的规定，政府及各有关部门在网络安全治理工作中坚持分工协作的组织原则，① 由国家网信部门统筹协调，其他有关部门在各自的职责范围内承担网络安全治理工作。国家网信部门统筹协调网络安全治理工作有利于各工作部门之间统一步调，打通各监管部门之间的区隔，使各部门的网络安全治理取得一加一大于二的效果。网络治理需要涉及的领域众多，因此仅让国家网信部门负责如此艰巨的工作显然是不现实的，需要结合网络安全各环节的特征对网络治理进行分工。例如，鉴于公安部门拥有的强制手段和其在治安管理方面扮演的重要角色，应当在网络治理环节赋予其相应的职权，使其充分发挥打击网络违法犯罪的作用。

（2）国家网信部门统筹协调

如前所述，国家网信部门负责统筹协调网络安全治理工作，要求其在网络治理中的各个环节积极开展各项工作。例如，在网络关键设备和网络安全专用产品的认定标准方面，由国家网信部门牵头制定统一的标准；② 对于网络产品的安全标准以及向境外提供个人信息和重要数据的风险评估方面，由国家网信部门协调进行产品的国家安全审查和评估；③ 对于关键信息基础设施的安全治理方面，由国家网信部门头筹协调各有关职能部门做好安全工作；④ 在网络安

---

① 《网络安全法》第八条。

② 《网络安全法》第二十三条。

③ 《网络安全法》第三十七条；《个人信息和重要数据《个人信息和重要数据出境安全评估办法（征求意见稿）》第五条。

④ 《网络安全法》第三十八条；《关键信息基础设施安全保护条例（征求意见稿）》第四条。

全等级保护方面，由国家网信部门统筹协调。① 国家网信部门作为政府网络安全治理的发起点将影响网络安全治理的最终效果。

(3) 具体责任主体负责执行

为了让国家网信部门的统筹规划落地实施，达到网络安全预期的治理效果，各有关机关之间在协调与合作的工作组织原则之下要敢于担当，采取措施积极行动落实网络安全治理措施。欧盟作为一个超国家主体，其在网络安全治理领域有着相对丰富的经验，各项制度都较为成熟，值得我们参考借鉴。我们通过对欧盟网络安全治理的分析发现欧盟为了确保欧盟的网络安全治理战略在各成员国的有效实施，欧盟在联盟层面设立了多个职能不同的治理主体，这些治理主体正是欧盟网络安全治理战略在各成员国有效实施的重要因素。作为对比，我国的网络安全治理目前尚处于起步发展阶段，在制定有关的法律法规的时需要注意为这些职能部门配置相对独立的决策与行动权以保障各有关机关治理行为的有效性，② 因为各有关机关是政府网络安全治理措施真正得以实施的关键一环。

2. 网络基础设施产品的提供者

网络基础设施，顾名思义是保障网络空间得以运行最基本的生产要素，但理论层面尚未就网络基础设施达成一致的观点。基于网络基础设施的重要性，网络基础设施是指支撑计算机网络正常运行的物理性结构，通过软硬件设施搭建的通信信道，以实现在两个或更多的规定的端点之间提供连接传输的网络通信体系，网络基础设施大致可以分为三类，国家公共数据网、区域通信子网以及用户资源子网。③ 网络基础设施具有以下特征：第一，基础性。离开网络基础设施，网络空间运营将是空中楼阁，网络基础设施的完善程度也将影响信息网络发挥作用。第二，障碍性。由于网络基础设施的建设成本高昂，一般的网络运营者无法承担。在“十三五”规划中，我国网络基础设施的投资大约在两万亿元以上，④ 如此高昂的基础投资，任何一家追求盈利为目的网络运行商

---

① 《网络安全等级保护条例（征求意见稿）》第五条。

② 宋文龙：《欧盟网络安全治理研究》，外交学院博士论文，2017 年。

③ 朱虹：《基于公共产品理论的网络基础设施产权问题研究》，载《情报科学》2006 年第 1 期。

④ 《“十三五”我国网络基础设施投资有望破两万亿大关》，载新华网：https：//baijiahao. baidu. com/s？ id = 1602567687280207928&wfr = spider&for = pc。

都无法承担如此高的投资成本。第三，公共性。网络基础设施的基础性特征使得任何私营网络运营商在投资时都会忌惮在网络基础设施建成后被搭便车的风险，加之网络基础设施高昂的投资成本就决定了政府是最佳的投资主体，由政府投资建设后再向社会提供网络基础设施产品决定了网络基础设施产品的公共性。

综合分析特性，不难发现由政府作为网络基础设施的建设者无疑是最佳的选项，而且由政府承担建设者的角色符合市场经济下政府供给公共产品的特性。政府担任网络基础设施的建设者有利于提高网络的普及程度，有利于其他网络参与主体集中自身力量提供优质的网络产品，丰富网络形态。此外，政府作为建设者还能促进政府完成网络技术积累，进而提升政府网络安全治理的能力。

3. 网络安全的监管者

世界范围内的网络监管模式众多，整体上可以分为两类：以西方国家为代表的多元化治理模式和以发展中国家为代表的强调政府作为监管主体治理模式。① 比较而言，西方的网络安全治理模式更加注重立法，强调网络参与主体的治理积极性，倡导行业自治，政府主要担任辅导的角色；而发展中国家由于网络发展相对滞后，相关的行业自律还不够成熟，公认网络道德也尚未成型，在网络治理中往往需要强有力的政府作为监管主体来维护网络空间的安全稳定。应该说两种模式并无优劣之分，不过是事物发展阶段差异及不同国家之间的国情不同而已。

中国现阶段的网络监管工作开展以政府作为监管主体是具有法理基础与合理性的。第一，尽管信息自由在网络空间下得到了最大限度的扩张，但应当注意到自由不是绝对的。一方面，网络空间的匿名性、任意性的特征可能造成权力滥用，损害他人或公共利益；另一方面，某个网络用户网络信息自由的扩张势必将挤压其他网络用户的网络信息自由，这将导致权利失衡。② 因此，由政府居中扮演“法官”的角色，对网络空间中各使用主体进行适当的利益分配具有现实必要性。第二，政府作为网络安全治理的监督者有法律依据。例如，为了加强网络内容管理，国家网信办先后发布了多项部门规章，在诸多部门规

① 罗静：《国外互联网监管方式的比较》，载《世界经济与政治论坛》2008 年第 6 期。

② 刘素华：《信息自由与网路监管的法理分析》，载《现代法学》2012 年第 2 期。

章中关于政府责任的规定都是政府承担网络安全监管者的有利佐证。① 第三，我国网络安全治理尚处于起步阶段，急需构建起健康文明的网络生态文明。相对于已经形成较为成熟的网络安全治理体系的西方国家，我国尚处于探索阶段，各网络参与主体仍普遍认为网络安全治理的责任是政府的天然职能，欠缺网络主人翁意识，与之伴随的是网络治理中的行业自律不够成熟。因此在现阶段，由政府作为网络安全治理的主体，再逐步引导其他网络参与主体参与治理的治理步骤是符合我国网络发展的客观规律的正确选择。当然，如果国家在网络治理方面有完备的法律体系，相对成熟的网络环境，网络运营主体拥有较强的行业自律意识，那么政府与其他主体在网络安全治理中将会展现出更多互动性，不同网络参与主体之间的矛盾冲突也将大幅减少。随着我国信息网络的快速发展，特别是5G的运用，政府在网络安全治理工作中的角色应朝着行政监管到法治监管的方向过渡，努力提升各网络主体的参与积极性，推动网络安全治理朝着包容、开放、共享的方向发展。②

4. 网络安全的最后防线

网络是不断发展的空间，所有网络参与主体都从网络中获益，自然都应当积极保护网络安全，以构建安全稳定繁荣的网络空间。个人网络用户应当自觉遵守有关网络安全治理的相关法律法规，不得利用网络从事违法犯罪行为，对于不文明、违反法律的网络行为，应积极与之展开斗争。网络服务者作为网络空间的重要参与主体，他们在某种程度上扮演着社会性场所管理人、群众性活动组织者的角色，也就应当承担相应的网络安全保障义务。③ 不容否认，纵然政府以外的网络参与主体对于维护网络安全起着十分重要的作用，但政府仍是保障网络安全的最后一道防线。

首先，政府拥有丰富的网络安全技术储备。政府作为网络基础设施的建设者，无论是在网络安全的基础技术储备方面还是技术人才的储备上都具有先天优势。例如《网络安全等级保护条例（征求意见稿）》第八条就明确提道：国家建设网络安全等级保护专家队伍和等级测评、安全建设、应急处置等技术

---

① 例如国家网信办先后出台了《互联网跟帖评论服务管理规定》《互联网论坛社区服务管理规定》《互联网群组信息服务管理规定》等若干个部门规章。

② 程琥：《论我国网络市场监管的行政法治转型》，载《行政法研究》2017年第1期。

③ 刘文杰：《网络服务提供者的安全保障义务》，载《中外法学》2012年第2期。

支持体系，为网络安全等级保护制度提供支撑。其次，保障网络安全是政府作为网络监管者的法定义务。政府对于网络安全的监管同时蕴含权力和义务，政府不能只享有监管的权力而不承担安全保障的义务，当发生或将要发生网络安全事件，政府应承担起保障网络安全的义务。再次，政府对突发性安全事件有完备的应对机制。① 政府与其他网络参与主体比较而言，由于政府在日常管理时必定会处理各类突发性安全事件，这也使得政府积累了相对丰富的经验。值得注意的是，我国的《突发事件应对法》颁布施行至今已有 13 年之久，且该法缺乏对突发性网络安全事件的规定，这与我国当前的信息网络发展不相符，因此在修法时需要引起重视。最后，政府有雄厚的财政作为支撑。网络安全保障是需要成本的，无论是个人网络用户还是网络运营商在应对突发性网络安全事件时，他们都不具备足够的资金条件，而政府有国家财政作为支撑，在应对网络安全事件时也更从容自若。此外，相较于其他网络参与主体而言，政府在进行日常的行政管理中若发现有不法分子利用网络进行违法犯罪行为，政府需依职权对违法犯罪行为实施打击，以保障网络空间的正常运转。

综上，我们可以认为，其他网络参与主体是否配合政府积极履行网络安全保障义务能够影响网络安全治理的上限，而政府对网络安全的监管则能左右网络安全治理的下限，政府无疑是网络安全治理的最后一道防线。

（三）政府角色的微观定位

1. 鼓励关键信息基础设施创新

关键信息基础设施是指电子信息和通信系统及其中信息，其中电子信息和通信系统对各类型数据进行收集、存储、分析、处理、通信的软硬件所组成，其中包括计算机信息系统、控制系统和网络。② 为依法有序地推进网络安全治理，仅对关键信息基础设施进行保护是远远不够的，关键信息基础设施的创新开发同样重要，关键信息基础设施的保护与开发两者之间的良性互动影响着网络安全治理的效果。《关键信息基础安全保护条例（征求）意见稿》第九条对

---

① 例如我国《公共互联网网路安全突发事件应急预案》就对突发性网络安全事件进行较为详细的规定。

② 赵帅、廖根为：《论我国关键信息基础设施的保障对策》，载《犯罪研究》2016 年第 4 期。

于关键信息基础设施的创新开发有原则性的规定,① 在制定正式的文本时，应对鼓励创新的原则予以完善。

（1）增强财政支撑

目前，我国的关键信息基础设施的国产化程度较低，为加强我国网络安全治理的水平就必须加强我国关键信息基础设施的研发，提高自主化能力。但由于关键信息基础设施的研发难度大，前期研发需要投入大量的资金成本，且面临研发失败的风险，这在一定程度上阻碍了部分网络运营商的研发热情。因此，为鼓励国内网络运营商在关键信息基础设施上的研发积极性，政府可给予一定的财政支持。例如，为从事关键网络信息研发的主体提供金融信贷扶持，在税收层面辅之以减免税收优惠政策的组合从而消除研发者对融资和研发成本的顾虑。

（2）提升网络基础设施知识产权保护力度

我国在涉及国家核心网络安全的元器件、关键芯片等软件、硬件、通信设备的基础产品自主性以及可控能力较低，对国外依赖程度较高,② 这致使我国的网络安全防护缺乏主动权，一旦发生敌对，信息网络系统容易受到针对性打击，严重威胁国家安全。为增强政府在网络安全治理中的主动权，提升我国网络的防护实力，在财政支持的情况下，综合运用立法、执法和司法手段加强对关键信息基础设施知识产权的保护力度，逐步提升我国关键信息基础设施的国产化水平。

（3）推动关键信息基础设施领域反垄断执法

信息网络的高度技术性决定了信息网络时代具有天然的垄断性，关键信息基础设施自然也不例外。西方发达国家经过长达几十年的技术积累，毫无疑问在关键信息网络技术领域具有绝对的话语权，相关的网络运营商在相关市场内处也处于垄断地位。③ 在利益的驱使下，这些具有市场力量的网络运营商在与我国进行贸易时可能会滥用其市场力量，这也将威胁我国的网络安全。为此，政府对于滥用市场力量的西方网络运营商应依职权开展反垄断审查工作。例

---

① 《关键信息基础安全保护条例（征求）意见稿》第九条。

② 赵帅、廖根为：《论我国关键信息基础设施的保障对策》，载《犯罪研究》2016年第4期。

③ 《关键基础设施安全与风险控制》，载搜狐网：https://www.sohu.com/a/250511003_761933。

如，对于拒绝向我国提供影响网络安全的关键信息基础设施产品的垄断行为，政府应依职权启动反垄断调查，以保障我国的信息网络安全。

2. 注重网络安全治理人才队伍建设

专业人才是网络安全治理政策得以落地实施的根本，任何与网络安全治理有关的措施都需要人去执行，离开专业人才队伍谈网络安全治理不具有现实意义。

（1）引导高校进行课程改革

随着信息网络的快速发展，相关产业的迅速成长，信息网络就业市场上对于网络人才的需求也逐年增加，与信息网络密切相关的电子信息类专业也成为当下最热门的专业之一。① 为了满足劳动力市场对于信息网络人才的需求，壮大信息网络人才储备，政府应逐步引导高校进行改革，指导高校整合各方资源开设更多与信息网络有关的专业，加强对信息网络复合型人才的培养。例如，我国高校同时开设的法学专业与信息网络专业不在少数，但是真正打破二者之间的学科壁垒开展交叉学科教学和科研的高校屈指可数。在政府依法治网的时代背景下，这种固守学科属地的教育模式难以提供政府网络安全治理所需要的人才。因此，只有破除学科之间的壁垒，制定复合性学生培养方案，才能培养更多既懂技术原理又懂网络安全法的复合性人才。

（2）推进执法队伍建设

法律需要依靠人去执行，执法队伍的专业化水平影响着政府依法治网的效果，但目前我国网络安全治理队伍建设水平还需进一步提高。首先，由于我国信息网络的发展时间相对较短，信息网络技术的普及程度还较低，间接影响了执法队伍的专业化程度，有相当一部分的执法人员此前并未接触过信息网络的有关内容。其次，我国高校的人才培养体系与网络安全治理的现实诉求存在一定的距离，这导致了执法队伍综合性不够，执法队伍里懂技术原理的与懂法律的往往不是同一批人。最后，鉴于发展较晚的原因，政府执法人员的网络安全治理的经验不够丰富，影响了我国网络安全治理法治队伍的建设步伐。因此，政府在网络安全治理法治人才队伍建设方面应综合运用各种措施，有效提升执法队伍的专业化。第一，对于执法队伍工作人员在工作中遇到的普遍困难，有

---

① 《2019 年中国大学生就业报告，看看毕业都去了哪》，载搜狐网：https：//www.sohu.com/a/337364897_100014885。

关部门应进行定期的业务培训，从而有针对性地提高执法人员的专业技能；第二，政府可会同高校优化信息网络人才培养方案，加强复合型人才培养；第三，在网络安全人才方面，政府还可以探索建立完备的各类网络安全治理人才库、专家库制度，充分发挥信息网络专家在网络安全治理中的作用。

3. 强化网络安全监管

政府作为网络安全治理的领导力量、国家网络安全战略的施行者、依法治网执行者，为保障网络安全，在确立起网络安全监管主体的前提下，要切实担负起网络安全监管的职责。政府在依法治网的背景下，必须主要维护好国家利益，网络运营者利益和个人网络用户的利益，不得滥用职权损害各网络参与主体的利益。

（1）保护国家利益

国家利益高于一切。政府无论是在网络治理的国际合作交流时还是在国内网络治理中，都应当时刻注意对国家利益的保护，只有国家利益得到保障，政府才能更有效地开展网络安全治理工作。在国际网络安全治理层面，政府要积极参与国际间网络安全治理工作，增强国际网络治理中的话语权，争取良好的外部环境，这对于我国的网络安全治理工作具有重要意义。① 此外，无论是向境外采购关键信息网络产品还是向境外提供敏感信息的行为，政府有关部门都应当尽到国家安全审查义务，防止国家利益受损。② 在网络安全治理的国内层面，当国家利益与网络运营商或个人网络用户的利益发生冲突时，应秉持国家利益优先的原则，同时最大限度保障其他网络参与者的利益。例如，政府有关部门对个人网络用户进行网络安全审查时，势必将造成国家利益与个人利益相冲突，但此时个人网络用户须积极配合调查，国家有关部门对在网络安全治理中掌握的个人隐私采取保密措施。③

（2）维护网络运营者利益

在市场经济下，网络运营商推动了网络市场的繁荣与发展，政府在网络安全治理中依法保护网络运营商的合法利益有利于坚定其网络运营热情，共同构建良好的网络生态环境。例如，对于侵犯网络运营商知识产权的侵权行为，政

① 刘勃然：《21 世纪初美国网络安全战略探析》，吉林大学博士论文，2013 年。

② 《网络产品和服务安全审查办法（试行）》第二条、第九条、第十条；《网络安全法》第三十七条。

③ 《网络安全法》第三十七条；《通信网络安全防护管理办法》第二十一条。

府应综合运用各种措施保障其合法权益;① 对于国外网络运营者滥用市场支配地位等垄断行为，政府也应依职权进行规制，以恢复相关市场的竞争，维护我国网络运营者的竞争利益；对于造成严重后果的网络入侵行为，政府应联合有关部门对其进行依法打击。

（3）捍卫网络用户的利益

政府依法保障个人网络用户的利益符合人权保障的要求。首先，网络安全治理有序进行离不开个人网络用户与政府的良性互动，政府在网络安全治理中收集到的个人信息进行保密处理符合对个人隐私权的保护。其次，政府采取多举措保障个人用户在信息网络环境下活动符合第三代人权中通信权的要求。最后，目前世界范围内正迎来第四代人权。第四代人权提出了数字人权的概念，数字人权的提出更加强调个人网络用户在信息网络空间下的权益,② 因此捍卫个人网络用户的利益，符合新时代人权发展趋势。综上，政府在依法进行网络安全治理的同时应注重对个人网络用户利益的保护，努力构建和谐的网络生态。

4. 构建关键信息基础设施强制性标准体系

关键信息基础设施对于网络空间的运行有着决定性作用。一方面，关键信息基础设施的概念较为宽泛，覆盖面较大，因此将关键信息基础设施控制在合理的范围内，可以让政府有关部门集中精力去治理一些相对复杂的网络安全事件。③ 另一方面，为杜绝网络运营商提供的不符合强制性标准的网络产品和服务导致的网络安全事故的情形发生，同样要求设立一套标准体系，从而引导网络产品市场健康有序发展。

（1）强制标准的构建方式

鉴于我国网络监管仍以政府为主体的基本国情，政府也就顺理成章地成为关键信息基础设施标准的制定者。政府在标准的制定时需要注意以下几点：第一，标准的制定应立足于保护国家利益与国家安全，此点毋庸多言；第二，标准应当进行审慎动态调整。信息网络时代事物的变化速度比之前任何时代都要快，并且在不同阶段国家的重心也会发生动态的变迁，这就要求政府对于标准

① 尹建国：《美国网络信息安全治理机制及其对我国至启示》，载《法商研究》2013年第2期。

② 张文显：《新时代的人权法理》，载《人权》2019年第3期。

③ 《网络安全法》第二十二条。

应当适时调整，以适应国家战略的要求；① 第三，标准的构建应适当反映网络运营者的诉求。关键信息基础设施具有较强的技术性，实现关键基础设施安全可控需要网络运营者的支持。② 政府在构建标准的时候应当考虑到我国网络运营者的实际情况，从而让标准成为推动网络市场的重要因素。

（2）确保强制标准的执行

依据《网络安全法》以及《网络关键设备和网络安全专用产品目录（第一批）》等有关法律法规，对于关键信息基础设施强制性标准的执行，以下几点需要予以明确：首先，关键信息基础设施强制性标准检测机构包括国家认证认可监督管理委员会、工业和信息化部、公安部、国家互联网信息办公室，各机构在各自领域内开展检测工作；其次，未通过强制性标准检测的网络关键设备或产品不得进行销售；最后，对于新技术新应用暂无明确标准的情况下，当后期监管过程中发现的网络安全隐患的，相关服务提供者应当依据有关部门要求进行整改，直至符合国家强制性标准。

在网络安全治理的层化分权模式下，政府作为网络安全治理工作中坚力量肩负保障网络安全的重任，这将挑战政府的综合调动各类战略资源保护国家网络安全的能力。网络安全工作的顺利开展，有赖于政府在宏观、中观以及微观三个层次上的精准定位。宏观指引将保证网络安全治理工作不偏离既定的道路，中观定位能让政府不同部门之间保持分工合作，不同领域内的治理有序推进，找准微观角色可以使政府能在具体的网络安全治理中找准工作重心。

三、网络安全治理中监管机制的路径优化

（一）完善网络安全立法

1. 立法概况

《网络安全法》是我国网络安全治理领域的基本法，构建了网络安全治理的基本框架，但是相关规定都较为简略，给网络安全管理和执法带来了不便。

---

① 陈越峰：《关键信息基础设施保护的合作治理》，载《法学研究》2018 年第 6 期。

② 刘金瑞：《我国网络关键基础设施立法的基本思路和制度构建》，载《环球法律评论》2016 年第 5 期。

自《网络安全法》公布实施以来，国家互联网信息办公室等部门出台了一系列配套行政规范性文件及草案，对相关制度予以细化。笔者对主要的配套文件进行了梳理，如表 4-1 所示。

表 4-1　**《网络安全法》配套行政规范性文件**

文件名称	发布机构	效力状态
《关键信息基础设施安全保护条例（征求意见稿）》	国家互联网信息办公室	2017 年 7 月 11 日发布，未生效
《信息安全技术 网络安全等级保护定级指南（征求意见稿）》	全国信息安全标准化技术委员会	2018 年 1 月 19 日发布，未生效
《网络安全等级保护条例（征求意见稿）》	公安部	2018 年 6 月 27 日发布，未生效
《网络关键设备和网络安全专用产品相关国家标准要求（征求意见稿）》	全国信息安全标准化技术委员会	2019 年 5 月 16 日发布，未生效
《网络安全审查办法（征求意见稿）》	国家互联网信息办公室	2019 年 5 月 21 日发布，未生效
《个人信息出境安全评估办法（征求意见稿）》	国家互联网信息办公室	2019 年 6 月 13 日发布，未生效
《网络安全漏洞管理规定（征求意见稿）》	工业和信息化部	2019 年 6 月 18 日发布，未生效
《关于促进网络安全产业发展的指导意见（征求意见稿）》	工业和信息化部	2019 年 9 月 27 日发布，未生效
《网络安全威胁信息发布管理办法（征求意见稿）》	国家互联网信息办公室	2019 年 11 月 20 日发布，未生效
《国家网络安全事件应急预案》	中央网络安全和信息化领导小组办公室	2017 年 1 月 10 日生效
《网络产品和服务安全审查办法（试行）》	国家互联网信息办公室	2017 年 6 月 1 日生效
《网络关键设备和网络安全专用产品目录（第一批）》	工业和信息化部等四部门	2017 年 6 月 1 日生效

续表

文件名称	发布机构	效力状态
《互联网信息内容管理行政执法程序规定》	国家互联网信息办公室	2017年6月1日生效
《互联新闻信息服务管理规定》	国家互联网信息办公室	2017年6月1日生效
《互联网新闻信息服务许可管理实施细则》	国家互联网信息办公室	2017年6月1日生效
《工业控制系统信息安全事件应急管理工作指南》	工业和信息化部	2017年7月1日生效
《工业控制系统信息安全防护能力评估工作管理办法》	工业和信息化部	2017年9月1日生效
《互联网跟帖评论服务管理规定》	国家互联网信息办公室	2017年10月1日生效
《互联网论坛社区服务管理规定》	国家互联网信息办公室	2017年10月1日生效
《互联网群组信息服务管理规定》	国家互联网信息办公室	2017年10月8日生效
《互联网用户公众账号信息服务管理规定》	国家互联网信息办公室	2017年10月8日生效
《互联网新闻信息服务新技术新应用安全评估管理规定》	国家互联网信息办公室	2017年12月1日生效
《互联网新闻信息服务单位内容管理从业人员管理办法》	国家互联网信息办公室	2017年12月1日生效
《档案行业网络与信息安全信息通报工作规范》	国家档案局	2017年12月15日生效
《公共互联网网络安全突发事件应急预案》	工业和信息化部	2017年11月14日生效
《公共互联网网络安全威胁监测与处置办法》	工业和信息化部	2018年1月1日生效
《微博客信息服务管理规定》	国家互联网信息办公室	2018年3月20日生效

续表

文件名称	发布机构	效力状态
《网络安全等级保护测评机构管理办法》	公安部	2018年3月23日生效
《互联网个人信息安全保护指南》	公安部	2019年4月10日生效
《全国信息安全标准化技术委员会标准〈网络安全标准实践指南〉管理办法（暂行）》	全国信息安全标准化技术委员会	2019年8月21日生效
《儿童个人信息网络保护规定》	国家互联网信息办公室	2019年10月1日生效
《App违法违规收集使用个人信息行为认定方法》	国家互联网信息办公室等四部门	2019年11月28日生效
《信息安全技术 网络安全等级保护基本要求》	全国信息安全标准化技术委员会等四部门	2019年12月1日生效
《网络音视频信息服务管理规定》	国家互联网信息办公室等三部门	2020年1月1日生效
《网上银行系统信息安全通用规范》	中国人民银行	2020年2月5日生效

这些配套行政规范性文件对落实《网络安全法》发挥了重要作用，基本上使得《网络安全法》从光秃秃的“树干”成为了枝繁叶茂的“大树”。但是很多重要的行政规范性文件依然处于立法草案阶段，已出台的文件也存在一些突出的问题。因此，依然需要进一步完善网络安全立法，为网络安全治理提供明确的法律依据和指引。

2. 完善建议

首先，虽然目前已出台了大量的《网络安全法》配套行政规范性文件，但是在许多关键领域依然存在立法缺失的状况。例如《网络安全法》第三章第二节用九个条文规定了关键信息基础设施保护制度，但是对于关键信息基础设施的具体范围、负责关键信息基础设施保护的政府部门及其分工、保护关键信息基础设施的具体方法、运营者向境外提供数据的安全评估问题、运营者采购网络产品和服务时的安全审查问题等，由于缺失法律规定，导致实践中存在着认识不一致、管理与执法混乱的情形。再如个人信息保护问题，《网络安全法》为合法的数据交易留下了空间，但是对于可交易数据的标准、数据共享与个人信息保护之间的界限等，则没有明确的规定。因此，国务院及其职能部门应当加强在网络安全关键领域的立法活动，尽快出台《关键信息基础设施保护条例》《网络安全审查办法》《个人信息出境安全评估办法》等规范性文件，对实践中普遍存在的问题作出回应，规范网络安全行政管理与执法活动。

其次，目前已出台的《网络安全法》配套规范性文件或者草案普遍存在着简单重复上位法规定、规定较为模糊的状况。例如《国家网络安全事件应急预案》第 2. 3 条规定：“中央和国家机关各部门按照职责和权限，负责本部门、本行业网络和信息系统网络安全事件的预防、监测、报告和应急处置工作。”《网络安全等级保护条例（征求意见稿）》第七条规定：“行业主管部门应当组织、指导本行业、本领域落实网络安全等级保护制度。”这里的“按照职责和权限”“本部门”“本行业”“本领域”的语义较为含混，导致实践中“多头管辖”“九龙治水”现象频发。在对已出台规范性文件进行修订或者起草新的规范性文件时，应当尽可能明确行政部门的分工和具体制度的内容。

再次，《网络安全法》及其配套规定赋予了网络安全监管机构较大的执法权力和自由裁量空间，并对网络运营者规定了众多严格的义务，使得监管方和被监管方的权利义务配置处于相对失衡的状态。此方面可以借鉴欧盟的相关规定，例如《欧盟网络和信息系统安全指令》（NIS Directive）为了减轻小微企业的监管负担，促进其发展，特别规定将小微企业排除于网络服务提供者的安全监管义务之外，即使对承担网络安全监管义务的主体，也多为事后监管。

最后，在网络安全立法活动中需要警惕公权力过度干预的倾向。《网络安全法》及其配套规定主要注重强化行政机关的监管行为，忽略了民间力量对维护网络安全的重要意义，虽然也规定了网络运营者与政府合作的内容，但是缺乏相应的激励机制。对此，可以引入责任减免、政策优待等激励机制，鼓励民间力量参与网络安全治理、提升网络安全治理水平。此外，对于用户信息审查等涉及个体言论自由的制度安排，必须坚持“审慎包容”的态度，处理好网络安全与个体自由之间的关系。

（二）健全网络安全监管体制

1. 监管目的

网络安全监管作为一种手段，不能脱离其目的而存在。作为网络安全治理领域的根本法，《网络安全法》第一条规定："为了保障网络安全，维护网络空间主权和国家安全、社会公共利益，保护公民 、法人和其他组织的合法权益，促进经济社会信息化健康发展，制定本法。"因此，网络安全监管的首要目的是保障网络安全，监管机构必须秉持保障网络安全的目的，绝不能以维护国家利益、社会公共利益或私主体的合法权益为由滥用网络安全监管权，否则会导致网络安全监管的泛化，不恰当地干预网络空间自由。维护公益或私益是网络安全监管的次级目的，也就是说，网络安全监管的直接目的为保障网络安全，而保障网络安全的目的才是维护公益或私益。

《网络安全法》第一条规定了立法目的，第二条规定了适用范围，从第三条开始则规定了诸多原则性条款。第三条规定，"国家坚持网络安全与信息化发展并重，遵循积极利用、科学发展、依法管理、确保安全的方针，推进网络基础设施建设和互联互通，鼓励网络技术创新和应用，支持培养网络安全人才，建立健全网络安全保障体系，提高网络安全保护能力"。简而言之，本条规定了坚持网络安全与信息化发展并重的原则，结合本法第一条，可知本法追求的价值既包括维护网络安全，又包括促进信息化发展。对这两个价值的关系有两种理解，一是认为这两种价值齐头并进，同等重要；二是认为维护网络安全仅是一种工具价值，其最终目的还是为了促进信息化发展。但是无论如何，维护网络安全绝不会比促进信息化发展有更重要的价值。所以监管机构在进行监管时，不可一味地强调网络安全，这又可以从两个方面加以解释：一是监管机构肩负着维护网络安全和促进信息化发展的双重使命，不可偏废；二是安全的网络环境是信息化发展的基石，只有维护网络安全，才能为网络活动主体营造良好的发展环境。坚持网络安全与信息化发展并重的原则，作为彰显价值的条款居于诸原则条款的突出位置，最具有优先性，属于管制架构原则基础之基础。①

2. 监管主体

《网络安全法》第八条对网络安全监管主体进行了总体性的规定，即国家网信部门负责统筹协调网络安全工作和相关监督管理工作，国务院电信主管部门、公安部门和其他有关机关依法在各自职责范围内负责网络安全保护和监督

① 龙卫球：《我国网络安全管制的基础、架构与限定问题——兼论我国〈网络安全法〉的正当化基础和适用界限》，载《暨南学报（哲学社会科学版）》2017 年第 5 期。

管理工作。此外，该法其他条款也对监管主体及其相互协调问题作出了规定，如第十四条规定了收到举报的部门的职责，第三十二条规定了关键信息基础设施安全保护部门的职责，第三十五条、第三十七条规定了在特定情形下，国家网信部门应与其他有关部门进行协作。

尽管法律对监管主体之间的分工已有规定，但实践情况并不乐观。2017年底，十二届全国人大常委会审议了《全国人民代表大会常务委员会执法检查组关于检查〈中华人民共和国网络安全法〉〈全国人民代表大会常务委员会关于加强网络信息保护的决定〉实施情况的报告》。① 报告指出：网络安全监管“九龙治水”现象仍然存在，权责不清、各自为战、执法推诿、效率低下等问题尚未有效解决，法律赋予网信部门的统筹协调职能履行不够顺畅。一些地方网络信息安全多头管理问题比较突出，但在发生信息泄露、滥用用户个人信息等信息安全事件后，用户又经常遇到投诉无门、部门之间推诿扯皮的问题。实践中的这些问题主要是由于法律的相关规定不够细致，再加上不同监管部门追求自身的“部门利益”，从而出现了某种程度的“政府失灵”。

网络安全工作涉及的领域众多、地域范围较广、技术性较强，需要很高的协作能力。首先，应当强化网信部门的统筹协调职能，进一步细化工信、公安等部门的职责与分工，在网信、工信、公安等不同部门之间建立密切配合、相互协调的工作机制，从而解决化解网络安全监管中的“九龙治水”、各自为战等问题。其次，由于互联网不存在地域边界，网络安全执法具有跨行政区域的特点，需要建立跨区域网络安全执法协作机制，提高跨区域执法的联动性。此外，还要打破部门利益的壁垒，建立跨部门的网络安全执法信息共享平台，防止对同一事项由多部门分别管辖，并对监管难题协同研究分析，各司其职、互相促进。

在政府监管以外，需要在网络安全领域探索和建立行业组织自主监管和人民群众社会监督机制，通过社会力量来弥补“政府失灵”。具体来说，应当完善公众、企业和社会组织参与网络安全治理的渠道，保障其知情权、表达权和参与权。在保守国家秘密的条件下，让网络安全监管和执法活动公开化，实现

---

① 《全国人民代表大会常务委员会执法检查组关于检查〈中华人民共和国网络安全法〉〈全国人民代表大会常务委员会关于加强网络信息保护的决定〉实施情况的报告》，载中国人大网：npc. gov. cn/zgrdw/npc/zfjc/zfjcelys/2017-12/24/content_2036037. htm，最后访问日期：2020 年 1 月 17 日。

良法善治。

3. 监管方式

监管方式对监管效果有很大的影响，因此，网络安全监管的过程特别要注意两个原则，即法律保留原则和比例原则。

法律保留原则具有宪法原则和行政法原则两个面向。行政法上的法律保留原则是德国行政法学之父奥托·迈耶于19世纪初所提出的。① 法律保留原则作为宪法原则，是指某些事项必须由民意代表机关来制定法律，其他国家机关则无权制定；法律保留之外的事项除了可由民意代表机关制定法律外，其他国家机关也可以制定相关规定。在行政法上，该原则的含义进行了相应的转化，对于法律保留的事项，行政机关必须以法律的明文规定为前提；未经法律规定的，不得为之。② 简而言之，就是“法无授权不可为”。对于网络安全监管机构而言，具体监管权的行使必须以法律的授权为限，并严格遵守行政程序法上的要求。

比例原则同样源于德国，一般认为，比例原则包含三个子原则，即适当性原则、必要性原则和狭义比例原则。③ 适当性原则是指行政行为的手段应当适当，必须有助于实现所追求的目的；必要性原则又称为最小损害原则，是指行政行为造成的损害应当最小化；狭义比例原则是指行政行为所维护或增加的公共利益应当与它造成的损害有适当的比例。④ 比例原则在《网络安全法》第三条所规定的网络安全与信息化发展并重原则中得到了体现。网络安全监管应当坚持比例原则，兼顾网络安全与信息化发展，兼顾公益与私益，尽可能降低监管的负面效应，从而更好实现监管目的。

（三）加强关键信息基础设施保护

纵观世界各国的网络安全治理政策和立法状况，核心部分都是保护涉及国家安全、社会安全和经济安全的关键基础设施，并且保护关键基础设施正常运

---

① ［德］奥托·迈耶著：《德国行政法》，刘飞译，商务印书馆2004年版，第72页以下。

② 杨登峰：《行政法定原则及其法定范围》，载《中国法学》2014年第3期。

③ See Eberhard Grabitz, Der Grundsatz der Verh ltnism igkeit in der Rechtsprechung des Bundesverfassungsgerichts, AüR98, 570 (1973).

④ 刘权：《目的正当性与比例原则的重构》，载《中国法学》2014年第4期。

行所需要的网络信息系统。关键基础设施所面临的安全风险既包括物理方面的风险，如自然灾害、设备故障等，也包括信息网络方面的风险，如电子侵入、网络间谍、网络病毒等。① 《国家安全法》第二十五条采取了“关键基础设施”的表述，而《网络安全法》第三章则采取了“关键信息基础设施”的表述，后者比前者更为精确、具体，因此本书采取后者的表述。

根据《网络安全法》第三十一条第一款的规定，关键信息基础设施是指公共通信和信息服务、能源、交通、水利、金融、公共服务、电子政务等重要行业和领域，以及其他一旦遭到破坏、丧失功能或者数据泄露，可能严重危害国家安全、国计民生、公共利益的信息基础设施。因此，关键信息基础设施中的“关键”一词，是指关系国家安全、国计民生、公共利益。这既凸显了网络安全治理的重点，也排除了普通的信息基础设施，从而可以避免过多的监管阻碍商业发展，也可以避免浪费监管资源，将有限的力量集中到重要领域。

1. 分级保护与重点保护相结合

我国在网络安全治理领域实施“网络安全等级保护”的基本管理制度。2019 年，国家市场监督管理总局与国家标准化管理委员会共同发布了《信息安全技术 网络安全等级保护基本要求》（以下简称《网络安全等级保护基本要求》）。与旧标准相比，新标准主要有两个方面的变化，一是调整了等级保护对象，即从单一的信息系统调整为包括基础信息网络、信息系统、云计算平台等在内的多元调整对象；二是调整了安全要求类别，即将原来各个级别的安全要求分为安全通用要求和安全扩展要求。② 此种调整使得标准的灵活性与针对性更强，针对不同级别的对象，采取差异化的保护措施，实现保护手段和资源的优化配置，从而实现更有效的保护。

《网络安全等级保护基本要求》从低到高详细规定了第一到第四等级保护对象的安全要求，略去了第五级。不同级别的等级保护对象应具备的基本安全保护能力不同，例如第一级安全保护能力应能够防护免受来自个人的、拥有很少资源的威胁源发起的恶意攻击、一般的自然灾难。虽然该规定已较为细致，但是“很少资源”“少量资源”“一般的自然灾难”等表述仍然较为含混，需

---

① 刘金瑞：《我国网络关键基础设施立法的基本思路和制度建构》，载《环球法律评论》2016 年第 5 期。

② 马力、祝国邦、陆磊：《〈网络安全等级保护基本要求〉（GB/T 22239-2019）标准解读》，载《信息网络安全》2019 年第 2 期。

要监管部门和等级保护主体进一步明确其含义，提高等级判定的科学性、准确性。

四个级别的安全要求均包括了通用要求和扩展要求。安全通用要求以普遍性的保护需求为依据，即无论保护对象表现为何种形式，均应根据其保护等级实现相应的要求，既包括安全物理环境、安全通信网络、安全区域边界、安全计算环境这四项技术性要求，还包括安全管理中心、安全管理制度、安全管理机构等十项管理性要求。安全扩展要求以个性化的保护需求为依据，即应当根据安全保护等级以及所应用的特定技术或场景，有选择地实现相应的要求，包括云计算安全扩展要求、移动互联安全扩展要求、物联网安全扩展要求和工业控制系统安全扩展要求。每类安全扩展要求的子要求与安全通用要求保持一致，只是在通用要求的基础上，针对特定情况提出更为特殊、具体的安全控制要求。

网络安全等级保护是网络安全治理的基础防线，在《网络安全等级保护基本要求》已正式实施的背景下，涉及网络安全的政府和社会主体都应予以贯彻落实，构筑网络安全治理的“防火墙”。与此同时，《网络安全法》第三十一条第一款明确规定，对于关键信息基础设施，在网络安全等级保护制度的基础上，实行重点保护。因此，需要处理好关键信息基础设施重点保护与网络安全等级保护制度之间的关系。

网络安全等级保护制度主要是通过规定技术标准、划分保护等级，要求保护主体改进技术水平、管理方式等，增强网络安全防护能力。关键信息基础设施重点保护制度主要是在整体上构建监管者、运营者和第三方共同参与的机制，形成一个保护关键信息基础设施的信息交换、风险判断、问题处置平台。在二者之间的关系方面，等级保护是基础，适用于所有的保护对象，关键信息基础设施由于其特殊性和重要性，应当有更为严格的保护要求。

《网络安全等级保护基本要求》规定了第一到第四级等级保护对象，但《网络安全法》第三十一条仅强调了“重点保护”，《关键信息基础设施安全保护条例（征求意见稿）》也仅是简单重复了《网络安全法》的规定，① 均未明确规定应将“重点保护”列入哪一级等级保护对象。但是鉴于关键信息基础设施的重要性，原则上应当将其保护纳入网络安全等级保护的最高级别，即

① 《关键信息基础设施安全保护条例（征求意见稿）》第六条。

第四级等级保护对象，至少也不应低于第三等级。这有利于等级保护和关键信息基础设施保护制度在《网络安全法》框架下最大程度上实现优势互补、协调发展，有效提升我国网络安全保护水平和能力。①

2. 增强职能部门监管能力

《网络安全法》赋予了网络安全治理相关职能部门在关键信息基础设施保护领域的监管权力与职责，但这些规定较为笼统，需要后续立法加以细化，在补充性立法尚未出台的情况下，各职能部门应当积极履行职责，提高自身监管能力。

根据《网络安全法》，各行业、各领域负责关键信息基础设施保护的部门负责编制并组织实施本部门的安全规划，并指导和监督相关工作。对于关键信息基础设施的抽查检测、应急演练、信息共享、技术支持等工作，国家网信部门应当进行统筹协调。《关键信息基础设施安全保护条例（征求意见稿）》第四条对部门分工进行了细化，即“国家行业主管或监管部门按照国务院规定的职责分工，负责指导和监督本行业、本领域的关键信息基础设施安全保护工作。国家网信部门负责统筹协调关键信息基础设施安全保护工作和相关监督管理工作。国务院公安、国家安全、国家保密行政管理、国家密码管理等部门在各自职责范围内负责相关网络安全保护和监督管理工作。县级以上地方人民政府有关部门按照国家有关规定开展关键信息基础设施安全保护工作”。虽然该条例尚未通过，但仍然对实践具有指导意义，相关部门应按照分工，密切配合，做好关键信息基础设施保护工作。

监管部门还需要不断增强监管人员的职业素养。一是要提高监管人员的职业敏感度，增强他们对关键信息基础设施的认识，使他们能够第一时间意识到关键信息基础设施存在的安全隐患；二是要加强职业技能培训，使得监管人员能够及时、冷静地处理关键信息基础设施突发问题；三是要构建人才培育和引进机制，一方面要培养专业人才，为监管队伍注入新鲜血液，另一方面要建立关键信息基础设施安全保护人才库，引进权威专家，遇到重大网络安全问题时，及时咨询，制定最优解决方案。

在政府职能部门监管以外，还应当探索建立政府与行业之间的协作监管机

① 马民虎、赵光：《等级保护与关键信息基础设施保护的竞合及解决路径》，载《西安交通大学学报（社会科学版）》2018年第4期。

制，发挥民间力量，提高关键信息基础设施保护水平。如在行业协会设置专门的联系人或协调人，一方面代表行业与监管部门就关键信息基础设施保护问题对话，另一方面向行业传达政府的监管要求，增强行业自律。此外，监管部门还可探索与特定企业就关键信息基础设施保护建立“伙伴关系”，及时获取关键信息基础设施相关信息，实现信息共享。

3. 强化关键信息基础设施运营者责任

关键信息基础设施的运营者不但要承担一般网络运营者的义务，① 还要履行《网络安全法》第三章第二节规定的特殊义务，包括以下几个方面：

一是履行特殊安全保护义务。根据《网络安全法》第三十四条的规定，关键信息基础设施的运营者需要履行五项安全保护义务：一是设置专门的安全管理机构和安全管理负责人；二是定期对从业人员进行网络安全教育、培训和考核；三是对重要系统和数据库进行容灾备份；四是制定网络安全事件应急预案并定期演练；五是法律、行政法规规定的其他义务。在特殊安全保护义务的履行和执法中，应当注意区分公共部门和私营部门的关键信息基础设施运营者，因为公共部门的关键信息基础设施被破坏所带来的损害往往更大，所以公共部门的关键信息基础设施一般比私营部门更加重要，二者在监管标准、义务履行等方面都应有所差别。前述特殊安全保护义务仍有细化的空间，对于公共部门应当有更高的技术规范和更严格的监管标准。

二是在采购前进行国家安全审查以及签订安全保密协议。根据《网络安全法》，关键信息基础设施运营者采购网络产品和服务时，应当与产品或服务提供方签订保密协议，若涉及国家安全，还应当进行国家安全审查。但是“网络产品和服务”的范围还有待进一步明确。2017 年国家网信办等五部门出台了《网络关键设备和网络安全专用产品目录（第一批）》，关键信息基础设施的运营者采购的“网络产品和服务”首先应当符合该目录的要求，并且在此基础上符合更严格的安全标准。

三是在境内获取的信息在境内存储。《网络安全法》第三十七条规定：“关键信息基础设施的运营者在中华人民共和国境内运营中收集和产生的个人信息和重要数据应当在境内存储。因业务需要，确需向境外提供的，应当按照国家网信部门会同国务院有关部门制定的办法进行安全评估；法律、行政法规

① 如前述网络安全等级保护制度所要求的安全保护义务。

另有规定的，依照其规定。”关键信息基础设施事关国家安全，往往还会涉及《刑法》第一百一十一条规定的为境外窃取、刺探、收买、非法提供国家秘密、情报罪，因此需要严格限制向境外提供此类信息的行为。虽然该条规定了境内获得的重要数据经安全评估程序才可向境外提供，但“重要数据”一词表述较为含混，若何为“重要”全凭关键信息基础设施的运营者自行衡量会严重威胁国家安全，因此，衡量是否“重要”的权力也应当由国家网信部门会同国务院有关部门决定。简而言之，关键信息基础设施的运营者向境外提供符合该条规定的信息时，一律应上报相关部门，由该部门衡量其是否“重要”，若认为“重要”，再决定是否可以向境外提供。

四是运营者安全年检和报告制度。根据《网络安全法》第三十八条的规定，关键信息基础设施的运营者每年至少应当对自身的安全性和风险进行一次评估，并将评估情况和改进措施报送相关部门。本条在实施中也应当区别对待不同性质的关键信息基础设施运营者，一方面，要结合网络安全等级保护制度，对属于高等级保护对象关键信息基础设施，应当增加监测评估和报告频率；另一方面，也要区分公共部门和私营部门的关键信息基础设施运营者，对公共部门的运营者增加监测评估和报告频率，私营部门运营者的监测评估和报告频率则不应过高，否则会增加其经营成本，阻碍信息化发展。

（四）优化网络信息安全管理

网络信息安全管理是网络安全治理的重中之重。作为网络传输和应用的对象，网络信息天生具有易于传播和扩散的特点，其安全问题自然就成为了网络安全治理的重点和难点。狭义的网络信息安全强调网络信息的不当获取、泄露、修改和破坏等。广义的网络信息安全除包括狭义内容外，还包括网络设备安全，尤其是关键设备，此部分已于前文详述。因此，此处所说的网络信息安全仅指其狭义含义。《网络安全法》第四章建立了极具特色的网络信息安全管理制度。除了保护用户的个人信息之外，还涉及对违法违规信息（禁止信息）的管制。禁止信息管制的目标不是保护个人隐私利益，而是维护国家安全、社会安全、经济安全的需要，这一点更凸显了《网络安全法》的宗旨和价值所在。

1. 用户信息保护制度

《网络安全法》第四十条至第四十五条规定了用户信息保护制度，这部分主要是通过为网络运营者设定用户信息保护义务，为用户设定信息保护权利，禁止不当获取信息等非法活动，对因履行职务而接触信息的行政部门设定保密义务，从而建立了较为全面的信息保护体系。

首先，网络运营者需承担用户信息保护义务。包括严格保密信息并健全信息保护制度，合法收集、使用信息，妥善保管信息这三个方面。网络安全执法部门既要严格执法，对于不履行或不充分履行用户信息保护义务的网络运营者要严惩不贷，同时要注意相关法律规定中的例外情形，如“未经被收集者同意，不得向他人提供个人信息，但经过处理无法识别特定个人且不能复原的除外”。这要求网络安全执法部门提高监管能力，了解个人信息处理涉及的技术因素，准确判断涉案信息是否属于“无法识别特定个人且不能复原”的信息，为合法的数据交易活动留出空间，促进数据产业的发展。

其次，用户享有信息保护权，包括删除权和更正权。用户若发现网络运营者违反法律规定或者双方约定收集、使用其个人信息，可以要求删相关该信息。若发现其个人信息有错误，可以要求进行更正。对于侵害用户个人信息保护权的网络运营者，有关主管部门应当积极履行职责，责令予以改正，根据情节处警告、罚款，甚至责令关闭网站、吊销许可证等行政处罚。

最后，禁止针对网络信息的非法活动。《网络安全法》禁止一般主体非法获取、出售和提供个人信息的行为，同时规定行政部门及其工作人员对因履行职务而接触的个人信息和商业秘密负有保密义务。这与《电子商务法》《外商投资法》《反不正当竞争法》等法律法规的规定保持一致，要求行政部门及其工作人员加强保密意识，防止泄露网络信息，避免损害私主体合法权益甚至国家安全。

2. 禁止信息管制制度

《网络安全法》建立了极具特色的禁止信息管制制度。该制度旨在禁止发布、传播违法违规信息，但是因为涉及对网络信息内容的审查而饱受争议。应当肯定这一制度对维护网络安全、构建良好网络秩序具有积极作用，但应避免对网络信息内容的过度审查，从而损害言论自由。

首先，对于涉及违法犯罪的信息或者其他不合法信息，应当坚决禁止发布、传播。互联网并非法外之地，任何主体都不得利用互联网从事违法活动。网络安全监管部门应建立并扩大“网络警察”队伍，对于从事违法犯罪活动的网站、通信群组、恶意软件或程序等，予以坚决打击和取缔。

其次，网络经营者对于网络信息有监督责任。网络经营者发现用户有设置恶意程序、发布或者传输禁止信息等行为的，应当立即停止提供服务，采取消除等处置措施，防止信息扩散，保存有关记录，并及时向有关主管部门报告。此外，网络运营者还应建立网络信息安全投诉、举报制度，及时处理有关网络信息安全的投诉和举报。

最后，网络安全管理机构拥有监管并采取相应措施的权力。国家网信部门和有关部门依法履行网络信息安全监督管理职责，发现法律法规禁止发布或者传输的信息的，有权要求网络运营者停止传输，采取消除等处置措施，保存有关记录；对来源于我国境外的禁止信息，有权通知有关机构采取技术措施和其他必要措施阻断传播。

因此，网络经营者和网络安全管理机构都有权对用户发布的信息采取删除、停止传播等行为，这是一种非常强大的准司法权力。对于网络信息内容的审查，我国已有相当多的规定，如《微博客信息服务管理规定》《互联网跟帖评论服务管理规定》等，网络经营者和网络安全管理机构在审查网络信息内容时，应当增强自身审查能力，并严格遵守相关审查规定，网络安全管理机构还应当遵守《互联网信息内容管理行政执法程序规定》中的程序性规定，防止不当干涉公民的言论自由。

3. 网络安全信息共享

网络安全治理所涉主体众多，不同主体需要保持信息对称，才能更好地协作共治。因此，要建立和完善网络安全信息共享机制，从而更好地预防和处理网络安全事件。

首先，政府内部要建立网络安全信息共享机制。网信部门、电信部门、公安部门和其他网络安全监管部门应当加强协作交流，密切配合，严厉打击危害网络安全的行为。在具体操作上，网信部门作为网络安全治理的协调机构，可以作为实现信息共享的主要力量，建立政府内部的网络安全信息共享中心。不同部门及时将相关信息上报网信部门，网信部门则及时向其他部门传达相关信息，实现网络安全信息及时、高效共享。

其次，网络经营者之间要建立网络安全信息共享机制。网络经营者是网络信息发布、传输的直接主体，实现信息共享能够显著提高网络安全防护水平，还可以考虑对发布、传输危害网络安全的有害信息的主体实施跨平台封禁。在具体操作上，行业协会可以充当网络经营者之间信息共享的平台。

再次，政府与网络经营者之间要建立网络安全信息共享机制。这是网络安全信息共享最重要的一环，网络经营者获得的一手信息必须能够及时地传达给监管部门，从而实现高效监管；监管部门要将网络安全信息及时传达给相关网络经营者，从而实现高效应对，可以有效提高网络安全监管与处理网络安全事件的能力。应当尽快出台政企之间网络安全信息共享的相关规定，明确共享的信息范围，在保护隐私和商业秘密的同时，激励网络经营者参与网络安全信息共享。

最后，政府、网络经营者与公众之间要建立网络安全信息共享机制。网络安全治理绝不是仅仅依靠监管部门和网络经营者就能实现的，必须依靠广大人民群众的力量，对于非涉密网络安全信息，监管部门和网络经营者应当向公众公开，保障公众的知情权，激励公众参与网络安全治理。

此外，网络安全信息往往涉及秘密、机密内容，需要予以保密，信息共享会增加泄密风险。因此，要协调好网络安全信息共享与信息保密之间的关系，加强监管部门和网络经营者网络安全相关工作人员的保密培训，提高其保密意识和能力，对于违反保密要求的人员应当严肃处理。对于机密网络安全信息的共享，在监管部门以外，应仅限于具有相应安全资质的主体。① 对于涉及商业秘密的网络安全信息，除监管部门内部共享外，不得与其他企业共享，维护市场主体的合法商业利益。

（五）提升监测预警与应急处置能力

我国《网络安全法》第五条规定："国家采取措施，监测、防御、处置来源于中华人民共和国境内外的网络安全风险和威胁，保护关键信息基础设施免受攻击、侵入、干扰和破坏，依法惩治网络违法犯罪活动，维护网络空间安全和秩序。"这宣示了国家在维护网络安全中的立场和角色。第五章则专章规定了网络安全监测预警和应急处置制度，这项制度立足于增强政府维护网络安全的能力，赋予了网络安全监管部门在网络应急事项管理中两项较大的权力，即监测预警权和应急处置权。2017 年 1 月 10 日，中央网信办发布了《国家网络安全事件应急预案》，对该制度进行了细化。但是在具体内容和实施方式等方

① 龙卫球：《我国网络安全管制的基础、架构与限定问题——兼论我国〈网络安全法〉的正当化基础和适用界限》，载《暨南学报（哲学社会科学版）》2017 年第 5 期。

面仍然存在一些问题，需要予以完善。

1. 提供技术支持

网络安全监测预警和应急处置制度的实施效果，很大程度上取决于配套技术的水平和功能，因此，为该制度提供足够的技术支持，是优化网络安全治理的基石。

要探索开发人工智能技术在网络安全监测预警和应急处置中的应用，发挥人工智能技术的优势，快速、全面获取和处理网络安全数据，提升监测预警和应急处置能力；同时也要提升相关工作人员的业务水平，并为工作人员配备专用检查设备，增强监管部门监管能力。对于威胁情报、系统漏洞等安全信息，应当按照重要程度分级上报，并采取二十四小时应急响应，实现安全预警无误报、安全事件高效应急处置。

网络安全监管部门应当建立网络安全档案，提高网络安全事件追踪能力，形成线上线下双重打击机制。一方面，对于利用网络从事犯罪活动的个人或团体，网络安全监管部门应收集其线上活动规律、行动轨迹、身份线索等信息，长期对其进行监控，归纳其惯用技术、历史事件，为打击和反制网络攻击提供线索。与此同时，通过流量检测和大数据技术，对网络安全事件进行相关性分析，对违法者进行线上追踪。另一方面，公安等网络安全监管部门应当根据线上追逐的线索，对违法者进行线下追踪和定位，依照《刑法》《治安管理处罚法》等法律法规严肃处理违法者。

总而言之，通过为网络安全监管提供技术支持，监管机构既要从宏观方面把握网络安全状况的整体态势，又要在微观方面细化监管事项，形成事前、事中、事后的全方位、多层次的网络安全监测预警和应急处置体系，使得网络安全监管可视化。

2. 提升监测预警能力

《网络安全法》建立了网络安全监测预警和信息通报制度，并赋予了监管部门相应的监测预警权。

《国家网络安全事件应急预案》将网络安全事件分为四级，即特别重大、重大、较大和一般网络安全事件。监管部门需要评估网络安全事件的级别，及时报送预警信息，并作出相应的应对措施。具体来说，各级别的网络安全监管机构都应当提高检测预警评估能力，评估内容包括可能的危害程度、影响范围等。对于级别较为模糊的网络安全事件，应当以较高等级应对和报送，防止出现“报喜不报忧”现象，使得某些网络安全事件由于没有得到足够的重视而延误了应急处置。

《网络安全法》规定，各级网络安全监管部门应当建立健全本区域、本行业、本领域的网络安全事件应急预案，并定期组织演练。而实践中，各部门对网络安全事件应急演练重视程度不足，往往流于形式，使得出现网络安全事件时不能及时有效应对。因此，上级监管部门应当对下级部门的组织演练活动进行监督和指导，明确演练内容、频率等细节，协调同级财政部门对演练活动提供经费支持。

此外，还应当加强网络安全监测预警国际合作，积极与其他国家和国际组织进行沟通，分享网络安全监测预警信息，共同制定相关的国际标准，共同提升网络安全监测预警与应急处置能力。

3. 增强应急处置能力

与监测预警制度相配套的便是应急处置机制，主要包括两个方面：

一是网络安全事件应急预案机制。即提前制定周密的网络安全事件应急预案，若发生网络安全事件即可及时启动预案进行应对，以防止监管部门在紧急情况下束手无策，从而及时处理紧急事件，将危害控制在最小范围内。因此，网络安全事件应急预案很大程度上决定了监管部门的应急处置能力，监管部门应结合法律规定与本区域、本行业、本领域的实际情况，充分征求专家意见，制定科学合理、行之有效的应急预案。

《国家网络安全事件应急预案》第2.1条规定：“必要时成立国家网络安全事件应急指挥部，负责特别重大网络安全事件处置的组织指挥和协调。”但是并未明确什么是“必要时”、谁来“成立”、对谁“负责”、如何“指挥和协调”等问题。为了增强应急处置能力，应当明晰应急指挥部的成立方式和条件、权力与职责。在国家网络安全事件应急指挥部以外，地方发生网络安全事件时，也可参照成立相应的应急指挥部，指挥和协调地方网络安全事件的处置。

二是网络安全事故应急处理机制。发生网络安全事件后，监管部门应当按照《突发事件应对法》等有关法律法规的规定进行处理，按照法律规定的权限和程序，采取对网络运营者进行约谈、对特定区域的网络通信进行限制等措施。但是需要注意的是，网络安全监管部门的应急处置权非常强大，相当于一种准司法权力，一旦未把握好尺度，会对信息化发展造成难以弥补的损害。无论是一般监管部门还是省级以上政府相关部门，在有效应对紧急事件的同时，都应当审慎行使权力，坚持网络安全与信息化发展并重的目标。

需要注意的是，网络安全事故很容易与其他突发事件同时发生，为避免突发多重事件时的单个事故应急处理能力下降甚至失灵，需要建立多重突发事件的应急处理协调机制。在制定网络安全事件应急处置相关规范时，应当对此进行专门规定。在实践中，这对部门之间的协调提出了更高的要求，可以通过网络安全事件应急演练来提升部门间的协调工作能力。

（六）加强国际交流与合作

网络空间没有明显的地域界限，一国的网络安全不仅对其国内的政治、经济等方面至关重要，亦牵涉着其他各国乃至世界的发展与稳定。因此，网络安全日益成为了各国交往和合作的重要领域。随着互联网技术的发展，网络软件和应用的国际化趋势愈发明显，跨国收集和传输网络信息、跨国网络犯罪活动、网络战、网络间谍等现象逐渐增多，随之而来的国际范围内网络安全问题也愈发严峻。

我国《网络安全法》第七条总体上规定了在网络安全方面积极开展国际交流合作的原则，即“国家积极开展网络空间治理、网络技术研发和标准制定、打击网络违法犯罪等方面的国际交流与合作，推动构建和平、安全、开放、合作的网络空间，建立多边、民主、透明的网络治理体系”。《国家网络空间安全战略》也提及，中国愿与各国共同维护网络空间和平安全。具体而言，加强网络安全方面的国际交流合作要做到以下几个方面。

首先，互相尊重网络空间主权是开展网络安全国际交流与合作的前提。主权是构成国家的基本要素之一，神圣不得侵犯，而网络空间主权是国家主权在网络空间的延伸。我国政府向来坚持自主管理网络活动、维护我国网络安全，并尊重其他国家自主选择网络治理模式、制定网络安全法律与政策，同时坚决反对网络霸权、利用网络干涉他国内政和其他危害他国国家安全的网络活动。其他国家、国际组织也必须尊重我国网络空间主权，在此前提下开展网络安全交流与合作。

其次，和平利用网络空间是开展网络安全国际交流与合作的基础。《联合国宪章》规定了不得使用或威胁使用武力的原则，各国发展网络技术也应遵循该原则，不得将其用于破坏国际网络安全的领域。遵守联合国关于互联网使用、互联网安全方面的国际公约是中国政府一贯主张的立场，也是作为互联网协议主权国家的应尽责任。①

再次，打击网络违法犯罪是开展网络安全国际交流与合作的重要内容。网络恐怖活动、间谍活动以及其他违法犯罪活动严重扰乱了世界范围内的网络安全秩序，而查处跨国网络犯罪极其困难，我国应与各国加强在打击网络犯罪活动方面的合作，构建良好的国际网络秩序。2001 年，欧盟的 26 个成员国以及美国、加拿大、日本等 30 个国家共同制定了《网络犯罪公约》，成为全世界第一部针对网络犯罪行为所制定的国际公约。但是该公约的适用范围和参与国家都有限，远不能达到国际社会共同打击网络违法犯罪的目的，我国可充分发挥自身国际影响力，推动建立范围更广、合作更深的国际范围内打击网络违法犯罪的平台。

最后，要积极参与国际网络安全治理。近年来，我国开展了中美互联网论坛、中国与新兴国家互联网圆桌会议等多种形式的国际交流，在国际网络安全治理领域达成了许多共识，但依然存在众多分歧。我国应充分发挥联合国安理会常任理事国的地位，支持联合国在国际网络安全治理中发挥主导作用，积极参与国际网络安全规则的制定，参与网络安全国际突发事件处置与司法协助，推动国际网络安全合作与对话，提升我国在相关领域的话语权。通过协同推进国际网络治理，共享网络发展成果，维护国际网络治理新秩序，增进全球人类文明发展，提升网络治理国际化水平。②

网络安全治理涉及面甚广，国务院及其职能部门应当进一步完善《网络安全法》的配套法规体系，避免模糊性、重复性立法，使得网络安全治理有法可依，使得监管部门能够从容应对复杂多变的网络安全问题，在增强监管能力的同时，避免公权力对网络空间的过度干预。监管机构必须坚持网络安全与信息化发展并重，秉持维护网络安全的目的，不能将网络安全监管泛化，在网络安全行政执法中坚持法律保留原则和比例原则。要在不同部门之间建立密切配合、相互协调的工作机制，从而有效解决网络安全监管中的推诿扯皮、各自为战等问题。关键信息基础设施保护是网络安全治理的核心，既要落实新出台的《网络安全等级保护基本要求》，又要处理好重点保护与等级保护制度之间的

① 徐汉明：《我国网络法治的经验与启示》，载《中国法学》2018 年第 3 期。
② 徐汉明：《我国网络法治的经验与启示》，载《中国法学》2018 年第 3 期。

关系，增强职能部门监管能力，强化关键信息基础设施运营者的责任。网络信息安全是网络安全治理的重要环节，既要保护好用户的个人信息，还要坚决管制违法违规信息。在肯定禁止信息管制制度对维护网络安全、构建良好网络秩序的积极作用的同时，应避免对网络信息内容的过度审查，从而损害言论自由。要建立和完善政府间、企业间、公众间以及相互之间的网络安全信息共享机制，实现不同主体之间的信息对称。网络安全监管部门要行使好法律赋予的监测预警权和应急处置权，加强技术支持，提升监测预警和应急处置能力。最后，要加强网络安全国际交流合作，在维护国家网络空间主权的同时，共同建立安全开放的网络空间，维护全球网络安全与世界和平。

由于其网络空间参与主体的多元化，致使网络安全涉及的领域也就十分庞杂，自然网络安全治理也就成为一个复杂的问题。但是，通过对网络安全、网络安全观等相关概念和内涵的探究，对网络安全的基本特质及其价值追求的挖掘，仍然可以察觉出网络安全本身所蕴含的内在逻辑关系。基于网络安全的种种特征及其价值追求为网络安全治理所带来的种种挑战，加之我国特殊的权力结构使得政府当之无愧地成为网络安全治理的中坚力量，其能在多大程度上发挥作用直接决定着网络安全治理的最终效果。鉴于我国互联网起步晚、互联网的空间环境还不成熟，此外网络治理中的监管机制、监管配套措施还存在很多问题，这要求政府对网络安全问题时刻保持敏感性。针对网络空间存在的实际问题与安全隐患，政府应当在最短的时间内形成应对方案，并及时弥补和完善现有监管机制，进而在此基础上实现网络安全监管机制的法治化、科学化与体系化。随着我国依法治国的全面推进、信息网络产业技术的迅速发展，可以预见我国未来的网络安全治理模式将形成体系完整、特色鲜明的中国模式，并为全球领域内的网络安全治理贡献东方智慧。

第五章 行业协会在网络安全治理中的法律地位

在“总体国家安全观”统领下，网络安全是国家安全体系的重要组成部分，网络安全治理也是推进国家治理体系和治理能力现代化的重要环节。2014年2月，习近平总书记在中央网络安全和信息化领导小组第一次会议上的讲话中指出：“没有网络安全就没有国家安全。”① 随着2016年《中华人民共和国网络安全法》的颁布，我国网络安全治理正式纳入法治化轨道，其中第六条明确规定要“形成全社会共同参与促进网络安全的良好环境”，这也意味着网络安全治理模式开始由政府单一治理朝着全社会共同治理转变。2019年10月，十九届四中全会审议通过的《中共中央关于坚持和完善中国特色社会主义制度 推进国家治理体系和治理能力现代化若干重大问题的决定》进一步提出“建立健全网络综合治理体系，加强和创新互联网内容建设，落实互联网企业信息管理主体责任，全面提高网络治理能力，营造清朗的网络空间”。在此背景下，行业协会作为自律管理的社团法人，如何定位其在网络安全治理中的法律地位，如何明晰其参与网络安全治理的法理逻辑和正当性基础，如何看待其参与网络安全治理的现状和问题，以及如何完善其参与网络安全治理的法律制度。这一系列问题都是行业协会参与网络安全治理所无法回避的，也是本章所要重点研究的内容。

---

① 《习近平在中央网络安全和信息化领导小组第一次会议上的讲话》，载《人民日报》2014年2月28日，第1版。

一、行业协会参与网络安全治理的法理逻辑

（一）网络安全由单一治理走向综合治理的治道变革

随着网络信息技术的迅速发展和普及，互联网已经深入政治、经济、社会、文化生活的各个方面，不断地深度融合、相互促进，但互联网是一把“双刃剑”，其所带来的网络安全问题也日益严峻，网络安全治理刻不容缓！第45次《中国互联网络发展状况统计报告》显示，截至2019年底，网络用户遭遇个人信息泄露、网络诈骗、病毒或木马、账号或密码被盗问题比例依然较高；境内被篡改网站数量185573个，较2018年底（7049个）有着显著增长；境内被植入后门的网站数量达到84850个，较2018年底增长259.4%；国家信息安全漏洞共享平台（CNVD）收集整理的信息系统安全漏洞16193个，较2018年增长14%；国家互联网应急中心（CNCERT）接收到网络安全事件报告107801件；全国各级网络举报部门共受理举报13899万件。①

在过去相当长一段时期，我国的网络安全治理模式都是以政府单一治理为主的，从中央到地方，各级政府和部门已经建立起了全方位、垂直化的网络安全政府治理体系。但是，政府单一治理模式在面对网络安全问题的复杂性时也存在诸多弊端，具体而言：

首先，网络的去中心化特征与中心化治理之间的天然冲突。如今，我国网络用户数量与日俱增，网络产品供给不断丰富，网络应用场景也日趋多元。截至2020年3月，我国网民规模达到9.04亿名，互联网普及率达64.5%，域名总数5094万个，网站数量497万个，App数量367万款，应用场景涵盖了基础应用类（即时通信、搜索引擎、网络新闻等）、商务交易类（网络购物、网约车、在线教育等）、网络娱乐类（网络游戏、网络视频、网络直播等）各个

---

① 中国互联网络信息中心：《中国互联网络发展状况统计报告》，载中国互联网网络信息中心：http：//www.cnnic.net.cn/hlwfzyj/ hlwxzbg/hlwtjbg/202004/t20200428_70974.htm，最后访问日期：2020年4月28日。

领域。① 可以说，网络的发展已经呈现出跨时空、跨媒介、跨行业、跨地域的特征，传统的时空、行业和地域界限在网络时代变的模糊不清。由此引发的问题是，以层级管辖、行业管辖和地域管辖为基础构建的政府治理体系，在应对去中心化的网络安全问题时，一旦无法真正有效做到权责明晰、分工协作，极易产生多头政府治理主体之间的权力配置交叉和重复，既可能导致监管重复，也可能出现监管真空。②

其次，安全至上的政府治理理念与网络自由发展目标之间的两难困境。网络安全和网络自由是一体两面的关系，应当辩证地看待，网络安全是网络自由的前提和保障，但过度恪守网络安全之上而牺牲网络自由发展也无异于舍本逐末。对此，习近平总书记强调，“安全和发展是一体之两翼、驱动之双轮。安全是发展的保障，发展是安全的目的”。③ 《网络安全法》第三条也明确规定了“国家坚持网络安全与信息化发展并重”。但是，在政府单一治理模式下，往往奉行安全至上的理念，对网络运行的各个环节进行严格的审查甚至是管制，以牺牲网络自由和效率为代价。在治理手段上，主要是以行政审批、专项整治为主的行政强制手段和以防火墙、舆情监测等为主的技术控制手段，缺乏柔性手段的运用。④ 然而实践表明，仅仅依靠行政强制、技术控制为主的“堵”的治理方式，根本无法堵住所有网络安全漏洞，面对数量庞大且复杂的网络参与者、网络平台，只会使得政府部门疲于应对。当前，我国的网络监管不可谓不严，但正如前文数据统计所显示的，网络安全状况依旧不容乐观。究其原因，一方面是网络技术和行业的固有技术风险使然，另一方面也暴露出政府单一治理所存在的制度性缺陷。

有鉴于此，我国网络安全治理开始由政府单一治理朝着多元主体综合治理的模式转变。2016 年，国家互联网信息办公室发布的《国家网络空间安全战

---

① 中国互联网络信息中心：《中国互联网络发展状况统计报告》，载中国互联网网络信息中心：http：//www. cnnic. net. cn/hlwfzyj/ hlwxzbg/hlwtjbg/202004/t20200428 _ 70974. htm，最后访问日期：2020 年 4 月 28 日。

② 参见尹建国：《我国网络信息的政府治理机制研究》，载《中国法学》2015 年第 1 期。

③ 《习近平在第二届世界互联网大会开幕式上的讲话》，载《人民日报》2015 年 12 月 17 日，第 1 版。

④ 参见王湘军、刘莉：《从边缘走向中坚：互联网行业协会参与网络治理论析》，载《北京行政学院学报》2019 年第 1 期。

略》中提出“加快构建法律规范、行政监管、行业自律、技术保障、公众监督、社会教育相结合的网络治理体系”。①《网络安全法》也明确规定了政府、网络运营者、网络相关行业组织、社会公众在网络安全治理体系中的权力(利)、义务和责任。2018年，习近平总书记在全国网络安全和信息化工作会议上指出，“要提高网络综合治理能力，形成党委领导、政府管理、企业履责、社会监督、网民自律等多主体参与，经济、法律、技术等多种手段相结合的综合治网格局”。② 此外，党的十九大报告和十九届四中全会也相继提出“建立网络综合治理体系”。实际上，当我们使用“治理”一词讨论网络安全问题时，本就蕴涵着多元主体的共同参与和合作。治理是一个上下互动的管理过程，通过合作、协商、伙伴关系、确立认同和共同的目标等方式实施对公共事务的管理，实质在于建立在市场原则、公共利益和认同之上的合作，其权力向度是多元的、相互的，而不是单一的和自上而下的。③ 美国网络法专家劳伦斯·莱希格教授就认为，网络空间治理应在法律、社会准则、市场机制之外充分挖掘网络空间自身技术架构的自我规制特征，其核心在于将网络安全治理视为一个动态多元且上下协作的领域，具有主体多元、行为多样的特征。④ 在我国，也有学者提出了网络安全法的公共治理原则或共同治理原则。⑤ 总而言之，网络安全由单一治理转向综合治理，意味着治理主体上包含“政府—社会—市场”多元化、多层次主体之间的协同、合作，实现网络安全利益攸关者之间的共治共享；治理手段上除了政府“命令—控制”式的行政管理手段，还依赖网络主体自治和行业自律的柔性手段；治理理念上更加重视网络安全和网络自由发展目标之间的平衡。

---

① 《国家网络空间安全战略》，载中华人民共和国国家互联网信息办公室网：http：//www. cac. gov. cn/2016-12/27/c_1120195926. htm，最后访问日期：2020年3月10日。

② 《习近平在全国网络安全和信息化工作会议上的讲话》，载《人民日报》2018年4月22日，第1版。

③ 参见俞可平主编：《治理与善治》，社会科学文献出版社2000年版，第6页。

④ 参见［美］劳伦斯·莱希格著：《代码2.0：网络空间中的法律》，李旭等译，清华大学出版社2009年版。

⑤ 参见赵力：《论网络安全法的基本原则》，载《杭州电子科技大学学报（社会科学版）》2019年第4期；谢永江：《论网络安群发的基本原则》，载《暨南学报（哲学社会科学版）》2018年第6期。

(二) 行业协会的法律属性与网络安全治理的内在契合

一般认为，行业协会是指同行业经济组织或个人基于共同利益依法自愿组成的、实行自律管理的非营利性社团法人。以行业协会为代表的社会中间层主体的产生，突破了“政府—市场”的二元结构框架，能够在一定程度上弥补政府和市场在治理过程中各自固有的缺陷。从法律属性上看，行业协会具有自律性、公共性、中介性等特征,① 这也构成了行业协会有别于政府和市场的治理机制和功能，以下将围绕着行业协会的法律属性和特征分析行业协会与网络安全治理的内在契合。

1. 行业协会的自律性与网络安全治理

自律性（或自治性）是行业协会最本质的特征。② 行业协会的自律性主要表现在以下几个方面:③ (1) 自我约束。即行业协会对协会内部成员的行为进行约束，使之符合法律和行业协会章程、自律规则的规定。(2) 自我规范。即行业协会通过制定行业章程、行业规范、行业标准等自治规则实现对其组织和行为的管理，以维护行业协会及其内部成员的权益。④ (3) 自我管理。即行业协会对组织及其成员之间的公共事务进行自我管理，尽可能排除外部的不当干预。(4) 自我控制。即行业协会规定组织及成员的发展方向和步骤，将组织及成员利益与社会整体利益相协调，自觉将组织及成员利益控制在社会许可的合理限度内。

在网络安全治理中，行业协会的“自律”相对于政府的“他律”有着得天独厚的优势。“自治的治理者和被治理者是同一的”⑤，行业协会的自律权主

---

① 参见王全兴著：《经济法基础理论专题研究》，中国检察出版社 2002 年版，第 525~527、549~551 页。

② 参见黎军：《行业协会的几个基本问题》，载《河北法学》2006 年第 7 期。

③ 参见王保树主编：《经济法原理》，社会科学文献出版社 1999 年版，第 162~163 页。

④ 参见江国华、符迪：《行业协会商会自治规则的性质、效力及其合法性规制》，载《南海法学》2018 年第 2 期。

⑤ 参见苏西刚：《社团自治及其法律界限的基本原理》，载罗豪才主编：《行政法论丛》(第 8 卷)，法律出版社 2005 年版，第 113 页。

要源自组织内部成员的权利让渡,① 行业协会自律规则的制定和实施也是以成员的民主、协商、自愿为基础的。因此，相对于政府基于法律授权的外部治理，行业协会基于成员共同利益和意愿形成的内部自律机制，往往更具有专业性、及时性、针对性和主动性，在自律管理手段上以激励性的柔性措施为主，辅之以自律管理和处分的强制措施，更易为行业协会成员所主动接受和遵守。特别在网络安全治理的语境下，由于网络已经渗透到了各行各业，因而网络安全治理所关乎的不仅仅是互联网行业，还包括其他行业，单纯依靠政府的外部治理机制难以兼顾，从而陷入低效甚至顾此失彼的境地，并且具有被动性。而通过行业协会自律规则对成员从业过程中所涉及的网络安全问题进行约束和规范，促使成员主动遵守网络安全治理的要求，显然更具主动性和效率性。例如，中国互联网协会通过制定《中国互联网行业自律公约》《抵制恶意软件自律公约》《反网络病毒自律公约》《互联网终端安全服务自律公约》等一系列网络安全相关的自律公约，规范互联网从业者在维护网络安全方面的自律义务。

2. 行业协会的公共性与网络安全治理

行业协会作为非营利性的社团法人，其公共性的法律特征体现为以实现和维护公共利益为宗旨。但是，行业协会所维护的公共利益不同于社会公共利益，而主要是一定行业领域内的特殊公共利益，是在一定范围内不特定多数的行业内部成员所享有的共同利益。② 与此同时，行业协会在维护组织和成员共同利益的过程中，也会在一定范围内承担社会责任，使之公共性的场域由行业内部扩展至社会公共领域。③ 事实上，虽然维护行业协会内部成员共同利益是其最根本的目标和宗旨，但这从来不是唯一的、不可动摇的。《社会团体登记管理条例》第四条明确规定社会团体“不得损害国家利益、社会公共利益以及其他组织和公民的合法权益”。除了对于行业协会等社会团体在社会公共利益方面的消极义务规定，一些行业协会还在章程中明确规定了其维护社会公共

---

① 参见鲁篱:《行业协会社会责任与行业自治的冲突与衡平》，载《政法论坛》2008年第2期。

② 参见王全兴著:《经济法基础理论专题研究》，中国检察出版社2002年版，第526页。

③ 参见鲁篱:《行业协会社会责任与行业自治的冲突与衡平》，载《政法论坛》2008年第2期。

利益的积极义务。例如，《中国互联网协会章程》第七条“业务范围”第（八）项即规定互联网协会的业务包括开展互联网公益活动以及互联网行业社会责任建设，引导会员单位增强社会责任，维护行业良好风尚。

公共性是行业协会自律相对于市场主体自律能够在网络安全治理中更加有效发挥作用的前提和基础。如前所述，网络安全综合治理有赖于政府、市场和社会的共同参与，形成“政府监管+行业自律+公众参与”的网络安全综合治理体系，其中政府外部治理属于“他律”范畴，行业协会和市场主体的内部治理属于“自律”范畴。“当前企业、个人和行业都存在自律机制，这是由网络空间技术无限自主特点和行为无限集散特点决定的，如果没有自律，控制和监管将十分被动，成本极高，应付不及，防不胜防。”① 但是，市场主体的逐利性决定了其在网络安全治理中的自律机制存在天然缺陷，根本原因在于网络安全具有一定公共产品的属性。② 市场主体在利益驱动下往往缺乏足够的动力主动参与网络安全治理，反而更青睐网络发展的自由和效率，因而离不开政府监管、行业自律等外部机制的约束。网络安全相关行业协会作为市场主体组成的自律管理组织，不以营利为目的，从而能够有效弥补网络安全治理中的市场失灵。不论是基于成员共同利益抑或社会公共利益的考量，都可以通过行业协会的自律规则和自律管理措施，对行业协会成员从事网络安全相关的行为进行自律约束，促使其主动、自觉地履行维护网络安全的义务。

3. 行业协会的中介性与网络安全治理

前文已述，行业协会的自律性和公共性可以在一定程度上缓解网络安全治理中的政府失灵和市场失灵问题。除此之外，行业协会还可以在治理过程中充当政府和市场之间的媒介，在政府和市场之间发挥连接、沟通和传导作用，此即为行业协会的中介性特征。在政府干预市场过程中，政府和市场关系常常呈现出二元对立的格局，或是政府过分干预市场降低了市场资源配置效率，或是市场试图规避政府监管导致市场秩序的混乱。如何正确处理好政府和市场关系，既是党的十八届四中全会全面深化改革的核心命题，也是十九届四中全会推进国家治理体系和治理能力现代化的题中之义。行业协会作为政府和市场之

---

① 龙卫球、赵精武：《网络安全立法的几个重点问题》，载《中国信息安全》2016 年第 6 期。

② 参见肖莹莹：《网络安全治理：全球公共产品理论的视角》，载《深圳大学学报（人文社会科学版）》2015 年第 1 期。

间的中间层主体，可以在处理政府和市场关系其中发挥重要作用，具体表现为：（1）协调作用。行业协会既是市场主体利益的代表者，又是公共利益的代表者，特别是我国行业协会与市场、政府之间关系一直存在着紧密而又定位不清的现象，反而能够在政府和市场之间起到很好的协调作用，缓和政府和市场之间的紧张、对立关系。（2）补充作用。行业协会直接面向市场主体，相较于政府而言更加了解市场，因而其自律管理可以在相当程度上补充政府管理的漏洞，降低政府管理负担和成本。同样的，行业协会自律规则也可以成为立法的重要补充，具有针对性、时效性、灵活性等特点，更易得到市场主体的规则认同。甚至于一些行业自治规范在立法层面对国家法进行渗透，被立法所吸收，成为国家法的来源。①（3）传导作用。行业协会在政府和市场之间的传导作用体现在两个方面，一是行业协会通过制定自律规则和采取自律措施将法律和公共政策意志传导至市场主体，对市场主体行为进行自律约束；二是行业协会通过参与立法过程代表市场主体进行利益表达，将市场主体的利益诉求反馈至立法中，或者直接对政府干预市场行为提出意见和建议，发挥其社会监督职能。

具体到网络安全治理中，由于网络安全问题的复杂性和专业性，以及所关涉主体的多样性，网信、工信、公安、国安、市场监管等多头政府部门对各行业相关市场主体进行网络安全执法时，难免会出现交叉、重复以及空白之处，进而降低网络安全治理效率，甚至可能陷入“一管就死，一放就乱”的尴尬境地。因而，网络空间安全协会、互联网协会等相关行业协会可以充分发挥其在政府和市场之间的中介作用，协调二者之间的关系，补充网络安全立法和执法的漏洞。通过自律规则推动网络安全立法和政策向市场的渗透，同时代表市场表达利益诉求，有助于更好实现网络安全和网络自由发展之间的目标平衡。

二、行业协会参与网络安全治理的现状考察

（一）行业协会参与网络安全治理的立法现状

当前我国已经步入网络时代，为了适应网络时代对于网络安全治理的迫切

---

① 黎军：《基于法治的自治——行业自治规范的实证研究》，载《法商研究》2006年第4期。

需要，网络安全立法进程明显加快，已经基本构建起以《网络安全法》为基础、以行政法规为主体、以部门规章为支撑的网络安全法律体系，实现了网络安全治理的法治化。行业协会参与网络安全治理也离不开法律制度的支持，需要通过立法明确其在网络安全治理中的权责边界。以下将对行业协会参与网络安全治理的立法现状进行梳理（详见表 5-1），探究其在网络安全治理中的法律地位，检视行业协会参与网络安全治理的立法缺失，从而为相关法律制度完善提供依据。

表 5-1　**行业协会参与网络安全治理的立法现状**

<table>
<tr><th>立法层级</th><th>网络安全相关立法名称</th><th>是否有行业协会参与网络安全治理的规定</th><th>规定内容</th></tr>
<tr><td rowspan="5">法律</td><td rowspan="3">《网络安全法》</td><td rowspan="3">是</td><td>第十一条：网络相关行业组织按照章程，加强行业自律，制定网络安全行为规范，指导会员加强网络安全保护，提高网络安全保护水平，促进行业健康发展。</td></tr>
<tr><td>第十五条：国家支持企业、研究机构、高等学校、网络相关行业组织参与网络安全国家标准、行业标准的制定。</td></tr>
<tr><td>第二十九条：有关行业组织建立健全本行业的网络安全保护规范和协作机制，加强对网络安全风险的分析评估，定期向会员进行风险警示，支持、协助会员应对网络安全风险。</td></tr>
<tr><td>《密码法》</td><td>是</td><td>第三十条：商用密码领域的行业协会等组织依照法律、行政法规及其章程的规定，为商用密码从业单位提供信息、技术、培训等服务，引导和督促商用密码从业单位依法开展商用密码活动，加强行业自律，推动行业诚信建设，促进行业健康发展。</td></tr>
<tr><td>《电子签名法》</td><td>否</td><td></td></tr>
</table>

续表

立法层级	网络安全相关立法名称	是否有行业协会参与网络安全治理的规定	规定内容
行政法规	《互联网信息服务管理办法》	否	
	《互联网上网服务营业场所管理条例》	否	
	《电信条例》	否	
	《计算机信息系统安全保护条例》	否	
	《计算机信息网络国际联网安全保护管理办法》	否	
部门规章	《网络安全审查办法》	否	
	《网络信息内容生态治理规定》	是	第二十六条：鼓励行业组织发挥服务指导和桥梁纽带作用，引导会员单位增强社会责任感，唱响主旋律，弘扬正能量，反对违法信息，防范和抵制不良信息。
			第二十七条：鼓励行业组织建立完善行业自律机制，制定网络信息内容生态治理行业规范和自律公约，建立内容审核标准细则，指导会员单位建立健全服务规范、依法提供网络信息内容服务、接受社会监督。
			第二十八条：鼓励行业组织开展网络信息内容生态治理教育培训和宣传引导工作，提升会员单位、从业人员治理能力，增强全社会共同参与网络信息内容生态治理意识。

续表

立法层级	网络安全相关立法名称	是否有行业协会参与网络安全治理的规定	规定内容
部门规章	《网络安全审查办法》	是	第二十九条：鼓励行业组织推动行业信用评价体系建设，依据章程建立行业评议等评价奖惩机制，加大对会员单位的激励和惩戒力度，强化会员单位的守信意识。
	《儿童个人信息网络保护规定》	是	第六条：鼓励互联网行业组织指导推动网络运营者制定儿童个人信息保护的行业规范、行为准则等，加强行业自律，履行社会责任。
	《区块链信息服务管理规定》	是	第四条：鼓励区块链行业组织加强行业自律，建立健全行业自律制度和行业准则。
	《互联网域名管理办法》	是	第四十四条：鼓励域名服务行业自律管理，鼓励公众监督域名服务。
	《互联网新闻信息服务管理规定》	否	
	《电信和互联网用户个人信息保护规定》	是	第二十一条：鼓励电信和互联网行业协会依法制定有关用户个人信息保护的自律性管理制度，引导会员加强自律管理，提高用户个人信息保护水平。
	《计算机病毒防治管理办法》	否	
	《互联网文化管理暂行规定》	否	
	《证券期货业信息安全保障管理办法》	是	第九条：证券、期货、证券投资基金等行业协会依照本办法的规定，对会员的信息安全工作实行自律管理。

续表

立法层级	网络安全相关立法名称	是否有行业协会参与网络安全治理的规定	规定内容
部门规章	《网络安全漏洞管理规定(征求意见稿)》	否	
	《数据安全管理办法(征求意见稿)》	否	
	《个人信息和重要数据出境安全评估办法(征求意见稿)》	否	
	《关键信息基础设施安全保护条例(征求意见稿)》	是	第十二条：国家鼓励政府部门、运营者、科研机构、网络安全服务机构、行业组织、网络产品和服务提供者开展关键信息基础设施安全合作。
地方性法规、规章	《广东省计算机信息系统安全保护条例》	否	
	《新疆维吾尔自治区网络安全管理条例》	是	第十四条：网络相关行业组织应当加强行业自律，制定网络安全行为规范，指导网络社会组织加强网络安全保护，提高网络安全防护水平，促进行业健康发展。
	《山东省计算机信息系统安全管理办法》	否	
	《杭州市计算机信息网络安全保护管理条例》	否	

（二）行业协会参与网络安全治理的实践现状

1. 网络安全行业协会的类型划分

关于行业协会的分类，从不同角度可以做不同的类型化区分：一是按照行业协会所处的国民经济行业领域进行划分，这也是目前我国行业协会类型化的主要依据；二是按照行业协会的职能可分为综合性行业协会和专业性行业协会；三是按照行业协会的生成路径可分为政府主导型行业协会和市场内生型行业协会，由此也产生了所谓官方、半官方和民间行业协会的划分；四是按照行业协会的地域范围可划分为全国性、区域性和地方性行业协会。① 从我国目前网络安全相关的行业协会来看，既有专门的网络安全行业协会，又有直接关涉网络安全的互联网行业协会；既有全国性的行业协会，也有地方性的行业协会。以下将对我国现有的部分全国性和地方性网络安全行业协会进行归纳（详见表 5-2），同时对其与相关政府主管部门之间的关系进行梳理，有助于对我国网络安全行业协会的发展面貌窥见一斑。

表 5-2 **部分全国性和地方性网络安全相关行业协会**

层级	行业协会名称	业务主管单位
全国性行业协会	中国网络空间安全协会	国家网信办
	中国互联网协会	工信部（拟脱钩）
	中国网络安全产业联盟	中央网络安全和信息化领导小组办公室网络安全协调局
	中国互联网上网服务行业协会	已脱钩
	中国互联网金融协会	中国人民银行
	中国信息产业商会	已脱钩
	中国通信企业协会	已脱钩
	中国通信标准化协会	工信部（拟脱钩）
	中国网络视听节目服务协会	国家广电总局
	中国信息协会	发改委（拟脱钩）

① 参见黎军：《行业协会的几个基本问题》，载《河北法学》2006 年第 7 期。

续表

层级	行业协会名称	业务主管单位
全国性行业协会	中国电子信息行业联合会	工信部（拟脱钩）
	中国移动通信联合会	已脱钩
	中国计算机行业协会	已脱钩
	中国软件行业协会	已脱钩
地方性行业协会	北京市网络空间安全协会	无
	安徽省计算机信息网络安全协会	公安厅
	山西省信息网络安全协会	公安厅
	湖北省信息网络安全协会	公安厅
	辽宁省信息网络安全协会	公安厅
	黑龙江省网络安全和信息化协会	网络安全和信息化领导小组办公室
	上海市信息安全行业协会	经信委
	江苏省信息网络安全协会	公安厅
	浙江省网络空间安全协会	网络安全和信息化领导小组办公室
	浙江省信息安全行业协会	经信委
	海南省网络安全协会	网信办
	山东省信息网络安全协会	公安厅
	广东省网络空间安全协会	经信委
	广东省计算机信息网络安全协会	公安厅
	湖南省信息网络安全协会	公安厅
	广西信息网络安全协会	公安厅
	四川省计算机信息安全行业协会	经信委
	内蒙古网络安全行业协会	公安厅
	重庆市信息安全协会	公安局
	云南信息安全协会	公安厅
	陕西省信息网络安全协会	公安厅
	吉林省信息网络安全协会	公安厅
	宁夏网络与信息安全行业协会	网络安全和信息化领导小组办公室
	新疆维吾尔自治区信息网络安全协会	网络安全和信息化领导小组办公室

2. 网络安全行业协会的自律规则

行业协会自律机制的实现主要通过自律规则和相应的自律管理措施，不同于强制性的法律，自律规则的制定和实施在很大程度上取决于行业协会成员的自愿和认同，具有很强的任意性，其所规定的自律措施往往也是鼓励、倡导等柔性措施。以下将对我国部分全国性网络安全行业协会的自律规则进行梳理（详见表5-3），并对其中是否涉及自律管理或处分措施进行归纳总结。

表5-3 **部分网络安全行业协会自律规则**

发布主体	自律规则名称	是否有自律处分措施
中国网络空间安全协会	《网络空间安全行业自律公约》	否
	《维护网络信息安全倡议书》	否
中国互联网协会	《中国互联网行业自律公约》	是（内部通报，取消公约成员资格）
	《抵制恶意软件自律公约》	是（限期整改，公开谴责）
	《反网络病毒自律公约》	是（内部警示，社会公示）
	《互联网终端软件服务行业自律公约》	是（内部警告，公开谴责）
	《互联网搜索引擎服务自律公约》	是（内部警告，公开谴责）
	《互联网终端安全服务自律公约》	是（内部警告，公开谴责）
	《漏洞信息披露和处置自律公约》	是（内部通报，取消公约签署单位资格）
中国互联网金融协会	《中国互联网金融协会会员自律公约》	是（警告，批评，暂停行使会员权利，除名）
中国网络视听节目服务协会	《网络短视频平台管理规范》	否
黑龙江省网络安全协会	《黑龙江省网络安全协会行业自律公约》	否

续表

发布主体	自律规则名称	是否有自律处分措施
北京网络行业协会	《北京市反计算机病毒行业自律公约》	是（内部通报，取消公约成员资格）
吉林省互联网业联合会	《吉林省互联网业自律公约》	是（内部通报，取消公约成员资格）
山西省互联网协会	《山西省互联网行业自律公约》	是（行业批评、行业谴责、媒体曝光，内部通报，取消公约成员资格）

3. 网络安全行业协会的治理实践

随着网络安全立法的相继出台，行业协会在网络安全治理中的法律地位已经得到确立，在此背景下各网络安全行业协会也积极参与网络安全治理实践，除了制定网络安全行业协会自律规则，还实施了其他网络安全治理活动。以下将以网络空间安全协会为例，梳理其根据《中国网络空间安全协会章程》规定的业务范围所实施的网络安全治理实践措施（详见表 5-4）。

表 5-4 **网络空间安全协会实施的网络安全治理实践**

业务类别	时间	实 践 活 动
制定和实施网络安全行业自律规范、公约	2015 年 2 月	《维护网络信息安全倡议书》
	2016 年 7 月	《网络空间安全行业自律公约》
参与、组织召开会议论坛等网络安全国内和国际交流活动	2016 年 4 月	中俄网络空间发展与安全论坛
	2016 年 7 月	中国网络空间安全（上海）论坛
	2016 年 8 月	第四届中国互联网安全大会
	2016 年 11 月	第二届互联网安全责任论坛
	2016 年 12 月	第七届中国信息安全法律大会
	2017 年 1 月	数据安全与隐私保护高峰论坛
	2017 年 7 月	青少年网络安全专题研讨会
	2017 年 9 月	网络安全技术高峰论坛
	2018 年 7 月	首届公共大数据安全技术大会

续表

业务类别	时间	实践活动
参与、组织召开会议论坛等网络安全国内和国际交流活动	2019 年 6 月	网络空间前沿问题研究系列专题研讨会
	2019 年 7 月	网络安全产业发展座谈会暨网络安全行业风投与融资座谈会
	2019 年 10 月	网络安全产业发展论坛
	2019 年 10 月	协办网络安全技术发展和国际合作论坛
	2019 年 11 月	中欧数据安全和个人信息保护研讨会
参与网络安全法律法规和公共政策制定	2015 年 7 月	组织社会各界征求《中华人民共和国网络安全法（草案）》修改意见。先后开展 9 场线上讨论，5 场线下讨论，征得 140 余位专家近 300 条意见建议
	2016 年 7 月	承办《网络安全法（草案二次审议稿）》研讨会
	2017 年 5 月	组织召开《个人信息和重要数据出境安全评估办法（征求意见稿）》研讨会
	2017 年 7 月	组织召开《关键信息基础设施安全保护条例（征求意见稿）》研讨会
	2018 年	组织业内专家、企业代表就《关键信息基础设施安全保护条例（送审稿）》《网络安全等级保护条例（征求意见稿）》等法律法规研提建议
	2019 年 6 月	组织会员单位对《网络安全审查办法（征求意见稿）》《数据安全管理办法（征求意见稿）》《儿童个人信息网络保护规定（征求意见稿）》研提意见
组织网络安全竞赛	2015 年 5 月	第一届“强网杯”网络安全挑战赛
	2017 年 9 —11 月	指导“2017 年高校网络信息安全管理运维挑战赛”
	2018 年	指导高校网安联赛（X-NUCA2018）、“TCTF 2018”，参与筹备“鹏城杯”网络安全竞赛等
	2019 年 9 月	承办“第五空间”网络安全创新能力大赛

续表

业务类别	时间	实 践 活 动
组织网络安全宣传、教育、培训	2016 年 5 月	协会微信公众号发表第一期《每周网安十事》，开展网上宣传工作
	2016 年 8 月	主办 2016 年教育信息化专题培训班
	2017 年 3 月	首期中网络空间安全协会“网安大讲堂”
	2017 年 4 月	首期中国网络空间安全协会“网安沙龙”
	2017 年 6—9 月	举办“网安中国行（2017）”系列活动
	2018 年 9 月	与吉林省委网信办共同举办两期“2018 吉林省重点领域关键信息基础设施运营单位技术骨干网络安全培训班”
开展网络安全审查、评估等工作	2019 年 1 月	与全国信息安全标准化技术委员会等四家单位成立 App 专项治理工作组，受理 App 违法违规收集使用个人信息的举报，推动 App 违法违规收集使用个人信息评估
编辑协会刊物	2016 年 9 月	《网络与信息安全学报》正式成为网络空间安全协会会刊
组织开展网络安全行业调研	2019 年 5-8 月	前往安天（北京）、恒安嘉新、启明星辰、国家互联网应急中心、奇安信、360 等单位开展网络安全产业调研
	2019 年 7 月	赴浙江网信办、国家计算机网络与信息安全管理中心浙江分中心、浙江省网络空间安全协会、阿里巴巴、蚂蚁金服、阿里云、安恒信息等单位调研
	2019 年 12 月	赴深圳网络空间安全协会、深信服、任子行等 16 家单位就深圳市网络安全行业发展问题进行调研

（三）行业协会参与网络安全治理的问题评析

从前述行业协会参与网络安全治理的现状考察来看，不论是在立法层面还是在实践层面，我国行业协会在网络安全治理中的地位和作用已经愈发得以彰显。一方面，越来越多的网络安全相关法律法规中对行业协会参与网络安全治理、实施行业自律做了规定，明确了行业协会在网络安全治理中的法律地位，为行业协会实施网络安全行业自律提供了法律依据。另一方面，参与网络安全治理的行业协会类型日益多元，既有网络空间安全协会为代表的专业性协会，也有中国互联网协会为代表的网络安全相关行业协会；既有全国性的网络安全行业协会，也有各地方设立的网络安全地方性行业协会。再者，行业协会参与网络安全治理实践也在不断推进，各网络安全行业协会围绕网络安全治理制定了自律规范和公约，对协会成员与网络安全相关的行为进行了自律约束。同时，还积极参与网络安全立法，提出立法建议，表达行业利益诉求，开展网络安全交流、合作、宣传、教育、培训、调研等治理实践活动。但是也要清醒地认识到，我国网络安全治理模式正在由政府单一治理向多元主体综合治理转型，行业协会参与网络安全治理仍处在起步阶段，既受制于行业协会治理的内生缺陷，又面临着行业协会治理的外部障碍，进而制约了行业协会参与网络安全治理的作用发挥。

1. 行业协会参与网络安全治理的法律制度供给不足

虽然在《网络安全法》出台之后，已经改变了我国网络安全法律空白、立法碎片化、立法层级低的弊病，也吸纳了网络安全综合治理的理念，对行业协会在网络安全治理中的法律地位作了相应规定，但总体上我国行业协会参与网络安全治理仍然存在法律制度供给不足的问题，不足以在立法层面为行业协会参与网络安全治理保驾护航。

首先，我国《网络安全法》的立法思路根本上还是以政府主导型的网络安全治理为主的，纵观整部《网络安全法》的条文设计，大体上都是遵循“网络安全相关市场主体义务+网络安全相关政府主体监管职责+法律责任”的制度框架，各级政府以及网信部门、电信主管部门、公安部门等监管职权几乎涵盖了网络安全治理的方方面面，留给行业协会网络安全自律空间十分有限。正如有学者所言：“规范意义上的网络治理，本质是对主体功能范围和相互作用关系的边界划分，核心是权力配置问题，即政府管理、社会调节与网民自治三者的权力关系问题。”但显然，《网络安全法》尚没有能够对政府、市场和社会三方面在网络安全治理中的地位和角色有清晰的定位和明确的权责划分。

其次，在我国网络安全治理法律体系中、行政法规、部门规章和地方性法规、规章占有十分重要的地位，主要是由于网络安全所涉及的行业领域众多，所涉及的政府和市场主体多样，所涉及的网络安全具体内容复杂，仅仅一部《网络安全法》无法覆盖全部内容，因而需要行政法规、部门规章和地方性法规、规章进行细化、补充。但是从以上表 5-1 所统计的网络安全治理立法现状来看，大部分行政法规和部门规章对于行业协会参与网络安全治理的规定呈现立法空白状态，即便是在《网络安全法》出台之后制定的一些网络安全相关部门规章如《数据安全管理办法（征求意见稿）》《网络安全漏洞管理规定（征求意见稿）》等，也未能对此作出立法回应。而且网络安全地方性立法也所见甚少，其中涉及行业协会的规定更是寥寥无几，难以适应网络安全多层次综合治理的需要。由此可见，要真正实现网络安全治理理念的转变，在立法和治理实践中充分重视行业协会的作用仍然任重道远。

最后，即便是《网络安全法》《密码法》以及相关部门规章已经对行业协会参与网络安全治理作出了规定，但从规定内容上看，显得过于原则性和概括性。除了《网络信息内容生态治理规定》中专章规定了行业组织在网络信息内容生态治理中的自律机制，所规定内容相对较为具体化，包括行业自律规则、教育培训和宣传引导、信用评价和惩戒机制等。至于包括《网络安全法》在内的其他法律法规中涉及行业协会的规定往往只有区区一两条，而且基本上都是宣示性或者鼓励性的规定，但对于行业协会在网络安全治理中的自律范围、权责关系、自律措施等缺乏明确规定，立法条文的现实可操作性不强，难以为行业协会参与网络安全治理提供足够的法律依据。更何况，《网络安全法》规定的“网络相关行业组织”所涵盖的范围也不甚明晰，仅仅指代专门的网络安全协会以及互联网行业协会，还是包括互联网行业以外其他经济领域的行业协会，有待进一步澄清。

2. 行业协会参与网络安全治理面临性质错位和角色冲突

行业协会是基于行业成员共同意愿，为行业成员共同利益依法设立的非营利性的社团法人，具有独立的法律地位。① 这是行业协会得以独立自主的行使自律管理职能的法律基础，也是行业协会能够在政府和市场之间发挥连接、协调、传导作用的根本保障。但在我国，行业协会的独立性一直饱受诟病，存在

---

① 《民法典》第五十七条规定：“法人是具有民事权利能力和民事行为能力，依法独立享有民事权利和承担民事义务的组织。”

严重的性质错位问题，行业协会的实际性质和本原性质出现明显偏差，行业协会实际上已经沦为了“二政府”，行政干预色彩浓厚，丧失了社团法人地位的独立性。①

具体而言，我国行业协会从产生之初就是政府自上而下主导和推动的，缺乏市场主体自发的内生性动因。1997 年，国家经贸委印发了《关于选择若干城市进行行业协会试点的方案》（以下简称《方案》）的通知，确定了在上海、广州、厦门、温州四个城市开展行业协会试点工作，由此开启了我国行业协会产生和发展的序幕。《方案》中明确了行业协会的性质是“社会中介组织和自律性行业管理组织”，同时又是“政府的参谋和助手”，其自律管理职能来源于政府或经济主管部门的授权、委托和转移。另外，行业协会与政府之间的“剪不断，理还乱”的关系在《社会团体登记管理条例》（以下简称《条例》）中也可见一斑。《条例》第六条规定民政部门是社会团体登记管理机关，还规定了政府有关部门或政府授权的组织是有关行业社会团体的业务主管单位。由此形成了我国行业协会的双重管理体制，即受到登记管理机关和业务主管单位的双重领导。② 虽然实践中有出于淡化“政社关系”的考虑，使用“业务指导”替代“业务主管”的表述，但只要二者没有实现完全脱钩，那么本质上就无甚区别。《条例》第二十四条和第二十五条还分别规定了登记管理机关和业务主管单位在社团登记、年度检查、业务活动、违法行为查处、社团清算等方面的监管职责。不仅如此，《条例》第二十六条规定社会团体接受捐赠、资助要向业务主管单位报告，专职工作人员的工资福利参照事业单位执行；第二十七条还规定社会团体财务和资产要接受财政部门和审计机关的监督。以上种种规定都表明我国行业协会等社会团体的制度设计具有鲜明的行政化特征。

事实上，除了以上《条例》的明文规定外，业务主管单位对于行业协会的日常管理活动往往还享有潜在的自由裁量权，具体表现在行业协会人事任免、经费来源、职能行使等多个方面。仍以网络安全协会为例，《章程》第六条明确规定受业务主管单位国家网信办和社团登记管理机关民政部的业务指导和监督管理。在人事任免上，《章程》第二十条规定理事长、副理事长、秘书

---

① 参见义海忠、郑艳馨：《对我国行业协会性质错位的思考》，载《河北法学》2008 年第 3 期。

② 参见易继明：《论行业协会市场化改革》，载《法学家》2014 年第 4 期。

长等由理事会选举产生，但也规定如出现超龄任职或延长任期的须报业务主管单位审查并经登记管理机关批准方可。况且在实践中，行业协会的会长或理事长往往也都是由退休后的业务主管单位领导担任，其产生过程甚至也不是通过民主程序，而是由主管单位直接任命。① 在经费来源上，《章程》第三十八条规定网络安全协会的经费来源渠道包括会费、捐赠、政府资助、在核准业务范围内开展活动和提供服务的收入、利息和其他合法收入。可见，作为非营利性社团法人，政府财政资助是行业协会重要的经费来源，也是行业协会能够维持运行的重要保障，但如此一来也就难以真正脱离政府的干预和控制。此外，在职能行使上，《章程》第八条所规定的网络安全协会业务活动仍然存在一些需要经过政府主管部门批准、授权或者委托的事项，例如参与全球网络安全公约、网络空间安全政策和标准制定，组织制定网络安全标准与规范，开展网络安全领域相关审查、检查、认证、测评、职业资格审核、行业奖励评选等工作。

虽然针对行业协会与业务主管单位之间“政社不分”的问题，中共中央办公厅和国务院办公厅早在 2015 年 7 月即印发了《行业协会商会与行政机关脱钩总体方案》，提出要理清政府、市场、社会关系，积极稳妥推进行业协会商会与行政机关脱钩，包括行政机关与行业协会商会之间的机构分离、职能分离、资产财务分离、人员管理分离、党建和外事等事项分离。此后，各级政府和部门相继出台了脱钩改革方案，推动行业协会商会与行政机关脱钩，其中全国性行业协会商会脱钩改革名单共 795 家，截至 2019 年 6 月已经完成脱钩 422 家，拟脱钩 373 家。② 但从表 5-2 不难看出，虽然大部分网络信息领域的行业协会已经或拟实现与业务主管单位的脱钩，无论是全国性还是地方性的专门的网络安全行业协会大多没有与业务主管单位脱钩。

行业协会的性质错位和法律地位独立性的缺失，进而就不可避免地会带来行业协会参与网络安全治理过程中的角色冲突问题。一方面，行业协会的法律性质是非营利性社团法人，是由行业成员（一般是市场主体）出于共同利益自愿组成的，这种共同利益本质上仍然属于“私益”，只不过是超越了个体的私益范畴，因而具有了一定的公共性。行业协会由市场主体产生，为市场主体

---

① 参见易继明：《论行业协会市场化改革》，载《法学家》2014 年第 4 期。

② 数据来源于中国政府网：http：//www. gov. cn/xinwen/2019-06/17/content _ 5400947. htm，最后访问日期：2020 年 5 月 10 日。

服务，同时又对市场主体实行自律管理，其自律权应当是源于市场主体的权利让渡，而非政府的授权。但另一方面，我国行业协会大多与政府业务主管部门之间存在依附关系，其职能与其说是对市场的服务和自律，莫不如说是对政府职能的延伸，使得行业协会对市场主体的自律管理披上了“公权力”的外衣，行业协会与市场主体之间的关系也异化成了管理与被管理的关系。如此一来，行业协会在行业自律过程中就会面临行业共同利益和社会公共利益、行业协会成员意志和业务主管单位意志的冲突，从而陷入两难抉择的尴尬境地，这也是一直以来制约我国行业协会自律机制有效实施的深层次矛盾。当行业协会参与网络安全治理时，角色冲突问题会更加凸显，一方面是网信、公安等业务主管部门对维护网络安全的强烈要求，另一方面又是网络相关市场主体对网络自由发展的利益诉求。虽说网络安全根本上也是符合市场主体共同利益，但对于市场主体而言，首要的必然是对当下个体利益的追逐。因此，如何在效率和安全、自由和秩序之间权衡取舍是行业协会所必须面对的难题。

3. 行业协会参与网络安全治理的协调合作机制缺失

网络安全综合治理的实质是包括政府、市场和社会在内的多元主体共同参与、协调与合作，运用行政强制和行业自律等多种治理手段，充分发挥各个主体的治理优势，从而提升网络安全治理成效。为了实现这一目标，就要求厘清网络安全治理相关政府主体、行业协会等社会主体以及市场主体之间的关系，明确各自在网络安全治理中的权责范围，并在此基础上加强网络安全治理主体间的协调、沟通与合作。可是，审视我国当前网络安全治理可以发现，虽然已经基本构建起了网络安全综合治理体系，但各治理主体相互间的协调合作机制尚未健全，不仅是政府、行业协会与市场主体之间，还包括行业协会相互间的关系有待进一步协调。

首先，在行业协会与政府之间，双重管理体制下的行业协会在人事、经费、业务等各方面都受到业务主管单位的干预和控制，行业协会法律地位的独立性严重缺失，二者之间属于垂直的领导与被领导、管理与被管理的关系。在此背景下，行业协会参与网络安全治理更多的只是在执行政府的意志，分担业务主管单位的网络安全监管职能，因此所谓的行业协会与政府的协调合作机制也就无从谈起了。正如前文已提及的，中国网络空间安全协会作为国内首个网络安全领域全国性、行业性、非营利性的社会组织，应当在网络安全行业自律中发挥先锋作用，与网信、电信、公安等网络安全相关政府监管部门加强协调与合作，共同构建起完善的网络安全治理体系。但由于网络空间安全协会接受业务主管单位国家网信办的业务指导和监督管理，在《章程》所规定的业务活动中存在“经政府主管部门批准、授权、委托”等表述，可见其与政府主管部门在网络安全治理中的关系带有很强的“命令—服从”性质，难称之为建立在法律地位独立性基础上的协调与合作。

其次，在行业协会与市场主体之间，行业协会自律与市场主体自律既有联系又有区别，共通之处在于二者相对于政府的外部强制约束机制而言，都是市场的内部自我约束机制，因而更具主动性，特别是在网络安全治理这种具有很强的专业性、技术性的领域，自律机制能够发挥他律机制所不可替代的作用，但其实施效果很大程度上要取决于市场主体的认同感和自愿性。至于行业协会自律与市场主体自律间的区别，根本上在于行业协会具有社团性、公共性和中介性等特征。相比于以营利为目的、追逐个体利益的市场主体而言，行业协会代表的是协会成员的共同利益并且兼顾社会公共利益，因而其自律机制往往更加有效，可以对市场主体实施行业自律约束，同时还能够在政府和市场之间起到桥梁和纽带作用。因此，行业协会自律和市场主体自律也可以实现互补，而且行业协会自律还能够推动市场主体自律。但在我国，行业协会与市场主体之间的关系，或是呈现松散的状态，缺乏紧密联系。一些行业协会的市场主体参与度不高，会员并未真正行使会员权利或履行会员义务，特别是行业协会话语权往往掌握在大企业手中，中小企业的利益诉求得不到重视，或是呈现出管理和被管理的关系，行业协会充当了“二政府”的角色，与市场主体之间的关系发生了异化。其结果便是，行业协会自律与市场主体自律的协调合作关系没有能够完全建立起来，进而也就无法形成合力。

再次，在网络安全相关行业协会相互之间，由于网络安全所涉及的行业协会众多，既有全国性行业协会，也有地方性行业协会；既有专门的网络安全行业协会，也有其他相关行业协会。这些行业协会共同搭建起了网络安全行业协会治理体系，在网络安全治理中发挥各自的优势和作用，因而协调好网络安全相关行业协会之间的关系，建立行业协会合作机制也显得尤为重要。但从我国目前网络安全相关行业协会的实践情况来看，协调合作机制还有待进一步完善。一方面，就专门的网络安全行业协会而言，全国性的中国网络空间安全协会和各地方性网络安全协会是完全独立的，相互之间并不存在垂直管理关系，并且业务主管单位也各不相同，涉及网信办、经信委、公安厅等多个政府部门，彼此缺乏沟通的渠道，自然也就无法建立起全国性和地方性网络安全协会的协调机制，造成了网络安全行业协会在治理过程中的条块分割局面。饶有意味的是，各地方性网络安全协会却共同建立起了全国信息网络安全协会联盟，作为地方网络安全协会的互动交流平台，目前已经吸纳了 80 多家省市信息网络安全协会成为联盟成员单位，对于加强地方网络安全协会的沟通、协调和合作有着重要意义。

另一方面，专门网络安全协会和其他网络安全相关行业协会在网络安全治理中的关系也有待理顺，后者的业务范围更加广泛，网络安全治理只是其中之一。以中国互联网协会为例，在《中国互联网协会章程》第七条“业务范围”第（二）项即规定了“发挥行业自律作用，维护国家网络与信息安全，保护公民的信息安全”，为此还专门制定了《抵制恶意软件自律公约》《反网络病毒自律公约》《互联网终端安全服务自律公约》《漏洞信息披露和处置自律公约》等一系列与网络安全直接相关的自律规则，其他网络相关行业协会也大体如此。这样一来，也就意味着专门的网络安全行业协会和网络相关行业协会在网络安全行业自律方面存在诸多交叉和重叠之处，不仅是自律范围，还包括会员单位等，从而导致网络相关市场主体可能同时面临多重的行业自律约束，当然也可能出现各行业协会之间相互推诿的现象。特别还要指出的是，网络经济时代各行各业都会面临网络安全问题，不仅是网络行业，还包括其他行业。例如在金融行业，互联网金融在推动金融变革的同时，也加剧了金融业的技术风险，网络安全治理也由此被纳入金融行业协会自律管理范畴。《中国互联网金融协会会员自律公约》第二章“自律管理”第十条即规定会员应强化 IT 基础设施和技术安全保障设施建设，加强网络安全管理和信息系统安全管理。为了维护证券公司信息系统安全，中国证券业协会也制定了《证券公司网上证券信息系统技术指引》和《证券公司外部接入信息系统评估认证规范》等自律规则。如此，也对网络安全相关行业协会的协调机制提出了更高的要求，唯有加强沟通、协调、共享、合作才能实现网络安全自律管理的无缝对接、取长补短。值得一提的是，中国网络空间安全协会已经吸纳了中国互联网协会、上海市信息安全行业协会、浙江省计算机信息系统集成行业协会等相关行业协会作为单位会员，可以成为网络安全相关行业协会协调合作的有益尝试，但还有待于进一步拓展和完善。

最后，互联网具有无国界、无边界的特征，本质在于互联互通，但在这一进程中网络安全问题也在全球范围蔓延。正如习近平总书记所指出的，“网络安全是全球性挑战，没有哪个国家能够置身事外、独善其身，维护网络安全是国际社会的共同责任”。① 《网络安全法》第七条也规定要“推动构建和平、安全、开放、合作的网络空间，建立多边、民主、透明的网络治理体系”。在全球网络安全治理体系中，不仅是政府间加强协调与合作，网络安全相关行业协会也应当积极开展国际交流与合作，参与全球网络安全自律公约、网络空间安全政策和标准制定，提高全国网络安全治理的国际话语权。从表 5-4 可以看出，以中国网络空间安全协会为代表的行业协会已经通过国际会议、论坛等方式开展了网络安全国际交流与合作，但是这种交流与合作多是停留在表面，缺乏深度和广度，对于全球网络安全自律公约、政策和标准制定的参与度和话语权则明显偏低，难以应对全球网络安全问题的挑战。

4. 行业协会参与网络安全治理的自律机制不健全

行业协会能否在网络安全治理中发挥有效作用，关键即在于是否针对网络安全问题建立起了健全的自律机制，而一套健全自律机制至少应当包括自律机构、自律规则和自律措施三个部分。以下将结合前文梳理的行业协会参与网络安全治理的实践现状，围绕自律机构、自律规则和自律措施三个方面对我国行业协会参与网络安全治理的自律机制进行检视，深入挖掘其中存在的问题及根源，以便对我国行业协会的网络安全治理实践作出准确的评判，进而推动后续的制度改进。

首先，在自律机构上，一些行业协会已经设立了专门的自律管理机构，如中国互联网协会即设立了行业自律工作委员会，主要职责包括制定和实施行业自律规范、组织互联网服务自查互查、接受社会公众投诉、倡导网络文明、促进互联网服务诚信体系建设、开展行业自律交流以及互联网服务创优宣传等。应当说，类似行业自律工作委员会等专门自律管理机构的设置，对于行业自律的实施至关重要。但从实际情况看，互联网行业协会自律工作委员会的职责大多是“务虚”的，同时还存在自律工作委员会和网络与信息安全工作委员会、互联网法治工作委员会、个人信息保护工作委员会等其他专门委员会之间的职责重叠甚至冲突的问题。与此同时，包括网络空间安全协会在内的很多行业协

① 《习近平在第二届世界互联网大会开幕式上的讲话》，载《人民日报》2015 年 12 月 17 日，第 1 版。

会尚未设立专门的自律机构，如网络空间安全协会只是设立了 3 个工作委员会和 1 个专业委员会①，容易导致自律管理职能的分散化。

其次，在自律规则上，以网络空间安全协会代表的一些行业协会已经针对网络安全问题专门出台了自律公约、倡议书或管理规范，或是在行业协会会员自律公约中对网络安全行业自律的内容作出规定，为行业协会自律职能的行使奠定了规则基础。但也要看到，仍然有很多网络安全相关行业协会，特别是互联网行业外的其他经济领域行业协会，对网络安全治理的重视和参与程度不够，有关网络安全的行业自律规则处于空白状态。况且，现有的网络安全行业自律规则也主要是宣示性、倡导性的，对签约会员仅具有软约束力，依赖会员的规则认同和自觉遵守，因而实施效果恐难以得到保证。

最后，在自律措施上，虽然各网络安全相关行业协会通过章程和自律规则等形式规定了名目繁多的自律职责，但从内容上看大多不具有实际约束力。从表 5-3 不难发现，虽然行业协会制定的网络安全自律规则越来越多，但很多自律规则中缺乏对规则执行和会员自律处分措施的规定，即使有也多是名誉性的，如内部通报、内部警告、批评、公开谴责等，无法真正对会员起到惩罚和威慑作用。通过对中国网络空间安全协会和互联网协会的官网进行检索，并无显示任何对会员违反自律规则进行公开谴责、取消会员资格等自律处分信息，反倒显示互联网协会开展“中国互联网行业自律贡献奖”的评选信息，可见我国行业协会对会员的自律措施还是以激励性为主的。当然，这与行业协会的法律属性是密切相关的，其并非公权力机关，对会员采取类似政府的强制措施或处罚措施于法无据。正如有学者所指出的，我国行业协会自律职能失效的重要根源就在于行业协会的组织特征决定了其缺乏强有力的制约会员执行自律规则的能力及行动，无法约束会员企业的机会主义行为。②

三、行业协会参与网络安全治理的域外经验

网络安全已经成为一个全球性问题，世界各国在享受网络发展成果的同

① 分别是人才培养教育工作委员会、网络治理与国际合作工作委员会、竞评演练工作委员会以及网络空间安全法律与公共政策专业委员。

② 参见胡辉华、段珍雁：《论我国行业协会自律职能失效的根源》，载《暨南学报（哲学社会科学版）》2012 年第 7 期。

时，也在经受着网络安全问题的威胁与挑战。对此，各国纷纷制定了网络安全相关战略政策和立法，构建起各具特色的网络安全治理体系。例如，俄罗斯更加重视政府在网络安全治理中的主导地位，主要通过联邦安全总局对网络进行治理，无论是出台各项政策法规还是网络安全监督，都由联邦安全总局负责；而美、英、德、日等国则是更加强调包括政府部门、私营部门和社会组织在内的多元主体共同参与网络安全治理，协调各方利益。① 虽然不同国家的网络安全治理模式都有所差异，但总体趋势是越来越重视政府、市场和社会的共同治理，寻求各方协同合作。“他山之石，可以攻玉”，本部分将选取部分具有代表性的国家，对行业协会自律在其网络安全治理中的地位和作用进行考察，汲取有益经验，从而为我国行业协会参与网络安全治理法律制度完善提供借鉴。表 5-5 是对主要国家和地区网络安全治理的国家战略和立法的简单梳理。

表 5-5 **主要国家和地区网络安全治理国家战略和立法**

<table>
<tr><th>国家</th><th>战略</th><th>代表性立法</th></tr>
<tr><td rowspan="5">美国</td><td rowspan="2">2003 年“网络空间安全国家战略”</td><td>1987 年《计算机安全法》</td></tr>
<tr><td>2002 年《联邦信息安全管理法案》</td></tr>
<tr><td rowspan="3">2011 年“网络空间国际战略”</td><td>2012 年《网络安全法案》</td></tr>
<tr><td>2012 年《确保 IT 安全法案》</td></tr>
<tr><td>2015 年《网络信息安全共享法案》</td></tr>
<tr><td rowspan="4">英国</td><td rowspan="4">2011 年“网络安全战略——保护和促进数字世界中的英国”</td><td>2003 年《通信法》</td></tr>
<tr><td>2010 年《数字经济法》</td></tr>
<tr><td>2012 年《通信数据法草案》</td></tr>
<tr><td>2014 年《数据保留和调查权法案》</td></tr>
<tr><td rowspan="3">日本</td><td>2013 年“网络安全战略”</td><td rowspan="2">2001 年《信息技术（IT）基本法》</td></tr>
<tr><td>2015 年“网络安全战略”</td></tr>
<tr><td>2018 年“网络安全战略”</td><td>2014 年《网络安全基本法》</td></tr>
<tr><td>韩国</td><td>2019 年“国家网络安全战略”</td><td>2016 年《国家网络安全基本法案》</td></tr>
</table>

① 黄炜等：《网络信息安全治理研究进展：基于国内外法治现状》，载《情报杂志》2020 年第 4 期。

续表

国家	战略	代表性立法
欧盟	2013 年“欧盟网络安全战略：开放、可靠、安全的网络空间”	2009 年《关键信息基础设施保护指令》
		2016 年《网络与信息系统安全指令》
		2016 年《一般数据保护条例》
		2019 年《欧盟网络安全法案》
德国	2011 年“德国网络安全战略”	1997 年《多媒体法》
		2004 年《电信法》
		2009 年《联邦数据保护法》
		2014 年《信息技术安全法案》
俄罗斯	2016 年“俄罗斯联邦信息安全学说”	2017 年《关键信息基础设施安全法》
		2017 年《信息、信息技术和信息保护法》

（一）美国网络安全治理中的行业自律——以美国在线隐私联盟为例

美国是世界范围内网络安全立法最为全面系统的国家，同样也建立了十分完备的网络安全治理体系。但是，由于美国长期存在着政府网络监管与“宪法第一修正案”中的言论自由和新闻自由之间的冲突，政府监管一直饱受诟病和抵触，这就为行业协会和市场主体自律留下了广阔的空间。正如美国互联网协会在其网站中所声明的：“互联网行业的成功根植于其自愿和自治结构，互联网行协会赞同利益攸关者治理模式，致力于保持互联网免受政府控制的努力。”① 美国网络安全治理中的行业自律规范和实践早已有之，1992 年美国计算机协会（ACM）在其制定的《伦理与职业行为准则》（*ACM Code of Ethics and Professional Conduct*）中提出的八条基本伦理准则就含有避免伤害他人、尊重隐私、保守机密信息等网络安全相关的自律规范。② 在美国网络隐私权保护

① 美国互联网协会网站，https：//internetassociation. org/positions/global-internet-governance/，最后访问日期：2020 年 5 月 26 日。

② 美国计算机协会网站，https：//www. acm. org/code-of-ethics，最后访问日期：2020 年 5 月 26 日。

中行业自律的主导性作用体现得尤为明显，其中典型代表即美国在线隐私联盟（Online Privacy Alliance，OPA）。OPA 的会员涵盖了苹果、AT&T、微软、亚马逊等互联网行业巨头，也包括竞争性技术协会（Association for Competitive Technology）、商务软件联盟（Business Software Alliance）、全美广告业者协会（Association of National Advertisers）、美国信息技术协会（Information Technology Association of America）、互联网联盟（Internet Alliance）、在线出版商协会（Online Publishers Association）等行业组织。OPA 的宗旨在于领导和支持创造信任环境以及促进个人在线、电子商务中的隐私保护的自律举措，具体任务包括：（1）在私营部门中推进有效的在线隐私政策；（2）支持和促进个人隐私保护自律机制的发展；（3）支持法律和监管规则的遵守和执行；（4）支持和促进儿童隐私保护政策和实践的发展；（5）推动企业、非营利组织、政策制定者和消费者广泛参与联盟的自律行动；（6）寻求消费者、企业、学术机构以及其他组织对联盟隐私保护自律行动的支持。① OPA 专门制定了《在线隐私政策指引》（*Guidelines for Online Privacy Policies*），包括数据收集告知、隐私政策披露、数据收集目的、数据收集同意、数据安全、用户的数据访问、问责等内容。② 另外，针对自律监管措施的有效执行，OPA 指出无论是采纳第三方隐私认证方案还是许可方案，自律措施的有效执行都离不开审查和监测（Verification and Monitoring）、消费者投诉解决机制（Consumer Complaint Resolution）、消费者和企业的教育和联动机制。③

（二）英国网络安全治理中的行业自律——以网络观察基金为例

在英国的网络安全治理体系中，除了以通信管理局（OFCOM）、内政部、警察厅等为代表的政府部门监管之外，还包括以网络服务提供商协会（ISPA）、网络观察基金会（IWF）等为代表的行业自律管理。早在 1996 年，为了应对网络儿童色情信息泛滥的问题，在英国贸易工业部（DTI）、内政部

① OPA，http：//www.privacyalliance.org/mission/，最后访问日期：2020 年 5 月 28 日。

② OPA，http：//www.privacyalliance.org/resources/ppguidelines/，最后访问日期：2020 年 5 月 28 日。

③ OPA，http：//www.privacyalliance.org/resources/enforcement/，最后访问日期：2020 年 5 月 28 日。

（Home Office）、伦敦警察厅（Metropolitan Police）等相关政府机构以及一些英国网络服务提供商（ISPs）的共同参与讨论下，网络服务提供商协会（ISPA）、伦敦互联网交流平台（LINX）和网络安全基金（Safety-Net Foundation）起草了《R3 安全网络协议》（R3 Safety Net Agreement），所谓“R3”即指分级（Rating）、举报（Reporting）、责任（Responsibility）。该协议不仅是国际上第一部有关互联网内容监管的行业自律规范，也是英国接受度最高、涵盖面最广的行业自律规范。① 该协议确立了网络安全治理的几项基本原则：（1）互联网不是法外之地原则，对“线上”（on-line）和“线下”（off-line）违法应当一视同仁；（2）保护言论自由而非网络审查原则，该协议无关对于合法信息和言论自由的审查；（3）责任原则，明确网络服务提供商、终端用户和执法机构的在网络安全治理中的责任；（4）自我保护原则，由网络服务提供商采取合理措施对用户和其自身予以保护；（5）设立与管辖原则，凡在英国设立的网络服务提供商必须遵守英国法律和相关标准。

另外，根据该协议第 13 条的规定，还成立了由互联网服务提供商、用户共同组成的专门的行业自律组织——网络观察基金会（IWF）。根据 IWF 网站所显示的，IWF 的成立旨在作为独立的角色接受、评估和追踪公众对于儿童性虐待等网络内容的投诉以及支持网站分级体系的建立，同时还为公众举报网络违法犯罪内容开设了热线服务并与警察部门合作向网络服务提供商发布“删除通知”（takedown notices）以便其删除有关内容。② 为了能够及时有效地删除儿童色情等网络违法犯罪内容，IWF 十分重视与警察部门的合作，IWF 的热线团队定期与警察部门开展交流和共享信息，并为执法机构的调查和起诉提供证据信息。③ 此外 IWF 还和作为英国儿童网络安全理事会（UKCCIS）成员的相关政府主管部门、其他执法机构、各类自律机构、专门机构等建立了广泛的联系。④ 针对网络违法犯罪活动的跨境化特征，IWF 加强了与全球范围的警察等

① 参见黄志雄、刘碧琦：《英国互联网监管：模式、经验与启示》，载《广西社会科学》2016 年第 3 期。

② IWF，https：//www. iwf. org. uk/what-we-do/why-we-exist/our-history，最后访问日期：2020 年 5 月 28 日。

③ 参见邓小兵、刘晓思：《中英网络治理的行业自律比较研究》，载《甘肃政法学院学报》2017 年第 5 期。

④ 参见李丹林、范丹丹：《论英国网络安全保护和内容规制》，载《中国广播》2014 年第 3 期。

政府部门以及其他热线的合作，成为互联网热线国际协会（INHOPE）的创始成员，同时还是国际电信联盟（ITU）儿童在线保护倡议、英联邦网络犯罪倡议（CCI）、英联邦电信联盟组织（CTO）网络安全计划、欧洲金融联盟（EFC）反在线儿童商业性剥削倡议、国际治理论坛（IGF）儿童在线保护动态联盟等国际倡议的参加者。① IWF 自成立以来在英国网络安全治理的行业自律方面发挥了极其重要的作用，在一定程度上奠定了英国独具特色的网络安全自律监管模式。在 1996 年至 2016 年的 20 年间，IWF 的会员数量由 ISPA、LINX 等最初的 4 个创始会员发展到了 130 多个，儿童性虐待等网络色情内容所占比重由 18%下降到了 0.1%以下。② 总而言之，英国互联网监管中重视国家立法和行业规范的共存，且更加偏重行业规范对互联行业的直接规制，使得英国互联网监管在实现监管主体多元化和监管手段多样化的同时，最大限度地保证了监管效果和监管目标的实现。③

（三）德国网络安全治理中的行业自律——“受规制的自我规制”模式

德国网络安全治理体系中重视联邦政府和地方政府、政府部门和行业协会等私营部门之间的分工合作，通过设立国家安全防御中心协调联邦政府和地方政府间的关系，通过设立国家网络安全委员会协调政府各部门及其与私营部门之间的关系。④ 在政府与行业协会的合作治理过程中，产生了德国互联网监管中特殊的“受规制的自我规制”（Regulierte Selbstregulierung）⑤ 监管模式。

---

① IWF，https：//www.iwf.org.uk/what-we-do/how-we-assess-and-remove-content/our-international-collaboration，最后访问日期：2020 年 5 月 28 日。

② IWF，https：//www.iwf.org.uk/what-we-do/why-we-exist/our-history，最后访问日期：2020 年 5 月 28 日。

③ 参见黄志雄、刘碧琦：《英国互联网监管：模式、经验与启示》，载《广西社会科学》2016 年第 3 期。

④ 参见程群、胡延清：《〈德国网络安全战略〉解析》，载《德国研究》2011 年第 3 期。

⑤ “受规制的自我规制”是德国合作规制中的典型代表，可以理解为一种对与公共福祉相关的非国家参与人和国家调控之间的利益协调进行的调整安排。它将国家与社会的行为理性紧密联结，表现为双重层次的套嵌结构，作为受规制的（社会）自我规制，传统的政府规制与社会自我规制在套嵌结构中耦合。参见金健：《德国公私合作规制理论及其对中国的启示》，载《南京政治学院学报》2018 年第 1 期。

“受规制的自我规制”是在2004年颁布的《青少年媒体保护洲际协议》（JMStV）中确立的一种新的监管模式，该监管模式赋予行业自我规制机构对包括网络媒体在内的媒体进行审查监督，同时设立专门的青少年媒体保护委员会（KJM）对自我规制机构进行事前的认可和事中事后的监督。① 目前德国网络传媒行业获得青少年委员会认可的代表性的行业自律组织包括多媒体服务提供商自愿自我规制协会（FSM）、互联网内容分级协会（ICRA）、娱乐软件自我规制机构（USK）等。以FSM为例，该协会成立于1997年，其成员主要是网络服务提供商的行业自律机构，主要负责审查和过滤有关侵犯儿童的网络信息，附带对有关宣传纳粹、仇恨言论和暴力色情等网络内容进行审查和屏蔽。在实施行业自律监管过程中，会参照联邦刑事警察署提供的信息，主动删除和屏蔽被列为违法的网络内容，使这些内容无法进入搜索引擎，从而保证了德国的网络信息安全。②

德国的这种“受规制的自我规制”监管模式，实质是政府与行业协会之间的合作治理。一方面由多媒体服务提供商自愿自我规制协会、互联网内容分级协会等行业协会作为“自愿自我规制机构”对互联网行业实施行业自律，另一方面由青少年媒体保护委员会扮演外部监管者角色，对行业协会的自律行为实施监督。③ 这种监管模式体现了对行业自律优先的尊重，将行业协会作为网络治理的第一道防线，激发了行业内部自我约束的积极性和主动性，分担了政府的监管职责，降低了政府监管的压力和成本，有利于提高网络安全治理效率，同时还兼顾了行业利益和网络自由，避免了政府的直接审查。另外，青少年媒体保护委员会通过事前的认可和事中事后的审查监督机制，对行业协会自律进行外部监督，从而保证行业自律的透明性和有效性，有助于克服其中存在的利益冲突、自律权力滥用等内在缺陷。

① 参见喻文光：《文化市场监管模式研究——以德国为考察中心》，载《环球法律评论》2013年第3期。

② 参见黄志雄、刘碧琦：《德国互联网监管：立法、机构设置及启示》，载《德国研究》2015年第3期。

③ 参见颜晶晶：《传媒法视角下的德国互联网立法》，载《网络法律评论》2012年第2期。

（四）日本网络安全治理中的行业自律——“官民合作”治理模式

日本网络安全治理的一个重要特征就是“官民合作”，通过政府和民间在网络安全系统共建、网络安全信息共享和网络安全资源互育共用实现网络安全合作治理。① 2015 年《日本网络安全战略》中明确提出了网络安全战略的五项基本原则：确保信息自由流通原则、法治原则、开放性原则、自律性原则和多方合作原则。其中，自律性原则要求积极构建和应用自律机制，尊重互联网的自律性，基于每个人的个人行为管理，保障联网的各社会系统实现各自的功能和职责，阻止恶意行为；多方合作原则要求政府、关键基础设施经营者、企业、个人等所有网络空间利益攸关者都应当共享网络安全的愿景，履行各自的责任和义务。② 2014 年《网络安全基本法》第三条也规定国家、地方公共团体、关键基础设施经营者等多元主体应当为实现本法宗旨进行合作、积极应对，进而在第四条至第九条分别规定了国家、地方公共团体、关键基础设施经营者、网络相关经营者、教育研究机构和国民在网络安全治理中的责任和义务。③ 在日本网络安全治理中代表性的行业组织是日本网络安全促进协会（JISPA），该协会是于 2009 年成立的非营利性社会组织，由网络用户、企业和教育机构共同组成，旨在改善网络使用环境。JISPA 的职责包括收集和发布私营部门和地方公共团体关于网络安全治理的信息，提供分享改善网络环境观点的论坛，该论坛旨在赋能青少年充分利用信息通信技术以及成人为青少年健康控制其使用行为，同时支持网络安全自律章程的广泛采纳和发展。④ 同时，JISPA 还与日本内阁府、总务省、文部科学省、经济产业省、警察厅、通信局等政府部门以及国际电信联盟（ITU）等国际组织建立了广泛的合作关系。

---

① 参见程景怡：《日本网络安全官民合作建设研究》，载《情报杂志》2019 年第 12 期。

② 参见韩宁：《日本网络安全战略研究》，时事出版社 2018 年版，第 263~264 页。

③ 日本众议院，http：//www.shugiin.go.jp/internet/itdb_housei.nsf/html/housei/18720141112104.htm，最后访问日期：2020 年 6 月 5 日。

④ JISPA，https：//www.good-net.jp/english/，最后访问日期：2020 年 6 月 5 日。

（五）域外经验对我国行业协会参与网络安全治理的启示

通过对网络安全治理域外经验的考察，可以发现各主要国家在面对网络安全问题的挑战时，大多制定了网络安全战略、相关立法并选取适合的网络安全治理模式，其中既有共通之处也各有差异。但日益重视网络安全治理中的“公私合作”，充分发挥行业协会在网络安全治理中的作用，是一个普遍的趋势。以上经验，对于我国行业协会参与网络安全治理至少有如下几点启示。

首先，国外网络安全行业协会在与政府的关系上，基本上保持了行业协会独立的法律地位，从而保障行业协会能够独立自主地行使自律职能，排除政府的不当干预，避免了与政府和市场之间的关系不明所导致的性质错位和角色冲突等问题。为此，行业协会往往都建立了比较健全的内部治理结构，同时还有着独立于政府的经费来源作为支撑。例如，英国网络观察基金发布的年度财务报告表明，2019 年度的经费收入达到 314 万英镑，经费来源主要包括捐赠、会费、欧盟和结束暴力侵害儿童行为全球基金会的拨款、利息收入等，其中最主要的经费来源是会费收入（占总收入近 80%）。① 从域外实践经验上看，行业协会在网络安全治理体系中大多与政府处于一种建立在相互独立基础上的合作关系。例如，英国网络观察基金与警察部门在网络违法犯罪内容删除和信息共享等方面的合作，日本网络安全治理中的“官民合作”等。而且出于言论自由、新闻自由的考虑，防止政府对网络过多管控，以美国为代表的发达国家赋予了行业协会自律的优先地位。通过政府他律机制和行业自律机制的协调合作，发挥各自的治理优势，有利于提高网络安全治理效率，平衡网络安全和网络自由之间的关系。但也要指出的是，法律地位的独立性并不意味着政府对行业协会是放任自流的，虽然不存在直接的依附和管理关系，但政府还是会采取不同方式对行业协会的自律行为实施外部监督。典型的代表即是德国的“受规制的自我规制”模式，虽然强调多媒体服务提供商自愿自我规执行协议、互联网内容分级协会等行业自我规制机构在行业自律方面的优先地位，但也设立青少年媒体保护委员会通过事先认可和事中事后审查的方式进行外部监督。

---

① IWF Trustees'Report，https：//www. iwf. org. uk/sites/default/files/inline-files/Trustees%20Report% 202018%20-%20Final. pdf，最后访问日期：2020 年 6 月 5 日。

其次，国外网络安全行业协会在与市场的关系上，因其大多不是在政府主导下产生的，而是具有很强的市场自发性，因而企业和组织有着天然的密切联系。如前所述，美国在线隐私联盟的会员除了苹果等互联网巨头，还包括商务软件联盟、全美广告业者协会、美国信息技术协会、互联网联盟、在线出版商协会等网络相关行业协会；英国网络观察基金的会员也是由网络服务提供商协会等行业协会以及全球范围内有影响力的互联网企业所构成。通过网络相关市场主体和行业协会的广泛参与，不仅能够保证有关网络安全的自律规则和措施得到市场主体的认同和自觉遵守，也能够加强网络安全行业协会与其他网络相关行业协会之间的协调合作，对于自律机制的落实意义重大。反观中国网络空间安全协会，其会员基本上已经涵盖了主要的网络安全相关企业，但是所吸纳的行业协会相对较少，可见的作为（常务）理事的只有中国互联网协会、上海市信息安全行业协会和浙江省计算机信息系统集成行业协会，相比于我国众多的网络相关行业协会来说还远远不够。

再次，国外网络安全行业协会有着健全的行业自律机制，除了制定诸如美国计算机协会的《伦理与职业行为准则》、美国在线隐私联盟的《在线隐私政策指引》以及英国《R3 安全网络协议》等自律规则，还创造并实施了一系列行之有效的自律措施，这些自律措施对于完善我国行业协会网络安全治理的自律机制有着积极的借鉴意义。具体而言，域外发达国家赋予了行业协会在网络内容审查方面较大的自律权，以防止政府网络监管与网络言论自由的冲突，例如，英国网络观察基金会、德国多媒体服务提供商自愿自我规制协会对网络儿童色情、虐待、仇恨、暴力等违反犯罪内容的审查，同时还和警察部门等政府执法机构合作，对网络违法犯罪内容进行（通知）删除和屏蔽。行业协会对网络内容的审查相比于政府网络审查而言，具有行业自我审查的特性，更易被市场所支持和认同，可以防止政府网络审查权力的滥用，更好地实现网络安全和自由的平衡。与网络内容审查相适应的，这些行业协会还积极参与推动建立互联网分级制度以及用户投诉机制，例如网络观察基金在网站首页醒目位置设立了网络犯罪内容的投诉通道以及投诉热线，这就为社会公众主动参与网络安全治理提供了简单便捷的渠道，也能够帮助行业协会更加及时、全面地获取网络违法犯罪信息。

最后，国外网络安全行业协会十分注重国际合作，特别是在互联网全球化背景下，网络安全问题也呈现出显著的全球化特征，单一国家的治理在面对来自于境外的网络违法犯罪活动时，受限于管辖权等因素往往难以有效应对，因此网络安全治理的国际合作就显得尤为必要。为此，以英国网络观察基金为典型的网络安全行业协会与互联网热线国际协会、国际电信联盟、欧洲金融联盟、国际治理论坛等国际组织建立起了深入的合作关系，尤其是同互联网热线国际协会的合作有助于及时实现信息的交互和共享，大大提高了跨境网络违法犯罪活动的治理效果。相比之下，我国在政府层面的网络安全治理国际合作不断拓展和深化，但在网络安全行业协会层面的国际合作仍有待加强，现阶段的国际交流与合作更多还是停留在会议、论坛上，无论是广度还是深度与“构建网络空间命运共同体”① 的理念构想还有相当的距离。

四、行业协会参与网络安全治理的制度完善

以《网络安全法》的出台为标志，我国网络安全治理的法治化程度日益提高，网络安全综合治理体系逐渐建立，行业协会在网络安全治理体系中的法律地位也得到了明确。在此背景下，以中国网络空间安全协会为代表的网络安全相关行业协会已经不断设立，全国性和地方性、专业性和一般性行业协会共同构建起了我国网络安全行业协会体系。行业协会在参与网络安全治理过程中，制定了一系列的网络安全自律规则，涵盖了反网络病毒、抵制恶意软件、互联网终端安全、网络漏洞以及个人信息安全等事关网络安全的各个方面。除此之外，还采取会议交流与合作活动、参与网络安全立法和政策制定、开展网络安全宣传教育与培训、实施网络安全审查与评估以及网络安全行业调研等多种措施积极参与网络安全治理实践。可以说，我国行业协会在网络安全治理中的参与度在不断增强，在推动网络安全治理方面正在发挥积极的作用。但是正如前文已经阐明的，我国行业协会参与网络安全治理尚面临着法律制度供给不足、性质错位和角色冲突、协调合作机制缺失、自律机制不健全等内生缺陷和外部障碍。针对以上问题，结合域外先进经验，本部分将尝试提出行业协会参与网络安全治理法律制度完善的建议。

① 该理念由习近平总书记于2015年第二届世界互联网大会的开幕式主旨演讲中首次提出。

（一）完善行业协会参与网络安全治理的立法

虽然《网络安全法》以及相关网络安全法规规章已经对行业协会参与网络安全治理作出了相应的规定，但还是存在不足之处，难以为行业协会参与网络安全治理提供充分的法律保障，有待进一步完善。具体而言，行业协会参与网络安全治理的立法完善可以解构成两个层次：一是完善我国行业协会的立法；二是完善我国行业协会参与网络安全治理的立法。

我国目前有关行业协会的法律依据，主要是《民法典》“总则编”第三章第三节“非营利法人”中关于社会团体法人登记、章程、治理结构的有关规定；《社会团体登记管理条例》对社会团体管辖、成立登记、变更注销、监督管理和罚则的规定；以及其他部门法中对于具体行业协会的规定，如《证券法》第十一章专章规定了证券业协会的性质、章程、职责和治理结构。但是，无论是《民法典》还是《社会团体登记管理条例》所规定的“社会团体”的范围都比较宽泛，按照性质和任务至少可以分为学术性、行业性、专业性和联合性等类型的社会团体，虽然都具有非营利性、社团性和法人性的共同特征，但实际上所处的领域、承担的功能、会员的构成却是大相径庭。就行业协会来说，属于经济性的社会团体，一般是由国民经济行业内的市场主体所共同组成的，其首要任务在于维护本行业的共同利益，为本行业协会会员提供服务，在此基础上开展行业自律管理。可见，行业协会具有天然的市场性，与市场主体有着紧密的联系，所代表的行业共同利益本质上还是属于市场主体私益的范畴，因而并非纯粹意义上的社会公共团体，这与学术性的社会团体有着很大的不同。

因此，对行业协会以及其他不同类型的社会团体进行统一立法，存在不可避免的缺陷，难以体现对不同社会团体的差异化管理，例如《社会团体登记管理条例》对社会团体的双重管理体制、“一业一会”和“一地一会”、人员工资福利、财务资金管理等方面的规定，无法适应行业协会自治的现实需要。更何况，《社会团体登记管理条例》作为行政法规还存在立法层级低的问题，并且对于社会团体的职责也没有明确规定。虽然类似《证券法》对于证券业协会进行专门规定的立法方式，能够对行业协会立法起到一定的补充作用，但这毕竟只是特例，部门法对于特定行业协会的专门规定仍然所见甚少。有鉴于此，越来越多的观点认为应当制定专门的《行业协会法》，对行业协会的性质、法律地位、设立变更终止、治理结构、自律职责、监督管理、法律责任等进行系统性规定。① 当然，也有学者从现实的角度考虑，提出在《社会组织法》统摄下制定《行业协会法》是寻求行业协会法律治理的根本之道，但可由国务院尽快制定《行业协会管理条例》作为一种过渡性安排。② 但无论采取何种立法模式，当务之急都是要确立行业协会独立的社团法人地位，建立健全行业协会法人治理结构，并根据行业协会的特殊性构造其自律职责和措施。

在我国行业协会参与网络安全治理的立法方面，《网络安全法》只是做了原则性规定，还需要通过行政法规、部门规章的具体规定予以配套。现有的法规规章尚不能完全覆盖网络安全治理的各个方面，关于关键信息基础设施安全、数据安全、个人信息、网络安全漏洞管理的规章还未正式颁布，至于互联网内容分级的立法则尚无立法计划，况且已有的立法也并没有充分正视行业协会在网络安全治理中的地位和作用。对此，一方面要健全网络安全相关法规规章体系，弥补立法漏洞，另一方面也要在立法中植入网络安全综合治理的理念，明确行业协会在具体网络安全领域的自律职责。最后，不容忽视的是，网络安全问题所牵涉的不只是互联网行业，还包括“互联网+”的各个行业，例如互联网金融、电子商务等，因而网络安全治理也离不开这些经济领域行业协会的共同参与。但遗憾的是，在“金融+互联网”浪潮下，银行、证券、保险等传统金融行业虽然已经广泛开展线上业务，但在立法层面对网络安全的关注还十分滞后，更遑论金融行业协会参与网络安全治理。值得欣慰的是，证监会颁布的《证券期货业信息安全保障管理办法》已经对此问题有所回应。另外，电商经济时代，电子商务中的网络安全问题也容易凸显，《电子商务法》第三十条规定了电商平台在电商交易中保障网络安全、防范网络违法犯罪、制定网络安全事件应急预案等义务，③ 但第八条有关电子商务行业协会的行业自律规定主要是针对公平竞争的，对于其在网络安全方面的自律职责莫衷一是。以上

---

① 参见义海忠、郑艳馨：《对我国行业协会性质错位的思考》，载《河北法学》2008年第3期；王湘军、刘莉：《从边缘走向中坚：互联网行业协会参与网络治理论析》，载《北京行政学院学报》2019年第1期。

② 参见易继明：《论行业协会市场化改革》，载《法学家》2014年第4期。

③ 《电子商务法》第三十条：电子商务平台经营者应当采取技术措施和其他必要措施保证其网络安全、稳定运行，防范网络违法犯罪活动，有效应对网络安全事件，保障电子商务交易安全。电子商务平台经营者应当制定网络安全事件应急预案，发生网络安全事件时，应当立即启动应急预案，采取相应的补救措施，并向有关主管部门报告。

种种立法缺憾，有待于在“全社会共同参与促进网络安全”的理念指引下，进一步地补充和完善。

（二）推动行业协会法人治理结构的变革

行业协会作为非营利性的社团法人，能够实现行业自律功能的重要前提和保障就是完善的法人治理结构。但在我国政府主导型的行业协会体制下，行业协会受到民政部门和业务主管部门的双重领导和管理，行业协会法律地位独立性缺失，法人治理结构不健全，“行政化”色彩浓厚，从而产生行业协会自律过程中的性质错位和角色冲突问题。因此，行业协会参与网络安全治理的制度完善，必须首先从行业协会自身着手，厘清行业协会与政府的边界，保障行业协会法律地位的独立性，推动行业协会法人治理结构的变革和完善。事实上，早在2013年党的十八届三中全会的《中共中央关于全面深化改革若干重大问题的决定》中就明确提出“正确处理政府和社会关系，加快实施政社分开，推进社会组织明确权责、依法自治、发挥作用”，“限期实现行业协会商会与行政机关真正脱钩”。2015年，中央办公厅和国务院办公厅印发《行业协会商会与行政机关脱钩总体方案》（以下简称《脱钩总体方案》），则是进一步明确了脱钩的总体要求和基本原则、任务和措施、配套政策、组织实施等总体方案。此后，各地相继出台了行业协会商会与行政机关脱钩的地方政策和方案，行业协会商会的改革取得了巨大的进展。但是，网络安全相关行业协会与行政机关脱钩的进程相对滞后，前文表3显示出大部分网络安全行业协会仍然受到网信办、公安厅、经信委的业务主管或指导。而且，即使已经完成脱钩的，如何改革和完善法人治理结构，真正实现独立自主的法人治理，依旧任重道远。针对这些问题，结合行业协会参与网络安全治理的现实需求，将从以下几个方面展开具体分析。

首先，应当适时推进网络安全行业协会与行政机关的脱钩。虽然网络安全行业协会与其他行业协会在职能上存在一定特殊性，但本质上仍是“行业性、非营利性社会组织”①，作为独立的社团法人，实现“政社分开”是大势所趋。针对特殊的行业协会，《脱钩总体方案》也指出“个别承担特殊职能的全

① 《中国网络空间安全协会章程》第二条：本协会是由国内从事网络空间安全相关产业、教育、科研、应用的机构、企业及个人自愿结成的全国性、行业性、非营利性社会组织。

国性行业协会商会，经中央办公厅、国务院办公厅批准，另行制定改革办法”。但网络安全行业协会是否属此范围并不明确，况且即便如此，地方性的网络安全行业协会也应当率先实行脱钩改革。特别是考虑到目前全国性和地方性网络安全行业协会的业务主管机关各不相同，恰对应了网络安全政府监管的“九龙治水”现状，这对于行业协会之间的协调合作也会产生障碍。

其次，行业协会与行政机关的脱钩除了主管、挂靠关系上的名义脱钩，更要实现人、财、物方面的实质脱钩。在人事管理方面，应当禁止业务主管机关向行业协会派驻人员兼职或指导，消除业务主管机关对行业协会人事任免方面的影响和控制，对目前普遍存在的由业务主管机关退休领导担任行业协会领导的现象应逐步纠正，落实《脱钩总体方案》所规定的“鼓励选举企业家担任行业协会商会理事长，探索实行理事长（会长）轮值制，推行秘书长聘任制”。同时，行业协会专职工作人员的人事管理制度、工资和保险福利待遇也要相应变革，改革现行体制下参照事业单位的管理模式，全面推行劳动合同制度；在经费来源方面，应当逐步取消政府财政的直接拨款，可通过政府购买服务、教育培训、职业资格审核、咨询评估等市场化方式扩充行业协会经费来源，辅之以税收优惠等政策支持；在财务和资产管理方面，随着财政拨款的取消，继续对行业协会实施财政监督和审计监督与行业协会的自治性明显相悖，因而除涉及政府购买服务的财政资金使用以及对国有资产占有，行业协会的财务和资产管理、使用、收益、处置等应当由会员（代表）大会进行内部监督。

最后，在脱钩基础上完善全行业协会内部的法人治理结构。正如《脱钩总体方案》所指出的，“行业协会商会要按照建立现代社会组织要求，建立和完善产权清晰、权责明确、运转协调、制衡有效的法人治理结构”。行业协会法人治理应当遵循法治原则、自治原则、民主原则、制衡原则和效率原则。一个健全的行业协会法人治理结构至少应当包括会员（代表）大会、（常务）理事会、监事会、秘书处以及专业委员会等组织机构，在完成脱钩之后应及时修改章程中与法人治理不相适应的制度。进而可参照公司法人治理结构，明确会员（代表）大会、（常务）理事会、监事会之间的权责配置和制衡机制，基于民主和制衡原则构建行业协会的运行机制，完善行业协会的议事规则和决策程序。保障会员在行业协会决策过程中平等参与和表达的权利，包括但不限于选举权、被选举权、表决权、批评建议权、监督权、陈述和申辩权等，同时也要在尊重会员权利的基础上，通过自律规则和措施加强对会员行为的自律约束。

（三）健全行业协会参与网络安全治理的自律机制

在保持行业协会法律地位独立性、完善法人治理结构的基础上，还需要进一步健全行业协会参与网络安全治理的自律机制，如此方能真正实现行业协会的自律功能。现阶段，我国行业协会在网络安全治理方面的自律机构、自律规则和自律措施都存在缺失之处，不足以为网络安全的行业自律提供充分的支持，亟待从制度层面予以健全和完善。

第一，行业协会应当设立独立的自律管理机构，履行自律管理职责。目前大多行业协会尚未设立专门的自律机构，即使如中国互联网协会设立了行业自律工作委员会，但该机构究竟可以采取哪些自律处分措施，履行自律职责的程序如何，无论是协会章程还是自律公约中都没有明确规定。可资借鉴的是，中国证券业协会不仅设立了专门的自律处分委员会，还制定了一系列自律规则进行规范，如《中国证券业协会专业委员会管理办法》规范了委员会的职责与构成、委员的产生与职责、工作规则和工作纪律；《中国证券业协会自律处分委员会办案规程》则规范了自律处分委员会的委员条件与职责，自律处分会议（包括复审会议和复议会议）的召开、回避、讨论、表决、听证等程序规则；《中国证券业协会自律措施实施办法》明确了自律处分委员会可以采取的自律管理措施和纪律处分措施的种类。

第二，行业协会应当构建完善的网络安全自律规则体系，为会员实施的网络安全相关行为提供规范和指引。网络安全立法是维护网络安全的最后一道屏障，是网络安全问题的底线规则，行业自律规则可以对会员设置更高标准的自律约束，作为法律规则的有益补充，而且相比于法律规则的外部强制，行业自律规则更易被会员所认同和遵守。表 5-3 可见目前行业协会制定的与网络安全相关自律规则尚不完备，尤其是网络空间安全协会的自律公约只是作了原则性的规定，对会员缺乏有效约束，并且对网络运行安全、网络信息安全等具体环节未能制定专门的自律规则，中国互联网协会制定的反病毒、抵制恶意软件、互联网终端安全、网络漏洞等自律规则在一定程度上可以起到补充作用。另外，针对网络违反犯罪信息和个人网络信息安全等领域，网络安全相关行业协会应当及时制定自律规则，对网络服务提供商实施行业自律约束，明确其在提供网络服务时应采取的防范网络违反犯罪信息和维护信息安全的措施，以及违反自律规则所应承担的自律处分。

第三，行业协会应当明确在网络安全治理中可采取的自律措施、适用标准、实施程序等，强化对会员的自律约束。严格来说，行业协会的自律措施应当包括自律管理措施和自律处分措施两个方面，但是目前绝大多数行业协会在章程中对此都未做规定，部分行业协会在自律规则中为保障规则执行规定了自律处分措施（见表5-3）。之所以如此，一个重要原因在于行业协会并非公权力机关，对会员采取类似于行政机关的行政强制和行政处罚措施往往于法无据。可若是基于会员权利让渡的理论，会员是否自愿接受自律处分，以及自愿接受处分的轻重程度如何，恐也存在疑问。值得注意的是，已经有相关法律法规为行业协会的行使自律措施提供了法律依据，如《证券法》第一百六十六条规定证券业协会对会员和从业人员违反法律、行政法规、自律规则或者协会章程的，按照规定给予纪律处分或者实施其他自律管理措施；《深圳经济特区行业协会条例》第三十六条也明确规定了行业协会章程可以规定警告、通报批评、公开谴责、劝退、除名等惩戒措施。

为了保障行业协会履行自律管理职责，应当通过章程和自律规则对自律措施、适用标准和实施程序等予以规范。具体而言：（1）可以对会员采取奖惩并举的自律措施，其中奖励措施包括对会员进行评优评奖、通报表扬等，对会员的自律管理措施可包括谈话提醒、要求提供书面承诺、要求参加培训、警示、责令改正、暂不接受注册、向政府监管部门报告并提出处理建议等，对会员的自律处分措施可包括行业内通报批评、公开谴责、暂停会员权利、取消会员资格等。（2）对会员违规行为，应当综合考量违规性质、危害后果、社会影响、主观过错等因素，根据情节轻重程度明确自律措施的适用标准。（3）明确自律措施的实施程序，包括立案调查、审议、决定、复议等，充分保障当事人陈述申辩和要求听证的权利。（4）应当建立自律措施与行政执法之间的协调与衔接机制，当出现自律处分与行政处罚竞合的情形时，应遵照“上位处罚吸收下位处罚、重罚吸收轻罚、避免不必要的重复处罚”的原则，可不再采取自律措施或采取差异化、补充性自律措施。

最后，为了保障行业协会能够及时获取会员事关网络安全的违规行为，提升网络安全行业自律的有效性，行业协会应当建立并畅通社会公众投诉举报渠道，这既有助于提高网络安全问题的发现和处置能力，也能够激发社会公众参与网络空间治理的积极性和维护网络安全的自觉性。但是通过对网络安全相关行业协会网站的检索发现，大部分行业协会尚未在显著位置开设公众投诉举报通道，现有的公众举报投诉通道多是官方性质的。但正如《中国互联网络发展状况统计报告》所显示的全国各级网络举报部门受理网络安全相关举报数以亿计，这对政府网络监管部门的受理和处置能力也是巨大考验，行业协会受理举报投诉则可以有效分担政府压力，提高处置效率。目前，中国网络空间安全协会在其官网设立了举报中心，受理举报的内容主要是关于网络信息安全，包括违法不良信息、暴恐有害信息和技术危害信息，但从举报中心的操作界面来看，需要提供会员姓名、会员电话和验证码，似乎只有成为会员才可以举报，显然不利于社会公众投诉，同时也没有在举报中心设置反馈窗口，难以知晓其受理和处置情况，这些不足之处都有待进一步改进。

（四）加强行业协会参与网络安全治理的外部监督

全面深化改革背景下，行业协会与行政机关的脱钩，打破了行业协会与政府之间的挂靠、依附关系，为行业协会独立性行使自律管理奠定了基础。但另一方面，有“破”就有“立”，过去行业协会双重管理体制下，被业务主管所取代的外部监督机制应当随之建立起来。换言之，行业协会相对于政府的法律地位独立性，并不等同于行业协会可以完全不受政府监管，只是不同于业务主管部门对行业协会全方位的控制，而是由民政、财政、审计、税务、人社、公安以及行业管理等部门对行业协会的登记、财务和资产、业务活动、税收和收费等依法实施监督管理，防止行业协会违法经营，滥用行业自律管理权。对此，《脱钩总体方案》指出在脱钩之后要完善对行业协会商会的综合监管体制，与此相配套的就是2016年发改委等十部门联合印发了《行业协会商会综合监管办法（试行）》。需要说明的是，本部分所研究的行业协会参与网络安全治理的外部监督，不只是政府部门的外部监督，还包括第三方机构和社会公众的外部监督。

政府对行业协会的外部监督应当是最有力的，但脱钩之后政府对行业协会的监管理念和方式都应发生相应转变，防止过度干预。正如有学者所指出的，在全面深化改革时代政府对行业协会的监管体制应当由双重管理转向多元主体的合规监管，监管重心应当由事前监管转向事中事后监管。① 具言之，对行业

① 参见郁建兴、沈永东、周俊：《从双重管理到合规性监管——全面深化改革时代行业协会商会监管体制的重构》，载《浙江大学学报（人文社会科学版）》2014年第4期。

协会的政府监管不再按照过去业务主管部门“大包大揽”的监管模式，而是根据行业协会所实施的行为性质决定由相应政府部门实施监管。在网络安全领域，所涉政府监管部门众多，网络安全行业协会在自律管理过程中，所实施的行为归谁监管应遵循“谁主管，谁负责”的原则认定。总体而言，行业协会实施的网络安全行业自律行为应当由网信部门负责监管，参与网络安全相关行业标准制定的行为应当由国务院标准化行政主管部门负责监管，如有组织行业经营者达成排除、限制竞争的垄断协议行为应由国家市场监管部门负责反垄断执法，如涉及犯罪的则应由公安机关负责查处，各部门在明确监管职责分工的同时，也应加强监管协调、沟通与合作。在此基础上，强化对行业协会的问责机制，根据违法行为性质和严重程度，由相应机关追究行业协会及其工作人员的法律责任，其中对行业协会的行政处罚包括警告、责令改正、暂停业务、没收违法所得、罚款和撤销登记等，违法行为造成会员或他人损失的还应承担民事赔偿责任。《网络安全法》虽有规定网络相关行业协会加强网络安全行业自律，但第六章“法律责任”中却对行业协会违法行为的责任只字未提，这不得不说是一种疏漏。值得一提的是，为了保障行业协会在实施自律管理过程中的独立性和自主性，减少不必要的外部干涉，对其自律行为的监管应坚持合法性审查为主的原则，尽可能不对其自律行为的合理性进行判断。

在政府外部监督之外，对行业协会的第三方机构监督和社会公众监督也十分重要。而且相比之下，第三方机构和社会公众监督作为一种社会评价机制，可以弥补政府监督机制的不足，提高外部监督效率，降低外部监督成本。为此，有必要建立行业协会的信用评价体系和信息披露制度，由独立的第三方信用评级机构对行业协会的信用状况进行评估，并将评价结果向社会公开；健全行业协会的信息披露制度，通过定期的年度报告和不定期的临时信息披露，对行业协会所实施的行业自律相关信息在协会网站进行公开，接受社会公众的查询和监督。

（五）构建行业协会与相关主体的网络安全治理合作机制

网络安全综合治理的实质是多元主体的共同参与和合作治理。合作治理是近年来西方国家出现的解决跨部门公共问题的一种新的治理方式，以利益相关者的共识为导向，通过共同参与、平等协商和联合行动，建立跨部门合作机制，以应对个体甚至公共部门无法解决的公共政策难题。① 网络安全问题恰好符合这一特征，在网络时代不同国家、不同利益主体都不可避免地成为“网络空间命运共同体”的一员，网络安全问题靠单个国家、政府、组织或个人都无法完成治理工作，需要加强多元主体参与网络安全治理的国内和国际合作。2019 年 10 月，世界互联网大会组委会发布的《携手构建网络空间命运共同体》的概念文件中提出，“构建网络空间命运共同体应加强政府、国际组织、互联网企业、技术社群、社会组织、公民个人等各主体的沟通与合作，形成立体协同的治理架构”。② 因此，行业协会参与网络安全治理，除了完善自身的法人治理结构和自律机制，还必须建立与国内外其他相关主体之间的合作机制，不只是停留在表层交流，而是通过多种合作渠道和方式实现深层合作。

首先，行业协会与政府合作方面，在厘清二者关系的基础上，至少可以从以下具体层面建立合作机制：

1. 网络安全立法和政策制定

网络安全立法和政策直接关乎网络相关市场主体利益，行业协会作为行业共同利益代表者，参与立法和政策制定过程，表达利益诉求，相比于市场主体的直接参与更具代表性。对此，2019 年国务院办公厅专门发布《关于在制定行政法规规章行政规范性文件过程中充分听取企业和行业协会商会意见的通知》，要求保障行业协会在立法过程中的知情权、参与权、表达权和监督权，通过网络平台、听证会、座谈会、论证会、问卷调查、书面发函、实地走访等多种方式提取意见，完善意见研究采纳反馈机制。在网络安全立法和政策制定中，立法机关既要保障专门网络安全协会的充分参与和表达，也不能忽视其他网络相关行业协会，通过相关行业协会的共同参与，一方面能够更好地了解网络安全的行业现状，为科学立法提供依据，另一方面也能够更好地反映网络安全相关市场主体的利益诉求，最终保证立法更好的平衡网络安全与网络自由发展的关系。

---

① 参见蔡岚：《合作治理：现状和前景》，载《武汉大学学报（哲学社会科学版）》2013 年第 3 期。

② 参见世界互联网大会组委会：《携手构建网络空间命运共同体》，载中华人民共和国国家互联网信息办公室网：http：//www.cac.gov.cn/2019-10/16/c_1572757003996520.htm，最后访问日期：2020 年 6 月 20 日。

2. 网络安全国家标准、行业标准、团体标准的制定

网络安全问题的专业化，要求对网络安全管理、等级评定以及网络产品、服务和运行安全制定国家标准、行业标准，从而为网络安全监管部门和企业提供准则和依据。《网络安全法》第十五条规定国家支持网络相关行业组织参与网络安全国家标准、行业标准的制定，但实践中行业协会对网络安全标准制定的参与度还有待提高。对此，应当完善行业协会在网络安全标准制定中的参与机制，包括提出标准制定的立项建议，接受行政部门委托组织或参与标准制定等。同时，网络安全相关行业协会还可以根据实际需要制定本行业网络安全的团体标准。

3. 政府购买服务

政府向网络安全相关行业协会购买服务是一种带有市场化特征的合作方式，既有利于政府职能转变，也是对支持行业协会转型的政策落实。具体来说，政府向行业协会购买网络安全相关服务至少可以包括行业标准和指南制定、网络内容审查、人才培养、教育培训、职业资格审核、技术平台建设、第三方咨询评估等。其中值得特别提出的是网络内容审查，我国目前主要采取的是政府主导下的监管手段结合长城防火墙等技术手段，带有很强的管制色彩，不可否认的是这种严格的审查方式对于网络信息安全维护起到了积极作用，但其对于网络言论自由和信息传播自由的损害也是显而易见的。因此，借鉴域外先进经验，有必要建立我国的互联网内容分级制度，由行业协会在政府主管部门指导下制定互联网内容分级标准，强化行业协会在网络内容审查上的行业自律，减少政府对网络内容的直接审查和管控。①

4. 网络安全信息共享

信息共享是行业协会与政府合作治理的重要手段，能够大大提高信息获取的及时性、全面性和准确性，为行业协会自律措施和政府监管措施的实施提供信息保障。现阶段网络安全行业协会与业务主管部门之间的信息共享并不存在障碍，但与其他政府监管部门之间的信息共享机制则有所欠缺。因此，有必要利用大数据技术，在现有的国家互联网应急中心（CNCERT）、国家信息安全漏洞共享平台（CNVD）的基础上建立网络安全信息共享平台，与所有网络安

---

① 参见杨攀：《我国互联网内容分级制度研究》，载《法律科学（西北政法大学学报）》2014年第2期。

全相关行业协会、政府监管部门相对接，实现网络安全信息的实时共享和及时处理。

其次，行业协会相互之间的合作方面，针对目前行业协会之间关系相对松散、缺乏有效的合作交流渠道等问题，可考虑的现实可行路径主要有二：一是在中国网络空间安全协会中吸纳更多的网络相关行业协会作为单位会员，参与网络空间安全行业自律，以中国网络空间安全协会为中心协调各相关行业协会的合作关系；二是建立网络安全行业协会的联合会，通过联合会将全国性和地方性、专门性和一般性的网络安全相关行业协会联系起来。搭建起行业协会的合作交流平台之后，进而可以借助章程、公约、倡议书等不同形式规范行业协会之间的合作关系，协调相互之间的自律范围，建立行业协会间的信息共享机制。

最后，行业协会参与网络安全治理的国际合作方面，应当秉持相互尊重、互信互利、开放合作的理念，加强同网络安全相关国际组织以及其他国家和地区相关行业协会的合作。目前我国网络安全行业协会参与国际合作的广度和深度还十分有限，而且大多还只是处于表层交流阶段，这点从表 5-4 也不难看出，这对于全球化背景下行业协会的网络安全治理显然是不够的。对此，一方面要主动建立与国际电信联盟（ITU）、国际互联网协会（ISOC）、全球移动通信系统协会（GSMA）、互联网热线国际协会（INHOPE）等国际组织的合作关系，积极参与网络安全国际组织自律公约、指引和标准的制定，为全球网络安全治理贡献中国智慧、中国方案。另一方面，也要加强与其他国家和地区网络安全相关行业协会的联系，特别是在应对跨境网络安全问题方面建立信息共享和合作处置机制，在交流中学习和借鉴域外行业协会参与网络安全治理的有益经验，共同应对网络安全的威胁。

网络安全在宏观层面关乎国家安全，在微观层面关乎网络产品、服务经营者和消费者利益，网络时代的利益相关者不仅应当共享网络发展的成果，也应共同参与网络安全治理进程。行业协会作为非营利性社团法人，在服务于会员共同利益的同时，也在行使着行业自律管理职能，在政府与市场之间发挥桥梁和纽带作用。行业协会参与网络安全治理既是网络安全由单一政府治理走向多元主体综合治理的应然要求，也是与其自律性、公共性、中介性的法律特征内在契合。当前，我国以中国网络空间安全协会为代表的行业协会，在参与网络安全治理方面取得了长足的进步，网络安全的行业协会治理体系和治理机制已经初步形成。但也要看到，我国行业协会的市场内生性缺陷，与政府的权责关系不清，法律地位独立性缺失，法律制度供给不足，自律机制不健全，都成为行业协会参与网络安全治理的制度性障碍。因此，结合我国行业协会自身缺陷，借鉴域外国家和地区的先进经验，当前首要任务是完善行业协会立法和行业协会参与网络安全治理立法，为行业协会网络安全治理提供法律保障。在此基础上，应当理顺行业协会与政府之间的关系，明确行业协会独立的法人地位，建立完善的法人治理结构。进而健全行业协会参与网络安全治理的自律机制，加强对行业协会的外部监督，构建行业协会与其他相关主体的网络安全合作治理机制。值得注意的是，当下我国政府主导下的网络安全治理存在安全至上的倾向，特别是严格的网络信息内容审查对网络言论自由和信息自由的抑制是客观存在的，但另一方面互联网大数据时代公民个人信息安全却又在遭受着严重的侵犯，两相交织之下，我国网络安全治理能力饱受质疑。故而，如何在网络安全治理体系中协调好政府、社会和市场三者的关系，真正实现网络安全与发展并重、网络秩序与自由并举，为社会公众营造一个良好的网络环境，是推进我国网络安全治理体系和治理能力现代化的巨大考验。

第六章 网络基础设施的安全保障及其法律治理

以电子计算机、互联网为代表的现代信息技术发端于美国，最早应用于军事和科研机构。但随着相关技术的不断发展、成熟，“互联网”走出了隔绝的实验室，成为了服务于社会公众的信息化工具。并且，在短时间内，即以其快捷、广泛和低成本的信息传递属性，迅速地成为了改造全社会各个领域生产、生活以及社会管理活动的基础设施。在“互联网”乃至于更为宽泛的“网络”语境下，无论是相关技术的起源还是在各个领域的推广应用，美国以及以美国为代表的西方发达国家，具有先发优势和技术领先。这一客观事实，在一定程度上决定了我国更像是传统国际互联网的“使用者”或者“参与者”，而非“构建者”。虽然我国网络相关产业规模庞大、网络用户数量居于全球首位，但尚未实现关键技术、关键设施的自主化，也在相对传统的宽带互联网领域中处于全球网络资源分配的链条的中低端。这种不利情况，也直接导致了我国在相关领域的“受制于人”，事实上处于与美国的“网络不平等”地位。除了产业和资源方面的劣势，我国也是境外互联网攻击的主要受害者，并不得不面对传统安全威胁之外的非传统风险。当下，既要面对传统的黑客群体、敌对势力的持续网络威胁（Advanced Persistent Threat，APT），还要应对霸权国家对本国网络主权的侵犯。而支撑这种“网络霸权”的力量，更带有“技术”和“基础设施”色彩。下至通信芯片和运算单元的设计与制造，上至应用程序的源代码，不掌握核心技术的“用户”一方对技术研发一方而言处于“单向透明”的状态，其不利状态不言而喻。

与此同时，也要看到，通过长期的科研投入和持续的网络基础设施建设，我国已经在电子信息技术、计算机网络相关产业和市场应用方面积累了雄厚的实力。并且已经在以 5G 通信技术（5th Generation Mobile Networks，5G）为代表的未来全球网络资源分配、网络技术引领和市场拓展方面取得了长足的进步，继而对以美国为代表的西方发达国家技术垄断形成了有力挑战。而如何面对未来通信网络技术发展、市场应用和安全挑战，同样也是确保我国网络信息产业发展乃至国家安全、社会安定和市场繁荣有序的重要影响方面。对此，既要从网络基础设施的技术视角出发，分析研究当中的安全风险，也要挖掘这些安全威胁背后的利益驱动，并从中找寻我国通过维护网络基础设施安全来维护网络主权、保障国家安全、促进网络空间国际治理的合理路径。

一、总体国家安全观视域下的网络与网络基础设施

（一）总体国家安全观对“网络”与“网络基础设施”的要求

2014 年 4 月 15 日，中共中央总书记、国家主席、中央军委主席、中央国家安全委员会主席习近平主持召开中央国家安全委员会第一次会议并发表重要讲话。习近平强调，要准确把握国家安全形势变化新特点新趋势，坚持总体国家安全观，走出一条中国特色国家安全道路。习近平指出，要构建集政治安全、国土安全、军事安全、经济安全、文化安全、社会安全、科技安全、信息安全、生态安全、资源安全、核安全等于一体的国家安全体系。① 对于网络安全与国家安全的关系，总书记也指出，缺少了网络的安全，信息化建设就如同空中楼、水中月，缺乏信息化技术的保障，网络安全就成为纸上谈兵，不堪一击。没有网络安全，就没有国家安全，没有信息化，就没有现代化。而“网络安全”因其与现代信息技术、网络技术的天然密切联系，又为相关安全风险防范与有效治理提出了新的要求。除了对“安全规范”的完备、合理和贯彻执行之外，相关网络技术设备的“硬件水平”和决定其基本运作方式的“软件水平”水平的高低，也是决定“网络安全”与否的关键因素。甚至于，监管制度、治理水平的高低，还要受制于技术水平的强弱，脱离了技术支撑的监管

① 中共中央党史和文献研究院：《习近平关于总体国家安全观论述摘编》，北京：中央文献出版社 2018 年版，第 24 页。

体制，无论其如何优美完善、无论法律责任如何严苛，也都将成为“空中楼、水中月”一般的存在。① 虽然笔者并不赞同“技术至上”，也不悲观地认为网络空间的治理最终会演变成不同利益主体之间的“技术对决”，但通过对现代信息网络技术以及相关应用的长期观察和对网络安全事件的回顾与总结，都会得出这样的结论。网络基础设施的自主与可靠，必将是我国维护网络主权、保障国家安全以及一系列相关利益的基本前提，同时也是反对网络霸权，在全球范围内实现网络空间共同治理、合理分配信息利益目标的物质基础。

一方面，网络安全直接关系到总体国家安全，网络基础设施在一定程度上也是构建国家安全的基础设施，是国家安全以及一系列安全关切的重要硬件组成部分。无论是从总书记有关讲话强调网络安全和信息化要共同发展，以及“‘十三五’规划”所提出的拓展网络经济空间的时代背景，还是境外敌对势力的网络渗透日益泛化，国内各种极端势力进行的网络恐怖活动和社会矛盾所产生的国家安全和社会稳定任务更加迫切的现实背景，以及抑制网络违法、犯罪活动的负面影响的现实需求出发，都为我国提出了强化网络主权、抵御域外网络强权挑衅的要求。而不断发展、革新的现代信息网络，作为现代信息技术创新和应用的集中体现，天然地具有技术性、客观性和广泛性特征，是现代化、信息化的中国必不可少、无法替代的物质基础。无论是相对具体的“网络安全”、“信息安全”还是宏观、统领性的“国家安全”，客观上都是建立在安全、可靠、稳定运行的信息网络之上。因此，虽然从语词上看，“网络基础设施”作为“网络”以及“信息”之下的一个分支，其内容所指向的领域相对狭小，但其所能够直接影响到的安全利益却十分广泛和深远，远超“网络设备制造”或者“网络搭建”之类相关市场，足以成为影响国家安全的重要因素之一。

另一方面，网络安全直接关系到社会经济发展与有序运行，网络基础设施逐渐成为市场基础设施。从社会管理和经济发展的角度看，随着云计算、大数据、人工智能乃至量子计算等技术发展迅速，新的社会管理方式、工具，新型

---

① 对此，可参考美国哈佛大学教授劳伦斯·莱斯格专著《代码 2.0：网络空间中的法律》。作者在距今约 20 年前，即敏锐地发现了“代码”（计算机程序）在“网络空间”中具备有超越社会公众或者公权力意志的技术客观性，即一般而言作为社会整体意志体现的法律，无法在客观上真正地约束计算机程序（以及编程人员意志）。反过来，具备技术优势的“代码”却可以发挥类似于“法律”的作用。

的网络产品或服务，新兴的网络应用市场，正在不断地孕育而生。网络基础设施的完备、高效与否，直接关系到相关市场应用水平的高低，关系到“网络经济”的存亡与兴衰，而“网络”相关联的市场早已成为我国以及全球主要经济体的重要市场组成部分，而无论是“网络故障”或者“网络风险”，也都必然地会对相关市场经营者、用户和消费者乃至更为基础的就业、税收等经济、民生指标造成负面影响。此外，在面对突发性公共事件时，网络安全还会直接关系到社会的有效治理，网络基础设施同样也成为现代信息化社会建设与治理方面的基础设施。而在近年来网络安全事件影响广泛、深刻，呈现出跨越国境、全球影响的态势，网络空间国际竞争日益激烈，以及网络空间治理的国际合作日趋频繁的国际背景，也对我国把“网络基础设施安全”提升至“国家安全”重要基础性内容带来了外部压力。无论是对现有的宽带互联网、发展中的工业互联网，还是基于未来应用的5G通信网络和依赖于5G通信网络技术所构建的“万物互联”而言，若想真正地享受现代信息网络技术发展所带来的优势与成果，就必然地需要在相关网络硬件设备、基础性的数据与逻辑运行规则以及相关产品供应方面获得自主、可控的安全保障。否则的话，无论是根本层面的维护网络主权完整不受侵犯、发展层面的发展现代信息技术实现国家信息化，还是开放层面的推进网络空间国家治理，都将因失去物质基础而沦为口号，国家安全以及承载于国家安全之上的广泛利益都将受到严重侵害。

（二）“网络基础设施安全”治理的物质基础与价值表达

1. 对“网络基础设施”的技术解构

整体而言，现阶段国内外相关立法和学术研究对“网络基础设施”的理解与研究，往往采用“关键信息基础设施”这一表述。“关键信息基础设施”（Critical Information Infrastructure）是由“关键基础设施”（Critical Infrastructure）一词发展而来。关键基础设施一词由来已久，虽然各国对关键基础设施具体定义存在较大差别，但是对其范畴和边界的理解总体趋向一致，认为关键基础设施是指社会经济运转所严重依赖的产品、服务、系统和资产总和，一旦这些设施遭到破坏，会对国家安全、经济稳定和公众安全产生严重影响。网络基础设施作为相比于“关键信息基础设施”更基础的概念，从现代信息网络的正常运行角度看，至少应当包含以下两个方面的内容。

一方面，是现代信息网络中的关键硬件部分，它是建立现代信息网络的硬件基础。对于何谓“网络基础设施”或者硬件层面的“网络”，相关研究框架往往按照现代信息网络的技术原理进行了分层：（1）控制关键互联网资源，主要包括域名解析系统、IP 地址分配等互联网运转的资源；（2）设置互联网标准，指互联网所包括的 TCP/IP、SMTP 等协议；（3）进入和互联协调；（4）网络安全治理，包括路由、认证系统及病毒和网络攻击；（5）信息中间商的政策角色，一般是指网络运营商在保护用户的信息隐私、应对政府审查和法律欺诈要求等领域的功能；（6）执行架构基础的知识产权保护，主要包括版权、知识产权和域名商标的护权，从而否定了将互联网治理视为单一性问题的理论，把互联网治理的多层级分析引入考察范围。对此，中国工程院院士陈左宁将“网络基础设施可信”放在了最重要的考虑方面，中国工程院院士沈昌祥也将“网络可信”和“分等级实施标准保护”视作网络安全工作的最重要内容。相关网络设施的硬件安全。而事实上，无论是作为专门规定的《信息安全等级保护管理办法》还是作为网络安全“基本法”的《网络安全法》，也都将“分级管理”“分级保护”放在了重要的位置。

另一方面，则体现于现代信息网络中的必要软件部分，即基础性的数据资源和基础性的算法逻辑。①“网络”的搭建与运作依赖于各类硬件设备的连接与协作，但它并不是由路由器（Router）、交换机（Switch）、分线器（Hub）和线缆（Cable）这些必备设施所拼接起来的机械设备，而必须要依赖于存储、运行于其中的各种数据处理和逻辑规则。同样的硬件设备相连接而成的“系统”，可以因为不同的基础性数据和逻辑规则设计，展现出截然不同的功能、性能和属性。② 而技术层面的“软差异”，映射于法律监管，则会产生巨大的差异，如追究违法、犯罪行为法律责任活动中司空见惯的“追查资金”，或者

---

① 值得注意的是，此处以及本书所指的“数据”“信息”“算法”，均指维系现代信息网络基本功能实现、稳定持续运行的基础性数据资源和运行逻辑，如支持网络数据传输的种种“协议”（protocol），承载网络内容地址、校验功能的数据包，以及网络地址分类、域名解析相关的数据信息和行为逻辑等。这些基础性的软件资源，是现代信息网络正常运行所必备，亦是依托于网络运行的各类应用程序所必需，不因具体的网络应用差异而改变。

② 如传统的，以“服务器（Host）/客户端（Client）”结构为代表的“中心化网络”和以“区块链（Block Chain）”为代表的“去中心化网络”，具有截然不同的网络属性和功能，但其所依附的硬件设备却是完全一样，甚至是彼此共享的。诸如 TCP/UDP 网络连接的差异等，也是类似的情形。此等事例不胜枚举。

对“比特币”（Bit Coin）① 交易的监管活动，在面对“去中心化”的区块链网络或者区块链数字货币交易活动，则缺乏基本的技术支撑，几无技术上的可行性。事实上，网络基础数据与运行逻辑之于“网络”正常运行的重要性，甚至还要重于网络硬件设备。这是因为，一方面，现实中的互联网技术以及相关应用的蓬勃发展，更多的是“规模经济”所带来的繁荣，而非特别的技术进步。换言之，庞大的网络用户规模和应用市场，是当下国际区域间网络竞争的主要力量，而非特定的网络硬件设备。随着二十余年的飞速发展，我国作为“世界工厂”，相关网络硬件设备的产业链完备性和生产成本控制能力，已经达到了很高的水平。另一方面，无论是传统的网络安全威胁，还是蔓延于线下的新型网络安全威胁，其操作逻辑仍然是基于二进制运算的数字信号处理，即“软”攻击。而随着现代信息网络覆盖范围和应用领域的飞速扩展，网络基础性算法与数据，正被数量庞大的各网络产品或服务的数据问题、算法问题所掩盖，逐渐隐藏于网络底层，相关的监管滞后于技术变革的问题愈发凸显。而对于掌握有底层架构、数据、算法以及硬件研发水平的网络技术领先国家而言，此类“底层优势”正成为其向其他国家谋取不合理利益、危害其国家安全的工具。

2. “安全”价值的发展与递进

与传统的技术进步，如以蒸汽机、电力技术研发应用为代表的第一、第二次工业革命相比，现代信息技术以及构建于其上的现代信息网络在数据传输方面具有突出的性能优势。而且，现代信息网络技术自身的发展方式决定了随着相关技术的进步、硬件成本的下降，相关应用设备在设备尺寸、能源消耗等方面也正逐渐取得突破。这意味着现代信息网络在全方面地对社会施以“信息化”改造的同时，还将成为构想中的“万物互联”的基础设施。因此，网络技术设施层面所关联的安全问题也随之变得格外引人关注。一旦出现安全风险，所产生的负面影响乃至损害，将不仅限于通信网络本身，还将随着现代信息的广泛应用而“溢出”到其他领域，并且不仅仅限于对经济、社会管理等“宏观”层面的影响，更会与每一个社会个体的人身利益直

---

① 比特币的概念据称最初由日裔美国人中本聪在 2009 年提出（事实上，“中本聪”的身份十分神秘，甚至于是否真的有这样一位自然人存在，还只是一个代号，尚无确切证据），并成为当前使用范围最大，市值占比最高的数字货币。参见增繁荣：《基于分布式账本技术的数字货币发展研究》，载《西南金融》2016 年第 5 期。

接相关；另一方面，也意味着“纠错”的成本和难度也将大大提升。从这个意义上讲，高度重视网络基础设施安全，是真实的社会需求。与此同时，随着技术、市场、监管与治理的多元叠加、互动，安全风险背后的利益驱动，也愈发明显。

（1）网络安全保障意涵的深化：全球网络基础资源的公平分配

网络基础设施包含有网络硬件基础设施和软件基础设施，从技术层面上看，虽然网络安全风险的形态十分复杂，但均围绕这两个主要方面展开。也就是说，现代信息网络中的关键硬件和必要软件，是传统威胁中网络供给行为的主要对象，也是非传统威胁中网络霸权国家侵害他国网络主权、威胁网络安全的依仗之所在。与之对应地，则为我国在维护网络主权、保障网络安全、确保信息网络得以正常、完整运行并且促进网络空间国际治理指引了明确的方向。除了继续深化、细化网络分级管理、分级处置等方面的“软”治理外，更要将网络安全风险应对放置于国际网络基础资源的合理分配层面，形成对网络基础软、硬件安全的全面保护，并以之为基础，积极参与全球网络治理。

网络安全由传统形态向线下基础设施安全乃至于全球网络基础资源分配的延伸。这一安全形势变革，提示我国政策制定者，应当将风险应对与网络治理的视野，从相对微观的技术层面延伸到技术和市场相对边缘化的“网络独立运行”，从网络基础资源与价值的层面全面梳理“中国互联网”和“美国主导的国际互联网”的关系，延及构建于之上的全球信息利益分配格局和安全态势。现实中，在美国主导的国际互联网架构下，除美国以外的其他国家本质上都是美国技术或者网络服务的“用户”，天然地处于不平等关系。网络底层技术的受制于人，也必将导致构建于其上的各种应用在获取基础性网络资源时受制于人。而在安全层面上，对境外不可控的网络节点的依赖，以及数据传输中转、目标节点的非必要外流，也将导致网络底层的安全漏洞。网络基础设施安全治理体系中，对这些问题予以关注，对推动网络空间秩序向更加公平更加合理方向变革有着深远的意义。而将这些问题的分析与思考转化为具体可行的制度设计，必将大幅提升我国对域名解析、流量控制等方面的技术研发，强化自主可控，并以此为基础形成对外的平等交涉与谈判。如果治理成功，我国在互联网基础资源领域的话语权必将大幅提升，应用层面的独立自主能力和对外交涉能力也必将得以强化。长远来看，在相关国际规则和标准制定上也可能会有所调整。

将传统网络安全风险、线下网络安全风险的应对与治理延伸至全球网络基础资源分配层面，将为我国和其他面临类似网络安全风险、或者在国际网络体系下处于近似位置的国家提供保障“网络主权”和打破“网络霸权”的有益思路。虽然当下国际互联网的主导权仍然由美国掌握，但包括我国在内的广泛国家仍然可以依托自身的条件和优势，找寻保障网络自主与安全的可行路径，并抵御网络霸权的侵犯。一方面，现实中，我国作为国际互联网的重要组成部分，有平等地参与互联网市场竞争和国际治理的资格与实力，这也为我国发挥自身优势、摆脱外部依赖，提供了物质支撑。另一方面，也要看到互联网的价值既来源于其底层的运算、存储和传输设施，更来源于广泛的用户参与。甚至于在市场层面，后者发挥的作用更大。而我国拥有全球最为庞大的网络用户规模和十分活跃的互联网市场，足以为我国相关产业的自主发展提供充分的空间和利益激励，并以之吸引境外合作者，或者与强大对手进行平等交涉，构建自主、平等的网络空间活动规则。与此同时，在庞大市场的支撑下，我国在相关技术领域也日益进步，运用先进技术和成熟市场经验争取国际竞争主动权的能力也在不断增强，并且可以与其他国家形成有效的合作。而这也为我国推动全球网络基础资源合理分配、促进网络空间全球治理提供了坚实的支撑，赋予这一理念创新以实践基础和现实意义。

（2）全球网络基础资源分配的延伸：全球信息利益的公平分配

也就是说，本质上，现代信息网络相关的安全问题，是一个抽象的、在当今以及可预见的将来无所不在，并且足以影响到广义上的国际竞争的“信息利益”的分配问题，而不仅仅是一个“分级、分类”的管理或者更微观的“合规”问题。与之对应地，全球“信息利益”，则是一个更加宏大的话题。

现代信息网络的产生与应用，是第三次科技革命的产物。它以现代信息技术、原子能技术和空间技术以及生物工程技术为代表，是人类文明史上继蒸汽技术以及电力技术之后的一次技术飞跃。在这一系列代表性技术的刺激下，人类社会的发展与进步进入了空前的加速状态。短短数十年的时间里，社会物质财富的积累与扩张，就迅速地超越了它在之前悠长历史中的总和。在这些绚烂但又真实的技术支撑下，人类社会的未来显得前所未有地光明和令人着迷。无穷尽的能源和物资供应，让人们得以摆脱千百年来“贫瘠”的困扰；高度智能的自动化系统，让人们得以摆脱“劳累”的束缚；而生物技术和空间技术的发展，则让人们看到了突破自然限制、眺望太空，自由追寻万物奥秘的可能。但是，展望中的完美未来和现实之间仍然存在着显著的差距。“技术”具有显著的客观性，而“福利”则带有鲜明的主观色彩和不确定性，并且，社会的整体“福利”也不会天然地因为技术进步而呈现出自动上升或者扩展的态势。“技术”是否真正能够成为惠及大多数人的“福利”，并且真正为人类社会整体带来利益，则依赖于制度的设计与运行——制定具有全社会广泛约束力的行为规则，分配新技术所带来的利益，并以利益驱动为核心，推动技术进步和社会发展的良性互动。否则，技术利益分配的失衡，将严重压缩技术进步可能带来的潜在福利，甚至于产生相反的作用，抑制技术进步的同时进一步地加剧社会矛盾，产生人们不愿意看到的不利影响，甚至于展现为我国乃至更大范围内的“风险”甚至“危险”。从这个意义上讲，虽然新价值的物质本源在于技术进步，但“制度”的重要性也不会亚于“技术进步”本身。并且，由于现代高新技术的发展速度、应用范围和影响程度远高于既往，“制度”的作用也愈发凸显。对此，无论是我国地域范畴下的网络安全，还是全球语境下的网络基础资源的分配，都需要将制度理念延伸至“信息利益”的公平和合理分配上，并对应于客观色彩的“技术本身”与更具主观色彩的“信息利益”。而这也将是贯穿于整个网络产业、网络运行等一系列微观活动，以及网络主权前提下全球网络互联互通、完整协作直至共同治理的价值主线。

（三）“网络基础设施安全”相关的制度考察与发展方向判断

1. 我国网络发展历程和治理路径追溯

“网络安全”天然地与“网络技术”以及“网络硬件”有着密切的联系，它是一系列现代信息技术被应用于网络化的经济活动、社会管理乃至于政治国家安全保障等一系列领域的基本前提。因此，从这个意义上讲，“网络基础设施”安全，与“网络安全”本就是我国发展信息技术、推进全国各个领域“信息化”目标保障一体两面的表达。而从技术上讲，没有“网络基础设施”层面的安全保障，更上层的“网络安全”或者“信息安全”也不过是无根之木、沙滩上的城堡。而且，由于现代信息网络与计算机、网络等电子信息技术的密切关联，与之相关的“安全保障”更具有鲜明的技术性特征。如果没有足够的技术或者物质保障，再周密完善的制度建设，也无法应对网络自身的系统性风险①以及外部网络威胁。也正因如此，我国对网络安全，尤其是网络底层链路安全、信息安全等网络基础设施的安全问题十分重视。对此，在相关制度体系的基本架构上，在我国《国家安全法》统领之下，我国采取了以“专门法”+“战略”的制度体系，② 既以相对前瞻、灵活的“战略”指引相关产业的发展，并实时地将成熟、可靠的战略内容转为“法律”，使之规范化、制度化。二十余年来，这一治理架构与我国互联网等现代网络技术的开放、应用彼此协调发展，取得了显著的成效。与此同时，我国所面临的网络安全威胁，亦处于变革之中，更具复杂性。对我国网络发展历程和治理路径予以追溯，对于理解“网络安全”与“网络基础设施安全”之间的逻辑关系、找寻未来的治理路径具有重要的意义。对应于我国自加入国际互联网以来，国内信息网络产业从无到有、从弱到强，面临的网络安全威胁从传统到多样、从现代信息技术产业延展至更宏观意义上的“国家安全”的现实历程，我国相关制度的构建与发展，亦经历了不同的阶段，并且随着新型通信技术的发展和新兴市场的孕育，面临着新的挑战。

(1) 初步接入互联网阶段

自 1994 年我国首次接入国际互联网以来，我国即同步地展开了网络安全相关机制建设和制度建设，并且体现出对网络基础设施、基础性网络操作行为的高度关注。1994 年 2 月 18 日，国务院发布第 147 号令，《中华人民共和国计算机信息系统安全保护条例》正式发布。该条例是我国首部保护计算机信息系统安全的行政法规，开创了国际出入口信道专营制度、互联网接入的许可和备案制度计算机系统等级保护制度等基础性制度。与之对应地，1997 年 10 月 1 日，《中华人民共和国刑法》首次规定了计算机相关犯罪，分别以专门法条

① 如网络的“质量”既会收到设备本身在算法设计、功能完备乃至工程质量方面的局限，也会因为所承载的网络用户、信息数量以及网络所响应的各类请求的变化而受到影响。“网络”服务质量的波动，极有可能会对依赖于该网络的社会部门产生负面影响，甚至于带来现实的危险。而这种网络安全事件，从技术角度考察，往往并不以相关主体的“过错”或者“恶意”为必要，属于现代信息技术产品的“天然属性”，难以预料、不可避免。对于此类“客观缺陷”或者“系统性风险”，非硬性的制度所能应对，而更多地依赖于相关产业的完备和技术先进、可靠。

② 我国在 2016 年发布了国家网络安全战略，并在 2017 年发布国际网络合作战略。在 2017 年，我国开始正式颁布实施《网络安全法》。美国、俄罗斯、欧盟、英国法国德国等国家和地区也采用了类似的规制形式。

规定了非法侵入计算机信息系统罪、破坏计算机信息系统罪。此阶段，相关立法主要体现为规范网络接入活动、保障网络接入安全和计算机信息系统安全，相关规定主要体现的是原则性和概括性，并未涉及实质的网络内容治理。

（2）构建基本监管体系阶段

1999年10月，国务院制定颁布《互联网信息服务管理办法》，对互联网信息服务提供者和信息服务行为进行规范，成为我国互联网监管体系化的重要标志。随后，全国人大常委会与2000年12月通过了《关于维护互联网安全的决定》，为保障国家安全、公共利益、个人合法权益，特别强调危害互联网的运行安全，危害国家安全和社会稳定、社会主义市场经济秩序和社会管理秩序，危害个人、法人和其他组织的人身、财产等合法权利，构成刑事犯罪的依法追究刑事责任，违反行政法规或民事法律的，依法承担相应责任。2003年9月，中共中央办公厅、国务院办公厅发出通知，转发《国家信息化领导小组关于加强信息安全保障工作的意见》。当中，第七条强调要加强信息安全法制建设和标准化建设，意味着研究起草《网络安全法》被提上了日程。在这一阶段，对于网络监管方面，首次完成了体系建设工作，构建了包含网络层、接入层、业务层、内容层的监管制度。与此同时，以信息产业部、公安部以及内容主管部门为代表的监管主体地位也得以明确。

（3）全面治理互联网阶段

随着互联网相关技术以及应用的高度普及，我国成为网络大国，互联网之于国家经济社会发展的重要性愈发凸显。与此同时，国际社会出现动荡，网络安全形式严峻，新型网络攻击，并且出现了由网络攻击引发实体公共设施安全的事件。①

在这一阶段，2006年国务院发布《国家中长期科学和技术发展规划纲要（2006—2020年）》，强调发展信息产业和现代服务业是推进新型工业化的关键。同年，中共中央办公厅，国务院办公厅发布《2006—2020年国家信息化发展规划》，强调应加强国家信息安全保障体系，做到“两个坚持”：坚持积极防御、综合防范，主动应对信息安全挑战，实现信息化与信息安全协调发

---

① 2010年6月，“震网”病毒被首次检测到。震网（Stuxnet）病毒于2010年6月首次被检测出来，是第一个专门定向攻击真实世界中基础（能源）设施的“蠕虫”病毒。这种病毒可能是新时期电子战争中的一种武器，但又具有高度的隐蔽性，使得相关定性十分困难。

展；坚持立足国情，综合平衡安全和风险，确保重点、优化信息安全配置。2007 年，公安部、国家保密局、国家密码管理局、国务院信息工作办公室印发《信息安全等级保护管理办法》，将计算机信息系统的安全保护分为五级，①不同等级受到不同的建设、运营标准约束和监管。2012 年 6 月，国务院发布《关于大力推进信息化和加强信息安全保障的若干意见》，除了强调推进信息化发展和保障信息安全以外，指出了我国信息化建设中面临的劣势：信息基础设施水平与发达国家差距大，政务信息共享和业务协同水平不高，合金技术受制于人，移动互联网技术给信息安全带来严峻挑战等。在这一阶段，我国对计算机信息系统安全、网络安全的监管活动，面临着我国网络使用率大幅调高、网络产业迅速发展、网络服务新型态不断涌现以及国内外网络安全事件频发，威胁程度不断上升的现实。对应地，我国网络安全相关立法呈现出多元化、战略性和操作性相结合的特征。多元化体现在强调保守国家秘密的同时，开始规范互联网竞争行为、指导互联网行业发展；战略性体现在发布多部纲要，推进信息化建设与信息安全保障工作。而在监管机制方面，伴随 2008 年大部制改革，原国务院信息化办公室被撤销，互联网监管部门的主体地位得以提升，但互联网领域的多头监管现象也日趋明显。

（4）互联网全球治理阶段

在这一阶段，互联网的“全球化”趋势日益明显，而网络安全的“全球化”风险，尤其是网络安全风险“实体化”以及向其他领域的“溢出”现象日趋凸显。2013 年 6 月，“棱镜”事件爆发。斯诺登将美国国家安全局关于“棱镜计划”监听项目的内容披露给了《卫报》和《华盛顿邮报》。通过该计划，美国国家安全局可以接触到全球范围内大量的个人聊天内容、存储数据、语音通信、文件传输等信息。以此为代表性事件，使美国政府利用其互联网基础技术、基础设施方面优势实施非法行为引起了全球范围内的广泛关注与警

---

① 第一级，信息系统受到破坏后，会对公民、法人和其他组织的合法权益造成损害，但不损害国家安全、社会秩序和公共利益。第二级，信息系统受到破坏后，会对公民、法人和其他组织的合法权益产生严重损害，或者对社会秩序和公共利益造成损害，但不损害国家安全。第三级，信息系统受到破坏后，会对社会秩序和公共利益造成严重损害，或者对国家安全造成损害。第四级，信息系统受到破坏后，会对社会秩序和公共利益造成特别严重损害，或者对国家安全造成严重损害。第五级，信息系统受到破坏后，会对国家安全造成特别严重损害。这也是我国首次同过规范性文件，体现互联网“分级治理”的思想，具有重要的意义。

惕，并且将关注的焦点聚集于网络基础设施安全之上。① 随后，2016 年 3 月，中兴遭遇“断供”事件，② 也暴露出中国电信设备企业在供应链上对外国的依赖。

在国内立法方面，2012 年 12 月 28 日，全国人大常委会发布《关于加强网络信息安全的决定》，从维护信息内容安全、保障个人信息安全、落实实名制等角度加强网络信息保护。2014 年 2 月 27 日，我国成立“中央网络安全和信息化领导小组”，习近平总书记讲话指出“网络安全和信息化是事关国家安全和国家发展、事关广大人民群众工作生活的重大战略问题”。而最具代表性的，则是我国于 2015 年 7 月 1 日颁布实施的《国家安全法》，以法律的形式确立了国家总体安全观的指导地位和国家安全领导体制；以及 2017 年 6 月 1 日，我国实施《网络安全法》。《网络安全法》作为我国第一部网络空间综合性法律，有效地填补了我国网络安全法律领域的空缺，在我国网络空间立法进程中具有里程碑式的意义。

本阶段的立法实践，充分体现我国相关立法与时俱进、不断完善的特征，以应对网络威胁由技术简单、目的单一到技术复杂、威胁复杂化、多层面的变化。与此同时，《网络安全法》作为我国首部网络安全方面的基本法律，使我国网络安全战略性、全局性更加凸显，网络治理深入细致、权责更加清晰，网络安全法治体系建设获得了初步成果。而对于未来的网络空间治理，③ 则提示一方面要基于本国国情不断创新，夯实技术与经济基础；另一方面要积极加强国际合作与交流。

2. 域外网络安全领域立法实践以及对我国的借鉴

（1）专门法与国家战略并重的基本模式

在行政命令和纲领性文件方面，1998 年美国政府签署的《关于保护美国关键基础设施的第 63 号总统令》中要求“采取所有必要的措施来迅速减弱关键基础设施——尤其是信息系统，在面临物理和信息攻击时的任何重大脆弱

① 2015 年 9 月，中美两国政府进行网络安全谈判。美国和中国讨论了首个网络空间军备控制协议，共同承诺在和平时期不首先使用网络武器破坏另一方的关键基础设施。

② 美国商务部认为中兴违规向伊朗销售禁运产品，对中兴发出限制采购零部件令。

③ 2016 年 12 月 27 日，国家互联网信息办公室发布《国家网络空间安全战略》，作为建设网络强国的动员令，强调完善网络治理体系，依法治理网络空间，健全网络安全法律法规体系，并对诸多重要问题进行了前瞻性和战略性的规定。

性”，即开始关注网络基础设施的安全问题。2003年美国政府发布的《网络空间安全国家战略》中所列的网络空间安全的战略目标中包括“降低国家在网络攻击前的脆弱性”和“缩短网络攻击发生后的破坏和恢复时间”，以保证基础网络服务的可持续性。在2009年，美国政府即公布了《网络空间政策评估——保障可信的和强健的信息和通信基础设施》报告；2011年，美国司法部、国土安全部等部门也发布了《网络空间国际战略》《公共云计算安全和隐私指南》《完全虚拟化技术指南》等文件；2016年，美国政府还发布了《网络空间安全国家行动计划》，强调以技术手段统筹其国内网络安全问题，并且以国际援助的方式推进其国内标准的国际化。

在专门立法方面，俄罗斯联邦委员会批准《〈俄罗斯联邦通信法〉及〈俄罗斯联邦关于信息、信息技术和信息保护法〉修正案》，这是全球首先提出要专门针对境外“断网”威胁的法律。该法案关注的是俄罗斯是否有能力确保其境内互联网在面临境外安全攻击或者抵制的情况下，仍然可以正常访问或者正常提供互联网服务的问题。对此，俄罗斯将按照法案所规定内容，设计实施“自主互联网”，确保俄罗斯境内互联网服务的稳定性和流量的可控制性。因此该法案又被称为《稳定俄网法案》（*Stable Runet Act*）或《主权互联网法》（*Sovereignty Internet Law*）。这意味着，俄罗斯将从国家立法的高度，对网络地址（Internet Protocol Address，IP）分配、域名（Domain Name System，DNS）解析、数据传输节点设置等网络底层架构的独立自主和安全问题予以关注，既是出于维护其网络安全的现实需要，更是为其在互联网基础资源领域自主可控提供了法律保障。一旦俄罗斯具备网络独立运行能力，并可将相关经验复制推广，可能会对现在以美国为主导互联网基础资源分配格局产生重大影响，其作用和价值值得引起我国有关部门和学术研究的高度关注。

（2）从“全球开放的互联网”向“独立运行的互联网”的转变趋势

从立法国家在国际互联网技术体系中的地位看，俄罗斯《主权互联网法》是国际社会中传统国际互联网的“使用者”或者“参与者”角色国家应对网络基础设施外部威胁所立的专门法律。我国与俄罗斯在国际互联网技术体系中地位相近，俄罗斯专门立法，在技术层面上与我国相关实际情况有较大的共同之处。从立法内容来看，法案要求互联网服务提供商（Internet Service Provider，ISP）使用国家域名系统，通过由国家控制的集中式系统设备引导流量，并使用政府批准的互联网数据交换点。并且，赋予俄联邦通信监管局

（Roskomnadzor）网络路由（Router）控制权，允许其在俄罗斯遭受严重网络攻击时，部分或完全阻止俄罗斯境内网络通信或与国际互联网断开。对我国而言，俄罗斯《主权网络法》有三方面的内容具有重要的借鉴意义。

第一，《主权网络法》作为全球首先提出要专门针对境外“断网”威胁的法律，规定在俄罗斯境内互联网与境外关键设施的连接受到干扰时，要确保俄罗斯境内互联网的可持续运行。从法案着重关注 DNS 来看，其首要任务在于确保当前国际互联网中处于顶层的十三台 IPv4（互联网通信协议第四版，Internet Protocol version 4，IPv4）根域名服务器（这十三台服务器全部位于俄罗斯境外，美国十台，英国、瑞典和日本各一台）对俄罗斯互联网停止服务后，俄罗斯境内互联网仍能保持正常运行。从互联网底层技术架构的设计和关键设备的研发、管理角度看，当下的“国际互联网”实际上是“美国主导的国际互联网”，一旦这十三台根域名服务器拒绝来自俄罗斯国内的解析请求，将导致俄罗斯国内互联网域名解析体制的停摆，导致俄罗斯的整个互联网服务出现严重混乱。长期以来，俄罗斯在网络安全方面受到美国的干扰和指责。除了相对传统的计算机病毒攻击和高级持续性攻击（Advanced Persistent Threat，APT）外，因为网络基础设施受到攻击而干扰社会公共服务，或者引发网络舆情事件的不利状况时有发生。现今，网络攻击的工具与方法层出不穷，但最底层的网络架构和地址资源分配仍然是一切网络应用的前提条件与物质基础，保持该层面设备自主运行，对于维护整体网络安全而言意义重大。

第二，俄罗斯《主权互联网法》是全球首先提出以自身安全为考虑主动与境外互联网“脱网”，并保持独立运行的法律。对此，法案提出，在特定的安全状态下，俄罗斯将会基于自身判断主动切断与境外互联网的连接，其国内互联网系统将与国际互联网“脱网”并保证独立运行。在操作层面，法案则要求当地 ISP 应当根据自己的备份信息，实现与根域名服务器脱机状态下的正常运行。根域名服务器的重要性毋庸置疑，但现实中，为了提高连接效率，大量地对存量节点的域名解析结果已经被“缓存”或者“记录”在了更低层次的域名数据库和 ISP 的缓存服务器中。一般情况下，这是各 ISP 为了避免对高层次域名解析服务器的重复访问而采取的自觉性做法。法案提出这一要求，则意味着俄罗斯将从国家网络安全高度来看待这一问题，将原本零散的、自觉式的记录转变为系统性的对已知域名解析结果记录的“本地化备份”工作。如今，俄罗斯已经按照法案的规定，启动了当地 ISP 的主动断网演练，检验其依照自身备份信息提供境内域名解析服务的能力。

第三，俄罗斯《主权互联网法》是全球首先从数据传输路径角度提出“数据本地化”要求的法律。对此，法案提出要规范互联网流量管理，在俄罗斯开展业务的 ISP 有义务向监管部门报告，他们是如何遵从将网络数据流引导至受俄政府控制的路由节点规定的。如此，将促使俄罗斯境内网络数据传输（数据传输的起点和目的地都在俄罗斯境内）尽量不经过境外服务器，最大程度减少俄罗斯用户数据向境外传输。这一规定若得以充分实施，将使得此类网络数据传输活动基本置于俄罗斯境内。这意味着如果有人想要对相关数据进行“窃听”甚至“窃取”，都需要对设置于俄罗斯境内的网络设施进行攻击。法案的这一规定，既会将俄罗斯的网络安全保障置于“主场作战”的有利位置，方便配置各层次的网络安保力量，也会加大网络攻击方的难度，使其更难消除攻击痕迹，或者难以将非法获取的数据信息传递至境外，同时还有利于培育本土的数据传输服务市场，可谓一举数得。

3. 我国网络安全治理发展方向

在 2014 年，习近平总书记在中央网络安全与信息化领导小组第一次会议上的讲话，即提出了“网络安全和信息化是事关国家安全和国家发展、事关广大人民群众工作生活的重大战略问题”的论断，为之后出台的《网络安全法》和《个人信息安全规范》奠定了基础。而与总体国家安全观相对应地，在信息化、网络化程度势必不断加深的当下和未来，“网络安全和信息化”之于国家安全、社会稳定、经济繁荣的重要意义。

通过对国内外相关立法时间和研究成果的分析、提炼，可以看出：一方面，针对“网络基础设施”相关安全问题的立法和法学学术研究较为分散，技术操作成分较多，而价值分析较薄弱。无论是各类学术成果中对各类技术对象的分类、重要性陈述，还是对安全评估活动的指南，都呈现出重技术、重标准和轻理论的状态。虽然重视技术操作和标准化操作具有重要的意义，但对于“网络安全”这样一个宏大的主题而言，各类制度间的逻辑关系和功能配合，需要有明确的核心价值和比“安全”更为细化的价值目标。本书将以此为研究重点内容，以技术解构和分级为研究路径，以理论总结为目标，力求在网络安全保障制度价值目标具体化和相关制度体系化方面有所突破。另一方面，针对“网络基础设施”中“数据安全”的研究偏向于“数据存储”方面，不够全面。本书将“数据”本身之于网络安全风险应对、网络安全监管乃至于网络治理的主要对象，既体现出对相关立法和学术研究的继承与延续，也是对现有立法和研究成果的细化与发展。与此同时，本书还以域外立法为借鉴，既从中看到“网络自主”对于“网络安全”的基础性意义，也看到“网络基础设施安全”的确认与维护，需要实实在在的技术保障，需要制度予以高度的重视和足够的激励，为我国具体制度的进一步完善提供参考。

具体而言，则体现在产业发展、治理理念和制度完善三个方面。产业发展方面：实现相关信息网络技术的高效、可靠和产业链安全，实现相关技术的自给自足和独立运行，确保相关产业的健康、可持续发展。无论是中兴的“断供”风波，还是国家层面所面临的“断网”风险，抑或是我国5G通信技术“走出去”所受到的不合理的“安全责难”，都反复印证了这一基本的规则：“虚拟”的互联网是建立在实实在在的网络硬件设备之上的，网络基础层面的产业链安全，是一切网络安全乃至其他网络利益分配的基础。依托自身现实条件强化网络主权、实现网络底层的独立自主和供应链安全，并以此为基础实现国际网络基础资源的合理分配，或将打破长期以来“借助技术优势谋取网络霸权”的不合理局面，保障国家网络基础设施安全以及实现更为多元的利益。

价值理念方面：从关注传统安全风险应对，延伸到网络基础资源合理分配，乃至于全球范围内信息利益的公平分配。整体而言，无论是国内外互联网相关产业、市场的发展，还是面临的安全风险变化，以及国内外一系列网络安全方面相关规范性文件的出台，都逐渐集中于反映网络空间领域“网络主权”概念的凸显和围绕其所产生的利益博弈上。并且，逐渐将深层次的“网络主权”映射于表象的“网络安全”以及相关一系列问题，并且与传统的、不合理的网络基础资源分配以及信息利益分配体系相冲突，引发全球范围内网络治理的矛盾。虽然在理论上，“信息网络”可以实现全球范围内的广泛连接，是“无国界”的，但无论是在网络设备相关的硬件层面，还是在网络信息相关的软件或者数据层面上，“信息网络”都是有主权的。而且，可以断定，应对广泛意义上“网络安全威胁”的基础和前提就是“网络主权”。从我国的应对来看，既要从中看到“网络主权”对于“网络安全”的基础性意义，也要看到“网络主权”的确认与维护，需要实实在在的技术保障，需要制度予以高度的重视和足够的激励。我国在实现这一目标的路径选择上，应当关注立法对相关技术市场的影响，以技术为支撑、以市场为驱动，以国际合作和多元化协商为架构，形成独立自主的网络空间和平等、合理的国际网络空间治理规则体系。

制度完善方面：实现治理体系的合理结构和有效配合，并以此为基础实现网络安全的全球治理。除了《国家安全法》《网络安全法》以外，国家互联网信息办公室还颁布实施了《国家网络空间安全战略》以及一系列针对网络信息内容管理制度的专门规定。而工业和信息化部、全国信息安全标准化技术委员会和中央网络安全和信息化领导小组办公室、网络安全协调局等主管部门，则对包括互联网安全等级保护制度、关键信息基础设施安全保护制度、个人信息和重要数据保护制度、网络产品和服务管理制度，以及网络安全时间管理制度等多方面内容进行了专门规定。在这些纷繁复杂的规定背后，折射出了我国网络安全治理的主要趋势：一是注重对网络基础设施的安全保障，并且要求具有高度的实践性，需要直接地与网络技术研发、网络设备制造、网络运行管理等现实紧密关联；二是需要具有一定程度的前瞻性，需要对未来信息网络技术的发展与应用有所展望，对未来的网络安全风险，尤其是根植于网络基础层面的安全风险有所预判。对此，相关研究既要将“网络基础设施”从技术上分解为传统网络硬件设施、网络运行中的基础性数据、网络运行中的基础逻辑这三个方面，也即面向未来的5G通信网络为对象，从宏观层面分析、应对其中的安全风险。

二、网络基础设施的技术分野与安全挑战

（一）以网络基础设备为对象的传统安全检视

1. 网络底层设施的自主性与独立性

对于我国而言，首要的网络底层架构风险在于外部的人为“断网”。当前国际互联网中处于顶层的十三台IPv4（互联网通信协议第四版，Internet Protocol version 4，IPv4）根域名服务器（这十三台服务器全部位于我国境外，美国十台，英国、瑞典和日本各一台）对我国互联网停止服务后，我国境内互联网仍能保持正常运行。与此同时，还要关注除了相对传统的计算机病毒攻击和高级持续性攻击（Advanced Persistent Threat，APT）外的情况，因为网络基础设施会出现受到攻击而干扰社会公共服务，或者引发网络舆情事件的不利状况。而从互联网底层技术架构的设计和关键设备的研发、管理角度看，当下的“国际互联网”实际上是“美国主导的国际互联网”，一旦根域名服务器拒绝

来自我国国内的解析请求，将导致我国互联网域名解析体制的停摆，导致整个互联网服务出现严重混乱。对相关风险的识别，将促使我国建立应对互联网底层架构层面被境外“封锁”或者“抵制”时的应急机制，确保在对外“断网”的极端情况下保障国内网络畅通。

在可预见的将来，现代网络信息技术将在社会发展中发挥出越来越重要的作用。可以预想，世界各个国家和地区自然也会更加重视信息网络的独立运行和可持续运行为代表的自主性问题。尤其在全球化发展趋势面临不明朗预期、地方保护主义和霸权主义仍然持续不断地阻碍世界和平与发展潮流的当下，从硬件层面与域外网络“硬脱网”的同时，保障国内网络的完整、稳定和可持续运行，具有突出的现实意义。

对于传统网络硬件安全以及独立性问题的关注，仍应基于两方面的现实。一方面，由于现代信息网络技术的应用领域十分广泛，在一定程度上因其适用范围的扩张而扩大“安全”关切的范畴，将“安全”与“风险”的考察因素从技术、市场范畴扩展到国家或者地区的政策、法律层面，具有一定的合理性。这也意味着虽然“独立运行”“脱网运行”多少带有一丝“保守”或者“封闭”的意味，但它其实是基于现代信息网络广泛应用性和重要性，以及多元化功能等自身属性的自然外延，而非人为地选择“开放”或者“对立”。另一方面，也要看到现代信息网络技术、设备和产品本身的安全与否，始终可以通过技术检测或者安全评估等客观手段予以确认的，具有客观性，也具有重复的可验证性。对相关技术设施的安全关切，仍然要以“技术”和“市场”作为优先考察。在构建相关标准和市场准入机制时，应尽量减少当中的主观因素，避免将所有可能跟“安全”相关的因素不计轻重缓急地混为一谈。否则，相关市场难言公平或者开放，人为因素也会不合理地干扰技术发展，并最终限制现代信息网络相关技术的发展与应用，有碍社会进步。

2. 传统网络安全风险的扩散

传统的网络安全威胁往往以计算机、网络设备本身，以及存储于其上的文件系统的破坏为目标。彼时的网络安全风险，也因此而局限于“电子信息领域”，并不直接地对广泛的社会公众带来伤害。而这一“惯例”，正随着现代社会信息化程度的加深和网络技术和市场的飞速发展，而越来越多地与每一个社会个体产生愈发直接的联系。从原理上讲，一切运用现代信息网络的线下设施，都会因其自身功能、属性和接入开放网络，以及与外部数据交换的便利性、可操作性差异，而使自身功能、设施的正常运行或安全保障都或多或少地受到相关网络安全的影响。从趋势上看，由于现代设施的高度复杂性和高度自动化属性，其对现代信息系统的依赖处于不可逆转的加深趋势。而且，随着移动互联网技术乃至于蓬勃发展的“万物互联”技术的广泛普及，较之以往作用于各类应用后台、难以被人们所感知的自动化系统或者网络应用，正迅速地脱离数字终端设备的限制，成为人们身边看得见、摸得着的对象。与之对应地，则是“网络安全”，正逐渐从“虚拟世界”的安全风险转变成为现实世界的硬件威胁，从各类应用、产品的“底层硬件故障”转变为直接的个体经济损失甚至人身危险。

而在“社会损害”之上，网络安全也越来越紧密地与国家安全以及国际竞争相关联，影响范围愈发深远。“网络安全”作为我国总体国家安全观中所包含的“信息安全”中的一个下位概念。信息安全作为国家安全的重要组成部分，除了关注于“网络”之外，还有一些其他的内涵，涉及别的领域，包括广播电影电视等信息传播渠道的管理，还有个人隐私信息和商业利益相关信息的保护等。与之相比，“网络安全”本身即具有更底层、更基础的意味，并且之于“信息安全”或者“国家安全”具有一定的“工具属性”：一般意义下的“网络安全”更强调网络本身的正常、完整和稳定运行，并且作为现代社会“信息化”发展中的“工具”，为之提供物质基础与保障，更多地体现为“技术性”“客观性”，而较少地带有价值判断的因素。但将抽象的“网络”或者更为具象化的现代信息网络等同于其他服务于国家社会发展的“工具”，会与客观现实产生偏差。“网络风险”早已脱离了“网络产业”或者“信息产业”的限制，成为了足以影响全社会方方面面的重大安全威胁；而相对传统的安全问题以及负面影响，也会基于现代信息网络近乎零成本的信息传播和扩散，在“网络外部性”的作用下，被无数倍地放大，产生难以预估的后果。这种作用领域、影响范围以及时间跨度上的差异，远非一般意义上某种“工具”的失误或者被滥用所能解释。在网络技术发展和应用的早期阶段，相关的安全风险往往因为“离线”而呈现出“离散”的态势，并且以“技术的问题交由技术解决”的方式得以化解。如对于信息系统的文件安全问题，通过严格的数据存储介质接入管理策略，以及及时更新的杀毒软件、防火墙即可有效予以应对。但随着网络覆盖面的扩大，网络节点数量的暴增和网络接入途径的多样化、自动化，使得传统风险的“在线转变”也愈发凸显，引发网络安全事件的利益驱动，也由传统的黑客炫耀技术、追求个人精神满足、获取经济利益，发展为向其他的如谋求宗教、政治利益，威胁社会稳定、国家安全以及维持国际霸权方向转变。这也意味着在发展的视野下，对网络安全的追求，也应当从这些延伸的非传统网络利益为考量，进行系统性地分析与应对。

（二）以网络底层数据为对象的网络信息安全保护

大规模的数据应用，是支撑现代信息技术应用乃至于现代社会信息化、智能化发展的关键要素和基础性资源。无论是通信技术硬件区分体系下的宽带互联网、工业互联网（窄带网），还是数据信息处理架构区分体系下的云计算（Cloud Computing）、边缘网络计算、①当下炙手可热的区块链（Block Chain）网络，或者是综合体现硬件芯片架构、数字信号处理（Digital Signal Processor，DSP）等技术进步的三代、四代、五代移动通信技术，②其运行，都依赖于硬件设施和软件设施的协调运作。在这当中，存储、运行于各种“网络底层”的各种“数据”的法律性质、运行规则，应有统一和明确的规定。否则，制度的构建将陷于“回应式”立法的被动，也难以应对网络底层的数据安全威胁。

无论是我国正在研究起草中的“数据安全法”还是“个人信息保护法”，又或者是欧盟地区已经颁布实施的《通用数据保护条例》（*General Data Protection Regulation*，GDPR）还是美国加利福尼亚州所颁布实施的《加利福尼亚州消费者隐私保护法案》（*California Consumer Privacy Act*，CCPA），都将“数据”置于重要的位置。虽然彼此之间在立法背景、基本立场和出发点以及权利设置等方面有着诸多的差异，但也存在着一个重要的共性，即无论是“个人数据”还是“通用数据”，其搜集、利用、存储甚至交易的行为准则，都将超脱于具体的网络产品或者服务内容限制，成为了（或者即将成为）具有适用区域全社会通用数据规则的性质。与之对应地，在对数量庞杂的“网络数据”背后，也存在着抽象层面的，足以对网络基本运行状况产生影响的基础性数据，或者说，是支撑了整个网络正常运行的“底层数据”。底层数据的安全、可靠保障

---

① 亦称“雾计算（Fog Computing）”，在该模式中，数据、（数据）处理和应用程序均集中在网络边缘的设备中，而不是几乎全部保存在云中，以减少数据信息处理的层级，提高效率。

② 即通俗所称的“3G、4G、5G 通信”技术。

和监管需求，同样是维护网络基础设施安全的重要方面。而网络底层技术的受制于人或者脱离安全监管，也必将导致构建于其上的各种应用在获取基础性网络资源时受制于人。而在安全层面上，对境外不可控节点的依赖，以及数据传输节点的非必要外流，也将导致网络底层的安全漏洞。对相关风险的识别，将促使我国以更全面的角度来应对“数据安全”问题。

（三）以“黑箱化”算法为对象的网络逻辑监管

网络硬件设施的操作、底层数据的传输，都遵循着一定的逻辑，并且以高度自动化、底层化的方式运行，远离于网络建设者、运营者、维护者和使用者，也往往难以进入网络安全的监督管理者①的视野。现实中，对网络节点中处于基础地位的行为逻辑监管的缺失，将会带来难以预计的后果。这是因为要实现对计算机、网络以及其他信息技术设备硬件的操作，必须依赖于特定的操作系统软件（Operation System，OS）。现实中，无论是服务器端、PC端（Personal Computer，PC）还是移动终端，相关的OS软件源代码均不由我国机构所掌握。而即便有开源（Open Source）的OS，也因为其许可证问题，而使得相关衍生软件的商业化应用不得不受到域外权利人限制。国内网络以及相关节点的稳定运行，若过度依赖于域外机构所提供的OS产品，可能面临两方面的安全风险：一方面，系统故障或者漏洞风险；另一方面，系统后门风险。对于系统故障或者漏洞风险，相对而言较为明显，容易被用户或者其他专业机构所直接感知，更多地体现为一种信息技术产品外在质量。相关产品或者服务可以正常运行即为“安全”，否则即为出现“安全漏洞”，需要安装设备或者服务供应者所发布的“补丁程序”。而真正的安全风险，则出在“无故障”的方面：由于设备或者服务商掌握相关计算机程序的源代码（Source Code）往往处于保密状态，而仅向用户提供仅能由硬件执行，但相关操作人员、使用人员和监管者不可阅读、不可理解②的目标代码（Object Code）或者可执行代码（Executable Code），使得底层编码人员的真实想法、目的得以隐藏于其后。也就是说，在实现基本设备或者服务功能之外，底层编程人员是否编写有“冗

---

① 对于“网络建设者、运营者、维护者和使用者以及网络安全的监督管理者”等主体的列举，系参考《中华人民共和国网络安全法》第二条“在中华人民共和国境内建设、运营、维护和使用网络，以及网络安全的监督管理，适用本法”的结果。

② 表现形式为二进制数字“0/1”所组成的字符串。

余”代码，这些代码的功能与目的是什么，什么情况下这些代码会被激活，以及会产生什么样的后果，对于“用户”而言，是不可预知、难以检测，也难以及时应对甚至难以发现的。计算机网络底层运行逻辑的“失控”或者脱离于监管，将引发潜在的安全风险。

单纯从技术角度考虑，作为对此类安全风险的应对，“开放源代码”是最有效、最直接的做法。通过本方技术人员对所提供的源代码进行解读、分析，可以发现基本功能或者公开功能之外的“冗余设计”。但是，在信息产业相关市场中，源代码往往是相关市场经营者最重要的技术秘密，是其核心资产。计算机基础硬件的操作系统设计与编码，是相关国家或者地区在信息技术领域核心竞争力的体现。以行政命令或者法律规定的方式获取域外私人或者公共机构的核心机密，并不具有现实的可操作性。因此，对网络基本逻辑的监管，不能以“源代码”作为对象，而应当将其背后的“算法”纳入监管范畴。也即是说，在现实可操作性的考虑下，最为值得注意、应当纳入网络安全治理体系的，即为基本行为逻辑背后的“算法”。算法（Algorithms），所指的是一个基于指定计算将输入数据转换为期望输出的编码过程。① 在这一过程中，需要有明确的、需要被解决的问题和一个或多个确定的解决问题的思路或者办法，虽然它决定了计算机程序的基本功能与性能，但它与“源代码”有着形态和功能方面的重要区别。一方面，从算法的根本功能看，它是计算机程序解决问题的思路或者方法，属于“思维”而非表达，不容易受到知识产权制度的保护，使得相关监管活动不至于受到知识产权制度限制。② 另一方面，从算法的存在形式看，现实中已经存在有大量的公开的算法，如计算机程序设计中的经典算法都是公开的，谷歌人工智能的算法 TensorFlow、华为 5G 极化码算法、阿尔法狗用的蒙特卡罗树搜索等算法，这些科技前沿企业的核心产品或者服务的算法也大都是公开的。虽然保密的算法也有很多，但以“安全关切”为

① See Tarleton Gillespie，“The Relevance of Algorithms”，in T. Gillespie，P. J. Boczkowski，and K. A. Foot（des.），Media Technologise：Essays on Commnication，Materiality，And Society（Cambridge Mass.：MIT Press，2014），pp，167-194.

② 其作为“思维”与著作权客体关联不大。在专利方面，算法又属于解决问题的抽象的思路（按照现行专利法，纯计算机程序尚且被认为是“智力活动的规则或方法”不被授予专利权，作为计算机程序灵魂的算法，更为抽象，就更难以被认为是解决问题的技术方案而被授予专利权了。

理由要求被监管对象实施一定程度的“算法开放”，具有合理性和可操作性。①而更为重要的是，通过对算法的有效监管，可以实现对源代码实施监管的近似效果。从逻辑角度看，算法可以理解为是为了解决某个特定问题或者达到某个特定目的所要采取的一系列步骤。② 而且，从软件工程的角度看，算法所包含的“一系列步骤”必然要包含有解决相关问题所需的“全部的正确步骤”，计算机软件执行这一算法，必然可以达到预设的目标。否则的话，错误的或者缺失必要部分的“一系列步骤”所带来的必然是错误的算法，并且对应着相关计算机系统的故障和市场应用的失败，没有讨论价值。尤其是当“算法”与特定参数之间相关联时，对于判断程序功能（即设备的行为逻辑、行动策略），并且与现实的设备行为进行验证，具有重要的意义。

（四）以5G网络通信技术为代表的未来网络安全关切

从技术发展的角度看，现代信息网络经历了从窄带互联网（通过调制解调器传输模拟信号）到宽带互联网（光纤传播数字信号），再到移动互联网（运用3G/4G通信技术）的发展演进过程。可以说，现代信息技术的发展与应用，已经深刻地改变了整个人类社会的面貌。以电子计算机、高速互联网、移动通信等技术应用为代表，“信息技术”以革命性的效率优势，在短短数十年的时间里，既围绕自身产品或者服务特性构建起了庞大规模的市场，也迅速地对相关技术诞生之前的社会各个领域进行了全面和彻底的“改造”。此时，“电子化”“网络化”或者更具概括性的“信息化”水平的高低，已经可以直接决定相关对象或者区域整体上的现代化程度。随着现代信息技术的飞速发展，市场

---

① 算法保密的理由各有不同，可能是基于保持技术秘密，保持有价值的参数不为他人所知；也可能是基于保持商业秘密，不想让自己的经营策略为他人所知。但为什么会实施算法公开，原因也有很多，或许也可以考虑为想以此来构建自己的平台或者生态。但是，最为重要原因是，获取他人算法不代表获取他人源程序或者能够复制出他人的产品、服务，从算法到产品，还需要大量的劳动与投资，“有思路”和“获得产品”乃至“商业成功”之间的距离是十分遥远的。就好比大多数人都知道核电站的原理，却没有办法自己造一个是一样的。这也决定了，基于安全监管要求而实施的一定程度的“算法开放”，不会引发贸易方面的纠纷。

② See Nicholas Diakopoulos, “Algorithmic Accountability”, 3（3）Digital Journalism 398-415（2015）.

经营环境、竞争状态乃至社会环境也随之进入了“数字时代”，并且展现出了革命性的社会管理效率和经济效率提升。单就“数字产业”的规模和“互联网”市场而言，市场规模之庞大、增长之迅速、信息网络覆盖率之高，都令人印象深刻。据统计，① 截至2019年8月，我国网民规模为8.54亿人，较2018年底增长2598万人，互联网普及率达61.2%。在这当中，我国网络购物用户规模达6.39亿人，较2018年底增长2871万人，占网民整体的74.8%。在其他代表性细分市场方面，网上外卖用户规模和网络支付规模分别达到了4.21亿人和6.33亿人，以及网络视频、网约出租车等传统以及非传统网络应用领域，同样也聚集了巨大的用户数量。② 在这庞大的用户规模背后，聚集着巨额的经济价值，支撑了数以亿计的就业和数十万亿元人民币规模的经济体量，也催生了数家市值逾千亿美元规模的庞大企业。与之对应地，庞大的经济规模，自然也会对其上层建筑乃至更广泛、复杂的国家、区域间竞争产生影响。此时，不同国家、地区之间的竞争活动也不可避免地带有浓厚的“技术化”色彩：新的通信技术，新技术的用户规模、用户流量以及更换通信技术制式乃至供应商的高额成本，将成为左右国际经济竞争、政治力量分配乃至国家以及区域安全的关键要素，而“网络外部性”因素，也在日趋激烈的“数字化竞争”

---

① 以“用户规模”，而非具体的产值或者市场价值，作为判断“数字时代”或者“互联网”相关领域市场规模或者经济活力的主要指标，有三方面的考虑。一方面，“互联网”本身还属于一个相对宽泛的概念，各种不同的统计口径下，存在着“移动互联网”“宽带互联网”“工业互联网”的多种区分方式，每一种划分下，所纳入的市场领域或者企业种类、数量都不一样。另一方面，“互联网”相关产业规模发展十分迅速，与传统市场领域的联结甚深，同样的经营者或者经济实体，可能被重复地计算于传统领域或者互联网领域，又或者在彼此之间游离，难有定论。其次，在一般认识中，“互联网”多与“虚拟”或者“虚拟经济相关联”，但支撑整个互联网运行的信息工业则十分庞大，芯片设计与制造、通信设备生产与网络架设等产业，是否被纳入到“互联网市场”中，各种统计分析、研究报告的观点也并不统一。因此，在描述互联网市场规模时，笔者更倾向于采用“用户规模”这一视角，一来，相关数据有着较为权威的发布方、数据更为准确；二来，相关数据可以与我国人口总数做对比，给人感受也更为直观。相关数据来源则选自中国互联网络信息中心（China Internet Network Information Center，CNNIC），该机构于1997年6月3日组建，现为中央网络安全和信息化委员会办公室（国家互联网信息办公室）直属事业单位，行使国家互联网络信息中心职责，其所发布数据信息为我国官方统计口径。

② 参见中国互联网络信息中心：《第44次中国互联网络发展状况统计报告》，2019年8月30日发布。

活动中发挥出日益显著的作用，甚至于超过产品或者服务本身的品质，成为影响竞争结果的关键因素。面向未来，全球范围内，新型的通信技术已经逐渐成熟，新型的通信网络基础设施正如火如荼地建设之中，而新型的安全威胁，以及围绕新型通信技术而产生的非典型安全风险，也正处于酝酿之中。在当下和可预见的将来，5G 通信技术就是新型通信技术的代表。运用 5G 通信技术所构建的新型网络，将极大地改变相关市场，乃至全球经济、社会生活的基本形态。基于 5G 通信技术所构建的网络安全问题，以及围绕 5G 通信网络而产生的安全关切，亦当引起重视。

第五代移动通信技术，简称 5G 或 5G 技术，是最新一代蜂窝移动通信技术，也是继 4G（LTE-A、WiMAX）、3G（UMTS、LTE）和 2G（GSM）系统之后的延伸。5G 通信技术以高速率数据传输（远超 4G 的数据处理能力）和极低的时延（毫秒级的终端时延），以及超高频（Super High Frequency，SHF）通信（SHF 具有极小的通信天线尺寸，结合高速率的数据传输和低时延，可以带来每平方公里百万级的连接数密度）为特征，将具有极为广阔的应用前景：（1）基于高速数据处理带来的新型商业场景：基于云的 VR/AR 内容渲染和体验，带来广告、零售行业的革新；基于云的高清晰度的家庭娱乐；超高清、全景直播和新型社交应用等。（2）基于低时延通信带来的新型工业应用：自动驾驶/车联网；智能设备的远程控制；远程医疗；自动化工厂/工业生产等。（3）基于超高频通信（SHF）带来的智能社会体验：智慧城市；环境监测；基础设施状态监测等。5G 通信技术以及通信网络进步意义得以实现的前提与保障就是“安全”。一方面，5G 的技术特点和根本价值具有天然的“效率”属性，但“效率”的实现，必然要以“安全”为基本前提和保障；另一方面，5G 网络的发展和应用将前所未有地把“机器”和“自然人”紧密联结在一起，对“安全”提出了更高的要求。而在更为广泛的全球视野下，5G 通信技术以及通信网络得以真正造福于国家、社会的途径在于，如何在合理的“安全的”关切下，以公平的方式重新配置全球网络基础资源。5G 通信作为现在信息技术的前沿，必将极大地促进社会生产力的发展。相关利益的公平分配与否，将取决于在微观市场层面上，是否有公平合理的竞争秩序；社会层面上，是否有公平合理的数据信息利用机制；国家层面上，是否有均衡的产业发展和信息化政策了；国际层面上，是否有公平合理的国际合作和治理体系，将直接决定5G通信技术是不是真的可以发挥优势造福于人。

具体而言，以5G通信技术为代表的未来网络安全关切至少要包含五个方面。其一，5G通信网络产业安全，既包括5G通信技术硬件生产质量安全方面，相关产业和设备的标准化和安全分级方面，相关硬件设备本身技术标准是否可信，网络管理、操作人员可靠，不同应用领域是否有对应分级管理，管理机构人员职责是否明确等，也包括5G通信技术产业链完备方面，关键网络设备是否有自主可控的产业链，以及政府与设备供应商之间是否有合理边界（华为所受指责，以及我国在国际上所承受压力的主要方面）。与此同时，还要关注5G通信技术应用于保障社会运行方面的安全性考察，如面对突发大规模疫情、自然灾害或者战争情况下，5G通信网络在远程医疗、教学、会议、工业自动化生产等方面的运用中，相关技术完备、设备可靠等方面的安全评估以及潜在安全风险预判。其二，5G网络基础设施硬件安全方面，既包括5G通信技术相关关键信息基础设施安全，如对5G通信技术相关关键信息基础设施的全面识别、分类和专门分析，明确相关主体（生产者、运营者、使用者、监管者等）的权责，也包括运用5G通信技术的物联网安全，如明确各种自动化设备（自动汽车等）、远程操作设备（远程医疗等）的安全保护规则，以及“人”与“物”之间的安全责任承担。其三，5G网络基础设施软件安全方面，既包括5G通信网络所关联的信息、数据安全，如个人信息、数据安全问题①，也包括市场经营者的信息、数据安全问题，如数据搜集规则、数据使用规则，必要的数据开放规则等。其四，5G通信网络所关联的国家安全。既包括“G通信网络主权，如“5G”网络的独立自主运行，“5G”网络的安全测试、压力测试，5G通信网络的应急处置机制等方面，也包括国家安全层面的5G通信网络信息安全，如5G通信网络数据的本地化问题等方面。与此同时，由于5G通信技术之于全球市场乃至全球竞争的重要意义，还存在着围绕5G通信网络基础设施，但实质上并不直接与通信技术风险或者基础设施产业链相关，但仍冠以“安全”之名的“笼统安全关切”：以意识形态差异或者滥用国家力量为本质的，对未来全球5G通信基础设施建设、应用市场的争夺。这种非传统形

---

① 考虑到数据安全加速放大社会风险和经济风险，设计更具针对性和周延性的个人信息保护规则；同时，也要为“5G”发展保留充足空间。

态的“安全”问题，也会实质地影响到我国相关产业乃至我国企业参与国际合作的正当利益，应当予以重视。

三、我国网络基础设施安全风险应对策略的理论分析

（一）对传统安全风险线上演进与线下蔓延的警惕

在一般的认识中，“网络”带有“虚拟性”的天然标签，并且，构建于宽带互联网之上的“虚拟世界”，“虚拟空间”也往往与“现实世界”相对应。顺理成章地，“网络安全”风险也时常会被贴上“虚拟”或者“在线”的标签。现实中，传统的网络安全威胁也确实以计算机系统数据丢失、篡改或者网络服务器的响应不能①为表现。但是，随着现代网络技术的进步与普及，依赖于网络运营、操作和管理的线下设施越来越多，通过网络攻击影响线下设施安全的现实案例已经多次发生，并且呈现出愈演愈烈的趋势。2010 年即发生了计算机病毒袭击核电设施的事件，② 而 2016 年 12 月发生的针对乌克兰电网的恶意程序袭击事件，造成其首都基辅附近断电超过一小时，数百万户家庭被迫供电中断。除了这些依赖于现代信息系统运行的线下特殊设施（核设施）和基础设施（电力设施）所面临的网络“硬”威胁之外，还存在着基于网络传播、扩散、煽动甚至直接指挥实施的网络谣言和网络恐怖主义之类的“软”风险，也在全球网络的阴暗角落伺机而动。而在传统的刑事犯罪方面，近年来

① 如计算机网络空间中司空见惯的“Ping 攻击”，即攻击方通过不断向指定的 IP 地址发送不接收回复的数据包，导致被攻击目标缓冲区溢出，直至目标主机有限系统资源被消耗殆尽。网络中的许多病毒或黑客常常会通过“Ping”方法来对目标主机实施攻击，从而导致目标主机发生瘫痪故障。

② 伊朗布舍尔核电站的控制系统 2010 年曾遭受“震网”电脑病毒袭击。计算机安全专家在对“震网”病毒进行分析后发现，这种软件专门为袭击离心机而设计，该病毒能突然更改离心机中的发动机转速，这种突然的改变足以摧毁离心机运转能力且无法修复。西方认为，“震网”病毒已导致伊朗浓缩工厂内约五分之一的离心机就此报废。据专家介绍，“震网”病毒有两个作用，一是让离心机失控，二是在离心机失控后仍向控制室发出“工作正常”的报告。因此当伊朗人发现离心机工作异常时，很多离心机已经被破坏。“震网”病毒可能是全球第一种投入实战的“网络武器”。新病毒采取了多种先进技术，具有极强的隐身和破坏力。

新出现的利用新型网络架构和服务抵御技术防范、逃避法律打击的新型网络风险①，也提示着创新性的网络基础逻辑也有可能因其技术方面的特殊性。此时，新架构的信息网络以及独特的数据传输、应用方式，也有可能成为传统或者新型犯罪活动的工具，为相应的防范、监管和打击活动带来认识上的障碍和技术上的挑战。这也直接提示了将网络基础设施软件风险延伸至基础性数据和运行逻辑，对网络底层数据和算法予以监管的必要性、合理性。

（二）对网络底层数据保护的重视

网络底层数据之于现代信息网络的重要性无须赘言，但对于是否应将其纳入监管范畴，以及如何将其有效纳入监管，始终缺乏明确的答案。这是因为，一方面，网络底层数据往往是直接写入网络设备硬件，与特定设备直接关联的信息，一般作为相关设备的“功能完备”或者“质量优秀”指标笼统地纳入各类行业或者产品监管体系；另一方面，网络底层数据不是各类网络产品或者服务中所产生、使用和存储的数据，它与市场、用户有着技术上的“隔离”，直接因其而产生的纠纷或者安全事故十分罕见，故而也难以引发社会以及管理机构的重视。而在现实中，有关“数据”的法律性质、权责归属问题，仍然处于热烈的讨论之中，并未形成共识，更加“偏僻”的“网络底层数据”，自然就更易被忽视。“网络底层数据”游离于网络监管视野之外，仍然是一个不容忽视的问题。但是不能因为相关网络设备的“正常运行”，就忽略了对应底层数据中的“冗余”。而对于缺乏足够自主性、透明性的底层数据而言，“冗余”出来的部分，才是网络安全漏洞或者人为设置的“后门”或者“恶意程序”的藏身之所。对此，至少有两方面的内容需要予以明确。

1. “数据”是网络安全的基础性要素

在法律规范以及制度构建层面上，“底层数据”作为网络安全相关规范性文件客体，应当具有特定的组成和明确的范畴。“数据”中的核心内容是“以

---

① 如2017年5月，全球范围内爆发勒索病毒事件：一款名为“想哭”（Wanna Cry）的勒索病毒在英国爆发，并迅速蔓延至全球，对政府、医疗、金融、教育、能源等多个重点领域造成影响。其勒索方式为索要“比特币”，从技术上断绝了执法人员追踪勒索者或者资金流向的侦查路线。这一代“传统勒索犯罪”与“区块链网络”相结合的代表性事件，使得“区块链网络”这一新型网络逻辑架构的负面影响问题再一次引起全社会的广泛关注。

二进制运算为逻辑基础，以电子化形式存在于信息网络之中”的信息，现代信息网络系统的性能高低、潜在价值高低、相关经营者籍此获得利益的多寡，以及对社会竞争利益、公共利益影响的大小都取决于此。但是，单独的“数据”本身并不足以使其能够成为对社会公众有益，或者说具有直接的使用价值的工具或者对象。因此，作为“现代信息网络”这一特殊技术背景下的“数据”，想要获得法律制度的确认与保护，至少应当包含“电子化形式存在于信息网络之中的数据”本身和一系列必要的辅助内容，形成完整的网络安全法律规范以及规则体系构建中的统一对象。

“网络底层数据”作为一项法律规范以及制度构建层面上的对象，其核心特征在于“以二进制运算为逻辑基础，以电子化形式存在于信息网络之中”，而不是数据本身的内容或者所承载信息的内容。法律对“数据”的承认与保护，是形成现代信息网络环境下的数据治理、保障基础性数据安全的前提，是相关权利人和责任人（如中华人民共和国境内建设、运营、维护和使用网络的“人”）在法律的框架下规范使用相关信息从事经营活动、避免法律上的不确定所带来的风险并获取利益的基础，也是促使他们履行网络安全合规义务、追求网络实质安全的制度前提。

从电子信息网络数据的价值本源上讲，数据的“存在”本身，加上被自己或者他人加以利用（即常说的“数据挖掘”）的可能性，即蕴含了价值，包括且不限于经济领域。而且，随着相关技术的发展与完善，数据信息的存储格式或者数据结构对数据存储、传输和处理性能的影响也在日益下降，“数据编排”的价值日趋稀释。在现代信息网络中，“数据”的表现形式与电子信息领域中的各种对象相比并无特殊之处，它们都是以电子信息形式存储于计算机磁盘等存储介质中的二进制代码，但是，这种技术原因所造成的形态混同，并不是否认“数据”与“数据库”或者其他电子信息产品之间法律性质差异，或者认为广义上的著作权制度（包括邻接权客体）足以“包办”的理由。这是因为，在现代信息网络以及相关应用语境下，虽然相关系统并不排斥“高质量”的数据信息，但相关技术原理决定了现代信息网络系统更关系数据信息的种类是否齐全、是否具有时效性以及数量等方面，信息质量的高低是劣后的。这意味着，在讨论“网络基础设施安全”这一现实课题语境下，并没有从数据内容或者数据所承载的信息内容方面区分“数据”的实际意义。换言之，如果从信息内容出发，对“数据”进行人为区分，无论是“个人数据”还是

“金融数据”，其功能与作用虽然会对应不同的社会、经济效果，但对于现代信息网络的正常运行，网络数据的完整、安全而言，并无直接影响。如以最为相关的知识产权制度为例，同样也不需要判断这些数据信息本身是否具有独创性，或者这些数据信息的编排是否具有独创性。作为“数据”最小单元的“数字化的客观事实”，一般来说没有任何著作权制度意义上的独创性可言，这些信息单元的琐碎程度对于自然人而言甚至不具有基本的可读性，但是，在现代信息网络和相关计算机技术的支撑下，海量的此类数据信息的集合，对于社会管理和经济活动乃至于科学研究而言，却是宝贵的“土壤”和“良田”，它们或许不能保证一定会被哪些主体应用并且产生人们所期望的价值，但这些数据在现代信息网络上的存在以及正常传输，却是相关网络正常运行（也即“安全运行”的必要保障）。因此，作为维系现代信息网络正常运行的对象，数据的存储形式或者数据结构并不足以成为安全相关制度构建所考虑的关键因素，而为了实现对抽象意义上网络数据的统一认识和对抽象网络数据运行规则的统一建立，应当以更为基础的“数据”作为制度对象。

2. 网络底层数据的监管的必要支持

按照通常的网络层次划分，① 网络底层数据往往存在于物理层之上、应用层之下的层级中，往往与固件之间相连（写入硬件），承担着直接操作网络硬件及分配网络虚拟地址空间、校验网络上传输数据准确性等基础性任务，是保障网络正常运行的必要设施。② 要对这样的对象予以监管，除了认识到“数据”的重要意义之外，还需要结合相关对象的技术特性，设计必要的配套制度。

一方面，作为必要的配套技术要求，在网络安全以及更上位的网络治理制度构建中，应当对各网络节点要求保留基本的底层数据查询接口或者模块，形成对监管机构或者其他有权机关的必要开放。这种查询接口，至少应包括对该网络节点相关权利人、责任人和使用者等方面的内容。前者无须赘言，它是掌

---

① 一般说来，从技术角度对“网络”的认识，主要有两种模型，分别为“四层模型”和“七层模型”。四层模型即将通俗所称的“网络”划分为数据链路层、网络层、传输层和应用层。七层模型则为：物理层、数据链路层、网络层、传输层、会话层、表示层、应用层。无论哪种模型，所描述的都是具体的网络产品或者服务后台的，逐层靠近网络基础硬件设施、网络底层的技术标准和行为规则。

② 网络底层数据之于网络的关系，可以操作系统软件与计算机硬件的关系作为类比。

握有现代信息网络数据的“人”利用数据信息从事经营或者其他活动的基础设施之一；而后者除了方便一般使用者依照法律或者合同安排使用相关大数据产品或者服务之外，更对应了知识产权管理者以及其他有权机关所行使的审查以及监管职能。行使审查以及监管职能的机关，通过查询接口或者相应的功能模块，可以实现对现代信息网络相关系统中信息种类、规模和内容的大致把握，并以事后监管的方式监督数据信息的建设、运营、维护和使用情况，并处理包括侵权在内的各类纠纷。

另一方面，“网络底层数据”作为一项法律规范以及制度构建层面上的对象，应以“在线情况”作为其符合网络安全内部治理以及外部监管的基本指标之一。从技术原理上看，“数据”依托于现代信息网络产生和发展，必须是始终在线的，即便某些数据信息被相关经营者离线存储，就整个系统而言，它也至少要包括在线的数据搜集系统和对外服务网络。这一特征，或者作为维系现代信息网络基本运转的“数据”的必备组成部分，也是其区分于相对传统的“数据库”或者其他本地数据产品的一个判断依据。对于静态的或者脱机的本地数据产品而言，数据信息是否更新，以及更新模式是在线更新还是线下更新，只是判断相关系统性能以及便利性的考量因素之一，并不成为影响对应信息网络正常、完整运行的必要条件。换言之，一个线下的数据信息系统，足以成为衡量现代信息网络数据基础安全性的必要指标。反之，无论是在网络安全合规检查还是分级、分类监管时，都应该把网络基础性数据的“在线情况”纳入观察范畴。

其次，“网络底层数据”作为一项法律规范以及制度构建层面上的对象，还应该具有可验证的历史信息开放模块。这是实现当下以及未来网络数据信息开放共享的重要内容，是信息高效、自由传递的直接体现，也是贯彻网络安全与信息化发展并重原则、实践“网络安全和信息化是一体之两翼、驱动之双轮”的重要体现。对于现代信息网络数据相关权利人而言，相关数据信息的搜集与在线运营需要耗费其大量的人力、物力投入，其独占相关数据信息的依据亦来源于此，也有一定的正当性。因此，法律制度在促使数据开放共享时，应采取合理的路径来平衡社会公众和权利人的利益。设计合理的延迟开放，是为一种可行的方案，既不至于过多地打击相关市场经营者的积极性，也能确实地充实社会公共领域的知识或可利用的数据信息。对应于具体的操作层面，则应要求设有可操作的历史数据信息开放模块，并可以通过技术上的手段对相关数据信息加以验证，确保后续的开放信息与前期的非公开信息相一致。

（三）对网络基础运行逻辑风险的防范

网络基础运行逻辑由相关设备所执行的“目标代码”所决定。而不可阅读、理解的“目标代码”，会给相关的风险防范活动带来极大的技术障碍。将“算法”以及相关的安全问题纳入监管范畴具有合理性和必要性，但这一过程，则需要将对技术对象属性、功能的讨论回归法律分析：“算法”的法律性质、“算法监管”的法理基础与制度构建。而这也将成为网络基础设施安全治理的重要组成部分。

1. 需要对网络底层的“算法”进行技术解构与法律定性

对算法的法律定性，是将这一技术对象纳入法律监管体系的重要前提。对于此问题，至少有三个方面需要予以明确。其一，“算法”作为计算机软件实现功能的规则和方法，它的本质和表现形式有哪些，是某种类型的财产性权利的客体，还是单纯的思维活动的方法或者规则等；其二，“网络底层”技术背景下的“算法”与“网络产品或者服务所遵循的算法”相比，有何特殊之处，它对于现代信息网络硬件的基本运行，以及基于网络技术设施以及底层数据操作发挥着怎样的功能；其三，“网络底层算法”的法律性质是怎样的，它是不是适格的法律关系的客体，可能会与哪些法律制度产生关联。对“算法”的法律性质进行判断，需要明确它与技术秘密、典型的知识产权（如计算机软件或者其他种类的著作权客体）或者企业经营策略（自主经营权）之间有何关联，会与其他经营者和消费者产生何种法律关系。

2. 需要对网络底层的“算法”的潜在风险的判断与识别

以类型化的方法，将“现代信息网络的底层算法”以及对由此而形成的“网络基本运行逻辑规制”所导致的潜在安全风险，从纵向细分为四个方面：国家安全和网络安全方面，包括网络数据信息的本地化存储和非必要的境外流动风险，以及基于算法漏洞的外部攻击、破坏风险等；网络风险的非传统方向延伸方面，包括关键信息基础设施的正常运行（算法失败问题导致的网络节点系统错误问题，网络整体算法趋同导致的网络阻塞漏洞等）、算法影响下的数据安全和舆论导向等；网络风险的线下市场延伸方面，即由于底层算法监管缺失所造成的网络产业风险，以及相关的市场充分和有序竞争和利用算法实施的各种阻碍竞争、无序竞争和侵犯消费者利益的风险活动，如算法合谋导致的垄断协议问题、算法霸权导致的对其他经营者的影响或者控制问题等；网络风险由技术后台向社会个体直接感受的转移方面，包括社会公众个人利益保护层面，如个人信息不当搜集、使用以及对个人表达的不利影响等。

3. 需要找寻对算法实施监管的理论依据

通过对不同层次的算法应用领域和潜在风险的识别，综合判断国家安全、社会秩序、市场充分和有序竞争、社会公众利益保障这四类价值目标与网络基础设备生产者和网络产品、服务的提供者（他们同时也负责底层算法的设计、实现）自主经营、智力劳动投入、资本投入、个人利益以及社会整体利益的关系。从促进数据流动、利用和保障算法公平、开放的角度，平衡相关经营者和社会整体以及个体间的信息利益分配。并以此为基础，找寻该逻辑的合理价值表达——算法开放。与此同时，也要平衡网络底层算法监管与社会各个领域公私机构间保护秘密、自主行动等合理权利之间的信息利益分配。

4. 需要找寻合适的算法监管路径

对于不同层次应用领域、不同价值取向的算法应用，将“算法”进一步细化为“通用算法”和“个性化算法”，并且设计不同的开放规制和责任体系，同时，也针对不同的应用情形和算法细分，对“算法开放”设计合理的保留。对“算法”法律规制构建适宜的制度体系，形成对“算法开放”理念实践的制度回应，也可以在一定程度上将“算法监管”的范围从网络底层向上层产品或者服务等对象延伸，形成完整的信息网络算法法律规制策略：对于事关国家安全的算法应用，强调其主动分级管理、接受全面监管和报告风险的义务；对于事关社会秩序的算法应用，设计相关经营者就“通用算法”开放的事前开放义务和事后的风险管理报告义务；对于市场范畴下的算法应用，鼓励相关经营者开放“通用算法”，保障其对“个性化算法”予以合理程度的保密；对于事关社会公众个体利益的算法应用，则应构建具有可操作性的个人信息保护和利用方面的权利体系，保障其人格尊严、生活安宁和公平参与数据活动的基本权利。

（四）对全球视野下的5G网络通信网络的安全预判

从全球市场的维度来观察，5G通信技术的市场化应用以及相关网络的建设，如今被赋予了过多的政治意义。在某些国家与地区，能不能采用我国所研发、生产的5G设备已经不完全由当地企业或者业主以市场经济人的角色所能决定，而更多地与当地政府意愿相关。而现实中，当地政府基于以意识形态差异或者滥用国家力量攫取不合理利益为考虑，往往对我国5G通信技术相关企业的正常交易或者投资行为冠以“安全威胁”之污名,① 并且已经使我国相关产业发展造成了损失。从这个意义上看，这种非传统的“安全风险”，更应当引起我国的高度警惕。

1. 针对我国5G通信产业链安全的“笼统安全关切”批判

这种对我国5G通信技术产业以及更长远视野下的未来信息化、智能化发展的安全威胁，可以被总结为“笼统安全关切”。之所以冠之以“笼统”之名，在于其本质上并无对相关技术指标、质量标准或者具体应用中安全问题的分析或者说明，而本质上则是对我国相关产业乃至国家整体的偏见、歧视甚至是污名化，极具安全威胁。在具体的表述中，这种“笼统安全关切”将“5G安全”相关的内容，细化成了多个方面并分别进行了描述。在这当中值得注意的是，虽然“5G通信”具有鲜明的技术性，但“提案”在表述相关的安全问题时，却有意无意地忽略了安全问题中的技术因素。或者说，更加强调“网络安全不仅是一个技术问题”以及“网络威胁的非技术性质”，整体上展现为一种“笼统安全观”。在5G通信技术标准尚未完全制定、相关应用尚未全面铺展的当下，“提案”把对5G通信“安全”的关切由5G通信技术本身扩展到未来可能应用5G通信技术的全部领域，甚至将必要的国家投资、监管也视作是对市场公平的负面影响，人为地弱化安全技术方面的客观因素，强调应用环境以及供应商身份甚至融资渠道等非技术方面因素。

由于5G通信技术的先进性和广泛的应用前景，对相关的安全问题表现出

---

① 2019年5月，由来自美国、德国、日本和澳大利亚等32国，欧盟和北约以及4个全球移动网络组织的代表在捷克首都布拉召开了“5G安全大会”。会后，参会各方共同发布了“布拉格提案”（以下简称“提案”），对5G通信安全表达了关切与意见。非传统形态从“提案”的主要内容来看，它从政策、技术、经济和隐私四个方面对“5G安全”进行了阐述。虽然从效力上看，“提案”只是非约束性的政策建议，并不具有现实的约束力。但是，它的潜在影响仍然不容忽视：如果它在未来的某些情形下，转化成为了某种国际协议或者为国际市场所承认的安全标准，必将对我国相关产业的发展和应用产生重大的影响。而且，通过对“提案”中“安全关切”的解读，会发现当中存在一些不合理之处，并会对我国的5G通信技术研发、推广带来负面影响，应当引起我国的警惕和重视。作为应对，我国相关产业和市场监管应当通过对技术、市场、政策与法律制度的全面协调，来应对外部环境的不确定性。

一定的“系统性”或者“前瞻性”，以多元化的角度评估和应对潜在的安全风险，符合相关技术特点和社会需求，具有一定的合理性。虽然从字面上看，“笼统安全观”所表达的追求公平的市场竞争环境、周延的外部法律规制等内容并没有明显的缺陷，但当这些多元化的安全关切因素笼统地出现在一份文件中时，却存在着认识和价值导向上的偏差。这是因为“安全”既是一种客观的状态，同时也是一种主观的感受。它的最终实现与否，既依赖于技术设计、运营保障等产品或者服务水平，也面临着外部风险难以预测的不确定性。笼统地将这些彼此差异巨大的风险因素混为一谈，不合理地限制技术的发展和应用，既不能充分发挥技术进步的真正优势，也不可能带来真正的“安全”。这种把所有可能影响到5G安全的因素不分主次地混为一谈，甚至以此来构建市场壁垒的做法，已经背离了相关安全关切的客观基础，事实上也无助于解决真实的安全问题，并将“5G安全”异化为贸易保护甚至谋求不正当政治利益的工具。

一方面，无论从哪个角度评估“5G安全”，归根结底，还是应当回归5G通信技术本身。抛开技术空谈“安全”，并无现实意义，而只会使相关决策流于形式和随意。毕竟，技术本身的功能和性能，是一切安全关切的物质基础。空有外部制度或者安全宣誓，既无法堵住自身的安全漏洞，也无法防范外部的恶意入侵。另一方面，虽然以系统性的方法评估5G安全风险具有积极意义，但也不意味着要把所有的关联因素混为一谈笼统对待，而仍然理顺它们之间的逻辑关联、权重等问题。事实上，无论是从技术本身考察，还是从技术安全的合理逻辑考察，不同的安全因素之间也不应当混为一谈。5G通信技术本身是否成熟、可靠，技术设备中是否存在恶意代码或者不合理功能，是决定整个5G通信产业安全的物质基础。5G通信产业链层面的发展与安全，主要与相关市场本身规则的完备与合理程度有关，是相关产业发展所必需的市场环境，而对5G通信系统外部安全威胁的警惕与消除，体现的则是法治环境的优化与改善，与“技术”或者相关标准的距离就更远，是相关产业发展的外部配合。种种关涉安全的因素，应当被纳入5G安全的关注范围。但是，更应当重视它们在“安全”中的不同作用与权重，施以针对性的对策，避免出现互相干扰甚至越俎代庖的不合理现象。

2. 对未来5G通信网络安全风险的系统性理解

当下，全球统一市场远未形成，贸易保护主义抬头的问题日趋凸显，提案所表述的“笼统安全观”因其自身缺陷，导致它很容易被利用为市场壁垒甚至其他不合理利益的借口。事实上，“5G 安全”确实是一个值得重视的问题，也有必要在尽可能广泛的范围内形成跨国家、跨区域的共同安全准则。但是，共同安全准则的设计，应当建立在广泛接纳不同主体差异和对 5G 安全风险的系统性理解的基础之上。并且，还要对风险发生的不同阶段和层次，进行针对性地分析与论证。

（1）5G 通信技术自身安全层面

5G 通信技术自身的安全，是 5G 通信技术得以广泛应用的物质基础，是其他安全关切的前提，具有突出的客观性，在整个 5G 安全风险认识与评估中，处于基础地位。对此，有两方面的理解。

一方面，5G 通信技术本身的可靠性。它主要表现在相关技术能否实现 5G 通信的各项技术指标，能否达到现行以及未来的安全要求等方面。现实中，5G 通信技术并非为某一个国家或者实体所垄断，在 5G 通信标准化组织的运营流程中，技术的竞争是开放和自由的，同时也是非常激烈的。如当下主导 5G 通信标准制定的国际标准化组织 3GPP（the 3rd Generation Partner Project），就是通过激烈和开放的讨论，对 5G 通信中主要标准所采用的技术方案进行了确定。而当中所采用到的一些技术方案，必须经过标准化组织中所有成员的详细审议、比对自身经营所使用的技术路线，最终通过竞争的方式才能加以确定。这样的现实表明，“技术”本身具有鲜明的客观性，技术问题主要还得由技术进步和市场竞争解决。掌握先进技术，是实现技术目标、达到预期效果、拓展市场、参与国际标准制定的前提。5G 通信标准中对技术方案的选择、5G 通信市场对技术供应商的选择，主要目的在于解决技术问题，不应过多地被构筑于其上的“非技术性质”的安全关切所影响甚至挟持。本末倒置的做法，不会有益于技术进步和社会福祉，也同样会使“安全”流于口号。

另一方面，5G 通信技术以及关键设备供应商所作出的安全保证。5G 通信技术以及关键设备供应商为了打消相关市场监管者、其他经营者以及用户的安全顾虑，往往会主动对自家产品和服务的安全性作出保证：既保证技术本身的安全与可靠，也保证不会通过隐藏恶意代码或者植入“后门”的方式带来安全隐患。参考 5G 通信技术和应用的自身特征和基本运营方式，可以认为，无论是从相关供应商维持自身市场存活还是经济理性的角度看，此类安全保证都是必要的。而考虑到相关技术的开放性和客观性，以及验证技术的完备与成熟程度，此类安全保证也是可信的。这是因为5G通信技术的应用与普及，离不开标准化组织的标准制定和各个市场对相关标准的承认与执行。当中隐含的内容是无论相关技术源自何方，只要它被纳入标准之中，就天然地具有了“开放”的属性。无论它是专利或者非专利技术，都会依照统一、透明的知识产权政策，向市场中的所有主体予以开放。即便当中涉及知识产权使用许可问题，至少也在FRAND（Fair，Reasonable，and Non-Discriminatory terms）原则①框架下由各方协商。这也意味着，5G通信相关的设备安全状况，可以得到有效的验证。② 而敢于冒天下之大不韪、冒着高度暴露风险，在相关服务和设备中植入恶意代码或者“后门”的行为，对于供应商而言无异于“自杀”。反言之，无视相关技术的开放性和可验证的安全性，以此为借口构筑市场壁垒、排斥特定供应商，则难言科学与公正。

（2）5G通信相关市场安全层面

5G通信环境和应用市场的建立与完善是一个持续的过程，依赖市场监管者、广泛的市场参与主体和硬件设备供应方的长期配合。但是，持续、稳定的设备供应安全，并非通过相关供应商单方面努力即可实现。除了供应商方对自身技术不断地发展、完善之外，更依赖于开放、公平的市场准入规则和竞争环境。

5G通信技术并非掌握在某一个或者几个实体手中，相关市场中的参与者数量众多、竞争十分激烈。将5G通信产业链的健康、完整和可持续运作问题聚焦于少数的设备供应商或者基础设施建设者，既不符合现实情况，也为相关供应商施加了不合理的负担。在一个开放、充分竞争的市场中，无论是技术标准的制定与实施、产品或者服务的创新与发展，还是知识产权许可使用，都是建立在平等基础上的市场活动，客观上无法为少数实体所掌控。对应的产业链的完整和可持续供应问题，也不由其所控制。而且，即便出现了滥用市场支配

---

① 即标准必要专利许可使用谈判过程中各方普遍遵循的“公平、合理、无歧视”原则。

② 虽然“开放”并不意味着“免费”，但并不影响技术使用方对技术供应方产品的全面安全评估。“技术开放”同样也不代表“技术平等”，技术弱势一方因为对相关技术水平方面的薄弱，天然地会对技术强势方产生不信任，但这并不足以成为证明技术强势一方具有“恶意”的证据。况且，在通信技术领域中，已有多种有效、成熟的安全验证技术，足以打消技术使用者的安全顾虑。

地位或者滥用知识产权的情况，各个国家和地区也大多颁布实施了反垄断制度，足以形成有效的事前威慑和事后补救。与低风险的“供应商控制”相对比，这一层面的安全关切则主要聚焦于“市场”本身——一个以科学和技术依据为基础，尽可能排除人为干扰因素，拥有明确、公平的准入和退出规则的市场，对于5G通信技术的开放、发展而言更为重要。毕竟，在一个开放竞争的领域中，市场发挥的作用已经被国内外无数的实践所证明，5G通信领域也并无特殊之处。

（3）5G通信市场外部环境层面

市场自身并非万能，除了必要的监管之外，外部环境也同样重要。提案对这一问题也表示了高度的关切，对包括国家层面保障网络安全、打击网络犯罪或数据保护的国内立法以及参与多边性、国际性或双边性国际条约的情况、国家投资以及市场监管层面、相关设备供应商的融资渠道，甚至国家安全政策与数据搜集活动的关系都作出了相应的描述。

诚然，“5G通信市场”并非悬浮于世的孤立存在，它必然要与特定国家或者地区的政治、法律、法规和金融活动产生交集，也必然会因为跨国商业活动的开展，并因此而面临不同国家或者地区对同一对象的不同角度观察问题。但是，这与其他的传统产业的跨国运营相比，并无明显的特殊性。打击网络犯罪，并不比打击其他方面犯罪活动有更高或者更低的迫切性；通信基础设施的建设或者安全风险应对，不比其他事关国计民生的基础设施建设或者风险防范更加需要或者排斥国家投资；5G通信相关企业在融资过程中应当遵守的规则或者受到的监管，也不比其他产业的金融活动有明显特殊性。而提案对“国家安全”的关注，则更不具有特殊性。任何一个国家或者地区，都不会将市场活动置于“国家安全”之上，各中缘由不证自明，历年来披露出来的种种“国家安全”或者“国土安全”名义下的网络监管或者数据监管也并不罕见。因此，武断地将复杂的市场外部因素“5G化”并试图使之成为相关市场壁垒甚至使之成为交易障碍，本身就不是一个科学和专业的态度，而带有过多的主观色彩。对5G通信市场外部安全环境的优化，是一个系统的工程，所要权衡的因素远超5G通信领域本身。对此，需要循序渐进地将5G通信技术风险、运营中的意外风险、外部安全攻击、相关市场培育和相关国家或者地区的整体治理结合起来，求同存异，而非粗暴干涉、人为设置障碍。

四、我国网络基础设施治理相关体系的完善

（一）理论层面：以全球网络资源合理分配为价值导向

1. 从传统安全关切延伸至“信息利益”的合理分配

现代信息网络基础设施的安全，是一个包括了工业互联网、宽带互联网、移动互联网乃至于未来的5G通信网络在内的，由最基础的网络设备自主化、产业链完整可靠到网络基础数据安全、基础逻辑可靠，再到应用安全，并以之为基础，实践总体国家安全观、网络空间国际治理的完整体系。在这样一个体系下，不同技术对象、网络作用领域所面临的安全风险形态，以及背后的利益驱动也不一样。从更宏观的视角观察，无论是抽象意义上的“网络安全”还是更带有技术性色彩的“网络基础设施安全”的背后，也同样与现代信息技术在国家安全、社会发展、经济价值创造等诸多方面所产生的巨大利益增值和分配有着密切的联系。对于“信息利益”的理解，应从“技术”和“利益”两个维度出发进行讨论。

在现实技术维度上，以第三次科技革命中的技术突破为考察对象，虽然同为“高新技术”，但不同技术作用于人类社会的方式和产生的影响范围、效果也是不一样的。在这当中，以电子计算机和网络为代表的现代信息技术，与其他技术成果相比，具有无与伦比的普适性。它空前迅速地从实验室、工厂中释放至整个社会的方方面面，其影响力亦将所有的社会主体囊括其中，完整地覆盖了包括国防建设、社会管理、社会生产乃至个人消费在内的方方面面，并且以革命性的效率优势，迅速地将相关领域中主要依赖人力的老旧技术方案不可逆转地淘汰掉。这种影响的速度、范围和深度空前地迅速、广泛且深入，并借此将人类社会贴上“数字时代”的标签。这一历史性的变革，具有技术上的客观性和自然延伸而来的效率优势，事实上已经成为了人类社会发展方向上的明确选择。也就是说，虽然从全球范围来看，不同国家、地区有着不同的自然和社会条件，会选择符合自身条件的发展方向，但在是否选择“信息化”或者“数字化”发展方向时，并没有太多的“个性化”空间。在本质上，这一选择已经演变成了“现代化”和“拒绝现代化”的选择。这对于当下和未来的中国而言，已经不能再构成“选项”了。对这一客观现实和历史选择的明

确与承认，事实上，也为相关问题的处理构建了基本的思路。制度首先要确保相关技术的发展与进步，为之保留充分的发展空间，始终强调“发展是安全的保障”，在此基础之上，协调利益分配问题，并以分配利益的方式来侧面影响相关技术的前进方向。

在利益维度上，新的价值被源源不断地创造出来，成为推动社会发展的重要力量。与此同时，旧的产业和市场也被迅速而全面地改造，并且迸发出新的活力。这意味着，在现代信息技术的作用下，全社会范围内的利益分配格局将发生深刻的调整，并且毫无疑问地走在制度建设的前面。制度的构建与完善天然地具有滞后性，在加速发展的社会环境下，这一滞后自然愈发凸显。在这一维度上，需要关注与考虑的问题比技术维度上的判断或者选择复杂得多。无论在现代信息技术对传统领域的推动和利益调整方面，还是在对新领域新价值的拓展方面，都存在着大量的模糊和矛盾之处。在这当中，最为主要的利益矛盾，即在于为数据信息产业投资、经营的，掌握有数据信息的人，与作为数据信息来源主体的广大社会公众之间，在信息利益分配方面的差异。前者似乎天然地享有数据信息投资带来的收益，而后者则同样理所当然地享受数据信息技术发展的成果，但这样真的就是公平合理的吗？就当下相关技术和社会发展的观察而言，答案很有可能是否定的。因为先进的技术并不必然地带来繁荣的市场或者可以单独造就如今繁盛的网络经济，而处于技术相对弱势的一方，也并不天然地就要面对更严峻的网络安全挑战。这种基于技术差异而“顺势”产生的经济、安全等多元利益分配差异，本身就与客观现实产生了矛盾——技术相对落后市场的规模和发展潜力并不弱于技术优势区域，而技术进步所面临的障碍并不来源于技术本身。① 而且，也正是这种矛盾状态的存在，使得相关制度在保障交易安全、促进信息利用和公平分配数据利益方面显得进退失据。现实中，法律通过知识产权制度或者反不正当竞争制度一定程度上地赋予企业自身使用、交易或者在一定程度上限制他人利用自己所掌握但开放于网络空间的数据信息的权利，这是对他们投资与经营行为的鼓励，具有正当性；但是，如果他这些企业试图利用“有实无名”和“有名无实”的客观矛盾，利用财产权制度或者反不正当竞争制度，利用“信息安全”“网络安全”“保护用户隐私”等冠冕堂皇的借口扩大化地限制他人利用开放的数据信息以攫取利益，就

① 如我国在5G技术发展和推广中所面临的不合理的“网络安全责难”。

或多或少地存在着不正当性。保障交易安全、促进数据信息的充分利用，与保障社会个体信息安全之间，有着天然的矛盾。鼓励企业投入到数据信息相关的经营活动，也不可避免地会对个体的直接信息利益分配带来负面影响。但是，就像“效率”与“安全”、“效率”与“公平”这样古老的价值博弈一样，当它们作用于“人”的时候，它们在本质上仍然是同一的——为了更好的社会环境、更好的个人满足。而这一目标最终达成与否，表面上看起来相冲突的价值追求最后能不能实现殊途同归，需要相关制度对信息技术引发的利益变动作出必要和准确的回应。

在技术本身和利益格局之外，技术发展和制度构建的目标，始终要作用于“人”和由无数的“人”所组成的社会上，并最终回归于“人的利益”。随着现代信息技术的发展，主动或被动参与到社会数字活动中的“人”的类型空前庞杂，数量更是以数十亿计。人们究竟需要怎样的技术来实现怎样的目的，如何通过制度的构建来保障技术发展的方向不会偏离它应然的价值目标，则是一个重要且严肃的问题。而关乎这一问题答案的关键因素，则在于制度价值理念的确立，以及围绕它而形成系统性的规则体系。围绕“人的利益”，有不同的制度构建路径：以“防范风险”为导向，可以识别技术发展中的潜在风险，并预先作出预防；以“防范侵权”为导向，以“权利”为新技术和新型行为划定禁区，保障“人的利益”的底限；以“追求公平”为价值导向，判断信息利益的创造与分配问题，既与“防范风险”和“防范侵权”相协调，也从经济利益、竞争利益和社会公平的角度规范数据行为，更具开放性。价值导向的选择与确定，将直接影响到制度构建的方向与方式，更直接影响到制度运行的效果。现实中，相关技术的快速发展和相关市场的极度活跃，更为回答这一问题增添了难度。数据信息的积累与使用，带来了超乎预料的经济和社会效果，并且先于自然科学、伦理或者人们的理性认识，率先在市场中获得使用与承认。① 但也要看到，“技术”与“市场”的“抢跑”，也促使人类社会前所未有地迫切呼唤“制度”的跟进。而随着“5G”通信技术的逐渐成熟和推广应用，还会有数十乃至百千倍多于“人”的数量的“物”，会全天候、无缝隙地参与到这个庞大的网络中来。“量变”的积累已经到达了相当的程

① 譬如，人工智能技术的发展与应用。究竟何谓“智能”，生物学乃至更广泛的自然科学尚且无法给出明确的解释，但并不妨碍人工智能技术服务于人类社会，并且取得商业成功。

度，“质变”的到来似乎也只是一个时间的问题，但究竟会发生怎样的“质变”，对于最终指向的“人”而言，它的影响究竟是好是坏，仍然笼罩着重重迷雾。

回归本质，无论是无处不在的网络、数据信息的快捷存取，令人眼花缭乱的信息应用，还是充满神奇色彩的“人工智能”，或者是令人充满遐想的“万物互联”，在当下和可预见的将来，它们的表征仍然是电子化形态的数据信息，它们的实质仍然是由二进制的数字“0”和“1”所表征的信息。在形而上的层面上，驱动技术发展，或者决定安全监管尺度的，仍然是最原始的“利益”和“利益分配”。从根本上规范利益分配方式与格局的，仍然是以“法律”为代表的一系列的制度。这也意味着，回归现代信息社会的技术本源，回归信息利益创造与分配的价值本源，回归制度构建的规则本源，从最基本的信息网络对象入手，观察它们由“量变”到“质变”的转化，考察技术活动与社会变革的关联，仍然是最具体、最基础，同时也是最为可行的信息化发展和网络安全保障协调的路径。

2. 关注全球视野下“未来网络基础资源”的再分配

首先，我国应当警惕网络霸权和非传统威胁，进一步发展和推广网络底层自主技术与标准，实现网络自主和全球网络资源的公平配置。在网络自主方面，我国应以双管齐下的方式，既注重“自主备份”（如将“CN”域名服务器从境外搬回中国境内），也加强“推广新技术、新标准”（如进一步推进 IPv6 等），既充分利用现有国际互联网体系，又以开放和进取的技术创新为引导。同时，也应当建立应对互联网底层架构层面被境外“封锁”或者“抵制”时的应急机制，确保在对外“断网”的极端情况下保障国内网络畅通。在促进全球网络资源公平配置方面，我国可以充分发挥自身相关市场的规模优势，以庞大用户网络活动和经济活动为驱动，以开放、有序的市场环境为保障，吸引足够多的境外合作伙伴，共同制定面向未来的技术标准和行为规则，以共同的安全利益和合理的利益分配机制共同抑制网络霸权国家的恣意妄为。

其次，应将网络硬件安全和网络数据安全综合考虑，既重视本国领域范围内互联网可持续运行等硬件方面的问题，也将其与网络数据的本地化相结合，保障数据安全。域外相关立法以及带有敌视性 5G 相关安全宣示，对我国也提供了有参考价值的启示：我国在落实自己的数据本地化政策时，不能只从“数据本地存储”的角度评估数据本地化政策的效果，也应当从“数据传输路径”的角度考虑数据出境的必要性与合理性问题。我国深化改革开放的基本方向不会改变，互联网市场也同样会进一步开放。在法律的框架内，我国承认和保护相关经营者对自身的数据搜集、存储和传输活动享有充分的自决权。但是，监管机构对于缺乏经营上、技术上必要性或者合理理由的数据出境活动，也应保持警惕。至少，也要从信息安全角度，尽量减少本国领域内产生的数据在缺乏合理理由的情况下随意脱离国内安全保障范围的事件的发生。

最后，立足于当前国际环境和我国自身条件，更加重视“网络安全”相关的市场规则和监管机制构建，运用市场的力量参与国际网络竞争和网络空间治理。从内容来看，网络基础设施安全、独立运行等制度目标多少带有“封闭”或者“对抗”的意味，以及或多或少的监管色彩。事实上，国际网络竞争和主导权的焦点仍然集中于技术、标准和市场准入方面，“市场”仍然是相关技术发展与应用的主要驱动力量。虽然美国动辄以“安全”为名封闭市场、对外施加制裁，但是，我们也应当看到，以美国为代表的西方发达国家通过现代信息网络技术之外的影响力攫取政治经济乃至安全利益的另一面，体现的是对自身技术水平的不自信、对国际市场份额的焦虑，以及滥用优势力量的不得人心。因此，我国在确保网络主权与自主运行的基础之上，更应注重从法治的角度进一步完善相关市场规则体系和监管机制，建立完备、有效的网络安全措施检查与演练、数据活动测试与评估机制，以市场规范、国际技术标准推广与制定和改善国际治理规则这些看似更“软”，但实则更为基础、更具备影响力和国际竞争力的方式，配合现行法律法规，实现网络自主、维护网络主权。

（二）实践层面：构建网络基础设施安全保障的系统化治理体系

“网络基础设施”本身是一个复合的概念，既包含有相关硬件设备的生产与制造，也与基础性网络资源的分配，以及底层操作逻辑等多方面的内容。而随着现代信息技术愈发深入地改造着人类社会的方方面面，网络基础设施安全问题也早已超出了相关产业领域，与广泛的利益关切相融合。在创新性的理论指引下，实现我国网络基础设施安全保障与系统化治理体系，将成为我国维护网络主权、保障网络安全实现多元化国家利益的重要途径。

1. 面向国内的网络基础设施安全治理：制度体系的优化

（1）形成层次分明的网络治理体系

针对网络安全问题，现阶段，我国相关的各级规范性文件已经呈现出了一个较为完整的体系：《国家安全法》作为最高安全利益的专门立法，以法律的形式确立了国家总体安全观的指导地位和国家安全领导体制，并统领一起其他的专门领域安全风险应对和制度构建。《网络安全法》作为“国家安全”之下“网络”领域的专门立法，具有本领域“基本法”的性质，规定了网络安全领域最基础的主体、客体以及其他重要概念，作为我国网络安全治理战略性、全局性集中体现，使得我国网络安全监管更加深入细致、权责更加清晰，形成了我国网络安全法治体系的“主干”。而《全国人民代表大会常务委员会关于加强网络信息保护的决定》《电信和互联网用户个人信息保护规定》《国家网络空间安全战略》等一系列法规、纲领性文件以及征求意见中的《网络数据安全标准体系建设指南（征求意见稿）》① 的颁布实施，则实现了对网络安全相关领域中各个方面的关注，以及对狭窄领域中安全风险应对和发展之间的协调，形成了网络安全治理体系中的“枝叶”。而我国刑法以及历次《刑法》修订中对网络安全的关注,② 以及《反恐怖主义法》、《保密法》、处于制定中的《数据安全法》等法律法规，则形成了网络安全直接相关的制度体系之外的有力的外部配合。综合来看，我国网络安全治理以相关技术与市场的发展，以及网络环境的整体变化为脉络，经历了从最初的规范网络接入活动、保障网络接入安全和计算机信息系统安全，到慢慢地完成了体系建设工作，构建了包含网络层、接入层、业务层、内容层的监管制度，再到体现出网络安全相关立法地多元化、战略性和操作性相结合的特征,③ 已经形成了系统性的框架，并且具备了突出的“分级管理”特色。然而，在监管方面，伴随 2008 年大部制改革过程中国务院信息化办公室被撤销，互联网监管部门的主体地位得以提升，但互联网领域的多头监管现象日趋明显。就“网络安全”而言，至少有包括国

---

① 2020 年 4 月 10 日，工业和信息化部科技司发布《网络数据安全标准体系建设指南》(征求意见稿)，并公开征求意见。

② 如《刑法修正案（七）》中新增加的“拒不履行信息网络安全管理义务罪”等。我国《刑法》对计算机、网络以及信息安全提供了强有力的保障，篇幅所限，不一一列举。

③ 多元化体现在强调保守国家秘密的同时，开始规范互联网竞争行为、指导互联网行业发展；战略性体现在发布多部纲要，推进信息化建设与信息安全保障工作。

家以及地方互联网信息办公室、① 工业和信息化部、② 国安部门、公安部门、电信主管部门乃至中国人民银行③等多方主体。多头监管、多头执法的现实也表明，网络安全执法体制有待进一步理顺。对此，还应在《网络安全法》的框架下，强化网信部门的统筹协调之中，进一步地明确各部门的职权，形成网信部门、工信部、公安部门以及保密部门等各部门协调联动机制，打破部门间的利益壁垒和数据传输壁垒，形成高效的信息共享平台，提高监管和执法效率。

（2）关注基础性的网络软、硬件技术发展

“信息网络”是现代信息技术的代表性成果，其相关产业的发展与繁荣，是技术创造社会价值的集中体现，构建于其上的安全、经济、隐私保护乃至国家政策，都离不开“技术”这一物质基础。只有长期、持续的技术研发投入，将重心回归到技术本身，获取技术主动，才能在驳斥“笼统安全观”的时候拥有足够的底气，才能在应对“非技术”或者夹杂了其他不合理利益驱动的“安全责难”时游刃有余。诚然，现代信息网络安全早已不仅仅是一个技术设备的可靠性或者使用、管理者的合规性问题，但缺乏技术支撑空谈“安全”，或者以其他非技术因素来淡化“技术安全”的核心作用，既不合理，也无法真正实现安全目标。也就是说，对于当下乃至未来信息网络技术以及相关应用安全风险的评估与防范，应当以相关技术和安全测试的客观性为基础，运用系统化的思路，进一步将“安全”的载体细化为网络基础设施硬件本身和基础性的底层数据行为以及逻辑两个方面。

对于网络基础设施硬件本身，一方面，应加大研发投入，尽可能地使相关技术趋于完善，增强相关系统运行的稳定性和抵御突发事件的能力；另一方

① 2020 年 4 月 7 日，国家互联网信息办公室（“网信办”）指导北京市互联网信息办公室，针对百度 App 多个频道存在地严重违规问题，严肃约谈百度公司负责人，要求立即停止违规行为。

② 2020 年 3 月 21 日，工业和信息化部网络安全管理局对新浪微博相关负责人进行了问询约谈，针对其 App 泄露用户信息的情况，要求其按照相关法律法规要求，对照工信部等四部门制定的《App 违法违规收集使用个人信息行为认定方法》，进一步采取有效措施，消除数据安全隐患。

③ 2020 年 3 月 17 日，人民银行重庆营业管理部行政处罚信息公示表（渝银罚公示〔2020〕5 号）显示，重庆富民银行股份有限公司受到的处罚理由中，有着“侵犯消费者个人信息依法得到保护的权利”。

面，在强化安全保证的同时，以积极的态度接受外部安全监督，实现对安全保证的有效验证。对于现有网络相关市场的建设和完善，以及未来的基于5G通信技术的新兴市场的培育，市场监管部门应与相关市场主体一道，共同建立开放、公平、合理的市场准入制度，以及具有普遍约束力的数据搜集、传输、存储和使用规则，为我国相关硬件设备标准和通信频率、制式标准的应用与推广营造良好的国内外环境。并且，在市场内部建立开放和平等的知识产权许可使用与团体标准准入制度，消除不合理的市场壁垒和不合理的主体识别，维护相关市场的充分、有序竞争。对于5G通信市场外部环境的优化，则更为复杂和多元，它既依赖于全社会范围内对数据安全、网络安全认识的普及，也依赖于相关法律制度的进一步完善。数据信息领域基础性的研究、针对性的立法，以及相关执法活动所体现出来的价值导向，都将共同发挥作用，形成对5G通信安全有力的外部配合。

对于网络基础性的底层数据行为以及逻辑方面，相关治理活动面临的情况则更加复杂。在这当中，既有相关技术对象后台化、底层化以及“黑箱化”的天然影响，也有法律制度以及法学研究对“数据”“算法”等对象法律性质、规制路径以及尺度等多方面的分歧与争议。而且，相关的“安全”利益，也与大量的商业利益、个人自由乃至国际竞争方面的利益产生交集，更加难以作出清晰界分。

对此，首先，应当找到这一系列技术对象、利益纠葛背后的“不合理因素”，即在于全球范围内网络利益的不合理分配。其一，面向“数据”或者“算法”等新型对象的法律制度构建不够完善，即在于与之相关的社会关系和利益分配的变动被隐藏于技术细节和信息产品或服务后台的“黑箱”中，尚未引发与社会个体利益直接相关联的安全风险，也容易被隐藏在其他的“技术故障”或者“安全漏洞”，甚至于更为正常的网络设备“性能局限”背后，并借此逃避网络安全监管；其二，现行法律制度“回应社会需求”的惯性，也掩盖了信息网络系统运行中更根本的利益分配问题——掌握网络设备技术优势、网络系统资源分配权力的“人”天然地获取了由此产生的利益，并被默认为是合法、合理的。但这样的现实并非理智的应然，潜在的风险应当引起全社会的警惕与注意。

其次，要将网络底层数据行为或者运行逻辑所引发的潜在风险进一步具象化，即不合理或者非必要的数据跨境流动，并由此延伸出特定的网络信息安全问题。隐藏于网络底层和相关产品、服务后台的信息安全带有高度的复杂性和特殊性，并且与传统的信息安全有所区别。① 这种“不合理”或者“非必要”的数据跨境流动，因为现代网络性能和成本方面的巨大进步而具有更高的隐蔽性。② 在开放的网络环境下，每一个网络节点所搜集、处理数据信息的内容、与外界的接口或是传输、储存渠道，都有更高的公开性，因此其所面临的安全威胁本身即要高于传统的“脱机”或者“线下”数据。而且，还难以通过“网络隔离”的简单方式应对这一威胁。因为数据信息的充分、自由流通与交换既是信息产业乃至全社会不可逆转的发展趋势，也是我国坚定推进“信息化”的必然选择。然而，对网络节点享有控制权利主体们为了自身利益③往往会以信息安全与保护商业秘密为由避免履行开放或者接受监管义务，或是以“平台化”为由，对其他信息使用者做出种种限制，实质上则是对自己所接触到的数据信息施以了不合理的利用活动,④ 理应受到法律的制止。而且，依靠信息网络提供各类产品或服务的经营者，实际上也是底层数据传输规制或者行为的“发包方”，他们往往只关心数据传输的结果是否正确，数据是否及时、准确地传递到了它们按照程序设计所需要到达的节点，而对于底层的“中间过程”处于“无所谓”的态度。尤其是对于来源于政府等公共机构数据、企业运行中产生的数据以及从个人用户处搜集来的数据等不同类型的数据信息，更应该有所警惕与防范。俄罗斯《主权互联网法》对于数据传输通过境外节点

---

① 一般而言，数据的泄露与丢失当然会给社会带来负面影响，并视不同的数据内容而有所不同。如以用户消费分析为主的数据丢失，影响的可能只是产品生产、销售者，邮件云的信息泄露则会给用户带来不小的麻烦，但涉及金融信息、个人身份识别信息等的信息安全事故，则可能会带来市场甚至社会的动荡。网络数据传输节点设置（境外代理服务器）、传输通道选择方面的人为“舍近求远”甚至“误传”，与此类传统数据泄露风险相比，更像是一种“隐形失血”，而且还更具广泛性。

② 如一组数据信息需要从位于武汉的网络节点发往位于北京的节点，依靠高性能的网络基础设施，需要消耗 10 毫秒的时间，但若相关数据行为被人为地设计为“通过位于东京的代理服务器中转”，需要额外消耗 20 毫秒的时间。从统计角度看，实现同样的数据传输功能，传输时间成本增长了两倍之多，但现实中，20 毫秒的性能差异并不会引起用户的负面反馈。

③ 不仅仅是安全利益，也常为了经济利益而限制大数据的流通。如苹果公司的 App Store，就是一个相对封闭的平台，其仅向开发者公布了少量的接口，并借此获得了对平台上应用软件的绝对控制权，甚至可以从技术上反制公共机构对其的监督与管理。

④ 超出了”必要“的范畴。

的限制，对于我国而言具有重要的参考和示范作用，应当考虑将其纳入我国的网络安全治理体系之中。

最后，将“信息利益的公平分配”实践于网络安全治理活动，以技术的发展和利益合理分配作为解决安全问题的根本出路，实践总书记“发展是安全的保障”① 这一重要论断。法律制度对于现代信息技术以及应用和由此而产生的新型社会关系的回应，始终是法治发展中的重点与难点。若法律制度事无巨细地回应技术现象，会陷入疲于应付的被动境地，也会不必要地阻碍技术发展与应用；若忽视对特定技术现象的规制，则有可能会产生意想不到的负面影响，并带来高昂的纠错成本。对于这样的难题，法律制度的选择应建立在对“技术”和“社会关系”的清楚判断的基础之上。现代信息技术的发展与应用日新月异，其所引发的安全风险也随着社会信息化程度的加深而日趋复杂。如不同的网络系统由于运行策略的脱离监管甚至恶意设置，导致它们对上层产品或服务乃至金融、社会保障体系造成混乱；或者仅仅是因为相关网络控制系统中的软、硬件错误导致整个网络持续服务能力或者数据信息传输效能的波动。但是，严格来讲，如何防范这些或传统、或新型的金融风险，属于技术发展逻辑与法律发展逻辑的博弈，以及对当中“人”② 的因素多寡的判断。此时，“网络基础设施”所关联的安全风险与现代社会中其他现代化技术可能带来的安全风险相比，并无太多特殊之处，而多体现为传统风险的新形态。由此产生的问题，事实上可以交由“技术逻辑”自己解决——技术问题最好由技术进步来应对，管理的漏洞交由管理制度的完善来应对。而对于“网络底层”的数据信息搜集、利用以及构建于其上利益分配问题，则应当更多地交由“法律逻辑”来解决——对相关主体、行为进行法律判断，并为之设计合理的权利义务，保障信息网络相关微观市场以及宏观的国家多元化利益的实现。

2. 面向未来的网络基础设施安全国际治理：网络主权与网络开放的协调

早在互联网诞生之初，相关应用就得以突破国界的物理限制，成为跨国界、跨区域乃至全球化的市场，并引发“国际治理”需求。与此同时，基于“网络安全”为考量的互联网监管的道路之争，从来没有停歇。无论是基于当

---

① 参见习近平在网络安全和信息化工作座谈会上的讲话“网络安全和信息化是相辅相成的。安全是发展的前提，发展是安全的保障，安全和发展要同步推进”，2016 年 4 月 19 日。

② 尤其是脱离于我国管辖范围的域外组织或者个人。

下和可预见的将来，新型信息网络技术的推广应用，亦无法脱离“网络主权”与“全球治理”、“网络监管”与“网络自由”之争。诚然，“网络空间”是由网络信息处理设备和线缆所搭建，但并无实体性的边界。与之对应地，网络安全威胁同样也没有边界。现实中，西方国家在意识形态、价值观等领域与我国存在着严重分歧。在全球化竞争愈发激烈、霸权与反霸权斗争日趋紧张的大环境下，全球范围内不同利益驱动下的各方主体实际上很难就“网络安全”达成共识。但将这些纷繁复杂的主观以及价值观分歧回溯于物质层面的“网络”本身，会发现技术层面的基础设施安全保障，才是我国实现网络安全、维护网络主权以及网络空间全球治理目标的物质基础。也就是说，要想实现维护“网络主权”以及“网络全球治理”的目标，仍然需要回归市场、回归技术，以“技术开放”和“市场规范”为手段，对以下五个方面的关系进行协调。

第一，网络主权与网络开放的协调。网络主权是国家主权在网络空间的自然延伸，主要包括独立权、平等权、管辖权和防卫权。①“网络主权”并不是将原本“一体”的互联网以现实国家主权为边界割裂成不同大小的“局域网”，“网络开放”自然也不是毫无限制的“网络自由”。它们彼此之间是辩证统一的关系：没有网络主权，“网络开放”就会成为网络霸权国家危害他国利益的工具和接口；没有“网络开放”，“网络”也会被分割成为信息的孤岛，“网络主权”的维护也仅仅只能依靠硬性的技术对决，徒增成本，无论哪一方也终归难以尽善。

第二，网络安全与产业发展的协调。“网络安全”以及更上位的“国家安全”，是每个国家或者地区的根本利益，是“发展”的前提，必然会对相关技术的研发与市场化应用范围、深度等重要方面产生影响。一方面，产业的发展需要对“安全”有所让渡；另一方面，也要坚持网络安全与发展并重原则，始终坚持网络安全与信息化并重。与此同时，由于网络空间没有实体性边界，网络数据信息的传输也缺乏必要的核查、限制手段，会使得国家或者地区内部网络安全会与域外市场活动产生影响。因此，在维护国家网络安全或者信息安

---

① 详见中国现代国际关系研究院、上海社会科学院、武汉大学于 2019 年 10 月 21 日在第六届世界互联网大会网络空间国际规则论坛上发布的《网络主权：理论与实践》成果文件。该文件除了对“网络主权“进行了明确定义外，倡导在国家主权基础上构建公正合理的网络空间国际秩序，共同构建网络空间命运共同体，以及在维护国家网络主权的基础上，制定可被普遍接受的网络空间国际规则和国家行为准则等重要内容。

全时，也应顾及国际合作过程中其他域外合作者的信息产业利益和网络安全关切，保有适当的弹性，避免“一刀切”式的行动，对网络相关市场的发展造成破坏或者引发不必要的国际贸易纠纷。

第三，技术因素与非技术因素的协调。参与国际治理的不同主体之间存在着技术水平的客观差异，占有技术优势的一方，无论在网络基础资源分配还是多元化的信息利益分配中都占有优势。这种优势，并不具有天然的可责性。但是，也要看到，滥用这种优势除了会带来“损人利己”的短期效应之外，长远的“逆全球化”和网络空间“局域网化”，将极大地限制现代信息技术优势的发挥，阻碍人类社会的繁荣与进步。对此，除了要求网络优势主体主观方面的“自律”之外，更应当在“关键硬件设施”和“必要软件设施”方面设置更多的开放义务以方便监管，确保网络基础技术可信。

第四，市场因素与非市场因素的协调。网络空间的全球治理，面临着意识形态、价值观、经济利益以及国际政治利益等多方面因素的挑战。在这一艰难的课题下，“市场”或者“市场化”是不同国家和地区之间最容易达成的共识。因此，在国际治理中，应尽量以市场因素替代非市场因素，尽量缩小非市场因素的作用空间，以客观的技术和规范的市场规则，作为新型网络技术推广应用、新型网络市场培育的基础，更容易形成跨国界、跨区域的共识。

第五，产业政策与竞争政策的协调。现代信息网络作为足以影响国计民生的重要技术，必然会与相关区域的产业政策发生关联，也必然会对相关市场的竞争状态产生影响。二者的关系事关国内、国外主体的竞争公平，是相关市场完备与否的重要方面，亦应引起足够重视。

我国作为一个互联网大国，拥有着世界最大规模的网络用户群体和庞大的市场规模，也面临着从硬件到软件、从内部到外部、从传统到新型的各类网络安全威胁。与此同时，我国在维护网络主权，捍卫国家网络安全以及推进网络空间国际治理方面也一直有着明确的态度，并且一直在进行探索和实践。识别和研究我国网络基础设施相关的安全问题，制定和完善我国网络空间安全需求法律制度，并且从面向未来网络信息技术应用和影响的角度出发，预判当中的传统和非传统安全风险以及安全障碍，既可以很好地为国家各相关部门依法治国、依法治网提供法律支撑，也更有利于为我国与其他国家就网络安全问题开展战略博弈和相关合作提供法律依据。而在具体层面，本书以“网络基础设施”为研究对象，从宏观、系统的总体国家安全观和微观、具体的技术对象、技术发展路径两个方面，识别和分析我国信息网络在基础设施层面上面临的安全挑战，为应对安全威胁找寻法制路径，具有突出的现实意义。与此同时，对“网络基础设施”这一技术性较强的对象进行层层解构，并以面向未来的态度，将潜在的新型技术对象纳入研究范畴，研究法律制度在维护我国网络基础设施安全中的重要功能，探索基于“网络自主”理念的网络发展和治理路径，协调网络自主、网络安全与网络技术发展和国际网络安全关切等多方面利益诉求，形成对维护网络主权、保障网络安全、发展网络产业、构建网络空间命运共同体等国家目标的理论回应和制度建议。而在更加长远的视角下，在这一片繁盛的“网络经济”或者“网络市场”背后，却始终有一个问题萦绕于人们心头：现代信息技术所带来的并不仅仅是一个市场广阔或者前景光明的单一市场，而是一个全新的“数字时代”。在数字时代下，“网络”究竟能为人们带来什么利益，在数字化的社会活动中，当下全球网络中处于各个位置的“人”所得到的利益是不是就是他们应得的，又或者会不会一直能够保有现在的利益？而在以新型信息技术为基础的网络建设层面，传统的效率、安全或者其他价值关切以及围绕它们而构建的各种制度，是不是可以顺理成章地移植于新型的技术场景和社会背景。再进一步，与传统制度的“调整”或者“修补”相比，人们是否需要以新的价值理念为指引，为面向数字时代构建一个通用的数据规则，以全局性和系统性的视野，从利益分配的角度来规划新时代下的身份认定和行为界限？而对这些问题的思考与解答，或许并借此从利益本源的层面解决“网络威胁”问题，使更广泛的全球网络参与者就“安全”达成共识，并使得“全球治理”成为现实。

第七章
数据安全与个人信息保护的法律治理

一、数据安全与个人信息保护的内涵厘清

（一）大数据、数据安全与个人信息

1. “大数据”

从计算机技术层面看，数据（data）是指能被计算机接受和处理的各种描述事物属性的表示，包括整数、实数、字符、文字、表格、图形、图像和声音等。数据是程序设计的加工对象，能输入到计算机中，按人们的要求加以处理（如编辑、存储、传送、分类、计算、转换、检索、制表和模拟等），以得到所需要的结果。数据经过解释并赋予一定的意义以后，便称为信息（information）。① 随着云计算、物联网、传感网、移动互联网等蓬勃发展，数据规模呈现爆炸式增长，达到了传统计算机无法处理的空前巨大的数量级，此时便出现了“大数据”（big data）的概念。

---

① 《中国电力百科全书》编辑委员会、中国电力出版社《中国电力百科全书》编辑部：《中国电力百科全书：电工技术基础卷》，中国电力出版社 2001 年版。尽管数据需要经过解释和处理之后才能形成“信息”，但事实上，“信息”一词的含义更为广泛，可翻译为 data，information，message，news 等。此外，随着大数据技术的发展和成熟，数据转化为信息更加简单和便捷，现代信息的传播主要依靠数据的处理和交换，因此除了帮助语义理解和尊重用语习惯以外，本书并不对二者做十分严格的区分。

从上述大数据的形成过程分析，“大数据”是指需要采用新处理模式才能使其具有更强的决策力、洞察发现力和流程优化能力的海量、高增长率和多样化的信息资产。① 按照主流观点，大数据具有以下四个特点：

第一，大量（volume）。大数据的数据规模空前巨大，远远超出传统计算机处理数据量的级别。数据体量已从 GB 升级到 TB、PB 甚至 EB、ZB。② 根据国际权威机构 Statista 的统计和预测，全球数据量 2019 年达到 41ZB，预计 2020 年数据量将达到 50.5ZB。③

第二，价值（value）。“大数据宛如一座神奇的钻石矿，其价值潜力无穷。”④ 大数据蕴藏着十分巨大的价值和能量。目前来看，从商业、科技到政府、医疗、教育、人文等社会的方方面面都有大数据的影响。企业可以借助现代计算机技术直接将大数据转化为经济价值，近年来与大数据相关的产业规模日渐壮大。Statista 在 2019 年 8 月发布的报告显示，预计到 2020 年，全球大数据市场的收入规模将达到 560 亿美元，较 2018 年的预期水平增长约 33.33%，较 2016 年的市场收入规模翻一倍。⑤

第三，高速（velocity）。大数据生成快速，处理时效性强。大数据体量庞大，其以数据流的形式产生，需要高速实时地处理，才能有效地体现出其效力和价值。近年来以 Apache Flink、Kafka Streams、Spark Structured Streaming 等为代表的大数据处理项目为大数据的高速提供了强大的技术支撑。⑥

第四，多样（variety）。大数据的数据类型多样化，不再需要用传统的数据表格来排列，半结构化数据和非结构化数据相继出现，且每年都以 60%的速度增长。

大数据时代已经全面来临，大数据正在深刻地改变着世界。大数据技术让人们的生活更加便捷、让企业的决策更加精准、让政府的管理更加科学。大数

---

① 河海大学《水利大辞典》编辑修订委员会：《水利大辞典》，上海辞书出版社 2015 年版。

② 数据间单位换算为 1GB = 1024MB，1TB = 1024GB，1PB = 1024TB，1EB = 1024PB，1ZB = 1024EB。

③ 转引自中国信息通信研究院：《大数据白皮书（2019 年）》，2019 年 12 月，第 1 页。

④ 齐爱民、盘佳：《数据权、数据主权的确立与大数据保护的基本原则》，载《苏州大学学报》2015 年第 1 期。

⑤ 中国信息通信研究院：《大数据白皮书（2019 年）》，2019 年 12 月，第 3 页。

⑥ 参见中国信息通信研究院：《大数据白皮书（2019 年）》，2019 年 12 月，第 3 页。

据产业已成为驱动经济转型涉及的重要引擎，渗透进人们生活的方方面面，与每个人都息息相关。实际上，这还只是大数据价值的冰山一角。大数据蕴含着巨大的经济、社会、科研价值和无限的开发潜能，已经上升到战略资源的高度，对大数据的开发、占有和利用被视为左右大国之间博弈的关键因素，可谓是"得数据者得天下"。①

2. "数据安全"

数据安全（data security）是指数据资料的安全性。具体是指保护数据本身在其整个生命周期内，不因偶然或突发的事故而遭受破坏、篡改和泄露，甚至包括数据的载体（软件或硬件）不遭受人为或物理的破坏和窃取，从而使得数据能够被合法的用户读取、使用和更新，并能防止非法或非授权的访问。②"数据安全"属于信息安全技术范畴，根据国际标准化组织（ISO）的定义，数据的安全性是指确保数据的机密性、完整性、可用性。

第一，机密性（confidentiality），又称保密性，是指保证敏感或机密的信息不被非法或非授权窃取，或者窃取后不能正确理解信息的真实含义。即数据仅能被应该知悉的用户或实体读取和理解，其他实体不能读取数据或理解数据的含义。

第二，完整性（integrity），是指数据在未被合法修改之前，依然具备一致性、准确性和可信性，即数据不会因偶然事件或故意的恶意事件而发生变化。完整性包含了数据来源或数据源完整性的意思，即数据确实来源于用户认为的人或实体，而非来源于假冒者。

第三，可用性（availability），是指数据资源的可用性，即数据依然能够被合法的用户或实体访问。确保数据的可用性需满足软硬件两个条件：首先确保数据相关的所有硬件可用，其次确保装载数据的载体和用于访问数据的信息系统在遭受偶尔的软硬件故障或恶意攻击时依然能够提供数据访问服务。③

大数据时代，对数据的依赖几乎渗透了每个社会领域，从个人信息、商业秘密到国家机密，确保数据安全的重要性不言而喻。然而，目前大数据安全问题正面临形式各异、日益严峻的考验。例如个人用户的信息泄露问题、计算机病毒导致数据存储设备瘫痪、黑客恶意攻击获取或篡改数据、存储介质损坏、

---

① 齐爱民、盘佳：《大数据安全法律保障机制研究》，载《重庆邮电大学学报（社会科学版）》2015 年第 3 期。

② 高能主编：《信息安全技术》，中国人民公安大学出版社 2018 年版，第 109 页。

③ 高能主编：《信息安全技术》，中国人民公安大学出版社 2018 年版，第 109 页。

数据安全管理不完善等问题，极大地威胁了大数据的安全性。因此，如何确保数据的安全性，已然成为了大数据时代下每个个体、企业和政府需长期耕耘的一项课题。

3. “个人信息”

个人信息是大数据的一种数据类型，蕴含着巨大的商业、社会价值。个人信息长期面临着被泄露、盗取、非法收买和处理的安全风险。个人信息安全是数据安全的一个表现方面。经济与合作发展组织采取列举的方式将个人信息（personal information）描述为“特定个人相关联的、反映个体特征的具有可识别性的符号系统，包括个人身份、工作、家庭、财产、健康等各方面的信息”。① 不同的社会背景、语言习惯、法律体系对个人信息概念的称谓有所差异，例如美国称其为“个人可识别信息”（Personal Identical Information，PII），欧盟则使用“个人数据”（Personal Data）的概念。

法学界从更加严谨的角度出发，围绕个人信息的本质做了比较细致的探讨。齐爱民教授认为个人信息是个人信息权的权利客体，本质上与个人隐私权、名誉权、姓名权、肖像权等传统人格权的权利客体不同。② 王利明教授进一步指出，个人信息的本质在于“可识别性”，它包括自然人的姓名、出生年月日、身份证号码、户籍、遗传特征、指纹、婚姻、家庭、教育、职业、健康、病历、财务情况、社会活动，以及其他可以识别该个人的信息。③

我国《网络安全法》第七十六条第五款采用“列举加定义”的方式规定，自然人的个人信息是指以电子方式或者其他方式记录能够单独或者与其他信息结合识别自然人个人身份的各种信息，包括但不限于自然人的姓名、出生日期、身份证号码、个人生物识别信息、住址、电话号码等。

本书认为，在大数据时代背景下，个人信息通常以“数据”的形式存在，也可称为“个人数据”，其本质特点是个人特征的“可识别性”，具体是指与个人人格、个人身份有一定的联系，能够直接或通过组合、处理后间接指向特

---

① Organisation for Economic Co-operation and Development，Guidelines Governing the Protection of Privacy and Transborder Flows of Personal Data（2013），Part One.

② 参见齐爱民、李仪：《论利益平衡视野下的个人信息权制度——在人格利益与信息自由之间》，载《法学评论》2011 年第 3 期。

③ 参见王利明：《论个人信息权的法律保护——以个人信息权与隐私权的界分为中心》，载《现代法学》2013 年第 4 期。

定个人，识别出自然人的个人身份的一类信息。

（二）个人信息权

1. “个人信息权”

个人信息权是以个人信息为保护客体的一项权利，个人信息权本质上是对个人信息的控制。① 个人信息权是一种对世权，即信息主体对个人信息享有绝对的支配、控制、使用、收益和排除他人干涉的权利，并在权利受到侵害时可以请求予以救济和赔偿的权利。②

（1）个人信息权特征

本书认为，个人信息权的特征可归纳为以下四点：

第一，权利内容的特殊性。个人信息权有不同于其他民事权利权利内容的特殊性，其由同意权、反对权、知悉与异议权、更正权、删除权、封锁权、自动化决策权、直接行销禁止权、请求信息保密权、报酬请求权等集合而成，是一系列具有同一指向性的权利的集合。个人信息权内容的特殊性决定了其有必要由专门的法律保护。

第二，权利客体具有人格权和财产权的双重属性。③ 个人信息的权利客

---

① 王利明：《论个人信息权在人格权法中的地位》，载《苏州大学学报》2012 年第 6 期。

② 参见贺琼琼主编：《电子商务法》，武汉大学出版社 2016 年版，第 117 页。

③ 学界主要有四种观点：（1）财产权说：信息主体对个人信息的财产利益享有支配权，像其他财产权一样，个人信息权可以自由转让、继承而且保护期限不受限制。参见齐爱民：《论个人信息的法律属性与构成要素》，载《理论与探索》2009 年第 10 期；（2）人格权说：从属性上说，个人信息指与特定个人相关联的、反映个体特征的具有可识别性的符号系统，其更多地涉及人格权。参见参见王利明：《论个人信息权的法律保护——以个人信息权与隐私权的界分为中心》，载《现代法学》2013 年第 4 期。（3）隐私权说：个人信息是一种隐私利益，隐私权是公民个人信息的权利基础，个人信息的首要特性体现的是人格特征，具有人格的可识别性。参见杨立新、陶盈：《公民个人电子信息保护的法理基础》，载《法律适用》2013 年第 8 期。（4）人格权和财产权双重属性说：个人信息具有财产利益并不妨碍个人信息权属于人格权，个人信息首先是具有人格属性的，因为个人信息并不妨碍个人信息指向某个具体的个人，和个人的社会身份、个体存在密切相关，其次个人信息也具有财产属性，个人可以将自己的个人信息出售以获取经济价值，可以进行交易，但个人信息中的人格属性居于主导地位。参见刘德良：《确认个人信息的财产属性，抑制垃圾信息泛滥》，载《世界电信》2010 年第 3 期；刁胜先：《论个人信息的民法保护基础》，载《内蒙古社会科学（汉文版）》2011 年第 5 期。本书采用人格权和财产权双重属性说。

体是个人信息法律关系的权利、义务所共同指向的对象。个人信息是个人信息权的客体。个人信息存在的方式多样，大数据时代，个人信息通常以数据的形式存在，而数据这一载体又依托计算机技术，呈现虚拟性特点。个人信息作为个人信息权的客体具有独立性，个人信息不仅具有人格权属性，还具有财产权属性。其中，人格权属性占有主导地位，体现在某些个人信息的侵权行为会造成公民人格权的损害，例如个人隐私信息的泄露，有可能对权利人的名誉造成损害。个人信息权同样具有财产属性，特别是大数据时代，任何个人信息都有潜在的商业价值，经大数据技术整理后，很容易从日常暴露的零散数据细节中得到权利主体的财产情况、生活区域、消费需求、消费偏好等信息。批量处理后的个人信息甚至可以直接测算某一地区的经济结构、居民生活习惯、行业市场潜力等，具有不可估量的经济价值。近年来，非法出卖、购买个人信息牟取经济利益的案例屡见不鲜，正是对个人信息权财产属性的非法侵害。

第三，个人信息的侵权行为的隐秘性。大数据时代下“信息”本身的特点就是虚拟性，信息的泄露、盗取、非法处理的过程与权利人正常利用个人信息权可以同时进行，权利主体往往很难及时察觉个人信息权被侵犯，其根本在于数据的采集和传播具有隐秘性。大数据时代，绝大多数个体每天都不可避免地被计算机、移动电子设备等采集大量的个人信息，而只要发生了数据的输入和交换，个人信息就有可能被泄露，并以信息的泄露为起点蔓延至损害其他权利内容。

第四，个人信息侵权后果的严重性。因为个人信息侵权行为的隐秘性，而数据的传播天然的易扩散性和不易量化性，权利主体只有在侵权后果已经较为严重时才知晓个人信息权受到侵害。例如个人信息侵权行为可能会衍生出精准诈骗犯罪行为，权利主体往往损失惨重；再如达到一定规模的公民个人基因信息的泄露还有可能影响到国家安全。

（2）个人信息权的权利内容

个人信息权的权利内容是指个人信息权具体从哪些方面切实保护权利人的合法权利不受非法侵害，以及受到侵害之后有哪些救济途径。个人信息权的权利内容主要体现在侵害发生前的权利人的积极预防，其具体内容归纳如下：

第一，信息决定权。权利人有权直接控制和支配其个人信息，并决定其个人信息是否被收集、处理、转让与利用以及以何种方式、目的、范围收集、处理与利用。信息决定权集中反映了个人信息权人格权属性的绝对性与支配性，在各项权利内容中居于核心地位。

第二，信息查询和更正权。信息查询权是指针对信息收集者收集和处理个人信息的行为，权利人有权访问、查阅并要求收集者提供个人信息复制本。信息更正权是指权利人有权对自己的个人信息进行整理和修改。如果收集人保存的个人信息不充分或不完整，信息权利人有权要求更正。权利人有权请求信息处理者采取合理措施，确保个人信息正确与完整。

第三，信息删除权，又称“被遗忘权”（right to be forgotten），是指权利人有权要求拥有、处理其个人信息的机构将其信息永久删除的权利，除非信息保留有合法理由。即权利人如果想终止或避免自己的个人信息在互联网或其他领域被使用、传播或泄露，只要不影响公共利益或其他违法阻却事由，则有权要求收集者和使用者彻底删除其数据。

第四，信息报酬请求权，是指本人因其个人信息被商业性利用而得以向信息处理者请求支付对价的权利。报酬请求权源于大数据的价值特性，这是个人信息权财产属性的重要表现。特定的信息处理主体必须在对信息控制、处理与利用前后向本人提供一定的报酬。

第五，申诉权。面对信息收集者或处理者如电子商务经营者违法使用个人信息或因外部原因造成信息泄露的，权利者有权要求其采取必要措施保障个人信息安全。如果被要求者拒绝采取必要措施或技术手段，造成个人信息侵权的，权利者有权提起诉讼或者以其他方式进行救济。

2. “个人信息权”与“隐私权”的关系

（1）个人信息权与隐私权的联系

个人信息权是一项独立的民事权利，但其与隐私权有诸多相似之处，两者的联系比较紧密，具有如下共同特点：

第一，两者的权利主体都仅限于自然人，法人不享受个人信息权或隐私权。隐私权和个人信息权是为保护自然人的人格尊严、安宁生活而创设的权利，而法人的非生物特性不具备“生活”的需求，因此无论法律如何拟制“法人的人格”，在我国，法人只能享有有限的人格权，例如荣誉权、名誉权，无法成为隐私权和个人信息权的主体。

第二，两者都体现了个人对其私人生活的自主决定，都彰显了个人的人格尊严和个人自由。隐私权赋予权利人对私人生活安宁和不愿为他人知晓的私密空间、私密活动、私密信息的自主决定权，个人信息权通过赋予权利人信息决定权、信息查询和更正权、信息删除权、报酬请求权等具体权利来实现对私人生活的自主决定。

第三，两者在客体上具有交错性，许多未公开的个人信息本身就属于个人隐私的范畴，例如非公开的家庭住址、银行账户等是个人的私密信息，是隐私权保护的客体，同样其内容具有直接或间接指向特定个人的特性，也属于个人信息的范畴。

第四，两者在侵害后果上具有竞合性，即行为人实施某一行为可能同时侵犯隐私权和个人信息权，产生责任竞合的现象。例如随意散播具有私密性特征的个人信息（个人病例、网购记录等），可能会同时涉及对隐私权的侵犯。①

（2）个人信息权独立于隐私权

尽管如此，个人信息权的内涵远超隐私权，应当予以区分。总体上看，二者的界分体现在以下几点：

第一，法律属性不同。首先，尽管两者都具有鲜明的人格权属性，但是个人信息权同时还具备财产属性，特别是在大数据时代，个人信息的经济价值不可估量，而隐私权不具备突出的财产价值，其主要导致的是精神损害。其次，隐私权是一种消极的、防御性的权利，权利人只有在受到侵害之后才能请求他人排除妨害、赔偿损失等；而个人信息权体现了权利人对自身信息的一种积极的控制权，可以通过信息决定、信息查询和更正以及删除等行为主动保护自己的权利。

第二，权利客体的区别。首先，隐私权的权利客体是私密性的信息或私人活动，例如个人身体状况、家庭情况、婚姻状况等，凡是个人不愿意公开披露且不涉及公共利益的部分都可以是个人隐私。个人隐私一般不具备身份识别性，匿名的隐私信息通常不会指向某个特定的个体；而个人信息其最核心的特点是身份的可识别性，个人信息可直接或间接地指向特定的自然人。其次，个人隐私不限于信息的形态，既可以是个人活动，也可以是生活方式等，但是个人信息需要一定的载体记录（record）下来，现在多表现为数据的记录。最后，个人隐私的私人性、秘密性决定了其一般不具有社会危害性，但是海量的

---

① 参见王利明：《论个人信息权的法律保护——以个人信息权与隐私权的界分为中心》，载《现代法学》2013 年第 4 期。

个人信息有经过特殊整理和汇集后可能危害到社会和国家的安全。例如前文提及的相当规模的公民基因信息被收集和处理用于非法目的，则极有可能涉及公共安全和国家安全问题。

第三，权利内容不同。如前所述，个人信息权主要包括信息决定权、查询和更正权、信息删除权、信息报酬请求权和申诉权等主动性的权利内容。而隐私权的内容主要在于防范个人秘密不被非法披露，被侵犯后，与个人信息权的重合的权利内容仅有部分重合，例如两者都有申诉的权利。

第四，保护方式不同。首先，个人信息保护的主动性决定其以预防为主，隐私权的被动和防御特性使其侧重于事后救济。其次，隐私权被侵害后，以精神损害赔偿为主，而个人信息权的救济除了精神损害赔偿之外，还可以主张财产损害赔偿。最后，隐私权主要通过法律（特别是民法）保护方式，而个人信息可以通过行政手段保护，保护方式呈现多样性和综合性。①

二、数据安全与个人信息保护法律治理面临的挑战

（一）个人信息侵权现状的挑战

1. 个人信息侵权行为表现形式梳理

（1）个人信息的非法收集和处理

个人信息侵权的非法收集和处理是最常见的个人信息侵权行为，其侵权方式十分隐秘。个人信息的收集者一般也是信息的管理者，是指除信息主体之外的所有对个人信息负有管理义务的主体，不仅包括私主体电子商务经营者、网络公司等，也包括公职部门如公立医院、派出所等。

个人信息非法收集是指未经信息主体同意收集其个人信息或超越必要范围收集其个人信息。非法收集的个人信息往往伴随着非法处理，这种处理是指擅自对个人信息进行贮存、加工、技术分析、破坏、删除、修改等操作，使本来没有直接联系的数据经过再分析之后产生某种相关性，一步一步勾勒出数据主

① 参见王利明：《论个人信息权的法律保护——以个人信息权与隐私权的界分为中心》，载《现代法学》2013 年第 4 期。

体的“人格画像”。例如经营者常借助于储存在用户本地终端上的数据(Cookies)① 等计算机程序自动完成非法收集消费者个人信息的目的。Cookies程序的应用给用户带来便捷之时，也对个人信息的网络安全造成威胁。该程序可以自动收集用户账号、登录密码、浏览的网页、访问时间、停留时间等个人信息，这些信息被网站读取后，当用户再次登录时，网站可自动响应。如果网站以此为线索，长期追踪用户的行为，再采取其他交叉技术手段获取信息，就会造成对个人信息的过度分析和处理，甚至可以测算出用户没有被收集的个人信息。再如信息管理者要求网络消费者等权利主体在线填报的个人信息常常超越必要范围，尽管信息管理者通常会让信息主体选择是否“同意”获取相关信息，但此类格式条款的提示程度很有可能不足以引起一般权利人的注意、格式条款内容本身可能涉嫌违法、用户同意的声明是否真实意思表示也很难认定。这些操作通常会影响对收集范围必要性的判断。

这些行为都损害了权利主体对个人信息权中的决定权，未经权利人同意即采集和处理权利人的个人信息。这使权利主体的信息安全处于一种风险之中，因为除却少数专业人士，一般自然人无法对模糊关联的数据跟自身利益直接联系起来，造成个人风险意识降低的同时，还无法预测数据被恶意使用带来的不良后果。

（2）个人信息的泄露

个人信息的泄露主要是指侵权人消极泄露或不当披露权利人个人信息的侵权行为。消极泄露指有义务管理信息的主体，通常是互联网服务提供商(Internet Service Provider，ISP）或电信与信息服务业务经营（Internet Content Provider，ICP)，由于技术等客观原因使网站自身存在漏洞，导致服务器记录的个人信息被第三方窃取。尽管在此情况下，侵权人主观上没有泄露权利人个人信息的故意，但是客观上却对权利人的个人信息权造成了侵害，仍然是对个人信息的侵权行为，权利人可以要求泄露主体承担赔偿责任。

不当披露是指上述 ISP、ICP 的工作人员或电子商务经营者不当披露其掌握的消费者或用户个人信息，主观上可为故意或间接故意，比如电商为商品快

① Cookies 指网络服务商产生的、储存于用户电脑的信息片段，以备日后访问。它被植入 HTML 信息中，在用户电脑与服务器之间来回传输。Cookies 运行有两个阶段，一是未告知用户并征得其同意就存入电脑，二是从用户电脑秘密、自动地传输给网络服务商。The Cookie Concept：http：//www. cookiecentral. com/c_concept. htm，visted on 10 April 2020.

递或售后服务目的要求网络消费者留下姓名、家庭住址、联系方式等个人信息，在未取得消费者同意的情况下擅自将这些信息公布于网络。大数据时代信息泄露的渠道无处不在，只要信息被收集就有被泄露的可能。快递企业、经营店主、电子商务平台甚至是因特定职能采集个人信息的公职部门，都有可能成为个人信息泄露的主体。在实践中，无论是电子商务平台经营者的内部员工泄露了消费者订单信息，还是电子商务平台的安全漏洞被黑客利用，电子商务平台经营者都难辞其咎。

（3）个人信息的非法交易

一般而言，侵权人不当披露的目的在于利用个人信息的潜在商业价值牟取不当利益，此时表现为对个人信息的非法交易。非法交易包括非法出售、非法购买双向行为。一方面，ISP 和 ICP 在为消费者和用户提供商品和便捷服务的时候，收集了大量必要或不必要的个人信息；另一方面，其他中小型互联网企业，难以取得用户信任，没有能力收集到一手个人信息，对消费者和用户的个人信息需求量十分旺盛，加之海量的个人信息本身就蕴含潜力无穷的经济价值，在市场缺口和前期法律缺位的双重作用下，催生了兜售个人信息的利益团体。

据了解，一万条个人信息的批发价值是在 300 元左右，其中包含此人的网购用户名、手机号码、地址等信息，并且经过数据分析，还可通过购买时间、浏览习惯等个人信息，某些信息也是按照单个 1～3 元的价格售出。处理消费者和用户在面对信息管理者采集个人信息时，往往对被采集信息的范围、处理方式、用途等缺乏全貌性认识，而经营者受利益驱使通常会加深这一点，并且利用消费者和用户的信息弱势地位规避自己的法律责任。例如在金融领域，各大银行服务条款的格式文本中，常常会将与保险、超市、网站等合作方共享客户个人信息等字样置于不显著的位置，消费者往往在不知情中就授权第三方使用自己的信息；一旦消费者遭遇信息泄露，这些授权条款或免责条款将构成消费者追责的障碍。①这也成为个人信息保护的法律治理过程的一个难题。

① 鞠晔、凌学东：《大数据背景下网络消费者个人信息侵权问题及法律救济》，载《河北法学》2016 年第 11 期。

（4）个人信息的侵扰式利用

个人信息的侵扰式利用指未经权利人同意，利用其个人信息进行滋扰式的商业推介或商业报复。个人信息的侵扰式利用违背了“特定目的原则”，对个人安宁生活造成了极大的困扰。“特定目的原则”是指公职部门只能在职权范围内收集、使用个人信息，民商事主体使用个人信息须明确使用目的、方式和范围，不得违反许可使用的约定滥用他人信息。

信息侵略、信息骚扰和信息垃圾被称为信息社会的三大公敌①，都是信息管理者侵犯权利主体个人信息权的表现形式。除了商业广告性质的垃圾电话、垃圾短信、垃圾邮件等侵扰权利人的安宁，还有商业报复行为，例如有的电子商务经营者雇佣专门人员或机构与消费者或用户交涉，即近年来出现的“专业修改中差评师”，他们通过经营者提供的权利人个人信息与其取得联系，要求消费者或用户自行修改或删除差评，如目的不能达到，则对其进行一系列骚扰，严重影响个人的正常生活。

（5）利用个人信息的衍生侵权和犯罪

利用个人信息产生的衍生侵权和犯罪是指信息管理者、第三方利用网络消费者和用户个人信息，损害权利人的人格权、财产权的行为，严重时可能会构成刑法犯罪。

在私法领域，如果侵犯了信息主体的信息人格权或信息财产权，属于个人信息侵权行为。例如个人信息的有偿许可使用，可表现为事前许可他人合法享用，也包括对他人非法占有和使用的行为进行事后授权，以补正其权源，若他人未按约定付费，则直接侵害了信息财产权。如果侵权人利用这些信息进行子虚乌有的捏造，降低了权利人的社会评价，则侵犯其名誉权而并非单纯的个人信息权。再如侵权人利用权利人个人信息骗取其的银行账号密码、验证码，盗取其钱财，则盗窃行为侵犯了信息主体的动产物权而非个人信息权中财产属性下的权利。中国消费者协会发布的《2014年度消费者个人信息网络安全报告》指出，网络针对消费者个人信息“窃取”和“非法使用”的黑色产业链呈现爆发性增长态势，消费者因个人信息泄露造成的经济损失数目惊人。这里的经

---

① 齐爱民：《拯救信息社会中的人格：个人信息保护法总论》，北京大学出版社2009年版，第21页。

济损失多是信息管理者、第三方利用个人信息从事的衍生侵害如诈骗、盗窃行为所致，利用权利人的个人信息侵犯其动产物权，期间对个人信息的侵犯只是一种手段，是一种衍生的侵权。

在刑法领域，个人信息侵权行为可能会衍生出精准诈骗犯罪行为。大数据的分析使预测精准化，反而为精准诈骗提供了技术可能。当前电信诈骗现象层出不穷，不仅给人们带来较大的经济损失，还可能造成被害人因难以接受而自残、自杀的严重后果。由于电信诈骗具有成本低、跨区域、跨国性的特点，给电信业监管、消费者权益保护带来较大的困难。此外，一定规模的个人信息的汇集和整理还有可能进一步威胁到社会和国家安全，例如一定数量级的公民的基因信息被非法交易至境外，引起的连锁反应及危害后果将难以预料。

2. 个人信息侵权的特点归纳

（1）侵权现象频繁化

由于大数据技术的成熟和互联网行业的发展，数据价值上升进一步增加个人信息的吸引力，侵权现象频发，数据安全受到严峻的挑战。根据互联网协会发布的《中国网民权益保护调查报告（2019）》显示，82.3%的网民亲身感受到了由于个人信息泄露对日常生活造成的影响，几乎半数（49.7%）的网民认为个人信息泄露情况严重或非常严重。根据中国裁判文书网的数据，截至目前，以2017年《民法总则》第一百一十一条作为法律依据的民事案件有429件、刑事案件3件，以“侵犯公民个人信息罪”为最终判决结果的刑事案件有6201件。① 考虑到我国公民“厌讼”的诉讼思想，实际的侵权和犯罪往往更加严重。可见，数据安全引发的个人信息侵权甚至犯罪现象十分频繁。

随着互联网全球性的互联互通，跨境电子商务和跨国公司运营的发展，跨境个人信息侵权现象也日益激增，个人信息侵权现象频繁化的特点日趋突出，这对数据安全和个人信息保护提出了更加严峻的挑战。

（2）侵权主体多元化

个人信息在发送、传播、储存等任何一个环节都有可能受到侵犯，几乎所有的信息管理者都有可能成为侵权的主体。受非法利益的驱使，个人信息侵权

---

① 数据整理自中国裁判文书网：http：//wenshu.court.gov.cn/website/wenshu/181217BMTKHNT2W0/index.html？pageId=c6b43bae9fcba3cf8fe7578099e91ce1&s8=03，最后访问日期：2020年4月2日。

的主体也呈现多元化态势，对近年来个人信息侵权案件进行梳理可发现，侵权主体主要有以下几种：

第一，拥有特定职权的公职部门。行政部门和社会组织机构有可能成为个人信息侵权的主体。例如公安机关收集的公民个人户籍和身份信息，车辆管理部门收集的公民机动车产权情况、学校收集的学生个人基本信息以及医院收集的患者病历信息等。大数据技术在公职部门的工作中广泛应用以便利公民生活的同时，也增加了个人信息泄露的风险。

第二，网络信息服务的提供者。一些大型网络公司虽然对用户信息安全制定了保密声明，但是其内容不够具体和完善。中小型网络信息服务平台往往会利用技术手段识别信息主体的真实身份，并擅自泄露甚至出售用户的个人信息，对用户造成巨大的损失。

第三，商业公司。由于个人信息具有巨大的潜在商业价值，催生了一批以收集、处理和交易信息为主要业务的公司，这些公司往往运用高科技手段，非法收集个人信息，通过出售个人信息牟取非法利益。

第四，黑客（hacker）。黑客是计算机技术领域的顶端群体，他们通过高深的信息技术入侵他人的网络设备，随意植入电脑病毒，盗取个人信息以及网络银行的账号和密码等，窃取和破坏他人财物。该群体专业技术极高，破坏力极强，且身份隐秘，行动毫无规律，治理难度较大。

（3）侵权手段隐蔽性

大数据时代下，个人信息侵权手段更具隐蔽性。信息收集手段的高科技化和智能化，使消费者和用户的个人信息权在毫无察觉之中被侵犯。通过前文分析可知，信息管理者运用 Cookies 手段就可每时每刻都收集用户的上网数据，网站在被设计时就会适用 Cookies 以便准确收集访问者信息。并且，该技术经过专业加密处理，一般由一堆乱码传递关键信息，但是专业技术人员利用特殊技术即可得到这些信息。

随着大数据技术的发展，个人信息的收集、处理、传输等各个环节都涉及复杂高深的技术问题，一般用户难以理解和掌握。信息管理者在进行违法的操作时，权利人无法正确及时地判断和预见，只有在发生严重后果以后才会得知个人信息被侵犯和泄露。这无疑进一步加大了个人信息保护的法律治理难度。

(4) 侵权后果严重性

个人信息一旦被不法分子获得，信息主体随时可能会遭受各种不法侵害，利用个人信息的衍生侵权和犯罪也层出不穷，造成比较严重的后果。个人信息的侵犯轻则导致信息主体接受大量的推销广告、垃圾短信、邮件等，严重扰乱个人的正常生活，重则因个人信息泄露遭受电信诈骗导致被害人自杀的严重后果。此外，个人信息泄露招致敲诈勒索、绑架、强奸、"熟杀"等严重暴力犯罪行为的发生，一定数量和规模的个人信息跨境泄露还有可能引发社会乃至国家安全问题，值得我们警惕。

(二) 个人信息立法滞后的挑战

1. 个人信息保护立法现状梳理

我国从宪法到各个部门法中都有涉及对个人信息的保护，已基本形成了各部门法在各自权限内的比较完整的数据安全和个人信息保护法律体系。

(1)《宪法》：个人信息权的法律基础

我国《宪法》虽然没有明确提出"个人信息"和"个人信息权"的概念，但是在第四十条涉及了个人信息保护的内容，《宪法》保护公民的个人信息不受非法侵犯，既包括不受权力的非法侵犯，也包括不受其他民事主体的非法侵犯，这为部门法中规定个人信息保护奠定了坚实的法律基础。

《宪法》第四十条规定："中华人民共和国的公民通信自由和通信秘密受法律的保护。除因国家安全或者追查刑事犯罪的需要，由公安机关或者检察机关依照法律规定的程序对通信进行检查外，任何组织或者个人不得以任何理由侵犯公民的通信自由和通信秘密。"公民的通信自由和通信秘密具有身份可识别性，属于个人信息的范畴。《宪法》保护公民的通信自由和通信秘密是保护个人信息权的一种宣示。宪法层面的"通信自由"应当做广义解释。目前我国法律中，"通信自由"中的"信"主要指纸质信件（书信）、电报、邮件①。

① 例如《刑法》第二百五十二条："隐匿、毁弃或者非法拆开他人信件，侵犯公民通信自由权利，情节严重的，处一年以下有期徒刑或者拘役。"再如《刑事诉讼法》第一百四十三条："侦查人员认为需要扣押犯罪嫌疑人的邮件、电报的时候，经公安机关或者人民检察院批准，即可通知邮电机关将有关的邮件、电报检交扣押。不需要继续扣押的时候，应即通知邮电机关。"

随着大数据时代的到来，“通信”的外延也突破了传统的范围。电子邮件、网络即时通信等数字类信息符合“通信”传递消息和信息的本质，但目前没有明确规定此类通信方式受到法律保护。

（2）《网络安全法》：法律层面首次定义个人信息①

2016年出台的《网络安全法》虽冠以“网络安全”之名，但内容较多地涉及了个人信息安全。该法采用概括加列举的方式定义了个人信息，即“以电子或者其他方式记录的能够单独或者与其他信息结合识别自然人个人身份的各种信息，包括但不限于自然人的姓名、出生日期、身份证件号码、个人生物识别信息、住址、电话号码等”。《网络安全法》是我国首次在法律层面对个人信息的具体含义作出了规定，在第四章网络信息安全中，对权利人在网络空间内的个人信息的保护比较全面，主要从规范网络运营者、网络安全监督部门以及其他个人和组织的角度保护网络用户的个人信息，同时赋予了网络用户一定的自我保护权利。

《网络安全法》对个人信息保护的规定如表7-1所示：

表7-1　**《网络安全法》对个人信息保护的规定**

法条	主要内容	法条条文
第四十条	网络运营者一般保密义务	网络运营者应当对其收集的用户信息严格保密，并建立健全用户信息保护制度

① 值得注意的是，在此之前还有一些法律文件中涉及“个人信息”，但法律层级普遍较低。例如2014年《最高人民法院关于审理利用信息网络侵害人身权益民事纠纷案件适用法律若干问题的规定》第十二条中，首次将“自然人基因信息、病历资料、健康检查资料、犯罪记录、家庭住址、私人活动”明确为“个人隐私和其他个人信息”，但“个人隐私”与“个人信息”的界限依旧模糊；再如2013年《电信和互联网用户个人信息保护规定》第四条采取了列举的方式确定个人信息的范围：“本规定所称用户个人信息，是指电信业务经营者和互联网信息服务提供者在提供服务的过程中收集的用户姓名、出生日期、身份证件号码、住址、电话号码、账号和密码等能够单独或者与其他信息结合识别用户的信息以及用户使用服务的时间、地点等信息”，可由此提炼出个人信息识别性的核心法律特征，但由于此文件本身受行政规章性质的局限，个人信息的“识别性”这一特征没能上升到国家法律制度层面。

续表

法条	主要内容	法条条文
第四十一条	网络运营者妥善处理义务	网络运营者收集、使用个人信息，应当遵循合法、正当、必要的原则，公开收集、使用规则，明示收集、使用信息的目的、方式和范围，并经被收集者同意。网络运营者不得收集与其提供的服务无关的个人信息，不得违反法律、行政法规的规定和双方的约定收集、使用个人信息，并应当依照法律、行政法规的规定和与用户的约定，处理其保存的个人信息
第四十二条	网络运营者妥善保护义务	网络运营者不得泄露、篡改、毁损其收集的个人信息；未经被收集者同意，不得向他人提供个人信息。但是，经过处理无法识别特定个人且不能复原的除外。网络运营者应当采取技术措施和其他必要措施，确保其收集的个人信息安全，防止信息泄露、毁损、丢失。在发生或者可能发生个人信息泄露、毁损、丢失的情况时，应当立即采取补救措施，按照规定及时告知用户并向有关主管部门报告
第四十三条	个人删除权	个人发现网络运营者违反法律、行政法规的规定或者双方的约定收集、使用其个人信息的，有权要求网络运营者删除其个人信息；发现网络运营者收集、存储的其个人信息有错误的，有权要求网络运营者予以更正。网络运营者应当采取措施予以删除或者更正
第四十四条	其他个人和组织的禁止性义务	任何个人和组织不得窃取或者以其他非法方式获取个人信息，不得非法出售或者非法向他人提供个人信息
第四十五条	网络安全监督部门的保密义务	依法负有网络安全监督管理职责的部门及其工作人员，必须对在履行职责中知悉的个人信息、隐私和商业秘密严格保密，不得泄露、出售或者非法向他人提供

（3）《民法总则》《民法典》：个人信息权保护的新纪元

2017 年《民法总则》的出台开启了我国个人信息保护的新纪元。第一百一十一条规定："自然人的个人信息受法律保护。任何组织和个人需要获取他人个人信息的，应当依法取得并确保信息安全，不得非法收集、使用、加工、传输他人个人信息，不得非法买卖、提供或者公开他人个人信息。”

本条明确了个人信息受到法律保护，满足了新时代公民对加强个人信息保护力度的要求；将个人信息权与隐私权做了区分，为个人信息自身概念的明确创造了条件。但是第一百一十一条并未明确个人信息权内容的具体内涵，也没有规定相应的法律后果。

2020 年 5 月 28 日，《中华人民共和国民法典》正式表决通过，将于 2021 年 1 月 1 日正式实施。个人信息保护的相关规定被编进第四编人格权的第六章隐私权和个人信息保护中。相比《民法总则》，《民法典》对个人信息的保护进行了更加全面和细致的规定，例如，规定了处理个人信息的“合法、正当、必要”原则、明确了个人信息保护的具体内容、规定了行为人不承担责任的情形以及公职部门作为信息管理者承担的个人信息保护义务。虽然该法仍然没有规定法律后果，也没有明确提出“个人信息权”的概念，且尚未正式实施，尚待实践层面的检验，但专章并立隐私权和个人信息保护无疑是自《民法总则》后，我国在个人信息保护领域朝着专门立法方向进步路程中摘取的又一个法治硕果。

（4）行政法：社会管理角度的个人信息保护

行政法对个人信息的保护是行政机关作为管理者保护公民的个人信息安全，出台行政法规、部门规章等的实体性规定规范其他个人和组织的行为，从社会管理的角度为个人信息提供行政保护。

目前，行政机关出台的有关个人信息保护的行政法规、部门规章主要有以下几部：

第一，2013 年工业和信息化部（以下简称“工信部”）出台的《电话用户真实身份信息登记规定》规定电信业务经营者为用户办理固定电话装机、移机、过户，移动电话开户、过户等时，应当要求用户出示有效证件、提供真实身份信息；用户拒绝出示有效证件的，电信业务经营者不得为其办理入网手续。该规定确定了实名制登记成为保护网络信息的前提，无实名则无保护。

第二，2013 年工信部《电信和互联网用户个人信息保护规定》规定电信业务经营者、互联网信息服务提供者应当制定用户个人信息收集、使用规则，并在其经营或者服务场所、网站等予以公布；未经用户同意，电信业务经营者、互联网信息服务提供者不得收集、使用用户的个人信息。此外，电信业务经营者、互联网信息服务提供者在用户终止使用电信服务或者互联网信息服务后，应停止对用户个人信息的收集和使用，并为用户提供注销号码或账号的服务，违反该规定的，电信管理机构可依职权作出处罚。同时，电信管理机构的工作人员在对用户个人信息保护工作实施监督管理的过程中玩忽职守、滥用职权、徇私舞弊的，按照行政法和刑法的相关规定依法追究责任。

第三，2014 年国家互联网信息办公室《即时通信工具公众信息服务发展管理暂行规定》主要从行业资质、隐私保护、实名注册、备案审核、内容限制等方面对即时通信平台及用户行为进行规范，并明确了对违规行为的处罚措施。

但是，在行政管理方面的个人信息保护制度中，我国至少有工业与信息化、电信管理、工商行政部门共同但各有侧重地承担个人信息的保护职责，缺乏成体系化、协调性的保护。比如，工信部委托 12321 网络不良与垃圾信息举报受理中心受理短信息服务举报，明确了用户有关商业性短信息侵扰和违法信息的投诉和举报处理程序。电信业务经营者、互联网信息服务提供者应当采取保障措施防止用户个人信息泄露、毁损、篡改或者丢失，电信管理机构对此实施监督检查。电信管理机构对报告或发现的可能侵犯个人信息安全的行为进行评估，影响特别重大的，可要求电信业务经营者和互联网信息服务提供者暂停有关行为，后者应当执行。① 经营者侵害消费者个人信息的，由工商行政管理部门或其他有关行政部门责令改正，可以根据情节单处或并处警告、没收违法所得、处以违法所得 1 倍以上 10 倍以下的罚款，没有违法所得的，处以 50 万元以下的罚款；情节严重的，责令停业整顿、吊销营业执照。②

（5）《刑法》：严厉惩治个人信息犯罪

个人信息犯罪是侵犯公民个人信息权最严重的形式。我国 2015 年《刑法修正案（九）》修改了第二百五十三条之一，将非法获取公民个人信息罪改为侵犯公民个人信息罪。该罪指违反国家有关规定，向他人出售或者提供公民个人信息、窃取或者以其他非法获取公民个人信息并且情节严重的行为。信息管理者和经营者犯此罪的，即在履行职责或者提供服务过程中获得的公民个人信息，出售或者提供给他人的，依照本条规定从重处罚。触犯本罪情节严重的，处 3 年以下有期徒刑或者拘役，并处或者单处罚金；情节特别严重的，处

---

① 参见《电信和互联网用户个人信息保护规定》第十三、十四、十七条。

② 参见《消费者权益保护法》第五十六条。

3年以上7年以下有期徒刑，并处罚金。

相比《刑法修正案（七）》的“非法获取公民个人信息罪”①，侵犯公民个人信息罪将犯罪主体由特殊主体扩大到一般主体，加重了刑罚，总体呈现更严厉打击的趋势，符合当前大数据发展背景下的社会现实。

针对侵犯个人信息权犯罪司法实践中定罪量刑和法律适用的问题，2017年5月，公布的《最高人民法院、最高人民检察院关于办理侵犯公民个人信息刑事案件适用法律若干问题的解释》（以下简称《个人信息解释》），明确了刑法意义上“公民个人信息”的十个方面的内容。②

2. 立法滞后问题的表现形式

我国数据安全与个人信息保护法律虽然在宪法的统率下，由民法、经济法、刑法、行政法等法律部门组成了比较全面的法律保护体系，但以上法律部门都在各自权限内立法，部门之间缺乏协调，法律规定不统一，呈现立法碎片化特征。我国对个人信息保护立法上的滞后主要是专门性立法的缺失，这是当前数据安全和个人信息保护立法现状总的特征和不足，其表现具体可归纳为以下几点：

第一，各部门法在各自权限内立法，但按照目前的部门法划分，任何一部门法都无法完整和准确地涵盖数据安全要求下个人信息保护的内容。近年颁布的《网络安全法》是大数据时代对数据安全的有力回应，比较详细地规定了数据安全和个人信息保护，但由于本法主要规范网络空间行为，对个人信息权的保护以网络空间为前提，其适用范围具有天生的局限性。例如房地产开发公

① 《刑法修正案（七）》：七、在刑法第二百五十三条后增加一条，作为第二百五十三条之一：“国家机关或者金融、电信、交通、教育、医疗等单位的工作人员，违反国家规定，将本单位在履行职责或者提供服务过程中获得的公民个人信息，出售或者非法提供给他人，情节严重的，处三年以下有期徒刑或者拘役，并处或者单处罚金。窃取或者以其他方法非法获取上述信息，情节严重的，依照前款的规定处罚。单位犯前款罪的，对单位判处罚金，并对其直接负责的主管人员和其他直接责任人员，依照各该款的规定处罚。”

② 这十项内容分别是：（1）“公民个人信息”的范围；（2）非法“提供公民个人信息”的认定标准；（3）“非法获取公民个人信息”的认定标准；（4）侵犯公民个人信息罪的定罪量刑标准；（5）为合法经营活动而非法购买、收受公民个人信息的定罪量刑标准；（6）设立网站、通讯群组侵犯公民个人信息行为的定性；（7）拒不履行公民个人信息安全管理义务行为的处理；（8）侵犯公民个人信息犯罪认罪认罚从宽处理规则；（9）涉案公民个人信息的数量计算规则；（10）侵犯公民个人信息犯罪的罚金刑适用规则。

司将客户的个人信息进行整理加工后，以营利为目的，利用移动硬盘等非网络但涉及数据安全的形式泄露给第三方的，此时《网络安全法》的能发挥的作用就相对有限。最新出台的《民法典》将个人信息保护与隐私权并立，设立专门章节就两项权利予以规范，是个人信息保护领域朝着专门性立法发展的一个巨大进步。但应注意到的是，《民法典》关于个人信息保护的专门性规定并未实质性改变当前各部门法无法完整和准确涵盖数据安全要求下个人信息保护内容的事实。

第二，立法不统一带来法律适用的不确定性，部门法之间不协调的问题严重。多部门处理相应问题容易产生权责界限不清、相互推诿的情况，没有专门机关进行统一部署，对各执行机关的权限没有明确规定，缺乏部门联动机制，对公民的个人信息保护比较片面。例如何为“个人信息”，《网络安全法》《个人信息解释》《民法典》虽然都采用定义加列举的方式解释，但列举的内容有所差异。三者都包含了姓名、身份证号码、住址、通信（电话）号码，但《网络安全法》还包括个人生物识别信息，而《个人信息解释》中也特别规定了账号密码、财产状况、行踪轨迹，而最新出台的《民法典》还包括了电子邮箱、健康信息。按照“新法优于旧法、特别法优于一般法”的原则，《网络安全法》是旧法、特别法，《民法典》是新法、一般法，两者的不同之处无疑会引发法律适用时的差异，例如简单的不同法官对法条的理解不同就有可能导致同案不同判，增加法律适用的不确定性。

第三，立法保护重追责、轻过程规范，刑法发挥的作用有限。在个人信息保护领域，当前立法普遍重视责任追究，特别是刑事责任的追究，轻过程规范，轻综合治理。只要发生了不利结果就必须承担严重的责任，甚至可直接追究刑事责任，且几种责任之间并无明确的界限，而信息管理者究竟应该履行哪些法律义务也缺乏明确的规定。① 这种缺乏民法等法律提供基础保护的“刑先

---

① 《民法典》第一千零三十六条规定了行为人不承担民法义务的情形：“处理个人信息，有下列情形之一的，行为人不承担民事责任：（一）在该自然人或者其监护人同意的范围内合理实施的行为；（二）合理处理该自然人自行公开的或者其他已经合法公开的信息，但是该自然人明确拒绝或者处理该信息侵害其重大利益的除外；（三）为维护公共利益或者该自然人合法权益，合理实施的其他行为。”说明立法已经意识到明确信息管理者义务内容的重要性，但《民法典》尚未实施，目前还无法从实践效果方面评估该条的作用。

民后”的状态，将使得刑法能发挥的作用十分有限。① 例如根据 2017 年《个人信息解释》，侵犯公民个人信息罪“情节严重”有十种不同的判定标准，符合标准之一即可定罪。② 如此一来，几乎所有侵犯公民个人信息行为都可能直接触发刑事责任，完全可以替代任何行政执法机制，更不需要内部治理机制配合。近年来的密集立法不但未能解决信息控制者内部信息安全与个人信息保护脱节问题，还导致外部法律要求与信息控制者内部治理机制脱节、刑法制裁与其他法律手段脱节、责任规范与行为规范脱节等现象，呈现典型的命令控制式立法特点。刑事责任规定虽然看似严格，实际效果却非常有限。③

（三）传统司法规则滞后的挑战

1. 司法管辖区域界限模糊化

人类使用互联网的活动空间构成了网络空间，网络空间与物理的现实空间有着截然不同的特性。根据国外学者的研究，互联网的治理架构可以划分为三层：第一层是处于最底层的是物理层，主要包括计算机、服务器、移动设备、路由器、网络线路和光纤等网络基础设施，相当于人体的“骨骼”；第二层是负责传输信息和数据的逻辑层，主要包括各种传输协议和标准，例如 TCP/IP

---

① 参见于志刚：《“公民个人信息”的权利属性与刑法保护思路》，载《浙江社会科学》2017 年第 10 期。

② 《最高人民法院、最高人民检察院关于办理侵犯公民个人信息刑事案件适用法律若干问题的解释》第五条：“非法获取、出售或者提供公民个人信息，具有下列情形之一的，应当认定为刑法第二百五十三条之一规定的“情节严重”：（一）出售或者提供行踪轨迹信息，被他人用于犯罪的；（二）知道或者应当知道他人利用公民个人信息实施犯罪，向其出售或者提供的；（三）非法获取、出售或者提供行踪轨迹信息、通信内容、征信信息、财产信息 50 条以上的；（四）非法获取、出售或者提供住宿信息、通信记录、健康生理信息、交易信息等其他可能影响人身、财产安全的公民个人信息五百条以上的；（五）非法获取、出售或者提供第三项、第四项规定以外的公民个人信息五千条以上的；（六）数量未达到第三项至第五项规定标准，但是按相应比例合计达到有关数量标准的；（七）违法所得五千元以上的；（八）将在履行职责或者提供服务过程中获得的公民个人信息出售或者提供给他人，数量或者数额达到第三项至第七项规定标准一半以上的；（九）曾因侵犯公民个人信息受过刑事处罚或者二年内受过行政处罚，又非法获取、出售或者提供公民个人信息的；（十）其他情节严重的情形。”

③ 周汉华：《探索激励相容的个人数据治理之道——中国个人信息保护法的立法方向》，载《法学研究》2018 年第 2 期。

协议，相当于人体的“神经系统”；第三层是内容层，例如经由互联网传输的文字、图片、音频、影像等信息和资料，以及移动互联网中的各种应用及其所构建的人际交流网络，相当于人体的“肌肉”。①

用户在使用互联网时与物理空间以“长度、宽度、高度”为描述基准的可视、可感不同，网络空间无法被现实切割，由此导致了司法管辖区界限的模糊化问题。物理空间能够在较长的时间内能够保持相对稳定的状态，在此基础上才能成立“国界”“行政区划”等概念。但是，网络空间内发生的数据交换和传播与物理空间内的地理定位毫无关联，网络空间无法对应一个现实的物理空间。即将能够锁定管理互联网的主目录的“根服务器”② 的地理位置，甚至利用更加复杂的技术破解繁琐的域名来解析服务器和终端设备所在的现实地点，也无法准确定义信息传送的来龙去脉，③ 得到的结果只是一厢情愿地为网络空间和物理空间强行捆绑。网络空间所构筑的是与物理空间完全不一致的“空间观”，“地域”“疆域”等概念在网络空间内根本没有存在的基础，也根本不具有效力，谈论它们也毫无意义。因此，司法管辖区域界限逐渐模糊化，传统的以地域划界为基础的管辖制度在网络空间中也面临着失语的困境。

2. 民事诉讼传统管辖制度基础受到冲击

（1）“原告就被告”的基础受到冲击

“原告就被告”在传统的民事诉讼中是基本的管辖规则且具有适用位序上的优先性，我国民事诉讼法基本上采用“原告就被告”的原则管辖。但是在大数据背景下的个人信息侵权案件中，“原告就被告”有时可能会面临“两难”境地。一方面，由于虚拟空间在物理上的隔离，原告无法核准被告提供给

---

① Alexander Klimburg, The Darkending Web: The War for Cyber-space, New York: Penguin Press, 2017, paras. 26-45.

② “根服务器”指的是处于全球域名解析树型系统最顶端的 13 台服务器，它们分别处于 12 家运营商的控制之下，分别是美国威瑞信公司、南加州大学、美国 Cogent 通信公司、马里兰大学、美国航空航天管理局、互联网系统协会有限公司、美国国防部网络信息中心、美国陆军研究实验室、瑞典 Netnod 网络公司、欧洲网络资源协调中心、美国互联网域名与名称管理机构和日本 WIDE Project。参见沈逸：《全球网络空间治理原则之争与中国的战略选择》，载《外交评论（外交学院学报）》2015 年第 2 期。

③ 参见齐爱民：《论网络空间的特征及其对法律的影响》，载《贵州大学学报（社会科学版）》2004 年第 2 期。

他的身份、居所地等信息是否真实，甚至出现原告无法与被告取得直接有效联系的情形，这是在信息化时代中落实“原告就被告”原则最大的障碍；另一方面，如果原告发现被告所提供的身份、居所地等信息失真，当然同样可以借助大数据的信息处理能力如“人肉搜索”的方式找出真实的“被告”，但这无疑也构成对被告个人信息权的侵犯，则存在于“诉讼管辖制度安定性”和“个人信息权保护”之间的内在张力形成。如何进行利益衡量和冲突化解，便成为了解决管辖难题首先需要攻破的要点。①

我国目前对信息网络侵权的民事管辖规定做了新的解释，根据《关于适用〈中华人民共和国民事诉讼法〉若干问题的解释》第二十五条规定，侵权行为实施地包括被诉侵权行为的计算机等信息设备所在地，侵权结果发生地包括被侵权人住所地。这样的规定实际上是在以“原告就被告”的原则下，增加了“被侵权人住所地”也可管辖的例外规定，可以比较好地解决“原告就被告”的困境，但如何防止该规定的滥用也成为了一个需要考虑的问题。

（2）“侵权行为地”确定的困难

在网络空间中，“侵权行为地”的确定主要面临两大难题。首先，是对“侵权行为地”的解释问题。如果坚持传统关系制度中对“侵权行为地”的解释，则在网络空间内找寻之不仅毫无可能，也无任何意义可言。因此，如果按照传统解释，便需要在网络空间的语境内，在不同于物理空间概念的新的空间观之上，利用具有“空间指向”或“空间锁定”意义的技术标准尝试更新其内涵。但如此一来，其实是解构了“侵权行为地”标准，于网络管辖中存留的只不过是与之相同的语言符号，并非真正意义上的“侵权行为地”。实际上，我国立法基于这种结构确定“侵权行为地”的：在民事诉讼管辖规则中，主要采用强行将虚拟空间与物理空间产生联系的方式确定管辖。例如总论部分提及的《民事诉讼法》第二十八条，其规定侵权案件由侵权行为地或被告住所地人民法院管辖，但是以网络为介质的个人信息侵权行为地无法确定。其司法解释中将网络侵权行为的实施地解释为“计算机设备所在地”，但随着移动互联网的发展和移动通信如手机的普及，“计算机设备”极有可能处于不稳定的运动状态，而该设备出现在某一法院管辖区内也极有可能是偶然的结果，以

① 杨博：《“大数据”时代背景下个人信息权的民事诉讼保护研究》，载《研究生法学》2018 年第 33 卷第 1 期。

此来确定管辖具有偶然性、不稳定性，并且容易产生复杂的管辖权异议纠纷。

其次，即便确立了新的“侵权行为地”标准，其认定也存在着现实困难。网络空间中的个人信息侵权行为以数字信号的传输为手段，其最大的特性在于过程性和可复制性。确定“侵权行为地”的困难便来自网络信息传输的复杂过程。① TCP/IP 协议的概念层描述了计算机网络所普遍采用的层次性结构模型，网络用户的个人信息通过这一结构中的“物理传输信道”实现形态转换，通过层级递进和单元交互的方式由一个终端走向另一个终端。无论行为人利用何种尖端信息技术，只要利用大数据编制的互联网窃取他人信息，便需要走入传输信道、经历数据交换，依照上述的递阶模式，完成相应过程。也因此，即便是一个简单侵权行为，只要以信息对抗或交互的形式实现，载荷其的数据空间和基础设施也是极其复杂的。② 复杂的过程本身还会抬高信息外溢或泄露的风险。无论是技术失误所导致的信息流失，还是正当目的的复制与转存，以及非法的窃取与使用，网络基础设施间的信息转移都有可能为信息侵权提供可乘之机，这便使得确认“网络侵权行为地”这一工作更加扑朔迷离，细化地确定所谓的“侵权行为实施地”“侵权行为发生地”“侵权结果发生地”等更是难上加难。

因此，我国立法在确定“网络侵权行为地”时采取了简单化处理，侵权行为发生地包括被诉侵权行为的计算机等信息设备所在地、侵权结果发生地包括被侵权人住所地，本质上以忽略网络侵权的实质为代价换取具有操作性的管辖规则，暂时地缓和了确定“侵权行为地”的困境。再如，《关于适用〈中华人民共和国刑事诉讼法〉的解释》也采用同样的逻辑确定管辖，第二条专门

① 所谓“网络传输”是指，以由光纤、双绞线等构成的线路为介质，经过电路的调整变化，依据网络传输协议进行通信的过程。我们以数据传输实践中最常用的 TCP/IP 协议为例，其概念层分为四层：“网络接口层”的功能是提供针对不同物理网络的连接形式，“网际层”负责数据传输、路由和地址选择，“传输层”确认数据传输并进行纠错处理，“应用层”为各种服务及应用程序使用网络提供端口。参见刘爽、史国友、张远强：《基于 TCP/IP 协议和多线程的通信软件的设计与实现》，载《计算机工程与设计》2010 年第 7 期。

② 例如起始终端设备、应用编程服务器（In Application Programming，IAP）、节点计算机设备、ICP 服务器、网络辅助设备（缆线、网卡、中继器等）、目标服务器、目标终端设备等，都不可避免地被卷入其中。

对利用计算机网络实施的犯罪行为的犯罪地进行了解释。① 与民事诉讼规则相比，刑事诉讼管辖的确定更加具体明确，但也存在管辖的先后顺序如何确定的问题。

（3）平行管辖权与选择法院的困境

如果说上述原则的困难是理念上或者说是制度逻辑难以周延的困境，那么平行管辖与选择法院的困境便是在立法完善前，司法实践中最有可能遭遇的困难。个人信息侵权案件发生后，寻找合适的管辖法院只能在现有的管辖制度框架下进行。即使前文通过大数据技术原理揭示了物理设备存在的地点无法一一对应网络空间，但我国现行司法管辖规则中，仍然倾向于借助这一可视的“假象”，确定一个与案件实际联系不大的、偶然性的管辖法院。加之互联网侵权行为中包含着十分复杂的信息递导过程，这就必然导致一个简单的互联网个人信息侵权案件极大概率与许多地点甚至域外地域产生联系；当前法律体系下，大多数的互联网个人信息侵权案件并未纳入专属管辖的范围，与关联地域相应的诸多看似有管辖权的法院便涌现出来，形成了“平行管辖”与选择法院的困局，具体表现可归纳为两点：

其一，可选范围的“共同上级”可能是最高人民法院。信息传输过程具有多元性和复杂性，信息介质的物理地域也具有相同特征，且并无地域集中的态势或明显的规律性可言。当相应地域的法院都可能具有管辖权且无“专属管辖”之限制时，要么诉诸指定管辖解决，要么诉诸协议管辖解决。然而，指定管辖却不具有可操作性。我们可以想象，如果一个简单互联网侵权案件中的可管辖法院动辄分布在不同省区、动辄需要最高人民法院指定管辖，则不仅会无谓增加最高法的工作负担，更会造成审级秩序的混乱和司法资源的浪费。

其二，协议管辖可能导致后续执行困难。前文提及，除了指定管辖的方案外，协议管辖也似乎是可行之道。从诉讼当事人的角度看，无论是出于诉讼成本的考虑，还是对胜讼可能性的期待，当事人一般会倾向于选择与己方具有较强关联性的法院受理案件。一般来说，在“平行”的法院间，一方当事人比较容易找到满意或相对满意的一个或多个管辖法院；但若要求双方均对某一个

---

① 《最高人民法院关于适用〈中华人民共和国刑事诉讼法〉的解释》第二条第二款：“针对或者利用计算机网络实施的犯罪，犯罪地包括犯罪行为发生地的网站服务器所在地，网络接入地，网站建立者、管理者所在地，被侵害的计算机信息系统及其管理者所在地，被告人、被害人使用的计算机信息系统所在地，以及被害人财产遭受损失地。”

或多个法院的管辖达成“合意”，难度无疑大大增加。于是，“协议”只能取折衷之道，选择与双方当事人均无甚关联的法院受诉。如此，管辖争议虽被解决，却为之后执行环节的顺利实施留下了隐患。若被执行人不予配合，跨省工作亦会增加司法负担、浪费司法资源。①

3. 电子证据规则的滞后性

电子证据规则在大数据的背景下已经显示出一定的滞后性，在个人信息保护的诉讼中适用困境的表现如表 7-2 所示：

表 7-2　**电子证据的适用困境**

编号	实践困难	内　　容
1	电子数据收集和保存困难	电子数据种类多、易变化的特点，信息传播速度快、传播范围被广、增殖能力强，在互联网海量数据中收集、保存案涉信息存在困难。
2	质量保障困难	电子证据容易丢失、损坏，易影响证据质量。但随着信息复原技术的提高，相应困难可能会解决。
3	证据固定的困难	诉讼案件中证据固定的时间紧迫性；现场同步固定存在设备和技术困难；某些证据固定的存在技术难度毁损、灭失后难以再度固定。
4	确保真实性的困难	电子证据容易被伪造和变造，真实性难以确保；复原毁损、丢失数据的技术难度较高，复原后的证据也难以确保真实性。
5	程序性规则的不完善	目前法律规则中缺乏证据固定的程序性规则，难以保障固定后的证据的程序正当性。

（四）数据主权备受冲击的挑战

从物理结构来看，网络空间是一个分布式的网状结构，在内容层表现为一个开放的全球系统，没有物理的国界和地域限制，用户可以通过匿名的方式将数据即时从一个终端发送至另一个终端，实现全球范围内的互联互通。网络空

① 参见杨博：《“大数据”时代背景下个人信息权的民事诉讼保护研究》，载《研究生法学》2018 年第 33 卷第 1 期。

间的虚拟属性在创造出一个新疆域的同时，打破了传统意义上的地理边界，动摇了基于领土的民族国家合法性，以属地管辖为主、属人管辖为辅的主权行使方式在网络空间很难作为国家间主权范围划界的手段。①

因此，网络空间中流转、传播不受地理上的“国界”影响的数据，在这一过程中客观上会造成对国家主权的冲击。数据主权在大数据技术发展的背景下备受冲击，这种冲击带来的挑战体现在数据主权行使的方方面面。

1. 管辖权冲击

管辖权是指主权国家对本国网络拥有治理的权力，每个国家都享有对本国公民的管辖权，确保其依法享有自由和权利，这是主权原则在网络空间的自然延伸。管辖权的内涵包括两个方面：第一，国家有权制定规范网络空间行为的法律法规，充分保障公民在网络空间的知情权、参与权、表达权、监督权等合法权益，同时保护其个人信息安全；第二，国家有权依法对本国公民（包括自然人和法人）的网络违法犯罪行为采取惩罚措施，以维护网络空间的良好秩序。

但网络空间的虚拟特性决定了互联网用户的网络活动常常是全球性的，一国完全行使管辖权面临着一定的障碍，对管辖权造成了一定的冲击。例如甲国公民 A 在乙国侵犯了丙国公民的个人信息权，该案中 A 的侵权行为地和侵权结果发生地都在甲国境外，此时丙国如按照属人原则对 A 行使管辖权，客观上受到了一定的限制。

2. 独立权冲击

独立权是指本国的网络可以独立运行，无须受制于别国。但现实是，目前全球绝大多数顶级服务器都在美国境内，理论上美国具备随时让任何一个国家从网络上消失的能力。基于这个事实，严格说来，目前只有美国具有完全的网络独立权。长期以来，我国的大数据和网络技术发展受制于美国，处于“半个主权”的状态②。2019 年 6 月，中国工信部正式发布公告，批准中国互联网络信息中心 CNNIC（互联网信息中心）设立域名根服务器及相关运行机构，中国根服务器即将面世，将从根本上改善独立权受限的局面。③ 但在此之前，

---

① 参见郎平：《主权原则在网络空间面临的挑战》，载《现代国际关系》2019 年第 6 期。

② 参见秦安著：《网络对抗》，中国民主法制出版社 2018 年版，第 1 页。

③ 参见《工业和信息化部关于同意中国互联网络信息中心设立域名根服务器（F、I、K、L 根镜像服务器）及域名根服务器运行机构的批复》。

需要明确尽管我国大数据技术已经实现跨越式发展，但数据独立权仍受限制的客观存在，我们必须直面挑战、统筹经略，扎实建设和逐步实现网络强国的宏伟目标。

3. 自卫权冲击

自卫权在传统主权原则中指国家在遭受外来侵犯时，有单独或者与其他国家共同抵抗侵略的权利。如今，国家安全的内涵早已超越了传统的领土安全范围，网络空间安全已经成为了国家安全“制高点”。个人信息作为数据形式在跨境流转的过程中，可能会携带和传播有害信息威胁国家安全，例如，一定规模的国民基因信息、造成一定影响力的国家分裂言论等。目前，我国网络国防力量相对薄弱，面对大数据背景下对数据自卫权的冲击，主要利用信息“防火墙”（firewall）进行消极防御，这不仅无法保障数据自卫权的主动性和完整性，还长期遭到西方国家所谓“人权”的批评和抹黑。

4. 平等权冲击

平等权是指各国不论其大小强弱，都可以平等地利用网络互联互通。目前美国和包括中国在内的其他国家之间明显不平等，主要是其他国依靠和利用美国的顶级服务器接入网络，而并非真正意义上的互联互通，呈现出明显的单向性特点。尽管我国大数据技术发展迅猛，互联网基础设施建设日新月异，但是在网络权力、安全保障上，仍然无法与美国比肩。要坚决维护数据主权，就必须正视数据主权现实中不平等地位的问题。

（五）国际合作安全困境的挑战

1. 数据安全国际合作必要性阐释

当今大数据时代背景下，数据的安全不仅对个人信息保护有重要意义，还关乎一个国家甚至整个世界的和平与发展，网络数据安全的国际合作毫无疑问已经成为了一个全球性的议题，开展网络空间的国际合作成果国际社会之共识。

一方面，数据安全是世界各国共同面对的挑战。世界各国在享受大数据技术带来的方便、快捷，以及由此带来的新一轮技术革命和无限商机时，也都面临着网络攻击、网络入侵、数据泄露等大量安全风险和威胁。由于数据的虚拟性以及互联网在全球的畅通，进一步放大了上述风险和威胁，单个国家难以对网络空间的数据安全实行绝对和有效的防范与管理，只有开展国际合作才能切实减轻网络数据安全问题的压力。

实际上，世界各国都面临着网络数据安全的现实威胁。小到跨境个人信息侵权案件频发，大到利用互联网从事的恐怖、暴力以及其他犯罪日益猖獗，极大地干扰和破坏了国家正常的社会秩序，迫切需要有效的国际合作予以惩处。

另一方面，开展国际合作是数据主权受到冲击的客观要求。由于大数据和网络的发展，数据主权在方方面面都受到了一定的冲击。这其中有不法分子利用网络侵权和犯罪的原因，也有各国在网络空间中日益激烈竞争甚至发展为敌对的原因。维护网络空间和平，坚持数据主权原则，迫切需要各国减少对抗，加强合作，制定和完善网络空间中规范国家行为的共识或规则。①

2. 数据安全国际合作现状梳理

近年来，世界各国已经深刻认识到加强网络数据安全、保护个人信息国际合作的重要性，并稳步推进了一些有益的合作，梳理如下：

（1）联合国框架下的合作

联合国展开信息社会世界峰会（World Summit on the Information Society，WSIS），是由联合国举办的一个真正的广泛接纳利益相关方参与、研究商讨如何驾驭信息与通信技术的数字革命，并造福于人类的会议；② 成立信息安全政府间专家组（United Nations Governmental Group of Expert，UNGGE）以协商国家间关于网络安全规则的分歧；中俄等国家向联合国提出信息安全国际行为准则等。

（2）联合国框架外的多边合作

上海合作组织、亚太经合组织、东盟、七国集团峰会、金砖国家峰会以及欧盟、北约等许多国际组织均将网络安全相关议题作为重要的合作领域，出台相关的合作计划。

（3）双边合作

例如中国和俄罗斯、美国、英国、德国、日本和韩国等许多国家都建立了网络相关对话与合作机制。例如2015年中国与俄罗斯签署了《中华人民共和

① 参见杨合庆著：《中华人民共和国网络安全法释义》，中国民主法制出版社2017年版，第50页。

② 中国服务贸易指南网：《信息社会世界峰会》，载中国服务贸易指南网：http://tradeinservices.mofcom.gov.cn/article/zhishi/jichuzs/201810/71072.html，最后访问日期：2020年4月7日。

国政府和俄罗斯联邦政府关于在保障国际信息安全领域合作协定》，双方特别关注利用计算机技术破坏国家主权、安全以及干涉内政方面的威胁；再如自2007年开始的一年一度的中美互联网论坛（U.S.-China Internet Industry Forum）已成功举办了八届，中美双方利用该论坛共同讨论在过去一年双方互联网市场面临的问题，以及未来的行业趋势。

（3）专项合作

通过专业机构开展专门领域的合作。例如1865年成立的联合国专门机构国际电信联盟（International Telecommunication Union，ITU），其使命是使电信和信息网络得以增长和持续发展，并促进普遍接入，以便世界各国人民都能参与全球信息经济和社会并从中受益；① 1900年代成立的事件响应与安全组织论坛（Forum of Incident Response and Security Team，FIRST），致力于促进电脑安全事件响应组的全球性协调和合作；亚太计算机应急联盟组织（APCERT），以真正的信息共享，信任与合作为基础，确保亚太地区的互联网安全；② 以及国际性非盈利组织互联网名称与数字地址分配机构（The Internet Corporation for Assigned Names and Numbers，ICANN），负责在全球范围内对互联网唯一标识符系统及其安全稳定的运营进行协调，致力于确保互联网的安全性、稳定性和互用性。③

3. 国际合作陷入安全困境

目前，各种层面的网络安全国际合作虽已展开，但总体而言各种合作仍浮于表面，合作内容的广度和深度也十分有效。其背后是竞争与博弈暗流涌动，成为事实上的主流，网络安全国际合作陷入典型的“安全困境”。④ 究其原因，主要在于：

（1）国际网络安全合作仍不能适应千变万化的网络发展需求。目前网络安全的国际合作虚多实少，无论是合作的广度还是深度，都非常不足。

第一，合作层次不高。国家元首级的对话较少，国际合作主要限于民间层

① 参见 https://www.itu.int/zh/Pages/default.aspx，visited on 7 April 2020。

② To Ensure Internet Security in the Asia Pacific Region，based around Genuine Information Sharing，Trust and Cooperation，http://www.apcert.org，visited on 7 April 2020.

③ 参见 https://www.icann.org/zh，visited on 7 April 2020。

④ 蒋丽、张小兰等：《国际网络安全合作的困境与出路》，载《现代国际关系》2013年第9期。

次或者低于部长级层次。例如开展得如火如荼的中美互联网论坛是由中国互联网协会、美国微软公司联合主办的民间论坛，尽管我国高层高度重视，习近平主席还曾出席第八届论坛，但本质上仍不属于最高层次的合作。

第二，合作的范围有限。例如美日两国曾于 2013 年 5 月在东京召开首次“美日两国安全对话”。这次对话是双方决定今后把网络安全视为双边关系的“基石”或支柱之一，把网络安全双边合作提到极高的地位。① 但双方仅在网络防御、网络空间行为规范的建立、关键基础设施防护等范围内进行有限的合作，对网络窃密、网络军事安全、网络安全战略合作等敏感问题尚未涉及。

第三，国际合作的效果不佳。网络安全涉及各国核心利益，成员国很难放弃对网络安全的主导权。例如尽管欧盟出台了统一立法规范个人信息安全，但是欧盟与成员国之间、欧盟各个成员国之间的协调合作始终不顺畅。在多边治理方面，国际网络合作进展更为有限。到目前为止，国际社会仍缺乏联合国版本的“网络安全公约”，各国间以数据主权为代表的矛盾很大，至今未能达成基本共识。②

（2）国际社会围绕数据主导权的博弈日趋激烈。

总体来看，目前围绕该问题的国际斗争主要格局是“一超多强，两大阵营”。③ “一超”指美国，其网络优势非常明显，拥有一流的网络资源和网络实力，有强势清晰的网络安全国家战略，是无可争议的网络超级大国，其地位短期无法撼动。“两个阵营”是指在网络安全上意见相左的两个国家集团。

第一个阵营是以美国为首的发达国家集团：美国通过“伦敦国际网络会议”“布达佩斯国际网络会议”等平台不断提出网络安全的理念、价值观，英国、日本、韩国及欧洲发达国家与其配合，立场高度一致，共推欧美版本的“布达佩斯公约”、国际网络安全治理等模式。

第二个是以俄罗斯等新兴国家为代表的发展中国家阵营。例如在 2011 年

① HM Government, A Strong Britain in an Age of Uncertainty: The National Security Strategy, October, 2010.

② 参见蒋丽、张小兰等：《国际网络安全合作的困境与出路》，载《现代国际关系》2013 年第 9 期。

③ Frontier Economics Europe, Estimating the Global Economic and Social Impacts of Counterfeiting and Piracy, A Report Commissioned by Business Action to Counterfeiting and Piracy (BASCAP), Paris: ICCWBO, February, 2011.

6月伦敦“第二届全球网络安全峰会”上，俄罗斯联合独联体国家、中国、阿拉伯国家和非洲国家等，推出不同于欧美版本的《联合国确保国际信息安全公约草案》，呼吁在联合国框架下，改革国际互联网治理机制，要求网络资源分配权的公正与公平，照顾发展中国家利益。再如“金砖四国”以及其他发展中国家多次就国际网络秩序等问题提出不同于西方国家的观点和方案。

“一超多强，两大阵营”基本可以反映当前国际博弈大格局的特点，即传统强国和新兴大国的矛盾与竞争：争夺“数据权力”和网络空间规则制定权和主导权。①

（3）国际合作进程严重滞后，网络空间出现明显的“安全困境”。

一方面，技术不断发展更新，现行制度落后于时代发展需求。比如OECD在1980年制定了《理事会关于包含隐私与个人数据跨国际流动管理公约》、1985年成员国政府通过了有关《跨国界数据流动宣言》、1992年首次制定《信息系统安全准则》等，但由于大数据技术、网络技术的飞速发展，这些规则早已是明日黄花。

另一方面，各国思想理念的矛盾短期难以调和。尽管各国在保护个人信息安全、社会安全、政治安全等方面已达成共识，但是以上安全的内涵，各国的看法却不尽相同。各国任何有关数据安全、网络安全战略的制定和执行，都不可避免地陷入既定矛盾关系中，比如人权与数据安全、经济发展和国家安全、基础设施现代化和关键基础设施安全防护、公权部门和私人部门、数据保护和数据共享、数据跨境自由和政治稳定的关系等问题。由于意识形态、文化差异以及政治制度的不同，各国对上述这些问题的看法大相径庭。②

三、数据安全与个人信息保护法律治理的基本框架

（一）数据安全与个人信息保护法律治理的目标

从权利人个人的角度出发，数据安全与个人信息保护法律治理的首要目标

① 参见蒋丽、张小兰等：《国际网络安全合作的困境与出路》，载《现代国际关系》2013年第9期。

② 参见蒋丽、张小兰等：《国际网络安全合作的困境与出路》，载《现代国际关系》2013年第9期。

是切实保护个人信息权不受非法侵害，在受到非法侵害的情况下，权利人可以依法捍卫自己的合法权利；从社会和国家的角度讲，数据安全与个人信息保护法律治理的目标不仅在于保障公民个人信息权免受侵扰的安宁生活，还可以借助法律治理，实现平衡技术发展和信息保护、捍卫数据主权等目标。

1. 有效预防个人信息侵权发生

个人信息侵权具有隐秘性特点，往往伴随着严重的侵权后果。因此，个人信息权的权利内容本身就具有事前积极防御的特点，法律治理的规则设计中应当充分考量事前防范与事后追偿的治理成本，以有效预防个人信息侵权发生为个人信息保护的主要目标。法律治理如果能够有效预防甚至杜绝个人信息侵权行为和案件的发生，防患于未然，不存在因个人信息侵权造成的损失，维护公民个人生活的安宁，是个人信息权受到保护的最佳状态，也是个人信息保护法律治理追求的理想状态。值得注意的是，这种理想状态在现实中几乎不能达到，这是由个人信息的价值性、资本的逐利性和社会生活的复杂性共同决定的。因此，要合理看待法律的作用，不能要求通过法律治理能完全杜绝个人信息侵权行为。但是，这并不妨碍将有效预防个人信息侵权行为和案件的发生作为法律治理追求的首要目标。在设置规则时，可以充分发挥法律的指引作用、预测作用和教育作用，通过制定明确的权属关系、清晰的权利义务内容和明确的法律后果达到一定程度上有效预防个人信息侵权行为和案件发生的效果。

2. 规范处理个人信息侵权案件

现实中无法完全杜绝个人信息侵权现象产生，事后的救济同样重要。因此在公民个人信息受到现实侵犯后，案件能够被妥善、规范地处理就成为了法律治理的第二个目标。即权利人在个人信息权利受损后，能够有效地利用法律规范及时对被侵害的权利进行补偿或减小危害后果。这个目标可以通过个人信息权的信息报酬权和申诉权来实现，这就要求法律治理的过程中，必须明确这两项权利内容：必须明晰权利义务的主体，并通过执法和司法的相关规则加以保障和实现；同时，要尽量避免法律适用不统一、同案不同判等不公正、不规范的结果。

3. 实现数据价值与数据安全的平衡

数据安全和个人信息保护法律治理的第三个目标是实现尽可能地发掘数据价值与尽可能地确保数据安全两者的平衡与协调。大数据的价值性是大数据的基本特征，其价值表现在商业价值、社会价值、国家安全价值等多个方面。数据价值与数据安全是一对辩证统一的关系：数据价值越高，数据安全越难保障；数据安全越被强调，数据价值越难被挖掘。这是因为，当数据具有较高的价值时，行为人受利益驱使，会利用各种非法行为对数据进行攻击、窃取、收买等，威胁数据安全；与此同时，数据的权利人为保护数据安全，除却技术方面的保护之外，通常做法是通过减少数据流通、减少数据利用的方式来减少泄露风险，而流通和利用的减少又减弱了数据的潜在价值性。例如，房地产商拥有购房者的名单和联系方式等个人信息，这些信息对于装修业、家电业、租房中介等行业具有重要的商业价值，这些行业的从业者为获得潜在客户信息，有可能通过非法途径窃取、收买购房者的个人信息，威胁权利人的数据安全。此时，如果房地产商保护数据安全，则拒绝向行为人提供购房者个人信息，但这批个人信息的商业价值就无从挖掘；如果房地产商选择数据价值，则会侵害到购房者的个人信息权。如何平衡数据价值和数据安全，在对数据安全最小的威胁的限度内实现最大程度的开发数据价值，实现商业价值和安全价值的有机统一，是个人信息保护法律治理的一个重要目标。

4. 坚持捍卫数据主权完整

坚持捍卫数据主权完整，是大数据时代对数据安全和个人信息保护现实要求，也是法律治理追求的目标。大数据时代，数据的跨境流通不受国界和疆域的影响，再加上美国在全球网络空间占有绝对的主导地位，我国数据主权一直面临着现实的挑战，这必然影响国内数据安全和个人信息保护的法律治理的价值取向。对数据安全和个人信息保护的治理，不能仅限于实现国内法的健全和完善，还应当着眼于国际，在开展广泛深入的国际合作的同时，坚持捍卫数据主权的完整。

（二）数据安全与个人信息保护法律治理的原则

1. 数据保护原则

个人信息保护的前提是个人信息数据的安全，数据安全的前提是对大数据进行充分妥善的保护，实现数据的保护与数据自由流通、合理利用这两大利益之间的平衡。大数据保护原则是确保数据安全的首要原则。数据保护原则的主旨是确认数据为独立的法律关系客体，奠定构建数据规则的制度基础。数据保护原则通过明确数据的法律性质和法律地位，从而使数据成为一种独立利益而受到法律的确认和保护。①

具体而言，数据保护原则包含两个方面的含义。第一，数据有其自身的权属关系，网络空间不是“国际公域”。第二，数据应该由法律进行保护。不仅数据的权属关系应该受到法律的调整，法律须确认权利人对包括个人信息在内的数据的权利，而且数据的流通过程也须受到法律的保护，规范合理的数据流通不但能够确保数据的合理使用，同时还能够促进数据的再生和再利用。

（1）保护数据安全和完整

保护数据的安全和完整主要是指通过法律机制来保障数据的安全，以免数据面临遗失、不法接触、毁坏、利用、变更或泄露的危险。从安全形态上讲，数据安全包括数据存储安全和数据传输安全；从内容上讲，数据安全可分为信息网络的硬件、软件的安全，数据系统的安全和数据系统中数据的安全；从主体角度看，数据安全可以分为国家数据安全、社会数据安全、企业数据安全和个人数据安全。

具体而言，通过法律治理保护数据安全和完整最理想的状态是：第一，保障数据的真实完整，不仅使处于静态存储的数据不被访问、篡改和伪造、利用，而且保证数据在传输过程中不被篡改，不发生丢失和缺损等；第二，保障数据的安全使用，即数据及其使用必须具有保密性，仅为取得授权的机构和个人获取和使用，当然数据系统中的公开信息不限于此；第三，保障数据系统具有可用性，可以为确定合法授权的使用者提供服务。

（2）保护数据自由流通

确保数据自由流通，应使法律确保数据作为独立的客体能够在市场上自由流通，而不对数据流通给予不必要的限制。通过法律治理保护数据自由流通最理想的状态体现在两个方面：第一，鼓励数据自由流通。数据自由流通是人类发展和进步的客观要求。数据作为现代社会生产过程中的基本要素，其自由流通是社会赖以维系的根基。第二，反对数据垄断。反对垄断者利用数据技术等优势，有意控制和阻碍数据的自由流动，使其不能在数据的数量、时效和质量方面进行垄断。只有贯彻数据自由流通，才能保障在制度框

---

① 齐爱民、盘佳：《数据权、数据主权的确立与大数据保护的基本原则》，载《苏州大学学报》2015 年第 1 期。

架内的数据共享。在数据自由流通的基础上，才能运用法律等多种杠杆实现数据在全球范围内的共享，消除数字鸿沟，建立国际数据共享的新秩序。由于信息技术发展的不平衡，导致数据的获取和使用出现了严重的地区差异，这种差异阻碍了数据在全球范围的自由共享。因此，为实现数据共享，要保障数据自由流通，加强政府对数据共享的宏观控制能力，在数据共享的发展战略上保持适度超前的政策管理，建立促进数据共享的政策法规制度，加强信息技术的共享。

2. 法律协调原则

数据安全下的个人信息保护不仅需要完善的立法，还需要立法、执法与司法的协调与配合，形成互动协调的全面的个人信息保护法律体系，才能对公民的个人信息权提供全方位保护。在此要求下，数据安全和个人信息保护必须坚持法律协调的原则，这包含了横向和纵向两个方面的要求，即不仅要坚持个人信息保护在各个部门法的协调、在法律发挥作用的各个环节的协调，还要坚持法律规则保持与时俱进、与大数据技术发展相协调。这无疑对国家法律治理能力、数据管理能力提出了更高的要求，主要内容有两个方面：第一，协调行政法规规章与法律。我国对个人信息的保护从部门规章开始，早期一些行政法规和规章对个人信息保护有比较零碎的规定，这些规定不成体系，往往是各部门在各自管辖范围内制定的最直接、简单的规范，部门间、法规规章与法律间有相当数量的不协调之处。为确保立法与执法间的协调，应逐步对上述规范进行废除、修改，并进一步根据法律发展出台符合法律规定的配套措施。第二，促进司法规则与时俱进。司法规则应当与立法保持一致，并且适时更新。大数据时代下，司法管辖和电子证据等规则呈现一定的滞后性，应当注意司法规则的与时俱进。

3. 数据主权原则

现代社会，大数据在经济、政治、文化、法治等方面的作用越来越凸显，逐渐取代有形财产在经济社会发展中的核心地位，成为人类文明发展和进步的重要的资源。为最大限度地发挥大数据的价值，抑制其不良影响，从而使个人信息安全以及由此引发的社会安全和国家安全问题得到切实维护，在大数据保护基本原则的指导下还应当坚持数据主权原则。

数据主权是指国家对其政权管辖地域内的数据享有的生成、传播、管理、控制、利用和保护的权力。它是国家主权在信息化、数字化和全球化发展趋势下新的表现形式，是各国在大数据时代维护国家主权和独立，反对数据垄断和霸权主义的必然要求。①尽管大数据具有虚拟性和跨国界的特征，但是数据基础设施和数据空间行为与现实世界不可分离，具有国家主权的法律属性，是国际法的新领域。根据一般国际法原则，数据主权也表现为对外和对内两个方面：对外表现为国家在网络数据空间的管辖权、独立权、自卫权和平等权；对内表现为国家对网络数据空间的最高管辖权。对外和对内的表现都具体落实到对数据的管理权和控制权上。数据管理权是指一国对本国数据的传出、传入和对数据的生成、处理、传播、利用、交易、储存等的管理权，以及就数据领域发生纠纷所享有的司法管辖权。数据控制权是一国对本国数据采取保护措施，以免数据遭受被篡改、伪造、毁损、窃取、泄露等危险，从而保障数据的真实性、完整性和保密性。其中，对数据跨国流通的管理和控制是数据主权的重要内容。数据的跨国流通是数据主权产生的前提，但主权国家形式数据主权并不意味着对数据实行完全控制，而是要坚持数据自由流通和合理限制原则，以实现管制与数据流通自由之间的合理平衡。② 对数据跨国流通做出的限制以及限制的内容应当遵守合法原则和尊重社会基本秩序和道德原则。对数据跨国流通传输条件应作出严格规定，凡有损国家主权、安全、侵犯个体权利，或者须经权利主体同意从而未获同意的数据不能传出国外；凡影响国家主权、安全、文化道德价值观的数据及侵害个体权利的数据不能传入国内。

4. 国际合作原则

国际合作原则是国际法的基本原则之一，是各国放下政治、经济以及社会制度之间的差异，为了共同维护国际和平与安全、增进国际经济安定与进步以及各国的福利，在政治、经济、社会、文化及科技方面开展深度广泛的合作。

对数据进行妥善管理和控制是大数据时代对每个主权国家提出的法律治理挑战。由于数据本身虚拟性和跨国界性的特征，随着大数据技术的日渐发展和成熟，数据安全问题已经超出某一国的主权范围成为国际性问题，对个人信息保护的意义也不仅仅在于保护单个公民的安宁生活，个人信息特别是

---

① 齐爱民、盘佳：《数据权、数据主权的确立与大数据保护的基本原则》，载《苏州大学学报》2015 年第 1 期。

② 齐爱民、盘佳：《数据权、数据主权的确立与大数据保护的基本原则》，载《苏州大学学报》2015 年第 1 期。

一定规模、内容敏感的个人信息跨境流通可能引发社会和国家安全问题，因此，从这个角度讲，数据安全和个人信息保护还应当遵循国际合作原则。

(三) 数据安全与个人信息保护法律治理的域外经验

1. 美国数据安全与个人信息保护治理的历史演进及经验

美国采用的是“分散立法+行业自律”的模式，没有专门统一的法律规范数据安全和个人信息保护问题。美国对个人信息进行法律保护的逻辑起点是公权力有可能对公民的个人安宁生活造成侵害。20世纪初，美国联邦最高法院认定隐私权是宪法中未列明的公民基本权利。美国对隐私权的保护逐步从防止对个人在物理上和通信上的非法入侵，发展到防止个人信息的非法和有害泄露，从隐私权中分离出了个人信息权，并逐步确立了个人信息“公平信息实践原则”(Principles of Fair Information Practices，FIPs)。

有关美国数据安全和个人信息保护治理的演进简史如表7-3所示：①

表7-3 **美国数据安全和个人信息保护治理的演进简史**

阶段	时间	立法或判例
第一阶段：立法防止对个人（物理的、通信的）非法入侵	1792年	宪法起源：《宪法第四修正案》规定：公民的人身、住宅、文件和财产不受无理搜查和扣押的权利，不得侵犯②
	1890年	普通法认可隐私概念及其应收法律保护
	1966年	《信息自由法》③ 出台：要求政府机构应尽量向公众公开信息，不公开举证责任在政府

① 参见个人信息保护课题组：《个人信息保护国际比较研究》，中国金融出版社2017年版，第56~57页。

② Amendment IV of the Constitution of the United States: “The right of the people to be secure in their persons, houses, papers, and effects, against unreasonable searches and seizures, shall not be violated, and no Warrants shall issue, but upon probable cause, supported by Oath or affirmation, and particularly describing the place to be searched, and the persons or things to be seized.”

③ Freedom of Information Act, Public Law 89-487, 89th Congress, S. 1160, July 4, 1966.

续表

阶段	时间	立法或判例
第一阶段：立法防止对个人（物理的、通信的）非法入侵	1976 年	卡兹诉美国案（Katz v. United States）中，①美国最高法院认为，政府对通信的窃听也可以构成不合理的搜查与没收，承认《宪法第四修正案》隐含的隐私权及其在政府侵犯个人隐私中应受到保护
第二阶段：防止个人信息的非法和有害泄露（20 世纪 80 年代后以行业自律为主）	1970 年	商业领域第一部特别法：《公平信用报告法》②赋予消费者纠错权，保障消费者报告中的错误不会被用于伤害消费者的行为
	1974 年	约束政府部门的《隐私法案》③（FIPs 由学说到立法）：授予个人查阅权，保证个人信息档案准确，信息收集目的确定，不得保留秘密档案，个人由民事诉讼补救
	1977 年	最高法院首次肯定宪法上信息隐私权：沃伦诉罗伊案（Whalen v. Roe）中，④纽约州政府因集中储存特殊处方信息，受到病人、医生的诉讼
	1978 年	《财务隐私权法》⑤规范联邦政府机构查询银行记录
	1980 年	《隐私权保护法》⑥确立了执法机构使用报纸和其他媒体记录的信息标准
	1984 年	商业领域特别法：《电报通信政策法》⑦延续个人信息收集告知、本人有权查阅、有权拒绝提供不相关信息；《电视隐私保护法案》⑧，将隐私权保护范围扩展到录像带销售或租赁公司的顾客
	1988 年	商业领域特别法：《录像隐私保护法》⑨对购买和租录像提供安全的隐私保护

① Katz v. U. S., 389 U. S. 347, 371 (1967).

② Fair Credit Reporting Act, FCRA.

③ The Privacy Act of 1974, 5 U. S. C. 552a As Amended.

④ Whalen v. Roe, 429 U. S. 589 (1977).

⑤ Right to Financial Privacy Act of 1978, RFPA.

⑥ Personal Privacy Protection Act of 1980.

⑦ Electronic Communications Privacy Act of 1984.

⑧ Cable TV Privacy Act of 1984.

⑨ Video Privacy Protection Act of 1988.

续表

阶段	时间	立法或判例
第二阶段：防止个人信息的非法和有害泄露（20 世纪 80 年代后以行业自律为主）	1994 年	约束政府部门的法律：《驾驶员隐私保护法》①，该法对州交通部门使用和披露个人的车辆记录做了限制
	1996 年	商业领域特别法：《健康保险携带和责任法》②，保障个人的健康隐私信息的私密性，防止未经授权的使用和披露；《电讯法》③，规定电讯经营者有保守客户财产信息秘密的义务
	1999 年	商业领域特别法：《金融服务现代化法案》④，要求金融机构尊重保护消费者隐私并保护消费者个人信息的安全与机密
	2000 年	商业领域特别法：《儿童在线隐私保护法》⑤，保护由网络和互联网的在线服务所处理的个人信息，没有父母的同意，联邦法律和法规限制搜集和使用儿童的个人信息

从以上立法简史的分析中，不难看出美国自 20 世纪 60 年代起，面对信息技术的飞速发展和针对个人信息的收集和控制的新形势，传统的普通法和宪法判例调整的模式已力不从心的现实，美国国会开始尝试制定一系列成文法律分门别类地调整各种信息的取得、储存和流转，于是掀起了一场声势浩大的隐私权“制定法运动”。⑥ 特别是进入 20 世纪 80 年代后，立法从笼统的商业领域到电报、电视、保险、金融等具体的行业，形成了现代社会信息隐私保护的法律集合体系。

美国在数据安全和个人信息立法的特点和有益经验可归纳为“分散立法+行业自律”模式。美国主要通过立法和行业自律模式保护大数据时代下有可能被侵犯的个人信息权，其核心特点在于不设立专门的立法保护个人信息，而是

① Drivers Privacy Protection Act of 1994.

② The Health Insurance Portability and Account Ability Act of 1996, HIPAA.

③ Telecommunication Act of 1996.

④ Financial Services Modernization Act of 1999.

⑤ The Children's Online Privacy Protection Act of 2000, COPPA.

⑥ 参见上海市哲学社会科学规划办公室、上海社会科学院信息研究所编：《国外社会科学前沿》第 17 辑，上海人民出版社 2014 年版，第 455 页。

在某些高度敏感的领域通过有针对性的立法来保护个人信息，例如儿童信息、医疗档案以及金融数据等。同时发挥自律机制①配合政府的执法保障，从而有效地实现保护个人信息的目的。

（1）部门立法

1974年《隐私法案》是普遍适用于联邦政府的个人信息保护法律，但是没有更详尽的专门针对私人组织尊重个人信息的立法。源于对政府权力膨胀的担忧与众多组织和社会的利益更重于个人隐私权的诉求，统一的个人信息保护立法很难被一致接受。② 因此，美国的个人信息保护立法通常以某特定行业为限，主要在于限制该行业内的政府部门或经营者滥用隐私权以及个人信息的有害泄露。

（2）行业自律

除了国会制定的法律外，行业自律也成为美国网络隐私权保护的重要部分。行业自律的逻辑源自对公权力的不信任，因此在统一联邦立法的缺失之下，美国十分重视企业的创新与自主，将个人信息保护的重责寄托于行业自律之中。美国行业自律的主要形式有以下三种：第一，建设性的行业指引，指本行业的网络隐私保护准则；第二，网络隐私认证，即授权哪些同意遵守其提出的隐私规则的网站张贴其隐私认证标志，以便于用户识别；第三，证据技术保护模式，在此模式下，必须得到用户明确许可才可以收集和使用其个人数据。行业自律规范来自于行业的自觉性，不具有强制性规范，但是在美国个人信息保护中发挥着十分重要的作用。为弥补行业自律可能存在的透明度底、强制性弱的缺陷，美国还在《儿童在线隐私保护法》中创立了“安全港模式”（safe harbour），对行业自律作出了明确的规定，第一次以立法形式确认行业自律的法律效力。

2. 欧盟数据安全与个人信息保护治理的历史演进及经验

欧盟主要采取统一立法模式对数据安全和个人信息进行保护。统一立法模式是指，国家制定一部专门的个人信息保护基本法，统一规范和调整公共部门和私营机构的个人信息处理行为。欧盟统一立法发展简史如表7-4所示：

---

① 自律机制包括企业的行为准则，民间的“认证制度”以及替代争议解决机制。

② Spiros Simitis, Reviewing Privacy in an Information Society, 135U. Pa. L. Rev., 1987 (707): 736-737.

表 7-4 **欧盟统一立法发展简史**

时间	法律文件	主要内容	简评
1995 年	《关于涉及个人数据处理的个人保护及此类数据自由流动指令》①	为欧盟成员个人数据立法设立了最低标准。 确定了对个人数据保护的基本原则：对个人数据的收集、记录、储存、修改、使用或销毁以及网上个人信息的收集、记录和利用等进行规定。 规定欧盟成员国的个人数据资料不得流入缺少妥善保护个人信息的国家。	仅是向欧盟成员国发布的指导性文件，本身没有强制约束力，其实施有赖于各成员国通过国内立法予以采纳，在具体个案中仍然根据各国国内立法来保护个人信息。 禁止将个人数据资料流入缺少妥善保护个人数据国家的规定，一方面使个人信息资料在相关国家流通中起到桥梁和监督作用，另一方面使得个人数据在欧盟外国家难以得到便利传播。
1997 年	《电信部门个人数据处理和隐私保护指令》②	强调电子通信部门的安全、保密原则。	对 1995 年的指令作出补充。
1999 年	《关于在信息高速公路上收集和传递个人数据的保护指令》	寻求个人权利的保护、网上信息交换的保密性和资料自由流动之间的平衡，强调了网络服务商的责任和对用户个人自我保护意识的培养。	

① Directive 95/46/EC of the European Parliament and of the Council of 24 October 1995 on the protection of individuals with regard to the processing of personal data and on the free movement of such data.

② Directive 97/66/EC of the European Parliament and of the Council of 15 December 1997 concerning the processing of personal data and the protection of privacy in the telecommunications sector.

续表

时间	法律文件	主要内容	简评
2000 年	《关于与欧共体和组织的个人数据处理相关的个人保护以及关于此种数据自由流动的规章》①	欧盟的机构或组织，应当保护自然人的基本权利和自由，尤其是应当保护他们与个人数据处理有关的隐私权。 确定了关于个人数据处理合法性的一般性规则，分为数据质量原则、合法处理数据的标准、数据处理的特殊分类、应向数据主体提供的信息、数据主体的权利、豁免与限制、数据处理的机密性与安全性、数据保护官员等部分。 规定了比较完善的救济措施。 欧盟内电信网络环境下的个人数据和隐私保护。 设立独立监督机构：欧洲数据保护监督员。	
2002 年	《关于电子通信领域个人数据处理和隐私保护的指令》②	允许各会员国立法强制要求网络服务业者保留公民电话、网络与电子邮件通信的详细记录长达一段不确定的时间。 通信和互联网服务商需要采取适当的措施保证通信和互联网服务的安全性。 禁止在未征得用户同意的情况下存储和使用用户的数据。 服务提供商应该保障用户的知情权。	替代了 1997 年指令，是顺应互联网技术发展，为满足用户的需求制定的以保护个人数据控制权为主的指令。

① Regulation 45/2001/EC of the European Parliament and of the Council of December 2000 on the protection of individuals with regard to the processing of personal data by the community institutions and bodies and on the free movement of such data.

② The Processing of Personal Data and the Protection of Privacy in the Electronic Communications Sector.

续表

时间	法律文件	主要内容	简评
2009 年	《欧洲 Cookie 指令》	对电子商务中的 Cookie 的适用加以规范和必要的信息披露管理。	对 2002 年指令的重要补充。 强化了用户的知情权，让用户对网站收集、存储和跟踪用户信息有了清晰的了解，对网站生成、使用和管理以 Cookie 为核心的用户个人数据提出了完整规范的管控要求，有效避免了网站滥用或以不够安全的方式操作与存储用户个人数据。
2016 年	《一般数据保护条例》①	将适用范围扩大到了境外：在欧盟境内设有机构（establishment）的数据控制者和处理者都适用该条例，不论其数据处理行为发生于何地。 引入了数据可携带权（right to data portability）和被遗忘权（right to erasure or right to be forgotten）规则。 允许在一定条件下，数据向欧盟境外的国家传输。 对涉及个人敏感数据的处理和分析行为制定了更为严格的标准，引入了“数据画像”（profiling）的概念。	除了国家安全、新闻及表达自由、劳动法等特殊领域外，无须再通过各国制定国内法，直接对所有欧盟成员国生效，使欧盟境内的个人数据保护立法得到统一。

欧盟经过上述一系列的法规和指令，构建起了一套完备的网络隐私保护的

① Regulation（EU）2016/679 of European Parliament and of the Council 27 April 2016 on the protection of natural persons with regard to the processing of personal data and on the free movement of such data, and repealing Directive 95/46/EC（General Data Protection Regulation, GDPR）.

法律框架，为消费者和用户、网络经营者、政府等各方主体提供了清晰可循的原则。其中，实践证明，1995 年指令和 2002 年指令对建立欧洲信息社会的制度具有至关重要的作用。

与美国模式不同的是，欧盟模式最大的特点是采用统一立法，以法律规制为主导，订立严格的保护标准，其更加重视和尊重隐私权的保护。据分析，欧盟采用统一立法模式主要考虑了以下两点：第一，历史原因。欧洲在“二战”中尝尽了纳粹独裁的监视和控制的苦头，欧盟各国倾向于重视个人隐私保护，保持着尊重和保护个人隐私权的惯性。第二，现实原因。欧盟成员国较多，且各国的法律法规互有差异，对于个人数据等隐私权内容的保护，在欧洲内部各国也很不统一，因此，要想尽快在保护网络隐私权这一领域步调一致，更好地发展信息社会的各种跟互联网相关的产业和应用（比如电子商务、电子政务等），最有效的方法是通过统一的法律法规来协调。①

3. 境外优秀经验总结与借鉴

欧美关于数据安全和个人信息保护立法的模式各有所长，当然也各有缺陷。例如美国基于对公权力的不信任，早期太过依赖行业自律，行业内的规范并不具有强制性，对行业的自律性要求较高，并且，资本的逐利本性和行业自律性具有天然的矛盾，如缺乏有效的监督机制也无法保证真实可靠的“自律”。② 再如欧盟严格的统一立法，无疑增加了网络服务提供商的法定义务和过多的责任，也增加了以网络服务提供商为代表的整个信息产业的成本，甚至会损害信息产业的利益并阻碍网络的发展。③ 实际上，针对数据安全和个人信息保护的法律治理，我国目前确实存在“扬美抑欧”的现象，主要采用分散立法形式规范数据管理者和收集者的行为，早期考虑到经济发展因素，迟迟没有出台专门的个人信息保护法，因此走入了欧美模式借鉴的困境。而这样的困境是人为造成的，误以为美国模式即为分散立法、重视行业自主创新，欧盟模式即为统一严格的企业限制性规范，但实际上欧美两种模式存在某些共同规律可循，例如注重过程的规范、强调数据主体的权利，再如两者都没有解决好个

---

① 参见徐敬宏：《欧盟网络隐私权的法律法规保护及其启示》，载《情报理论与实践》2009 年第 5 期。

② 事实上，直到 2000 年才创设的“安全港”规则正是平衡自律性与强制性的产物。

③ 参见徐敬宏：《欧盟网络隐私权的法律法规保护及其启示》，载《情报理论与实践》2009 年第 5 期。

人隐私与个人信息的界分。我国在借鉴境外经验时，需要明确的是，欧美法律体系的差异根源于二者时代背景、政治体制、文化和数据发展进程等现实情况的差异，在借鉴的过程中不可简单移植或全盘接受。我国借鉴欧美的有益经验的关键不在于法律规定的模式差别，也不在于坚持某个固定模式，而在于个人数据治理的制度设计是否科学，必须超越欧美两种模式的简单法规范对比，既要看到两种模式的差别，更要从两种模式中吸取有益的部分。只有这样，才能博采众长，走出一条符合我国国情的个人信息保护法治道路。

四、数据安全与个人信息保护法律治理的实现路径

（一）数据安全与个人信息保护法律治理的路径

1. 立足中国国情，避免机械借鉴美国模式

我国数据安全和个人信息保护立法具有后发优势，主要借鉴了美国和欧盟的先进立法经验。但是整体上，我国存在简单的扬美抑欧现象，学界有观点认为欧盟国家不重视大数据发展、美国不保护个人隐私，并将制定个人信息保护法与阻碍创新（欧盟模式）画等号，将不保护隐私与更有利于创新（美国模式）画上等号，人为制造了隐私保护与创新不可兼得的两难局面。①

因此在法律框架上，我国主要受到美国松散的不专门立法模式的影响，目前并未出台专门性立法保护个人信息，而是在《民法典》《网络安全法》和一系列行政法规规章中涉及对数据安全和个人信息的保护，但是无法很好地平衡个人隐私与大数据发展。囿于对美国模式的推崇，我国迟迟没有出台专门的个人信息保护法，实际上走入了机械借鉴美国模式的困境。

随着大数据时代来临，从实证出发，探讨个人信息保护的有效实施机制，而不仅仅是关注法律规定的差别，已经成为近几年国际上尤其是美国隐私法律研究的新热点。不论个人信息保护治理的名称如何，其背后的机理均在于发现有效的激励机制，调动被管理对象参与治理的积极性，提高执法效果，从而达到确保数据安全，切实保护个人信息。最新国际实证比较研究成果表明，欧美

---

① 周汉华：《探索激励相容的个人数据治理之道——中国个人信息保护法的立法方向》，载《法学研究》2018 年第 2 期。

两种模式实际上存在某些共同规律可循，而认真了解欧盟不同国家的法律体制后，也可以发现其内部的差别并不比中美之间的差别小。我国在借鉴境外经验时，成败的关键不在于法律规定的模式差别，也不在于坚持某个固定模式，而应当着眼于个人信息保护治理的制度设计是否科学。

探索中国个人信息保护治理之道，必须超越欧美两种模式的简单法规范对比，既要看到两种模式的差别，更要从两种模式中吸取有益的经验。只有立足中国国情，才能博采众长，避免机械借鉴美欧个人信息保护模式，走出一条符合我国国情的个人信息保护法治道路。

2. 重视过程规范，扭转“先刑后民”法制现状

要充分发挥民法和刑法在各自领域内的引导、规范作用，必须协调好民事责任与刑事责任之间的过渡规则。我国《刑法》第二百五十三条之一明确规定了侵犯公民个人信息罪，该条在司法实践中的利用率较高，一方面体现了我国对个人信息犯罪的刑法打击力度大、效果好，另一方面也暴露出我国“重刑轻民”，过于强调刑事责任而轻视过程监督、民事责任与行政责任的合理过渡的现状。注重完善私法和行政法治理机制，重视过程的规范，构建协调的个人信息保护法律体系，扭转当前“先刑后民”或“重刑轻民”的法制状态。

重视过程的规范性是欧美立法的共同特点。不同于我国立法“重刑轻民”或“先刑后民”的现状，欧美立法对数据管理者和控制者规定了比较明确的义务，违反相应义务承担民事、行政或刑事责任的界限比较清楚。尽管美国多以行业为单位出台多部规范，但仍有《隐私法案》对个人信息保护做原则性的规定，构建齐了比较协调的治理体系。

我国应当在个人信息保护立法中重视过程的规范性，尽快改善“重刑轻民”和“先刑后民”以及部门和地区间行政法规、规章不协调的立法现状，加强监管力度，规范执法和司法活动，构建协调的法律治理体系。

3. 强调数据安全，防范社会国家安全问题

我国立法中更加重视数据安全和个人信息侵权中对个人的影响，但是对个人信息安全引发的社会和国家安全问题较为忽视，这是一种认知上的片面性，也与总体国家安全观、网络安全上升到国家安全战略高度的地位十分不符。

立法中涉及国家安全的条款主要目的在于规范来自国内的威胁，鲜少对跨境数据流动威胁国家安全的问题做具体的规定。实际上，较大规模的个人信息的泄露往往会演变为社会安全问题，例如 2011 年索尼重大数据泄密事件，造成了高达 1.71 亿美元的经济损失和十分恶劣的社会影响；而复杂、敏感的国防、军事、外交数据的泄露将给国家安全造成不可估量的重大损失。现有立法对个人信息安全引发的社会、国家安全问题的忽视有可能影响到国家数据主权，必须提高立法中对数据安全的重视程度，预防因个人信息泄露而引发的社会和国家安全问题。

此外，强调数据安全必须正视其与数据价值之间的辩证关系，不能过度追求数据安全而忽略数据价值，法律治理需要考虑在对数据价值最大程度的开发下对数据安全做最大的保护，实现二者的有机统一。

4. 深化国际合作，坚持数据主权原则

数据安全和个人信息保护的问题已经超出某一国的主权范围成为国际性问题，应当将国际法治理路径纳入对个人信息的保护之中。须注意的是，国家主权的内容由权利和义务两个方面组成，各国应当在遵守和维护数据主权原则的前提下，在民间合作、部门合作的活跃背景下更进一步加强国家高层之间的对话与合作。在进行数据的跨国流通时，主权国家应坚持对等原则，即如果外国对本国政府的公民和团体的权利加以限制，本国政府可以根据数据传输对等原则，对该外国的公民和法人的权利等方面施加同样的限制。数据跨境传输应遵守相关国际协定、社会公共利益及公序良俗。

加快推动制定数据安全和个人信息保护的国际条约。国际合作的内容之一是国际立法活动，但目前国际合作的广度和深度有限，尚未形成有影响力的国际条约。在数据安全和个人信息保护领域，各国为了预防和惩处跨境数据侵权和犯罪，可以秉持合作的态度进行各项立法活动，推动和召开专门的会议起草、缔结国际条约，在联合国框架内进行磋商，形成法律决议等。各国可以在大数据保护、共享、管理和控制，包括刑事司法协助等方面进行深度的国际合作。

（二）数据安全与个人信息保护法律治理体系

大数据和信息化社会的背景下，数据安全和个人信息保护不仅关乎个人，还关乎社会安全甚至是国家安全，该领域的法律治理显得十分必要和迫切。目前，我国初步形成了以宪法为统率、各部门法实行具体规范的形式上比较完整的个人信息保护法律体系。采取分散立法的模式是我国片面借鉴欧美模式，走入立法困境的一个表现，目前该法律体系呈现碎片化特征，存在权属制度模糊、部门协调性差、救济规则滞后、“重刑轻民”等缺陷，亟待进一步完善。实际上，数据安全和个人信息保护的治理需要法律的综合保护，必须在坚持数据保护原则、法律协调原则、数据主权原则和国际合作原则的前提下，从以下几个方面建立起数据安全和个人信息保护法律治理体系的具体架构：

第一，私法治理机制。私法治理的对象是个人信息权的权属关系和数据交易关系，其目的是保障数据的自由流通和使用。个人信息权在我国被明确规定为一项新型的、独立的民事权利，与隐私权有所区别，具有人格属性和财产属性的双重特点。个人信息权的权利内容应当包括权利人对个人信息的决定权、查询和更正权、删除权、请求报酬权和申诉权。为完善个人信息保护的私法治理，我国应当加快出台专门的《个人信息法》及其配套措施，明确个人信息权属制度、构建信息财产制度、革新司法救济规则，尤其需重视司法管辖规则和电子数据规则的改革与创新。

第二，行政法治理机制。行政法治理机制主要指规范个人信息管理关系。个人信息管理关系主要是个人信息权利人（数据主体）和个人信息管理者（数据管理者）之间的关系。数据管理者的身份具有多元性，既可以是电商经营者、网站管理人，也可以是具有某种特定职能的公职部门，例如公安机关、医院。行政法治理需对数据管理者进行监督和管理，防止其侵犯数据主体的个人信息权，如非法泄露、窃取、交易、过度使用数据等行为。完善行政法治理机制，需要做到：明确数据安全监督的专门机构以明权责、协同构建数据安全信息共享平台以提高行政服务质量、修改陈旧的行政法规或规章使其与最新立法相协调。

第三，刑法治理机制。我国《刑法》第二百五十三条之一明确规定了侵犯公民个人信息罪，该条在司法实践中的利用率较高，一方面体现了我国对个人信息犯罪的刑法打击力度大、效果好，另一方面也暴露出我国“重刑轻民”，过于强调刑事责任而轻视过程监督、民事责任与行政责任的合理过渡的现状。完善刑法治理机制，首先要完善私法和行政法治理机制，重视过程的规范，构建协调的个人信息保护法律体系，其次才能从根本上改善“重刑轻民”的现状，明确民事、行政、刑事责任之间的差别和过渡。

第四，国际法治理机制。随着互联网在全球范围的互联互通，数据安全早已超出一国的范畴，需要世界各国协同合作，构建数据安全和个人信息保护的国际法治理机制。国际法治理机制必须坚持数据主权原则与国际合作原则相结合，确立数据自由流通和合理限制的基本规则，对跨境数据流通进行积极规范。然而现实中，数据主权的各方面都受到了较大的冲击，国际合作也因各国对国家安全的担忧而陷入困境。为打破这一僵局，构建真实有效的国际法治理机制，各国应当积极开展国家高层的沟通和对话，扩展和加深合作的广度和深度，尝试制定规范数据安全和个人信息保护的国际条约，出台非政府间数据流通法律保障机制。

在私法、行政法、刑法和国际法的综合治理之下，我国数据安全和个人信息保护法律机制才有可能发挥其最大作用，妥善应对和处理大数据和信息化社会对我们提出的严峻挑战。

（三）数据安全与个人信息保护法律治理的具体措施

1. 博采众长，以统一立法为大方向

各个国家的国情不同，采用的立法模式也不同。虽然不应拘泥于某一固定模式，但是结合我国现实情况，应当在大方向上采用欧盟统一立法模式，尽快出台《个人信息保护法》。主要考虑到：第一，统一立法本身的优点能确保个人信息得到系统全面明确的保护；第二，避免行业、部门、地区之间的不协调，降低执法成本；第三，不同于美国，我国单一制的国家结构形式适合统一立法的推广。

具体而言，可以参考欧盟《一般数据保护条例》的规定，根据当前大数据技术发展的现实情况，确定标准比较高的保护规则，引入或创新新的个人信息权形态，例如被遗忘权、数据可携带权等，注重尊重个人信息权主体的自主控制权，同时注意保护隐私和企业自主创新之间的平衡。

2. 健全个人信息保护法律规则体系

（1）完善个人信息权属制度，制定专门立法及配套措施

与传统时代相较而言，大数据时代数据的边界日益模糊，如何界定数据之上的权利主体从而定纷止争变得愈发重要。① 个人信息权是数据权的重要内容，是基于大数据发展的社会现实、独立于个人隐私权的新的民事权利类型，对个人信息保护需要在法律框架内明确个人信息权这项民事权利，进而尊重公民个人

---

① 齐爱民、盘佳：《数据权、数据主权的确立与大数据保护的基本原则》，载《苏州大学学报》2015 年第 1 期。

的信息决定权、信息保密权、信息查询和更正权、信息删除权和报酬请求权。

完善个人信息权属制度，厘清个人信息权与隐私权的概念。欧美模式都没有明确区分个人隐私和个人信息，这其中有基于实用主义的考虑，也有立法时代较早个人信息的价值还未引起立法重视的原因。而当前大数据迅猛发展的背景下，我国应当厘清个人隐私权与个人信息权两个不同的概念，明确个人信息权有独立的保护价值。原因有三：第一，个人信息潜在的经济价值不可估量；第二，从学理上分析，个人隐私权与个人信息权也属于两种不同的权利，隐私权不能代替个人信息权，个人信息权也无法完全涵盖隐私权的范围，个人信息权有独立存在的价值和意义；第三，我国立法已经作出明确区分二者的重要尝试，例如《民法典》专章并立隐私权和个人信息保护，明确了个人信息保护与隐私权的不同，这是顺应大数据发展的立法趋势。

明确个人信息权的以下内容：第一，立法明确个人信息权是一项独立的民事权利，具有人身权和财产权的双重属性；第二，明确个人信息权的权利内容，包括信息决定权、信息查询和更正权、信息删除权、报酬请求权和申诉权，以及其衍生权利如安宁权等；第三，明确信息管理者或控制者的义务，包括对个人信息主体负有通知的义务、尊重其行使合法权利的义务、适当收集和利用义务、保密义务等；第四，适当平衡数据主体和数据信息管理者或控制者的权利平衡，明确后者的免责内容。

面对个人信息侵权频发现状，目前我国分散的、不协调的立法模式难以切实有效保护个人信息。应当加快制定专门的《个人信息保护法》，再以此为中心出台配套措施，尽快摆脱当前立法不统一、碎片化的困境，有效保护个人信息权。

（2）发挥政府行政职能，指导出台行业自律规范

我国可以借鉴美国个人信息保护法律制度中行业自律的优秀经验，通过强化行业自律来弥补法律法规周延的不足以及滞后性的缺点，考虑到我国政府对经济宏观调控的职权和我国企业的经营习惯，可以采取政府协助行业出台自律规范的形式：

第一，由企业主导、政府协助，重点行业、企业引领，积极制定行业自律规范，保持重点行业、企业在个人数据安全保障上的行业宗旨和企业文化。

第二，改变服务模式。针对商业广告破坏用户和消费者安宁权的现象，可规定应在消费者明确授权后，才能根据消费者的需求把产品或服务的信息推送至消费者。

第三，建立激励与惩罚机制。行业内可以规定，对能够积极保障个人数据安全的企业予以表彰，对于失信企业、恶意企业则根据其违法程度给予不同等级的处罚，轻者警告、公示，重者则通过黑名单制度予以抵制，使企业禁止进入该行业，从而以强有力的行业自律监管模式实现个人的数据安全保护。

第四，加强管理。行业自律组织应加强制定规章制度，加强对数据的分类分级，设计管理机制，加强机制稽查，完善机制缺陷并矫正预防。

（3）立法明确牵头监管责任，协同构建信息共享平台

个人信息侵权手段隐蔽对数据安全监管提出了更高的挑战，为更加地实现行政机关的监管职能，可以考虑采用立法的方式，对各行政机关的职能进行明确的细分，确定牵头部门，进一步明确各自的监管范围。根据《网络安全法》第八条的规定，国家网信部门负责统筹协调网络安全工作和相关监督工作，作为统筹协调的主体，网信部门没有实权对数据安全进行监督和管理。因此，可以考虑在政府部门中设立专门监督机构（或直接授权网信部门承担该职责），确保监督机构能够有效监管信息安全，明确数据安全监管责任。

在确定牵头部门的基础上，为最大限度发挥各部门的协同作用，行政部门之间可以构建数据安全信息共享平台，一方面方便进行监督和管理，制定统一的网络安全风险评估和应急工作机制等，另一方面有利于构建协调的行政法规、规章保护体系。

（4）优化个人信息保护司法救济方式，革新个人信息保护司法规则

我国应当优化个人信息保护司法救济方式，赋予被侵权者行政诉讼以及司法救济的权利，通过增加个人信息公益诉讼救济等方式以及信息主体有效的救济途径和社会保护，确保其合法权利不受侵害。

革新个人信息保护特别是管辖规则、电子证据规则。针对司法实践中个人信息侵权举证困难导致败诉的情况，可将举证责任倒置的规则适用于个人信息缱绻案件，以便更有利于个人信息主体维护自身权利。

3. 革新传统司法规则

（1）坚持以“侵权（犯罪）行为地”管辖为主的原则

“侵权行为地”管辖原则体现了两大价值要求之间的冲突与平衡，即“司法的秩序性要求”与“法律解释的体系融贯性（coherence）要求”。“司法的秩序性”要求在建立管辖依据过程中，须以客观、稳定、可操作为评判标准。相应地，“法律解释的逻辑融贯性”则要求以“侵权行为地”包含的物理空间

属性，来解释网络案件管辖中的“侵权行为地”。目前已有的规则中，将“物理设备”或“基础设备”所在地作为“侵权行为地”。例如《最高人民法院关于审理涉及计算机网络域名民事纠纷案件适用法律若干问题的解释》第二条规定，将域名的计算机终端所在地视为侵权行为地。通过这条司法解释规则看背后的逻辑，其并未突破“侵权行为地”原有的内涵。在域名侵权案件中，域名解析服务器是完成侵权行为工具、产生侵权后果的基础，“原告发现的该域名的计算机终端等设备”是承载域名的物理介质，无论是将域名解析服务器所在地还是原告发现的该域名的计算机终端等设备所在作为侵权行为地，都是物理化的表现，具有“侵权行为地”本身包含的物理空间属性。

但是《最高人民法院关于审理侵害信息网络传播权民事纠纷案件适用法律若干问题的规定》第十五条规定，侵权行为地包括实施被诉侵权行为的网络服务器、计算机终端等设备所在地。对难以确定侵权行为地和被告住所地的，原告发现的有侵权内容的计算机终端等设备所在地可以视为侵权行为地。其中的“侵权行为地”属于“法律拟制”，突破了其原本的法律意义。将“实施侵权行为”与“信息的生产和扩散”相结合来看，不难发现，该侵权行为实际是一种持续性的行为，包括编造发送的起始行为、传输处理的中间行为以及受众理解的后续行为，直到产生侵权结果。当信息离开起始终端，便脱离了侵权人的控制范围，侵权人根本无法预见、更无法控制其所发送的侵权信息会经由哪些服务器传送到被侵权人的设备中。因而，除了起始行为可以明确通过划分，界定其具有明显的物理空间，其余持续性的状态行为很难通过节点式处理来实现物理空间化。

综上所述，该司法解释对“侵权行为地”的处理是明显的“法律拟制”，否则其无法避免上述的两个困难。无论制度设计的初衷是两项法益权衡的取舍结果，还是通过对“融贯性”的变通理解向“司法秩序”和实践操作做倾斜，在互联网侵权案件中应当确立以“侵权行为地”为主的管辖原则。①

（2）将“原告住所地”作为非涉外案件管辖的主要标准

在个人信息侵权纠纷中机械地适用“原告就被告”的管辖原则无疑是不可取的，不仅会徒增原告的诉讼成本，损害其司法认同感，而且法院会常困于

---

① 杨博：《“大数据”时代背景下个人信息权的民事诉讼保护研究》，载《研究生法学》2018 年第 33 卷第 1 期。

"被告住所地"难以确定而使得原告诉权得不到保障。因此，出于对切实保护被侵权人合法利益的考量，可以将"原告住所地"作为案件管辖依据是较为妥适、理性的做法。

（3）将"最低限度联系原则"作为涉外案件管辖的主要标准

"最低限度联系原则"来源于美国联邦最高法院 1945 年作出的"国际鞋业公司诉华盛顿州"（International Shoe Co. v. State of Washington）①判例，该原则要求即便当事人住所地不在法院地州，只要其与受诉法院存在某种"最低限度"的联系，且该联系同诉讼标的有所关联，管辖权即可成立。越来越多地被美国法院所采用的"长臂管辖权"（long-arm jurisdiction）即是以此原则为基础发展而来。②

出于对国家信息安全保护的考虑，将"最低限度联系原则"作为我国涉外个人信息侵权案件管辖的依据具有重要的意义，这不仅事关涉外案件当事人的权利保护与实现，更涉及国家信息安全的制度构建，原因如下：第一，网络空间日益成为社会空间密不可分的一部分，网络安全与社会安全互相交融；第二，信息处理技术日益成为社会治理的重要手段。

在法治框架下，为切实维护国家与社会的信息安全，规制网络虚拟空间内信息侵权与信息犯罪行为，关键在于如何有效地将信息安全争议纳入我国法律制度的防控、监测范围内，即管辖问题成为重点与核心。因此，以"最低限度联系原则"涉外互联网信息案件管辖权的基础，运用"长臂管辖"来维护国家与社会的信息安全，都符合制度构建与现实需求。

4. 革新电子证据制度

（1）完善电子证据收集与保存制度

关于电子证据收集与保存制度的完善，可以借鉴发达国家的"电子证据发现公司"（Electronic Evidence Discovery Corporation）机制，③ 在立法层面引入

---

① International Shoe Co. v. State of Washington, 326 U. S. 310, 66 S. Ct. 154, 90 L. Ed. 95, 1945.

② 参见郭明磊、刘朝晖：《美国法院长臂管辖权在 Internet 案件中的扩张》，载《河北法学》2001 年第 1 期。

③ "电子证据发现公司"，是指专门从事电子数据恢复和网络安全工具开发的科技公司和民间机构。其不仅接受商业委托，还与官方合作、助力国家司法。参见王莉：《对电子数据收集问题的法律思考》，载《中国检察官》2014 年第 2 期。

电子证据收集的“辅助人”制度。电子证据收集“辅助人”制度的建立，有利于规避证据灭失风险，提高证据收集与保存的实效，有助于锁定个人信息侵权人，减轻司法机关的负担。遴选成熟的“电子证据发现公司或机构”，同时配备准入和淘汰机制，从而促使其作为司法机关的信息协作单位，成为司法鉴定部门和技术部门的重要补充力量。具体而言，主要包括以下几个方面：

第一，在操作层面，规范技术流程。一是还原毁损或灭失的电子数据时，以最严格的要求遵守技术流程，确保电子数据还原后的真实性；二是严格遵守鉴定的技术规则，严防程序瑕疵。

第二，严格履行保密义务。保密义务的前提是制定有保密条款的制度，该制度应该严格规范接触电子证据的每一环节人员的操作程序，从而保护电子证据中存在的个人隐私、商业秘密、国家秘密等重要信息。这不仅仅是保护电子证据的私密性，提高相应工作人员的安全防控意识，维护诉法权威和公信力。

第三，需要进一步建立辅助人机构（单位）准入与考核轮汰制度。一是严格制定准入制度，全方位考察与评估拟准入单位的技术、设备、人员资质与科研成果等方面，综合评选出优秀和先进的机构与单位。二是针对已纳入名单的机构，综合考评绩效，淘汰不符合准入标准的机构与单位，从而实现优胜劣汰，保证整体的良性循环。

（2）完善电子证据保全制度

①强化信息档案管理意识，建立电子信息化归档模式

第一，提升电子办公的普及程度，实现相关信息的“无纸化”记录和储存。第二，创立专属于单位的信息管理数据库。数据库的建立意味着利用电子归档和联网管理手段更加高效地管理本单位及客户信息。

②优化电子证据的公证保全机制

当下个人信息侵权案件大部分以互联网侵权的方式呈现。因此，在诉讼案件中最为关键的证据大多也需要从互联网平台等虚拟空中间提取与固定。因此，如何以最为公正有效的途径来提取和保存电子证据是需要考虑的，其中公证保全不失为一种高效的方式。从而，优化电子证据的公证保全机制具有现实意义。

③利用网络技术革新公证行为

电子证据公证保全指的是由具备相关资格的公证机构，利用一些现代网络电子科学技术，针对网络个人信息进行的一项公证行为。在我国，公证机构肩

负着证据保全的重任，因此应当针对电子证据编制完整的保全规范。通过仔细审查电子证据的来源、传递和储存的方式，遵守法定保全程序，对电子证据采取打印、照相、摄影、拷贝及备份等保全措施，确保电子证据的客观真实性。

5. 扩展国际合作领域

（1）开展个人信息犯罪国际刑事司法协助

对于数据跨境引发的个人信息犯罪案件，国际间可适当开展刑事司法协助活动。国际个人信息犯罪案件中可开展刑事司法协助的内容可以包括：利用数据查明特定人员身份或下落或网络设备的现实所在地，调查取证、讯问被调查人或被起诉人，送达文书，为证人或鉴定人出庭作证提供便利，临时移送人员，勘验有关地点或场所，搜查或扣押，提供记录和条件，提供被害人、证人和证据；查寻、扣押和冻结犯罪收益、财产资产及犯罪工具等。

（2）出台非政府间数据流通法律保障机制

大数据时代背景下，政府和企业之间的相对权力边界发生了移动，企业对互联网关键基础设施和资源的掌控力显著增强，政府的主权行使能力受到了很大的制约。非政府间数据流通的影响力不可小觑，维护数据主权还应当出台相应的规范，构建非政府间数据流通法律保障机制。

对于非政府间跨国传输数据，应着重考虑以下因素：第一，遵守国际条约和国家协定；第二，接受国能为数据安全提供相当的保护；第三，不得为规避我国现行法律而为跨国传输；第四，数据主体的书面同意或者为保障数据主体的重大利益；第五，不违反法律规定及社会公共利益。

第八章
网络攻击行为的法律规制

网络攻击是与现代计算机网络相伴而生的产物。1969 年标志着现代计算机网络技术起始的 ARPAnet 网络诞生，1979 年世界头号黑客凯文·米特尼克便成功入侵了北美防空网络指挥部的主机。随着互联网的发展，计算机网络通信得以延伸至世界各个角落，网络攻击活动更是呈指数级增长。信息时代，网络已经深度融入政治、经济、社会的各个方面，网络安全已成为公共安全的重要组成部分，网络攻击也已成为网络空间的主要威胁和全球重大风险之一，与广大人民群众的人身和财产安全、社会稳定乃至国家安全密切相关。

随着我国“互联网+”行动计划的实施，信息经济在我国国内生产总值中的占比不断攀升。然而，一方面，我国的计算机网络技术起步较晚，核心技术长期受制于人；另一方面，我国是网络攻击的主要受害国之一，长期遭受内部攻击和外部攻击威胁。我国面临着现有的网络安全防护体系建设不能满足日益增长的“互联网+”发展需求的矛盾，以及网络技术的发展水平跟不上网络攻击的迭代速度的矛盾。习近平总书记在 2016 年的网络安全和信息化工作座谈会上就正确处理安全与发展的关系时提道，“网络安全和信息化是相辅相成的。安全是发展的前提，发展是安全的保障，安全和发展要同步推进”。在信息化迅猛发展的同时，网络安全风险也在迅速蔓延。面对复杂严峻的网络安全形势，针对网络攻击进行全方位的法律规制和综合治理刻不容缓。

一、网络攻击行为的类型与形势

（一）技术手段视角下的网络攻击类型

网络攻击的分类有很多种，比如基于攻击的位置可以分为远程攻击、本地攻击和伪本地攻击；基于攻击效果可以分为破坏、泄露和拒绝服务；获取管理员权限后，基于攻击目的可以分为主动攻击和被动攻击，主动攻击试图破坏系统资源，影响系统正常工作，包括拒绝服务、信息篡改、欺骗等方法，被动攻击试图在合法用户未觉察的情况下获得系统信息，包括嗅探、监听等方法。①

随着智能技术、云计算、物联网的发展，网络作为媒介承载了越来越多关键信息和资源，其开放、便利、共享的特性得到凸显的同时，相应的网络攻击手段亦不断更新，网络攻击自动化程度和攻击速度也在不断提高。只有深刻理解网络攻击技术手段，才能有针对性地寻求防御和治理的对策。以技术实现方式为标准，网络攻击目前主要包括基于系统的攻击、脚本攻击、恶意代码攻击、网络安全设备攻击。

1. 基于系统的攻击

操作系统是管理和控制计算机硬件与软件资源的计算机程序，是计算机中起“基石”作用的基础性系统软件，其他软件必须在操作系统的支持下才能运行。基于系统的攻击可以使攻击者获得最高层次的系统管理权，从而控制计算机软件、硬件的运行。目前常用的操作系统 Windows、Unix、Linux 都存在安全漏洞，同时面临着木马、病毒、后门恶意程序、口令攻击、协议攻击等威胁，其中黑客侵入系统最直接、最有效的方式是口令攻击和协议攻击。

口令攻击是指黑客以口令为攻击目标，破解合法用户的口令，或避开口令验证过程，然后冒充合法用户潜入目标网络系统，夺取目标系统控制权的过程。口令是用户登录系统的第一道门禁，如果口令攻击成功，黑客将获得被侵入用户的权限，随意对被侵入方系统实施控制。口令攻击主要采用以下方法：口令猜测程序、字典攻击、穷举攻击、混合攻击、直接破解系统口令文件、局

---

① 牛少彰、江为强主编：《网络攻击与防范——理论与实践》，北京邮电大学出版社 2016 年版。

域网嗅探、键盘记录、中间人攻击、社会工程学。①

协议是计算机网络通信双方必须遵循的一组约定，包括数据格式、建立连接和识别、信息收发的规则等，常用的有 TCP/IP 协议、NetBIOS 协议、IPX/SPX 协议等。以最重要的 TCP/IP 协议攻击为例，基于 TCP/IP 协议的工作原理及协议漏洞，黑客可以通过会话劫持、IP 欺骗、DNS（域名系统）欺骗等手段，获取被攻击主机的信任，并基于此信任建立会话获取信息、执行远程操作，或者将用户引导到非法服务器。

2. 脚本攻击

脚本是不需要编译的程序代码，脚本攻击主要是针对动态网站进行的攻击，现实中常见的钓鱼网站、恶意弹窗都利用了脚本攻击技术。由于动态网站建立过程中没有对用户输出和输入进行有效的合法性验证，防火墙不能阻止这种通过合法 Web 访问进行的攻击，脚本攻击就成为了较为便捷、对个人用户危害较大的一种流行攻击手段。脚本攻击主要包括 SQL 注入，跨站脚本攻击和利用 Cookie 的攻击。

SQL 注入是指攻击者通过在应用程序中预先定义好的查询语句中加上额外的 SQL 语句，欺骗数据库服务器执行非授权的任意查询、删改，② 甚至获取数据库管理员权限。

跨站脚本攻击即 XSS 攻击，是指攻击者向 Web 页面中注入恶意的 HTML 代码，当用户登录或浏览该页面时，恶意代码会自动运行，以达到获取用户 Cookie 敏感数据、突破安全设置、拒绝服务、伪造页面信息等效果。③

Cookie 是用于记录用户状态、追踪用户行为、用户个性化的文本信息。利用 Cookie 的攻击如 Cookie 欺骗、Cookie 注入等，可以劫持用户会话、浏览用户资源、收集隐私信息、绕过防注入监测执行后续攻击。

攻击者通过脚本攻击获取用户权限后，还可以通过 WebShell 提权技术窃取计算机的更高权限，直接危害服务器安全。

---

① 王敏等主编：《网络攻击与防御》，西安电子科技大学出版社 2017 年版，第 68~70 页。

② 王敏等主编：《网络攻击与防御》，西安电子科技大学出版社 2017 年版，第 115 页。

③ 参见 MDN web docs 网站：https://developer.mozilla.org/zh-CN/docs/Glossary/Cross-site_scripting，最后访问日期：2019 年 12 月 5 日。

3. 恶意代码攻击

恶意代码是指独立的程序或嵌入其他程序中的代码，可在不被用户察觉的情况下启动，一般通过操作系统漏洞和软件漏洞、利用浏览器、利用用户信任关系三种方式传播。恶意代码一般分为五类：病毒、蠕虫、木马 、Rootkit、网页恶意代码。①

计算机病毒是指能够实现自我复制的程序或可执行代码，可通过感染宿主程序破坏计算机的功能和数据，具有潜伏性、寄生性、传染性、可触发性和破坏性。随着网络攻击技术发展演变出的能够在目标系统中变换自身代码的变形病毒，有些甚至达到了不可解除的状态。病毒不仅能破坏计算机软件、硬件，还能通过攻击关键控制系统破坏基础设施、扰乱政治经济秩序，成为网络战中的名副其实的“信息战略武器”。

蠕虫是指能在计算机中独立运行，并把自身包含所有功能的模块复制到网络中其他计算机中去的程序。蠕虫通过普遍存在漏洞进行传播，是无须寄生就能复制自身和独立运行的程序，传染速度和危害性比病毒更甚。2017 年爆发的 WannaCry 勒索病毒，利用 Windows 操作系统存在的危险漏洞“EternalBlue”进行传播，能够在数小时内感染一个网络内的全部电脑，造成了全球性的互联网灾难。蠕虫最直接的危害是造成网络拥塞甚至网络瘫痪，还能控制计算机执行 DDos（分布式拒绝服务）攻击。2010 年袭击伊朗核电站的“震网”病毒，即为第一个专门攻击物理世界基础设施的蠕虫病毒。②

木马程序名起于古希腊的“特洛伊木马”，可通过电子邮件、隐蔽通道技术像间谍一般潜入用户电脑，并为远程计算机控制本地计算机开启后门。木马与病毒的区别在于其不包括感染程序，也不进行自我复制，一般通过欺骗进行传播，但木马与病毒、木马与 Rootkit 技术的结合，比如隐秘潜伏在系统中的间谍软件，大大增加了网络攻击防范的难度。③

Rootkit 是攻击者用于隐藏自己和保留对系统访问权限的一组工具，通常难

---

① 王敏等主编：《网络攻击与防御》，西安电子科技大学出版社 2017 年版，第 172~217 页。

② 《“震网”病毒奇袭伊朗核电站》，载网易新闻网：http：//news. 163. com/12/0323/17/7TA38LQB00014AEE. html，最后访问日期：2012 年 3 月 23 日。

③ 牛少彰、江为强主编：《网络攻击与防范——理论与实践》，北京邮电大学出版社 2016 年版，第 123~124 页。

以检测。

网页恶意代码是指利用脚本语言来实现，通过网页进行传播的代码，具有跨平台性、隐藏性和穿透性，攻击者可通过网页恶意代码修改系统个人主页、格式化硬盘、弹出窗口以及下载木马执行等，直接危及用户系统可用性和个人信息安全。

4. 网络安全设备攻击

攻击者还会通过控制网络中的设备来破坏系统和信息，或扩大已有的破坏。路由器是在互联网中实现通信功能的主要节点设备，具有数据通道功能和控制功能，多用于大型企业、大学校园等多个网络的互联。由于无线路由隐蔽性不高，路由器漏洞很容易被黑客利用并登录无线网络展开攻击，执行监听、误导信息流量、拒绝服务等操作。防火墙技术可以通过监测并控制跨越防火墙的数据流，尽可能地对外部屏蔽网络内部的信息和运行状况，保护内部网络的安全。攻击者往往利用病毒、木马通过防火墙或采用 IP 地址欺骗、TCP 序号攻击、IP 分段攻击等方法绕过防火墙系统，甚至采用电污染攻击手段损坏防火墙，从而破解目标主机的防御手段，运行攻击程序，实现恶意目的。①

（二）网络攻击行为的层次

美军《网络行动和网络恐怖主义手册》详细规定了网络攻击是指“对计算机或计算机网络进行的，意在造成破坏或者有更深远的社会、心理、宗教、政治目标或其他类似目的，有预谋的干扰活动或者造成干扰活动的威胁。鼓动任何人促进这些目的达成的行为也是网络攻击”。② 北约发布的《塔林手册》1.0 第 30 条将网络攻击定义为“被合理认为会引起人员伤亡或目标损坏的网络行动，不论这种行动是进攻性的还是防御性的”。③ 欧盟《网络犯罪公约》给出的界定是“直接危害计算机系统、网络和计算机数据的机密性、可用性，对系统、网络和数据实施公约定义的滥用行为，包括未经授权，或虽经授权但超越授权范围而实施的针对网络系统的计算机存储数据的收集、存储和披露等

① 王敏等主编：《网络攻击与防御》，西安电子科技大学出版社 2017 年版，第 218~236 页。

② 王玥、雷志高：《网络攻击视角下的关键信息基础设施法律保护探析》，载《汕头大学学报（人文社会科学版）》2016 年第 4 期。

③ 冯果主编：《网络强国战略的法治保障》，武汉大学出版社 2016 年版。

行为”。① 以上官方文件分别从主观目的、损害结果、客观行为角度对于网络攻击的概念进行了界定。

我国在《网络安全法》《国家安全法》《最高人民法院、最高人民检察院关于办理非法利用信息网络、帮助信息网络犯罪活动等刑事案件适用法律若干问题的解释》《最高人民法院关于充分发挥审判职能作用切实维护公共安全的若干意见》《“十三五”国家信息化规划》中都提及了对网络攻击的防范，但对于何谓网络攻击，没有给出明确的定义。中国国家标准化管理委员会在技术层面给出的定义是“通过计算机、路由器等计算机资源和网络资源，利用网络中存在的漏洞和安全缺陷实施的一种行为”②；在刑法学者眼中，网络攻击是网络犯罪的手段行为；国际法学者往往将网络攻击与“网络行动”“网络战”相关联，在此层面上论述网络攻击行为在国际法上的归因与国家责任。本书中的网络攻击，拟采取最广义的概念，以求周延地讨论网络攻击行为的危害与治理。广义层面的网络攻击，包括商业竞争、网络犯罪、网络恐怖主义、武装冲突四个层次。

1. 商业竞争视野下的网络攻击

由于1993年的《反不正当竞争法》仅在第二章规定了十一种不正当竞争行为，实践中网络领域下的不正当竞争行为往往采用第二条的一般条款加以规制，即以是违反“自愿、平等、公平、诚信的原则”以及“法律和商业道德”，来认定行为的不正当性。在2017年《反不正当竞争法》的修订中，专门针对互联网不正当竞争行为增设了第十二条“互联网专条”，用“概括+列举+兜底”的形式对利用互联网技术进行的不正当竞争做出了规定，③ 具体包括“插入链接、强制跳转”“误导、欺骗、强迫用户修改、关闭、卸载”“恶意不兼容”“其他妨碍、破坏其他经营者合法提供的网络产品或者服务正常运行的行为”。囊括了通过上文所述的脚本攻击、恶意代码攻击等网络攻击手段实施的恶意竞争行为。

---

① 张涛、王玥、黄道丽：《信息系统安全治理框架：欧盟的经验与启示》，载《情报杂志》2016年第35卷第8期。

② 国家标准化管理委员会《信息安全技术网络攻击定义及描述规范》，GB/T 37027-2018，2019年7月1日发布。

③ 游天娇：《“互联网专条”视角下网络领域不正当竞争行为的法律规制》，华东政法大学硕士论文，2019年。

随着网络技术的飞速发展，人工智能、大数据分析、区块链技术在商事领域的融入逐步加深，企业的管理运营纷纷接入智能终端，个人信息、交易信息、商业秘密不可避免地通过网络介质存储并传输，为利用网络技术进行不正当的商业竞争提供了可乘之机。Radware 2016—2017 年全球应用及网络安全报告显示，26%的人认为商业竞争是 2016 年遭受的网络攻击的最主要动机，其余则是勒索赎金（41%）、内部威胁（27%）、政治性黑客行为（26%）。① 对于互联网经营者来说，用户信息和其他数据信息是企业的重要经营资源和核心竞争资源，规范安全地使用数据信息、保证服务的稳定提供，是开展正常经营活动、保持竞争优势的必要条件，而网络攻击将会造成经营者数据泄露或丢失、服务中断、企业声誉与品牌价值的恶化、客户或合作伙伴流失，从而严重损害互联网经营者的合法权益。在上海载和网络科技有限公司、载信软件（上海）有限公司与浙江天猫网络有限公司不正当竞争纠纷案中，载和公司、载信公司在天猫平台页面和商品信息页面的显著位置插入自身的“帮 5 买”网站广告横幅和跳转按钮，引导消费者至其网站进行交易，从而对天猫公司的正常经营造成过度妨碍，造成混淆服务来源、售后不良等后果，进而破坏电子商务和比价、帮购等服务共存的生态，有损公平竞争的市场秩序，故法院认定载和公司、载信公司的行为构成不正当竞争，判决其承担赔偿损失 110 万元和消除影响的民事责任。②

商业竞争视野下的网络攻击，有数据窃取、流量劫持、服务干扰、商业诋毁等多种行为模式。据世界经济论坛发布的《2019 全球风险报告》显示，网络攻击造成的数据窃取和资金窃取风险，以及运营中断以及基础设施损坏风险，在受访者最担忧的风险中居第四位和第五位。③ 2018 年骇人听闻的 Facebook 用户数据泄露事件，起因于 2017 年 7 月 Facebook 在其视频上传器中无意中引入了三个漏洞，使得攻击者利用控制的 40 万个账户获得了 3000 万

① 《Radware：数据泄露将成为最大的网络攻击问题》，载《电子产品可靠性与环境试验》2017 年第 3 期。

② 范静波：《互联网环境下软件干扰行为是否构成不正当竞争的判断——上海载和网络科技有限公司、载信软件（上海）有限公司与浙江天猫网络有限公司不正当竞争纠纷案》，载《上海法学研究》集刊 2019 年第 16 卷。

③ The Global Risks Reports 2019，World Economic Forum（Jan. 15，2019），https：//www. weforum. org/reports/the-global-risks-report-2019.

Facebook 用户账号信息，不仅可以随意登录用户个人主页，同时获取了用Facebook 账户登录的任何其他网站的访问权限。① 除了以营利为目的的数据窃取、流量劫持，还有企业雇佣黑客进行拒绝服务攻击，以达到干扰对手服务运行、损害对手商业信誉的恶意竞争目的，严重损害竞争秩序。如 2016 年 10 月，美国的互联网服务器提供商迪恩公司的域名服务器遭到了 DDos 攻击，造成美国东部地区的网络瘫痪，多个著名网站包括社交网络 Twitter、网上支付服务网站 PayPal，以及娱乐社交及新闻网站 Reddit 等在内的服务均不可用。② 而因网络攻击源头难以追踪，对于攻击实施者往往无法追责，也无法怀疑到进行不当竞争的企业，而只能由被攻击的网络服务提供商就未尽漏洞修复的义务承担巨额罚单和赔偿。

2. 网络犯罪视野下的网络攻击

在传统犯罪网络化的趋势下，在新型网络犯罪层出不穷的背景下，网络攻击也成为了国内法加紧打击的对象。我国《刑法》对非法攻击计算机系统的行为，规定了非法侵入计算机系统罪，非法获取计算机信息系统数据、非法控制计算机信息系统罪和破坏计算机信息系统罪，其中《刑法》第二百八十六条第三款还特别将“故意制作、传播计算机病毒等破坏性程序”的行为入罪。上文中的网络经营者也可能触犯拒不履行信息网络安全管理义务罪而成为承担刑事责任的主体。除了以计算机系统为对象的网络犯罪，网络攻击往往也是进行后续人身、财产犯罪的手段行为，如劫持个人交易信息进行网络诈骗，获取个人隐私信息实施敲诈勒索，2017 年更是出现了蠕虫与勒索软件结合的新型网络勒索——WannaCry 病毒。

于志刚教授指出，“随着移动互联网和三网融合（以电话网为代表的电信网、以有线电视为代表的广播电视网和以互联网为代表的计算机通信网）的发展，传统犯罪从‘现实社会’向‘网络空间’再到‘移动网络’的‘犯罪漂移’过程基本完成，即‘传统犯罪→计算机犯罪→传统网络犯罪→移动网络

---

① Perez, S. and Z. Whittaker, Everything You Need to Know about Facebook's Data Breach Affecting 50M Users, TechCrunch (Sept. 28, 2018), https://techcrunch.com/2018/09/28/everything-you-need-to-know-about-facebooks-data-breach-affecting-50m-users/.

② 寿步主编：《网络空间安全法律问题研究》，上海交通大学出版社 2018 年版，第 215~216 页。

犯罪’”。① 这就意味着在万物互联的物联网社会，移动终端可以随时随地接入网络，攻击者也能随时随地对个人发动网络攻击，公民的个人信息、财产安全将受到无孔不入的威胁。2018 年 4 月初腾讯 TRP-AI 反病毒引擎曾捕获一款名为“银行节日提款机”的恶意木马，伪装成正常的支付插件，在用户不知情的情况下，私自发送订购短信，同时上传用户手机固件信息和隐私，给用户造成资费损耗和隐私泄露。涉黄 App 更是手机病毒肆虐的重灾区。据腾讯安全反诈骗实验室数据显示，每天互联网上新增 2750 个左右的新病毒变种，伪装成各种打色情擦边球的游戏、聊天交友等应用诱导用户下载安装，大部分病毒都属于资费消耗、恶意扣费和隐私获取这三种类型。② 在可预见的未来，当人工智能发展智能设备全面普及的阶段，网络攻击者可直接入侵并操控智能家居、个人电子设备、自动驾驶系统，“杀人于千里之外”。网络攻击者随着物联网触角的延伸有了“大展拳脚”的余地，公民的人身安全亦将在网络安全威胁的阴影下无处躲藏。

与此同时，通过网络攻击技术实施的网络诈骗、技术勒索带来的巨大收益，逐步滋养了一个地下商业帝国。据腾讯安全发布的《2018 上半年互联网黑产研究报告》显示，勒索病毒解密已经形成了一条黑色产业链。解密服务商通过购买搜索引擎关键字广告吸引用户，并充当受害企业联系勒索病毒传播者的中介，代理受害企业买回解密密钥，从而解密数据。很多情况下，不能排除负责解密的中介机构与勒索病毒制作者之间存在合作，负责传播病毒和诈骗钱财。③

3. 网络恐怖主义视野下的网络攻击

网络恐怖主义是恐怖主义在网络空间的延伸，是指非政府组织或个人，为实现政治、宗教或意识形态目的，利用计算机和信息网络或者以此为攻击目标，破坏政治、经济和社会稳定的犯罪行为。网络恐怖主义犯罪包括两种行为，一是针对网络实施的恐怖主义活动，二是利用网络实施的传统恐怖主义活

---

① 于志刚：《网络、网络犯罪的演变与司法解释的关注方向》，载《法律适用》2013 年第 11 期。

② 于志刚：《网络、网络犯罪的演变与司法解释的关注方向》，载《法律适用》2013 年第 11 期。

③ 腾讯安全：《2018 上半年互联网黑产研究报告》，载腾讯电脑管家：https：//guanjia. qq. com/news/n1/2382. html，最后访问日期：2018 年 7 月 27 日。

动。前者直接针对金融、能源、电信等重要行业和部门的计算机信息系统、网络实施网络攻击，以扰乱社会秩序，造成重大经济损失，后者则利用网络平台或黑客手段进行恐怖主义煽动、资金和人员募集、情报挖掘和分析、恐怖活动指导和调度。据学者统计，著名恐怖组织纷纷开始利用网络进行恐怖活动犯罪，其中历史悠久的圣战组织和“基地”组织占据了半壁江山，专门的网络恐怖组织——叙利亚电子军亦崭露头角。①

相比于主要以暴力型犯罪为手段的传统恐怖主义，网络恐怖分子通过网络攻击手段可以对关键基础设施、电子通信、著名网站、社交应用等实施远程、精准的打击，隐蔽性更强、攻击范围更广、对经济的破坏性也更大。恐怖分子往往利用僵尸网络操控无辜的计算机系统实施拒绝服务攻击，② 使得攻击源头难以追踪，网络袭击难以控制。更有非法组织为网络攻击提供服务器租赁服务和技术支持，如臭名昭著的为黑社会、恐怖活动提供庇护的“赛博朋克共和国”，使得网络袭击成本更低、速度更快。网络攻击技术的发展演变，更是催生了独狼恐怖分子（lone wolf）的猖獗，恐怖活动不再需要严密组织或个人自杀式袭击，入侵国防机密系统或造成国家关键设施的瘫痪往往只需要一个技术高超的黑客。

4. 武装冲突视野下的网络攻击

互联网时代到来之后，各国开始争夺网络空间国际规则制定话语权。美国凭借压倒性的技术优势和网络军备力量，把网络空间视为“全球公域”，意图排除他国对网络空间的管辖，实现网络霸权。而更多国家秉持“网络空间主权说”，通过战略、立法方式宣示网络空间国家主权。习近平总书记在第二届世界互联网大会开幕式上指出，“我们应该尊重各国自主选择网络发展道路、网络管理模式、互联网公共政策和平等参与国际网络空间治理的权利，不搞网络霸权，不干涉他国内政，不从事、纵容或支持危害他国国家安全的网络活动”。我国的《国家安全法》确立了“网络空间主权观”，即“加强网络管理，防范、制止和依法惩治网络攻击、网络入侵、网络窃密、

---

① 于志刚、郭旨龙：《网络恐怖活动犯罪与中国法律应对——基于100个随机案例的分析和思考》，载《河南大学学报（社会科学版）》2015年第55卷第1期。

② 皮勇：《网络恐怖活动犯罪及其整体法律对策》，载《环球法律评论》2013年第1期。

散布违法有害信息等网络违法犯罪行为，维护国家网络空间主权、安全和发展利益”。面对日益严峻的网络安全威胁，我国坚持“网络主权观”的基本立场，加大对网络攻击的防御和治理，不断提升信息作战能力，坚决维护网络空间国家主权和安全。

同于网络犯罪和网络恐怖主义，武装冲突视野下的网络攻击实施主体主要是国家或者由国家背书的主体。国家层面的网络攻击中，大量资金和技术将被投入于研发高危网络武器，攻击对象针对关键基础设施、国防设施和军事设备等，轻则造成敌国网络瘫痪，重则扰乱社会经济秩序，危及国家安全，决定战争的胜负。国家拥有的网络武器往往集病毒、蠕虫、僵尸网络、恶意代码等多种攻击形式于一身，其传播和激活方式灵活复杂，比普通网络攻击更难防御和破解，规模和破坏力也更大。此外，网络安全漏洞呈现资源化和武器化趋势,① 国家部门一旦发现高危漏洞，不会及时披露而是严格管控，甚至纳入网络武器库作为战略资源。

在当前全球贸易疲弱、经济下行压力持续的背景下，网络攻击作为以小博大的非常规手段，逐渐在国家间的较量中占据一席之地。近年来，全球网络军备竞赛加剧，大国纷纷建立网络战部队和网络武器库，进行网络战和攻防演习，国家级网络冲突的风险不断增加。2007 年爱沙尼亚遭到大规模的网络袭击。黑客目标包括国会、政府部门、银行以至媒体的网站，其攻击规模广泛而且纵深，普遍被军事专家视为第一场国家层次的网络战争。俄罗斯把计算机病毒作为研发重点，并加紧研发可通过无线或激光方式直接植入敌方系统的“远距离病毒武器”，俄军在 2008 年 8 月爆发的俄格之战中使用的网络武器，被认为是全球第一场与传统军事行动同步的网络攻击。② 2010 年“震网”病毒袭击伊朗核设施，多家媒体及专家推测是美国和以色列所为，“震网”病毒也被定性为首个投入实战舞台的“导弹级”网络武器。2017 年 NSA（美国国家安全局）的漏洞军火库被 Shadow Brokers（影子经纪人）披露，其中就包括针对 Windows 系统的强力漏洞“永恒之蓝”，该漏洞后来被黑客利用发动了影响全

① 黄道丽：《全球网络安全立法态势与趋势展望》，载《信息安全与通信保密》2018 年第 3 期。

② 王孔祥：《计算机网络攻击的法律规制》，载《西安政治学院学报》2013 年第 26 卷第 3 期。

球的 WannaCry 病毒攻击。

（三）网络攻击形势及其对网络安全的挑战

1. 现阶段网络攻击的特点

2000 年以前，网络攻击还仅限于破解口令和利用操作系统漏洞等有限的手段，然而随着计算机网络技术的发展和攻击工具的更新迭代，现阶段的网络攻击逐渐发展成为囊括了弱点挖掘、权限获取、攻击实施、行为隐蔽等完整流程的科学，职业化黑客团体增加，更有了国家行为体的参与，破坏力明显加强。现阶段的网络攻击呈现出以下特征：

攻击手段多样化。网络攻击技术从简单的基于操作系统的攻击，演变出更为便捷的脚本攻击、具有穿透性和传染性的恶意代码攻击、难以识别和拦截的拒绝服务攻击等多种攻击手段，传统的病毒更是迭代出了难以破解的变形病毒、传播速度更快的蠕虫病毒，更有黑客或国家组织研发出了集木马、蠕虫、Rootkit 等功能于一身的超级攻击工具，网络攻击的危险性大大增强。网络攻击手段的多样化使得攻击者可以自由选择针对系统弱点的工具，随时随地发动攻击。此外，还有网站提供自动化网络攻击工具，网络攻击者只需要设定攻击目标和时间即可实施一次网络攻击，攻击需要的技术门槛和的时间成本也大大降低。

攻击行为更加隐蔽。有专家提到，攻击者已经具备了反侦破、动态行为、攻击工具更加成熟等特点。① 黑客越来越多地采用具有隐蔽攻击特性的技术，如僵尸病毒、间谍软件，隐秘潜伏在系统中，悄无声息地监听或操纵地用户系统，被感染的用户甚至无法察觉。自动攻击工具不在仅仅按照单一路径执行指令，而是可以通过预设的随机程序动态变化攻击路径或者改变潜藏位置，使得安全专家需要耗费更多的精力来分析攻击源头。

攻击破坏力增强。网络的应用场景越广泛，网络攻击的影响力和破坏力就越强。2019 年 8 月 CNNIC（中国互联网络信息中心）发布的《中国互联网络发展状况统计报告》显示，截至 2019 年 6 月，我国网民规模达 8.54 亿，互联

---

① 牛少彰、江为强主编：《网络攻击与防范——理论与实践》，北京邮电大学出版社 2016 年版，第 9 页。

网普及率达61.2%，在线政务普及率达网民整体的59.6%。① 政务机构、工控系统不再是物理封闭的体系，越来越多地改用智能终端、网络通信设备、云计算技术、进行智能化控制、数据传输和存储。移动互联网的全面普及和物联网的推进，使得网络攻击的对象得以扩大到特定个人、设备。赛门铁克公司大中华区总裁陈毅威表示："随着IT和工业物联网的日益融合，生产线技术领域将成为新一轮的网络攻击战场。"② 网络攻击的威胁已经从虚拟的网络世界延伸到物理世界，从对财产利益的侵犯扩张到对人身安全、社会秩序、国家安全等公共利益的破坏。

攻击主体组织化。网络攻击不再是个别黑客的狂欢，而越来越多地呈现出有组织、有预谋的特征。越来越多的恐怖组织利用网络开展恐怖活动，越来越多的国家建立网络武器库和信息作战部门，并支持APT组织开展行动。网络攻击成为恐怖组织开展恐怖活动的工具，成为国家进行网络战争的战略武器。网络攻击也不再是单纯的恶作剧或炫技行为，而是被赋予了政治、经济目的。有组织的网络攻击拥有金钱和利益输送，精密的时间、目标和攻击工具设计，以及内部渗透、多方协作，一般的防范手段往往难以招架和抗衡。

2. 我国网络安全面临的挑战

目前我国的网络安全形势不容乐观，网络攻击治理面临重重挑战。外部威胁方面，据腾讯御见威胁情报中心发布的《2019年上半年高级持续性威胁（APT）研究报告》显示，中国依然是APT攻击的主要受害国，受到来自东亚、东南亚、南亚、欧美等各个区域的网络威胁。海莲花、蔓灵花、DarkHotel等APT组织持续对我国进行更大规模的攻击，攻击领域逐渐由党政机关、科研院所向各重要行业渗透，目标包括通信、外贸、金融、军工、能源等重点行业。③ 在

① 中国互联网络信息中心（CNNIC）：第44次《中国互联网络发展状况统计报告》，载中国网信网：http：//www.cac.gov.cn/2019zt/44/index.htm，最后访问日期：2019年8月30日。

② Symantec赛门铁克：《2019年互联网安全威胁报告》（第24期），载Useit知识库：https：//www.useit.com.cn/thread-22826-1-1.html，最后访问日期：2019年3月7日。

③ 腾讯御见威胁情报中心，《2019年上半年高级持续性威胁（APT）研究报告》，载腾讯电脑管家：https：//www.useit.com.cn/thread-25071-1-1.html，最后访问日期：2019年7月31日。

我国对僵尸网络控制端的治理行动的持续高压下，DDoS 攻击资源大量向境外迁移，跟踪和处置难度加大。① 内部威胁方面，经过攻击监测和应急处置的部署，网络攻击数量有所下降，但网络攻击的组织性和目的性更加明显，技术对抗越发激烈。事件型漏洞和高危零日漏洞数量上升，移动互联网、操作系统、芯片等通用软硬件漏洞持续增长，信息系统面临的漏洞威胁形势更加严峻；攻击目标更有针对性地集中于存有重要数据的特定单位，大规模数据泄露事件频发，违法交易藏入暗网；随着数字货币价格走高，恶意挖矿黑产呈现快速增长势头，挖矿木马在黑产刺激下持续活跃；针对移动端的攻击加剧，以移动互联网仿冒 App 为代表的灰色应用大量出现，主要针对金融、交通、电信等重要行业用户；② 网络攻击向工业控制系统供应链渗透，针对供应链各环节的木马攻击更加迅猛，更加隐蔽。③

网络攻击防范和治理面临着防御难和追责难两座“大山”。一方面，网络攻击往往时间随机、范围广泛，操纵僵尸网络进行的 DDoS 攻击难以被识别。对于利用漏洞的攻击，安全漏洞被黑客发现和突破的速度加快，企业化运作的黑产团伙有充沛的人力财力开发恶意应用和进行免杀对抗，频繁进行攻击工具的制作、分发与迭代，传统安全监测方案在网络攻防中逐渐处于劣势一方，提前监测和漏洞修补速度落后，难以对攻击进行有效防御。另一方面，网络攻击的行为和源头更加隐蔽，攻击者越来越多地采用有隐蔽特性的技术，被攻击者难以被察觉；同时破坏入侵过程留下的证据，使得溯源排查难以进行。此外，勒索病毒、互联网黑产往往以比特币作为交易货币，这种去中心化的匿名交易非常不便于警方追查。虚拟空间的匿名性往往使得网络空间犯罪行为无法直接指向现实个体，网络攻击常常因犯罪主体无法确定和电子证据搜索、固定、鉴

---

① 国家互联网应急中心（CNCERT），《2019 年我国互联网网络安全态势综述》报告，载国家互联网应急中心：https：//www. cert. org. cn/，最后访问日期：2020 年 4 月 20 日。

② 国家互联网应急中心（CNCERT），《2019 年我国互联网网络安全态势综述》报告，载国家互联网应急中心：https：//www. cert. org. cn/，最后访问日期：2020 年 4 月 20 日。

③ 深信服千里目安全实验室：《2019 年上半年网络安全态势报告》，载 Freebuf：https：//www. freebuf. com/articles/paper/210122. html，最后访问日期：2019 年 8 月 6 日。

定困难等原因难以被定罪。①

二、网络攻击行为发生的原因

（一）违法成本与收益反差巨大

1. 黑客攻击及互联网黑产收益高

黑客攻击以及互联网黑产可以说是暴利的行业。职业黑客和网络攻击组织的出现，是网络攻击的动机已经与利益挂钩的体现。

一方面，网络攻击收益快且高。利用病毒、蠕虫等可通过自我复制大范围快速传播的特性，攻击者可以在短时间内同时攻击大量用户，进行勒索或者窃取资料。据赛门铁克资料统计，地下经济中，单张信用卡数据价格为 1~45 美元不等，完整身份信息包的价格在 30~100 美元不等，雇佣一次黑客价格为 100 美元以上，进行一次持续 24 小时 DDoS 攻击的价格为 1000 美元以上。②照此价格计算，英国航空公司（British Airways）攻击事件中，信用卡信息泄露超过 38 万条，仅这次攻击就可能让犯罪分子净赚 1700 多万美元。2018 年 6 月，AcFun 弹幕视频网称 800 万~1000 万用户数据被黑客窃取，并以平均 1 元 800 条的价格被放在暗网上售卖。③ 传统的暗扣话费黑产中，植入恶意病毒的手机恶意应用每天影响数百万名用户，按人均消耗几十美元话费估算，日掠夺话费金额数千万美元。④ 如此高昂的利润使得网络攻击往组织化、协作化发展，并在 PC 端、移动端、物联网端发展出一条条完整的产业链，更别提 APT 组织还有政府部门源源不断的金钱输送。

另一方面，网络攻击成本低廉。网络攻击不需要大量人力物力，一位掌握

① 张建肖：《新型网络不法行为对法律的挑战及司法应对——以 WannaCry 攻击为切入点》，载《人民法治》2017 年第 9 期。

② Symantec 赛门铁克：《2019 年互联网安全威胁报告》（第 24 期），载 Useit 知识库：https：//www. useit. com. cn/thread-22826-1-1. html，最后访问日期：2019 年 3 月 7 日。

③ 《2018 年十大数据泄露事件盘点：8700 万 Facebook 用户数据泄露》，载微信公众号“网络大数据”，最后访问日期：2018 年 12 月 21 日。

④ 腾讯安全：《2018 上半年互联网黑产研究报告》，载腾讯电脑管家：https：//guanjia. qq. com/news/n1/2382. html，最后访问日期：2018 年 7 月 27 日。

技术的黑客，一台电脑就能发动一次攻击，几个人就能成立日进斗金的犯罪团伙。钓鱼、木马等仍是最常用的攻击方式，技术门槛较低。自动化攻击工具和攻击服务产生后，网络攻击的门槛进一步降低，攻击者无须技术支持就能从事网络黑产业务，花费3~12美元就能在黑市上买到自定义网页钓鱼服务，5~20美元可以购买一次目标防护等级为中等的DDos攻击，也有个人黑客明码标价提供指定攻击服务。

2. 违法成本低而执法成本高

网络犯罪基于其跨地域性作案、辐射性传播等特征，给侦查取证、资金数额认定带来相当大的障碍，网络攻击案件呈现出侦破难、追诉难的困境。第一，在调查取证上，网络攻击针对不特定对象或者借助网络跨地域组织不特定人进行攻击，实施者、对象、服务器、资金账户等要素通常分布在不同地方，动辄跨省、跨国，跨地域调查取证需要耗费大量时间和人力。网络攻击通常是涉众型犯罪，所涉人员众多。对于以被害人数、被侵害的计算机信息系统数量、涉案资金额等作为定罪量刑标准的案件，要逐一对被害人、嫌疑人、违法所得或是计算机信息系统进行取证，调查取证成本高昂。加之网络攻击者往往采用潜伏、加密、自动变换路径等措施隐藏攻击行为、隐蔽身份，进一步加大侦查难度。第二，在立案标准上，恶意木马、勒索软件等往往采用积少成多的方式牟利，未经过调查无法确定被害人数，无法确定涉案资金，即使一个被害人报案，被骗金额通常无法达到立案标准。案件是否达到立案标准无法确定，大量网络攻击违法犯罪线索因而难以进入侦查程序，犯罪分子得以逍遥法外。第三，在案件事实的证明上，计算机病毒程序、网络攻击日志、网站代码等电子数据具有易被篡改、无法扣押原始存储介质、无法直接展示等特性，网络犯罪事实缺乏有力证据证明，难以达到证明标准。① 即使犯罪行为得以查明，线上证据和线下证据的衔接印证、犯罪行为和人身同一性的确定也存在一定困难。虚拟网络空间的匿名性往往使得网络犯罪行为无法直接指向现实个体，② 勒索病毒、互联网黑产又常以比特币作为交易货币，这种去中心化的匿名交易非常不便于警方追查。

基于以上原因，网络攻击犯罪难以形成完整的证据链条，犯罪事实缺乏有

---

① 参见喻海松著：《网络犯罪二十讲》，法律出版社2018年版，第111~161页。

② 张建肖：《新型网络不法行为对法律的挑战及司法应对——以WannaCry攻击为切入点》，载《人民法治》2017年第9期。

力证据证明，难以达到证明标准，严重制约了公安司法机关对网络攻击违法犯罪行为的打击。违法成本低而执法成本高，攻击者才会有恃无恐，网络攻击才会屡禁不止、大肆蔓延。

（二）安全漏洞普遍存在

1. 在技术层面无法消除

漏洞可能来自应用软件或操作系统设计时的缺陷或编码时产生的错误，也可能来自业务在交互处理过程中的设计缺陷或逻辑流程上的不合理之处。软件和系统从开发之日起就存在漏洞，随着用户的使用不断暴露出来，而开发者可以通过发布补丁和新版本来修复这些漏洞。例如微软公司就会定时进行安全公告，发布漏洞补丁。但新版本修复旧有漏洞的同时，也会引入新的漏洞，安全漏洞从技术上讲是无法消除的。

常用的操作系统、传输协议、网络设备等，基于其本身的特性，都不可避免地存在不同的安全漏洞，这些漏洞将给攻击者提供可乘之机。如操作系统常见的缓冲区溢出漏洞、隐蔽通道、默认用户名、空口令、公共系统缓冲区漏洞。被广泛应用 TCP/IP 协议在设计时没有过多考虑安全问题，如今也存在严重的安全漏洞，容易受到病毒传播、拒绝服务、非法闯入、数据窃取和恶意篡改五种基本类型的攻击。① 互联网中越是新生的事物，存在漏洞的几率就越大，漏洞必然与新兴技术的相伴而生。随着远程协同、智能终端蓝牙通信协议、智能终端操作系统、App 客户端应用程序、物联网设备、5G 通信技术、IPv6 网络等新技术、新应用的大量研发与投入使用，漏洞数量和影响范围在未来一段时间将呈高发态势。

2. 企业和个人防范意识薄弱

统计数据显示，勒索病毒的攻击方式以弱口令爆破为主，其感染行业以传统行业与教育行业受害最为严重，互联网、医疗、企事业单位紧随其后，而传统行业和教育行业对于网络攻击的防范意识和防御机制都最为薄弱。同时，由于普通企业网络安全防护体系较弱，普通企业相较于大型企业更容易遭受 APT 攻击，小型企业员工相较于大企业员工更容易受到垃圾邮件、网络钓鱼、恶意

① 牛少彰、江为强主编：《网络攻击与防范——理论与实践》，北京邮电大学出版社 2016 年版，第 58 页。

软件等电子邮件威胁的攻击。① 结合以上规律可知，被攻击者的防范意识薄弱也是遭受网络攻击的一大原因。

企业和个人用户不及时更新补丁、不修改管理员口令的空值、采用默认的安全配置、采用极易被破解的弱口令，都会使计算机系统和网络处于极易遭受网络攻击的境地。企业网络管理人员缺乏安全意识，不及时关闭临时测试端口、轻易建立信任关系，都会给黑客制造入侵通道。互联网发展至今只有短短半个世纪，大部分网民使用计算机的范畴仅限于浏览器、应用软件的使用，涉及系统层面的安装、更新操作，对很多个人用户来说都是未知领域。负责任的开发者和运营者会定期挖掘漏洞并发布安全补丁，同时也有标准化的 CVE 漏洞数据库、我国的 CNNVA 等网站会及时更新漏洞信息。然而除非设置自动更新，否则一般人不会主动留意补丁的更新、不知如何安装新的系统。盗版系统的泛滥也会影响补丁安装率。WannaCry 病毒爆发前一个月，CNCERT 主办的 CNVD 及时发布了预警，微软也及时推出了针对该漏洞的补丁，然而还是没有阻止该病毒的大规模爆发，也无法及时扼制传播形势。

网络产品及服务提供者对网络安全的重视和投入不足。网络产品及服务提供者除了不断推陈出新，维护产品可用性和用户黏性，还要投入较大成本进行定期的安全维护和漏洞修复。然而，在激烈的竞争环境下，网络安全方面的投入无法得到立竿见影的回报，改善自己的防御系统还会为他人的系统安全作出贡献，增加他人“搭便车”的机会。此外，用户信息泄露与企业经济损失并不直接挂钩，用户信息泄露可能会使用户面临网络诈骗等风险，但导致遭受网络攻击的企业不承担直接的经济损失，导致漏洞修补成为了企业的额外支出，而不是应尽义务。根据补天平台的统计，在已经被通告其系统存在安全漏洞的情况下，中国网站的平均漏洞修复率也仅为 42.9%。② 出于成本和收益的衡

---

① 腾讯安全：《2019 年上半年勒索病毒专题报告》，载腾讯电脑管家：https：//guanjia. qq. com/news/n1/2537. html，最后访问日期：2019 年 7 月 11 日；Symantec 赛门铁克：《2019 年互联网安全威胁报告》（第 24 期），载 Useit 知识库：https：//www. useit. com. cn/thread-22826-1-1. html，最后访问日期：2019 年 3 月 7 日；腾讯安全：《2018 上半年互联网黑产研究报告》，载腾讯电脑管家：https：//guanjia. qq. com/news/n1/2382. html，最后访问日期：2018 年 7 月 27 日。

② 《法律视角下的全球网安态势及对策报告》（2017 年篇），ISC2017 网络安全法治论坛报告，2017 年 9 月 12 日于北京。

量，网络产品和服务提供者往往不会将网络安全列为优先事务，投入网络攻击防御的预算严重不足。① 企业出于侥幸心理，亦会规避主管部门和第三方机构漏洞监测，期待“不检测等于不存在”，害怕安全问题被暴露和披露。在缺乏内在经济动力和外在监管压力的情况下，网络服务提供商在安全事件发生前怠于履行漏洞挖掘和修复义务，这些被“闲置”的漏洞很快就会成为黑客利用的工具。

三、网络攻击行为治理的法律框架

（一）实然层面

1. 我国网络安全立法概况

（1）战略层面

2016 年国家网信办出台了《国家网络空间安全战略》，指出了网络渗透、网络攻击、网络和违法犯罪带来的严峻挑战，并确立了保护关键信息基础设施、打击网络恐怖和违法犯罪、完善网络治理体系、夯实网络安全基础、提升网络空间防护能力等战略任务，要求构建法律规范、行政监管、行业自律、技术保障、公众监督、社会教育相结合的网络攻击治理体系。随后，国家网信办和外交部联合发布的《网络空间国际合作战略》深刻强调了和平、主权、普惠、共治的全球网络空间治理原则。国家的重大战略和政策部署体现出我国对网络安全的高度重视，将为网络攻击治理的立法和实践提供有力指引。

（2）立法层面

2015 年 7 与 1 日正式颁布并生效的《中华人民共和国国家安全法》第二十五条规定，“加强网络管理，防范、制止和依法惩治网络攻击、网络入侵、网络窃密、散布违法有害信息等网络违法犯罪行为，维护国家网络空间主权、安全和发展利益”，对于防范网络攻击行为作出了宣示性的规定。

2017 年 6 月 1 日实施的《中华人民共和国网络安全法》在第二十七条对网络攻击行为作出禁止性规定，明确“任何个人和组织不得从事非法侵入他人网络、干扰他人网络正常功能、窃取网络数据等危害网络安全的活动；不得提

① 陈越峰：《关键信息基础设施保护的合作治理》，载《法学研究》2018 年第 6 期。

供专门用于从事侵入网络、干扰网络正常功能及防护措施、窃取网络数据等危害网络安全活动的程序、工具；明知他人从事危害网络安全的活动的，不得为其提供技术支持、广告推广、支付结算等帮助”。同时在第二十一条、二十五条、二十六条明文规定了网络运营者应对网络攻击的等级保护、应急预案、应急处置义务，以及违反上述义务的法律责任。作为网络安全保护的一般法，《网络安全法》以法律形式设立了国家网络安全等级保护制度、关键信息基础设施保护制度、国家网络安全监测预警和信息通报制度，以及针对来自境外攻击的管辖，试图对网络安全事件实施全周期的管理与应对。

《中华人民共和国刑法》第二百八十五、二百八十六条规定了非法侵入计算机信息系统罪，非法获取计算机信息系统数据、非法控制计算机信息系统罪，提供侵入、非法控制计算机信息系统程序、工具罪，破坏计算机信息系统罪，将情节严重的针对计算机信息系统的网络攻击行为纳入刑法打击范围，其中第二百八十六条第二款还特意指出了“故意制作、传播计算机病毒等破坏性程序”的网络攻击典型方式。针对新型的网络犯罪行为，《刑法修正案（七）》又增设了侵犯公民个人信息犯罪，《刑法修正案（九）》新增了拒不履行信息网络安全管理义务罪、非法利用信息网络罪和帮助信息网络犯罪活动罪 3 种新型网络犯罪。

除以上法律外，对于网络攻击行为的规制大多散见于其他部门法、行政法规和部门规章。《反不正当竞争法》《反恐怖主义法》《电子商务法》虽然没有明文规定网络攻击这一行为类型，实践中一般通过一般条款对涉及不当竞争和恐怖主义的网络攻击进行追责。目前我国现行有效的网络安全行政法规主要有《计算机信息系统安全保护条例》《计算机信息网络国际联网安全保护管理办法》《互联网信息服务管理办法》《互联网上网服务营业场所管理条例》《政务网站发展指引》《科学数据管理办法》。部委规章方面，2014 年国家互联网信息办公室重组后，相继发布了《关键信息基础设施安全保护条例（征求意见稿）》、《网络产品和服务安全审查办法（试行）》（已废止）、《网络安全威胁信息发布管理办法（征求意见稿）》。公安部发布了《公安机关互联网安全监督检查规定》《互联网个人信息安全保护指南》，工业和信息化部发布了《公共互联网网络安全威胁监测与处置办法》《关于促进网络安全产业发展的指导意见（征求意见稿）》《工业控制系统信息安全防护指南》。国家标准化管理委员会发布了对网络攻击进行定义和描述的国家标准——《信息安全技术网络攻击定义及描述规范》，并修订了《信息安全技术 网络安全等级保护基本要求》，确立了网络安全等级保护的 2.0 标准。2020 年 4 月 27 日，国家互联网信息办公室、发展改革委、工业和信息化部等十二部门联合发布《网络安全审查办法》，要求对关系国家安全的网络产品和服务采购进行网络安全审查。国务院办公厅关于《国家突发事件应急体系建设“十三五”规划》的通知作出后，各部委亦各自制定了关键行业的信息系统管理规范和网络安全事件应急预案。这种分散式的立法模式或将弥留空白，或导致法律规定之间的冲突、职权重叠，不利于对网络攻击行为进行体系化治理。

面对日趋严峻的网络安全形势与通过网络实施的新型法益侵害行为，我国正在加紧制定实施与《网络安全法》相配套的法律、法规以及规章，构建以《网络安全法》为核心，层层细化的互联网安全法律体系。其中包括 2020 年 1 月 1 日实施的《中华人民共和国密码法》，以及已经纳入立法规划的《个人信息保护法》《数据安全法》，相应的行政法规如《关键信息基础设施安全保护条例》《互联网信息服务管理办法（修订）》《网络安全等级保护条例》等也已提上议程。

2. 国外经验

美国应对网络攻击的显著特色是“专门立法”“主动防御”“信息共享”。在立法模式上，美国早期重视打击国内网络犯罪，针对网络犯罪的行为方式陆续出台了《联邦计算机系统保护法案》《伪造网络信息存取手段及计算机欺诈与滥用法》《计算机诈骗滥用法》等专门立法。“9.11”事件爆发后，美国以更密集的立法态势应对网络攻击威胁，如防范网络恐怖主义的《爱国者法案》，针对关键基础设施网络威胁的《改善关键基础设施的网络安全行政命令》、针对网络漏洞信息管理的《网络空间安全信息共享法》。在治网战略上，美国将网络治理处于国家安全的重要战略地位，提倡“主动防御”的网络威慑战略。2011 美国发表《网络空间行动战略》首次提出将对“破坏性网络攻击行为”采取常规军事报复和还击，并称对美国发起的任何网络攻击都等同于战争行为，美国将保留使用军事力量进行回击的权利。① 2017 年美国《主动网络防御明确法案》进入国会审议程序，该法案主张企业和个人能够对网络攻

---

① 王孔祥：《计算机网络攻击的法律规制》，载《西安政治学院学报》2013 年第 26 卷第 3 期。

击实施自我防御，识别、破坏甚至摧毁被盗取的数据，类似于应对网络攻击的“正当防卫”。在信息共享方面，美国强调政企联动的信息共享机制。2014 年《信息安全保护法》要求联邦与民众、联邦与非联邦部门分享安全警告信息，共担网络安全风险。2015 年《美国国家网络安全法》正式确立个人及非政府机构与联邦政府之间的网络信息安全交换模式，鼓励私主体向相关部门汇报其受到网络攻击的事件情况。《改善关键基础设施的网络安全行政命令》《国家信息安全保护增强法案》《网络空间安全信息共享法案》中都强调私人企业与联邦政府信息共享、协调沟通、共同抵抗网络攻击。①

欧盟应对网络攻击主要采取“预防性原则”，重视事前的风险管控。欧盟 2001 年通过的《网络犯罪公约》、2005 年发布的《2005/222 /JHA 号框架决定》对网络攻击、信息系统攻击的术语进行了详细定义，规定了对网络攻击的事后制裁。2013 年通过的《2013/40 /EU 号指令》将治理重点转移到风险防控上，建立起事前监测、事中响应、事后惩治的网络攻击治理框架，以求适当超前地应对日益严峻的网络威胁形势与不断出现的新型网络攻击类型。在信息交流上，欧盟成员国的双向合作机制极具代表性。欧盟一方面整合成员国的网络安全资源，凝聚欧盟与成员国内的信息收集和防御力量，另一方面加强政府与企业、学界之间的交流合作，建立起以欧洲网络与信息安全局为主导的网络信息分享系统。欧委会的“网络欧洲”演习计划，针对政府网络机构、大型金融机构、电信服务企业等多个对象，就网络攻击开展防御演习，并将总结的经验分享给各国及企业。②

此外，一些国家通过专门立法对于网络攻击采取严厉的执法和制裁手段，赋予执法机构更多监管职责，对网络运营者施以更高的安全保障和协助执法义务。如英国的《调查权力法》，强化执法机构在通信及通信数据拦截、获取、留存及设备干扰等方面的权力，被称为史上最严协助执法。新加坡《计算机滥

---

① 冯果主编：《网络强国战略的法治保障》，武汉大学出版社 2016 年版，第 337~342 页；张敏：《国家安全视角下防范网络攻击的法律治理》，载《中国信息安全》2015 年第 8 期；黄道丽：《全球网络安全立法态势与趋势展望》，载《信息安全与通信保密》2018 年第 3 期。

② 冯果主编：《网络强国战略的法治保障》，武汉大学出版社 2016 年版，第 351~357 页；王玥、雷志高：《网络攻击视角下的关键信息基础设施法律保护探析》，载《汕头大学学报（人文社会科学版）》2016 第 4 期。

用和网络安全法》修正案对网络运营者严重的安全漏洞规定了严厉的刑事制裁。① 欧洲议会和理事会通过了《信息系统攻击暨取代委员会框架决议 2005/222/JHA 欧洲议会及委员会指令》，对非法入侵和监听处以 2 年以上监禁，对于僵尸网络攻击的处以 3 年以上监禁，对攻击关键基础设施的行为处以 5 年以上监禁，在欧盟层面建立针对网络攻击认定及制裁的统一标准。②

3. 国际规则

由于各国网络技术能力的差异和战略利益的不一致，目前关于在网络安全方面并没有形成全球性的公约，对于网络攻击规制的国际法论证主要依靠对网络攻击进行步骤拆分，并通过《联合国宪章》《国家责任条款》《武装冲突法》等国际文件进行解释和适用。在国际条约空白的情况下，软法规范在规制网络攻击时被广泛使用。在这方面，以中俄为首的发展中国家以及以美国为首的西方国家两大阵营各自发展，形成了 OEWG（开放性工作组）以及 UNGGE（联合国信息安全政府专家组）并立的双轨架构。

UNGGE（联合国信息安全政府专家组）代表西方国家的利益，负责研究现有国际法如何适用于网络空间的国家行为，主张网络攻击可以构成武力攻击，为西方国家采取武力行动寻求法律依据。在联合国 2013 年以及 2015 年的 GGE 工作报告中明确提出，国际法规范，尤其是作为联合国基本大法的《联合国宪章》适用于网络空间领域。北约发布的《塔林手册》代表了美国及北约盟国对网络攻击的态度，其虽然不是官方文件，但作为第一部系统探讨网络攻击中国际法适用的指南，起到了示范法的作用。《塔林手册》坚持“在武装冲突中实施网络行动应遵守武装冲突法”这一基本出发点，讨论现实世界已有的国际法规则在网络空间中的适用，认为由国家发起的网络攻击行为必须避免敏感的民用目标，并允许国家在紧急状态下对外来网络攻击采取反措施。2017 年出版的《塔林手册 2.0》有了来自中国、泰国和白俄罗斯的非西方专家参与，一定程度上秉持更加客观的立场。塔林手册 2.0 版将“网络战”改成了“网络行动”，新增了和平时期的网络空间国际规则，实现了对战争时期和和平时期网络攻击规则的覆盖。

---

① 黄道丽：《全球网络安全立法态势与趋势展望》，载《信息安全与通信保密》2018 年第 3 期。

② 张敏：《国家安全视角下防范网络攻击的法律治理》，载《中国信息安全》2015 年第 8 期。

OEWG（开放性工作组）作为在联合国框架下建立的各方广泛普遍参与常设机制，集中反映了发展中国家民主参与国际空间规则制定的意愿。OEWG 在网络主权问题上强调各国在网络空间中享有国家主权，主张和平合作，反对把武力冲突引入网络空间。中俄等五国向联合国大会提交的《信息安全国际行为准则》体现了广大发展中国家共同利益，申明与互联网有关的公共政策问题的决策权是各国的主权，各国有责任和权利依法保护本国信息空间及关键信息基础设施免受威胁、干扰和攻击破坏。

（二）应然层面

1. 建设完善的网络攻击治理法律体系

网络攻击的治理的制度化构建需要有法律支撑，网络攻击的执法需要有法律依据。传统的法律体系应用于网络空间有很多的不适应性，互联网时代瞬息万变、智能时代实现的脚步加快，敦促着我们建立一套针对网络空间治理的法律体系。相较于以事后制裁为主要手段的传统法律，网络安全领域更注重风险预防，因而指向过程监管的专门立法才是网络安全挑战的法律回应方向。网络攻击治理专门立法目前重点要解决的问题在于，一是要为网络攻击违法犯罪链条中的法律真空地带提供治理依据，二是要从上位法角度解决其他部门法、行政法规和部门规章分散立法导致的法律冲突、职权重叠现象。

一个完善的网络安全法律体系应当涵盖网络安全、网络安全制度等主要内容，并对网络主体、网络行为、网络权利义务、网络责任等各角度作出通盘考虑，从顶层设计上统一统筹协调，从制度构建上填补操作真空。我国《网络安全法》作为网络安全保障最基本的法律依据，正式确立了网络用户身份管理制度、网络安全等级保护制度、关键信息基础设施保护制度、网络安全监测预警和应急处置制度和网络安全审查制度，同时明确了有关机关、网络运营者、网络活动参与者的权利与义务，为网络攻击治理作出了一般性的规定。但同时也在制度实施细节、不同部门的具体职责、不同主体的法律责任等方面弥留许多空白，还应继续回应现实需要，在条款上加以斟酌修订，并进行更多的专门立法保障制度的确立和落实。网络攻击治理法律体系应是以《网络安全法》为核心，法律、行政法规、部门规章和地方政府规章相互衔接、具有可操作性的法律体系。规范密码应用与分类管理的《中华人民共和国密码法》已于 2020 年 1 月 1 日实施，全国人大常委会也通过了 2020 年的《个人信息保护法》《数据安全法》的立法计划。而这还远远不够，网络攻击的猖獗，暴露出互联网安全设备管理、漏洞管理与应用、网络平台治理、网络安全信息共享等方方面面还存在着法律真空地带，需要更密集的专门立法划定界限，为过程监管和事后打击提供法律依据。

网络攻击在未来还将继续处于高发态势，现行《刑法修正案（七）》和《刑法修正案（九）》对网络犯罪进行了两次集中扩张，但总的来说，现行《刑法》跟不上攻击技术更新换代的速度，对网络攻击的制裁目前还比较乏力，需要进一步扩充罪状、降低门槛、细化入罪标准，才能与日益猖獗的网络犯罪抗衡。面对黑客犯罪适用刑事诉讼程序中的难题，最高人民法院、最高人民检察院、公安部发布的《关于办理网络犯罪案件适用刑事诉讼程序若干问题的意见》（以下简称《网络犯罪程序意见》）和《关于办理刑事案件收集提取和审查判断电子数据若干问题的规定》（以下简称《刑事电子数据规定》）对于网络犯罪的管辖、审查取证、证据认定以及电子证据的收集提取、移送展示、审判判断作出了专门规定，未来应继续与技术规范相融合，针对网络攻击的技术特征作出精细化考量。

2. 提高网络攻击风险防御能力

网络攻击的渗透范围加大、危害程度加深，公民对于网络攻击的恐惧感日益增加，将成为影响信息社会的稳定和发展的深水炸弹。提高国家应对网络攻击风险的能力，确保计算机信息系统、互联网安全稳定迫在眉睫。网络攻防是技术的博弈，法律对策作为后手，技术对策才是关键。

为了更好地应对内部和外部风险，一方面要完善网络安全等级保护制度、关键信息基础设施保护制度、漏洞披露制度、网络安全监测预警和应急处置制度等保护制度的构建。针对普遍网络产品实施安全认证和备案登记制度，要求网络产品和服务提供者承担持续的安全维护义务，并定期进行抽查通报。针对关系国家安全的重要网络产品和服务，必须对其设计、实施、运营各阶段可能出现的安全风险实施全生命周期的监督审查，并根据评估的风险等级实施对应的防御措施，切实提高系统的安全可靠性。

另一方面，更要提高对抗网络攻击的技术实力。加大公共资源向网络安全建设的投入，促进网络安全技术和产业发展，加强网络攻击技术对抗措施的研发推广，培养高水平的网络安全人才队伍，为关键行业、国家机关的网络防御系统建设提供政策支持、资源保障和人才输送。通过攻防演习、安全竞赛、学科培养、产业支持、漏洞上报奖励等方式，挖掘并培养网络安全领域的高科技人才，为国家的网络攻击防御体系建设服务。

3. 建立各方协同合作的网络安全治理体系

在正确有效的治理政策尚未发生作用之前，严厉打击网络攻击只能治标，尚难治本。有效防范网络攻击，需要依靠社会各方协同合作，建立常态化的综合治理体系，实现防范、打击、治理一体化，构建责任明确、运行有序的网络环境。网络安全治理体系的构建包括纵向和横向两个方面。

纵向体系，即针对网络攻击“事前-事中-事后”的纵向进程实施的“预防-控制-惩治”三位一体的治理体系。网络攻击造成的损失通常是不可逆的，轻则文件损坏、信息泄露，重则关键基础设施破坏、经济秩序混乱甚至人身伤害。面对无法估量、亦难以承担的后果，源头遏制、积极预防是首选手段。网络安全事件发生之初，赋予国家网信主管部门和公安机关采用合法手段进行监测的职权，对可能的攻击行为进行动态监测和分析，按照分级保护制度对潜在的威胁进行风险评估和警告，对发现的漏洞及时预警通报。网络攻击事件发生时，及时通报上级主管部门并及时、准确地向公众发布网络攻击信息，同时按照事先设定的应急处置预案，协调包括行业主管部门、执法机关企业、社会技术力量在内的组织，及时采取技术措施修复漏洞、切断感染，控制事态发展。应急处置工作结束后，在评估损失、确定责任主体并加以惩治处罚的同时，尽快组织恢复重建工作，并针对已有漏洞制定改善方案。按照“过程控制理念”①，构建起以积极预防策略为主，包括事前监测预警，事中应急处置，事后惩治和恢复“三位一体”的管控框架。

横向体系，即主管部门、网络运营者、网络活动参与者三方参与、协同合作的治理体系。网络攻击的事前、事中、事后治理，都少不了企业和公众的参与。与政府机构相比，网络安全企业掌握更多的技术优势，对于自身漏洞的理解更为深入；而与信息技术企业相比，政府可以获得更全面的内部预警、通报信息，具有通盘协调的优势。第一，建立公私主体的威胁信息共享机制。目前我国《网络安全法》确立的国家网络安全监测预警和信息通报制度参与主体主要是国家机关和央企，尚未覆盖到全社会特别是私营企业和个人。公私主体

---

① 张敏：《国家安全视角下防范网络攻击的法律治理》，载《中国信息安全》2015 年第 8 期。

都是网络攻击的薄弱环节，我国宜参照美国的网络安全信息共享法律框架，建立起涵盖个人和非政府机构的信息共享机制。建立快捷畅通的举报渠道，对于关系到关键基础设施的漏洞信息，网络运营者和网络活动参与者可及时上报。而对于监测到的网络攻击威胁，政府机构应及时向企业内部发布通知，使得企业能够及时采取补丁等应对措施。对于关系到公众安全的网络攻击信息，及时向社会公布，提醒公众做好防范。第二，建立政企联动的抗攻击技术开发机制。大力推进网络安全产业发展，争取基础通信、数据处理技术、网络核心产品的自主知识产权，牢牢掌握国家网络安全命脉。与区块链、人工智能、大数据、云计算等新兴技术企业相衔接，开发应对新型网络攻击的更安全的系统、更高效的抗攻击技术。第三，提高网络用户的安全防护意识。推广网络安全普及教育，帮助广大网民了解网络攻击常见类型及防御方式，提高对恶意链接、恶意插件的警惕性，并及时修改弱口令，更新防火墙、病毒防护软件。

4. 推进网络空间国际规则构建和国际合作

互联网的发展使世界成为互联互通的地球村，各国在维护网络安全方面有着共同利益，网络威胁需要各国齐心协力，共同应对。然而由于各国网络空间实力的差距和治网理念上的分歧，现阶段条件下想要达成一部有约束力的国际公约十分困难。① 面对愈演愈烈的网络军备竞赛和网络战，我国应当寻求战争之外的联合国框架下理性应对网络攻击的政策和法律手段，加强对话交流，有效管控分歧。

首先，遵循多利益攸关的网络攻击国际合作路径，推进政府间网络空间合作进程。积极与俄罗斯、美国、欧盟等开展战略对话，通过建立联合防治机构、建立网络危机热线、开展联合攻防演习等方式加强政府间的技术交流和互助互信，减少两国之间的攻防竞争，形成应对网络攻击的有效沟通与协调机制，健全打击网络犯罪司法协助机制。

其次，积极参与网络空间国际规则的构建，提出构建网络空间人类命运共同体的“中国方案”。通过缔结双边或多边联合声明等“软法”性质的文件，努力扩大共识，形成统一的网络攻击认定国际标准，构建多方认可的网络空间国际行为准则，并在条件成熟时制定规范网络攻击的国际条约，制定网络空间

---

① 王孔祥：《计算机网络攻击的法律规制》，载《西安政治学院学报》2013 年第 26 卷第 3 期。

国际反恐公约。

四、攻击端治理

基本战略和法律框架的顶层设计之下，要使网络攻击治理落到实效，还需要采取“因地制宜”的手段，针对各方主体的治理作出细化的制度建构。网络攻击分为攻防两端，两端的治理都要“蛇打七寸”，从攻击端到防御端分别分析网络攻击发生的原因，并针对其各自的漏洞采取行之有效的治理措施。

（一）黑客攻击的动机分析

1. 技术炫耀等个人目的

黑客一词是英文“Hacker”的音译。最早的黑客带有正面意义，指热衷于计算机技术，水平高超的电脑专家，提倡共享、自由、平等、互助的黑客精神。初期的黑客精通编程语言和操作系统，通过破解、入侵多等手段来炫耀高超技术，或实现恶作剧、仇视破坏等个人目的，以在计算机技术圈子内赢得一定声望。1994 年世界头号黑客凯文·米特尼克成功地入侵了美国摩托罗拉、美国的 NOVELL、芬兰的诺基亚、美国的 SUNMICROSYSTEMS 等高科技公司的数据库，造成数据损失高达 4 亿美元，而本人却宣称“不是为了金钱”，并以此向当时被称为计算机开拓者、全美电脑第一专家下村勉挑战以一试高低。

2. 经济利益

随着越来越多的黑客开始用网络攻击技术获取不法利益，黑客一词被圈外人污名化，成了专门从事破坏性网络攻击的违法分子的代称。实际上这种类型的黑客应被称为骇客（“Craker”）。网络漏洞蕴藏的巨大经济价值被发现之后，成本低收益高的黑客攻击行为开始作为谋求经济利益、实现不当竞争目的的手段，并逐渐汇聚成一条条互联网黑色产业链，有了组织化、集团化运作。现阶段的骇客不需要掌握编程技术就能使用扫描器实施网络入侵，进而窃取并倒卖个人信息和商业秘密等数据、勒索或窃取资金、操纵肉鸡电脑刷量等，谋取高额收益。

3. 政治目的

以维护国家利益为目的，黑客界也出现了许多非商业性的民间技术联盟，自发反击国外黑客攻击，或实施政治报复，如因 2001 年中美撞机事件引发的中美黑客大战，因对日本首相参拜靖国神社和新教科书的不满引发的 2002 年蓝客联盟、中国黑客联盟、中国红客联盟“蓝色尊严”对日联合技术攻击行动，2011 年越南就南海主权问题挑衅中国后，蓝客联盟迅速对数百家越南企业网站开展技术性打击。① 与此相反，网络恐怖组织或独狼恐怖分子则利用网络攻击实施网络恐怖主义犯罪，制造社会恐慌，宣扬恐怖主义，达成其政治、宗教或其他意识形态上的目的。

网络攻击同时也成了国家之间对抗的手段，各国信息间谍通过植入木马、会话劫持等措施，监听和窃取别国包括政治、军事、经济、国家安全方面的情报，以获取战略优势。② 据统计，境外 APT 组织常在我国重大活动与敏感时期异常活跃，对我国党政机关、能源机构等重要信息系统实施有针对性的攻击，以最大限度地博取政治利益。③ 武装冲突视野下的网络攻击则具有更为直接的目的，通过破坏关系国计民生和国家安全的关键信息基础设施、国防军事设备，对敌国实施军事打击、经济制裁。

（二）黑客攻击的一般流程

黑客攻击的一般流程主要分为“探测-攻击-隐藏”三个行为模块。探测是黑客在攻击开始前的情报收集工作，用于了解攻击目标的安全状况，以便因地制宜采取不同的攻击方式。探测又分为踩点、扫描、查点三个步骤。踩点以正常合法途径对目标资源进行窥探；扫描用于获取活动主机、操作系统、开发服务、安全漏洞等关键信息；查点则用于从目标系统中抽取出有效账号或者资源名。

根据探测获取的安全信息，攻击者得以进一步分析并开展攻击。踩点得到用户 E-mail 后可以发送恶意邮件并安装后门，并进一步实施远程控制。获取域名或 IP 信息后可以实施 DoS 攻击，进一步扫描获取端口、系统账号表和网络资源信息后可以攻击网络服务、远程口令猜解、获取网络资源。获取访问权

---

① 王敏等主编：《网络攻击与防御》，西安电子科技大学出版社 2017 年版，第 6~7 页。

② 徐云峰等著：《网络安全与执法导论》，武汉大学出版社 2013 年版，第 51 页。

③ 国家互联网应急中心（CNCERT）：《2019 年我国互联网网络安全态势综述》报告，载国家互联网应急中心：https：//www. cert. org. cn/，最后访问日期：2020 年 4 月 20 日。

后通过提权技术获取控制权并扩大范围，一次攻击就完成了。

攻击者在获得管理员权限后，通常会采取隐藏技术来消除攻击痕迹，同时尽量留下隐蔽通道，以便日后轻易进入目标系统。主要手段包括清理系统日志，安装后门以及内核套件，在系统内核中安装完整工具包隐藏自身。①

（三）源头治理黑客攻击行为

对于网络攻击这种比物理攻击感染力更强、容易造成大范围后果并通常不可逆的攻击方式，应当秉承“预防性原则”，做好攻击端的风险管控，源头治理黑客攻击行为。从前述分析可知，现阶段的黑客攻击带有强烈的经济和政治目的，日益猖獗的技术勒索、网络黑产背后往往蕴藏着庞大资金流，黑客行动本质上是为了追求最大经济利益。要通过引导黑客行为减少黑客犯罪，需要采取奖励与惩罚并存的“胡萝卜加大棒”政策。

1. 刑事高压政策

加大网络攻击打击和追责力度，首先要适度前移网络犯罪的刑事防线，通过“打早打小”的刑事政策，把大规模的网络攻击扼杀于摇篮之中。21 世纪以来，面对层出不穷的新型网络犯罪，刑法的网络犯罪圈也呈现出扩张的趋势。从 1997 年刑法到《刑法修正案（七）》，网络攻击有了危害计算机信息系统安全犯罪的规制。从《刑法修正案（七）》到《刑法修正案（九）》，网络攻击犯罪从侵犯计算机信息系统扩展到信息系统以外的公民个人信息，从实施攻击等实行行为入罪到帮助行为独立成罪，非法利用信息网络罪的设立有针对性地将处于预备阶段或带有未遂性质的网络犯罪行为入罪处罚，将刑事规制的环节前移。最高人民法院、最高人民检察院发布的《关于办理非法利用信息网络、帮助信息网络犯罪活动等刑事案件适用法律若干问题的解释》，为网络攻击行为设定了较低的入罪标准，明确了为他人实施犯罪提供网络攻击工具、设立实施违法活动的网站达到极低数量、假冒国家机关或金融机构名义设立实施违法活动的网站，不考虑获利数额即可入罪，网络服务提供者“致使信息网络服务、网络设施被用于实施网络攻击，严重影响生产、生活的”即可构成拒不履行网络安全管理义务罪。在网络攻击尚未形成规模之前，便通过刑法

---

① 王敏等主编：《网络攻击与防御》，西安电子科技大学出版社 2017 年版，第 14~15 页。

这一最严厉的制裁手段进行打击，有利于黑色产业链前后衔接之前，提前斩断并铲除网络黑产的利益链条。

其次，面对网络攻击侦破难、追责难问题，要将法律规范与技术手段相融合，为以技术对抗技术的措施提供法律支撑。由于网络攻击跨地域取证存在困难，可以通过协作地机关代为取证调查、远程网络视频询（讯）问或采取网络在线提取电子数据、网络远程勘验的方式进行调查取证。《刑事电子数据规定》规定了电子数据的在线提取和网络远程勘验。在提高侦查技术的同时，要明确黑客犯罪可采取的技术侦查措施，并对需要采取技术侦查措施的网络远程勘验规定细致的批准手续。《网络犯罪程序意见》对于涉众型网络犯罪规定了不同于一般网络犯罪案件的特殊证明规则，那么面对被害人动辄成千上万的黑客攻击案件，不需要逐一收集相关言辞证据，“可以根据记录的被害人数、被侵害的计算机信息系统数量、涉案资金数量等犯罪事实的电子数据、书证等证据材料，在慎重审查被告人及其辩护人所提辩解、辩护意见的基础上，综合全案证据材料，对相关犯罪事实作出认定”。①

发挥预防刑法的功能，形成打击网络犯罪的高压态势，有利于对潜在攻击者形成震慑作用。只有让黑客和其他网络黑产从业者意识到网络攻击的法律风险是所获利益不能冲抵的，网络攻击才能被有效遏制。

2. 漏洞上报奖励机制

事实上，面对黑客攻击越来越明显的趋利性特征，事前防御比事后惩治更能发挥作用，而针对攻击端的事前防御，主要是漏洞上报奖励机制。漏洞上报奖励机制是指企业或政府鼓励黑客利用渗透技术识别自身系统漏洞，并在向外界披露或黑客恶意利用之前及时向上报，企业和政府将根据漏洞等级给予金钱奖励。网络攻击难以根绝的一大原因在于在网络攻防战中，安全漏洞普遍存在，新旧漏洞被发现并利用的速度通常远快于被修复的速度，防御方往往处于劣势一端。漏洞奖励可以激励更多技术高超的黑客技术人员参与到漏洞识别之中，争分夺秒抢先一步发现漏洞，与攻击者形成抗衡之势。白帽子和黑帽子是识别和研究漏洞两类黑客，与探测漏洞并开展攻击非法获利的黑帽子黑客相比，白帽子黑客识别计算机系统和网络漏洞后致力于促进漏洞的修复，是维护网络安全的正义骑士。根据《2016 年中国互联网安全报告》，民间“白帽子”

---

① 参见喻海松著：《网络犯罪二十讲》，法律出版社 2018 年版，第 111~190 页。

黑客的组织所挖掘的漏洞比高达 45%，是我国网络漏洞挖掘的主力军。① 漏洞上报奖励制度的存在，给了“白帽子”黑客更多的发展土壤，黑客技术在网络安全领域一样能大展拳脚并获得丰厚奖励，无须冒着犯罪风险实施网络攻击获利。

目前已有多家互联网企业采取了漏洞奖励机制，设立专门的漏洞接受平台，通过单个漏洞、积分排名等方式为漏洞报告者发布现金奖励。蚂蚁金服单个漏洞奖励 13.2 万元；腾讯安全应急响应中心 TSRC 除了对漏洞报告者给予基本积分奖励外，对于漏洞排名较高的白帽子给予额外现金奖励；oppo SRC 每季度对于提交严重漏洞的白帽子额外奖励 3.5 万元。② 苹果公司 2019 年 12 月发布“苹果安全漏洞奖励计划”，按漏洞类别给予漏洞报告者 5000 美元至 100 万美元奖励金，奖励条件如下：首位向 apple 报告者；漏洞报告清晰并包含可运作的 exploit；在苹果发布针对漏洞报告的安全公告前不能公开披露漏洞。同时，苹果公司还表示报告者可以研究苹果最感兴趣的某些新颖漏洞问题以最大化奖励金。③ 瑞士政府为提高电子投票系统安全性开展了“公告入侵测试项目”，邀请已在平台注册的全球黑客进行攻击尝试，漏洞赏金高达 15 万美元。④ 从利益衡量的角度来看，探测漏洞并上报，以及探测漏洞并实施攻击，两步之别，但一面是高额的奖励金以及社会声誉，一面是承担刑事处罚的重大风险，相信会引导部分黑客选择正确的道路。

目前我国《刑法》第二百八十五条对于漏洞挖掘行为入刑的认定不考虑行为人的动机，这种“一刀切”的否定态度势必会对造成白帽黑客善意的漏洞挖掘行为造成不当限制，造成“袁炜案”的悲剧。所幸《刑法》第二百八十五条采取了空白罪状的立法技术，而《网络安全法》第二十六条规定：“开展网络安全认证、检测、风险评估等活动，向社会发布系统漏洞、计算机病

---

① 转引自赵精武：《网络安全漏洞挖掘的法律规制研究》，载《暨南学报（哲学社会科学版）》2017 年第 5 期。

② 《月薪从 5K 到 13.2W，白帽子黑客到底有多赚钱?》，载微信公众号“黑客技术与网络安全”，最后访问日期：2019 年 1 月 14 日。

③ 《苹果全面开放漏洞奖励计划：最高 100 万美元等你拿》，载微信公众号“代码卫士”，最后访问日期：2019 年 12 月 20 日。

④ 钱丽君：《瑞士政府邀请黑客攻击其电子投票平台以提高系统安全性》，载《互联网天地》2019 年第 2 期。

毒、网络攻击、网络侵入等网络安全信息，应当遵守国家有关规定。”正好可以在违法要件的判断过程中起到目的性限缩的功能，为善意的渗透测试行为提供豁免，避免刑法的不当适用。① 未来要继续推广漏洞上报奖励机制，促进漏洞挖掘行业的发展，还要继续通过法律许可的方式明确“白帽子”黑客的主体地位。在制定相应免责条款对善意的渗透测试进行法律豁免的同时，发布漏洞挖掘和漏洞管理实施细则，明确漏洞挖掘行为的具体界限以及厂商和漏洞平台的监管责任，以完善的漏洞挖掘立法体系为技术治理手段提供一定的赋权空间和配套制度。

五、防御端治理

（一）个人终端

个人计算机和移动终端是入网主体中基数最大的主体，广大网民群众也是网络攻击防范意识最薄弱的群体。构建个人终端的网络攻击防御铁壁，需要积极开展互联网安全教育，提升个人用户的网络安全风险防范意识，让广大网民学会主动防御、安全上网。

开展互联网安全教育要覆盖到最普遍的人民群众。强制各单位成员、企业员工进行互联网安全岗前培训，把网络安全课程纳入中小学和大专院校教学计划，公安部在辖区内的各街道、社区开展定期讲座，普及网络安全知识。主流媒体对于重大网络安全事件应予报道，言明网络攻击的危害性，使百姓有意识地了解并防范网络攻击。为保障互联网安全教育的顺利开展，部门规章中应明确各部门的网络安全普法职责，各级公安司法机关、各级人大代表负责行政区域内的网络安全法治宣传工作，工信部门负责监控勒索软件和疑似的网络诈骗信息，并将监测到的技术勒索行为通知公安机关，同时立刻向市民发出短信或电话倡议：不要向勒索软件支付赎金并及时报案。这也是美国联邦调查局提倡的“悬崖策略”，一是即使支付赎金也不必然能恢复数据，二是拒绝配合可以打击勒索者的气焰，避免赎金成为犯罪者实施更广泛攻击的资金后盾，三是有

① 赵精武：《网络安全漏洞挖掘的法律规制研究》，载《暨南学报（哲学社会科学版）》2017 年第 5 期。

助于提升用户安全意识，提前做好容灾备份工作，趁早报案也有利于办案机关获取更多线索，及时安排预防和处置措施。①

提高风险防范意识要从引导个人正确使用网络工具做起。第一，正确配置个人计算机系统。安装使用较新的正版操作系统，并定期进行系统和软件升级，遵照指示安装安全补丁。盗版系统缺乏安全技术支持，无法更新漏洞补丁，还可能被安装后门，为网络攻击大开方便之门。法律应支持网络服务提供者就盗版系统和软件向个人提出合理警告，个人使用盗版系统虽不承担侵犯著作权的责任，但遭受网络攻击时将丧失向网络服务提供者追偿的权利。同时，新版系统更新时官方会宣布停止技术支持、软件更新和安全问题的修复，对于未及时更新系统的用户，网络服务提供者在尽到提前采取合理的方式提醒用户注意的通知义务后，可对旧版系统遭受的网络攻击予以免责。第二，正确配置防火墙，安装防病毒软件。防火墙可以拦截漏洞攻击以及信息窃取，杀毒软件可以实时监控系统内文件并查杀病毒。普通个人用户要学会开启正版操作系统内部防火墙或购买第三方防火墙软件，下载正版杀毒软件，打开邮件监控和文件实时监控功能，及时升级最新病毒库，定期全盘扫描查杀病毒。② 一般情况下，只有在用户购买并按照要求正确配置和使用了网络安全产品的前提下，网络安全厂商才承诺就安全产品未能提供风险提示的情况下遭受网络攻击的情形提供一定的赔付。第三，规范日常上网行为。加强网络信息内容生态治理，加快落实网络实名制，加强网络信息内容服务平台信息内容管理主体责任，查处网络违法信息内容生产者和网络信息内容服务平台，从源头减少网民接触不良网络信息的空间。搜索服务提供商和网络安全产品厂商在明显位置向用户提供弹窗拦截和风险提示设置，在用户访问非官方、未加密、有风险的网页、邮件、链接或输入账户信息，下载来源不明的软件和文件和开启软件使用权限时，及时作出风险提示，③ 保证用户的安全信息（包括个人信息、账号、密码）和数据处于安全状态。同时，依照《网络信息内容生态治理规定》的要求，个人用户作为网络信息内容服务使用者应当文明健康使用网络，按照法律

---

① 刘为军、芦天亮：《论技术勒索的综合治理》，载《山东警察学院学报》2017 年第 3 期。

② 钱林红：《个人计算机信息安全的防护方法》，载《科技与企业》2013 年第 17 期。

③ 操秀英：《网络黑产“魔高一尺”严刑重典才能“道高一丈”》，载《科技日报》2019 年 12 月 31 日，第 4 版。

法规的要求和用户协议约定，否则网信部门以及有关主管部门可采取网上行为限制、行业禁入等惩戒措施。

畅通救济渠道，鼓励个人用户遭遇网络攻击时勇于举起法律武器防卫。360公司发布的《中国网民网络安全意识报告》发现，遭受网络诈骗后有38.2%选择不报警，原因包括“觉得警察帮不了自己”“被骗钱财较少”“没有证据”“不好意思报警”。① 针对以上原因，在立法上，《刑事电子数据规定》《网络犯罪程序意见》均规定了网络犯罪立案前可依法采取初查措施，经办案部门负责人批准可对公民报案提供的犯罪线索进行调查以确认是否达到犯罪追诉标准。② 同时，对用于证明网络攻击犯罪事实的电子数据的提取、固定、出示、辨认、质证等活动应作出明确的规定，勿让“证据不足”成为的公民报案的阻碍。除了网络犯罪的刑事规定，应当通过司法解释明确赋予权利人针对网络违法行为提起民事诉讼的诉权，同时与《侵权责任法》《民事诉讼法》相衔接和细化，鼓励因网络攻击受到损害的权利人采取民事诉讼方式进行救济。在执法上，应通过专项行动加强网络攻击违法犯罪行为打击力度，加大专项行动和典型案件宣传力度，凝聚社会共识，增强公民对于公安司法机关打击网络犯罪的信心。因而，网民发现钓鱼网站、诈骗软件、恶意邮件等要及时向平台投诉，或通过12321反诈骗平台等渠道进行举报，遭遇网络攻击、个人信息泄露要第一时间向属地公安机关报案，才能有利于及时保留证据，协助办案机关获取更多违法犯罪线索。

（二）企业终端

相比个人终端，企业终端存储的商业秘密、用户资源、交易信息具有更大的经济价值，面临网络攻击风险时所造成的损失和影响也更加严峻。大型企业安全防御体系较强，但其雄厚的资金实力和巨大的商业资源将成为黑客集中攻击的目标，一旦攻击成功，泄密、运营中断的资金损失不可估量，还要承担巨额罚款和声誉损失。小型企业网络安全防护体系薄弱，常见网络攻击如电子邮件和网站钓鱼诈骗都足以威胁小型企业的系统安全，且一次网络攻击对于资金实力不足、恢复能力弱的小型企业的打击是灾难性的。

---

① 360安全：《中国网民网络安全意识调研报告》，载安全牛：https：//www.aqniu.com/industry/28871.html，最后访问日期：2017年10月24日。

② 参见喻海松著：《网络犯罪二十讲》，法律出版社2018年版，第134页。

应对攻击，国家应要求企业终端构建周密的网络安全防护体系，上至顶层的网络攻击应对计划，下至每一位员工的操作行为，都要纳入企业的规范化管理之中。2019 年 5 月 13 日，国家标准化管理委员会发布了新修订的《信息安全技术-网络安全等级保护基本要求》，代替 2008 年发布的《信息系统安全等级保护定级指南》，标志着信息系统安全等级保护进入 2.0 时代，从信息系统安全等级保护 1.0 被动防御的安全体系向注重主动防御的动态保障体系转变。① 根据《网络安全等级保护定级指南》，遭受网络安全威胁可能对公民、法人或其他组织的合法权益造成一般损害的企业需要采取一级等级保护，关系到国计民生的大型企业则普遍采取三级及以上的等级保护，要求企业能在统一安全策略下防护有组织的恶意攻击，能够及时发现、监测攻击行为和处置安全事件，在自身遭受损害后能够尽快恢复绝大部分功能。由上可知，实施等级保护的对象范围已经扩大到包括网络基础设施、重要信息系统、大型互联网站、大数据中心、云计算平台、物联网系统、工业控制系统、公众服务平台等在内的企业。根据“信息系统安全等级保护 2.0”的要求，企业要建立安全技术体系和安全管理体系，构建具备相应等级安全保护能力的网络安全综合防御体系，包括安全物理环境、安全通信网络、安全区域边界、安全计算环境、安全管理中心、安全管理制度、安全管理机构、安全管理人员、安全建设管理和安全运维管理。

《网络安全法》与《网络安全审查办法》中规定的网络安全审查制度只针对关系国家安全的关键信息基础设施系统采购的重要网络产品和服务，测评认证制度仅限于网络关键设备和网络安全专用产品，而非关系国家安全的一般网络和信息系统采购的上述专用产品目录之外的非安全类网络技术产品均未被纳入我国现有的测评认证制度及网络安全审查制度大的保障范围内。出于行政资源和外交方面的考虑，《网络安全审查办法》对于审查的对象作出了一定的限缩。虽然部署此类产品的网络运营者和网络安全技术生产者数量广泛，遭受网络攻击时的脆弱性明显，但由于其数量巨大，遭受网络攻击对国家和社会安全影响较小，相比于强制性的审查和认证，对此类企业可以采取自愿认证制度。作为对企业的正向激励，认证通过可作为企业网络产品和服务的市场竞争优势

---

① 知道创宇 云安全：《什么是等保 2.0?》，载知乎：https：//www.zhihu.com/question/51443853/answer/389333826，最后访问日期：2019 年 12 月 19 日。

之一，鼓励企业积极进行网络安全测评、认证和自我审查。①

根据“信息系统安全等级保护 2.0”的要求，风险评估、安全监测、通报预警、案件调查、灾难备份、应急处置、自主可控、供应链安全、效果评价、综治考核、安全员培训等工作措施全部纳入等级保护制度，而《网络安全审查办法》审查内容则强调针对单一产品或服务及其供应链的技术性的网络安全检查。为与“信息系统安全等级保护 2.0”要求和《网络安全法》规定的网络产品和服务提供者的持续安全维护义务相衔接，现有的网络安全审查内容应予以扩充，包括物理环境安全、通信网络安全、管理人员安全、管理制度安全以及持续运维安全等各方面内容。要求企业主体在顶层计划方面，制定应对网络攻击行之有效的行动框架。企业应将网络安全风险视为组织风险管理流程的一部分，在国家等级保护的总体要求下，根据企业面临的网络安全威胁和风险漏洞构建企业特有的网络攻击风险应对行动规范和网络安全管理流程。在技术体系方面，针对计算环境、通信网络等各个层面配置完备的安全措施。在管理体系方面，建立安全管理制度和业绩考核制度。一方面，企业应设立管理网络安全工作的职能部门，确保网络安全技术人员达到一定比例。较全面的安全管理制度应由安全策略、管理制度、操作规程、记录表单等构成，对于管理人员操作行为、不同岗位的安全知识培训、用户访问行为作出相应的规定。另一方面，参考国务院国有资产监督管理委员会 2019 年发布的新版《中央企业负责人经营业绩考核办法》，将网络安全纳入相关部门、工作人员经营业绩考核，设立相应的奖惩制度。

企业作为商主体具有趋利性，只有将网络安全建设投入与企业的经济利益挂钩，才能引起企业足够的重视。网络攻击风险的评估应成为企业总体风险评估的重要一环，网络安全合规审查亦应成为企业进行市场经营、投融资的必经之路。为保障企业根据“信息系统安全等级保护 2.0”的要求积极建立网络安全防护体系，必须落实网络安全责任制，通过行政处罚、民事赔偿、刑罚处罚手段将网络攻击带来的损害与企业直接经济损失挂钩。网络运营者、网络产品或者服务的提供者违反《网络安全法》规定的网络安全保护义务、测评认证义务的，将依法承担行政责任。同时，因企业未履行网络安全保护义务而遭受

---

① 参见寿步主编：《网络空间安全法律问题研究》，上海交通大学出版社 2018 年版，第 186~190 页。

网络攻击，导致用户信息泄露、财产损失等损害的，用户可依法请求民事赔偿。目前法律中尚无网络侵权民事责任的相关规定，鉴于网络空间的公共性质与现实中的公众场所相类似，立法时可以参照《侵权责任法》第三十七条的逻辑结构对违反网络安全保护义务的侵权责任作出规定，即网络公众平台和服务的管理者和运营者，未尽到网络安全保护义务，造成他人损害的，应当承担侵权责任。因第三人的行为造成他人损害的，由第三人承担侵权责任；管理者和运营者未尽到网络安全保护义务的，承担相应的补充责任。刑事责任方面，《最高人民法院、最高人民检察院关于办理非法利用信息网络、帮助信息网络犯罪活动等刑事案件适用法律若干问题的解释》第六条规定了拒不履行信息网络安全管理义务，致使信息网络服务、网络设施被用于实施网络攻击，严重影响生产、生活的，构成拒不履行信息网络安全管理义务罪。

世界经济论坛发布的《2019 全球风险报告》显示，网络攻击成为企业面临的重大商业风险之一，此时保险业参与网络攻击防范商业化开发出的网络安全保险或许可以为企业避险提供良方。小微企业对网络安全的投入预算捉襟见肘，也往往无力承担一次网络攻击造成的损失，如果安全系统失灵，网络安全险将成为最后一道防线。企业投保网络安全险，遭受网络攻击导致数据泄露、运营中断、资金被窃等损失时，可以获得保险公司相应赔付，并通过保险公司联系的第三方专业机构获得全程跟进的网络安全事件危机处理，帮助企业尽快恢复运营。①

（三）关键信息基础设施运营者

《网络安全法》首次从法律层面提出了关键信息基础设施的定义，同时对关键信息基础设施的建设要求、运营者义务、安全审查、重要数据境内存储、网络安全风险检测评估等方面作出了制度安排。国务院互联网办公室发布的《关键信息基础设施安全保护条例（征求意见稿）》对关键基础设施的范围、监管和责任主体、运营者安全保护义务、产品和服务安全、预警监测、应急处置和检测评估机制等内容做出了进一步细化的规定。作为网络安全法的重要配套规定，该条例已经纳入国务院 2019 年立法工作计划之中。

---

① 李茜：《企业避险勿缺“网络安全险”》，载《上海金融报》2018 年 4 月 3 日，第 B04 版。

《网络安全法》第三十一条规定："国家对公共通信和信息服务、能源、交通、水利、金融、公共服务、电子政务等重要行业和领域，以及其他一旦遭到破坏、丧失功能或者数据泄露，可能严重危害国家安全、国计民生、公共利益的关键设施，在网络安全等级保护制度的基础上，实行重点保护。"可见，关键信息基础设施的涉及范围广泛，且均为国家重点行业和领域，一旦遭受网络攻击，其后果不堪设想，我国法律要求关键信息基础设施运营者承担的义务严苛而不失正当性。对于众多关系国计民生的行业，其关键业务赖以运作的信息系统或工业控制系统不仅要符合等级保护的要求，还应进行更全面、多主体的重点保护。

国家互联网信息办公室发布的《关键信息基础设施安全保护条例（征求意见稿）》第五条规定："关键信息基础设施的运营者对本单位关键信息基础设施安全负主体责任，履行网络安全保护义务，接受政府和社会监督，承担社会责任。"作为承担主体责任的关键信息基础设施运营者，采取技术措施和其他必要措施，保障关键信息基础设施的安全可靠性和持续运行，使其免受网络攻击威胁，是运营者的法定义务。关键信息基础设施的建设应遵循《网络安全法》第三十三条规定的"三同步"原则，即保证安全技术措施同步规划、同步建设、同步使用。关键基础设施经营者应充分预估网络安全风险，同步建设网络安全基础架构，配置关键监测节点和入侵防范技术，前移网络攻击防线，把"主动防御"的理念贯彻到关键信息基础设施系统全生命周期。《网络安全法》要求关键信息基础设施运营者在履行等级保护义务的基础上，还应当履行以下安全保护义务：设置专门管理机构和安全管理负责人，对管理人员进行安全背景审查；提升从业人员网络安全技能和意识；系统和数据做好容灾备份，制定应急预案并定期演练。同时，兜底条款的存在便于适应网络攻防技术的新发展，针对飞速变种的新型攻击手段及时部署新的管理及技术措施。2020 年《网络安全审查办法》的发布赋予了关键信息基础设施运营者高的网络安全合规义务。相较于旧版的《网络产品和服务安全审查办法（试行）》中由网络安全审查办公室确定审查对象、启动审查的被动审查方式，《网络安全审查办法》要求关键信息基础设施运营者在采购网络产品和服务是必须先预判该产品和服务投入使用后可能带来的国家安全风险，并主动向网络安全审查办公室申报网络安全审查。

关键信息基础设施安全具有公共属性，无法完全通过市场机制由私主体提供，需要政府进行统一高效的管理和监督。① 《关键信息基础设施安全保护条例（征求意见稿）》明确了“1+4+X”的管理主体：国家网信部门具有统筹协调和监督管理职责，国务院公安、国家安全、国家保密行政管理、国家密码管理等部门在各自职责范围内负责网络安全保护和监督管理，国家行业主管或监管部门负责指导和监督本行业、本领域安全保护管理体系建设。② 具体而言，国家网信办负责对关键信息基础网络攻击规制工作的领导、统筹和协调，制定规制政策和制度条例，组织关键信息基础设施运营者进行应急演练。公安机关组织落实监测、评估、应急响应等工作，协同关键信息基础设施行业主管部门对国家关键信息基础设施运营单位大的安全保护工作进行监督检查。关键信息基础设施的运营者或委托机构对其网络的安全性和可能存在的风险每年至少进行一次检测评估，评估结果和改进措施报送有关部门。相较于目前的国家安全审查制度对信息技术产品和服务的“节点控制”方式，对关键信息基础设施的国家安全审查更应该坚持“过程控制”理念，不仅在产品的采购阶段进行测评认证，在产品的部署和使用阶段也应该实施贯彻产品整个生命周期的动态风险监控。③

网信办、公安部、工信部作为我国保护关键信息基础设施的主管部门，从国家顶层的角度出台了相关政策法规。同时，公共通信和信息服务、能源、交通、水利和金融等行业主管部门出台了行业相关的关键信息基础设施安全防护制度。④ 具体到企业，则须结合法律要求和行业行动框架，根据自身情况制定针对关键信息基础设施如何应对网络攻击的行动框架。

---

① 陈越峰：《关键信息基础设施保护的合作治理》，载《法学研究》2018 年第 6 期。

② 陈巍、潘永建、李天航：《网络安全法新环境下的企业发展之道——〈关键信息基础设施安全保护条例（征求意见稿）〉给出的一些启示》，载威科先行网络安全合规专栏：https：//law. wkinfo. com. cn/professional-articles/detail/NjAwMDAwMzAyNjc% 3D?searchId= ebb05613482d4a7ba758205a0acc26c9&index = 1&q =% E7% BD% 91% E7% BB% 9C% E5%AE%89%E5%85%A8%E6%B3%95%E6%96%B0%E7%8E%AF%E5%A2%83%E4%B8%8B%E7%9A%84%E4%BC%81%E4%B8%9A%E5%8F%91%E5%B1%95%E4%B9%8B%E9%81%93&module=，最后访问日期：2017 年 12 月 27 日。

③ 参见马民虎、马宁：《国家网络安全审查制度的保障功能及其实现路径》，载《西安交通大学学报（社会科学版）》2016 年第 36 卷第 2 期。

④ 任飞、曹虎：《国外关键信息基础设施安全防护战略分析和启示》，载《网络安全技术与应用》2019 年第 4 期。

（四）互联网安全厂商

网络防御战离不开互联网安全企业的参与，个人、企业、政府用户网络安全普遍依赖于互联网安全厂商提供的防御技术、防护产品和安全服务。互联网安全厂商应对网络攻击事件相比政府部门具有技术优势和实践优势，是网络防御体系构建中至关重要的一环。

互联网安全厂商长期深耕网络安全领域，有顶尖的人才队伍和专业的技术部门，应对网络攻击有比企业和政府部门更丰富的实践经验，既可为政府和商业市场提供先进的技术防御和安全解决方案，同时在参与网络攻击犯罪的识别、拦截、追踪中发挥着重大作用。国内网络安全企业普遍组建了网络安全实验室，对网络攻击进行监测并作出警示，同时研究新型网络攻击的防御对策。2019 年内，腾讯守护者团队协助全国各地公安机关开展网络黑灰产打击行动，共计破获案件超过 110 件。① 2020 年初，360 安全大脑及时捕获印度黑客组织利用新冠肺炎相关疫情作为诱饵文档，对医疗工作领域发动 APT 攻击的案例，并向社会作出通报预警。同样，为激励个人主动使用网络安全产品，鼓励企业加大网络安全预算投入，网络安全厂商可以就安全产品未能提供风险提示的情况下遭受网络攻击的情形提供一定的赔付，填补个人和企业因网络攻击所遭受的损失，按照等级保护要求或者厂商评估的风险等级确定赔付比例。而赔付的前提是用户购买并按照要求正确配置和使用了网络安全产品。国内已有安全厂商就用户在其安全产品未能发出任何风险提示下感染勒索软件的情形提供反勒索服务赔付。②

网络安全的本质是技术对抗，保障网络安全离不开网络安全技术与产业的有力支撑。工信部会同有关部门起草的《关于促进网络安全产业发展的指导意见（征求意见稿）》中提到“坚持市场主导、政府引导，着力突破关键技术、构建产业生态、优化发展环境，推动我国网络安全产业高质量发展”。2019 年《国家网络安全产业发展规划》也提出了安全产业发展新目标、加快建设国家

---

① 《再见黑产，年终盘点“十宗罪”!》，载“腾讯网络安全与犯罪研究基地”公众号：https：//mp. weixin. qq. com/s/K85wRSvG2ldR5QHjl6PdZw，最后访问日期：2019 年 12 月 31 日。

② 刘为军、芦天亮：《论技术勒索的综合治理》，载《山东警察学院学报》2017 年第 3 期。

网络安全产业园区与网络安全高端产业集聚示范基地等“五大基地”，驱动行业加速发展。① 近年来，我国网络安全产业规模稳步增长、产业集群效应逐渐显现、企业融资高度活跃，但与目前的网络安全保障需求相比，还存在着安全产业投入不足、产业规模较小、核心技术欠缺、产业协同不够等问题。工信部网站发布的《2019年软件和信息技术服务业统计公报》显示，2019年信息安全产品和服务实现收入1308亿元，同比增长12.4%，仅占软件产业分类收入的1.8%。与快速增长的信息技术服务、软件产品、嵌入式系统软件规模相比，相应的信息安全产品和服务还存在很大的缺口，网络安全市场供不应求。以上问题的存在与我国网络促进型立法的缺失、网络安全产业政策激励措施的滞后以及网络安全市场创新活力不足息息相关。②

为应对我国目前日益严峻的网络安全威胁，满足个人、企业和关键信息基础设施的网络安全保障需求，改变供不应求的市场失衡状态，国家有必要为网络安全产业发展提供法律保障、政策激励和人才培养，提高网络攻击防御端的产业支撑水平，为打赢网络攻防战备好充足粮草。第一，加快网络安全产业促进型立法。在《网络安全法》第二章“网络安全与促进”制度的基本框架下，健全网络安全产品与服务政府补贴、网络安全市场政府采购、中小网络安全企业扶持、网络安全人才培养等方面的立法，为政府制定和实施产业政策提供法律依据和规制。第二，细化并落实政策激励措施。加大网络安全产业政策引导和资金投入，鼓励将网络安全产业纳入国家相应的基金和专项资金支持范围，通过投资基金的方式支持网络安全企业创业创新；对民族安全企业实施倾斜采购政策，扶植国内自主可控的安全企业；为网络安全产业投融资提供宽松的市场环境，拓宽网络安全相关企业融资渠道，鼓励大中型安全企业积极开展投资并购活动完善产业链布局；遴选培育网络安全产业龙头企业，并通过龙头企业带动产业发展和中小企业创新成长，增强国内企业的国际竞争力。③ 第三，加

---

① 中国信息通信研究院：《中国-东盟网络安全产业发展现状研究报告（2019年）》，载中国信通院：http://www.caict.ac.cn/kxyj/qwfb/bps/201912/t20191228_272812.htm，最后访问日期：2019年12月28日。

② 赵军、张素伦：《我国网络安全产业发展现状与激励机制》，载《网络法治蓝皮书——中国网络法治发展报告（2018）》。

③ 参见赵军、张素伦：《我国网络安全产业发展现状与激励机制》，载《网络法治蓝皮书——中国网络法治发展报告（2018）》。

快网络安全职业人才培养。推进网络安全人才培养整体规划和专才培养计划；强化职业资质认证和考评，确立人员分类和评价标准，提升人才队伍水平；加强从业人员定期的专业技能在线学习和实践培训，保证职业知识持续更新；加强核心知识产权保护，在薪酬待遇上予以倾斜，从选、育、用、留多方面合力，促进网络安全人才队伍建设，为网络安全产业发展添砖加瓦。①

六、体系化治理

据最新报道，经维基解密网站的披露和360安全大脑的分析，美国中央情报局（CIA）的网络攻击组织“APT-C-39”对中国进行了长达11年的攻击渗透，涉及中国航空航天、科研机构、石油行业、大型互联网公司以及政府机构等多个领域。② 这意味着网络攻击是一场时空跨度长远、渗透领域广泛、未来或将愈演愈烈的持久战。面对这种旷日持久、层次丰富的违法行为，司法诉讼、刑罚打击能解决的问题仅仅是冰山一角，树立过程监管理念，大力推行网络攻击的综合治理和常态化治理才是长远之计。

目前我国的专门性的网络安全立法已初成体系，但网络安全的复杂性决定了它无法完全交由立法手段调整。网络攻击问题的背后有复杂的政治、经济、社会因素，最好的解决办法是“堵疏结合”，兼顾法律监管和社会治理，通过常态化治理构建体系严密的网络安全制度和安全稳定的网络环境。

（一）技术保障

网络攻防是技术的战争，纵然纪律再严明，没有对等的武器装备也难以打赢这场持久战。面对装备高超网络攻击技术的黑客，网络攻击治理也要以先进的溯源技术、防护技术作为后盾。

针对大部分网络攻击“可防不可治”的特性，采取事前防护的安全策略

① 参见中国信息安全测评中心：《中国信息安全从业人员现状调研报告（2017年度）》，载中国信息安全测评中心：http://www.itsec.gov.cn/zxxw/201802/t20180205_23641.html，最后访问日期：2018年2月5日。

② 赵觉理、刘彩玉：《“实锤”首次披露！CIA持续11年攻击中国网络》，载“环球时报”公众号：https://mp.weixin.qq.com/s/S9Y4HKU7rN0Pc-egnNUtsw，最后访问日期：2020年3月3日。

被认为是最有效的技术应对。技术发展也应着重于对网络攻击风险的事前预防，在防护、监测、数据备份等环节进行深入研究。针对多种类型结合的复杂网络攻击，传统单一的防御手段已然力不从心，发展多层防护技术相结合的网络安全防护体系成为必然。新兴技术的出现对于网络攻击的防御亦是一线曙光，基于云计算技术的数据托管和基于区块链技术的多节点储存在数据加密、备份和恢复上具有巨大潜能，基于可信计算的病毒主动免疫体系将成为关键信息基础设施保护的重要手段。用于发现技术漏洞和考验防护系统有效性的渗透测试和红蓝攻防演练在改善企业安全体系上发挥着重要作用，也催生了安全众测平台、攻防服务项目的发展。

到目前为止，发达国家仍然是互联网核心技术和核心资源的掌控者，我国互联网核心技术长期受制于人，依赖国外 IT 系统及技术的同时也面临着安全隐患，这将使我们面对网络战这种高强度攻击时难以招架。针对面临外部网络威胁和国家级网络冲突的应对策略，俄罗斯的“断网演习”或可作为借鉴。俄罗斯于 2019 年 11 月 1 日生效的《主权互联网法》要求在国内建设一套独立于国际互联网的网络基础设施，确保俄方在遭遇外部“断网”等冲击时仍能稳定运行。随后俄罗斯方面完成了首次防“断网演习”，俄罗斯主权网络 RuNet 有效保障了国内网络正常运行。此次断网演习时俄罗斯政府多年规划、立法工作以及对互联网基础设施进行改在的结果。中国工程院院士倪光南提到，互联网技术体制创新对我国应对网络战有重要意义。① 在自主 DNS 系统、内联网、流量审查等领域积极进行技术积累，寻求技术自主的能力；实施国家网络空间安全重大科技项目，推动核心技术成果转化；加快构建安全可控的信息技术体系，应成为我国应对外部网络攻击的长期努力目标。

在技术人才需求上，专门从事信息安全工作的基础研究、技术研发与技术服务的高科技企业和研究机构构成了中国信息安全产业的新格局，但是由于国内从事这类专业的技术人才严重短缺，影响了中国信息安全行业的发展。② 加强网络安全学科建设力度，拓宽信息安全技术人才培养广度与深度，是为网络

---

① 倪光南：《互联网的技术体制方面有待于创新》，载中国信息安全等级保护网：http：//www. djbh. net/webdev/web/AcademicianColumnAction. do? p = getYszl&id = 8a8182566ed3d102016fad5be99f0049，最后访问日期：2020 年 1 月 16 日。

② 《我国信息安全行业发展现状及趋势简析》，载 CSDN 博客：https：//blog. csdn. net/weixin_44556860/article/details/88822961，最后访问日期：2019 年 3 月 26 日。

攻击治理提供技术保障的又一重要方面。

（二）行业自律

相较于政府部门，网络安全企业以及大型互联网企业有更加强烈的反网络攻击意愿，也更愿意制定高于国家标准的行业标准、企业标准以应对日益复杂的网络攻击难题。古语有云："知屋漏者在宇下，知政失者在草野"，而相较于传统的政府主导的规制手段，行业自律和自我规制具有相对独特的优势，可以对政府监管起到协作补充作用。一来，企业在网络攻击技术上掌握更多的信息优势，"企业通常比监管者更加了解自身网络系统的漏洞，何种安全应对措施更加有效，设定何种安全标准最适宜"，① 自我规制可消除网络监管中的信息不对称现象。二来，由监管者制定的网络安全规则具有普适性、稳定性，在复杂多变的网络安全领域，无法对不断新增的网络安全风险对作出灵活反应，强制性标准的出台也可能遏制企业进行技术创新、寻求更安全有效的安全措施的动力。

我国《网络安全法》为网络安全行业自我规则体系的建立提供了发展空间和法律依据。该法第十一条规定"网络相关行业组织按照章程，加强行业自律，制定网络安全行为规范，指导会员加强网络安全保护，提高网络安全保护水平，促进行业健康发展"，第十五条规定"国家支持企业、研究机构、高等学校、网络相关行业组织参与网络安全国家标准、行业标准的制定"，充分肯定了行业自律规范对于网络安全行业健康发展的作用以及市场对于网络安全标准制定可作出的贡献。网络安全虽具有公共性质，但关键信息基础设施、重要信息系统和涉密信息系统的基础架构技术和安全保障技术往往掌握在私主体手中，强化行业自律对于促进互联网市场良性发展，防范网络安全风险至关重要。一方面，国家机构出台的非强制性的网络攻击防控指南可以为行业组织、企业内部网络安全行为规范的制定提供借鉴。如美国 FINRA（金融业监管局》为金融公司网络安全威胁提供的最佳行为准则，NIST（国家科学技术研究所）针对如何改善关键基础设施的发布的网络安全框架，尽管两者并非强制性的，但已有许多金融公司与互联网机构采纳并做出了有益的改变。另一方面，个别企业和行业对于网络攻击防范的最佳安全实践可为行业规范的制定提供经验源

① 卢超：《深入推进网络安全法治化建设》，载《人民法治》2016 年第 8 期。

泉。网络安全行业组织内交流企业之间防范网络攻击的有益经验，找出可复制、推广的企业安全规范内容，制定发布行业普遍性的规范标准，可为网络安全行业推进自律自治提供依据。

单一的政府规制缺乏灵活性和细致化，但完全的自我规制又具有唯利性、盲目性和滞后性，缺乏外部约束容易走向失灵，最为妥当的架构是建立一种实质性的、紧密的公私合作伙伴关系，即“受高权规制的社会自我规制”。它倾向于借由国家与私人的分工，共同具体化公共利益的内涵，诱导私人发挥自主的创意、行动，以共同完成公共任务。① 行业自律与行政管理相结合的公私合作模式，可以通过政策引导和适当倾斜的资源投入，把最大限度地激发网络安全企业的技术创新天赋与鼓励企业承担网络安全社会责任有机结合，从而取得比单纯政府主导或行业自律更好的反网络攻击效果。

（三）行政管理

如前所述，网络安全行业自我规制的外部约束和激励机制不可或缺。在“受高权规制的社会自我规制”体系中，行政管理通过监管和保障两方面的功能为体系化治理提供有力支撑。

1. 行政监管

明确并完善网络攻击治理机构监管职责。《网络安全法》规定了国家网信部的统筹协调职能，《关键信息基础设施安全保护条例（征求意见稿）》进一步明确了“坚持顶层设计、整体防护，统筹协调、分工负责的原则”，明确了“1+4+X”的管理主体，即国家网信部门负责统筹协调，国务院公安、国家安全、国家保密行政管理、国家密码管理等部门在各自职责范围内负责网络安全保护和监督管理，国家行业主管或监管部门负责指导和监督本行业、本领域安全保护管理体系建设。另有《计算机信息系统安全保护条例》《计算机病毒防治管理办法》规定由公安部的信息网络安全保护部门主管恶意代码防治管理工作。这种分行业指导监督、各部门各司其职的组织构造，有造成分散、形成壁垒的风险，政府协同的难度较大。因此，有必要在新成立的中央网络安全与信息化委员会的领导下，厘清政府部门在网络安全保护过程中的具体职责，在组

---

① 转引自陈越峰：《关键信息基础设施保护的合作治理》，载《法学研究》2018 年第 6 期。

织规范上作出更为清晰、明确的规定和限定，形成“既能实现高效统一的领导，又能促成广泛深刻的政府协同”的组织架构。①

加强网络攻击过程监管。过程监管不仅包括对网络安全产品和设施全生命周期的管控和监督，还包括对网络攻击事件“事前-事中-事后”全过程的管理和处置。首先，由国家标准化委员会以及相关部门提供网络安全建设和网络安全事件应对的国家标准、行政法规、规章，细化网络安全设施管理和网络攻击事件应急制度、落实网络安全保护责任，监督网络服务提供者和运营者采取技术措施和其他必要措施保障防范网络攻击。其次，加强网络设计、实施、运营阶段的网络安全保障。网络设计阶段，公安机关指导、督促互联网单位依法进行备案，建立备案档案，并要求网络运营者在网络中预留相应接口已应公安机关及国家安全机关监管所需。实施阶段，执行认证测评制度和网络安全审查制度，建立健全统一开展、统一协调的测评认证制度，明确网络安全审查的统一标准。运营阶段，通过定期日常检查、不定期抽查和专项检查等方式督促网络运营者监测并修复漏洞，并定期组织攻防演习，提升网络攻击防范能力，将隐患消除在萌芽状态。最后，各级网信部门和公安机关负责网络攻击事件的事前的风险等级评估、预警通报、应急预案，组织协调行业主管部门和社会力量进行事中的应急响应和及时处置，事后对惩治责任主体并加组织重建恢复工作，构建起“预防-控制-惩治”三位一体的管控体系。

建立网络威胁信息共享机制。参考欧美国家的网络安全立法，信息共享的主体不仅包括国家机关和央企，覆盖的主体应尽可能广泛，通过公私合作的模式建立一个分布式的监测网络以搜集和分析关于网络威胁的信息。为破除行政主体和私主体的利益保护思维形成的共享壁垒，应对网络安全信息作出明确的分类处理，对不同属性的信息采取不同的收集程序、储存方法和共享方式。②

2. 政府保障

网络安全体系的建设需要大量资金、人员和技术的投入，有赖于中央财政资金、科学教育事业的支持。对于国家网信办会同国务院有关部门确定的网络攻击信息共享、监测预警、评估检查、应急响应等项目，纳入中央财政预算，保障实施经费。同时，对经济困难地区的网络安全体系建设提供经费补助，调

---

① 陈越峰：《关键信息基础设施保护的合作治理》，载《法学研究》2018 年第 6 期。

② 参见王玥、雷志高：《网络攻击视角下的关键信息基础设施法律保护探析》，载《汕头大学学报（人文社会科学版）》2016 年第 4 期。

派技术人员。省、市级政府根据网络安全主管部门的方案，负责本行政区域内的网络攻击监测评估和网络安全设施运营维护的日常经费。国家鼓励和扶植高等院校、科研院所和企业单位的网络安全专业建设、网络安全科研项目的实施，提供经费、设备支持，并对重大研究成果和作出突出贡献的人员、单位予以表彰和奖励。《网络安全法》中已设定了各级政府扶植网络安全技术研发的义务，亟待行政法规和部门规章规定严格的责任制度和可行的操作机制。①

企业和个人作为私主体，出于经济利益的考量，对于网络安全投入资金和精力有限，对涉及商业秘密和个人隐私的信息共享也有一定的顾虑。小型企业亦无力承担网络攻击造成的损失和处罚。对企业苛处严格的安全保障义务和网络安全责任、不同部门从同角度对企业进行多头的网络安全合规审查，可能会给企业造成过大的负担，需要政府给予履行安全义务的主体应有的保障和激励，发挥私主体防范网络攻击的主动性，形成良性的网络防御生态圈。为保护网络安全设施运营者的合法商业利益，网络威胁信息共享制度应坚持自愿共享与强制共享相结合，对于与关键信息基础设施网络攻击有关的系统漏洞、入侵攻击等信息，以及网络攻击的风险评估及等级评定、网络攻击的应急处理等信息，强制政府部门、执法机关与社会组织、企业及公民共享；而对于涉及商业秘密或个人隐私的相关信息，企业和个人可自由选择是否共享。② 同时，对企业和个人向政府共享的网络安全信息只能用于维护网络安全需要，并在信息公开通报时对企业秘密和个人隐私信息作技术化的脱敏处理。激励措施方面，赏罚分明的制度设计可形成对企业履行网络安全义务的有效激励。对于违反国家法律法规和规定，造成较大网络安全的企业追究行政责任的同时，对于连续多年安全运营、未发生网络安全事件的企业应予以通报表扬的精神激励和其他物质激励。

（四）社会监督

网络攻击的体系化治理既要面面俱到，必然不能遗漏互联网中基数最大同时也最零散的网民群体。一方面，个人用户在网络攻击中信息不对称处于绝对劣势，限于知识、资金、技术水平的限制，面临网络攻击易攻难解，且黑客

---

① 卢超：《深入推进网络安全法治化建设》，载《人民法治》2016 年第 8 期。

② 参见王玥、雷志高：《网络攻击视角下的关键信息基础设施法律保护探析》，载《汕头大学学报（人文社会科学版）》2016 年第 4 期。

攻击案件侦破困难与“息事宁人”的传统观念往往使得个人用户很少利用法律工具打击违法犯罪。另一方面，制作工具、黑客软件、黑客教程日益泛滥和黑客工具技术的智能化不断提升，使得黑客群体准入门槛降低，[①] 个人黑客成为很大的隐患。个人终端是网络攻击中最薄弱的环节，也是体系治理中最容易被忽视的环节，行业自律与行政监管的组织性和行政性规制往往无法覆盖到最广泛的网民群体。要织密网络攻击体系治理的网，必须通过宣传教育和社会监督填补个人终端这星星点点的细碎漏洞。

第一，开展多途径宣传教育。现今人民对于网络攻击的关注度较少，国家互联网应急中心 CNCERT 发布的网络不法分子利用新冠疫情投放钓鱼邮件的警告也得不到宣传和重视。在新媒体时代，人们获取资讯的方式呈现出百花齐放的现象，但主流媒体仍然是法治宣传的重要阵地。加强网民，特别是青少年的法治宣传教育，需要在主流媒体、融媒体平台上不遗余力地开展网络法治宣传，对网络主流文化加以适当引导，建立网络道德规范，教育广大网民依法依规上网。同时抓紧普及网络安全知识，通过网络安全岗前培训、网络安全课程、社区定期讲座等多种方式开展互联网安全教育，提醒广大人民群众切实增强网络安全意识，强化防护措施。

第二，建立完善对网络攻击行为的举报机制。《网络安全法》规定了较为全面的情况报告制度，为公私合作和社会监督提供了法律依据。第十四条规定了对危害网络安全行为的举报机制：任何个人和组织有权对危害网络安全的行为向网信、电信、公安等部门举报。收到举报的部门应当及时依法作出处理；不属于本部门职责的，应当及时移送有权处理的部门。同时为保护举报人的合法权益，要求有关部门对举报人的相关信息予以保密。《关键信息基础设施安全保护条例（征求意见稿）》则将其具体化为危害关键信息基础设施安全行为的举报机制。公众在受到网络黑产侵权时或发现的网上违法犯罪线索时，可向 12321 网络不良与垃圾信息举报受理中心、网络违法犯罪举报网站或网警巡查执法账号等渠道进行举报。同时，公安机关是网络安全的法定主管部门，承担网络攻击现场、紧急报警的受理职责，如网络攻击情况紧急，可立即拨打“110”报警电话。

---

① 张国微：《遏制黑客网络犯罪应当“堵”“疏”结合》，载《人民法院报》2019 年 12 月 3 日，第 6 版。

（五）司法执行

司法是公平正义的最后一道防线，也是防范网络攻击行为最具威慑力的武器。只有在司法上落实违法犯罪的责任追究才能发挥《网络安全法》对于危害网络安全行为的约束、惩治功能，在打击消灭网络违法犯罪行为的同时，也可威慑、教育潜在的攻击者，起到一般预防的效果。

网络攻击不再是新生的、零星的犯罪行为，而已经成为对于个人、社会和国家安全大规模的、长期存在的威胁。个案执法无法扑灭的燎原之火，需要一场场专项行动进行集中式的扑灭。专项执法不仅有利于凝聚共识、提高执法人员以及社会公众的重视程度，执法过程中亦能整合多机关、多部门和社会资源共同探索有效的路径，为常态化执法积累经验、培养办案专业人才。① 2017年，面对高发的侵犯公民个人信息犯罪，公安部部署开展了打击整治黑客攻击破坏和网络侵犯公民个人信息犯罪专项行动，并取得阶段性成果。② 在“净网2019”专项行动期间，通过 CNCERT 对攻击资源的持续监测跟踪以及中央网信办、公安部的集群战役打击，多个大规模攻击团伙被清理，境内 DDoS 攻击控制端环比下降 30%，参与攻击信息系统环比下降 41%，境内 DDoS 攻击犯罪态势得到明显遏制。③

专项执法可以在一段时期内保持严打高压态势，是当下行之有效的应急之策。但从长远来看，网络攻击的迭代能力走在司法前面，网络黑灰产业链具有的很强的可替代性和修复能力也使之很容易死灰复燃。要长久地压制网络攻击的势头，司法在网络攻击黑灰产上进行全方位、全链条的规制才有意义。第一，通过民事、行政、刑事诉讼等多种手段对不同层次的网络攻击行为进行打击。我国过去对网络攻击的打击忽视民事、行政打击的力量，导致商业竞争视野的网络攻击得不到有效规制，大量网络黑灰产特别是灰产行为逍遥法外。互

---

① 参见刘为军、芦天亮：《论技术勒索的综合治理》，载《山东警察学院学报》2017年第3期。

② 王旭东：《公安部：打击整治黑客攻击破坏和网络侵犯公民个人信息犯罪专项行动取得阶段性战果 四个月侦破案件1800余起 抓获犯罪嫌疑人4800余名》，载《中国防伪报道》2017年第8期。

③ 中国互联网络信息中心（CNNIC）：第44次《中国互联网络发展状况统计报告》，载中国网信网：http：//www. cac. gov. cn/2019zt/44/index. htm，最后访问日期：2019年8月30日。

联网平台在遭遇网络黑灰产攻击时多求助于司法手段，通过民事手段发起不正当竞争诉讼或侵权诉讼应成为共识。腾讯公司已迈出了这一步。2019 年 8 月腾讯公司连续发起四起诉讼，矛头直指“群控”黑灰产源头，并于此后发布了“南极光计划”，通过民事诉讼、行政查处打击网络黑灰产。第二，对网络攻击产业链进行全链条的打击。网络黑产犯罪已形成分工明确的上、下游黑产链条，而为各类网络黑产提供支撑的供给链也划分出物料、流量和支付三大要件。① 除了直接攻击行为，前端的攻击工具研发、传播以及末端的虚拟资产套现、分成亦应成为执法机关打击的要务。“技术中立”的抗辩不应成为网络攻击技术工具提供者逃避法律制裁的理由，刑法防线的前移已经扩大到网络犯罪帮助行为，产业链源头的攻击工具提供者以及下游为网络攻击提供支付结算服务的人员，都将成为司法追究的对象。针对网络攻击全链条进行监管、打击、治理，及时斩断利益链条，才能斩草除根，防止网络黑产“春风吹又生”。

网络攻击已成为全球性的挑战，没有一个国家能独善其身。网络黑产、黑客犯罪对网络空间的侵蚀日益加剧，没有一个网络主体能够置身事外。我国作为网络攻击主要受害国之一，网络攻击治理刻不容缓。网络攻防是一场高科技的较量，知己知彼，才能百战不殆。深入分析了解网络攻击的攻击机理、攻击类型、存在形式和深层原因，才能在网络攻防战中占据有利地位，精研武器与战术，全方位、主动出击。习近平总书记在网络安全和信息化工作座谈会上提道，“网络安全的本质在对抗，对抗的本质在攻防两端能力较量”,② 网络攻击的治理需要防治结合，不仅要对攻击端进行源头治理，也要加强防御端管理和建设；不仅需要事后惩治，更需要过程监管；不仅需要专项打击，也需要综合治理；不仅需要行政主管，更提倡公私合作、社会共治。网络攻击魔高一尺，法治建设道高一丈。让综合治理、体系化治理成为网络攻击规制的源头活水，才能实现网络空间的清如明镜、长治久安。

---

① 操秀英：《网络黑产“魔高一尺”严刑重典才能“道高一丈”》，载《科技日报》2019 年 12 月 31 日，第 4 版。

② 习近平：《在网络安全和信息化工作座谈会上的讲话》，载新华网：http：//www. xinhuanet. com/zgjx/2016-04/26/c_135312437. htm，最后访问日期：2016 年 4 月 19 日。

第九章 总体国家安全观视野下网络泄密的法律治理

自网络诞生以来，通过网络发生的泄密现象就一直存在。最典型的网络泄密对象是理论上应当与互联网物理隔离的国家秘密和广泛聚集在各类网络平台上的公、私用户数据。近年来，网络泄密情势十分严峻。国家数据安全是网络安全的重要组成部分，直接关系国家安全、经济社会稳定运行和广大人民群众利益。贯彻总体国家安全观，有效解决网络泄密问题，要求我们坚持立足于防，增强忧患意识、防范风险挑战，加大从日常安全到打击犯罪的网络法律治理力度。对于国家秘密泄露问题，应当以维护重点领域国家安全为目标，在现有法律治理体系之上，充分发挥刑法的犯罪预防作用，切实防范引起核心国家秘密泄露的内部重大风险。对于网络平台数据泄露问题，应当统筹发展和安全，从合理控制网络平台犯罪收益和成本两方面入手，塑造有利于经济社会发展的网络安全环境。

当今世界，信息技术革命日新月异，对国际政治、经济、文化、社会、军事等领域发展产生了深刻影响。信息化和经济全球化相互促进，互联网已经融入社会生活方方面面，深刻改变了人们的生产和生活方式。我们对互联网的依赖越来越深，可是互联网给我们的回报并非都是善意的。美国前总统奥巴马曾经指出：网络安全风险造成了 21 世纪最严重的经济和国家安全挑战。有数据表明，“所有与网络相关的事物”之后的惊人数字证明了网络威胁的规模和范围，97%的世界 500 强企业已经被黑客攻击（剩余 3%可能也已被攻击，只是不知道而已）。而黑客们实施的网络攻击，重点在保密性攻击，其目的主要是为了侵入计算机网络以监视和提取系统和用户信息。① 这些信息，主要包括与互联网物理隔离的国家秘密和广泛聚集在各类网络平台上的公、私用户数据。

没有网络安全就没有国家安全，就没有经济社会的稳定运行，广大人民群众的利益也难以得到保障。总体国家安全观要求我们坚持立足于防，增强忧患意识、防范风险挑战，特别要维护重点领域国家安全，加大从日常安全到打击犯罪的网络法律治理力度。② 本章拟从防范网络泄密风险角度入手，对网络安全语境下的国家秘密泄露和网络平台数据泄露问题进行预防性治理研究。

一、国家秘密视野下的网络泄密

伴随着信息革命的飞速发展，互联网、通信网、计算机系统、自动化控制系统、数字设备及其承载的应用、服务和数据等组成的网络空间，正在全面改变人们的生产生活方式，深刻影响着人类社会历史发展进程。我国正处在这个大潮之中，受到的影响越来越深。③ 但是，网络空间在给人类带来便利的同时，也打开了“潘多拉魔盒”，释放出“飘过世纪的乌云”。网络安全形势日益严峻，国家政治、经济、文化、社会、国防安全及公民在网络空间的合法权益面临严峻风险与挑战。各类层出不穷的网络安全问题，涉及国家秘密信息和网络平台数据的网络泄密危害不容小觑。

（一）保密维度下的网络安全

所谓“网络安全，是指通过采取必要措施，防范对网络的攻击、侵入、干扰、破坏和非法使用以及意外事故，使网络处于稳定可靠运行的状态，以及保障网络数据的完整性、保密性、可用性的能力”。④ 进入新时代，以互联网为代表的新兴技术日新月异，对人类社会的发展进程产生了深刻影响。同时，网络安全

---

① ［美］P. W. Singer、Allan Friedman 著：《网络安全——输不起的互联网战争》，电子工业出版社 2015 年版，第 136 页。

② 中共中央宣传部：《习近平新时代中国特色社会主义思想学习纲要》，学习出版社、人民出版社 2019 年版，第 182~183 页。

③ 《中央网络安全和信息化领导小组第一次会议召开 习近平发表重要讲话》，载中华人民共和国国家互联网信息办公室网：http：//www. cac. gov. cn/2014-02/27/c _ 133148354. htm，最后访问日期：2020 年 4 月 25 日。

④ 《中华人民共和国网络安全法》第七十六条。

问题也相伴而生，网络监听、网络攻击、网络恐怖主义活动等成为全球公害。网络安全已经成为我国面临的最复杂、最现实、最严峻的非传统安全问题之一。

概言之，我国面临的网络安全问题主要包括：危害政治安全的网络渗透、威胁经济安全的网络攻击、侵蚀文化安全的网络有害信息、破坏社会安全的网络恐怖和违法犯罪，以及方兴未艾的网络空间国际竞争。① 这些网络安全问题中就包括严重危害国家政治安全、经济安全和用户信息安全的大规模网络监控、网络窃密。在2020年第五个“全民国家安全教育日”到来之际，国家安全部披露多起有关APT（Adavanced Persistent Threat，是指针对明确目标的持续的、复杂的网络攻击）窃密的案例。② 据介绍，近年来境外各类政府背景APT黑客组织不断加强对我国党政机关、国防军工、科研院所等核心要害单位的攻击活动，窃取大量重要敏感信息，攻击来源众多、频次和烈度日益增强，严重危害我国网络空间国家安全和利益。

与网络监控、网络窃密相对应的，或者说是由其引发的网络泄密问题，一直伴随着我国社会主义现代化进程，在保与泄、攻与防的斗争中层出不穷，同样严重危害国家政治安全、经济安全和用户信息安全。从网络泄密的对象来看，主要包括国家秘密和网络平台数据。对于前者的泄密问题，美国詹姆斯敦基金会在《中国简报》上发文曝光，“中国泄密问题层出不穷，七成由网络泄露外国”，全国人大内务司法委员会的一份调研报告予以了证实。③ 对于后者的泄密问题，多名美国学者指出，“我们生活在一个数据驱动的世界里，数据的价值无可限量，因此，数据泄露能够造成显著的影响”，④ 以网络平台数据泄露为主的“网络犯罪的经济影响没有减缓”。⑤

（二）网络安全与国家秘密安全

所谓国家秘密，顾名思义，是随着国家的产生而产生的，由国家凭借其强

---

① 寿步主编：《网络安全法实务指南》，上海交通大学出版社2017年版，第4~5页。

② 周斌：《境外APT窃密势头猛烈威胁巨大需加强防御——国家安全部披露多起境外APT窃密案例》，载《法制日报》2020年4月15日，第2版。

③ 赵冬：《网络泄密的特点与防范》，载《保密工作》2011年第4期。

④ ［美］Aditya K Sood，Richard Enbody著：《定向网络攻击 由漏洞利用与恶意软件驱动的多阶段攻击》，孙宇军等译，国防工业出版社2016年版，第76页。

⑤ James Lewis，Economic Impact of Cybercrime—No Slowing Down.

制力确定并加以保护的秘密信息。“国之利器，不可以示人。”确保国家秘密安全至关重要。从公开的案例来看，国家秘密一旦泄露，对一国的国家安全和利益造成的危害不容小觑。2016 年央视“焦点访谈”报道的“黄宇间谍窃密案”，有关人士称，“黄宇在 10 年里向对方提供了大量机密情报，对我党政军核心要害部门的密码通信安全构成了重大威胁。这还是在和平时期，如果发生在战争时期，更要付出生命和鲜血的代价”。①

近年来，随着信息化的快速推进，计算机信息系统、网络通信设备等广泛应用于党政机关、国防、军工科研等各个领域，在极大提高记录、存储、处理、传输信息效率的同时，也增加了信息安全保密的难度。我国与政务活动、国家事务管理以及重大国防、科研项目有关的大量涉密资料在互联网上外泄，对我国政治、经济、军事、外交等多个方面带来不利影响，甚至一些重要战略计划和“杀手锏”武器关键技术被境内外敌对势力所掌握，给国家安全造成了巨大危害。

因网络安全问题引发的国家秘密泄露主要由三个方面的因素交织促成。一方面，境外敌对势力和情报机构将窃密矛头对准我党政机关、涉密单位，网络成为泄密的重灾区；另一方面，“互联网核心技术是我们最大的‘命门’，核心技术受制于人是我们最大的隐患”。同时，少数机关单位工作人员由于保密意识淡薄，在互联网上违规存储、处理、传输国家秘密信息，给窃密者以可乘之机。②

（三）网络安全与网络平台数据安全

网络平台是信息技术应用于商业社会之后的产物，③ 其兴起被视为“数字

---

① 《致命的密码 身边的“暗战”（一）》，视频载“央视网”：http：//tv. cctv. com/2016/04/18/VIDE36J37NoOySPeCa0lL2NM160418. shtml，最后访问日期：2020 年 4 月 18 日。

② 彭霖：《深入贯彻落实网络强国战略 筑牢党和国家秘密安全坚强防线》，载《保密工作》2019 年第 3 期。

③ 在不同语境下“网络平台”有多种不同含义，即便是在互联网环境下也没有一个统一的概念界定和类型划分。参见周学锋、李平著：《网络平台的法律责任与治理研究》，中国法制出版社 2018 年版，第 3 ~ 12 页。本书所称“网络平台”，既包括采全国人大常委会法制工作委员会刑法室在对《刑法修正案（九）》第二十八条作出说明时提出的“网络服务提供者”的范畴，即“通过计算机互联网、广播电视网、固定通信网、移动通信网等信息网络，向公众提供网络服务的机构和个人”，又涵盖通过互联网办公、经营，依托互联网建立、使用服务器等网络设备的机构。

革命”的三大标志性事件之一。① 网络平台的崛起一方面“极大地改变了我们的生产和生活，它以空前的力量将人们连接在一起，为我们展示了一种更为有效的组织形式”,② 另一方面也增大了“存储于计算机系统和全球数据网络中的数据面临着的安全风险”,③ 特别是近年来，与网络平台相关的大型数据泄露事件高发频发，引起社会广泛关注。④

网络平台数据泄露属于侵害计算机数据和计算机系统的保密性、完整性和可用性的犯罪范畴，是典型的网络犯罪。网络平台数据之所以会成为犯罪分子垂涎的重要目标，一方面与数据本身急剧膨胀的经济价值和社会价值密切相关，互联网中产生、流转的各类数据俨然成为信息时代最重要的生产要素，被视为“数据资产”“新兴财富”；另一方面与互联网的体系架构以及网络平台在网络社会所处地位密不可分。“网络空间首先构造了一个信息环境。它包括了数据的创建、存储及更为重要的是分享。”“对计算机目前只有三件事情可以做：窃取数据，窃取凭证和劫持资源。不幸的是，我们对信息系统的依赖意味着，一个熟练的攻击者可以通过做这些中的任何一个而造成很大的伤害。”⑤ 网络平台是“网络社会运作的关键单元”，“是广大社会公众进入网络社会的入口和享受各种网络服务的平台”,⑥ 提供整体性的平台架构和服务，互联网上的数据都通过各类网络平台构建、聚合、存储、处理和传输，“数据的集中和数据量的增大给产业链中的数据安全保护带来新的威胁，数据开始成为主要的攻击对象”,⑦ 犯罪分子紧紧抓住这个绝佳的机会，通过各种非授权或者是非正常授权的手段获取网络平台数据，很轻易地挖掘到一笔又一笔“数据

① See Andrew Mcafee, Erik Brynjolfsson, Machie, Platform, Crowd: Harnessing Our Digital Future, W. W. Norton& Company, 2017, p. 14.

② 叶逸群：《互联网平台责任：从监管到治理》，载《财经法学》2018 年第 5 期。

③ See Kaite Hafner& John Markoff, Cyberpunk 251 (1991).

④ See Department for Digital, Culture, Media and Sport, Cyber Security Breaches Survey 2018: Statistical Release.

⑤ ［美］P. W. Singer, Allan Friedman 著：《网络安全——输不起的互联网战争》，中国信息通信研究院译，电子工业出版社 2015 年版，第 89 页。

⑥ 陆旭：《网络服务提供者的刑事责任及展开——兼评〈刑法修正案（九）〉的相关规定》，载《法治研究》2015 年第 6 期。

⑦ 于志刚、李源粒：《大数据时代数据犯罪的制裁思路》，载《中国社会科学》2014 年第 10 期。

的金矿”。

二、总体国家安全观对网络泄密法律治理的统领

2014年4月15日，习近平总书记在中央国家安全委员会第一次会议上指出，增强忧患意识，做到居安思危，是我们治党治国必须始终坚持的一个重大原则。习总书记强调，当前我国国家安全内涵和外延比历史上任何时候都要丰富，时空领域比历史上任何时候都要宽广，内外因素比历史上任何时候都要复杂，必须坚持总体国家安全观，以人民安全为宗旨，以政治安全为根本，以经济安全为基础，以军事、文化、社会安全为保障，以促进国际安全为依托，走出一条中国特色国家安全道路。习近平总书记关于总体国家安全观的重要论述，是安全战略的宏观判断视角，也是安全工作的微观操作指南，对维护网络安全具有十分重要的指导意义，也为加强网络泄密的法律治理提供了重要指导。

（一）总体国家安全观的把握重点

习近平总书记关于总体国家安全观的重要论述，内外兼修、内涵广泛。概括而言，主要从以下四个方面理解和把握。

第一，国家安全是安邦定国的重要基石。国家安全是国家生存发展的基本前提。维护国家安全是全国各族人民根本利益所在。当前，我国面临复杂多变的安全和发展环境，维护国家安全的任务十分艰巨。以习近平同志为核心的党中央准确把握国家安全形势变化新特点新趋势，创造性提出总体国家安全观，强调做好国家安全工作的系统思维和方法，突出的是“大安全”理念。

第二，走出一条中国特色国家安全道路。坚持总体国家安全观，必须做到“六个坚持”：坚持统筹发展和安全两件大事；坚持人民安全、政治安全、国家利益至上的有机统一；坚持立足于防，又有效处置风险；坚持维护和塑造国家安全；坚持科学统筹；坚持党对国家安全工作的绝对领导。

第三，维护重点领域国家安全。维护重点领域国家安全是主阵地、主战场。全面贯彻落实总体国家安全观，要聚焦重点，抓纲带目，把确保政治安全作为首要任务，统筹推进国土安全、经济安全、社会安全、网络安全、外部安

全等各重点领域国家安全工作。

第四，增强忧患意识、防范风险挑战。当前，我国正处于一个大有可为的历史机遇期，但也面临多方面的风险。必须把防风险摆在突出位置，着力破解各种矛盾和问题，力争不出现重大风险或在出现重大风险时扛得住、过得去。预判风险所在是防范风险的前提，把握风险走向是谋求战略主动的关键。

网络安全属于总体国家安全观范畴，事关国家安全和国家发展，事关广大人民群众工作生活。网络安全威胁广泛多元、隐蔽性强，并与政治、经济、文化、社会、军事等领域威胁深度结合、相互激化。少数国家推行网络空间霸权，对他国的“监听行动甚至已经到了肆意妄为、无法无天的地步”。一些组织肆意窃取用户信息、交易数据、位置信息以及企业商业秘密，严重损害国家、企业和个人利益，影响社会和谐稳定。对此，党的十八届四中全会提出，要加强互联网领域立法，依法强化破坏网络安全等重点问题治理。①

（二）网络环境下国家秘密泄露的主要特征

随着互联网的规模、功能扩展和广泛应用，② 进入数字化网络空间的人越来越多，传统环境下的文字、图片和声音也以数据的形式汇入互联网，人类社会的活动内容和行为方式发生了巨大改变，国家秘密的存在、运行和保护方式遭受巨大冲击，国家秘密面临的威胁前所未有！不仅来源复杂，既有来自外部的威胁，又有源于自身的疏漏，而且方式多样，网络攻击窃取、网上勾连出卖、网上散布泄露等以计算机、互联网及相关信息技术为手段的窃密花样招数层出不穷，导致泄密事件高发频发，严重危害网络环境下的国家秘密信息安全，给国家安全和利益造成巨大侵害。

---

① 《总体国家安全观干部读本》编委会：《总体国家安全观干部读本》，人民出版社2016年版，第147~153页。

② 本书拟研究秘密信息刑法保护所立足的互联网环境，是指以互联网（又称网际网络，或音译Internet为因特网、英特网）为技术基础，包括移动互联网、各类局域网、广域网以及各种接入终端、设备在内构成的宏观意义上的网络环境。这一网络环境的核心是互联网。

1. 网络泄密的风险极大

网络泄密的风险主要来自内外两方面。首先是外部威胁，让保密防不胜防。早在20世纪80年代初互联网还未普及之前，一位联邦调查局特工接受《纽约时报》采访时就这样描述过，“一些黑客每天花12个小时尝试黑进中情局或五角大楼的计算机，他们对于美国军方的系统极有兴趣”。即便是“以安全为首要目标的地方”——美国国防部计算机中的数据安全也不能幸免于类似“特洛伊木马”的恶意电脑病毒的威胁。① 20余年后我国同样面临上述一模一样的困境。据中国信息安全测评中心披露，目前境外有一大批黑客组织长期对我国境内的计算机实施持续网络攻击（APT），主要目标是我国的科研、政府和军事机构，以及工业、能源、商业等行业领域。② 境外情报机构对我实施的全方位、深层次互联网监控，目标直指我国家秘密。据斯诺登向德国《明镜》周刊提供的文件显示：多年来美国都在暗地里对中国实行大规模的网络进攻，攻击的目标不仅具体到中国领导人，还包括大量政府部门、银行、一大批高校和科研机构。③

同时，我国内部有关责任人员自身的疏漏以及机关、单位保密管理不善也是造成泄密的主要危险。有关责任人员往往意识不到泄密危险的存在，有意或者无意实施某些违规行为，自认为不会发生泄密事件，实际却已经发生。比如误将存有秘密信息的U盘插入互联网电脑，就有可能导致秘密信息的泄露，因为该互联网电脑中有“木马”，自动搜索出U盘中的秘密信息并复制、发送给释放“木马”的窃密者。事实上，内部危险也是由于前述外部危险的存在而导致的，如果没有外部窃密者（黑客）的“张网以待”，比如故意传播“木马”，故意扫描网络以发现联网计算机存在的“后门”，也不一定就会发生秘密泄露的结果。2008年美军中央司令部涉密网络遭到一个名为“agent. btz”的蠕虫病毒的全面感染，为此五角大楼花费了14个月时间清理这个蠕虫，而这一重大事故仅仅“始于一个被感染的闪存插入了美国一个中东基地的笔记本

---

① ［美］迈克尔·华纳（Michael Warner）著：《情报的兴衰——一部国际安全史》，黄日涵、邱培兵译，社会科学文献出版社2016年版，第218页。

② 中国信息安全测评中心著：《2016年度国家信息安全态势评估》，时事出版社2017年版，第22页。

③ 互联网新闻研究中心：《美国全球监听行动记录》，载《人民日报》2014年5月27日，第22版。

电脑”。① 事后美军方无奈地表示：“尽管由局内人从事的类似安全违规活动总是很危险，但令网络管理员更为担忧的，是那些匆匆忙忙、糊里糊涂绕过安全规定走捷径的忠诚雇员构成的威胁。”② 除此之外，自身的保密管理失察也容易酿成泄密大祸。美国国防部因担心恶意软件会破坏涉密网络的安全，就禁止了 USB 存储设备，并试图隔离互联网和安全网络，但并没有关闭可写 CD 驱动器。曼宁正是利用这一管理上的漏洞，将载有音乐的 CD 插入驱动器，然后使用机密数据文件覆盖音乐文件。正如他日后描述的当时情形：“我听到了，然后同步到 Lady Gaga 的音乐文件，而这可能是美国历史上最大的数据泄露。”③

2. 过失泄密占比较大，有禁不止、有令不行造成的泄密高发频发

根据国家保密局公开的信息显示，在网络上发生的泄露案件（事件），出于主观故意，通过互联网传递，主动出卖国家秘密者有之，但更多的是涉密人员严重违规造成的过失泄密案件（事件），并且屡禁不止。2008 年，国家保密局一份公开通报中称，2005 年全国发生的过失泄密事件占当年泄密事件总数的 58%，2006 年这一数字上升到 66. 7%。④ 随着信息化、电子政务的全面普及，近年来这一比例仍在提高。

过失泄密案件（事件）之所以高发频发，不外乎三种内因和两个外因。三种内因包括：一是平时习惯成自然，比如平时习惯使用 U 盘，也就顺手在涉密信息系统和互联网计算机之间交换信息（违反《保守国家秘密法》第

---

① “糖果投放”战术：2008 年，某外国情报机构将闪存驱动器扔在美军基地外的停车场，一名士兵在垃圾中看到了其中一个驱动器，把它捡起来，并认为把这驱动器插到美军中央司令部网络中的计算机上是一个好主意。该驱动器上载了一个名为“agent. btz”的蠕虫，这个蠕虫会扫描计算机以获取其数据，创建后门，并连接到命令和控制服务器。参见［美］P. W. Singer，Allan Friedman 著：《网络安全——输不起的互联网战争》，中国信息通信研究院译，电子工业出版社 2015 年版。

② ［美］迈克尔·华纳（Michael Warner）著：《情报的兴衰——一部国际安全史》，黄日涵、邱培兵译，社会科学文献出版 2016 年版，第 277 页。

③ 曼宁，全名布拉德利·爱德华·曼宁（Bradley Edward Manning），美国陆军士兵。他在服务美国陆军第 10 山地师派驻伊拉克期间，利用职务之便，非法下载了 25 万份美国政府的机密资料，转交给“维基解密”网站。参见［美］P. W. Singer，Allan Friedman 著：《网络安全——输不起的互联网战争》，中国信息通信研究院译，电子工业出版社 2015 年版。

④ 保密法制论坛文集编委会编：《保密法制论坛文集（2008）》，金城出版社 2008 年版，第 368 页。

二十四条第二项）；再如有些涉密人员喜欢搜集工作中的资料，如好的文章、素材，对涉密信息也一并打包保存在个人移动硬盘上（违反《保守国家秘密法》第二十六条第一款）。二是无知无畏蛮着干，明知道不能用QQ、微信传递国家秘密文件，却硬要抱着侥幸心理把纸质文件用手机拍成照片后在群里传递（违反《保守国家秘密法》第二十六条第二款）。三是疏忽大意惹麻烦，比如在手机通话时谈论国家秘密信息（违反《保守国家秘密法》第二十六条第三款），误将报废的涉密计算机当作普通计算机上网使用（违反《保守国家秘密法》第二十四条第五项）。两个外因：一是部分机关、单位日常保密教育不落实，涉密人员保密意识不够强，对互联网环境下窃密泄密的形势认识不到位；二是部分机关、单位对发生过失泄密事件的相关责任人处罚不够及时，措施不够严厉，以致不能起到“以儆效尤”的效果，类似案件（事件）反复发生。

3. 因网络攻击导致的泄密在区域、部门和人员上相对集中，重点突出

以美国为首的西方国家对我国窃密并非“漫天撒网”，乱搜一气，而是“有的放矢”，重点攻击，具有极强的针对性，表现为以下三个方面。

第一，地理上瞄准重点区域。2019年上半年我国受计算机恶意代码攻击的IP地址主要集中在江苏省、广东省、浙江省等地区。① 这些省份大多是我国经济、科技发达地区，以及沿海对外和内陆军事重点地区。

第二，行业上关注重点部门。政府网站和金融行业网站是不法分子攻击的重点目标，2016年，监测到境内82072个网站被植入后门，其中政府网站有2361个，占境内被植入后门网站的2.9%。向我国境内网站植入后门的IP地址有33049个位于境外，主要位于美国（13.8%）、中国香港（6.3%）和俄罗斯（3.8%）。② 黑客组织“影子经纪人”在2016年11月公布了一组曾受美国国家安全局网络攻击与控制的IP地址和域名数据，显示我国至少有12家能源、航空、电信等重要信息系统部门、2个政府部门信息中心和9所高校遭到

① 国家计算机网络应急技术处理协调中心：《2019年上半年我国互联网网络安全态势》，载中华人民共和国国家互联网信息办公室网：http：//www.cac.gov.cn/2019-08/13/c_1124871484.htm。

② 国家计算机网络应急技术处理协调中心著：《2016年中国互联网网络安全报告》，人民邮电出版社2017年版，第32页。

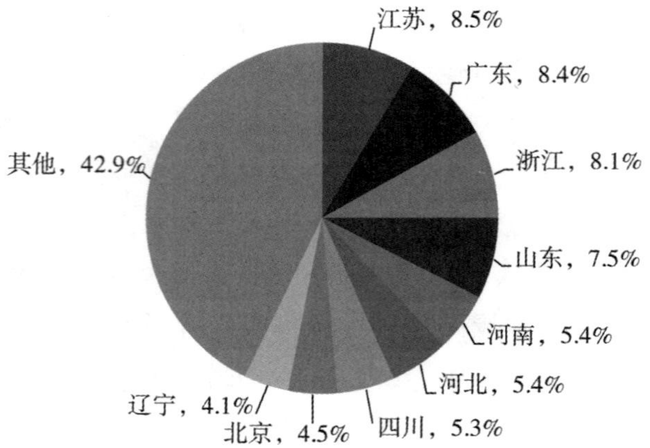

图 9-1　2019 年上半年我国受计算机恶意代码攻击的 IP 分布情况

（来源：国家计算机网络应急技术处理协调中心：《2019 年上半年我国互联网网络安全态势》）

过网络攻击。①

第三，对象上紧盯重点人员。从已公开的因网络攻击导致的过失泄露国家秘密案例中，这些过失泄密的行为人都是某些军工单位、研究院以及有关涉密单位的工作人员，正是他们使用的接入互联网的计算机终端遭到境外情报机构网络攻击，才导致他们违规在该终端上存储、处理的国家秘密信息被窃走。从技术角度看，境外情报机构盯上的并不是上述某个特定的行为人，而是上述行为人在其工作、生活的地域所使用的计算机终端登陆互联网所占的 IP 地址，这些 IP 地址所在的 IP 地址段在现实中是和上述行为人工作、生活的地域相关联的。② 因此，对象上盯紧重点人员本质上就是前述“地理上瞄准重点区域”和“行业上关注重点部门”，占绝大多数的重要军工单位和研究机构所在的网络位置正是境外情报机构网络攻击的重点，因为这里产生大量核心国家秘

① 国家计算机网络应急技术处理协调中心著：《2016 年中国互联网网络安全报告》，人民邮电出版社 2017 年版，第 32 页。

② 这种有针对性的网络攻击窃密类似于现实环境中的盗窃，盗贼往往重点关注高档小区住户，有重点地选取豪宅作为入户盗窃的目标，这样盗窃所得往往更加丰富。

密，① 他们“张网以待”，一旦有人违规将核心国家秘密直接或者间接拷贝到互联网终端，就“有鱼可捞”。

4. 国家秘密往往泄露于无形，难以及时发现

长期以来，境外情报机构对我实施全方位、深层次的网络监控和大规模的网络攻击。据斯诺登向德国《明镜》周刊提供的文件显示：多年来美国都在暗地里对中国实行大规模的网络进攻，攻击的目标不仅具体到中国领导人，还包括大量政府部门和大型私营企业，并且非法侵入主要电信公司，窃取用户在使用手机进行通信过程中产生的秘密数据。② 这些网络攻击手段十分隐蔽，比如攻击者经常使用鱼叉式网络钓鱼和伪造电子邮件，通过一些隐藏在内部的漏洞，触发下载恶意软件。假冒电子邮件的附件被打开时，将注入恶意软件，创造一个与外面的 Web 服务器通信的后门信道，而这个 Web 服务器已经被入侵，并在网页代码中隐藏了相关指令，以掩盖攻击者的踪迹，获取控制权直至获取目标信息。攻击者使用各种潜行方法将信息从被控目标中窃取出来并隐藏踪迹的踪迹，其中一种常见的方法就是通过在多个国家的中转站路由数据，类似于洗钱者，通过在世界各地的银行转移被盗资金。正因为如此，即便一些专门从事网络安全业务的公司也难以迅速准确地发现自己已经遭到网络攻击。一个典型例子是，2011 年美国防病毒公司迈克菲公布了该公司发现的一台受命令控制的伺服器，这台伺服器至少从 2006 年年中就开始为网络入侵者所用。迈克菲公司恢复了伺服器的活动日志，日志显示这一攻击已持续数年。

“木马”攻击窃密是当前网络窃密的主流方式之一，无论是普通的“黑客”还是境外情报机构，无一不对各种类型的窃密“木马”情有独钟。“摆渡”攻击是比较常见的“木马”攻击方式之一，也是针对隔离网络，利用移动存储设备从与互联网物理隔离的内部（涉密）计算机（网络）中窃取重要文件资料的主要途径之一。其基本步骤如下：（1）黑客首先攻击某涉密人员连接互联网的私人计算机，在该计算机中植入“木马”；（2）当该涉密人员在私人计算机上使用 U 盘拷贝资料时，“木马”将自身打包存储到 U 盘

① 郑祖轩：《境外特工设陷阱 单位职员中圈套 四川国家安全机关破获多起国防军工单位网络间谍案》，载《保密工作》2015 年第 10 期。

② 互联网新闻研究中心：《美国全球监听行动记录》，载《人民日报》2014 年 5 月 27 日，第 22 版。

内；(3) 该涉密人员将U盘插入内网计算机，“木马”将自身拷贝到内网计算机；(4) “木马”窃取内网计算机中的文件、资料并存储到U盘中；(5) 当该涉密人员再次将U盘插入到私人计算机上时，“木马”将从内网中窃取的文件、资料拷贝到私人计算机中；(6) 该涉密人员使用私人计算机上网时，涉密文件、资料通过互联网发送到“木马”程序中预留的电子邮箱中。除了“木马”攻击之外，社会工程攻击、拖库和撞库攻击也是较为常见的网络攻击窃密方式，窃密过程都非常隐蔽，在此不做详述。

5. 通过网络泄露的国家秘密数量往往较大

传统泄密（事件）案件中，涉案的大多是纸质文件、资料，这些纸质文件资料要么被窃、要么遗失，数量不会太大。如涉案文件数量较大的“吕某过失泄密案”中，吕某因保管文件柜看管不严，导致柜中存放的1份绝密文件、5份机密文件、23份秘密级文件丢失。但是在网络泄密（事件）案件中，通过互联网窃取或是失控的电子文件数量通常比传统泄密（事件）案件中的纸质文件、资料要大得多。严重的动辄成千上万份文件资料被窃、被泄，如“黄宇间谍案”，黄宇在近十年时间里，先后向境外间谍机关提供15万余份资料，其中绝密级国家秘密90项，机密级国家秘密292项，秘密级国家秘密1674项，这些文件资料要么是其离职前私自拷贝留存的，要么是偷偷从其妻子、姐夫电脑中复制的，要么是窃取原单位同事电脑中的。再如“维基揭秘”事件中，曼宁用光盘从美国国防部涉密网络SIPR Net中下载、复制了25万余份美国政府的涉密文件资料，转交给“维基揭秘”网站公开发布。一般情况下，与互联网、计算机相关的泄密案件（事件）中，涉案的文件、资料数量也在至少近百份，如后文列举的“王某案”“董某案”“杨某案”。

（三）网络平台数据泄露的主要特征

表9-1收集了我国发生的5起网络平台数据泄露案件和2017—2018年境外发生的8起大规模网络平台数据泄露事件（其中“德国大型数据泄露事件”已被德国联邦刑警局BKA定性为犯罪），① 经过分析概括出如下特征。

---

① 本书采用贝克尔犯罪经济学的观点，在分析研究时将“犯罪”进行泛化，并不局限于刑法规定的犯罪，而是包括所有的违法行为。参见［美］加里·S. 贝克尔著：《人类行为的经济学分析》，王业宇、陈琪译，格致出版社等2014年版，第42页。

表 9-1　　国内外大型网络平台数据泄露事件（案件）基本情况

案(事)件名	犯罪对象	犯罪主体	行为方式
CSDN 网站用户信息泄露案①	600 余万个明文注册邮箱账号和密码	犯罪嫌疑人曾某	非法侵入 CSDN 网站用户数据库服务器
12306 数据泄露案②	12306 官方网站用户登录账号、密码、信用卡信息、购买记录、常用联系人的电话及身份证号，不少于 131653 条	犯罪嫌疑人蒋某某、施某某	通过收集互联网某游戏网站以及其他多个网站泄露的用户名加密码信息，尝试登陆其他网站进行“撞库”，非法获取用户的其他信息
勾结前同事下载客户数据售卖换钱案③	北京某科技有限公司内部管理开发系统中储存的电子数据，涉及 600 余家客户、4000 余份数据报告	该公司女职员龚某、前职员卫某某及其商业合作伙伴薛某	卫某某利用龚某提供的账号、密码、Token 令牌，违反规定多次在异地登录该大型网络公司内部管理开发系统，查询、下载系统中储存的电子数据
华住数据泄露案④	1.23 亿条华住官网注册资料、1.3 亿酒店入住登记身份信息、2.4 亿条酒店开房记录	犯罪嫌疑人刘某某	利用黑客手段窃取华住集团旗下酒店数据
瑞智华胜数据窃取案⑤	30 亿条用户数据	新三板公司瑞智华胜	将自主编写的恶意程序放在运营商内部的服务器上，自动对用户流量进行清洗，采集并导出用户 cookie、访问记录等关键数据

① CSDN 网站数据泄露案告破 5 名犯罪嫌疑人被刑拘，载腾讯新闻网：https：//news. qq. com/a/20120321/000091. htm，最后访问日期：2020 年 4 月 12 日。

② 12306 泄密犯罪嫌疑人已被抓 勿用第三方软件购票，载青岛日报网：http：//www. dailyqd. com/2014-12/26/content_189992. htm，最后访问日期：2020 年 2 月 12 日。

③ “内鬼”频频泄露客户信息，谁该为失控的数据负责，载澎湃新闻网：https：//www. thepaper. cn/newsDetail_forward_1865360，最后访问日期：2020 年 4 月 12 日。

④ 华住数据泄露案犯罪嫌疑人被抓 检察机关提前介入，载中国新闻网：http：//www. chinanews. com/sh/2018/09-20/8632429. shtml，最后访问日期：2020 年 4 月 12 日。

⑤ 30 亿条用户信息被盗 新三板公司瑞智华胜成背后源头，载凤凰网：http：//gd. ifeng. com/a/20180821/6821017_0. shtml，最后访问日期 2020 年 4 月 12 日。

续表

案(事)件名	犯罪对象	犯罪主体	行为方式
德国大型数据泄露事件（案）①	包括默克尔在内的数百名政界人士、名人和记者的财务信息、电话号码、照片和通信记录	一名 20 岁的德国男子	以不同方式攻击许多个人账号，并收集之前其他黑客攻破的数据，将其与自己捕获的信息进行整合而得（未确定）
Facebook 用户数据泄露事件	5000 万 Facebook 用户的个人资料数据	Cambridge Analytica	运用剑桥大学心理学教授 Aleksandr Kogan 开发的性格测试应用“thisismydigitallife”，在 Facebook 上获得 5000 万名用户个人数据创建档案
Uber 大规模数据泄露事件	5000 万名乘客的姓名、电子邮件和电话号码，以及约 60 万名美国司机的姓名和驾照号码	两名不知名黑客	通过外部代码托管网站 GitHub 获得了 Uber 工程师在 AWS 上的账号和密码，登录 AWS 盗取数据
美国信用机构 Equifax 用户数据泄露事件	大约 1.43 亿名用户数据，包括社保号码、生日、地址、信用卡信息等	不知名黑客	利用网站的应用漏洞来获取数据
南非 Dracore Data Sciences 数据泄露事件	包括南非总统祖玛在内的 3160 万份用户的个人资料	不知名黑客	访问该企业的 GoVault 平台发布用户数据的一台完全未经保护的 Web 服务器来获取数据
Ticketfly 数据泄露事件	2700 万个 Ticketfly 账户相关信息（如姓名、家庭住址、电子邮箱地址和电话号码等，涉及员工和用户）	黑客 IsHaKdZ	漏洞攻击

① 德国大规模数据泄露事件疑为“带有政治倾向的攻击”，载百家号网：https://baijiahao.baidu.com/s? id=1622133598787753724&wfr=spider&for=pc，最后访问日期：2020 年 4 月 12 日。

续表

案(事)件名	犯罪对象	犯罪主体	行为方式
Under Armour 用户信息泄露事件	1.5 亿名用户的数据，包含用户名、电子邮件地址和密码	不知名黑客	攻击该公司旗下存在数据漏洞的健身应用 MyFitnessPal
Saks 和 Lord & Taylor 数据泄露事件	500 万张被盗信用卡和借记卡的数据	JokerStash 黑客集团	系统入侵
万豪喜达屋客户信息泄露事件	大约 5 亿客户的用户信息，包括用户的姓名、住址、电话号码、电子邮件地址、护照号码、信用卡等所有核心的信息	不知名黑客	网络入侵喜达屋酒店预订系统

1. 犯罪对象：以网络平台用户个人信息为主，数据量极大且绝大多数未经加密

从表 9-1 所列的 14 例网络平台数据泄露案件的犯罪对象属性来看，涉案的网络平台数据主要是与网络平台业务运营相关的用户个人信息。这些数据主要是用户在使用网络平台提供的各种服务时主动提供的个人信息，比如姓名、家庭住址、电子邮箱地址、电话号码、身份证号码和信用卡相关信息；当然，也有一部分信息是用户被动留下的，如“瑞智华胜数据窃取案”中恶意程序自动清洗用户流量而获取的用户 cookie、访问记录等。用户个人信息泄露在域外又被称为“用户身份盗窃”，自 2013 年金雅拓首次开始追踪数据泄露事件至今，有关用户身份盗窃的记录占所有被盗记录的 87%以上，比如 2018 年发生的 Facebook 和 Twitter 事件，泄露的个人数据条数分别超过 22 亿条和 3.36 亿条。除了用户个人信息外，网络平台的财务数据也是泄露的大头，仅 2018 年上半年泄露条数就高达 3.59 亿条。① 从安全性上来看，这些数据绝大多数未经过加密，或者仅是简单加密。国外有研究报告称，近年来网络平台泄露的数据只有不到 1%的经过加密。Varonis 发布的《2018 年全球数据风险报告》

① Varonis, 2018 Data Breach Investigations Report, https://info.varonis.com/hubfs/2018%20Varonis%20Global%20Data%20Risk%20Report.pdf.

分析发现，包括信用卡信息以及健康记录等在内的62亿份文件中，有高达21%的文件是不受任何安全保护的开放文档，可供任何人访问。①

2. 犯罪主体：以匿名“黑客”为主，还包括一些网络平台内部工作人员

国外有关机构对网络平台数据泄露的犯罪主体组成情况进行了调查研究，得出的结论是：外部人员是数据泄露的罪魁祸首，占比75%，另外25%则是内部人员。② 表9-1所列的14例网络平台数据泄露案件所反映的完全印证了这一结论。以“黑客”为犯罪主体的案件数量达到11起，其中匿名“黑客”作案6起，他们攻击网络平台获取数据都是出于恶意目的。另外2起案件则分别是由内部员工（“勾结前同事下载客户数据售卖换钱案”）或与公司有合作关系的“裙带机构”（“Facebook用户数据泄露事件”）引发的，他们故意泄露网络平台数据的犯意也是恶意的。前述国外机构调研结果还显示，内部人员造成的数据泄露事件有五成以上（56%）是出于故意，比如报复或者是非法利用，其他情况则是由于疏忽等过失原因导致的。③

3. 犯罪方式：因不同犯罪主体而异，“黑客”主要是通过互联网发起网络攻击，内部人员更多的是违规操作窃密

前述国外有关机构对网络平台数据泄露的犯罪方式进行了调查研究，发现“黑客”通常采取“恶意手段”，这些“恶意手段”几乎包括了所有常见的网络攻击方式，比如恶意软件、Web攻击、拒绝服务、钓鱼和社会工程、恶意代码、勒索软件、僵尸网络。④ 表9-1所列的11起“黑客”作案的网络平台数据泄露案件，他们采取的手段正是一般“黑客”惯用的网络攻击方式，如“12306数据泄露案”蒋某某、施某某使用的“撞库”攻击（属于典型的社会工程），“瑞智华胜数据窃取案”瑞智华胜使用的恶意程序攻击，“Uber大规模数据泄露事件”两名不知名“黑客”使用的非授权登录、“美国信用机构

---

① Varonis，2018 Data Breach Investigations Report，https：//info. varonis. com/hubfs/2018%20Varonis%20Global%20Data%20Risk%20Report. pdf.

② Clare Ward，Nilesh Pritam. Cyber Espionage and Ransom Ware Attacks Are on the Increase Warns the Verizon 2017 Data Breach Investigations Report，2017. 04. 27.

③ Varonis. 2018 Data Breach Investigations Report，https：//info. varonis. com/hubfs/2018%20Varonis%20Global%20Data%20Risk%20Report. pdf.

④ Ponemon Institute，2017 Cost OF Cyber Crime Study-Ineights on the Security Inves Tments，https：//www. accenture. com/t20171006T095146Z__w__/us-en/_acnmedia/PDF-62/Accenture-2017CostCybercrime-US-FINAL. pdf#zoom=50.

Equifax 用户数据泄露事件”等 6 起案件“黑客”使用的漏洞攻击。而内部人员往往以合法授权的方式非法窃取数据，这属于典型的监守自盗，或是将自身掌握的账号、密码、令牌等交由外部人员使用，非法登录授权访问网络平台的信息系统来获取数据。“勾结前同事下载客户数据售卖换钱案”龚某的犯罪方式就属于后一种，她把自己的账号、密码、Token 令牌提供给卫某某，以便卫某某非法登录公司后台系统盗取数据。

4. 犯罪结果：给网络平台和数据主体造成经济等方面的重大损失，违法者自身获取经济等方面的巨大利益

如图 9-2 所示，网络平台数据泄露事件会引起四种不同结果。这四种结果既有可能是单独发生，也有可能是在同一犯罪链条上前后相继发生。

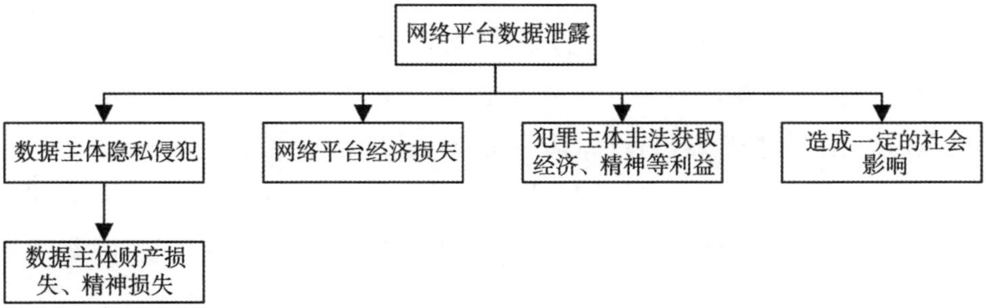

图 9-2　网络平台数据泄露造成的犯罪结果

一是直接侵犯数据主体的隐私权，进而造成数据主体的财产损失或者精神损失。比如“万豪喜达屋客户信息泄露事件”中的违法人利用泄露的数据伪造、盗用客户的信用卡。

二是导致网络平台遭受重大经济损失。比如“Facebook 数据泄露事件”曝光第二天（2018 年 3 月 19 日），Facebook 股价就大跌 7%，市值缩水 360 多亿美元。“万豪喜达屋客户数据泄露事件”发生后，众多消费者向万豪提起诉讼，索赔金额高达 125 亿美元。“Uber 大规模数据泄露事件”令 Uber 不得不支付 1. 48 亿美元给美国各州，以求事件和解。

三是违法主体自身获取经济利益、精神利益。第一种情况是犯罪主体直接销售牟利。表 9-1 案件中有 4 起案件的违法人在非法获取网络平台数据后直接销售以换取金钱，比如“勾结前同事下载客户数据售卖换钱案”中犯罪嫌疑人薛某通过 QQ 群寻找买家，将非法获取的客户数据出卖获利 3.7 万元；“华住数据泄露案”中犯罪嫌疑人刘某某在境外网站兜售泄露数据（未遂）；“Saks 和 Lord &Taylor 数据泄露事件”中黑客集团在暗网出售数据。第二种情况是犯罪主体向网络平台敲诈勒索。表 9-1 案件中有 3 起案件的违法人利用数据泄露事件向拥有数据的网络平台进行敲诈勒索，比如“Uber 大规模数据泄露事件”中 Uber 公司被迫向黑客支付 10 万美元以换取数据的安全；“Saks 和 Lord &Taylor 数据泄露事件”中黑客警告 Ticketfly 并要求其支付赎金。第三种情况是将泄露的数据作为犯罪工具继续从事其他犯罪。“瑞智华胜数据窃取案”中犯罪嫌疑人利用非法窃取的 30 亿条用户数据，操控用户账号进行微博、微信、QQ、抖音等社交平台的加粉、刷量、加群、违规推广，非法获利，旗下一家公司一年营收就超过 3000 万元。

四是造成一定的社会影响。表 9-1 案件中有 5 起案件的违法人利用泄露的数据制造各类不良影响，其中典型的是“德国大型数据泄露事件”和“Facebook 用户数据泄露事件”。前一案中违法者正是通过数据泄露发起“一次带有政治倾向的攻击，就是想让人名誉扫地”；后一案中违法者利用在 Facebook 上获得的 5000 万名用户的个人资料数据，来创建档案，并在 2016 美国总统大选期间针对这些人进行定向宣传，直接影响了大选进程。

（四）总体国家安全观指导下网络泄密法律治理的基本原则

在总体国家安全观指导下坚持依法治网，重点是适时对现行法律作出修订和解释，使之适用于网络空间；同时要加快构建法律规范、行政监管、行业自律、技术保障、公众监督、社会教育相结合的网络治理体系，健全网络违法犯罪防范和打击等机制。① 网络泄密是产生于新技术条件下的一种严重危害网络安全的复杂行为。要有效预防和打击网络泄密，必须在维持现有国家秘密和网络平台数据法律治理体系稳定性的基础上，形成从技术到内容、从日常管理到打击犯罪的法律治理合力，最大限度降低网络泄密的发生概率，切实保护国家秘密和网络平台数据安全。

---

① 《总体国家安全观干部读本》编委会：《总体国家安全观干部读本》，人民出版社 2016 年版，第 153 页。

一要确保重点。总体国家安全观强调，维护重点领域国家安全是主阵地、主战场。全面贯彻落实总体国家安全观，要聚焦重点，抓纲带目，把确保整治安全作为首要任务，统筹推进国土安全、经济安全、社会安全、网络安全、外部安全等各重点领域国家安全工作。这些重点领域产生的国家秘密是法律保护的重中之重。从前文形势分析可以看出，境外情报机构对我国实施的并非无差别网络攻击，而是区分区域、区分部门、区分对象的，重要党政军部门是其攻击窃密的重点。显而易见，境外情报机构窃密的重点领域正是产生国家秘密的重点领域，也是总体国家安全观强调要维护国家安全的重点领域。我国现有保密法律体系对国家秘密实施的是无差别保护，亦即对不同领域的国家秘密实施统一的保护，或者说是适用《保守国家秘密法》保护所有被确定为“国家秘密”的国家秘密，这种保护不仅要体现在形式上，而且要体现在力度上。在现有《保守国家秘密法》统一保护国家秘密的基础上，本书建议在《刑法》中对国家秘密予以区别保护，这样既能确保涉及多部门、多行业、多领域的《保守国家秘密法》在大的形式上不至于作过多修改，同时又能达到突出重点、抓好关键、管住核心的目的，确保重点领域和重要方面的核心国家秘密安全。《刑法》的任务是保护国家和人民的利益，包括国家安全，社会主义的经济基础，公民的人身权利、民主权利和其他权利，以及维护社会秩序四个方面，① 利用《刑法》保护国家秘密的安全具有利益上的一致性。

二要防范风险。习近平总书记强调，要增强忧患意识，做到居安思危，全面认识和有力应对一些重大风险挑战。网络安全方面最大的风险，是没有意识到风险。从外部看，当前国际国内形势继续发生深刻变化，国际局势异常复杂，网络安全保密形势十分严峻。随着互联网的快速普及，“脚本小子”、黑客组织、情报机构粉墨登场、层出不穷，蠕虫、木马、“僵尸”、APT 大量涌现、花样迭出，维基揭秘、棱镜门、希拉里邮件门等重大网络安全事件不断爆发，影响重大，网络空间波诡云谲、谍影重重。特别是近年来大数据、云计算、物联网、移动互联、人工智能、量子计算与量子通信、空间互联网、区块

① 高铭暄、马克昌主编：《刑法学》，北京大学出版社、高等教育出版社 2011 年版，第 17~19 页。

链等新技术的迅猛发展，带来的泄密隐患风险随之激增。从内部看，一些机关单位和网络平台运营商安全保密管理制度不规范、不健全，个别人员敌情观念淡薄、防范意识不强，对于无孔不入的攻击、渗透、窃密活动缺乏足够的警惕性，在严格执行网络安全保密管理要求方面“打折扣”“搞变通”“怕麻烦”，在微信群发布敏感信息，利用互联网存储、处理涉密文件，擅自改变网络安全策略、破坏防护措施，泄密风险隐患很大。网络安全语境下治理网络泄密问题，要重视内外双重风险的防范，尽量周延地保护秘密信息。有鉴于此，在完善法律治理的方式和手段上，利用《刑法》保护秘密信息时，必须着眼于“打外”和“防内”两个层面，充分发挥预防犯罪的功能，防止侵犯秘密信息的危险转化为现实。① “打外”，就是加大对故意窃取秘密信息犯罪的防控打击力度，从犯罪经济学角度控制窃密者的犯罪成本，消减来自外部的窃密危险。“防内”，就是适当将过失泄露秘密信息或者过失引起秘密信息泄露危险的行为纳入《刑法》打击范畴，强调预防性，规范秘密信息权利人和委托保护人的行为，降低来自内部的泄密危险。

三要统筹兼顾。总体国家安全观强调，安全和发展是一体之两翼、驱动之双轮。发展是安全的基础。从适用法律的选择上，要统筹发展和安全两件大事，既不能为了保国家秘密和网络平台数据安全就加大法律治理，特别是刑法治理的力度，毕竟过度的保护会影响网络安全体系的有效运转，增加保护成本；又不能为了适应发展的快节奏而降低法律治理力度，轻纵一些严重违法违规行为。因此，在考虑利用刑法规制和打击网络泄密行为时应当力求利益平衡，兼顾好发展和安全的关系。为了实现这一目标，必须坚持法益保护的原则，② 对于国家秘密这类承载着国家安全和利益的特别重大法益的对象，应当坚持突出重点，予以特别保护。同时控制刑法打击圈，避免打击圈过大在某种程度上影响社会发展，既不“欠保护”，也不“过保护”。对于网络平台数据泄露则应以犯罪预防为主，将犯罪“看作是一种重要活动或‘产业’”，采取合理的犯罪控制措施让理性的违法者（犯罪人）在决定是否实施犯罪行为时，充分考虑并计算犯罪的收益和成本，权衡利弊得失，并最终决定是否犯罪以及

---

① 此处的“危险”并非刑法规范上的“危险”，而是泛指一切可以引起秘密信息泄露、造成危害后果的可能的客观因素。

② 张明楷著：《刑法学》，法律出版社 2016 年版，第 64~66 页。

采用何种方式来实施犯罪。①

三、积极预防引起核心国家秘密泄露的内部风险

我国法律十分重视对国家秘密泄露的治理。自 1988 年《保守国家秘密法》通过以来，我国逐步形成了一套相对完备的保密法律制度体系。这套法律制度体系以《宪法》为统领，以《保守国家秘密法》及《保守国家秘密法实施条例》为中心，以有关国家保密标准及规范性文件为支撑，② 在治理国家秘密泄密问题上发挥了重要作用。特别是在网络信息技术创新与运用迅猛发展的时代背景下，《保守国家秘密法》于 2010 年及时进行了修订，以"适应我国计算机信息系统、互联网快速发展与普及，涉密载体由纸介质为主转为以光电磁介质为主，保密工作重点由线下转到线上的新形势，创建有关计算机信息系统和互联网条件下的保密制度"，③ 对预防和打击通过网络发生的国家秘密泄露行为有较大帮助。

但是，网络泄密毕竟是与网络安全伴生的一个复杂问题，利用传统泄露国家秘密的法律治理体系难以全面应对、有效解决。遵循总体国家安全观的指导，本书建议以维护重点领域国家安全为目标，在现有法律治理体系之上，充分发挥《刑法》的犯罪预防作用，切实防范引起核心国家秘密泄露的内部重大风险。

（一）核心国家秘密重点保护的必要性分析

前文已述，境外情报机构对我实施的网络攻击窃密是在地理上瞄准重点区域、行业上关注重点部门、对象上紧盯重点人员的，由此造成的网络泄密所涉国家秘密也是属于相关重点领域的。按照总体国家安全观要求，要"维护重点领域国家安全"。在此语境下，要突出保护涉及国家安全重点领域的国家秘密，

---

① ［美］George B. Vold，Thomas J. Bernard，Jeffrey B. Snipes 著：《理论犯罪学》，方鹏译，中国政法出版社 2005 年版，第 57 页。

② 参见夏勇主编：《保密法学教程》，金城出版社 2013 年版，第 196~199 页。

③ 冯军：《在法治轨道上不断推进保密治理现代化——保密法 30 年的经验与启示》，载《保密工作》2018 年第 9 期。

同时也是网络泄密的重点对象。因此，在现有《保守国家秘密法》规定的七大领域国家秘密范畴基础上，采取区别保护的模式对国家秘密及有关秘密加以刑法保护非常有必要。

《保守国家秘密法》确立的十二字方针体现了我国保密工作的基本特点和规律。根据《保守国家秘密法》第四条规定，保密工作的方针是："积极防范、突出重点、依法管理"，其中"突出重点"就是要确保核心秘密的绝对安全，"把核心秘密作为重点加以保护"。① 尽管我国《保守国家秘密法》确立了重点保护核心秘密的方针，但到底什么是核心秘密却未能给出合理解释。2017 年出台的《军队机关公文处理工作条例》首次出现"绝密·核心"保密级别，② 在回应《保守国家秘密法》中"突出重点"的工作方针上迈出了一大步。但本书认为，这种处理方式仍然只是纵向上的"突出重点"，"绝密·核心"的密级还是和"绝密""机密""秘密"一起出现，只不过比"绝密"更高一层，泄露后造成的危害更严重一些。要真正实现"突出重点"，确保核心秘密的绝对安全，应当突出落实重点领域和重要方面的国家秘密保护，重点关注总体国家安全观提出的国家安全重点领域，特别是关系国家安全和利益更紧密的内政、国防、军事、外交等行业领域，严格把握秘密泄露后造成"全局性、战略性影响"的损害标准。

按照总体国家安全观的要求，政治安全是根本，政权安全、制度安全在首要位置，为国家安全提供根本政治保证。本书建议，将关系我国政治安全，特别是"关于军事部署、国防军工科研、武器装备高新技术等关系国家安全的国家秘密"，③ 作为核心国家秘密加以重点保护。核心国家秘密关系到国家战略威慑力量和战略防御能力的建设和加强，对于提高整体国防能力和军事战斗力，进而维护国家主权、领土完整、国家统一、政权巩固具有十分关键的作

---

① 国家保密局编写组编著：《〈中华人民共和国保守国家秘密法〉释义》，金城出版社 2010 年版，第 29 页。

② 《最新〈军队机关公文处理工作条例〉发布 首次出现"绝密·核心"保密级别》，载观察者网：http：//www. guancha. cn/military-affairs/2017_07_17_418493_s. shtml，最后访问日期：2018 年 2 月 28 日。

③ 皮勇、王启欣：《论信息化环境中核心国家秘密泄露危险的刑法规制》，载《江汉论坛》2015 年第 12 期。

用，是涉及国家安全领域中的“超绝密级”国家秘密。

此外，采取国家秘密区别保护的模式更能弥补现有刑法罪名体系的疏漏。我国现有国家秘密刑法保护体系有两个疏漏，一是将“泄露国家秘密罪”设置在第九章“渎职罪”中，二是将“非法获取国家秘密罪”和“非法持有国家绝密、机密文件、资料、物品罪”设置在第六章“妨害社会管理秩序罪”中。这种做法无视国家秘密泄露后会导致国家安全和利益受损这一“国家秘密”的构成要件，导致刑法中的罪责刑相适应的基本原则无法体现。根据该原则，刑法应当力求三个方面的相适应，即刑罚与犯罪性质相适应、刑罚与所犯罪行相适应、刑罚与犯罪人的人身危险性相适应。① 本书着重分析第一个疏漏引致的罪责刑失衡问题。

从点上来看，“泄露国家秘密信息罪”是典型的情节犯，《刑法》根据泄露国家秘密情节的不同设置了两档法定刑。而且对于“情节严重”，最高人民检察院司法解释确立了以所泄露的国家秘密密级和数量为主要因素的认定标准。但是上述两种手段即便合并使用仍然不能有效反映遭泄露的国家秘密关系国家安全和利益的重要程度与行为人应当承担的刑事责任之间的关联性，比如故意泄露一件某军工科研所关于潜艇隐身材料的绝密级国家秘密，② 按照现有《刑法》规定即使属于“情节特别严重的”也只能判处最高 7 年有期徒刑，而故意泄露两件某省级机关产生的有关行政事务的机密级国家秘密，即使也具有特别严重的情节，按照现有《刑法》规定也是判处 7 年以下有期徒刑，很显然，前一绝密级国家秘密关系国家安全的重要程度远超过后两件机密级国家秘密，但是行为人承担的刑事责任却是完全相同的，罪责刑明显失衡。

在司法实践已有案例显示这种罪责刑失衡的状况。“某研究院研究员杨某过失泄露国家秘密案”，杨某长期将涉密移动存储介质带回家使用，并将其中的涉密信息拷贝到连接互联网的个人电脑上处理，由于该计算机被黑客植入“木马”，导致大量涉密文件资料被窃，杨某被法院以“过失泄露国家秘密罪”

---

① 参见林亚刚著：《刑法学教义（总论）》，北京大学出版社 2017 年版，第 16~18 页。

② 《中国军工科研所发生重大泄密 潜艇资料被窃》，载《环球时报》2009 年 12 月 11 日。

判处3年有期徒刑。① 在另一起“某市发改委工作人员王某过失泄露国家秘密案”中，王某个人使用的计算机遭境外情报机构远程攻击，导致秘密级文件3份、机密级文件1份被窃，王某被法院以“过失泄露国家秘密罪”判处有期徒刑3年。② 由于涉密原因，本书和新闻报道一样不便描述前一案件的详情，但可以想象的是，某研究院产生的科研方面的国家秘密比某市发改委产生的国家秘密要重要得多，而且杨某泄露的国家秘密无论是密级还是数量都比王某泄露的国家秘密大得多、多得多，但杨某、王某二人却同责同刑，显然有违刑法的公平原则。

表9-2 **国内已公开的互联网环境下发生的过失泄露国家秘密案**

案发时间	泄密主体	泄密对象	泄密行为	判决情况
2008年1月	某涉密单位干部唐某	绝密级文件1份，机密级文件25份，秘密级文件51份	将涉密笔记本电脑进行数据删除和格式化后接入互联网，被境外情报机构植入特种木马并远程控制，将相关文件资料恢复后窃取	过失泄露国家秘密罪 有期徒刑2年6个月③
2008年1月	某研究院研究员杨某	绝密级文件1份，机密级文件6份，秘密级文件34份	长期将涉密移动存储介质带回家，连接个人电脑存储、处理涉密信息，并登录互联网，被植入木马病毒，窃取文件资料近百份	过失泄露国家秘密罪 有期徒刑3年④

① 《泄密类渎职犯罪渐增 部分科研人员成泄密案主角》，载中国新闻网：http：//www. chinanews. com/fz/2011/05-25/3067047. shtml，最后访问日期：2018年3月13日。

② 夏勇主编：《保密法学教程》，金城出版社2013年版，第251页。

③ 《保密技术防范常识（选登）》，载《保密科学技术》2010年第7期。

④ 《泄密类渎职犯罪渐增 部分科研人员成泄密案主角》，载中国新闻网：http：//www. chinanews. com/fz/2011/05-25/3067047. shtml，最后访问日期：2018年3月13日。

续表

案发时间	泄密主体	泄密对象	泄密行为	判决情况
2011年1月	某市发改委工作人员王某	秘密级文件3份，机密级文件1份；另失控秘密级文件8份，机密级文件6份	个人使用的计算机遭境外情报机构远程攻击，导致有关文件被窃	过失泄露国家秘密罪 有期徒刑3年①
2011年7月 — 2012年2月	某省教师李某	四篇文章的部分内容属秘密级或机密级军事秘密	将自己收集、整理、归纳、分析、判断写成的多篇涉及军事机密和军事秘密的文章在互联网上发表	犯过失泄露国家秘密罪免予处罚
不详	中科院某研究室副主任、研究员董某	机密级国家秘密8份，秘密级国家秘密15份	在个人计算机上存储、处理涉密信息并连接互联网，被境外间谍情报机构植入特种木马远程控制，窃取文件资料3161份	过失泄露国家秘密罪 具体结果不详②

从面上来看，现有刑法设置的有关罪名规定比较局限，无法对国家秘密进行充分的保护。这种局限的产生也是源于我国刑法对“国家秘密”的保护不加区分，直接表现为行为人所获罪刑的失衡。如“彭某过失泄露国家秘密案”中，彭某系某参与中国海军潜艇科研项目的军工科研所的科研人员，因其违规在工作电脑上存储大量军工科研项目的资料，该电脑又由于彭某违规连接互联网查阅电子邮件时误点了捆绑有某境外情报机构特制的间谍程序的电子邮件而“中毒”，导致包括潜艇隐身材料在内的国家秘密被窃。③ 尽管彭某泄露的潜艇

① 《保密技术防范常识（选登）》，载《保密科学技术》2010年第7期，第251~252页。

② 《泄密类渎职犯罪渐增 部分科研人员成泄密案主角》，载中国新闻网：http://www.chinanews.com/fz/2011/05-25/3067047.shtml，最后访问日期：2020年3月13日。

③ 《泄密类渎职犯罪渐增 部分科研人员成泄密案主角》，载中国新闻网：http://www.chinanews.com/fz/2011/05-25/3067047.shtml，最后访问日期：2018年3月13日。

隐身材料关系到国家重大战略工程，无论是造成的经济损失还是给国防安全带来的长远影响都难以估量，但是按照现有《刑法》规定，彭某的行为无法构成“为境外窃取、刺探、收买、非法提供国家秘密、情报罪”，该罪所规定的刑罚最高可判处死刑，而只能以“过失泄露国家秘密罪”论处，最高处以7年有期徒刑。这样两种截然不同的定罪量刑方式导致的罪刑不平衡更加暴露了我国刑法保护对“国家秘密”不加区分的缺点。

提出核心国家秘密的概念，并未突破我国刑法保护的国家秘密的范畴。范围上，核心国家秘密仍旧属于《保守国家秘密法》第九条所列的秘密事项。在密级确定上，核心国家秘密一般应当属于绝密级国家秘密，即“泄露会使国家安全和利益遭受特别严重的损害”的国家秘密。注意这里的“核心”非指国家秘密的密级，而是指国家秘密的所属领域。

（二）网络安全语境下核心国家秘密泄露危险及法律预防现状

2011年，美国前网络司令部司令基思·B. 亚历山大在向美国武装部队委员会提交的第一次美国网络安全态势报告中指出，“‘扬基鹿弹行动’颠覆了国防部网络没有处于危险之中的想法”。① 作为世界头号网络强国的美国尚且如此，处于发展中的我国面临的互联网环境下核心国家秘密泄露危险更加巨大。

1. 核心国家秘密泄露的危险

所谓核心国家秘密泄露危险，是指核心国家秘密所处的一种状态，这种状态下无法用现有的技术手段确认该国家秘密是否已经被窃走，或者说是否已经被他人所知悉，也就是类似上书介绍的“王某过失泄露国家秘密案”中无法查证的“失控文件”所处的状态。本书之所以强调核心国家秘密泄露危险，并不是否定一般国家秘密乃至工作秘密不会处于泄露危险状态，而是因为前文介绍的境外情报机构网络攻击凸显“行业上关注重点部门”的特点，综合后文要继续深入探讨的我国遭受网络攻击的现状，在这种严峻、复杂形势下，境外情报机构在互联网上有重点的“张网以待”，涉密人员操作上稍有不慎，只要使核心国家秘密一“触网”，就会引发失泄密的大祸。现实中，因互联网导致的国家秘密泄露事件呈现出愈演愈烈的情势，正如前文提到的，美国詹姆斯

---

① 基思·B·亚历山大：《美国赛博司令部司令：赛博空间战略环境相对严峻》，知远译，载搜狐网：http://mil.sohu.com/20110115/n279255832.shtml，最后访问日期：2018年3月1日。

敦基金会在《中国简报》上发文指出，“中国泄密问题层出不穷，七成由网络泄露外国”，对此，全国人大内务司法委员会的一份调研报告予以了证实。①

互联网环境下核心国家秘密泄露危险状态主要表现为保密措施失效，秘密信息失控，保密技术防护体系受到破坏。互联网环境下的保密措施主要是指针对涉密载体、涉密信息系统采取的技术保护措施，② 如按照国家保密规定和标准要求，采取身份鉴别、访问控制、安全审计、边界安全防护和信息流转控制等措施实施的涉密信息系统分级保护体系。③ 一旦上述措施中的某一项被破坏，如边界安全防护措施被破坏，涉密信息系统中的国家秘密信息就能够随意流入互联网计算机，相当于把该国家秘密信息放到了无安全保护的公共场所，为他人特别是境外情报机构获取国家秘密信息提供了可乘之机，该互联网计算机可能会被境外情报机构植入窃密“木马”并远程控制，窃走国家秘密。上文所述“王某过失泄露国家秘密案”中王某使用的互联网计算机中的国家秘密文件正是因为这个原因而处于泄露的危险状态。

2. 核心国家秘密泄露危险产生的原因

当前网络安全环境下导致国家秘密泄露危险极易产生的是一对内外交织、相互关联的因素。一方面，涉密人员实施了严重违规行为；另一方面，境外情报机构对我国进行疯狂的网络攻击窃密。这两方面的因素缺一不可，但是很难从“原因—结果”上加以区分：如果涉密人员没有实施严重违规行为，国家秘密信息都牢牢地控制在采取了保密技术防护措施的涉密信息系统中的存储和流动，涉密载体也按照要求在安全环境中制作、传递和存储，即便境外情报机构通过互联网不断释放“木马”、控制“肉鸡”，也难以突破物理上的隔离屏

---

① 赵冬：《网络泄密的特点与防范》，载《保密工作》2011 年第 4 期。

② 保密学上的保密措施（保密管理措施）是一个十分宽泛的概念，包括涉密载体的制作、收发、传递、使用、复制、保存、维修和销毁，涉及国家秘密的会议和活动，涉密人员，涉密信息系统，对外合作中的保密管理措施。参见夏勇著：《保密法学教程》，金城出版社 2013 年版，第 132~163 页。

③ 其中，身份鉴别可有效防范非授权用户登录服务器、终端、应用系统以及安全保密设备；访问控制可有效防范用户对信息的越权访问；安全审计可准确记录用户和管理人员的操作行为，有效监控违规操作；边界安全防护可有效防范违规接入、违规外联和移动存储介质交叉使用等违规行为；信息流转控制可防止高密级信息流入低密级网络或者安全域。参见国家保密局编写组：《中华人民共和国保守国家秘密法实施条例解读》，金城出版社 2014 年版，第 85 页。

障，去“隔空取物”；反言之，如果涉密人员实施了严重违规行为，比如将存有国家秘密信息的 U 盘插入互联网计算机 USB 接口，但该互联网计算机没有受到境外情报机构网络窃密攻击的波及，未中窃密“木马”，U 盘中的国家秘密信息所处状态离危险状态距离太远，也就不能一口咬定危险的存在。下面简要介绍两个因素的基本情况。

一是境外情报机构对我国进行疯狂的网络攻击窃密。2014 年曝光的“棱镜门”事件，再次证实了互联网环境下以美国国家安全局为首的境外情报机构利用互联网对我国实施互联网信息监控和信息窃取已经到了令人发指的地步，严重威胁到我国核心国家秘密安全乃至整个国家安全。

第一，利用互联网技术上的绝对优势实施网络通信监听。美国利用其对国际互联网唯一的主根服务器的控制，过滤经过美国的全球大部分通信流量，对我国的互联网通信实施全面监控。根据美国国家安全局、国防部等机构和美国环球电讯公司等众多电讯公司签署的网络安全协议，美国政府可以在发出警告半小时内进入电讯企业在美国本土建立的“网络运行中心”进行查访。①

第二，在境外发动网络攻击，窃取我国家秘密。近年来，美国、英国、日本、德国等不少国家为了争夺信息优势，纷纷组建网络战部队，专门从事网络攻防。他们其中不少以我国境内的互联网计算机为目标，采取网络攻击的方式秘密入侵目标计算机，窃取存储的数据，还美其名曰“计算机网络漏洞利用侦察”。② 据《2019 年上半年我国互联网网络安全态势》显示，位于境外的约 3.9 万个计算机恶意程序控制服务器控制了我国境内约 210 万台主机，就控制服务器所属国家来看，位于美国、日本和拉脱维亚的控制服务器数量分列前三位，分别为 9494 个、5535 个和 2350 个；就控制我国境内主机数量来看，位于美国、法国和英国的控制服务器控制规模分列前三位，分别控制了我国境内约 150 万、22 万和 16 万台主机。③

---

① 互联网新闻研究中心：《美国全球监听行动记录》，载《人民日报》2014 年 5 月 27 日，第 22 版。

② 互联网新闻研究中心：《美国全球监听行动记录》，载《人民日报》2014 年 5 月 27 日，第 22 版。

③ 国家计算机网络应急技术处理协调中心：《2019 年上半年我国互联网网络安全态势》，载中华人民共和国国家互联网信息办公室网：http：//www.cac.gov.cn/2019-08/13/c_1124871484.htm。

第三，我国网络信息设备配备安全存在先天缺陷。境外情报机构在通用计算机 CPU 芯片、操作系统、应用软件、打印机、路由器等计算机及网络硬件、固件、软件产品中设置“后门”，在商用密码产品中设置“陷门”，为窃取秘密信息埋下“隐蔽通道”。① 再者，我国政府、高校、银行、科研机构等几乎所有行业领域包括民用的信息设备都被美国“八大金刚”（思科、IBM、微软等公司）垄断销售。据 2014 年斯诺登曝光的文件显示，这些私营企业与美国政府、军队保持着紧密的联系，美国情报部门通过它们的设备、网络获取信息，几乎零门槛。②

二是涉密人员实施了严重违规行为。涉密人员实施严重违规行为，主要是指违反《保守国家秘密法》第二十一条、第二十三条关于涉密载体和涉密信息系统保密管理的规定，实施《保守国家秘密法》第二十四、二十五、二十六条规定的禁止行为。最典型的就是“王某过失泄露国家秘密案”中王某在互联网计算机上存储、处理国家秘密信息的行为（违反《保守国家秘密法》第二十四条第三款），以及表 9-2 所列案例中其他诸如将涉密移动存储介质接入互联网计算机处理国家秘密信息的行为，以及将涉密计算机接入互联网，或是在互联网上发布涉密信息的行为（违反《保守国家秘密法》第二十四条第一款、第二十六条）。在此不再详述。

在上述两重因素的共同作用下，涉密人员只要一有违规行为，令核心国家秘密处于泄露的危险状态，就极有可能被境外情报机构在互联网上“探囊取物”窃取，核心国家秘密泄露的危险也就转化为泄露的既成事实。

3. 国家秘密泄露危险的法律预防现状

为了应对前述严峻形势，2010 年《保守国家秘密法》修订时特别确立了对引起国家秘密泄露危险行为追究法律责任的基本制度，也就是本节开头叙述的改泄密“结果论”为“行为论”。但是，新修订的《保守国家秘密法》实施至今，各类泄密行为仍然未能得到有效遏制。③ 究其原因，有的机关、单位领

---

① 国家保密局编写组：《学习贯彻保密法辅导读本》，金城出版社 2010 年版，第 123 页。

② 赵展慧：《信息安全：局部是橙色》，载《人民日报》2014 年 6 月 27 日，第 20 版。

③ 本书初步统计，仅《保密工作》杂志以警示案例形式公开报道的泄密案 2014 年有 13 起，2015 年有 16 起。

导在思想认识上或多或少存在偏差，对查处保密违法违纪问题轻描淡写、不以为然，对泄密或严重违规责任人员不敢处理、不愿处理，认为是“骨干”，予以处分很可惜，甚至个别单位领导为了维护自身利益，谋取私利和维持所谓的人际关系，刻意隐瞒庇护下属涉密人员的违规行为，打招呼、跑关系，希望“大事化小，小事化了”，严重影响泄密案件追查的效果。不过，除了这些机关、单位自身的主客观原因外，最关键的问题还是本节开头提出的《保守国家秘密法》与《刑法》之间的“行刑脱节”。

第一，作为行政法，《保守国家秘密法》处罚违规行为力度偏弱。对于引起国家秘密泄露危险的12项严重违规行为，依法给予的处分只是限于行政处分和纪律处分。根据《公务员法》第六十二条规定，公务员因违法违纪应受的行政处分包括警告、记过、记大过、降级、撤职、开除六种。对于具有中国共产党党员身份的公务员，其一旦违纪还可以依照《监察法》第四十五条的规定，监察机关根据监督、调查结果“对违法的公职人员依照法定程序作出警告、记过、记大过、降级、撤职、开除等政务处分决定”。但是这些惩罚措施不仅对象范围有限，具有的威慑力更有限。

第二，对引起国家秘密泄露危险的行为没有设置罪名加以刑法规制。目前我国《刑法分则》仅设定了第三百九十八条“故意/过失泄露国家秘密罪”，该罪名无论是在刑法立法、理论还是司法实践中都是以发生泄密的实害结果为结果要件的。刑法立法上，2006年7月26日最高人民检察院《关于渎职侵权犯罪案件立案标准的规定》规定的“7+5”种泄露国家秘密应予立案的情形，要么要求泄露国家秘密达到一定数量（密级），要么要求国家秘密已然泄露给不应知悉者（境外机构、组织、人员，公众）。刑法理论上，学者们认为，“因为可能出现的危害后果是一种不确定的状态，而定罪是一种最严厉的惩罚，如将可能出现的危害后果作为定案依据，可能造成冤假错案”，① 只有造成泄露国家秘密的实害结果，才可能被定罪处罚。司法实践中，前述“王某过失泄露国家秘密案”中没有证明已被拿走的8份秘密级国家秘密、6份机密级国家秘密并没有被法院认定为被窃涉密文件，理由是“（‘推定泄密’）如果无条件地适用于刑事案件，可能有违刑法的基本精神”。因此，现有《刑法》分则第三百九十八条并不能适用于规制引起核心国家秘密泄露危险的行为。

---

① 孙应征主编：《渎职罪办案一本通》，中国长安出版社2007年版，第74页。

综合以上可以得出如下结论：在互联网环境下，核心国家秘密一旦处于非保密可控的环境，即可视为存在泄露的现实危险，即使没有相应的司法证据予以证明，核心国家秘密也具有大概率的泄露可能性。虽然引起核心国家秘密泄露危险的行为会对国家安全造成严重危害，但是我国现有《保守国家秘密法》和《刑法》都无法对其追究合理且相称的法律责任，从而进入核心国家秘密泄露危险进一步增大的恶性循环。① 本书建议，为了突出核心国家秘密的保护，有必要将引起核心国家秘密泄露危险的行为专门设置独立罪名予以刑法规制。

（三）加大引起核心国家秘密泄露危险行为刑法治理力度的合理性

引起核心国家秘密泄露危险的行为是刑法理论上的危险行为。我国传统刑法理论在讨论危险行为入罪问题时坚持的是“刑法最后手段性”标准，即认为“刑法应当处罚的只能是那些造成重大法益面临侵害的严重危险性的行为”，尽量避免“对一般的违反行政法规的行为动辄以刑法的手段进行干预”。② 对照这一标准，下文具体分析引起核心国家秘密泄露危险行为入罪的合理性。

第一，从侵害法益角度考察，该行为对国家安全这一极端重要的法益造成的危害极其严重。

上一节讨论了核心国家秘密重点保护的必要性。之所以突出核心国家秘密的保护，是因为其直接关系国家安全，关系政权存亡。正如 2018 年 4 月 14 日《人民日报》微信公众号推送的《中国尖端武器机密外泄，河南首次曝光间谍“潜伏”大案!》一文开篇语描述的，“……（军工专家，泄密者）把我国尖端武器的核心机密毫无保留地透露给了间谍情报机关！这就意味着，假如发生战争，很有可能会给我国造成极为严重的危害!”③ 由此可见，确保核心国家秘

---

① 皮勇、王启欣：《论信息化环境中核心国家秘密泄露危险的刑法规制》，载《江汉论坛》2015 年第 12 期。

② 舒洪水著：《危险犯研究》，法律出版社 2009 年版，第 247 页。

③ 《中国尖端武器机密外泄，河南首次曝光间谍“潜伏”大案!》，载《人民日报》微信公众号”，https：//mp. weixin. qq. com/s? __biz = MjM5MjAxNDM4MA = = &mid = 2666194018&idx = 1&sn = d75087a75a60d3a73922d8b0d032ade6&chksm = bdb28d218ac50437ad6d43ff89ae2b6bf80a2412ce15a09ece404c0b0190137230c2b0b7615d&scene=0#rd，最后访问日期：2020 年 4 月 16 日。

密绝对安全，是做好和平时期军事斗争准备，挫败一切颠覆我国政权、分裂我国阴谋的基本前提，更是坚持总体国家安全观，决胜全面建成小康社会、加快推进社会主义现代化、实现中华民族伟大复兴中国梦的重要保证。为了实现这一目标，就坚决不能放任核心国家秘密泄露危险的形成，必须合理利用《刑法》给予造成这种现实危险的行为最严厉的法律制裁。

为了维护公共安全，我国《刑法》将危害公共安全的犯罪以及第三百三十条“妨害传染病防治罪”设立为危险犯。之所以这样处理，我国有学者解释是因为公共安全法益“极端重要，涉及不特定多数人生命、健康和重大公私财产的安全”，“人们心目中的这类法益价值的外延已经突破其本身的价值而及于它的安全性”。① 既然作为社会法益的公共安全能够在刑法中被置于如此高的保护地位，那么比公共安全更重要的国家安全受到更强的刑法保护也是理所当然的，申言之，既然侵犯公共安全法益的危险行为能够纳入刑法规制范畴，那么侵犯国家安全的危险行为当然可以入罪，接受刑法处罚。

第二，从危险程度考察，该行为对核心国家秘密造成的泄露危险极度不可控。

核心国家秘密泄露危险行为引起的现实危险表现为核心国家秘密不再处于保密、可控的环境之中。“保密、可控”原是网络信息安全领域的两个专有名词，“保密”是指严密控制各个可能泄密的环节，杜绝秘密信息在产生、传输、处理及存储过程中泄露给非授权的个人和实体。处于“保密”状态的国家秘密信息必须按照保密制度、保密标准保证一定的秘密性，不会被未授权的第三方非法获知；“可控”是指能有效控制流通于保密环境（互联网环境下主要是指涉密信息系统）中的国家秘密信息传播和具体内容，对越权查看、获取国家秘密信息的行为进行抵制。② 行为人实施《保守国家秘密法》列举的12项禁止性行为中的任何一项，都会有损既有的保密措施，破坏保密技术防护体系。比如使用互联网计算机存储、处理国家秘密，这一行为虽然并未将国家秘密交付给不应知悉者，但是却将国家秘密置于互联网环境之下，就好比把国家秘密文件摊开放置在人来人往的公共场所，谁想看文件内容都易如反掌，只要

---

① 储槐植、蒋剑峰：《过失危险犯之存在性与可存在性思考》，载《政法论坛》2004年第1期。

② 李芳、唐世毅主编：《计算机网络安全教程》，西南交通大学出版社2014年版，第44~45页。

停下脚步、轻轻翻动、注目观看就行，互联网环境下只需要入侵到该计算机中，都无须专业的间谍软件，只需用简单的关键字搜索就能搜索到该国家秘密，阅看甚至拷贝拿走都是可以的。在前述境外情报机构对我国实施的有重点、高强度、高频率的网络窃密攻击形势之下，境外情报机构就像来来往往的行人，更准确地说，就像在公共场所踩点的小偷，只要发现失去保护的核心国家秘密出现在眼前还不如获至宝，哪有小偷不拿放在公园靠椅上敞开拉链的钱包中的现金之理！

根据危险犯理论，“正是由于某种危险状态最终会引起相应的实害结果，法律为了避免这种实害结果的发生，做到防患于未然，才把引起这种实害结果最终发生之前的危险状态的出现作为构成犯罪甚至犯罪既遂的必要条件”。① 核心国家秘密处于非保密可控的环境之下已经足够危险，距离真正的泄露仅一步之遥，如果非要等到其被境外情报机构窃走后刑法才介入，则国家势必为此付出巨大的代价。试想，如果“王某过失泄露国家秘密案”中王某在互联网上存储处理的、尚无法证明已被窃取的国家秘密是前述张某泄露的我国尖端武器的核心秘密，抑或是下一节要详细介绍的黄宇出卖的我党政军密码设备的核心秘密，是否还能以这些核心国家秘密无法证明已被窃取为由将其认定为量刑情节？要是没有其他几份能够证明已被窃取的国家秘密的存在，王某的严重违规行为完全可能不被认定为犯罪。而这些核心国家秘密无法证明已被境外情报机构窃走只是暂时的，或者说是受侦查取证技术所限无法查证的，如果确实已被网络攻击窃取，而攻击者采取的技术手段极其高明，能够“销声匿迹”，退一万步说，即便暂时没有被窃走，也不意味着它们不会被境外情报机构窃走。在这种“尴尬”局面下，非要等到证明这些核心国家秘密被窃，已经给国家造成不可估量的损失，岂不是误国殃民。因此，刑法完全可以考虑将引起核心国家秘密泄露危险的行为纳入规制范畴，为核心国家秘密安全提供必要的前置性保护，才是切实维护国家安全和利益之举。

第三，从行为人的人身危险性考察，主观过失引致核心国家秘密泄露危险的行为同样具有犯罪化的正当理由。

根据前面的讨论，故意违反《保守国家秘密法》有关规定，引起核心国家秘密泄露危险的行为入罪毋庸置疑，那么过失引起这一类危险的行为能否同

① 舒洪水著：《危险犯研究》，法律出版社 2009 年版，第 24 页。

样入罪，本书认为不存在问题。刑法之所以设立过失危险犯，是因为行为人的性格“在特定条件下涉及重大法益的安危而表现出人身危险性，具有加以特殊预防的必要性”。① 将过失引起核心国家秘密泄露危险的行为入罪，除了该行为客观上同样会造成国家安全受到威胁的严重后果，同时也正是基于行为人具有的严重人身危险性。

过失引起核心国家秘密泄露危险的行为人的人身危险性是一种特定条件下的客观的人身危险性。尽管行为人违反保密管理规定是出于主观上的过失，过错程度较故意违反保密管理规定要轻，但是，由于核心国家秘密的极端重要性，使得这种过失心态也具有了刑法上的可处罚性。“将这一过失危险行为犯罪化，实际上是通过建立一种外部的刑法制约和诱导机制，使得过失行为人意识到过失行为的危险性和危害性，体会到国家对过失危险行为严厉的否定评价。”②

我国刑法理论界也有反对过失危险犯成立的声音。张明楷教授在其《“风险社会”若干刑法理论问题反思》一文中指出，“如果增设过失危险犯，那么就必然导致出现公民行动萎缩的后果，从而限制乃至剥夺了公民的行动自由”。③ 对此观点，本书认为尚待商榷。

诚然，将过失危险行为入罪会在一定程度上加重有关人员的心理负担，但是作为涉密人员，特别是接触、知悉核心国家秘密的核心涉密人员，接受过系统的保密教育培训，熟悉必备的保密技能，了解互联网环境下使用计算机、涉密信息系统和相关存储设备所面临的危险，“如果所有安全条件都能够被严格遵循，那将绝对不可能出现任何促使损害产生的条件，同样也可以促使那些无法容忍的危险根源向可以忍受的风险领域转变”。④ 由此可见，只有适当加重涉密人员的心理负担，才能令其更加自觉地提高防泄密、反窃密的注意力，不主动制造不被法律允许的危险，这样不但不会阻滞保密工作的开展，相反会促

① 储槐植、蒋剑峰：《过失危险犯之存在性与可存在性思考》，载《政法论坛》2004年第1期。

② 皮勇、王启欣：《论信息化环境中核心国家秘密泄露危险的刑法规制》，载《江汉论坛》2015年第8期。

③ 张明楷：《“风险社会”若干刑法理论问题反思》，载《法商研究》2011年第5期。

④ ［德］乌尔斯·金德霍伊泽尔：《安全刑法：风险社会的刑法危险》，刘国梁译，载《马克思主义与现实》2005年第3期。

进和增强核心国家秘密的保护。

除了上述三个方面的合理性理由之外，从比较刑法学的角度考察，域外一部分刑法立法均规定了泄露国家秘密的未遂犯，典型的立法例如德国的“叛国罪”和“公开国家机密罪”。而我国《刑法》第三百九十八条“泄露国家秘密罪”设定的基本刑是“三年以下有期徒刑或者拘役”，属于轻罪，不存在未遂犯，因此无法打击蓄意违反保密管理规定，将核心国家秘密置于互联网环境之下却又因缺乏证据证明该核心国家秘密已然泄露的行为。如果设立了引起核心国家秘密泄露危险罪，就能很好弥补这一缺陷，无论是保护国家安全和利益，还是维护《保守国家秘密法》的权威，都大有裨益。

（四）引起核心国家秘密泄露危险行为刑法治理的立法建议

在总体国家安全观指引下，基于当前我国面临的网络安全现状和保密工作特点，本书建议将引起核心国家秘密泄露危险的行为入罪。但是，这一拟入罪的行为毕竟只是一种危险行为，由其引起的可以查证的后果仅仅只是国家秘密陷入可能泄露的危险状态，并没有导致实害结果。在这种情况下，如果对该行为成罪的构成要件不加以适当限制的话，必定导致该罪名的适用范围过广、打击面太宽，不仅难以实现设立该罪以便更周延、更完善地保护核心国家秘密的目的，而且会导致刑罚的滥用，严重影响我国刑法应有的法律效果。出于以上考虑，建议坚持“缩限”的原则，合理设计该罪的构成要件。

1. 犯罪客体的设置建议

本书建议将引起核心国家秘密泄露危险罪的客体界定为国家安全，并将该罪置于我国《刑法》分则第一章“危害国家安全罪”中。危险犯的成立之所以不要求发生实害结果，主要原因就在于行为人的危险行为侵犯的是特别重要的法益，这类法益往往关系国家安全和利益，一旦遭受实际侵害，势必给国家造成无法估量的重大损失。因此，在考虑将引起核心国家秘密泄露危险行为入罪时，首先应当突出该行为侵犯法益的重大性。

既然将引起核心国家秘密泄露危险罪的客体界定为国家安全并置于“危害国家安全罪”一章，那么其犯罪对象仅限于核心国家秘密也就顺理成章。根据上节的建议，核心国家秘密是指关系我国政治安全，特别是关于军事部署、国防军工科研、武器装备高新技术等关系国家安全的国家秘密，契合总体国家安全观的要求，同时突出了本罪保护客体的重大性。

2. 客观要件的设置建议

危险犯的客观要件包括危害行为和危害行为引起的危险状态。为了将引起核心国家秘密泄露危险罪限制在侵犯国家安全且危害严重的范围内，除了通过限制犯罪对象和客体，还必须限制危害行为及其引起的危险状态，限制的标准应重点把握二者是否达到“严重”的程度。

一是危害行为“严重”。

引起核心国家秘密泄露危险行为的“严重”体现在行为人严重违反核心国家秘密相关保密管理规定上。这里的“保密管理规定”并不泛指《保守国家秘密法》第三章所列举的所有保密管理规定，而是特指其中与信息系统和信息设备保密管理的禁止性规定，具体来说，就是《保守国家秘密法》第二十四条明令禁止的五种违反信息系统和信息设备使用保密管理规定的行为。①《保守国家秘密法》增设这一条的目的，就是为了“有效防范和遏制信息化条件下的窃密泄密事件发生”。②

除了对违反保密管理规定的行为类型作出限制之外，还应当要求这些行为违反保密管理规定的程度必须是“严重违反”。因为在此讨论的入罪行为毕竟只是引起核心国家秘密泄露危险的行为，尚未造成实害结果，如果只是一般性的违反，就不宜强行犯罪化，建议按照行政违法来追究相应的行政责任。对于“严重违反”的具体认定标准，建议至少包含违反《保守国家秘密法》第二十四条而实施的违规行为的次数、动机以及涉案的核心国家秘密的重要程度等情节。

二是危险结果“严重”。

关于危险犯，传统刑法理论中有具体危险犯和抽象危险犯之分。具体危险犯中的危险，是在司法上以行为当时的具体情况为根据，认定行为具有发生侵

---

① 《保守国家秘密法》第二十四条规定：机关、单位应当加强对涉密信息系统的管理，任何组织和个人不得有下列行为：（一）将涉密计算机、涉密存储设备接入互联网及其他公共信息网络；（二）在未采取防护措施的情况下，在涉密信息系统与互联网及其他公共信息网络之间进行信息交换；（三）使用非涉密计算机、非涉密存储设备存储、处理国家秘密信息；（四）擅自卸载、修改涉密信息系统的安全技术程序、管理程序；（五）将未经安全技术处理的退出使用的涉密计算机、涉密存储设备赠送、出售、丢弃或者改作其他用途。

② 国家保密局编写组：《中华人民共和国保守国家秘密法释义》，金城出版社 2010 年版，第 73 页。

害结果的紧迫（高度）危险。抽象危险犯中的危险不需要司法上的具体判断，只需要以一般的社会生活经验为根据，认定行为具有发生侵害结果的危险即可。① 本书探讨的引起核心国家秘密泄露危险行为给国家安全造成的侵害危险，属于第一种也就是具体的危险。这种具体危险是现实存在的，核心国家秘密处于一种非保密可控的状态之中。对于核心国家秘密所处的这种非保密可控的具体危险，本书认为至少可以从三个方面来进行判定。

首先，行为人的严重违规行为引起核心国家秘密不再保密可控。如果行为人严格遵守保密管理规定，没有实施任何违规行为，但是由于本单位保密技术防范措施不到位，或是物理环境安全保护不到位，或是境外情报机构窃密手段极其高超等原因引起的核心国家秘密泄露的危险，就不宜认定造成了本罪所要求的危险。

其次，处在不再保密可控状态下的核心国家秘密真正泄露是完全具备发生条件的。例如，行为人违规将核心国家秘密信息存储在互联网计算机硬盘之上，只要该互联网计算机被纳入境外情报机构的网络攻击范围，这些信息就随时可能被窃走。

最后，核心国家秘密没有泄露是偶然的不确定因素决定的。详言之，核心国家秘密已然处于不再保密可控的状态之下，其没有被窃走这一结果并不受行为人自身的控制，完全决定于窃密方何时行动、如何行动，而后者只是一种偶然的因素，不具有客观可期待性。仍以前述互联网计算机违规存储核心国家秘密信息为例，谁能去准确预计境外情报机构什么时候对这台计算机发动网络攻击？

3. 犯罪主体的设置建议

本罪的主体建议设置为特殊主体，即限定为在涉密岗位工作的，能够接触、知悉核心国家秘密的人员（涉密人员）。对此建议本书认为应当不存在争议，因为根据法律定义，国家秘密本身就具有严格的知悉范围，核心国家秘密的知悉范围更应严于一般国家秘密的知悉范围，只有特定岗位的涉密人员才在授权知悉范围之列。

---

① 具体危险犯中的危险，是在司法上以行为当时的具体情况为根据，认定行为具有发生侵害结果的紧迫（高度）危险。抽象危险犯中的危险不需要司法上的具体判断，只需要以一般的社会生活经验为根据，认定行为具有发生侵害结果的危险即可。参见张明楷著：《刑法学》，法律出版社 2016 年版，第 167 页。

本罪的特殊主体具有两大基本特征。首先，具有高度的保密注意义务。涉密人员在正式上岗前应当接受单位组织的保密教育培训，并自觉签订保密承诺书（《保守国家秘密法》第三十六条）；在实际工作中必须保持高度的注意义务，“严格遵守保密规章制度，不得以任何方式泄露国家秘密”。同时，具有极强的保密注意能力。按照《保守国家秘密法》规定，选任涉密人员是有一定标准的，不仅要求政治上合格，还必须在业务能力上过硬；在工作之后，机关、单位还应当“对涉密人员履行职责情况开展经常性的监督检查”（《保守国家秘密法》第三十九条），“定期对本机关、本单位工作人员进行保密形势、保密法律法规、保密技术防范等方面的教育培训”（《保守国家秘密法实施条例》第七条），这些措施决定了涉密人员对违规行为导致的具体泄密结果应当能够准确预见。

4. 主观要件的设置建议

上文在讨论引起核心国家秘密泄露危险行为入罪合理性时已经指出，本罪的主观要件包括故意和过失。故意犯的主观恶性大，社会危害性大，应予追究刑事责任毋庸置疑。特别是在讨论本罪的语境之下，作为特殊主体的涉密人员，实施严重违规行为无论是出于追求危险发生还是放任危险发生的目的，其对严重违规行为引起的核心国家秘密所处的危险状态是有充分认识的。但要注意的是，行为人的故意内容指向的仅仅是核心国家秘密泄露的危险结果，而不是泄露的实害结果，如果故意的内容是后者，则不成立本罪，而构成故意泄露国家秘密罪。

值得讨论并予以适当限制的是过失引起核心国家秘密泄露的主观心理。本书建议从两个层次分别限制过失引起核心国家秘密泄露危险的心理态度。

第一层次：心理态度，要求行为人对保密管理规定的违反是出于主观故意。如果行为人主观上并没有违反保密管理规定的故意而引起核心国家秘密的泄露危险，建议不以本罪论处，特殊的如果进一步发生了法定的泄露结果，可以过失泄露国家秘密罪追究刑事责任。考虑过失行为人主观恶性大小的一个首要因素是有无违反保密管理规定的故意，显然故意违反比过失违反的主观恶性要大得多，因而对危害后果的要求相对低得多。这种罪过设置对于避免人人自危的局面具有重要意义。①

---

① 刘仁文：《过失危险犯研究》，载《法学研究》1998 年第 3 期。

第二层次：心理态度，行为人对引起的核心国家秘密泄露危险的结果是出于主观过失。这里要求的过失既包括疏忽大意的过失又包括过于自信的过失。如果行为人对核心国家秘密处于危险状态是基于希望或者放任的态度，这种心理应当属于前述主观故意，那么在双重故意的心理支配下，该行为实属故意泄露国家秘密，应以该罪名定罪。

综上，本书建议，在上一节讨论的基础上，在我国《刑法》第一章“危害国家安全罪”的第一百一十一条中再增加两款，法条可以设计为：

第一百一十一条之三 国防、军工领域工作人员严重违反保密规定，故意引起核心国家秘密泄露危险的，处五年以下有期徒刑、拘役、管制或者剥夺政治权利。

过失犯引起核心国家秘密泄露危险，情节严重的，处三年以下有期徒刑、拘役、管制或者剥夺政治权利。

核心国家秘密是指涉及国家政治安全，特别是关于军事部署、国防军工科研、武器装备高新技术等的国家秘密。

（五）基于网络运行安全的泄密监督管理过失责任追究

网络运行安全是《网络安全法》第三章重点规定和保护的内容，其责任主体是网络运营者，实行的是网络等级保护标准。① 互联网环境下国家秘密的形态和存储、传输、使用、销毁等方式不断变化，机关、单位信息化全面普及，涉密信息系统广泛使用，也存在互联网和涉密网的运行安全问题，同时，这两大问题也会导致国家秘密泄露。前文所述有关人员违规操作酿成的泄密恶果，相当一部分都与擅自破坏涉密计算机、涉密存储介质及涉密网络的运行安全相关。

再如前文提及的著名的“维基解密”事件就是美国国防部自身的保密管

---

① 《网络安全法》第二十一条规定：国家实行网络安全等级保护制度。网络运营者应当按照网络安全等级保护制度的要求，履行下列安全保护义务，保障网络免受干扰、破坏或者未经授权的访问，防止网络数据泄露或者被窃取、篡改：（一）制定内部安全管理制度和操作规程，确定网络安全负责人，落实网络安全保护责任；（二）采取防范计算机病毒和网络攻击、网络侵入等危害网络安全行为的技术措施；（三）采取监测、记录网络运行状态、网络安全事件的技术措施，并按照规定留存相关的网络日志不少于六个月；（四）采取数据分类、重要数据备份和加密等措施；（五）法律、行政法规规定的其他义务。

理失察酿成的泄密大祸。美国国防部因担心恶意软件会破坏涉密网络 SIPRNet 的安全，禁止了 USB 存储设备，并试图隔离互联网和安全网络，但没有关闭可写 CD 驱动器。曼宁正是利用这一管理上的漏洞，将载有音乐的 CD 插入驱动器，然后使用机密数据文件覆盖音乐文件。正如他日后描述的当时情形——“我听到了，然后同步到 Lady Gaga 的音乐文件，而这可能是美国历史上最大的数据泄露”。由此可以看出，尽管美国对 SIPRNet 网络制定了严格、全面的保密管理制度，但是制度执行的漏洞，为曼宁窃密创造了客观条件。第一，能够登录该涉密网络的人员范围过大，权限也过大；第二，该网络没有按照保密要求关闭可写 CD 驱动器，也未对涉密人员随意在系统内接入移动存储介质加以有效管理；第三，该网络没有采取相应的技术管理手段，对网络中涉密数据的流出实施严格管控，禁止个人随意复制网络中的文件资料，从而让曼宁这个普通的一等兵能够用一张 Lady Gaga 的假 CD 即轻易窃取到大量机密文件。

在上述情况下，领导者、管理者和监督者不同程度负有监督管理过失责任。面对日趋严峻的网络安全保密形势，刑法有必要作出回应，采取监督管理过失理论追究领导、管理和监督者的刑事责任，警醒他们切实担负起保护国家秘密安全，维护国家安全和利益的领导、监督和管理责任。

本书所称“监督管理过失”，包括刑法理论中的“狭义的监督过失”和“管理过失”。基于监督过失最早是被德、日学者提出用于解决大规模的火灾、食品、药品、医疗事故中“地位越高、离现场越远，越没有责任”的不公正现象，预防和控制事故类过失犯罪的发生，① 因此学者将“监督过失”界定为“过失的竞合”，② 称其为“狭义的监督过失”（后文简称“监督过失”），将其理解为“与实施直接使结果发生的过失（直接过失）的行为人（直接行为人）相应，出于指挥、监督直接行为人的立场的人（监督人）怠于应当防止该过失的义务的情况”。③ 简言之，就是“监督者的过失+被监督者的过失→犯罪结果发生”，要求被监督者的行为是主观过失的行为。比如近年来频发的机关、单位互联网门户网站信息发布泄密事件，绝大多数都是由于机关、单位

① 刘丁炳著：《监督管理过失犯罪研究》，中国人民公安大学出版社 2009 年版，第 17~24 页。

② 所谓过失的竞合，指对一个构成要件的结果的发生，存在复数过失的情况。参见马克昌著：《比较刑法原理》，武汉大学出版社 2002 年版，第 244 页。

③ 马克昌著：《比较刑法原理》，武汉大学出版社 2002 年版，第 245 页。

负责人在信息公开工作中未落实保密审查规定，对信息发布操作人员上报的待公开信息保密审查、把关不严，导致信息发布操作人员误将包含国家秘密的待公开信息发布在机关、单位的互联网门户网站上，造成泄密。

上文表9-2中所列的4个案例，尽管只有“唐某案”中明确了对唐某过失泄露国家秘密负有主要领导责任的监督管理者的处罚情况，但这并不能否定类似发生在机关、单位的过失泄露国家秘密案中监督管理过失的存在。

机关、单位保密工作中存在着极其严密的领导、管理和监督关系。对于机关、单位的保密工作，《保守国家秘密法》明确规定了极其严密、严格、严厉的保密工作责任和监督、管理制度，而且篇幅极大。① 一方面是保密工作责任制。《保守国家秘密法》明确要求机关、单位实行保密工作责任制（第七条）。在保密工作责任制中，领导干部保密工作责任制尤为重要，居于核心位置，②而且不同层级的领导干部所负责任内容也不相同。另一方面是机关、单位日常保密管理制度。《保守国家秘密法》一共规定了九个方面的保密管理制度，③这些保密管理制度中有相当一部分是结合互联网环境对保密工作提出的新要求而制定或者修订的。如《保守国家秘密法》第二十四条对涉密信息系统保密管理提出了五项禁止性行为的规定，用以规范机关、单位工作人员使用计算机及移动存储介质的行为。这五项禁止性规定描述较为具体，总体要求是“涉密不上网”，落实“物理隔离”。

考察表9-2四个案例中行为人的过失泄露国家秘密行为，不难发现这些行为的发生都是因为行为人严重违反保密规定导致的，准确地说，是行为人严重违反《保守国家秘密法》第二十四条强调的涉密信息系统保密管理禁止性行为导致的。唐某将涉密笔记本电脑进行数据删除和格式化后接入互联网，严重

---

① 《保守国家秘密法》总共53条，涉及保密工作责任制、保密工作管理制度有第七条、第二十一至四十七条、第四十九条和第五十一条，所占比例达57%。

② 领导干部的保密工作责任是双重的：一方面，领导干部作为重要或者核心涉密人员，要严格履行自己的保密义务；另一方面，领导干部对保密工作负有领导责任，要切实履行对保密工作的领导和管理职责。本书重点关注后一方面，下文所指“领导干部保密工作责任制”也仅指后一方面的责任制。

③ 这些保密管理制度分别是：定密制度；涉密人员管理制度；涉密载体管理制度；涉密信息系统管理制度；信息公开发布保密审查制度；涉外保密审批制度；涉密会议、活动保密制度；保密要害部门部位保密制度和企业事业单位从事涉密业务保密审查制度。详见夏勇主编：《保密法学教程》，金城出版社2013年版，第132~164页。

违反第五项规定，即将未经安全技术处理的涉密计算机改作互联网计算机使用。① 王某个人使用的连接互联网的计算机遭境外情报机构远程攻击后有大量涉密文件失窃或失控，说明王某一直在这台互联网计算机上存储、处理涉密文件，严重违反第二十四条第三项规定，即在互联网计算机上存储、处理国家秘密信息。董某同样存在和王某一样的问题。至于杨某，明知本单位严禁私自携带涉密移动存储介质外出，仍然我行我素，不但多次将涉密移动存储介质带回家中，还连接登录互联网的个人电脑，对存储的涉密信息进行处理，严重违反第二十四条第一项和第三项规定，不仅将涉密存储设备（涉密移动存储介质）接入互联网电脑，而且就用该互联网电脑存储、处理国家秘密信息。

对于上述严重违规行为的发生，相关机关、单位的保密工作领导、管理者具有较强的注意义务，应当为预防国家秘密泄露危险的发生和制止国家秘密泄露危害的扩大而采取相应的保密措施，② 申言之，就是应当加强本机关、单位涉密信息系统的保密管理，防范失泄密事件的发生。这种注意义务的产生一方面源自《保守国家秘密法》等法律法规的规定，《保守国家秘密法》要求，“机关、单位应当……完善保密防护措施……”严格落实涉密信息系统分级保护制度。③《保守国家秘密法实施条例》在《保守国家秘密法》的基础上进一步细化了机关、单位对涉密信息系统的运行使用管理要求，必须指定专门机构或者人员负责管理工作。另一方面来自领导、管理者对当前网络安全保密形势的认识。如前所述，当前我国面临的网络安全保密形势是十分严峻的，作为机关、单位负责保密、分管保密或者具体从事保密工作的领导、管理者对信息化条件下保密工作的全局性认识和统筹性理念应当比一般涉密人员要高，对一些

---

① 一般的数据删除和硬盘格式化方式并不能彻底消除硬盘上存储的信息，保密工作中必须采用专门的信息消除工具对涉密计算机上卸载下来的硬盘以及刻录有涉密信息的光盘、磁盘等进行信息消除处理。参见祁峰、高琪、何蓬：《固态存储设备和器件的信息消除方法研究》，载《保密科学技术》2011 年第 6 期。

② 管理、监督过失的注意义务是以结果回避义务为中心的结果回避义务与结果预见义务的统一，管理、监督过失的结果回避义务是为预防危险和制止危害扩大而采取相应回避措施的义务。参见王良顺：《管理、监督过失及其判断》，载《政法论坛》2010 年第 6 期。

③ 所谓涉密信息系统分级保护，是指涉密信息系统的建设使用单位按照规范定密，准确定级；依据标准，同步建设；突出重点，确保核心；明确责任，加强监督的原则，根据分级保护管理办法和有关标准，对涉密信息系统实施保护。

密级程度更高的文件、资料和信息的掌握比一般涉密人员要多，对互联网环境下加强涉密信息系统建设和管理，防范失泄密发生的认识应当比一般涉密人员要深，自然地，其对不履行涉密信息系统保密管理规定造成失泄密事件发生的预见可能性比一般涉密人员要强得多。

换言之，如果机关、单位保密领导、管理者尽到了应尽的注意义务，采取了相应的保密措施有效防止被领导、管理者违反保密规定的过失行为发生，其监督管理过失自然就不存在。比如“杨某案”中，如果杨某所在研究院加强涉密移动存储介质的保密管理，杨某的一系列违规行为都不可能发生。首先，杨某不可能私自复制国家秘密，特别是绝密级国家秘密。按照保密要求，涉密信息系统内的信息输出是进行严格的端口管控的，非授权用户无法把涉密电子文档拷出系统，即便杨某是某些文档操作的授权用户，其拷贝文档的操作也会被审计系统详细记录下来。至于绝密级国家秘密，《保守国家秘密法》规定必须指定专人管理，杨某更不可能轻易拷贝到。其次，杨某不可能将该介质长期带出带进研究所。按照保密规定，作为涉密载体的移动存储介质应当“专人管理，专柜存放”，即便是私人所用的非涉密移动存储介质，在杨某那个类型的研究所，是绝对禁止携带进入工作场所的。再次，杨某也不可能在研究所的涉密信息系统和自己家中互联网电脑之间进行信息交换。按照保密规定，涉密信息系统内的涉密信息应当加密存储，涉密移动存储介质与系统终端应当实行技术绑定，就算杨某能带出研究所的涉密移动存储介质，回到家中插到互联网计算机上也不能识别，信息也无法正确识读。① 显然，上述保密管理规定在杨某所在研究所都没能落实。

根据以上分析，本书建议，应当在充分认清当前法律追究泄露国家秘密监督管理过失存在问题的基础上，适当追究引起核心国家秘密泄露危险的监督管理过失责任。具体从以下两点着手。

首先要合理“利旧”。可以利用现有《刑法》中的“玩忽职守罪”惩处机关、单位保密工作中的国家机关工作人员的监督管理过失行为。《保守国家秘密法》在这个方面已经作出了回应，规定“保密行政管理部门的工作人员在履行保密管理职责中……玩忽职守……的，依法给予处分；构成犯罪的，依法

---

① 韩伟杰、王宇、阎慧：《涉密电子文档面临的泄密隐患及安全保密防护》，载《保密科学技术》2011 年第 11 期。

追究刑事责任”（第五十一条）。显然这一规定针对的主体非常特殊，只有保密行政管理部门的工作人员才构成泄露国家秘密监督管理过失的行为主体。诚然，保密行政管理部门的工作人员应当承担保密监督管理的责任，但是这一监督管理指的是狭义保密管理，是由《保守国家秘密法》第四章规定的保密行政管理部门的依法管理行政行为，① 而非机关、单位内部的保密管理。如果严格按照《保守国家秘密法》第五十一条的规定，一旦出现前述“2016 年考研泄密案”中张某对本单位日常保密管理的玩忽职守行为，就无法对其定罪。因此，在适用玩忽职守罪处罚泄露国家秘密的监督管理过失时，不宜将犯罪主体限定在保密行政管理部门的工作人员范围以内，对国家机关中发生的以国家机关工作人员为主体的泄露国家秘密监督过失行为，都可以适用玩忽职守罪。

同时要适度“创新”。适度创新就是要合理扩张刑法保护的边界，一方面弥补玩忽职守罪主体范围较窄的不足，惩罚泄露国家秘密的监督管理过失行为；另一方面将本章第三节讨论的核心国家秘密也纳入保护的范围，惩罚过失引起核心国家秘密泄露危险的监督管理过失行为，对情节严重的，如对核心国家秘密的保密制度和管理体系的建立和运行存在重大失职的，或者出现多次、多人、数量较大的、高密级核心国家秘密泄露危险的，应追究监督、管理者的刑事责任，否则不能保护信息化环境中核心国家秘密的安全。

是否应对被监督、管理者故意泄露国家秘密，包括故意引起核心国家秘密泄露危险案件的监督、管理者追究刑事责任？有学者认为，被监督、管理者实施故意犯罪行为的场合可以排除监督过失责任的适用。② 也有学者持反对意见，认为监督过失“也包括被监督者实施的故意犯罪行为”。③ 本书认为，在故意泄露国家秘密的场合，应追究监督、管理者的刑事责任。国家秘密事关国家安全，相关监督、管理人员对相关涉密人员进行严格管理是其重要的义务，如果追究过失泄露国家秘密的监督过失的刑事责任，没有理由对更为严重的故意行为不追责。这里需要加以限制的是被监督、管理者是利用了监督、管理者疏于监督、管理的漏洞实施故意窃密、泄密行为，否则，被监督、管理者通过

① 《保守国家秘密法》第四章规定的保密行政管理部门的依法管理行政权包括规章制定权、一般管理职权、定密纠正权、保密检查权、收缴权、密级鉴定权和处分监督权。

② 钱叶六：《监督管理过失理论及其适用》，载《法学论坛》2010 年第 3 期。

③ 张凌：《论过失犯罪中的监督过失责任》，吉林大学博士论文，1995 年，第 6~9 页。

强行攻击已经严格落实网络安全管理的涉密信息系统窃取国家秘密，是“绕其道而行之”，其行为并没有“钻”监督、管理者疏于定密监督管理或是涉密载体管理的过失行为留下的空子，就不宜认定监督、管理者的监督过失责任。这也正是业务活动中适用信赖原则的一个重要要求。①

综合以上，本书建议在增设的《刑法》第一百一十一条之一中增加第4款：“对保密工作负有管理、监督责任的人员严重违反保密法规定，以至于未能阻止前述三款行为的发生，情节严重的，依照该款规定处罚。”

四、合理控制网络平台数据泄露犯罪的收益与成本

经济学家贝克尔提出了著名的犯罪经济学理论，他将犯罪“看作是一种重要活动或‘产业’”，认为“犯罪行为只是更为一般的理论的一部分”，“当某人从事违法行为的预期效用超过将时间及另外的资源用于从事其他活动所带来的效用时，此人便会从事违法，由此，一些人成为‘罪犯’……在于他们的利益同成本之间存在差异”。② 具体来说，违法者考虑的犯罪收益主要是因犯罪而获得的利益，包括经济收益、精神收益以及其他各种利益；考虑的犯罪成本则主要包括两个方面，一方面是为确保犯罪活动圆满完成而支付的“投资性”成本，包括为实施犯罪所做的物质准备、完成犯罪的难易程度等；另一方面是由于实施犯罪行为而受到的“惩罚性”成本，比如逃避逮捕的机会、定罪可能性以及判定有罪后的惩罚等。

在严峻复杂的网络安全环境之下，防范风险和统筹兼顾是预防和打击网络平台数据泄露犯罪的重要指导思想。根据犯罪经济学理论，要有效治理网络平台数据泄露问题，其“研究的方法是建立违法造成的社会损失的公式，并找出使这一损失减至最低的资源支出与惩罚规模的公式”。③ 对于犯罪人来讲，犯罪是一种高风险投资，是成本分析的结果。犯罪人在实施犯罪行为以前是要充分评估其犯罪成本的，犯罪活动是犯罪人权衡犯罪的收益与犯罪的成本之后作

---

① 林亚刚著：《刑法学教义（总论）》，北京大学出版社2017年版，第243、247页。

② ［美］加里·S. 贝克尔著：《人类行为的经济学分析》，王业宇，陈琪译，格致出版社等2014年版，第42~47页。

③ ［美］加里·S. 贝克尔著：《人类行为的经济学分析》，王业宇，陈琪译，格致出版社等2014年版，第42页。

出的选择。如果犯罪的收益大于犯罪的成本，潜在犯罪人就很有可能选择犯罪，成为现实的犯罪人。如果犯罪所付出的成本远远超过犯罪所获得的收益，潜在犯罪人就很有可能不会选择犯罪。所以，降低犯罪的收益，增加犯罪的成本，是减少潜在犯罪人成为现实犯罪人的最优之策。对网络平台数据泄露犯罪而言，降低犯罪收益的难度较大。因为随着社会发展，网络平台数据的价值只会越来越大，数量只会越来越多。不能单纯寄希望于网络平台数据量减小、价值降低以达到预防和控制网络平台数据泄露犯罪的目的，因为这会在一定程度上影响网络平台正常运营。能争取做到的是在尽量控制网络平台存储、管理数据的数量和价值基础之上，切断网络平台数据泄露后的价值“兑现”之路，降低乃至彻底消减泄露的网络平台数据价值，而这一“兑现”之路实际上反映为违法者销赃的过程，在犯罪经济学理论中属于“投资性”成本的范畴。而与降低犯罪收益较为困难相比，提高网络平台数据泄露犯罪的成本则相对容易。因为无论是“投资性”成本也好，还是“惩罚性”成本也罢，都与网络平台数据自身价值无关，控制这两类成本也不会对网络平台生存以及经济社会发展产生不良影响。综上所述，本书认为应当采取“适当降低犯罪收益、尽量增加犯罪成本”的原则来制定网络平台数据泄露犯罪的防控对策。

本书结合网络平台数据泄露的三大犯罪成因，提出具体治理建议如下。

（一）降低网络平台数据泄露犯罪的收益：控制网络平台数据的再利用价值，打击下游犯罪

信息技术的发展和普及，使得网络数据逐渐成为极为重要的生产要素之一。由于信息技术革命所带来的生产生活方式的根本性转变，以能源、资本为核心的工业时代的经济发展模式，已经开始向着以网络大数据及其控制权为核心的经济发展模式转变。在这一变革过程中，形式各异的网络数据将逐步成为生产生活的重要组成内容，并逐渐被赋予更多的经济价值。① 特别是网络平台中大量集中存储的个人信息数据、企业财务数据“含金量”非常高。正如法彦有云：有利益的地方就有犯罪人。贝卡里亚也认为：“个人之所以为自己的享乐而破坏社会契约，是因为支配其行为的是‘物质和精神世界所共有的涣散

---

① 于志刚、于冲著：《网络犯罪的罪名体系与发展思路》，中国法制出版社 2013 年版，第 42 页。

原则'。"① 违法者选择实施网络平台数据泄露犯罪，也是出于非法获取利益的考虑。

毫无疑问，网络平台数据泄露犯罪的收益是非常高的。从类型上看，这些利益至少包括：(1) 经济利益。根据 Verizon 发布的《2018 年数据泄露调查报告》(DBIR，2018 Data Breach Investigations Report) 显示，2018 年发生的数据泄露事件，有 76%都是由于违法者为了获取经济利益而制造的，② 这一比例较 2017 年上升约两成。通过出售或者非法利用泄露网络平台数据，违法者可以获取到巨额的经济利益。(2) 政治利益。违法者可以利用泄露的网络平台数据制造某些政治影响，达到一定的政治目的。最典型的就是"Facebook 用户数据泄露事件"，据《纽约时报》《卫报》等报道，从 2014 年起，由两位特朗普的支持者 Robert Mercer 和史蒂夫·班农（前白宫首席策略师）作为幕后人士的 Cambridge Analytica，利用 Facebook 的开放平台协议获取了超过 5000 万名用户的资料（其中大部分是美国选民），从而帮助特朗普在 2016 年的大选中获胜。③ 作为一款知名网络社交平台，Facebook 的用户大数据能够快速关联更多用户的数据，进而被利用来分析用户们的行为模式、性格特征、价值观取向、成长经历，然后有针对性地推送信息和竞选广告，以影响美国选民在竞选中的投票。(3) 精神需要。除了上述两种情况外，还有一部分违法者策划、实施网络平台数据泄露犯罪是为了情感的刺激和精神的满足，这和早期"黑客"犯罪的目的极为相似。早期的"黑客"更多的是出于技术挑战、戏谑取趣和捣乱破坏的目的而实施网络攻击行为。④ 由于网络平台数据涉及用户数量多，一旦公开影响面广，"黑客"才会利用这些数据作为威胁、泄愤的筹码。比如"CSDN 网站用户信息泄露案"的犯罪嫌疑人曾某曾在网站发帖自曝掌握 CSDN 数据库，要求与该公司合作未果，才将 600 余万个明文注册邮箱账号和密码在

---

① [意] 切萨雷·贝卡里亚著：《论犯罪与刑罚》，黄风译，北京大学出版社 2008 年版，第 132~133 页。

② Verizon，2018 Data Breach Investigations Report，11th edition. https://enterprise.verizon.com/resources/reports/DBIR_2018_Report_execsummary.pdf.

③ 《Facebook 数据泄漏事件始末，以及我们应该从中思考些什么?》，载腾讯网：https://new.qq.com/omn/20180323/20180323A0BB0B.html，最后访问日期：2020 年 3 月 10 日。

④ 皮勇著：《网络安全法原论》，中国人民公安大学出版社 2008 年版，第 149~151 页。

网上公开，引起网民的极大关注，正好也满足了自己的报复之心。

从难易程度上看，在全球化网络化环境下，违法者可以利用互联网等技术条件“安全快捷”地获取利益。“安全”是指出售或者非法利用网络平台数据的途径安全，通过互联网等网络交易平台，违法者既可以在不露面的情况下与对方进行数据交易，又可以与网络平台有关人员联系，实施敲诈勒索。“快捷”是指非法交易或非法利用的速度快、收益转化快。以非法交易网络平台泄露数据为例，随着“暗网”的崛起，① 违法者充分利用其匿名和虚拟货币交易不受监管的特质，搭建了一个更为安全、便利的销售网络平台数据的“市场”。近年来报道的“华住数据泄露案”、“800 万条 ACfun 网站用户数据泄露事件”、“1. 27 亿条 Ixigo、Houzz 等 8 个网络平台数据泄露事件”中，违法者都是利用“暗网”发布买卖信息，进行非法交易的。这些交易使用的货币不再是现实社会流通的传统货币，而是比特币。

从大小上看，违法者能够通过网络平台数据泄露犯罪获取的利益是十分巨大的。前述案例分析已有显示。再以通过暗网销售网络平台泄露数据事件为例，“华住数据泄露案”中的数据标价为 8 个比特币（约合 5. 6 万美元），“800 万条 ACfun 网站用户数据泄露事件”中的数据售价为 1. 2 万元人民币，“1. 27 亿条 Ixigo、Houzz 等 8 个网络平台数据泄露事件”中的数据售价是 2. 909 比特币（约合 1. 45 万美元）。至于违法者通过网络平台数据泄露获取的政治利益更是惊人，比如“Facebook 用户数据泄露事件”中，Cambridge Analytica 通过对非法获取的用户数据进行分析和利用，改变了美国大选的结果，帮助特朗普反败为胜，这种政治获利是无法用金钱估量的。

从上文对犯罪结果的分析来看，利用网络平台数据的价值实施后续犯罪行为才是网络平台数据泄露真正造成社会危害的主要原因，真正体现违法者的主观恶性。因此，应当尽量切断网络平台数据泄露的后续延伸，防止数据价值“兑现”，从而降低违法者能够通过网络平台数据泄露犯罪获取的收益，让其即使非法获取到网络平台数据，也仅仅只是一堆含金量极低甚至根本无法再利

① 所谓“暗网”（Deep Web，又译“深层网络”），是与“明网”（Surface Web，又译“表层网络”）相对的互联网部分。“明网”指的是通过超链接可以被传统搜索引擎（如百度）搜索到的页面的集合；而“暗网”则是搜索引擎无法搜索到的部分，包括各种存储在数据库里的资料，以及需要注册才能浏览的论坛页面等，这个部分要比“明网”巨大得多。参见秉泽：《“暗网”：你所不了解的互联网》，载《保密工作》2016 年第 2 期。

用的数据而已，最终产生犯罪收益太低、“犯不着”去实施犯罪的认识，起到积极预防网络平台数据泄露犯罪的作用。基于上述考虑，本书建议从以下两个方面着手来适当降低网络平台数据泄露犯罪的收益。

一方面要控制网络平台数据的再利用价值。通过要求网络平台履行一定的数据保护义务，尽量减小网络平台获取并管理用户数据的数量，防止其无限度地获取用户数据。这样即便发生数据泄露事件，因为数据关联主体的数量和价值都不大，就尽可能地降低了数据泄露的影响范围和危害程度，犯罪收益自然也就随之降低。我国《网络安全法》第四章“网络信息安全”对网络运营者的用户个人信息的保密、收集、使用义务作出了较为明确的规定，应当严格遵守。除此之外，本书建议适当参考欧盟 General Data Protection Regulation（GDPR），进一步强调网络平台个人数据的收集、处理规则，① 增加通过设计以默认方式保护数据的义务（参考 GDPR 第 25 条）和通知受到实质性影响的用户的个人数据泄露的通知义务（参考 GDPR 第 34 条）。增加前一义务意在通过“假名化”等方式保护数据，确保个人信息不被归属到一个已被识别或者可被识别的自然人；增加后一义务意在及时通知相关用户已经发生数据泄露，可以提醒用户及时修改某些个人关键数据，比如银行卡密码。

另一方面要严厉打击下游犯罪。在难易程度上，打击冒头的下游犯罪远比打击隐藏深、发现难的网络平台数据泄露犯罪要容易得多，无论是违法者利用网络平台数据泄露敲诈勒索网络平台，还是进行非法传播、非法销售、信用卡诈骗、电信诈骗等，这些都是“面上”的犯罪，看得见、抓得着，易侦查、易追诉、易定罪、易处罚。建议司法机关加大对涉及网络平台数据相关犯罪的打击力度，这些犯罪主要包括：利用网络平台数据对网络平台实施的敲诈勒索

① GDPR 第 6 条规定，只有符合以下条件之一，收集、处理个人数据的行为才是合法的：用户为了一个或者多个明确目的，同意处理其个人数据；为了履行用户与企业之间的合同必须处理其个人数据，或者为了基于用户请求而签订合同必须处理其个人数据；处理行为对于企业遵守其所负担的法律义务是必要的；处理个人数据是为了保护该用户或者其他自然人的重大利益；处理个人数据是为了公共利益；处理行为对于企业或者第三方所追求的合法利益目的是必要的，除非该利益屈从于需要保护其个人数据的自然人的利益或者基本权利和自由，尤其是当其是儿童时。此外，对于表征人种或者种族起源、政治意见、宗教或者哲学信仰、商会会员、基因、生物特征、健康状况、性生活等事项的特殊类别的个人数据（个人敏感数据），除非获得用户明确同意，或者具有其他正当理由，否则禁止收集、处理上述个人数据。

罪；故意传播网络平台数据构成的侮辱罪；非法销售网络平台数据构成的侵犯公民个人信息罪；非法使用网络平台数据构成的盗窃罪、诈骗罪、信用卡诈骗罪。值得重点关注的是对暗网非法交易网络平台数据犯罪的打击。前文分析了暗网作为违法者进行网络平台泄露数据非法交易的原因及其危害，由于暗网服务器都在境外，涉及交易双方也在全球分布，建议采取国际合作的方式打击地下黑市、震慑暗网数据非法交易。①

（二）提高网络平台数据泄露犯罪的“投资性”成本：强化网络平台数据保护责任，打击上游犯罪

犯罪经济学认为，在违法者考虑的犯罪成本中，有一部分是在准备和实施犯罪活动以及承担犯罪后果时，必须付出或可能付出的人力、物力、财力资源成本和时间机会成本，以及行为性成本、智能成本和心理感受成本。② 试想，如果实施某一犯罪既容易上手又容易得手，那违法者还不趋之若鹜？从这一角度考察，违反者会毫不犹豫地选择实施网络平台数据泄露犯罪主要是基于以下两个方面的原因。

一方面是容易上手。对于网络平台外部的“黑客”而言，实施网络平台数据泄露犯罪“易如反掌”。第一，攻击技能是“天生”的。“黑客”通常是指“对于计算机及计算机网络内部系统运作特别感兴趣并且有深入理解能力的一种人”，③ 他们往往热心于计算机技术、水平高超，能很容易地实施入侵网络平台数据库、流量分析等非法行为。第二，攻击工具和方法是现成的。比如“特洛伊木马”、邮件炸弹、网络嗅探器等黑客工具都能在互联网上免费下载或是付费购买到，还有一些专门的互联网站甚至是“黑客学校”为希望成为“黑客”的热衷者传授技术知识、提供技术支持。④ 第三，心理感受是轻松的。

---

① 刘晓：《暗网已成非法交易温床 世界各国协力打击》，载《人民日报（海外版）》2017 年 8 月 11 日，第 8 版。

② 吴闻、覃坚贞主编：《警察职务犯罪的预防》，中国人民公安大学出版社 2013 年版，第 176~179 页。

③ RFC1392, the Internet Users' Glossary, Usefully Amplifies This as: A Person Who Delights in Having an Intimate Understanding of the Internal Workings of a System, Computers and Computer Networks in Particular.

④ 于志刚著：《共同犯罪的网络异化研究》，中国方正出版社 2010 年版，第 38~44 页。

作为网络犯罪的一种，网络空间的虚拟性和匿名性本身也给涉案人员带来犯罪行为非常隐蔽的心理感受,① 相比杀人、强奸、抢劫等传统暴力犯罪，心理承受的压力和罪恶感要轻很多。② 对于网络平台内部的人员而言，实施网络平台数据泄露犯罪就是“监守自盗”。他们本是网络平台的合法授权者，按照工作职责理应掌握网络平台相关服务器的数据获取权限，但是出于报复泄愤或是图取私利的目的，他们既可以自己使用合法授权身份登录网络平台服务器，获取数据，如“Facebook 用户数据泄露事件”中的 Cambridge Analytica 利用“this is my digital life”应用获取 Facebook 数据库中的用户数据；也可以将自己的合法授权身份借予他人，“伪”授权后登录网络平台服务器，获取收据，如“勾结前同事下载客户数据售卖换钱案”中的龚某将自己在该网络公司内部管理开发系统的账号、密码、Token 令牌违规提供给卫某某。

另一方面是容易得手。从网络攻击窃密的角度看，第一，相对“黑客”的网络攻击技术，网络平台安全技术防护往往显得十分薄弱，“道高一尺，魔高一丈”。比如“瑞智华胜数据窃取案”中，瑞智华胜将自主编写的恶意程序放在运营商内部的服务器上，自动对用户流量进行清洗，相关运营商对此却毫不知情，也没有启动任何自动防御措施。第二，部分网络平台疏于安全管理，平台存在没有及时修补的漏洞，容易被“趁虚而入”。前文表 9-1 所列的 13 个案例中，有 8 例都是因为网络平台存在漏洞而遭“黑客”攻击。更为严重的是，有些网络平台在明知自身存在安全漏洞的情况下，依然视而不见，不采取任何修复补救措施，造成更加严重的数据泄露结果。2018 年 4 月，美国面包连锁店 Panerabread 旗下网站 panerabread. com 泄露了 3700 万名用户信息。随后，安全机构 KrebsOnSecurity 表示，他们早在 2017 年 8 月 2 日就曾发现了 Panerabread 网站的漏洞，告知对方后并没有进行及时修复，造成数据持续泄露超过 8 个月的严重结果。第三，网络平台中的数据都是集中存储，容易被“一网打尽”。在现有主流技术环境下，网络平台中包括许多数据库服务器在内的应用都是直接连接到存储器上的，相关数据也是传输并集中存储在其中的。这就导致存储服务器一旦被非法入侵，存储和传输其中的数据就会全部失去保护，以致被违法者尽收囊中。前文表 9-1 所列的案例都是这种情况。第

① 李玫瑾主编：《犯罪心理学》，中国人民公安大学出版社 2009 年版，第 187 页。

② 张保平、李世虎著：《犯罪心理学》，中国人民公安大学出版社 2015 年版，第 267~268 页。

四，部分网络平台疏于内部管理，给了违法者泄露数据的可乘之机。比如前述“Uber大规模数据泄露事件”，Uber在一个外部代码托管网站存储工程师在AWS上的账号密码；“南非Dracore Data Sciences数据泄露事件”，该企业的GoVault平台居然有一台完全未经保护的Web服务器。第五，绝大多数网络平台数据未加密，一旦泄露毫无秘密可言，对用户来说就容易被“一览无余”。基于信息安全考虑，数据加密技术通常用于增强数据库内部和外部的安全性，防止数据被破译。① 前文表9-1所列的案例所涉泄露的网络平台数据都没有经过加密，因此泄露即公开，违法者可以随意利用这些数据从事任何违法活动。

除了以上因素外，大量的非法地下交易市场和专业化的分工让违法者非法获取泄露的网络平台数据后能够很快地“零成本”销赃套现。比如暗网销售交易、电信诈骗、信用卡诈骗等各成体系、大行其道，使得违法者没有“后顾之忧”，只要泄露数据在手，完全不用考虑也不用花时间费精力在如何用数据“换钱”“逐利”上面。

无论采用哪种行为方式，要使网络平台数据泄露，都必须突破网络平台技术或者管理方面的安全保护屏障，这就需要违法者为实施犯罪付出相应的“投资性”成本。如果让网络平台的安全保护屏障“加固”，同时不让违法者轻易得到攻破屏障的技术方法或者是授权，更不能如“探囊取物”般轻易导致数据泄露，在这种“此消彼长”的对比中，违法者无法利用自身掌握的或是能够获取的技能、手段成功实施犯罪，无法产生数据泄露的结果，徒劳无功“不能犯”，自然就不再策划实施犯罪“不想犯”。

首先要切实强化网络平台的数据保护责任。网络平台数据的实际控制和管理者是网络平台，理应承担数据保护的责任，做好具体工作，让违法者既无法通过外部网络攻击的方式制造网络平台数据泄露事件，又难以在内部实施违规操作使网络平台数据泄露。按照现有法律法规并借鉴域外有关立法规定，本书简要提出如下两点建议。

第一，要求网络平台落实数据保护措施。按照《网络安全法》和《信息安全等级保护管理办法》等现有法律法规并借鉴域外有关立法规定，建议网络平台从管理和技术两个维度加强对网络平台内存储、处理、传输的数据的保

① 唐坤剑等著：《新编大学计算机应用基础》，中国青年出版社2016年版，第168页。

护。管理方面，基本原则是要落实信息安全等级保护制度，要制定网络平台内部安全管理制度和操作规程，落实网络安全保护责任，重点加强对网络平台所属各应用系统、数据库使用、管理人员的教育和管理，增强合规意识。技术方面，重点采取防火墙、病毒查杀等技术措施，防范计算机病毒和网络攻击、网络侵入等危害网络安全的外部行为，以及身份鉴别、访问控制等技术措施，防范非授权获取登录、非授权访问数据等危害数据安全的内部行为；同时采取数据传输加密、数据存储加密、数据完整性鉴别和密钥管理技术，提高网络平台和数据的安全性和保密性，防止数据被外部非授权获取后破译；建议还要积极采用安全分析、UEBA、安全编排与自动化（SOA）、机器学习等新兴技术，最终实现低投入、高回报的安全技术投资效益。①

第二，加重网络平台数据泄露的法律责任。通过加重网络平台因数据泄露而承担的法律责任，威慑、警示、引导、教育网络平台遵守有关规定。对因拒不履行法律、行政法规规定的信息网络安全管理义务，致使用户数据泄露，构成犯罪的，应当依照《刑法》第二百八十六条之一“拒不履行网络安全管理义务罪”的规定对网络平台进行相应处罚。对因调查取证存在困难无法证明相关犯罪事实的，可以依照《网络安全法》第五十九条对出现数据泄露事件的网络平台进行行政处罚。但是鉴于当前网络平台在经济社会中的重要地位，建议借鉴 GDPR 的立法经验，提高网络平台违规的经济处罚标准，② 以便更好地起到威慑和警示力度，提高网络平台对履行网络安全保护义务必要性和紧迫性的认识。

同时要坚决打击网络平台数据泄露上游犯罪。网络平台数据泄露的上游犯罪是指为危害网络平台数据安全犯罪行为提供用于破坏计算机信息系统功能、入侵计算机信息系统的程序、工具或者技术帮助的行为。如前文分析的，这类行为极大降低了网络平台数据泄露的难度，因此，应当坚决打击这类犯罪行为。本书建议，一是要充分利用《刑法》第二百八十五条第三款“提供侵入、

---

① Ponemon Institute, 2017 Cost of Cyber Crime Study—Ineights on the Security Investments, https://www.accenture.com/t20171006T095146Z__w__/us-en/_acnmedia/PDF-62/Accenture-2017CostCybercrime-US-FINAL.pdf#zoom=50.

② GDPR 第 83 条规定，对于违反 GDPR 的行为，严重违规者将被处以最高达 2000 万欧元或该企业全球年营业额的 4%（以两者较高者为准）的行政罚款；一般违规者将被处以最高达 1000 万欧元或该企业全球年营业额的 2%（以两者较高者为准）的行政罚款。

非法控制计算机信息系统的程序、工具罪”和第二百八十七条之二“帮助网络犯罪活动罪”，严厉打击提供黑客工具、传授黑客技术、租借“僵尸网络”、出售网络漏洞信息等违法犯罪行为。二是要加强网络治理，及时清理黑客网站、论坛、群组以及发布的相关信息。

（三）提高网络平台数据泄露犯罪的“惩罚性”成本：增强网络平台数据泄露监测预警和有关部门的技术侦查能力

贝克尔在其《犯罪与惩罚》一文中提出，违法同逃避逮捕的机会、定罪可能性以及判定有罪后的惩罚也是存在着某种关联。这种关联可以表述为：逃避逮捕的机会越大、定罪可能性越低、判定有罪后的惩罚越轻，违法者选择违法的可能性越大。① 也就是说，实施犯罪的“惩罚性”成本越低，比如实施犯罪后如果很容易就逃脱法律惩罚，或是只需要承担较轻的刑罚，违法者就越容易甘冒风险去实施犯罪。对比分析这三个因素不难发现，在现有刑事司法环境下，实施网络平台数据泄露犯罪的“惩罚性”成本是相对较低的。

第一，逃避逮捕的机会大。作为一种网络犯罪，网络数据泄露具有极强的隐蔽性，通常较难被发现。由于网络平台数据的易复制性，导致“盗窃”或者是“泄露”数据的行为中缺少“占有”要素，数据被盗了、泄露了，不像盗窃传统的钱包、钞票等可见有形物会发生转移，容易被发现，容易被监控。Ponemon《2018 年度数据泄露成本分析报告》显示，过去一年对于数据泄露事件的 MTTI（平均识别/发现时间）是 197 天，② 也就是说，网络平台数据泄露事件往往需要半年甚至更长时间才能被发现，这种情况下违法者不仅能在这段很长时间里导致更多数据泄露，而且能够顺利完成后续的违法犯罪行为，最后“全身而退”。“时间是侦查计算机相关犯罪的一个重要因素”，必须采取足够迅速的侦查手段以获取网络犯罪的证据，否则就会因计算机数据“转瞬即逝”

---

① ［美］加里·S. 贝克尔著：《人类行为的经济学分析》，王业宇、陈琪译，格致出版社等 2014 年版，第 47~50 页。

② Ponemon Institute, 2017 Cost of Cyber Crime Study—Ineights on the Security Investments, https://www.accenture.com/t20171006T095146Z__w__/us-en/_acnmedia/PDF-62/Accenture-2017CostCybercrime-US-FINAL.pdf#zoom=50.

的本质特征影响案件侦查。① 退一步说，即便网络数据泄露事件被网络平台或是有关监管机构发现了，但发动网络攻击的外部违法者是“黑客”，并且很多是故意匿名的“黑客”，他们利用计算机网络隐藏自己的身份，或者利用“跳板”技术、“僵尸网络”隐藏攻击源，用一般的侦查手段难以“追根溯源”，精准定位，违法者就可以在开放性、分散性极强的互联网络中“逃之夭夭”。前文表 9-1 所列案例中凡是“匿名黑客”作案的，都没有逮捕到犯罪嫌疑人，因此国外这类案件都只是定性为网络平台数据泄露事件，而没有以“犯罪”论。

第二，定罪可能性偏低。在网络攻击引起的网络平台数据泄露事件中，由于互联网数据传输速度极快，人们可以轻易删除、改变或移动数据的位置；“记录文件”（log files）即使存在，也只是保存在有限的时间内；显示交流链条（chain of communication）来源和路径的“往来数据”也只是短期保存。这种紧张关系给有效的侦查造成严重的后果。在刑事追诉中，必须确认犯罪行为人，并提供其犯罪行为的确凿证据。② 因此，在司法实践中，司法机关会因为缺少足够的证据而影响对网络平台数据泄露事件的定罪。比如表 9-1 所列案例中的“德国大型数据泄露事件”，尽管德国联邦刑警局 BKA 已将该事件定性为犯罪，多个部门已联合对该案展开调查，也抓获了一名犯罪嫌疑人，但是对于犯罪主体到底是“黑客团队”还是个人，作案目的到底是出于政治动机还是其他，犯罪方式到底是攻击某些大型数据库还是攻击个人账号并整合相关信息，都没有准确一致的定论。

第三，即便判定有罪，违法者所受的惩罚也不是很重。从我国《刑法》立法现状来看，网络平台数据泄露犯罪可适用的法条有：第二百五十三条之一“侵犯公民个人信息罪”，第二百八十五条第一款“非法侵入计算机信息系统罪”、第二款“非法获取计算机信息系统数据罪”。这三项罪名的量刑上限都不高，“侵犯公民个人信息罪”最高刑期为 7 年，“非法侵入计算机信息系统罪”最高刑期为 3 年，“非法获取计算机信息系统数据罪”最高刑期为 7 年。尽管这三款罪名都可以并处罚金，但是相对大规模网络平台数据泄露已经造成

---

① ［德］乌尔里希·齐白著：《全球风险社会与信息社会中的刑法——二十一世纪刑法模式的转换》，周遵友、江溯等译，中国法制出版社 2012 年版，第 304~305 页。

② ［德］乌尔里希·齐白著：《全球风险社会与信息社会中的刑法——二十一世纪刑法模式的转换》，周遵友、江溯等译，中国法制出版社 2012 年版，第 305~306 页。

和可能造成的潜在社会危害来说，都显失衡。

提高犯罪“惩罚性”成本的目的是为了让违法者不敢冒被逮捕和定罪的风险去实施违法行为。违法者一旦认识到其实施违法行为后越是容易被迅速逮捕，越是容易按照司法程序定罪处罚，那么他就不会冒这个风险，从而放弃实施犯罪。至于犯罪后所受刑罚的严厉程度对违法者违法行为的影响，贝克尔认为，在既有刑法立法前提下，“人们认为违法行为对定罪可能性变化的反应比对惩罚的反应更为敏感”，“定罪可能性比罪行惩罚更有威慑力”。① 综上，建议从该事件能否被及时发现（逃避追捕）和犯罪证据能否被有效获取两方面入手来尽量提高网络平台数据泄露的犯罪“惩罚性”成本，让违法者不敢选择实施犯罪。具体提出如下两点建议。

第一，要提高网络平台的监测预警能力，及时发现网络平台数据泄露事件。网络平台对数据泄露的发生具有第一时间感知和发现的能力，从技术实现上考虑，主要是要增强网络平台的入侵检测能力。入侵检测是“对企图入侵、正在进行的入侵或已经发生的入侵进行识别的过程”，② 通过从网络平台的若干关键点收集信息并进行分析，能够及时准确地中发现网络平台中的内部人员违规操作和针对平台的外部网络攻击。建议落实网络安全态势感知监测预警措施，建设网络安全防护管理平台，对网络运行状态、网络流量、用户行为、网络安全案事件等进行动态监测分析，并与同级公安机关对接，按照规定向同级公安机关报送网络安全监测预警信息，报告网络安全事件。③

第二，要提高公安等部门的技术侦查能力，及时锁定犯罪对象，有效获取犯罪证据，便于实施对违法者的逮捕、起诉。此外，基于网络平台的技术能力和协助公安部门侦破案件的需要，有必要强化网络平台的协助调查义务。建议要求网络平台在处置网络安全事件的同时应当保护好现场，记录并留存相关数据信息并对公安机关依法进行案件调查提供支持和协助。

---

① ［美］加里·S·贝克尔著：《人类行为的经济学分析》，王业宇、陈琪译，格致出版社等2014年版，第48页。

② ［美］Paul E. Proctor 著：《入侵检测实用手册》，邓琦皓等译，中国电力出版社2002年版，第4页。

③ 2018年6月公安部公布的《网络安全等级保护条例（征求意见稿）》第二十四条、第三十条对第三级以上网络运营者应当履行的网络安全态势感知监测预警义务提出了明确要求。

第十章 网络交易安全的法际协调与制度创新

在大数据时代，网络交易中由于网络交易双方对信息内容披露的不对等和网络交易的隐蔽性，网络交易对投资者来说风险较大。“面对‘互联网+’万物互联、万物可控的趋势，‘安全’成为不可或缺的基石。”①《电子商务法》和《网络交易监督管理办法》（征求意见稿）均将网络交易安全作为立法的重要调整对象，以期通过立法建立起对网络交易安全问题的治理体系。然而，《电子商务法》在实施阶段面临诸多困境，特别是《电子商务法》与基本民事、行政和刑事立法如何衔接，各自的调整范围如何界定以及制度如何落地等。而“随着新兴法律领域的喷涌而出，国际上的领域法学研究成为广泛普及的客观事实，是一种与部门法学相辅相成、交织融合、同构互补的法学门类”。② 领域法学以问题为导向，“以特定经济社会领域全部与法律有关的现象为研究对象，融经济学、政治学和社会学等多种研究范式于一体的整合性、交叉性、开放性、应用性和协同性的新型法学理论体系、学科体系和话语体系”③，契合了新形势下法学发展的需要。皆因于网络交易安全领域性的法学特质，有必要基于领域法学理论回应网络交易安全需求的法律领域化。

不过，统观既有研究，虽聚焦网络交易的法律机理研究，专注网络交易中

① 宁家骏：《“互联网+”离不开切实抓好“互联网+”安全》，载《中国信息安全》2015 年第 6 期。

② 熊伟：《问题导向、规范集成与领域法学之精神》，载《政法论丛》2016 年第 6 期。

③ 刘剑文：《论领域法学：一种立足新兴交叉领域的法学研究范式》，载《政法论丛》2016 年第 5 期。

消费者权利保障的问题和对策研究，但较少从法际整合与协调视角关注网络交易安全制度创新。网络交易安全法律问题备受中外学者关注，尤其民法学者已经对网络交易行为进行了较为深入的研究。换言之，当前对网络交易安全法律问题的研究还多停留于民法领域，较少有基于不同学科视角的研究成果出现。由于网络交易的多元复杂性，从法际整合与协调的视角观之，网络交易安全法律制度的研究仍有待进一步深化。我国互联网产业日新月异的新时代，为网络交易安全的法律治理从宏观层面的法际整合到微观层面的法际协调提供了崭新契机。缘此，有机协调不同法律学科之间的关系，对互联网交易安全创新法律制度进行立体化研究不仅可行，而且必要。也皆因于此，课题以网络时代交易安全面临的挑战为论证的起点，以《电子商务法》为中心，揭示网络交易安全保障的领域法诉求；以网络教育资源交易为中心，寻求网络交易安全的实体制度保障；以社会保险费征管安全为中心，探寻网络交易安全的程序保障。

一、网络交易安全保障的领域法诉求：以《电子商务法》为中心

为解决网络交易安全问题，中国电子商务协会于 2005 年 4 月便制定了《网络交易平台服务规范》（以下简称《服务规范》），以规范网络交易平台交易服务，保障网络交易安全，保护相关当事人的合法权益。然而，近十年以来网络交易日新月异，早已超出 2005 年《服务规范》设计者所能想象到的规范内容，网络交易平台、网络交易的参与者和交易的达成均呈现越发精细化和复杂化。网络交易行为亦并非完全遵循合法途径开展，网络的虚拟性和便捷性一方面节约了交易双方的磋商成本，另一方面也便利了不轨者的非法获利行为。这其中势必掺杂着网络交易的欺诈、侵犯隐私权乃至侵犯版权等涉及网络安全的行为。面对这种越来越复杂的交易行为，《服务规范》仅作为一个自律协会的规范文本并不能适应不断变化的网络交易行为，其强制性与可约束性均有所欠缺。加之《服务规范》设计之初的交易环境与当下差异可谓翻天覆地，难以有效规范当下交易行为。因此，实有必要从国家立法的角度制定单行的网络交易规则，以规范混乱的网络交易行为，厘清其中的法律关系，既保护消费者权益又促进网络交易的健康发展。此时，《电子商务法》的制定提上了日程，立法机关期望通过领域法的形式来评估网络交易安全法律行为，以规范网络交

易行为，促成有序发展。

然而，法律关涉网络新兴领域，影响各方当事人权益和经济发展，故其立法博弈过程较为艰辛。如2016年12月19日，第十二届全国人大常委会第二十五次会议就开始对《中华人民共和国〈电子商务法〉（草案一审稿）》（以下简称《电子商务法（草案一审稿）》）进行审议，经过近1年的意见征求，直至2017年10月31日，第十二届全国人大常委会第三十次会议才对《中华人民共和国〈电子商务法〉（草案二审稿）》（以下简称《电子商务法（草案二审稿）》）进行了第二次审议。2018年6月19日，第十三届全国人大常委会第三次会议第三次审议了《中华人民共和国电子商务法（草案三审稿）》（以下简称《电子商务法（草案三审稿）》）。我国电子商务立法（以下用《电子商务法（草案）》统称《电子商务法（草案一审稿）》《电子商务法（草案二审稿）》和《电子商务法（草案三审稿）》）引起了诸多争议，其中法律的调整范围是立法研究和讨论中最受关注的问题。特别是涉及服务创新、模式创新的"商品交易""服务交易""涉及金融类产品和服务""利用信息网络播放音视频节目""网络出版"等概念，均需要《电子商务法》正面回答。遗憾的是，2019年1月1日正式实施的《电子商务法》并未完全回答前述问题，需要从领域法角度进一步分析，以厘清《电子商务法》之于网络交易安全的重要价值，进而完善网络交易安全法律制度。

（一）网络交易安全法律述评：视阈局限与规则不足

1. 传统公私法对网络交易安全的一般性保障

传统私法保障网络交易安全主要涉及合同法、商法、侵权法等内容。首先，从民法角度分析，诚实信用原则作为其"帝王条款"，可适用于网络交易安全保障行为。诚实信用原则的宗旨在于要求交易双方自觉遵守交易市场的平等互惠原则，以最大的诚实和信用来进行交易行为，避免投机主义，从而保障交易行为的安全性和可持续性。① 民法以诚实信用原则为内核建立了一整套交易安全保障机制，确保网络交易安全产生积极作用。其次，在合同法中，对网络交易安全的保障主要侧重于从网络交易合同的角度进行引导。网络交易与传

① 参见陈忠禹：《论诚实信用原则与电子商务交易安全保障机制》，载《江西师范大学学报（哲学社会科学版）》2010年第3期。

统线下交易相比，存在电子化、主体多、法律关系复杂等特点。在网络交易中，所有交易行为均在线上完成，从而涉及多方主体，使得法律关系异常复杂。涉及主体包括网络交易平台提供者、消费者和利用网络平台进行交易的销售者三方主体，此外还包括网络交易支付的第三方平台、为网络交易提供配送服务的物流企业等其他主体。① 复杂的法律关系使得网络交易合同既包括网络交易平台提供者与利用网络平台进行交易的销售者之间的网络交易服务合同，又囊括网络交易平台提供者与消费者之间的网络交易服务合同，以及销售者与消费者之间的买卖合同。② 就具体法律规范而言，《中华人民共和国合同法》(以下简称《合同法》) 第十一条规定："书面形式是指合同书、信件和数据电文（包括电报、电传、传真、电子数据交换和电子邮件）等可以有形地表现所载内容的形式。"可见《合同法》已经将电子合同纳入合同范围并受《合同法》的保护。《合同法》第十六条第二款、第三十三条也对电子合同的成立和生效等内容作了专门规定。虽然《合同法》确立了电子合同的法律效力问题，但是并未解决数据电文如何等同于电子合同的问题，而是将其在《电子签名法》中加以规定。《电子签名法》确立了数据电文的法律效力，使得电子签名与手写签名或盖章具有相同的法律效力，有效解决了商务电子化所面临的法律问题。最后，《侵权责任法》和《消费者权益保护法》中规定了网络平台提供者的侵权责任。③ 根据《侵权责任法》第三十六条第二款的规定，网络用户利用网络服务实施侵权行为的，被侵权人有权通知网络服务提供者采取删除、屏蔽、断开链接等必要措施。网络服务提供者接到通知后未及时采取必要措施的，对损害的扩大部分与该网络用户承担连带责任。④

网络交易安全既需要私法主体交易中的严格自律，又需要公法的介入对网络交易过程提供强制性的规制措施，从而促进网络交易市场的健康发展。如《网络安全法》第四十七条规定了平台提供者在发现违法信息时停止传输和向有关主管部门报告的义务；《网络交易管理办法》第二十六条规定了第三方交

---

① 参见杨立新：《网络法律关系构造》，载《中国社会科学》2016 年第 2 期。

② 参见杨立新：《网络法律关系构造》，载《中国社会科学》2016 年第 2 期。

③ 参见丁宇翔：《跨越责任鸿沟——共享经营模式下平台侵权责任的体系化展开》，载《清华法学》2019 年第 4 期。

④ 参见周友军著：《交往安全义务理论研究》，中国人民大学出版社 2008 年版，第 176 页。

易平台经营者在发现经营者及其提供的商品或服务存在违法行为时，及时向工商部门报告并采取措施制止的义务；《食品安全法》第六十二条规定了第三方平台提供者对入网食品经营者进行实名登记和许可证审查的义务，在发现经营者有违法行为时，负有及时制止并向当地食品安全监管部门报告的义务；《广告法》第四十五条赋予互联网信息服务提供者对明知或应知利用其场所或平台发送、发布违法广告的制止义务；《药品管理法》规定了第三方平台的备案、审核以及发现违法行为时的及时制止并向所在地县级人民政府药品监督管理部门报告的义务等。2014 年国家工商总局颁布了《网络交易管理办法》，明确了工商管理部门对网络交易实行监管，为网络交易提供一个规范的市场环境，维护消费者的合法权益，并鼓励网络商品经营者和网络服务经营者成立行业协会，推动行业信用建设。此外，商务部通过的《第三方电子商务交易平台服务规范》、工业和信息化部通过的《电子认证服务管理办法》、国家药监局通过的《药品电子商务试点监督管理办法》、信息产业部通过的《互联网信息服务管理办法》等部门规章中，也对网络交易监管进行了不尽一致的规定。除政府机构外，第三方平台，即网络交易平台提供者同样负有监管义务。①

从以上分析不难看出，传统私法是建立在实体交易的法律环境下的，适应网络交易行为还需进一步地解释与扩展。也即需要传统私法把握网络交易的虚拟性特性，探索与传统实体交易行为的本质性差异，从而扩展传统私法在网络交易的适用空间。尽管《民法总则》《合同法》等法律文本中加入了网络交易的相关内容，但是区区几处条文对网络交易的细节性内容缺乏具体体系规范，网络交易也难以完全融入到现有的私法体系之中。此外，私法崇尚主体平等和意思自治，而网络交易中消费者天然地处于信息不对称的情形，主体权利易受到侵害且维权取证困难。意思自治方面，消费者的意思表达空间极为有限，在平台经营者和销售者利用平台信息优势面前，往往处于弱势地位。此时，仅依靠传统私法难以营造网络交易中消费者信息安全的良好氛围。

就传统公法而言，应当承认行政监管在网络交易安全中具有较强的威慑作用，理论上能够有效地维护交易秩序安全的大环境，以保护消费者的安全交易

---

① 参见伏创宇：《我国电子商务平台经营者的公法审查义务及其界限》，载《中国社会科学院研究生学院报》2019 年第 2 期。

权益。然而，虽然2014年实施的《网络交易管理办法》对公权力机关的权责进行了细化规定，但遗憾的是该办法仅属于部门规章范畴，法律位阶较低。仅对网络交易监管进行了原则性的规定，并没有进一步的具体实施细则出台，网络交易监管仍然缺乏明确的法律依据。因为只有事实上的法人才能够更好地被监管，仅仅是通过网站注册的方式从事网络交易的主体难以被有效监管，消费者的合法权益自然也就难以切实有效地得到维护。① 加之各部门均出台对应的规章制度，导致部门间职能混杂，甚至部分规定出现相抵触的情形，难以明确各个部门之间的监管职责，适用较为困难。② 而对于网络交易平台提供者的监管则零散地见于各法律条文中，并不存在体系化的规范。实际上，从法律逻辑分析，平台不仅对其发布的内容负有监管义务，更具有主动审查违法内容及上报的义务。这就使得平台需要对其所发布的内容是否涉嫌违法进行价值判断，从而筛查过滤。但平台可能会为避免法律风险而过度审慎从而阻止一些并未违法的交易，加之平台被赋予了较大的自由裁量权，甚至利用其权力去监控用户行为、影响交易活动，扰乱交易秩序，违反了比例原则。③ 可见，在赋予平台审查和监管交易安全的同时，若经营者和消费者权利被侵犯，其寻求救济的难度也远远高于公权力机关执行监管职责造成损害的情形。传统公法对网络交易安全的保障存在一个第三方平台权力过大、公权力机关监管责任缺失的情形，难以在第三方平台的权责关系以及与监管部门的责任上进行合理分担以达到平衡，对于保障网络交易安全的效果有限。④

2. 经济法对网络交易安全的特别保障

根据我国经济法的调整对象分析，有学者将经济法划分为宏观调控法和市场规制法。⑤ 其中，宏观调控法可进一步细分为财税法、金融法、计划规范

---

① 参见刘渝峡：《农产品电子商务交易的法律保障机制建构》，载《农村经济》2015年第11期。

② 参见王锡锌：《网络交易监管的管辖权配置研究》，载《东方法学》2018年第1期。

③ 参见赵鹏：《私人审查的界限——论网络交易平台对用户内容的行政责任》，载《清华法学》2016年第6期。

④ 参见薛虹：《论电子商务第三方交易平台——权力、责任和问责三重奏》，载《上海师范大学学报（哲学社会科学版）》2014年第5期。

⑤ 参见李昌麒著：《经济法——国家干预经济的基本法律形式》，四川人民出版社1997年版，第48~49页。

法；市场规制法则可划分为反垄断法、反不正当竞争法和消费者保护法。① 随着以网络为主要载体的交易活动日益频繁，应当在经济法中作出相应的制度安排来保障市场经济的平稳运行，促进经济的平稳健康发展。经济法对网络交易安全的保障涉及《消费者权益保护法》《反不正当竞争法》以及金融法等方面的内容。本书以《消费者权益保护法》为分析视角，对网络交易安全进行整体观察。现行《消费者权益保护法》对网络交易安全进行了一定的规制，针对网络交易的特点进行规制，对消费者提供了较为全面和完善的安全保护。《消费者权益保护法》作为专门保障消费者权益的法律，规定了消费者的选择权、知情权、公平交易权、损害求偿权、监督权，以及在网络购物时的七天无理由退货权；确立了网购时消费者的个人信息保护；实行举证责任倒置，化解消费者的举证难问题；确立“退一赔三”的惩罚性赔偿，并规定了最低赔偿数额。通过这一系列的立法操作，加强对网络交易中处于弱势地位的消费者的权益保护，明确消费者权利内容和权利救济机制，从而有效解决网络交易纠纷，维护网络交易安全。

第一，《消费者权益保护法》赋予了网络交易平台提供者的事前审查义务，包括网络商品交易平台在商户进驻时应尽到合理的审查义务，至少应当能够提供销售者的真实名称、地址和有效的联系方式。当然，不能仅因电子商务平台经营者未尽审核义务就直接作出其须承担连带责任的判断，不同情形的差异性也会影响电子商务平台经营者的责任承担。例如在网络食品交易领域，当电子商务平台经营者没有履行登记审查等义务而出现消费者合法权益受损时，其应与入网食品经营者或生产者承担连带责任。②

第二，《消费者权益保护法》第四十四条还规定了网络交易平台提供者在一定情形下承担不真正连带责任，从而为网络购物中的侵权行为导致的各方责任承担提供了法律依据。消费者通过网络交易购买商品或者服务造成损害时，网络交易平台提供者应当在其过错范围内与销售者或服务者承担连带赔偿责任，如不能够提供销售者或服务者的真实名称、地址和有效联系方式，或者明知或应知销售者或者服务者利用其平台侵害消费者合法权益而未采取必要措施

① 参见张守文著：《经济法总论》，中国人民大学出版社 2009 年版，第 35~36 页。

② 参见刘金瑞：《网络食品交易第三方平台责任的理解适用与制度创新》，载《东方法学》2017 年第 4 期。

等情形。但网络交易平台提供者作出更有利于消费者的承诺的除外，此时网络交易平台提供者应当承担无过错责任，即只要发生了约定情形，网络交易平台提供者无需具有过错即应当承担责任。很多学者认为《侵权责任法》第八条规定的共同侵权行为既包括主观共同侵权行为，也包括客观共同侵权行为。① 在电子商务平台经营者的安全保障义务语境中，当电子商务平台经营者违反审核义务或者安全保障义务的行为与平台内经营者的侵权行为构成相互平行的关系，而且对损害结果的发生具有直接的关系时，即构成了客观上的共同侵权行为，电子商务平台经营者即可能承担连带责任。

第三，就网络交易的销售者而言，《消费者权益保护法》虽然规定了消费者的七天无理由退货的权利，但为防止该权利被滥用，同时明确了不宜退货的情形、退货的商品应当完好以及退货费用的承担问题；若出现产品超卖情形，消费者在支付商品费用后，销售者以缺货为理由拒绝发货的，应当承担违约责任；销售者利用虚假广告或者其他虚假宣传方式提供商品或者服务，造成消费者合法权益受到损害的，消费者可以向销售者要求赔偿。为了维护网络交易安全，甚至《消费者权益保护法》还规定了消费者协会和其他消费者组织在特定情形下的介入义务，也即通过行业组织和社会力量来维护消费者权益，保障网络交易安全。即使在部分网络交易中，商户在向平台支付一定的费用后，平台将其商品或服务向消费者优先推送，在这种情形下，平台也应进一步对其商品或服务加以审查，以确保其合法性，保障交易安全。②

除《消费者权益保护法》外，《产品质量法》《食品安全法》《药品管理法》等法律中也对特殊商品的网络交易行为进行特别规定。以药品网络交易为例，在药品交易法律制度中，最为重要的是《药品管理法》《药品管理法实施条例》。其中，2002 年颁布的《药品管理法实施条例》是药品网络交易立法的开端。该条例第十九条规定："通过互联网进行药品交易的药品生产企业、药品经营企业、医疗机构及其交易的药品，必须符合《药品管理法》和本条例的规定。" 2004 年国家食品药品监督管理局出台了《互联网药品信息服务管理办法》，对网络交易中提供药品网络交易信息服务的网站加以规范，作为首个药品网络交易方面的部门规章，对于加强药品的监督管理，规范互联网药品信

---

① 参见王胜明主编：《中华人民共和国侵权责任法释义》，法律出版社 2010 年版，第 57~58 页；杨立新著：《侵权责任法》，法律出版社 2015 年版，第 137 页。

② 参见齐爱民著：《电子商务法原论》，武汉大学出版社 2010 年版，第 55~56 页。

息服务活动具有重要意义。2005 年食品药品监督管理局又制定了《互联网药品交易服务审批暂行规定》，规定了互联网药品交易机构的审核及设立条件、监管和处罚措施等内容。2018 年，出台了《药品网络销售监督管理办法（征求意见稿）》，使得对药品网络交易行为的监督有了专门的规制措施。由于药品、食品等特殊商品与人民群众的身体健康休戚相关，因而必须把握好网络交易过程中效率与安全之间的平衡问题。在这些特殊领域也有较多的法律法规对有关的网络交易行为进行规制。除这些特殊商品之外，对于普通商品的网络交易安全问题，却鲜有体系性的法律法规从经济法的角度进行宏观上的把控。

3. 总体评述

总的来说，传统公私法和现行经济法虽然已经意识到网络交易在经济活动中的分量日益增大，从而有意识地将其纳入已有的法律体系之下，使网络交易安全的保障有法可依。但是，网络交易已经渗透至各个领域，其所面临的法律问题也日益复杂化和多样化，而传统的公私法仅仅聚焦于食品、药品或者消费者权益保护等某一方面的内容，具有一定的局限性，现有的立法已难以从容应对复杂的网络交易行为。比如网络用户协议，已经超出了《合同法》中格式合同所能够调整的范畴，具有一定的公共性，完全由平台提供者来进行规制将面临较大的法律风险，消费者在面临此种问题时也难以从现有的法律文本中寻求救济。经济法对网络交易安全的保障主要侧重于宏观的监管以及微观的消费者权益保护和损害救济。但是，经济法毕竟主要针对的是实体经济，将网络交易安全保障强行纳入以实体经济为基础建构的法律制度，必然会产生不适配和不周延的情形，且条文仅集中在某个特殊商品的保护领域，没有针对网络交易安全保障的专门性立法，难以对网络交易安全形成一个完整的保护体系。

此外，网络交易安全保障涉及方方面面，仅仅依靠某一部法律文本无法解决面临的所有问题。通过对已有的规范性文件进行分析，可以发现，从形式上看，虽然有许多条款对网络交易安全进行规定，但是并不存在针对网络交易安全的一部专门立法，也没有一个专门的监管机构进行监管，相关法律规范散见于各规范性法律文件中，仍然是一个结构松散、整体单薄的体系，难以对网络交易安全形成一个严密、周延的保护。从内容上看，有关网络交易安全的保障除《消费者权益保护法》中零散的几个纠纷解决模式外，现有的规定并不全面，且多为法律位阶较低的法规或部门规章，只能从表面上对网络交易行为进行规制，适用起来仍存在困难。换言之，这些规定并无法适应不同形态的电子商务平台及电子商务交易安全形势的发展，还需扩大视阈，并完善相应的法律规则体系。

(二)《电子商务法》保障网络交易安全的乏力

为规范电子商务行为，维护各方的合法权益，促进电子商务行业的健康发展，2018年第十三届全国人大常委会第五次会议通过了《中华人民共和国《电子商务法》》（以下简称《电子商务法》），并使之成为电子商务领域的一般法。经过三次审议并最终颁布的《电子商务法》，将成为未来指导电子商务活动、规范电子商务行为的纲领性法律文件。该法采取综合立法的立法模式，分为七个章节，覆盖电子商务经营者、电子商务合同的订立与履行、电子商务争议解决、电子商务促进和法律责任等几个方面的内容。《电子商务法》实施之后，电子商务服务更加规范，网络经营者的行为更加透明，不诚信经营行为得到有效遏制。①

1.《电子商务法》中的网络交易安全保障规则

于2019年1月1日起施行的《电子商务法》作为电子商务领域的一般法，其对保障网络交易安全的作用是毋庸置疑的。《电子商务法》的立法目的在于保障电子商务各方主体的合法权益，规范电子商务行为，维护市场秩序，促进电子商务持续健康发展，保障网络交易安全是其立法目的的应有之义。有学者在该法实施前即提出了电子商务交易法律关系的构造、权利义务关系、法律责任等内容，认为该内容形成了电子商务交易的基本民法规范，对于电子商务交易活动的调整和纠纷的司法实践对策，都具有重要价值。② 具体而言，《电子商务法》包括但不限于从以下几方面进行了努力。

第一，《电子商务法》对电子商务经营者（平台经营者）的概念进行界定。该法第九条第一款规定："本法所称电子商务经营者，是指通过互联网等信息网络从事销售商品或者提供服务的经营活动的自然人、法人和非法人组织，包括电子商务平台经营者、平台内经营者以及通过自建网站、其他网络服务销售商品或者提供服务的电子商务经营者。"同时，还明确了电子商务平台经营者的概念。以前的法律称电子商务平台经营者为网络交易平台提供者，例

---

① 参见陆峰：《〈电子商务法〉实施带来的影响及应对措施》，载《中国经济时报》2019年1月18日，第5版。

② 参见杨立新：《网络交易法律关系构造》，载《中国社会科学》2016年第2期。

如《消费者权益保护法》第四十四条规定的是“网络交易平台提供者”，与网络服务提供者相对应。①《电子商务法》对有关电子商务经营者的概念作了系统整理，规定了明确的定义和种类，也统一了称谓。《电子商务法》第九条第二款规定：“本法所称电子商务平台经营者，是指在电子商务中为交易双方或者多方提供网络经营场所、交易撮合、信息发布等服务，供交易双方或者多方独立开展交易活动的法人或者非法人组织。”在以往，有人将其界定为“是指从事网络交易平台运营和为网络交易主体提供交易服务的法人”；② 或者“是指设立、运营网络交易平台，为网络交易的销售者、服务者与消费者进行网络交易提供平台服务的网络企业法人”。③ 按照《电子商务法》的规定界定这个概念，显然更为准确。第九条是对电子商务经营者概念内涵和外延的定义，规定了电子商务经营者的定义与类型。

第二，对电子商务的消费者概念进行界定。《电子商务法》使用了三个概念进行界定，分别是电子商务当事人、用户和消费者。电子商务当事人包括电子商务经营者和电子商务消费者。在电子商务平台进行交易活动，必须有电子商务消费者，否则无法成立电子商务交易法律关系。《电子商务法》第四十七、四十八、五十二、五十三条等使用了电子商务当事人的概念，其中包含电子商务经营者和电子商务消费者。法律规定了电子商务当事人，就规定了电子商务消费者。《电子商务法》使用用户的概念，主要体现在第四十九、五十、五十三、五十四、五十五、五十六、五十七条。在电子商务领域中，用户相当于电子商务消费者的概念。《侵权责任法》第三十六条使用“网络用户”的概念，与《电子商务法》的用户概念基本相同，只是在使用的电子平台的性质上有所区别。④《电子商务法》在某些条文还使用了消费者的概念。其中的消费者概念就是电子商务消费者，而不是一般的消费者。电子商务消费者在《消费者权益保护法》中就被称为消费者，没有加电子商务的定语。由于《电子商务法》是调整电子商务法律关系的专门法，又由于消费者进入电子商务领域

---

① “网络服务提供者”是《中华人民共和国侵权责任法》第三十六条使用的概念。

② 参见吴仙桂：《网络交易平台的法律定位》，载《重庆邮电大学学报（社会科学版）》2008 年第 6 期。

③ 参见杨立新著：《网络交易民法规制》，法律出版社 2018 年版，第 78 页。

④ 参见杨立新：《电子商务法规定的电子商务交易法律关系主体及类型》，载《山东大学学报（哲学社会科学版）》2019 年第 2 期。

进行消费，而与一般的消费者有所不同，是指通过互联网等信息网络即电子商务平台购买商品或者接受服务的消费者。《电子商务法》之所以在多数情况下不使用消费者的概念，是因为消费者的概念在消费者权益保护法中界定得比较窄。①

第三，电子商务经营者（平台经营者）的义务规定。在参与网络交易的三方当事人中，消费者的地位最弱，平台内经营者居中，平台经营者的地位最强。② 且通过第三方平台达成的交易占目前网络零售市场规模的九成，第三方平台对电子商务市场具有主导作用。③ 因而，《电子商务法》对平台经营者设置了一系列的义务，赋予消费者一系列的权利，从而弥补网络交易中各方的不平等地位。例如，《电子商务法》第二章规定，平台经营者具有对平台内经营者的资格审查和报送义务（第二十八、二十九条），商品和服务的记录与保存义务（第三十一条），遵循公开、公平、公正的原则制定平台服务协议和交易规则的义务（第三十二条），信息公开义务（第三十三、三十四条），安全保障义务（第三十八条），建立健全信用评价制度的义务（第三十九条）等一系列的义务和责任，保障电子商务各方主体的合法权益，使消费者在权益遭受损害时能够很好地得到救济。第三章规定了电子商务合同的订立与履行，并首次在法律层面对电子支付进行具体规定，明确了电子支付服务提供者和用户的权利义务，电子支付指令和支付安全管理的具体要求，如何处理错误支付、未授权支付等有关重要问题，④ 保障支付安全，维护用户的合法权益。

此外，第三章还明确了当事人订立和履行电子商务合同，除适用《电子商

---

① 《中华人民共和国消费者权益保护法》第二条规定："消费者为生活消费需要购买、使用商品或者接受服务，其权益受本法保护；本法未作规定的，受其他有关法律、法规保护。"通常认为，本条前段规定的是消费者的定义。参见马一德：《解构与重构："消费者"概念再出发》，载《法学评论》2015 年第 6 期。

② 参见孙晋、袁野：《论平台经营者的民事法律责任——〈电子商务法〉第三十八条第二款的解释论》，载《财经法学》2020 年第 1 期。

③ 刘颖：《我国〈电子商务法〉调整的社会关系范围》，载《中国法学》2018 年第 4 期。

④ 杨东、黄尹旭：《〈电子商务法〉电子支付立法精神与条文适用》，载《苏州大学学报（哲学社会科学版）》2019 年第 1 期。

务法》外，还适用《中华人民共和国民法总则》《中华人民共和国合同法》《中华人民共和国电子签名法》等法律规定，有利于各法律之间的衔接，增强法律的适用性。第四章则明确了电子商务争议的解决方式，并对《电子商务法》与《消费者权益保护法》的适用边界加以规定，确立出现纠纷时各方的权利义务，维护消费者的合法权益，保障网络交易安全。总的来看，《电子商务法》符合中国国情，体现了立法者的原创智慧，适应电子商务迅速发展的趋势，是我国首部电子商务领域的一般法，对于规范网络交易行为、指引并促进电子商务的发展无疑具有重要意义。

2.《电子商务法》保障网络交易安全的整体乏力

虽然《电子商务法》的颁布取得了积极的效果，但网络交易安全的复杂性远超《电子商务法》所能完全应对，使得实践中网络交易安全仍难以完全规制。我国电子商务立法之初就确立了综合性立法的思路，立法者努力将电子商务立法覆盖电子商务领域的绝大部分领域。目前电子商务已经渗透至电子商务的各个领域，同时也面临了多样性和复杂性法律难题，特别是当网络交易安全与纯粹的电脑技术与大数据、人工智能的结合，使得仅以《电子商务法》来规制网络交易安全问题显得力不从心，无法对网络交易安全形成全方位的保障。为此，《电子商务法》心知肚明，努力尝试与其他部门之间的衔接配合，以求在网络交易安全方面形成突破。例如《电子商务法》第四十七条和第五十八条就规定了《电子商务法》与《民法总则》《合同法》《消费者权益保护法》等法律文本衔接。强化对于电子合同的认定、到达时间等能够通过《合同法》的规定和解释来加以完善，提出适用《合同法》的具体法律条文时，《电子商务法》可对此不再重复规定。而对于消费者要求电子商务平台经营者承担先行赔偿责任，以及电子商务平台经营者赔偿后向电子商务经营者追偿的情形，应适用《消费者权益保护法》的有关规定。

加之《电子商务法》的法律条文本身在逻辑结构方面亦存在需进一步探索的地方。例如，电子商务平台经营者在《电子商务法》中被赋予了制定争议解决规则并解决争议的权利。电子商务平台经营者相较于公权力部门更熟悉电子商务活动过程，对查清事实具有天然优势，因而更有利于解决网络交易纠纷，缓解行政机关监管压力。然而，电子商务平台经营者作为一个电子商务活动中的一方主体，可能既是纠纷的当事人，又是争议解决规则的制定者，显然不具备公信力和中立性。① 又如，《电子商务法》第三十八条第二款规定了电子商务平台经营者未尽到资格审核义务或者安全保障义务时应当承担相应的责任，但是该“相应的责任”并未规定平台经营者具体应当承担何种责任，这就导致了立法模糊下的法律适用困境，增大消费者的信息被侵犯的维权成本和难度，也给政府监管以及司法实践带来挑战。②《电子商务法》作为电子商务领域的一般性法律，应当对涉及电子商务领域的事项进行整体性规制，而非通过其他领域法律来加以规范，否则难以对电子商务交易安全构筑全面保障。

又者，在综合立法的思路指引下，《电子商务法》试图涵盖有关电子商务领域的所有问题，这也就造成《电子商务法》缺乏特有的调整对象的缺陷。《电子商务法》第二条规定：“本法所称电子商务，是指通过互联网等信息网络销售商品或者提供服务的经营活动。”据此，《电子商务法》的调整对象应当是在我国境内通过互联网等信息网络销售商品或者提供服务的经营活动所产生的权利义务关系。但是这一定义的外延太广，诸如电子合同、电子签名、消费者权益保护等早已被现有的法律所调整，不属于《电子商务法》特有的调整对象，导致《电子商务法》在现有的框架下可能缺乏特定调整对象，不仅影响电子交易安全领域法律规范的内在逻辑，还使得法律条文之间粘性不强，甚至造成现有法律体系的混乱，出现与其他法律之间重叠或者互相矛盾的现象。例如《电子商务法》第五十二条规定：“快递物流服务提供者在交付商品时，应当提示收货人当面查验；交由他人代收的，应当经收货人同意。”该条款与《快递暂行条例》第二十五条存在内容重复。③ 又如《电子商务法》第三十八条第一款规定：“电子商务平台经营者知道或者应当知道平台内经营者销售的商品或者提供的服务不符合保障人身、财产安全的要求，或者有其他侵害消费者合法权益行为，未采取必要措施的，依法与该平台内经营者承担连带

---

① 参见刘颖：《我国〈电子商务法〉调整的社会关系范围》，载《中国法学》2018年第4期。

② 参见孙晋、袁野：《论平台经营者的民事法律责任——〈电子商务法〉第三十八条第二款的解释论》，载《财经法学》2020年第1期。

③ 《快递暂行条例》第二十五条：“经营快递业务的企业应当将快件投递到约定的收件地址、收件人或者收件人指定的代收人，并告知收件人或者代收人当面验收。收件人或者代收人有权当面验收。”

责任。”该条款与《消费者权益保护法》第四十四条第二款的内容重复。① 此外，《电子商务法》还缺乏对某一大类电子交易行为的统一规范，包括涉及服务创新、模式创新的“商品交易”“服务交易”“涉及金融类产品和服务”“利用信息网络播放音视频节目”“网络出版”等，均缺乏对概念及其内容的正面回答。

总的来说，《电子商务法》对于现阶段弥补电子商务领域立法空白，规范电子商务各方主体的行为，保障消费者合法权益和网络交易安全，促进电子商务健康发展等方面，无疑具有重要意义。《电子商务法》的立法模式和法律条文也亮点颇多，开世界电子商务立法之先河，结束了长期以来网络交易纠纷在各部门法中“拼凑”的状况。② 但是必须认识到，《电子商务法》侧重于商务的电子化，而网络交易只是电子商务的一种形式，电子商务立法有其固有的定势——解决电子通信的形式问题，③ 因而对于网络交易安全的保障作用是有限的，不应过高估计。过于强调电子交易领域大而全的规定，使得《电子商务法》对电子商务各个环节中的行为规制的细节也极为有限。电子商务发展到现在，已经渗透至各个领域，涉及生活的方方面面，根本无法通过一部法律全部进行规定，还须与其他部门法相结合。为此，能够通过对传统立法进行修改、补充从而使其延伸至电子商务领域的，就不必再在《电子商务法》中加以特别规定，否则不仅是对立法资源的浪费，还会阻碍电子商务的进一步发展。对于无法通过其他法律加以规制、只能适用于电子商务领域的特殊规定，才应出现在《电子商务法》中，解决《电子商务法》与传统法律部门的适用边界问题，维护现有法律体系的逻辑性和完整性。可见，通过《电子商务法》保障整体网络交易安全力量有限，避免对其在网络交易安全领域的创新规定有过高要求。

必须承认，传统民商法对保障网络交易安全来说是不可或缺的。在互联

---

① 《消费者权益保护法》第四十四条第二款：“网络交易平台提供者明知或者应知销售者或者服务者利用其平台侵害消费者合法权益，未采取必要措施的，依法与该销售者或者服务者承担连带责任。”

② 参见戈晶晶：《〈电子商务法〉实施成效显著》，载《中国信息界》2019 年第 5 期。

③ 参见高富平：《从〈电子商务法〉到网络商务法——关于我国电子商务立法定位的思考》，载《法学》2014 年第 10 期。

网迅速发展的当下，网络交易安全想要得到更大的保障，更好地解决网络交易安全的固有问题，必须加强民商法的应用。网络交易作为一种新型交易方式，将传统的面对面进行的交易行为转移到线上，通过互联网来实现交易，但是并未改变其为私主体之间进行磋商并订立合同的本质，因而仍属于民商法调整的范畴。从民商法的角度来看，目前法律规范并未对网络交易中各方主体以及相互之间的法律关系有一个清晰的界定，还停留在民商法学者的论述中，如杨立新教授认为，在网络交易行为中，主要存在三方主体，即销售者或者服务者、网络交易平台提供者和消费者。① 在这三方主体中，两两之间存在民事法律关系，即网络平台提供者与销售者、服务者的网络交易平台服务合同，消费者与网络交易平台提供者的网络交易平台服务合同，以及消费者与销售者、服务者之间的网络买卖合同或者网络服务合同。② 虽然网络交易行为主要发生在销售者、服务者与消费者之间，但是网络交易平台提供者在网络交易中发挥着不可或缺的重要作用。网络交易平台具有双重身份，既扮演了部分公法角色，又作为私主体参与到网络交易行为中。在网络交易平台与销售者、服务者之间的网络交易平台服务合同中，销售者、服务者向网络交易平台支付租金或者管理费用，网络交易平台则为销售者、服务者提供网络平台和网络店铺，并负责信息管理、规则制定等，以促进网络交易的顺利完成。③

在责任承担方面，网络交易平台提供者在违反合同约定义务时应当承担违约责任；同时根据《消费者权益保护法》等法律的规定，在销售者、服务者提供的商品或服务造成消费者损害，网络平台提供者在事先承诺或者不能提供销售者或者服务者的真实名称、地址和有效联系方式时，与销售者或服务者承担不真正连带责任。网络交易平台履行作为义务的前提是“在得到网络用户通知以后”以及“自己知道网络交易平台发生侵权行为以后”，这意味着网络交易平台所承担的是一种“事后止损义务”而非“事前保障义务”。④ 在网络交

---

① 参见杨立新：《电子商务法规定的电子商务交易法律关系主体及类型》，载《山东大学学报（哲学社会科学版）》2019 年第 2 期。

② 参见杨立新：《网络法律关系构造》，载《中国社会科学》2016 年第 2 期。

③ 参见杨立新：《生产者在网络交易平台责任中的地位》，载《国家检察官学院学报》2016 年第 3 期。

④ 参见王思源：《论网络运营者的安全保障义务》，载《当代法学》2017 年第 1 期。

易平台提供者与消费者之间的网络交易平台服务合同中，其内容主要是价金的托管与支付以及信息保护义务。消费者在与销售者、服务者达成购买商品或服务的协议后，需要先将价金转移给网络交易平台提供者（或者网络交易平台提供者委托的第三方支付机构）暂行保管，待条件成就时，将价款打入销售者或服务者的账户；若发生退款等情形，则按照交易规则将价款返还至消费者账户。网络交易平台提供者还对消费者负有信息保护义务，对于消费者在平台的注册信息以及购买商品或服务的记录等内容负有存储、保管的义务，不得随意泄露。最符合传统民法特质的即为消费者与销售者、服务者之间的网络买卖合同或者网络服务合同。消费者与销售者、服务者作为网络交易中的买方和卖方，在意思表示达成一致后，分别承担支付价款和提供商品或服务的义务。在这中间，如若发生瑕疵履行或加害给付行为，则销售者或服务者应当承担违约责任；造成消费者人身损害的，还应当承担侵权责任。正如德国法院要求，网络运营者对正在发生的侵权应承担排除义务，并对未来的妨害负有审查控制义务。上述义务的产生依据正是作为传统安全保障义务产生原因的“危险源的开启与控制”。①

通过对网络交易法律关系进行分析可以看出，网络交易行为与传统的交易之间既有联系，又有区别。其最大区别在于网络交易平台这一主体参与到网络交易的环节。为此，《消费者权益保护法》第四十四条进行了责任规定，是为了在最大程度上保障网络消费者损害赔偿请求权的实现，使消费者能够及时、充分地获得赔偿，受到损害的合法权益早日得以恢复。② 鉴于网络交易平台的特殊性，当其作为私法主体参与到具体的网络交易过程中时，除第四十四条规定的不真正连带责任之外，法律规范中并没有对其进行过多的私法调整。这使得网络交易平台提供者侵权责任认定存在诸多困难。③ 无论是相对于消费者，还是销售者、服务者而言，网络平台经营者都处于绝对的强势地位，消费者和销售者、服务者在订立合同时根本没有意思表示的余地，只能被迫接受网络交

---

① 参见刘文杰：《网络服务提供者的安全保障义务》，载《中外法学》2012 年第 2 期。

② 参见杨立新：《网购食品平台责任对网络交易平台责任一般规则的补充》，载《福建论坛（人文社会科学版）》2016 年第 10 期。

③ 参见马一德：《网络服务商提供搜索链接行为之侵权责任》，载《法学评论》2017 年第 3 期。

易平台提供者拟定的格式合同。且该合同因具有一定的公法属性和团体属性，从而超出了格式合同规范的范畴。① 在消费者、销售者或服务者权益受到侵害或者网络交易平台提供者未按照合同约定履行合同义务时，也没有有效的私法规范对其进行救济。

网络交易平台提供者随意变更条款的情形在实践中也较为普遍。以网络信息安全保护为例，消费者在网络交易平台注册的个人信息，以及浏览记录、购买记录等，应当作为消费者的个人信息予以妥善保管，不得私自泄露或者兜售。但是反观近年来的电信诈骗案件，多数都是网络交易平台或者销售者、服务者泄露消费者个人信息所致。② 当消费者被电信诈骗导致财产损害后，大多选择报警并要求电信诈骗人员返还财产，但是要求网络交易平台提供者或销售者、服务者基于信息保护义务承担责任的则少之又少，实践中此类要求往往也不会得到法律支持。民商法讲求平等主体间的意思自治，如若交易双方天然处于不平等地位，那么仅仅依靠私法对交易过程进行规制就显得力不从心。同时，民商法对网络交易安全的保障主要聚焦于微观的交易活动和交易行为，侧重于“网络交易”而非“安全保障”，注重规范交易行为从而最大程度地保障私主体的意思自治。在缺乏意思自治空间的网络交易行为中，民商法对交易安全保障的效果大打折扣。

此外，网络交易行为涉及众多法律关系，需要各个主体的相互协调和配合才能够顺利完成交易行为，其内容已经远远超过了传统的商业交易行为，具有复杂性、虚拟性、广泛性等特点，民商法作为主要针对传统交易行为进行规制的法律规范，难以对网络交易行为的安全进行全面的保障。法律具有滞后性，民商法的内容已经无法适应电子商务和网络交易迅速发展的当下，而网络交易所具有的新的特点也使得其无法完全融入到传统民商法的体系当中。因此，民商法对网络交易安全的保障并不能够同时达成促进网络交易发展、维护消费者合法权益的效果。

---

①　参见张家骥、付蕊：《网络交易平台店铺转让的法律问题》，载《厦门大学学报（哲学社会科学版）》2019 年第 3 期。

②　参见王新：《电信诈骗为何屡禁不止，如何根治》，载《人民论坛》2017 年第 1 期。

（三）经济法保障网络交易安全之规则缺位

经济法是调整国家在保障本国经济平稳运行过程中产生的经济法律关系。网络交易和电子商务作为重要的经济发展形式，应当受到经济法的调整。近年来，包括电子商务在内的互联网产业快速兴起，网络交易的迅速发展并扩张至各个领域。技术创新及其带来的新的交易方式，无论是在静态的时空分布还是动态的交易流程方面，均与传统交易行为有很大不同，这对网络交易安全行政监管提出了新挑战。① 为此，有学者认为，对于网络交易的治理应采取“政府主导模式”，即通过政府立法和网络过滤的技术手段进行严格管制，政府在资源配置中发挥强有力的作用。② 事实上，在《电子商务法》的立法过程中，对电子商务的行政监管和执法管辖权配置，已有一些讨论，但仍然很不充分。③ 目前，对于网络平台交易行为的监管和行政执法地域管辖权分配，在当下的法律规则层面存在两种基本的模式，传统属地管辖模式和平台所在地集中管辖模式。不管采何种监管模式，均存在直接追惩违法者的困难较大、成本较高，因而监管者倾向于不断加大网络交易平台提供者审查责任的趋势。

通过对经济法领域的网络交易安全保障条款进行梳理发现，大多数法律条款或规范性文本，都倾向于向网络交易平台提供者施加较大压力，要求承担普遍的主动监控违法行为的义务。网络交易平台发现违法行为时，应当及时制止并向监管部门报告。④ 要求平台承担这种主动监控的义务的合理性有两方面：一是监管部门在网络环境下直接查处违法者存在困难。由于网络交易具有相对匿名的特征，给监管部门的执法带来巨大挑战，使得监管部门无论在调查取证

---

① 参见王锡锌：《网络交易监管的管辖权配置研究》，载《东方法学》2018 年第 1 期。

② 参见张建平：《发展中国家建立农村医疗保障制度的经验及其启示》，载《西北大学学报（哲学社会科学版）》2017 年第 2 期。

③ 《电子商务法》（草案）对网络交易平台责任进行了比较详尽的规定，同时也专章规定了监督管理。“草案”第七十四条规定：“县级以上地方各级人民政府可以按照本行政区域的实际情况，确定本行政区域内电子商务的部门管理职责。”第七十五条规定了电子商务管理综合协调机制，强调要“建立符合电子商务特点的协同管理体系”。可见，电子商务立法已经意识到在网络交易监管方面，需要根据网络交易特点，进行监管的体制创新。

④ 参见刘琳、靳文辉：《“互联网+”背景下药品网络交易治理的困境及其出路》，载《改革》2019 年第 10 期。

还是管辖、确定经营地址等方面均存在一定的困难。加之违法行为在网络环境中能够极为便利地实施，且交易数量巨大，监管部门执法成本过大；二是网络交易有赖于网络交易平台提供者。美国学者克拉克曼曾系统论证了在直接对违法者执法存在困难时，可以强化第三方对违法行为的监管和控制责任，并将这种责任界定为“守门员责任”。① 网络交易平台提供者在查处和监管违法行为中具有较大的便利性。相较于监管部门，网络交易平台提供者对于网络交易中的违法行为具有最便利的发现和控制能力，信息技术的进步使得平台能够以最低廉的成本过滤掉违法行为，此种监管模式能够最大程度地节约网络交易监管成本，提高监管效率。

然而，加强网络交易平台提供者的审查责任尽管从功能主义的角度上具有极大的诱惑力，但仍欠缺合理性与合法性。网络交易平台提供者作为一个类似“中间人”的角色，是根据用户指令被动地处理相应行为，② 仅仅能够通过程序算法初步过滤一些明显的违法行为。如果要求其承担过于严苛的普遍审查义务，则意味着将原本需要执法者来进行衡量、判断是否属于违法行为的工作强加于网络交易平台，已经超出了其技术能力范围，极大地增加了其运行成本。③ 一方面会使得网络交易平台不得不分出过多的精力在用户行为的违法性审查上，从而加大网络交易平台的运营成本；另一方面，由于涉及违法性判断问题，必须投入人力来对行为是否违法进行主观的价值衡量和判断，通过技术手段无法追查到所有违法行为。网络交易平台作为非专业执法人员，其执法行为极有可能会违反比例原则，甚至会为了逃避追责而选择限制消费者或者销售者、服务者的权利，产生大量纠纷。这最终将损害消费者等弱势主体的权益，与网络交易安全法律保障消费者权益的初衷背道而驰。因而需要法律对网络交易平台提供者的监管责任的限度进行合理的界定，构建一个权责明确的法律体系。

在网络交易平台提供者承担普遍性违法审查义务的情况下，对网络交易平

---

① 赵鹏：《超越平台责任——网络食品安全交易规制模式之反思》，载《华东政法大学学报》2017 年第 1 期。

② 赵鹏：《私人审查的界限——论网络交易平台对用户内容的行政责任》，载《清华法学》2016 年第 6 期。

③ 参见齐爱民、陈琛：《论网络交易平台提供商之交易安全保障义务》，载《法律科学（西北政法大学学报）》2011 年第 5 期。

台的问责机制的缺失也是一个重要问题。平台在承担何种程度的审查义务后可以免于相应的行政责任，尚无整体性的制度安排。网络交易平台代替监管部门执法的情况下，原有的告知、听证、处罚、复议等行政程序不再履行，网络交易平台提供者作为绝对的强势一方，只要其认为该行为可能存在违反《食品安全法》《药品流通监督管理办法》《广告法》等法律规范，即可通过其自行制定的平台规则对该行为予以制止。在监管部门直接执法的情况下，当事人尚可通过提起行政复议或者行政诉讼的方式来对其权利进行救济，然而网络交易平台提供者在其行使监管部门赋予的职责而侵犯用户合法权益时，却没有一个合适的申诉和救济渠道。网络交易平台提供者作为私主体，若在进行审核时侵犯用户合法权益，只能依据用户与平台签订的协议通过私法途径来寻求救济，这就产生了网络交易平台提供者行使公法职权却只需承担私法责任的怪异现象。① 且该协议由平台制定，无论是销售者、服务者还是消费者均没有意思自治进行协商的空间，平台完全可以通过修改更有利于自己的协议来规避其应当承担的法律责任。

有关网络交易安全保障的条文仅散见于《消费者权益保护法》《食品安全法》《药品流通监督管理办法》《广告法》等法律文本中。除《消费者权益保护法》中有较多条文能够适用于网络交易行为中，并有专门针对网络交易平台提供者的责任规定外，其他各领域的专门立法均仅规定了网络交易平台提供者的审核及报告等义务，对于违反义务的责任以及销售者、服务者的规范措施等均缺乏更多的条文规范。而除这些针对特殊商品的专门立法之外的普通商品的网络交易行为，更缺乏相应的经济法律规范。现行经济法毕竟是以实体经济为基础进行的整体设计，将建构在实体经济基础上的法律制度生搬硬套在网络交易行为中，必然会产生不适配的情形。网络交易相较于传统交易行为的特殊性也使得经济法律规范中许多条款难以适用，因而经济法对保障网络交易安全来说显得规则过于单一，缺乏整体性的制度安排和建构，还需与其他部门法的衔接与配合以保障网络交易安全。

（四）网络交易安全保障的领域法思维

网络交易作为一种新兴的交易形式，在我国乃至全世界的发展时间较短，

① 丁道勤：《网络交易平台提供者第三方责任及其异化研究——基于私法被公法不合理逾入的考察》，载《电子知识产权》2015 年第 6 期。

因而网络交易安全的法律保障存在相对滞后的现象，法学理论与法律实践的引导还有待加强。通过前述分析可以看出，传统法律大量采用合同法、侵权法等民法基本法和经济法等法律的规范和制度，分别从私益和公益角度调整和规制网络交易行为的安全，然而这些法律规范与保障网络交易安全的要求还存在较大的差距。无论是《电子商务法》还是传统的民商法、经济法均对网络交易安全的保障均存在一定程度的不足。民商法因其保守性和传统性使得其保障网络交易安全心有余而力不足；经济法除规定了网络交易平台提供者的行政责任和强化消费者权益保护外，并无过多的法律条文对网络交易安全进行评判。当然，这也与传统的民商法、经济法立法目的并非针对网络交易有关，毕竟技术的发展已经远远超越当年立法者所设想的交易情景。《电子商务法》作为电子商务领域的一般法，对消费者、销售者和服务者、网络交易平台提供者以及监管部门的责任均有一个较为详细和系统的规定，其对保障网络交易安全的作用毋庸置疑。但是互联网所具有的渗透性、广泛性、复杂性使得网络交易已经覆盖至生活的各个领域，单一《电子商务法》无法对网络交易的各个方面予以详尽的规定。特别是如何确保网络交易安全的问题，随着技术的发展，这将是一个需要永恒探讨的话题。立法还应做到未雨绸缪，须从领域法的视角对网络交易安全进行多元化审视，如何通过领域法学发展增强其安全保障功能。

“领域法学是以问题为导向，以特定经济社会领域全部与法律有关的现象为研究对象，融经济学、政治学和社会学等多种研究范式于一体的整合性、交叉性、开放性、应用性和协同性的新型法学理论体系、学科体系和话语体系，具有研究目标的综合性、研究对象的特定性以及研究领域的复杂性等特征。”① 网络交易安全保障法立法具有“领域性”，源于它属于对社会关系的“第二次调整”，也就是在已有法律对这类社会关系进行调整的基础上，通过另一性质的法律对该类社会关系再次进行调整。② 其核心问题在于如何协调领域法之间，以及领域法与部门法之间的关系。须明确的是，网络交易涉及的范围过于广泛，已经渗透至各个法律领域，该问题远非通过单一法律以一己之力而解决全部问题。对于网络交易过程中面临的各种安全问题，有些在《电子商务法》

① 刘剑文：《论领域法学：一种立足新兴交叉领域的法学研究范式》，载张文显主编：《私法与法治经济建设》，法律出版社2017年版，第8、13页。

② 吕忠梅著：《环境法学》，法律出版社2010版，第32~38页。

中能够得到解决，有些则需在传统法律框架下寻求解决路径。如果能够通过修改或解释各部门法之间的关系，将网络交易纳入传统法律框架内，则无须再通过《电子商务法》或设立新的法律来加以规范。例如，网络交易过程中的欺诈问题，就应当通过民法或者刑法来进行救济；网络交易中涉及知识产权的问题就属于知识产权法规制的范畴；涉及消费者权益保护的，则应当寻求适用《消费者权益保护法》；属于电子商务领域的特有问题而无法通过其他部门法加以解决的，则适用《电子商务法》等。此外，对于有些网络交易安全保障方面的专门性问题，还可以通过专门立法来加以解决，如个人信息保护问题、信息安全问题等。可《电子商务法》作为电子商务领域的一般法，网络交易安全问题在其中有相关条文规定的，适用《电子商务法》；《电子商务法》中没有规定的，则适用其他部门法或规范性法律文件；《电子商务法》中的规定与其他法律规范相冲突的，应当优先适用《电子商务法》。由此形成《电子商务法》与其他法律规范共同保障网络交易安全的多元保障体系，网络交易安全问题才可能获得更好的解决方式。

二、网络交易安全的实体制度保障——以网络教育资源交易为中心

（一）网络教育资源交易及其信息安全问题

1. 网络教育资源交易的兴起及特征

在 2015 年政府工作报告中，李克强总理说道，“为切实把教育事业办好，我们要保证投入，花好每一分钱，畅通农村和贫困地区纵向流动的渠道，让每个人都有机会通过教育改变自身命运。”这段论述迅速引起社会各界加大对教育业的关注。同时，“互联网+”计划写入政府工作报告中，这意味着“互联网+”开始成为国家经济社会发展的重要战略，教育行业被普遍认为是未来互联网行业最受关注的领域。根据中国互联网络信息中心（CNNIC）发布的《第 39 次中国互联网络发展状况统计报告》，截至 2016 年 12 月，我国网络教育用户规模为 1.38 亿人，较 2015 年底增加 2750 万人。国务院发布的《“十三五”国家信息化规划》，指出在“十三五”阶段将利用信息化手段扩大教育资源覆盖面，构建网络化、数字化、个性化、终身化的教育体系，促进在线教育

发展。到 2020 年，基本建成数字教育资源公共服务体系，形成覆盖全国，多级分布，互联互通的教育资源云服务体系。2020 年，新冠肺炎疫情影响下，网络成为人与人交流的最重要手段。随着学校推迟开学日期，网络教育成为当下教育的主要形式。因此，2020 年 2 月 5 日，教育部正式下发《关于在疫情防控期间做好普通高等学校在线教学组织与管理工作的指导意见》；2020 年 3 月 6 日，教育部办公厅发布了《关于深入做好中小学“停课不停学”工作的通知》均提出利用网络教育平台进行线上教育，保证疫情防控期间教学进度和教学质量，实现“停课不停教、停课不停学”。疫情的爆发，成为“互联网+”教育资源交易战略变革的一个新的契机。

近几年，无论是网络教育的市场规模还是用户规模，始终保持着较大的增长幅度，但是，由于存在教育理念错位、资源严重同质化、市场领域细分不够、商业模式缺乏创新、盈利模式不明确等问题，① 致使大部分网络教育机构年年亏损，甚至倒闭，严重制约其健康发展。前瞻产业研究院从 9500 家网络教育机构中选取 400 个平台进行的调查显示，盈利平台仅占 5%，亏损平台高达 70%，甚至还有 15%的平台死亡。② 网络教育市场作为我国知识网络教育市场的代表，市场规模近年来呈现持续扩张状态，发展态势良好。然而，随着各种网络学校和培训机构如雨后春笋般的发展，其现实状况也是良莠不齐、鱼龙混杂。教育业有很多专家认为，虽然网络教育在过去的一段时间里呈现的是繁荣之势，但这种繁荣是被国外市场催熟的并不是国内教育行业自身变革的内驱力，国内的教育行业可能尚未准备好迎接变革，无法支撑网络教育的发展。从求教者角度来看，一是没有成熟的付费习惯，二是认为内容产生成本高、周期长、学习效果社会认同度低等，都是网络教育未来面临的困境。对网络教育作为一种新教育模式缺乏理论研究，“穿新衣走老路”，不能对实施网络教育后学习者的心理特点、受教情况进行深入研究及反思且因旧有监管制度与新业态间存在空白集和缺乏明晰的规制工具，这种兴起就不难认为是一种表象，甚至这样的繁荣可能会很快走向非理性道路。

---

① 参见杨剑飞著：《“互联网+教育”：新学习革命》，知识产权出版社 2016 年版，第 173 页。

② 参见前瞻产业研究院：《2016 年中国在线教育行业市场现状及发展趋势分析》，载前瞻网：http：//www. qianzhan. com/analyst/detail/220/160524-6481830d. html，最后访问日期：2020 年 4 月 10 日。

网络教育资源交易的特征表现为：一是网络教育资源交易范围具有跨地域的广泛性。由于网络空间的无国界性，因而打破了传统交易活动的地域性界限，强烈冲击着建立在地域基础上的传统的交易制度。二是网络教育资源交易具有参与主体准入门槛低，范围广泛的突出特点。网络教育资源交易活动同时由交易双方、交易平台、第三方支付平台等多个参与主体协调完成，比传统课程面授交易涉及面广。其对市场主体的要求相对宽松，网络教育提供方进入网络市场的成本无论在经济上还是法律上都极为低廉、极为方便。三是网络教育资源交易具有平台化、自动化、全天候、虚拟化的鲜明特色。网络教育资源交易全天候经营，不受任何时间、空间的限制，实现24小时的不间断运作。网络教育资源交易虚拟的运营环境，在带来交易便利化的同时，也易造成交易过程信息的保存难、篡改易，以及合法权益受侵害方的举证困难，监管部门的查处困难等不利因素。网络教育资源交易一般通过网络教育资源交易平台完成。目前，国内第三方教育交易平台已成为电子商务的主要场所和形式，典型的有"中华会计网校""233网校""厚大法考""中公教育"等各类培训机构。四是网络教育资源交易平台具有突出的自媒体特点，为交易者提供广泛的自由活动空间，使任何网络用户都可以利用网络教育资源交易平台提供的空间，发表意见、评论网课服务和培训机构的信誉。

2. 网络教育资源交易的信息安全隐患

不可否认，网络教育资源交易作为市场经济发展中形成的新经济形式，它具有许多优势，发展趋势不可阻挡，然而在网络教育资源交易勃兴的外观下，内部却潜藏着信息安全问题。诸如一家网络教育培训机构的顾客、财政状况、培训讲师的个人信息落入了其竞争对手的掌握中，这种安全性的丧失可能会导致经济上的损失、法律诉讼甚至该培训机构的破产。保护机密的信息是商业上的需求，并且在许多情况中也是道德和法律上的需求。对于网络教育的顾客而言，信息安全对于其个人隐私具有重大的影响，但这在不同的文化中的看法差异相当大。这种潜在的信息安全风险因网络教育资源交易平台主体的准入门槛低，进入资源交易平台的企业或个人不管是经济实力还是自身素质良莠不齐，不法主体可能大行其道，泄露网络教育消费者的信息问题。① 此外，这种信息安全问题还体现为侵犯知识产权问题。由于当下网络教育资源交易平台仅凭市

---

① 2013年5月2日《人民日报》发表文章《远程学历教育竟如此注水》又重提中国网络教育办学失控的那些往事，这未免令中国网络教育的先驱者们略感尴尬。

场机制运作，教学内容的真伪、质量的高低以及内容的合法与否均处于管理真空状态，其结果就是为平台侵犯知识产权提供了舞台。例如“在线教育‘窃取商业机密’第一案：VIPKID 起诉跟谁学并索赔 800 万元”。① VIPKID 起诉跟谁学运营公司“北京百家互联科技有限公司”（以下简称“百家互联公司”）及其 2 名员工的理由是“侵害经营秘密纠纷”。起诉书显示，本案 2 名被告曾在 VIPKID 担任课程顾问负责销售业务，在职期间两人接触到 VIPKID 客户群体，离职后加入跟谁学后，违背此前就职单位的离职要求和保密义务，以违规方式获取 VIPKID 商业信息，并以百家互联公司的名义，持续与 VIPKID“长期、稳定的客户群体”，进行客户招揽和产品销售。起诉书所揭示的“跟谁学窃取行业其他公司商业信息的手法”，揭开了其“获客黑洞”的冰山一角，该诉讼也由此被称为“在线教育窃取商业机密第一案”。

在欧美国家，高等院校通常专门设立法务部门管理网络课程的知识产权的申报、立项和维权等工作。而我国在教育领域特别是数字化教育知识产权的保护尚未能充分地予以重视。中国大学慕课（MOOC）的优质资源需要教师大量的创造性学术成果来支撑，一旦关键内容或核心技术被剽窃和盗用，或者因知识产权界定不清而引发纠纷，那么教师辛苦完成的学术成果难以得到有效保护，这将严重打击教师参与慕课建设的积极性。② 近年来，我国出台了一系列关于规范网络信息安全方面的法律法规，例如 2015 年 8 月 29 日通过的《刑法修正案（九）》对侵犯公民个人信息罪（第二百五十三条之一）进行了修改，以打击非法买卖信息行为，防止公民个人信息泄露；③ 2016 年 11 月 7 日通过的《中华人民共和国网络安全法》（以下简称《网络安全法》），采用专章对

---

① 参见中国财经网：《在线教育“窃取商业机密”第一案曝光：跟谁学及两位员工被起诉索赔 800 万》，载百家号网：https：//baijiahao. baidu. com/s？ id = 1664024851475449019&wfr = spider&for = pc，最后访问日期：2020 年 4 月 15 日。

② 参见翟雪松、袁婧：《MOOC 在我国高等教育中的发展困境及对策研究》，载《电化教育研究》2014 年第 10 期。

③ 《刑法》第二百五十三条：“违反国家有关规定，向他人出售或者提供公民个人信息，情节严重的，处三年以下有期徒刑或者拘役，并处或者单处罚金；情节特别严重的，处三年以上七年以下有期徒刑，并处罚金。违反国家有关规定，将在履行职责或者提供服务过程中获得的公民个人信息，出售或者提供给他人的，依照前款的规定从重处罚。窃取或者以其他方法非法获取公民个人信息的，依照第一款的规定处罚。单位犯前三款罪的，对单位判处罚金，并对其直接负责的主管人员和其他直接责任人员，依照各该款的规定处罚。”

网络信息的保护和规制作出规定；2017 年 3 月 15 日通过的《中华人民共和国民法总则》（以下简称《民法总则》）第一百一十一条专门对个人信息保护做了规定，确立了个人信息的民法保护。① 2019 年 1 月 1 日实施的《电子商务法》运用大量篇幅说明电子商务经营者从事经营活动，应当履行消费者权益保护、网络安全与个人信息保护等方面的义务。然而，前述立法文本并未涉及网络教育资源交易主体的信息权利和信息交易规则问题，但这是实现网络教育资源交易信息安全最为重要的议题。此外，信息交易主体、交易对象、交易模式等方面仍然缺乏法律规制；现有网络教育培训机构制定的网课交易规则仍存在颇多漏洞，甚至连网课交易的一些基本法律问题，如“网课信息权利是否存在”“网课信息权利主体、客体、内容”等都未明确，严重制约了大量网课交易的发展。因此，探索网络教育资源交易的信息安全体系，对网络教育资源交易进行有效规制，避免信息泄露侵权知识产权和个人隐私权等内容，是本书亟待解决的重要问题。

（二）网络教育资源交易的信息泄露及保护难题

1. 网络教育资源交易信息泄露现状

实践中，在网络教育迅猛发展的当下，由网络教育资源交易信息泄露所引起的网络信息交易的实体安全法律问题日渐凸显。对网络教育资源交易信息泄露进行结构化分析，可从网络教育资源交易信息泄露的主体、标的、危险三个视角进行阐释，以求能够对网络教育资源交易信息泄露现状在整体描述之下进行微观洞察，并为网络教育资源交易信息安全保障提供基础遵循。

（1）基于网络教育资源交易信息泄露主体的分析

从网络教育资源交易信息泄露的主体来说，既有不法分子为牟取非法利益而泄露交易信息，也存在网络教育消费者自己泄露个人消费信息，同时还存在电商平台企业基于商业目的而采集用户信息后的泄露。具体分析如下：

第一，不法分子为牟取非法利益而泄露网络教育资源交易信息。由于我国网络教育的快速发展，网络教育资源使用用户数量巨大且持续上升，网络教育

① 《民法总则》第一百一十一条：“自然人的个人信息受法律保护。任何组织和个人需要获取他人个人信息的，应当依法取得并确保信息安全，不得非法收集、使用、加工、传输他人个人信息，不得非法买卖、提供或者公开他人个人信息。”

用户信息资源成为一项重要数据财产。① 不法分子在巨大利益的诱惑下，往往通过电商教育平台漏洞侵入网站、利用网络追踪软件及各种监视监听软件以及基于电商从业身份等多种方式和渠道获取网络教育注册用户的个人信息，非法买卖从中牟利。除了倒卖网络教育资源用户信息资源牟利外，不法分子还通过非法使用获取的网络教育资源消费者的个人数据破解其个人银行账户密码，非法盗取消费者个人合法财产。

第二，网络教育消费者个人无过失主动泄露个人信息。随着互联网使用门槛的进一步降低以及智能终端产品应用程序的不断优化，各种学习网站应运而生，网络教育消费者可以通过注册各种网站、App 成为会员的方式获取网络教育资源。尤其随着网络教育电商平台的竞争，很多试听试学项目应运而生，这进一步降低了网络教育资源获取和使用的门槛。基于此，网络教育资源消费者往往同时注册多个学习平台和账号。在账号注册、产品选订、填写订单、支付结算和收获使用评价等多个环节会要求消费者填写详细的网络教育消费者个人信息，从消费者姓名、联系方式、家庭住址到学历学位、工资收入和银行账号，不一而足，信息十分全面。由于网络教育资源交易过程中信息保护不严，很容易导致网络教育资源消费者在使用网络教育资源过程中的信息泄露。

第三，电商平台企业导致的网络教育资源消费者信息泄露。从契约的角度，网络电商平台在提供网络教育资源的同时会与网络教育消费者订立合约，这种合约是通过网络教育资源消费者填报电商平台所要求的特定信息，并以最后“同意”以此接受网络教育资源服务为前提。如此，电商平台在提供网络教育资源和服务的过程中，甚至基于商业广告推广的目的在用户注册和网页浏览过程中就自动收集和掌握了海量的网络教育资源消费者信息。无论是基于商业推广目的的使用，还是基于商业利益的信息交易，抑或旨在为提升服务水平而使用，都存在超越获取信息时的基本使用目的而违法的嫌疑与可能。

（2）基于网络教育资源交易信息泄露标的②的观察

网络教育资源交易信息的泄露主体仅仅是网络教育资源交易信息泄露的一个侧面，作为网络教育资源交易信息的本体，网络教育资源交易信息不仅包括

---

① 参见杨翱宇：《数据财产权益的司法规范路径》，载《法律科学》2020 年第 2 期。

② 参见张敏：《大数据交易的双重监管》，载《法学杂志》2019 年第 2 期

网络教育消费者的个人信息，同时还包括网络教育资源本身。

第一，网络教育消费的个人信息数据泄露。互联网的发展要在法治的框架内展开。网络教育资源交易服务的提供和享有需要通过订定契约，并在契约的规范约束下完成。而基于线上网络教育资源交易服务的特殊性，契约的订定则通过网络教育消费者线上提交个人信息，并以最后"同意"作为合同的诺成行为。在消费和使用网络教育资源这一共同的行为之下，网络教育电商平台就完成了网络教育消费者个人信息的收集工作。① 甚或形成网络教育电商平台对数据的垄断。② "由于个人数据蕴含巨大价值，合法的大数据交易背景下也存在大量的非法交易情况。"③ 而在消费者提交信息的过程中以及完整提交个人信息后，都存在着数据被盗取、非法使用等情形。可以说，个人数据的财产权建构正是为个人数据信息的保护提供了制度保障。

第二，网络教育数据资源的泄露。数字教育资源的共享是教育开放的重要基础，④ 线上网络教育数据资源作为一项具有重要商业价值的数据财产，其本身也在恶性竞争中成为了泄露的标的。在纷繁多样的网络教育资源产品中，为应对不同专业背景、不同学科专业人群的需求，网络教育产品电商企业提供了丰富的网络教育产品。同线下教育的讲义和教材一样，网络教育资源本身构成了教育服务提供者核心竞争力的重要组成部分，网络教育资源的课件、视频、讲义等转化为数据以后也演变为网络教育提供者的数据财产权，其中包含丰富且复杂的知识产权"束"。而随着竞争的逐步展开，一些网络教育服务提供者利用自身工作便利获取所在单位网络教育资源，以及第三人和竞争对手通过非法手段获取网络教育资源提供者的资源非法出售，或者公开上传到公共网络，以此给网络服务提供者造成巨大损失。

第三，大数据对学习习惯分析的信息泄露。大数据的运用对个人网络教育学习习惯的收集也可能产生网络安全问题，只是这种网络安全容易被人们所忽

---

① 肖建华、柴芳墨，《论数据权利与交易规制》，载《中国高校社会科学》2019 年第 1 期。

② 梅夏英：《数据的法律属性及其民法定位》，载《中国社会科学》2016 年第 9 期。

③ 周永红、赵维：《大数据交易背景下用户个人数据权利的保护研究》，载《数字图书馆论坛》2019 年第 2 期。

④ 全立新、熊谦、徐剑波：《区块链技术在数字教育资源流通中的应用》，载《电化教育研究》2018 年第 8 期。

略。例如用户在网课学习中，搜索引擎或浏览器利用大数据分析，从而对用户网络教育资源交易进行审查。此时，搜索引擎或浏览器，乃至网课服务提供者均可能通过对用户数据的掌握，进而以大数据为支撑，分析出该用户的生活或学习习惯，可能将继续购买或希望购买的其他网课，从而将该用户的生活或学习习惯的信息进行编辑，并进行自我推广或转卖给其他网课服务提供者。此后，便以网页内容变更、邮箱、短信或页面窗口的“广告”形式进行推广，实现精准定位的广告“轰炸”。例如当用户在网络上购买了英语雅思的课程时，诸如雅思网络课程服务提供商“环球雅思”“新航道”“新通教育”“新东方”等可将其信息转卖至“留学中介”“保险公司的境外险种”“旅行社的境外游”“携程的酒店预订服务”等，并通过网页页面展示或其他方式进行推广。显然，这种推广方便了用户的选择，但却通过各种方式对用户进行大数据分析采样，将用户的生活、学校习惯当做信息进行出售，实则以网络教育资源交易形式而成为信息泄露的便利工具。更为严重的是，部分网络课程提供商为确保网课购买者的独一性，而要求用户通过面部识别打卡，如超星网课助手，以及部分大学的继续教育培训机构等。① 这种面部识别方式有利于网课提供商进行管理，并保证其网课资源的知识产权，但是缺乏必要的监管行为势必难以堵住信息泄露的渠道，如若发生网课学员面部识别信息泄露，将连带引发其手机 App 等需要面部识别的信息，引发大规模的各种信息泄露和信息侵权问题。因此，立法者和执法者应重视网络教育资源交易的信息安全问题，提高网络教育机构的信息安全保护意识，确保信息安全落到实处。

（3）基于网络教育资源交易信息泄露危害的思考

网络教育资源交易信息的泄露危害巨大，不仅直接对网络教育资源消费者的权益造成直接且巨大的损害，同时也可能损及网络教育资源服务提供者（网络教育电商平台企业）自身的利益，甚至损害正常的竞争秩序和我国的知识产权制度。

第一，对网络教育消费者权益的损害。网络教育消费者同样属于一般意义上的消费者，其合法权益同样应该受到《消费者权益保护法》的保护。由于网络教育消费者在消费形式和消费内容上与传统的消费者有显著的不同，具有

① 参见中国传媒大学继续教育学部：《我院网络课程考试首次采用人脸识别系统》，载中国传媒大学继续教育学部网：http：//mdedu. cuc. edu. cn/news/news. aspx？ id = 12873，最后访问日期：2020 年 4 月 13 日。

无形性。教育大数据平台等开发也唤起了共享主体对共享信息的需求，共享主体在与别人分享信息的同时，也能够获取共享主体的信息。① 网络教育消费者的权益受损面临着取证难、维权管辖地难确定等问题。因此《消费者权益保护法》应该注重网络消费者的维权保护，不能因消费形态和消费模式的不同而减损权利的保障。“对此，可以适用侵权责任法的调整手段，认定网络交易信用欺诈行为为侵权行为，予以侵权责任的法律制裁，保护消费者权益，保护包括同业网络销售者、服务者以及网络交易平台提供者的合法权益，保障网络交易的正常发展。”②

第二，对网络教育电商平台企业合法权益的损害。在网络教育资源及服务提供活动中，作为网络教育资源和服务提供者的网络教育电商平台企业的合法权益同样应该受到保护。对其具有商业秘密和知识产权属性的网络教育数据资源，比如讲义、视频和音频课件、PPT 等都需要进行保护。以此维护正当的市场竞争秩序和合法的知识产权产品保护。若否，不仅损害守法企业的合法权益，违法企业得不到惩处还会在市场上产生“劣币驱逐良币”的问题。同时，若无视守法企业具有自主知识产权的教育资源保护，不仅破坏了知识产权保护制度，同时也不能激励守法创新企业的创新积极性。

综上，通过对网络教育资源交易过程中的信息泄露现状的结构性分析，剖析了网络交易信息泄露主体、泄露标的和泄露危害。在对网络教育资源交易信息泄露进行了规范分析之后，可以此为基础展开网络教育交易信息的权利化塑造，在权利义务之中构建起网络教育资源交易信息的保护制度。

2. 信息保护难题：信息的法律属性不明

目前，对于信息的法律属性界定实则是通过界定数据的法律属性来实现的。③ 但是有学者认为信息与数据并不同一，存在一定区别。表现在：信息的外延大于数据，即数据只是信息表达的一种方式，除电子数据外，信息还可以

---

① 甄晓非：《教育大数据平台信息共享影响因素分析》，载《现代情报》2019 年第 7 期。

② 杨立新等：《网络交易信用欺诈行为及法律规制方法》，载《河南财经政法大学学报》2016 年第 1 期。

③ 参见肖建华、柴芳墨：《论数据权利与交易规制》，载《中国高校社会科学》2019 年第 1 期。

通过传统媒体来表达（如纸张、音像等）。① 此外，数据兼具信息本体和信息媒介的双重属性，从而有别于必须与传送媒介相分离的信息。② 然而，本书认为从网络实体交易的角度区分信息与数据在法律上的差异并无必要，比较二者在外观上很难从语义上进行区分，加之二者的定性过于专业，难以从法律角度进行有效区分。因此，目前各国理论和立法出现了“信息”与“数据”交互使用的现象。③ 具体而言，在个人信息保护立法中，欧盟及其成员国大多以“数据”来表述其立法保护对象；④ 在加拿大和韩国法上，则直接使用“个人信息”作为其立法名称；⑤ 而在我国香港和澳门特别行政区的相关立法中，虽然使用了“Data”这一英文词语，但其对应的中文词语却是“资料”，⑥ 而从两法对于“资料”的定义来看，其更多指向的是具有实质内容的“信息”。此外，我国 2017 年实施的《网络安全法》与 2019 年实施的《电子商务法》均未区分信息与数据，而是将二者等同适用，出现诸如“数据安全保护”“网络数据泄露”“网络安全信息”“信息保护”等词语的混用，实则将信息与数据等同。基于此，本书并不对二者进行法律区分，所论证的网络教育资源交易的信息权利等同于数据权利，网络教育资源交易的信息安全也即数据安全。

目前，网络教育资源交易之所以还存在信息安全问题，一个重要的事实是法律应当如何保证这种交易的信息安全，而这关涉民法应当如何来定位信息的

---

① 参见陆小华著：《信息财产权——民法视角中的新财富保护模式》，法律出版社 2009 年版，第 277 页。

② 参见郑彦宁、化柏林：《数据、信息、知识与情报转化关系的探讨》，载《情报理论与实践》2011 年第 7 期。

③ 例如对于个人信息的保护，法国、德国、英国、芬兰、冰岛、挪威、欧盟均以“数据”代之。参见齐爱民著：《拯救信息社会中的人格：个人信息保护法总论》，北京大学出版社 2009 年版，第 77 页。

④ 如欧盟议会于 1995 年通过的 95/46/EC 号《数据保护指令》（The Data Protection Directive）；英国《1998 年数据保护法》（*Data Protection Act* 1998）、德国《联邦数据保护法》（*Federal Data Protection Act*）、法国《数据处理、数据文件及个人自由法》（*Act n*78-17 *of January* 1978 *on Data Processing*，*Data File and Individual Liberties*），等等。

⑤ 参见加拿大《个人信息保护法案》（*Personal Information Protection Act*）、韩国《个人信息保护法》（*Personal Information Protection Act*）。

⑥ 参见香港《个人资料（隐私）条例》（*Personal Data*（*Privacy*）*Ordiance*）、澳门《个人资料保护法》（*Personal Data Protection Act*）。

法律属性。纵观我国现有立法，并未对网络交易中的信息进行法律定性，这在大数据时代显然将面临诸多问题，特别是如何保证信息安全的问题。实际上，无论是古罗马法还是近现代民法都未能给信息留下任何理论和立法空间，当遇到与信息相关的纠纷时，学者和裁判者都力图在传统民法体系中为信息增加一席之地，以求理论和体系的完整。① 在信息财产性问题出现之前，民法对网络的关注仅限于人格权或个人信息保护领域，这是建立在信息所携带信息的认定和规制上，在权利基础、行为定性和责任追究上都严格遵循人格保护的规则体系，由此网络仅获得了人格权侵权工具的意义。若脱离了现实民法的人格或个人信息保护这一目的，信息在民法上始终缺席，没有正式进入民法的理论视野。这一状态目前受到了纯粹信息纠纷或信息财产化问题的冲击，在脱离了现实民法既有权益体系及规则支持下，网络信息纠纷缺少与传统民法体系的接口，而独立成为新型的民事纠纷，其中信息本身的民法学定位及调整规则成为前所未有的民法学术前沿问题，信息是否具有传统民法的客体性和财产性在此成为网络信息法律问题的关键。

关于网络教育资源交易信息的客体性问题，以盗窃他人网课账号进行网络学习为例。此时的网络账号本身并不具有任何价值属性，然而其内容承载了网课本身，也即网课的账号是否适用于物权法保护，或网络账号是否构成民法上的“物”这一核心问题。实际上，对于网络教育资源交易中的信息泄露问题，可以参考网络游戏中的“装备”被窃取的案例。北京市第二中级人民法院认为网络游戏中的“装备”，也就是信息具备了“物”的客体属性。② 其实，世界上网络游戏比较发达的国家均承认网络游戏中的“装备”就是一种信息，具备了“物”的法律地位，如韩国、日本。③ 而具体到网络资源交易中的网课账号问题，其实与游戏“装备”具有类似的性质，均承载某种虚拟信息的客观价值。但遗憾的是，这样的讨论目前还停留在理论争议阶段，未在具体的法律中体现，这也是为什么网络教育资源交易存在信息安全问题。实际上，并非所有理论均认为网课账号属于“物”的定位，基于不同出发点对于虚拟财产

---

① 参见程啸：《论大数据时代的个人数据权利》，载《中国社会科学》2018 年第 3 期。

② 参见北京市第二中级人民法院〔2004〕二中民终字第 02877 号民事判决书。

③ 参见张平著：《网络知识产权及相关法律问题透析》，广州出版社 2000 年版，第 202~203 页。

存在不同看法，包括债权说、知识产权说等。① 债权说认为网络资源交易中的网络服务提供者与用户之间是合同关系，提倡用合同法来保护虚拟财产。但在信息的法律性质认定上，则将其作为一种特定客体看待，或直接忽略，信息的法律地位并不显著。

除前述的盗窃网课账号的情形外，网络教育资源交易还面临该网课账号所承载的信息是否可以继承，或者可以自由转让的问题。虽然该问题并不涉及信息安全的核心，但是通过比较相类似案例可解读网课账号的法律属性。从功能上分析，网课账号的继承问题与游戏账号、电子邮箱账号的继承具有异曲同工之处。我国曾于 2011 年发生过 QQ 账号以及其邮箱的继承权争议问题，当时因腾讯公司基于隐私考虑以及被继承人仅对 QQ 账号享有使用权为名，拒绝对了当事人的继承申请。类似的情形也发生在美国，在“John Ellsworth 诉 Yahoo”中，起诉人 John Ellsworth 向 Yahoo 公司索取在伊拉克战争中阵亡的儿子的邮箱账号及邮件，雅虎公司以涉及用户隐私为由拒绝了其要求，法官最后判决，支持雅虎公司以隐私政策为由不提供邮箱登录名和密码，但应制作一张包含邮箱内所有邮件的 CD 交付给起诉人 John Ellsworth。② 从该案例中，至少可以分析出网络信息与普通的社会信息存在一定差异，其虚拟性决定了其法律定位更为复杂，如以“物”认定其法律属性需要具备一定的情形，也即不同情形下其法律属性可能有不同表现。

从上述情形中，不难看出我国理论界和实务界对于网课账号，以及由此衍生的网课信息等内容在一定情形下当做是“物”来进行看待，也即其具有了财产属性。而美国等则倾向于将该种情形类比为一种隐私权的客体，通过保护隐私权来进行规制。对于相类似的问题，不同的国家却有着迥然不同的解决思路，跨越了财产权与人身权的界限，反映了对于网络信息法律属性的认定，各国力图在自有传统私法体系下，采取各自认为最方便、最直观和最接近传统的法律定性来解决相关问题。这也与目前理论界和实务界对于网络信息的法律属性定位不明有关。例如新冠疫情所引发的网络教育中，部分培训机构将实体授课模式转化为网络授课，那么此时的实体培训机构与其在淘宝或其他电子商务

---

① 参见杨立新、王中合：《论网络虚拟财产的物权属性及其基本规则》，载《国家检察官学院学报》2004 年第 6 期。

② 参见 Stefanie Olsen， “Yahoo Releases E-mail of Deceased Marine”，VNET NewS，Apr. 22，2005.

平台上面的网店是否具有同样的法律性质。此时，教育培训机构的网店只是现实店铺经营的电子平台，它只是现实店铺的经营要素，根本不能代表网络培训机构的全部利益。但此时培训学员可能面临更高的信息泄露风险，如何对其进行规制显得尤为重要。问题在于网络资源交易的信息应如何定位及信息秩序被立法者系统掌握之前，新型信息纠纷处理的理论如何自洽。信息安全所涵摄的信息、隐私、财产和客体等概念界定的模糊不清仍需要理论上的提炼和澄清。

显然，网络教育资源交易信息保护难题在于如何对信息的法律属性进行定位，也即对应合适的法律规制路径。直观来讲，我们很难说信息一定具有财产属性，只有经过一定程序转化才会由信息变为财产，如大数据公司对网课用户的学习习惯收集的信息，该信息本身并不具有财产属性，但是将其转卖给教育培训机构，并成功吸引学员缴费学习后才具有财产属性。因此，网络教育资源交易的信息实则与经济利益相关或带来某种有利的经济后果（尤其是金钱收入），此时的信息则脱离了“物”或“财产权”这些法律概念的语境，理论上难以把握，实践中亦难以周全。如将信息归为虚拟财产本身是有一定积极意义的，即在信息立法规律还未被系统探知之前，涉及经济利益的信息纠纷可顺理成章地通过财产法来解决，尽管是适用物权法、债法还是侵权法，能否达到完美的目的，仍是未知数。网络教育资源交易信息显然属于重要的商业资源，通过互联网培训或课程模式的创新即可收取学员一定费用或收集其学习习惯等信息，故将该信息作为一种重要财产或资源看待有一定的合理性。但在民法或经济法中如何规制，以及如何进行概念的体系划分仍较为困难，还需对信息理论探索的发展和社会实践的深入。

（三）网络教育资源交易信息的权利化塑造

1. 赋予网络教育资源交易信息权利的意义

为了实现网络教育资源交易的信息安全，需要对网络教育资源交易的各方主体进行规制，毕竟只有人才会泄露信息，只有人才会侵犯被保密的信息。为达成对网络教育资源交易主体的规制，需要首先明确作为客体的信息是否具有权利属性。由于不同国家和学者对于信息是何种权利，以及通过何种形式来保护信息存在不同认识，正如有学者提出信息的权利化是存在一定困境的，①认为信息领域的权利问题经历了人格要素的信息化保护、个人信息保护、个人信息财产权和数据权的探索轨迹。但网络权利仍未脱离人格权的讨论域，作为理论核心的数据权益问题还未完全展开讨论。②但人格权的保护楔入数据利用秩序，并未真正触及数据本身利用的问题，因为网络上的人格保护是现实人格权保护的延伸，人格要素或人格权是数字世界之外的既定法律存在，网络并不能对人格权本身有所影响，也不能影响人格权侵权归责体系，由此网络只不过成为侵犯人格权的新型工具形式而已。至于网络教育资源交易信息的保护问题，则较人格权更接近信息世界本身。非隐私的信息也需要一定的保护，这已成为各国的共识，由此信息保护法成为目前网络立法的重点。

为应对大数据时代信息泄露可能带来的诸多问题，特别是针对网络资源交易的信息保护问题应提上日程。由于网络资源交易的信息保护相对于个人信息保护，以及第三方平台信息保护要复杂得多，难以通过简单的民事法律进行单一保护，需要构建一整套行之有效的信息规范和治理体系，包括民事法律和经济法的双重施压，进而多管齐下，作出合理的制度安排，从而实现网络教育资源交易的信息安全，以及平衡第三方当事人、社会和国家各方的信息利益。现代商业社会，竞争越来越激烈。而大数据环境下信息与金钱挂钩，信息的作用也越来越突出。谁掌握了信息、利用了信息，谁就掌握了金钱，抓住信息就等于抓住财富，就能在市场竞争中占据优势。③因此，世界各国和地区均在努力实现对信息的保护和使用，特别是网络信息。为达成对信息的保护，建立安全有效的网络信息治理模式就显得尤为重要了。目前，各国和地区大多通过公法规制与私法赋权双管治理模式，前者主要通过规范网络信息的收集、存储、交易和使用方面的管制性法律或法规，如我国的《网络安全法》；而后者则通过确立民事主体对网络信息的民事权利，通过私权制度对大信息时代的网络信息

---

① 参见梅夏英：《数据的法律属性及其民法定位》，载《中国社会科学》2016 年第 9 期。

② 参见王利明：《论个人信息权的法律保护——以个人信息权与隐私权的界分为中心》，载《现代法学》2013 年第 4 期。

③ 参见曾光梅：《信息就是财富》，载《鲁东大学报》2015 年 12 月 19 日，第 4 版。

给予保护。①

那么如何确立网络所交易的信息民事权利则是值得进一步思考的命题，即如何与个人信息相区分、赋予其民事权利是否影响其他主体的民事权利等。由于信息并不能独立成为民法上的人格尊严或人格自由，因为人这个主体才能享有上述自由，信息作为法律关系的客体显然并不能享有。因此，在网络资源交易的信息赋权只能是对交易中控制信息的当事人赋权，其对信息享有经济上的权利。基于此种定位，也就不难理解欧洲议会和欧盟理事会在1995年公布的《关于涉及个人信息处理的个人保护以及此类信息自由流动的第95/46/EC号指令》对信息权利的规定了："鉴于信息处理制度是服务于人类的；无论自然人的国籍和住所，必须尊重他们的基本权利和自由，特别是隐私权。""不仅要求个人信息能在成员国之间自由流动，而且应当保护个人的基本权利。"该指令虽并未提及网络信息交易保护问题，但可据此推断网络资源交易中的当事人依然享有前述权利。正如欧盟欧洲议会和理事会颁布的《关于电子通信领域个人信息处理和隐私保护的第2002/58/EC号指令（隐私和电子通信指令）》，网络资源交易当事人享有的信息权利与隐私和电子通信指令所被赋予的权利一样，二者具有相似性。也即网络教育资源交易当事人所享受的信息权利应当获得个人基本权利保障。

正如前文所言，"信息即财富"，网络教育资源交易信息亦享有财务价值，属于虚拟的财产。既然网络教育资源交易信息属于财产范畴，而合法财产应当获得法律保护，则合法的网络教育资源交易信息亦受法律保护。当事人对他所拥有的网站信息拥有所有权，并且如同财产的所有人那样，有权控制对其网络信息的任何使用。② 值得注意的是，随着大数据的运用和人工智能的发展，传统以"作为秘密的隐私"来保护网络资源交易的信息显然并不能完全适应社会经济的发展，毕竟现在较多网络App均适用指纹或面部识别，本身可能就

---

① 参见吴伟光：《大数据技术下个人数据信息私权保护论批判》，载《政治与法律》2016年第7期。

② 参见Jerry Kang，"Information Privacy in Cyberspace Transactions"，Stanford Law Review，Vol. 50，1998，pp. 1246-1294。

涉及对隐私的侵犯。① 对网络教育交易信息的完全保护在现代社会是越来越难，我们的基本生活即涉及信息的交易行为。当前，国家大力提倡发展5G产业，这势必又是一波信息交易的潮流，如此对隐私权的保护势必与发展大数据产业相互矛盾，这种方法既无法有效地保护网络资源交易信息，也不利于促进信息的流动。为此，如若将网络教育资源交易信息的安全问题定位为隐私权获得保护则势必需要建立更为复杂的权利边界体系，而放弃侵权法规则而改采财产法规则来保护网络交易的信息则更具可行性。② 表现在，一是财产制度的关键在于给予网络教育用户以控制和权利，而责任制度的关键是保护用户权利但将其财产转移给第三人。简单地说，财产选择保护，而责任保护转移。二是财产制度保护那些把自己的隐私定价比别人高或低的人，一旦交易达成，任何一方都不会更吃亏。③ 从基本的法学立场观之，赋予网络教育资源交易信息以权利是具有正当性意义的，有利于财产保护以及充分调动各方当事人的积极性，甚至就侵犯网络资源交易的信息权利而提出公益诉讼打开了方便之门。

2. 网络教育资源交易当事人信息权利内容

既然赋予网络教育资源交易当事人信息以财产权具有重要的意义，那则需进一步明确具体的权利内容。实际上，政府网络教育资源交易的培训机构，它们通过交易平台获得了海量的原始信息，如若对原始信息进行挖掘分析处理后得到部分个人信息，则享有一定限制的该个人信息的所有权。在网络教育资源信息的交易过程中，除考虑培训机构学员对其个人信息的所有权外，还有个人信息的占有者和控制者培训机构享有的可支配信息的权利。④ 当前，从民法角度分析认为权利就是法律规范授予人的，旨在满足其个人利益的意思力，即享

---

① 包括学而思、猿辅导、跟谁学等App均存在收集多项个人敏感信息行为，包括用户身份证号、银行账号等。

② 参见Alan F. Westin，Privacy and Freedom，New York：Atheneum Press，1967，p. 7.

③ 赞同通过财产制度而非侵权制度来保护个人数据的学者认为，财产制度具有以下优点：财产制度可以建立起侵权制度所无法建立的、一个内在和谐且有效的信息隐私权实施机制，财产制度更有利于维护个人利益与社会整体利益。Vera Bergelson，“It's Personal But Is It Ming? Toward Property Right in Personal Information，” UC Davis Law Review，Vol. 37，No. 379，2003，p. 414.

④ 参见周永红、赵维：《大数据交易背景下用户个人数据权利的保护研究》，载《数字图书馆论坛》2019年第2期。

受特定利益的法律之力。① 这就导致何种民事权利所对应何种权利人所享有的利益，培训机构学员与网络培训机构面对同一信息时可能享有不同的权利，源于权利所保护的利益不同，权利也应有所区别。例如，有学者认为随着大数据的利用日益普及，脱离人格权或个人信息保护语境下的信息权概念逐渐受到重视，该权利意欲解决的是信息控制和利用的行为秩序问题，并由此建立民法调整信息关系的权利基础。② 由于该权利的表达过于抽象，加之没有对应的人，导致信息权利在权利诸要素方面都缺乏稳固的基础。比较信息在网络中传播，进而以数据形式沉淀在网络服务器或个人终端设备中，可能同时由多人分享，信息的权利人则较难确定。这与财产去和人格权的赋权显然不同，后者可通过经济利益或人格利益达成。

对于赋予网络教育资源交易当事人信息权利，2019 年全国人大会议期间，就有代表提出议案，建议制定网络在线教育法，明确在线教育经营者的资质审核与登记许可要求，规范网络在线教育经营者的权利义务，明确监督管理部门及其职责，理顺网络在线教育争议解决途径。③ 加之新冠肺炎疫情的影响，网络教育资源交易的信息量与日俱增，中国电信天翼云课堂日均服务超 1000 万人次；中国联通“云课堂”累计为全国 965 家教育主管部门和各级各类学校提供直播开课测试服务；中国移动“大屏点播”已覆盖 1.2 亿名移动互联网电视用户；“直播教学”已帮助 3240 万名师生开课。④ 如此巨大的网络交易资源交易量，对于赋予其中参与者以信息的权利就显得尤为重要了。即使在网络教育的公共服务平台，教育部《关于数字教育资源公共服务体系建设与应用的指导意见》（教技〔2017〕7 号）中也提出要明确各方权责。正如前文中提到，不易将网络资源交易参与者的信息权利定位为隐私权，因为不管是培训学员还是网络教育培训机构均享有个人信息的权利，有独特的保护对象而不应当

① 参见王泽鉴著：《民法总则》，北京大学出版社 2009 年版，第 94 页。

② 参见齐爱民、盘佳：《数据权、数据主权的确立与大数据保护的基本原则》，载《苏州大学学报（哲学社会科学版）》2015 年第 1 期。

③ 参见《全国人大教科文卫委建议：加大网络在线教育监管力度》，载《法制日报》2020 年 4 月 7 日，第 4 版。

④ 参见新华网：《加大网络资源倾斜！在线教育有了来自“云端”的保障》，载百家号网：https：//baijiahao. baidu. com/s？ id = 1658947523395870305&wfr = spider&for = pc，最后访问日期：2020 年 4 月 15 日。

包括作为隐私权保护对象的隐私利益。例如，某网络教育培训机构非法收集、转让或使用学员信息，据此向学员发送广告、垃圾短信等侵扰学员私生活安宁时，受害人可以针对该网络教育培训机构提起侵害隐私权的侵权诉讼，要求侵权人承担停止侵害、排除妨碍以及赔偿损失等侵权责任。也即，此时网络培训学员的个人信息权利的内容不同于隐私权所保护的内容。① 前者所保护的信息权利涵盖的利益应当是确定的，是具有一定社会识别度的稳定的、持续的信息，为社会大众所接受的信息，而非某种一闪而过的信息。也即，不论是网络教育平台的信息权利还是网络培训学员的个人信息权利并不仅局限于财产权的范畴，也难以通过简单的民事交易进行转让。

究其原因在于大数据时代，网络教育培训机构通常是通过信息的量进行营利活动的，单个的自然人进行并不具有较高的价值。例如学而思网校、学而思培优、新东方、猿辅导、跟谁学等网络教育培训机构，其均以学业购买网课的信息进行网络资源的交易。显然，网课购买学员的数量越大，其平摊的成本越低，利润也越大。因此，为争夺网络教育资源，网络培训机构掌握需要购买诸如语文、英语、数学等学生和家长的基本信息就显然尤为重要了。此时，如何从政府教育机构以及信息从业者即信息企业获取所收集和储存的海量的个人信息进行精确信息轰炸，成为教育培训机构生存的关键，从而衍生出侵犯网络交易资源交易的信息行为，破坏网络交易安全。② 然而，大数据时代和人工智能的应用，使得个人并未意识到自己产生多少信息以及其是否具有价值，但通过信息收集和处理却可以将本身并无价值的信息以量或精准对接的方式产生价值。当我们在网络培训机构注册时，当我们付费了喜欢的网课时，当对某一课程产生强烈兴趣在培训机构网页进行搜索时，可能我们的信息就被网站监控、存储甚至利用。此时，网络培训机构收集学员信息本应取得学员同意，但作为消费者的学员并没有协商的空间和议价的能力，甚至学员不知道自己信息已经被收集，学员享受服务选择留下，不享受服务则离开。但不可否认，这却是科技进步和信息产业发展的魅力所在，如若认可学员对其信息享有受到保护的经

① 参见王利明：《论个人信息权的法律保护——以个人信息权和隐私权的界分为中心》，载《现代法学》2013 年第 4 期。

② 参见：《一天内出售公民个人信息 4100 万条 5 人被提起公诉》，载新华网：http：//www. xinhuanet. com/2018-06/06/c_1122944317. htm，最后访问日期：2020 年 4 月 16 日。

济利益，反而会使得部分权利人滥用该权利，阻碍整体社会的进步。

因此，赋予网络教育资源交易当事人信息权利内容应审慎为之。该权利既非前述所否定的学员对其个人信息的隐私利益，也非网络培训机构从学员个人信息交易获得的经济利益，而是保护学员对其个人信息被他人收集、存储、转让和使用的过程中的自主决定的利益。① 具体而言，该权利内容应涵盖以下三个方面：第一，学员明确其个人信息被网络培训机构收集、被基于何种目的而加以收集以及使用的目的、方式、范围并基于此加以同意的权利；第二，学员明确知悉个人信息被网络培训机转让并在未经同意拒绝转让的权利；第三，学员在培训机构该网站上查询其个人信息并可对该信息出现的错误或遗漏、缺失时有权要求删除、更正或补充的权利。可见，网络教育资源交易当事人信息权利是一种消极的防御权利，而非积极的进攻权利。

（四）网络教育资源交易的个人信息安全保护

1. 网络教育培训机构学员个人信息安全保护

前文已经将网络教育资源交易当事人的信息权利界定为一种消极的防御性权利，那么该权利应与民事权利中具有主动积极性权利的人格权、物权相区别，并不具备绝对的追及效力与保护请求权效力。因此，为保护网络教育培训机构学员个人的信息安全，应从民事法律角度确定其获得保护的范围和程度。观察我国《民法总则》第一百一十条的规定："自然人享有生命权、身体权、健康权、姓名权、肖像权、名誉权、荣誉权、隐私权、婚姻自主权等权利。法人、非法人组织享有名称权、名誉权、荣誉权等权利。"第一百一十一条规定："自然人的个人信息受法律保护。任何组织和个人需要获取他人个人信息的，应当依法取得并确保信息安全，不得非法收集、使用、加工、传输他人个人信息，不得非法买卖、提供或者公开他人个人信息。"可见，《民法总则》并未将自然人对于个人信息的利益规定为一种具有绝对权利的效力，而是在受到他人非法收集、使用、加工、传输，以及非法买卖、提供或者公开时可获得《民法总则》的保护。显然，《民法总则》如此规定有其深层考量，毕竟如若将网络教育资源交易的学员信息进行绝对保护，现有技术水平既无法实现，又可能

---

① 参见程啸：《论大数据时代的个人数据权利》，载《中国社会科学》2018 年第 3 期。

限制网络教育培训机构的自身发展，法律所取的是网络教育机构、网络学员和社会三方利益的平衡。毕竟个人信息保护并非对个人权益的绝对化保护，本质上是寻求个人权益与公共利益、保护个人信息与促进信息流动之间的平衡。例如欧盟《通用数据保护条例》（简称 GDPR）为适应大数据时代“收集先于目的”的数据挖掘模式以及公民主动披露信息的社交习惯，首创了“被遗忘权”制度。① 允许网络培训学员能够基于一定理由在事后删除其信息，同时又设置了行使被遗忘权的限制条件，以确保权益保护与信息流通平衡目标的实现。

既然网络教育培训机构学员个人的信息安全受民事法律保护，则学员的个人信息权利也就应遵循民事法律所提供的效力规则。因此，当网络教育培训机构学员个人的信息安全受到侵犯时，至少可通过如下效力规则获得保护：第一，要求他人停止侵害的权利。此时，网络教育培训机构学员有权决定是否同意网络教育培训机构收集、存储或交易其提交的网络信息，如网络教育培训机构擅自进行信息的收集、存储或交易，则学员有权要求其停止侵害。当然，未平衡网络教育培训机构和学员间的信息利益，也应当允许网络教育培训机构主观上并无敌意的信息收集和转移，不得要求其停止收集和转移。第二，即使学员已经不再购买网络教育资源，其依然有权利查询与更正已有信息的权利，而不受其是否与网络教育机构进行资源交易行为约束。第三，当网络教育培训机构侵害了学员的个人信息权利，进而导致其个人信息的泄露并因此而遭受其他损失时，学员有权要求网络教育培训机构程度赔偿责任。显然，这种情形是较为典型的，特别是在大数据背景下，如果网络教育培训机构未重视其学员的信息安全，易受其他不法主体攻击或被自身员工泄露等，均可能造成学员信息的不安全。为此，立法者为了确保个人免于前述的抽象危险，确认了学员对个人信息的权利。这种侵犯学员信息的行为在德国《民法典》上可以用“违反保护法律型”“背俗加害型”这两种侵权损害赔偿责任的构成要件来进行解释。② 在我国既可以用《民法总则》中的诚实信用原则作为解释标的，又可以通过《网络安全法》等法律法规来达成前述德国《民法典》类型的保护措施。在以后的《侵权责任法》修改中，可参考德国的做法，完善个人信息侵权赔

① 参见蔡培如：《被遗忘权制度的反思与再建构》，载《清华法学》2019 年第 5 期。

② 参见 Maximilian Fuchs，Deliktsrecht，5Aufl.，Berlin：Springer，2004，Kapitel 2.

偿责任构成要件。

2. 网络教育培训机构收集学员信息的界限

除赋予网络教育培训机构学员个人以权利保护信息安全，还应课以网络教育培训机构以民事法律义务，防范其脱离合同的信息泄露行为。欧盟在这方面已经先行一步，欧盟《通用数据保护条例》（简称 GDPR）被誉为史上最严个人信息保护法，该法通过制度设计课以信息收集机构较高的法律义务。比如建立了数据处理前的事先咨询和影响评估制度，处理中的默认不可访问制度，数据泄露后的 72 小时报告制度等。① 当然，确立网络教育培训机构保护学员信息安全的前提还应确认信息侵犯的边界问题，即何种情形下网络教育培训机构对学员的信息收集是合法的，何种情形是非法的。如若网络教育培训机构基于法律规定，并明确告诉学员信息收集和使用的目的、方式和范围，并获得学员同意的行为，属于合法的数据收集行为。该行为因获得学员认可和接受从而获得侵犯信息安全的责任豁免。我国《网络安全法》第四十二条第一款亦有类似规定，提出网络运营者“未经被收集者同意，不得向他人提供个人信息。但是，经过处理无法识别特定个人且不能复原的除外”。此时，网络教育培训机构基于所收集的大量学员个人信息以及非个人信息，进而形成新的信息集，不断积累成为一个新的客体并在其上产生网络教育培训机构的民事权利。该权利的产生是基于法律行为的权利的原始取得，而不是通过买卖等法律行为从他人那里继受或派生取得权利。大数据环境的加持下，甚至在基础信息基础上产生新的增值信息。②

当然，网络教育培训机构所收集、存储的学员信息并非通过格式条款或其他隐性手段，而是基于网络教育服务的提供，实现精准对接学员的要求，从而既方便了学员的学习，又便于网络教育服务质量的提高。甚至通过对不同学员、不同场景大量信息收集后的分析，研发出更具针对性的网络学习教案、方法等，做到因材施教。可见，网络教育培训机构的行为符合公平原则，理应产生相应的民事权利。因此，有学者认为，在确立了个人信息权以及强化隐私权

---

① 参见范为：《大数据时代个人信息保护的路径重构》，载《环球法律评论》2016 年第 5 期。

② 参见搜狐网：《数据的“增值”在于强大的分析能力》，载搜狐网：https://www.sohu.com/a/78799189_354986，最后访问日期：2020 年 4 月 17 日。

来保护学员的个人信息之后，应当通过“告知后同意”法则，允许学员与网络教育培训机构签订用户协议等方式授权后者通过技术收集、使用学员信息，从而赋予网络教育培训机构享有加工、研发信息产品的权利。① 换言之，网络教育培训机构所获得的信息实际来自学员对自身信息权利的让渡。从保护企业产权的角度出发，应当允许在一定条件下网络教育培训机构享有信息的经营权和资产权。信息经营权具有某种专营权的性质，具有特定事项的专向性和排他性，是依据法律授权或行政特许方式设立的，而信息资产权是法律对信息经营者的信息资产化经营利益的一种绝对化赋权。② 也即，只要网络教育培训机构并不存在窃取或者以其他非法方式获取学员个人信息，亦未非法出售或者非法向他人提供学员个人信息则并不构成违法。③

3. 完善法律规则提高学员信息安全意识

网络教育资源交易领域，学员与其个人信息具有分离的特性，这决定了大数据环境下学员本人很难有效支配其个人信息权利。如果该个人信息被网络教育培训机构转卖或非法收集以此营利，则会对学员本人带来困扰，甚至威胁网络教育的发展。因此，除了前述的做法外，还应考虑完善现有的法律规则，以便对网络教育培训机构学员的信息保护，从而提高信息安全防范意识。实际上，网络信息安全问题一直是欧盟国家的关心法律点。基于此，欧盟于2016年通过了《通用数据保护条例》（简称GDPR），代替1995年颁布的《个人数据保护指令》，从“指令”上升为“条例”，效力层级更高，保护力度更大。④在“个人信息自决”的立法理念下，GDPR赋予个人针对其信息的访问、查

---

① 参见齐爱民、盘佳：《数据权、数据主权的确立和大数据保护的基本原则》，载《苏州大学学报》2015年第1期。

② 参见龙卫球：《数据新型财产权构建及其体系研究》，载《政法论坛》2017年第4期。

③ 2019年9月，余姚市人民检察院在履职中发现线索，有3家培训机构存在利用非法获取的学生个人信息进行营销的行为。据统计，3家培训机构各自通过非法手段获取学生个人信息近10万条，并且利用该信息频繁向学生家长推销培训课程。为此，余姚市市场监督管理局和市教育局联合发文《关于打击侵害消费者（学生）个人信息违法行为专项执法行动的通知》，专项整治针对教育培训机构、教育网站及教育App运营商侵害消费者（学生）个人信息违法行为和各中小学校、幼儿园私自泄露学生个人信息行为。

④ 参见周冲：《个人信息保护制度应严谨而有前瞻性——谷歌收获天价罚单对我国的启示》，载《中国改革报》2019年2月18日，第12版。

询、纠正、删除等一系列权利。为确保上述权利得到执行，法律还赋予了监管机构在责任认定等方面较大的自由裁量权，并构建了从投诉、受理到处罚的一整套行政监管与救济制度，通过强化公法救济来弥补普通司法救济的不足。目前，全球已有近 90 个国家和地区制定了个人信息保护条例。① 我国在网络信息安全保护领域有一定作为，但是网络信息发展日新月异，对法律的要求也越来越高，需要把已有的网络信息安全法律制度进行统筹协调，以适应瞬息万变的网络信息发展。从更小的网络教育资源交易的角度出发，网络信息安全制度的协调统一则更为迫切。虽然我国《信息安全技术公共及商用服务信息系统个人信息保护指南》规定了信息系统个人信息保护实施过程涉及的角色主要有个人信息主体、个人信息管理者、个人信息获得者和独立测评机构，对个人信息的保护贯穿于收集、加工、转移、删除这 4 个主要环节。《网络安全法》也提出网络运营者应当严格保密其收集的用户信息，并建立健全用户信息保护制度等。《信息安全技术个人信息安全规范》指出，个人信息控制者应根据相关的国家标准要求，建立适当的数据安全能力，落实必要的管理和技术措施，防止个人信息的泄露、损毁、丢失。但是对于如何规范网络教育资源交易前提下加强学员个人信息权利保护却没有具体的规定。因此，目前需要国家通过立法或法律解释方法明确网络个人信息权利，以及规范基于网络信息交易安全的各项制度和操作方式，甚至如何平衡网络教育培训机构与其学员间关于信息交易的利益。②

除了完善法律规则外，还应加大网络信息安全普法活动的宣传力度，提高个人信息权利保护的意识和能力。对于网络教育培训机构的网上信息填写，特别是涉及隐私的个人信息应当审慎，观察网络教育培训机构是否涉及未经本人同意收集个人信息的行为。最好选择资质全面、信誉良好、法律机制健全的网络教育培训机构，拒绝未经本人同意收集学员的个人隐私和家庭信息等。在注

---

① 参见茶洪旺、袁航：《中国大数据交易发展的问题及对策》，载《区域经济评论》2018 年第 4 期。

② 习近平总书记于 2017 年在主持实施国家大数据战略学习时指出，“以数据集中和共享为途径，推动技术融合、业务融合、数据融合，打通信息壁垒，形成覆盖全国、统筹利用、统一接入的数据共享大平台，构建全国信息资源共享体系，实现跨层级、跨地域、跨系统、跨部门、跨业务的协同管理和服务”。参见《习近平：推动实施国家大数据战略，加快建设数字中国》，载搜狐网：https：//www. sohu. com/a/209446810_115479，最后访问日期：2020 年 4 月 17 日。

册网络教育的账户时，若必须填写个人信息，可适当填写不影响自身使用软件的信息，尽可能避免填写极易识别个人身份及个人所在地的重要信息；在进行信息存储时，应看管好信息存储设备，禁止涉及个人数据尤其是个人敏感数据的文件共享，且定期备份重要数据。① 此外，当学员发现网络教育培训机构非法收集其信息或将其未经授权的信息进行营利或其他非法活动时，应积极行使其法律权利，向行政机构举报或直接向司法机关提起诉讼。

（五）网络教育资源交易平台的信息安全法律规制

当前我国网络教育行业已经走在了世界发展前列，但是在网络教育资源交易信息安全保护方面一直没有专门立法。短期来看，网络教育资源交易平台可以基于国内外政策环境的不同而制定不同信息安全保护方案。但从长远出发，尽快推动网络信息安全立法，才是应对未来网络信息安全挑战的长久之计。虽说以欧盟为代表的 GDPR 的部分做法值得借鉴，但是也要考虑我国网络教育产业发展的特殊性。毕竟网络信息安全的治理行为实则是一个利益均衡的过程，如何在网络用户、网络服务提供者甚至网络资源交易平台之间寻求利益的最佳契合点。网络教育资源交易除了个人信息安全保护外，还涉及网络教育交易平台（绝大多数时候网络教育资源提供者和交易平台为同一主体）如何确保信息安全的问题，而这除了民法的规范外，还需要网络教育资源交易主体的行业自律与行政规制加持。从这个意义上，保护网络教育资源交易的信息安全，还需制度构建的创新。

1. 网络教育资源交易平台的信息安全自律规制

为达成网络教育资源交易平台（网络教学培训机构）信息安全的规制，可通过行业自律监管的模式实现。例如 2000 年成立的美国网络广告促进会，在创建当年就制定了《网络广告促进会行为规范》，该规范历经 2008 年、2013 年、2018 年三次更新。通过行业自律的形式规制网络广告制作和发布平台，要求其不得随意搜集用户信息与使用该信息。② 2014 年美国广告代理商协会发布的《数据安全意识指导白皮书》，强调新媒体时代应对消费者信息安全进行

---

① 参见周永红、赵维：《大数据交易背景下用户个人数据权利的保护研究》，载《数字图书馆论坛》2019 年第 2 期。

② 参见 NAI，NAI Code of Conduct 2018，https：//www. networkadvertising. org/sites/default/files/nai_code2018. pdf，最后访问日期：2020 年 4 月 18 日。

保护。美国广告主协会根据联邦贸易委员会 2015 年发布的《物联网报告：在一个互联网世界中的隐私与安全》与一个有关“信息安全”的听证会预测，“隐私与数据安全”将会成为该年度最重要的议题。① 2010 年，美国数字广告联盟提出建立与执行整个网络广告行业负责任的隐私惯例，增强消费者的信息透明度与可控性。② 由美国广告主协会、美国广告代理商协会、美国广告联合会和商业促进局理事会等行业自律协会组成的“全国广告审查理事会”于 2011 年发布了《基于兴趣的在线广告问责程序》，规定任何出于在线广告目的搜集信息的行为都需要使用“广告选择图标”，此外还发布了《电子零售业自律程序》。③ 又于 2014 年开发了移动平台端的图标“DAA Icon”旨在通过增强网络用户的选择能力来保护网络信息安全。2015 年推出应用程序选择与移动网页消费者选择两款程序，建立网络资源交易平台的行业标准，保护消费者信息安全。④ 为确保网络信息安全监管行业自律的有效性，美国在线隐私联盟于 2015 年出台《有效实施自律计划》，提出对网络资源交易平台的“第三方认证项目”“隐私认证项目”“验证与监管”“消费者投诉机制”“教育机制”等内容。⑤ 可见，美国通过行业自律协会达成对网络资源交易平台的规制，从而实现对信息安全的保护。

网络资源交易平台的规制方面，行业自律监管的有效性已经赢得社会和用户的认同，这为网络教育资源交易平台的信息安全自律监管奠定了良好的信任基础。网络教育资源交易平台的信息安全自律规制方面可采取以下措施。第一，在网络教育领域建立行业组织，行业组织应当包括以下主体：各个大学的

---

① 参见 ANA，Top Issue of Early 2015：Privacy and Data Security，2015-1-28，https：//www. ana. net/blogs/show/id/33532，最后访问日期：2020 年 4 月 18 日。

② 参见 2DAA，About The DAA，2018-2-1，http：//digitaladvertisingalliance. org/about，最后访问日期：2020 年 4 月 18 日。

③ 参见 4A'S.，NARC Announces New Procedures Governing Internet-Based Advertising Accountability Program，2015-3-26，https：//www. aaaa. org/news/press/Pages/092011 _ narc _ oba. aspx，最后访问日期：2020 年 4 月 18 日。

④ 参见 DAA，Digital Advertising Alliance Enhances Privacy Controls in the Mobile Marketplace with Launch of Two New Tools for Consumers，2015-3-26，http：//www. aboutads. info/news，最后访问日期：2020 年 4 月 18 日。

⑤ 参见 OPA，Effective Enforcement of Self-Regualtion，2015-6-26，http：//www. privacyalliance. org/resources/enforcement. shtml，最后访问日期：2020 年 4 月 18 日。

网络继续教育机构、公办和民办的网络教育培训机构以及第三方网络教育资源交易平台等。该行业组织既承担着网络教育资源交易的组织职能，又承担着监管职责。对网络教育资源交易平台的监管，应建立在明确其主体地位的基础上，因而应通过法律制度确定大数据交易平台和行业组织的法人地位。① 并以该行业组织为基础建立自律规则，从而从行业组织内部进行网络教育资源交易的信息安全规制。第二，行业组织建立网络教育资源交易平台的事前准入制度。由于网络教育资源交易平台属于营利性自律法人，通过事前准入制度审查其资质，对其自由权进行限制以确保资源交易的信息安全。② 在网络教育资源交易平台准入条件要求如下：考虑网络教育质量和保证市场秩序，应具有一定的实缴注册资本和完善的组织机构条件；具有网络教育资源信息的采集、存储、应用、传输、销毁等全生命周期的监管、安全以及保护的技术条件和规章制度。显然，通过事前准入制度剔除部分劣质的网络教育机构，保证进入网络教育资源交易的主体是符合网络资源交易信息安全的经营者，有能力实现对网课学员信息安全的存储和保护。此时，网络教育行业自律组织即可学习美国自律组织保护网络用户信息安全的做法，通过颁发网络教育资源交易许可证形式实现事前准入的规制。③ 第三，建立网络教育资源交易的标准化规则。网络教育资源交易的目的是为社会人群提供网络教育服务，拉近个人与高质量教育之间的距离，平衡实体教育资源分配的不公。为达成上述目的，通过网络教育培训机构所搭建的交易平台除了便利网络教育需求者外，还应当建立规范、透明和有效的交易规则。网络教育资源交易平台不应成为侵犯网络教育学院隐私、侵犯其他教育服务提供主体的知识产权的场地，构建标准化的网络教育资源交易规则就尤为重要了，该规则应包括网络教育基础信息的标准、信息处理的标准、信息安全的标准、信息评价质量的标准和交易平台服务的评价标准等。④ 此外，网络教育培训机构的从业人员也应对交易平台和学员负有一定的信息安

---

① 参见祝丽丽、周雨、吴瀚然：《强化行业自律，完善市场信用监管》，载《宏观经济管理》2019 年第 1 期。

② 参见何培育、王潇睿：《我国大数据交易平台的现实困境及对策研究》，载《现代情报》2017 年第 8 期。

③ 参见孟茹：《美国网络用户隐私保护的自律规制研究》，载《新闻法制研究》2018 年第 3 期。

④ 参见张敏：《大数据交易的双重监管》，载《法学杂志》2019 年第 2 期。

全保护义务，这种行业义务应在网络教育行业自律组织规则中有所体现。

2. 网络教育资源交易平台信息安全的行政规制

第一，树立网络教育资源交易平台信息安全行政监管的法律理念。即从法治理念角度出发，将法律作为强化网络教育信息安全的监管工具和手段，体现为政府在出台确保网络教育资源交易信息安全的法律制度时，应从促进、保障和引导性规定角度入手，防范出现旧有的政府包办一切的管制思维立法和处罚式行为。思维模式的转变需要政府厘清与网络主体之间的边界，尊重网络教育发展的客观规律，强调有限干预与服务性政府建设，信息安全纠纷多通过民事法律途径解决，政府的介入应当是发生较大范围和影响的信息安全事件。这就需要政府去探索针对网络教育领域信息安全的规制手段和方法，甚至可将软法和硬法相结合作为行政规制的重要方式。可见，法治视野下网络教育资源交易信息安全监管应当改变完全的政府主导的管制方式，朝着以政府行政规制为主导，社会多元主体相互协同配合的共治监管模式发展。① 网络教育资源交易本身就涉及多方社会力量的参与，而协同共治的行政监管理念正是回应了网络教育本身的特殊性和网络教育资源交易市场监管的法治转型。

第二，完善网络教育资源交易平台信息安全行政监管法律体系。网络教育资源交易市场如何更为有效确保信息安全，这涉及我国监管行政监管体制。因此，需要通过改革以厘清政府内部相关职能部门的权责关系，制定不同层级、不同部门之间的权力清单和责任清单，廓清相关政府部门在网络教育资源交易平台监管中的权力和责任边界。② 特别是当前的网信办系统和教育行政主管部门之间的职权关系，如何在协作监管中发挥教育行政主管部门的教育专业优势，又如何发挥网信办在信息安全领域的领导地位。因此，从政府内部角度出发，应完善网络教育市场信息安全的跨部门、跨区域监管机制，在辖区内部统一搭建网络治理综合平台，以实现信息共享。此外，还应从资金、技术和执法队伍建设出发，补足短板，强化行政监管执法能力建设。毕竟网络教育资源交易涉及的信息安全问题较为专业化，发现信息安全漏洞需要高度的财力和技术支持，取证又需要大量的专业人员。因此，加大财政投入以更新监管执法装备

① 参见石亚军、王妍：《深化市场监管和执法体制改革破除综合化内卷化矛盾》，载《国家行政学院学报》2018 年第 5 期。

② 参见陈荣昌：《网络文化市场的法治化监管》，载《行政与法》2020 年第 3 期。

与执法人员待遇水平，进而提升信息安全监管技术能力。而执法队伍建设则需要在人员编制、管理培训等方面入手，强化法治的思维和信息安全规范化监管程序培训，从而在整体上提升政府依法行政水平，推进网络教育资源交易市场信息安全的法治化监管。

第三，政府监管和网络教育资源交易平台法律责任的混合规制。网络教育资源交易实质上是网络教育培训机构转让信息财产权的商事行为，作为交易场所的网络教育资源交易平台应定性为具有自律性质的、以营利为目的的商事主体。① 为了实现网络教育信息的自由流动、安全交易和有效利用，网络教育资源交易平台应被纳入行政监管中。依循前文的政府与社会组织协作监管的理念，构建政府与市场主体间监管的互动机制，特别是政府与网络教育培训组织、网络教育资源交易的行业自律组织等之间的沟通交流机制。其监管内容主要涵盖网络教育资源交易平台的信息泄露和教育信息源安全的监管。前者主要指网络教育资源交易平台的设立、运行、交易中可能泄露学员或其他网络教育机构的信息，可由网络教育行业自律组织主要履行监管职责。② 后者则强调对于信息的脱敏监管、是否涉及侵权、是否非法收集等关涉信息安全的行为进行的监管。③ 网络教育资源交易平台作为信息市场的关键主体，承担着对交易网络教育资源真实性、合法性的审核义务，如何保证其健康运行防范信息安全事故发生极为重要。此外，网络教育资源交易平台还应建立网络教育资源提供方的信用评价体系并向社会予以公示，按照法律规定的期限留存好交易记录，积极实施有效技术手段以加强对各方主体信息安全的保护。所以，混合规制模式不同于传统单一规制模式，网络教育资源交易平台应该呈现出“政府行政—自律组织”双重监管范式。总的来说，行业自律与政府监管的相互结合已形成共识，因为两者的目标具有一致性，且各有优劣，具有互补性。④ 网络教育资源交易平台确保信息安全的关键，就在于各方监管主体间的

---

① 参见张敏、朱雪燕：《我国大数据交易的立法思考》，载《学习与实践》2018 年第 7 期。

② 参见陈宗波：《我国生物信息安全法律规制》，载《社会科学界》2019 年第 1 期。

③ 参见赵鹏：《超越平台责任：网络食品交易规制模式之反思》，载《华东政法大学学报》2017 年第 1 期。

④ 参见林华：《大数据的法律保护》，载《电子知识产权》2014 年第 8 期。

权责平衡。

三、网络安全的程序制度保障——以社会保险费征管安全为中心

当前信息化已经步入“大云平移”时代，“互联网技术的发展带来的不仅是税收征管的变革，同样的，交易方式也发生了新的变化，税源表现更为隐蔽化、虚拟化、分散化，征纳双方的信息不对称情况加剧”。① 更为重要的是，面对新兴互联网产业的兴起，交易数量呈现指数级别的增长，传统的征管体系不能满足庞大的数据处理需要，线上税收征管信息安全成为问题。2015 年政府工作报告中首次提出“互联网+”行动计划，尔后，国务院发布了《关于积极推进“互联网+”行动的指导意见》②，《国家税务总局关于印发〈“互联网+税务”行动计划〉的通知》③ 正式在全国税务系统布置实施“互联网+税务”行动，“把互联网的创新成果与税收工作深度融合，拓展信息化应用领域，推动效率提升和管理变革”④，同时要求“做好数据分级保护，落实数据传输安全、存储安全”。2018 年 7 月《国税地税征管体制改革方案》明确“各

---

① 蔡昌、赵新宇：《“互联网+ 税务”带来的变革》，载《新理财：公司理财》2019 年第 6 期。

② 国发〔2015〕40 号。

③ 税总发 2015〔113〕号。

④ 重点推进“互联网+税务”5 大板块、20 项行动，分别是：社会协作（互联网+众包互助、互联网+创意空间、互联网+应用广场）、办税服务（互联网+在线受理、互联网+申报缴税、互联网+便捷退税、互联网+自助申领）、发票服务（互联网+移动开票、互联网+电子发票、互联网+发票查验、互联网+发票摇奖）、信息服务（互联网+监督维权、互联网+信息公开、互联网+数据共享、互联网+信息定制）和智能应用（互联网+智能咨询、互联网+税务学堂、互联网+移动办公、互联网+涉税大数据、互联网+涉税云服务）。其中，“互联网+数据共享”提出“收集各类数据资源，归集整理、比对分析，实现数据的深度增值应用，提高税收治理能力”；“推进数据开放，通过互联网渠道逐步向社会开放税务部门非涉密脱敏数据信息和部分业务系统数据查询接口，与各类主体分享税收大数据资源”；“互联网+涉税大数据”提出“将手工录入等传统渠道采集的数据和通过互联网、物联网等新兴感知技术采集的数据以及第三方共享的信息，有机整合形成税收大数据……在互联网上收集、筛选、捕捉涉税数据和公开信息，通过分析挖掘，为纳税人提供更精准的涉税服务，为税源管理、风险管理、涉税稽查、调查取证等工作提供信息支持”。

项社会保险费交由税务部门统一征收”；2018 年 8 月《个人所得税法》第十五条确认了信息共享制度；① 2018 年 11 月《社会保险经办管理服务条例（征求意见稿）》不仅专条规定“信息共享”，还规定了“内部信息共享”条款、“信息系统控制和业务运行控制”条款、“信息比对”条款等②，尤其是第四十一条还要求“建立安全规范的信息系统”③。不止于此，党的十八届五中全会首次提出“实施国家大数据战略”，2017 年《网络安全法》专章规定“网络信息安全”，2018 年实施的《电子商务法》和《网络交易监督管理办法》（征求意见稿）均将网络交易安全作为立法的重要调整对象，2019 年党的十九届四中全会提出“建立健全网络综合治理体系，加强和创新互联网内容建设，落实互联网企业信息管理主体责任”④，2020 年《网络信息内容生态治理规定》专门规定网络信息内容的生态化治理，专章规定网络信息内容生产者、网络信息内容服务平台、网络信息内容服务使用者、网络行业组织、监督管理、法律责任等内容；习近平总书记强调“网络安全和信息化是事关国家安全和国家发展、事关广大人民群众工作生活的重大战略问题，要从国际国内大势出发，总结布局，统筹各方，创新发展，努力把我国建设成为网络强国”，皆预示着信息安全、网络强国建设被提升到一个空前的战略高度，也逐渐形成了新形势下中国网络安全的总体战略框架。可以说，在以数据为中心的时代，信息安全乃国家安全的基石与命脉。

---

① 第十五条规定：“公安、人民银行、金融监督管理等相关部门应当协助税务机关确认纳税人的身份、金融账户信息。教育、卫生、医疗保障、民政、人力资源社会保障、住房城乡建设、公安、人民银行、金融监督管理等相关部门应当向税务机关提供纳税人子女教育、继续教育、大病医疗、住房贷款利息、住房租金、赡养老人等专项附加扣除信息。……有关部门依法将纳税人、扣缴义务人遵守本法的情况纳入信用信息系统，并实施联合激励或者惩戒。”

② 第七条规定：“国家建立一体化网上政务服务平台，构建全国统一、多级互联的数据共享交换体系，实现社会保险业务数据共享”；第四十五条规定：“社会保险经办机构应当通过信息比对的方式定期对社会保险登记、社会保险待遇领取、社会保险基金支出和社会保险服务机构执行服务协议的情况进行核查。”

③ 第四十一条规定：“人力资源社会保障行政部门应当建立安全规范的信息系统，完善业务运行监控机制，明确数据操作权限，严格控制数据修改和权限变更，防范业务经办风险。社会保险经办机构应当对业务经办全过程进行记录，实现全过程留痕和可回溯管理。”

④ 《中共中央关于坚持和完善中国特色社会主义制度　推进国家治理体系和治理能力现代化若干重大问题的决定》。

亦皆因于此，要正视社保费信息安全及其在网络安全、国家安全中的定位。①在税务机关全责征管模式下，税务机关享有“登记办理→基础信息审核→缴纳金额→申报缴纳期限核准→申报纳税→催报催缴→跟踪监控→缴入国库和发放”等征管权责，但税务部门主导社保费征管并不必然排除社保行政部门、经办机构等的征管协助空间。社保费征收权责移交税务机关后，经办机构还应继续提供社保费基础信息、变更信息等职责，以便社保费征管信息在经办机构与税务部门之间的互联与共享。既有文献主要聚焦社会保险“费改税”②、关注社会保险费征缴模式③、重视社会保险争议研究④等议题，鲜见社保费(征管)信息安全之论道。网络黑客、信息盗窃、隐私侵犯等信息犯罪事件的发生时刻威胁着网络环境的安全，信息安全问题主要体现在各种信息泄露乃至篡改等事件。据报道，实践中常有社保某系统泄露社保信息事件，信息安全漏洞低级，如利用爬虫技术非法爬取公民的社保信息。“从 2014 年 4 月以来，涉及居民社保信息泄露的报告达 46 个，其中高危 44 个，至少涉及江苏、陕西、四川、浙江、山西等多个省份，涉及人员高达 5200 万。”此等漏洞大多为 SQL 注入或者弱口令等初级安全问题，只要稍有技术基础的人利用专门的工具就可

---

① 2014 年 4 月 15 日，习近平总书记在中央国家安全委员会第一次会议上提出了构建包含信息安全在内的是一种安全于一体的国家安全体系。2015 年 7 月 4 日国务院印发的《关于积极推进“互联网+”行动的指导意见》的保障支撑部分，巩固网络基础一节中。增强北斗卫星全球服务能力，构建天地一体化互联网络。如何建设“网络强国”：网络基础设施基本普及、自主创新能力显著提高、信息经济全面发展、网络安全保障有力。

② 参见郑功成：《社会保障学——理念、制度、实践与思辨》，商务印书馆 2000 年版，第 24～257 页；郑秉文：《费改税不符合中国社会保障制度发展战略取向》，载《中国人民大学学报》2010 年第 5 期；叶姗：《社会保险费改税的法律分析》，载《税务研究》2012 年第 1 期，等等。

③ 参见刘军强：《资源、激励与部门利益：中国社会保险征缴体制的纵贯研究(1999—2008)》，载《中国社会科学》2011 年第 3 期；秉文、房连泉：《社会保障供款征缴体制国际比较与中国的抉择》，载《公共管理学报》2007 年第 4 期；汪德华：《税务部门统一征收社会保险费：改革必要性与推进建议》，载《学习与探索》2018 年第 7 期；朱为群、李菁菁：《税务部门统一征收社会保险费的效率和公平探讨》，载《税务研究》2017 年第 12 期，等等。

④ 郑尚元：《公开、规范与定型——养老保险制度从政策到法律——中国社会保险立法的进路分析》，载《法学》2005 年第 9 期；周长征：《社会转型视野下农民工养老保险权利的法律救济：以去私法化为中心》，载《法学评论》2012 年第 2 期；董保华、李干：《我国社会保险权利救济制度的理论悖论与现实困境——“裕元事件”引发的思考》，载《法学》2015 年第 1 期，等等。

以获取信息。由此，纵使税务部门已将社保费纳入信息化管理范围内，但在互联网时代的社保费信息仍面临着安全威胁，更应重视社保费信息安全，强化信息管理与保护能力。

观测社保费与个人所得税征管模式，二者均采用“代扣代缴”形式，但与个人所得税不同之处在于，社保费（以养老保险为最典型）的缴纳中单位和个人同时均为缴费义务人，且单位既是缴费义务人，又是代扣代缴人。在此种状态下，单位有无扣而不缴的情况？深究之，社保费征管和税收征管最大的不同在哪儿？为何将社保费移交税务机关征管？是基于稽征经济还是征管安全的考量？社保费划转中经办机构应向税务机关输送一些什么信息？税务机关征管社保费过程中到底需要什么信息？此等问题均关涉缴费义务人的信息安全。进言之，社保费涉及个人缴费和企业缴费，这两个主体的趋向和目的很不一样。除开都关心财产以外，个人更关心的是隐私，企业更关心的是商业秘密。不管是个人隐私抑或商业秘密，互联网导入以后安全风险必定成倍增加。企业在对员工缴费时可能会触发很多商业机密，比如员工的人员年龄等构成和员工的薪酬构成等这些企业未必都愿意让税务机关掌握，因有用至税务稽查的可能。一旦互联网导入以后，征管经济定然会让位于征管安全，需从征管主体转向缴费主体进行深入思考。

（一）社保费征管信息安全的整体化检视

社保费信息是缴费人收入来源与财富多寡的直接反应，信息的丢失、滥用、泄露会成为社会性信息公害，理应得到法律充分的保障。依据 2018 年《社会保险法》，在五类社会保险费中，基本养老保险、基本医疗保险和失业保险由用人单位和职工共同缴纳，生育保险和工伤保险仅由用人单位缴纳，职工不缴纳。① 即便规定“用人单位和个人依法缴纳社会保险费，有权查询缴费记录、个人权益记录，要求社会保险经办机构提供社会保险咨询等相关服务”②，缴费单位按照规定办理社会保险登记、变更登记或者注销登记时，如何保障缴费人的信息安全？

1. 征管信息安全文本实践：从征管端转向缴费端

自引入“互联网+ ”行动计划以来，“互联网+税务”的文本政策基础不

---

① 参见 2018 年《社会保险法》第十条、第二十三条、第四十四条等；2019 年《社会保险费征缴暂行条例》第二条、第四条等。

② 《社会保险法》第四条。

断完善①，作为税务机关统征之社保费信息安全亦然成为关注重点。在我国税务实践中，大数据已初步得以应用，并已渗透到税收立法、政策制定、组织收入、征管规程、信息管税等领域与环节，如实施“金税三期”、数据大集中过程中形成了海量的涉税数据。例如《“互联网+税务”行动计划》中对信息安全有明确要求，《全国税务系统 2016 年“岗位大练兵、业务大比武”活动实施方案》②，在信息技术类中包含网络安全的内容。③ 具体至社保费领域，2018 年《社会保险法》第六十条规定“职工应当缴纳的社会保险费由用人单位代扣代缴，用人单位应当按月将缴纳社会保险费的明细情况告知本人”，同时第八十一条规定“社会保险行政部门和其他有关行政部门、社会保险经办机构、社会保险费征收机构及其工作人员，应当依法为用人单位和个人的信息保密，不得以任何形式泄露”。2019 年《社会保险费征缴暂行条例》第十二条同样规定“缴费单位和缴费个人应当以货币形式全额缴纳社会保险费。缴费个人应当缴纳的社会保险费，由所在单位从其本人工资中代扣代缴”，且第一条直接规定“为了加强和规范社会保险费征缴工作，保障社会保险金的发放”的立法目的，以便“纳入社会保险基金，专款专用”。④ 《税收征收管理法》第

---

① 比如：《国务院关于积极推进“互联网+”行动的指导意见》（国发〔2015〕40 号）、《国务院关于印发促进大数据发展行动纲要的通知》（国发〔2015〕50 号）、《国务院关于印发新一代人工智能发展规划的通知》（国发〔2017〕）35 号）、《国家税务总局关于印发〈“互联网+ 税务”行动计划〉的通知》（税总发〔2015〕113 号）等文件，指出了大数据、互联网（移动互联网）、物联网、人工智能、云计算、区块链等信息技术的发展趋势。

② 税总发〔2016〕38 号。

③ “金税三期”总体架构（一个平台、两级处理、三个覆盖、四类系统）：“一个平台”就是在全国建立软、硬件统一的基础平台；实现全国各级国地税机关和相关部门的信息共享；“两级处理”是国家税务总局和省级税务局进行数据集中和处理；“三个覆盖”是覆盖所有税种，覆盖税收工作主要环节、覆盖国地税及相关部门；“四类系统”包括税收征收管理、决策支持、外部信息和行政管理。

④ 此外，2019 年《社会保险费征缴暂行条例》第十三条规定：“缴费单位未按规定缴纳和代扣代缴社会保险费的，由劳动保障行政部门或者税务机关责令限期缴纳；逾期仍不缴纳的，除补缴欠缴数额外，从欠缴之日起，按日加收千分之二的滞纳金。滞纳金并入社会保险基金。”第十八条规定：“按照省、自治区、直辖市人民政府关于社会保险费征缴机构的规定，劳动保障行政部门或者税务机关依法对单位缴费情况进行检查时，被检查的单位应当提供与缴纳社会保险费有关的用人情况、工资表、财务报表等资料，如实反映情况，不得拒绝检查，不得谎报、瞒报。劳动保障行政部门或者税务机关可以记录、录音、录像、照相和复制有关资料；但是，应当为缴费单位保密。”

八条规定，“纳税人、扣缴义务人有权要求税务机关为纳税人、扣缴义务人的情况保密。税务机关应当依法为纳税人、扣缴义务人的情况保密”，此类可视为涉税、涉费信息保护的最主要条款，但该条款仍为原则性规定，缺乏可操作性。与之相关的是，2017 年《民法总则》引入个人信息权与确立数据保护的条款,① 进一步加强了零碎的数据和个人信息之间的关系，同时首次明确了自然人的个人信息权，这成为个人信息权保障的基准所在。但是，《民法总则》并没有对个人信息的概念给出详细的定义或明晰的范围，没有明确哪些活动可以被认定为“非法”，也没有提出具有可操作性的具体措施来对数据实施保护，仅为原则性规定，有赖进一步明确和细化。2015 年《刑法修正案（九）》明确了侵犯公民个人信息罪，打击侵犯纳税人涉税信息犯罪无疑也是其中的应有之义，但更多的只是起到威慑的作用，即涉费信息保护立法滞后。

深究之，在互联网时代，包括税务部门在内的所有政府部门都有责任对行使职权过程中获取的个人信息进行正确的使用，给予足够的保护。近年来，我国对个人数据保护日益重视，《网络安全法》规定，网络运营者不得收集与其提供的服务无关的个人信息，不得违反法律、行政法规的规定和双方的约定收集、使用个人信息，并应当依照法律、行政法规的规定和与用户的约定，处理其保存的个人信息。但由于缺少配套制度和具体执行措施与程序的支撑，我国目前对个人信息的保护内容不全、保护力度不够，特别是对如何保护个人信息免受政府行为的侵犯规定不足。具体而言，2017 年《网络安全法》第一条言及“为了保障网络安全，维护网络空间主权和国家安全、社会公共利益，保护公民、法人和其他组织的合法权益，促进经济社会信息化健康发展”；更是以专章形式规定“网络信息安全”（第四十条至第五十条），其中第四十条规定，“网络运营者应当对其收集的用户信息严格保密，并建立健全用户信息保护制度”；第四十四条规定，“任何个人和组织不得窃取或者以其他非法方式获取个人信息，不得非法出售或者非法向他人提供个人信息”；第四十五条规定，“依法负有网络安全监督管理职责的部门及其工作人员，必须对在履行职责中知悉的个人信息、隐私和商业秘密严格保密，不得泄露、出售或者非法向他人

① 《民法总则》第一百一十一条规定：“自然人的个人信息受法律保护。任何组织和个人需要获取他人个人信息的，应当依法取得并确保信息安全，不得非法收集、使用、加工、传输他人个人信息，不得非法买卖、提供或者公开他人个人信息。”第一百二十七条规定：“法律对数据、网络虚拟财产的保护有规定的，依照其规定。”

提供”。① 除《网络安全法》外，虽有《电信条例》《计算机信息系统安全保护条例》《互联网 IP 地址备案管理办法》《中国互联网络域名管理办法》等法规和规章，但整体立法层级较低、系统性不强。隐私权保护法律制度有待强化。不能保证个人信息的安全，就不能获得纳税人对“互联网+税务”真正的支持和接受，会影响“互联网+ 税务”的推进进程和效果。

我国虽已出台有关信息安全的法律法规，如 2007 年和 2012 年国务院发布的《政府信息公开条例》和《关于大力推进信息化发展和切实保障信息安全的若干意见》，以及 2012 年全国人大常委会发布的《关于加强网络信息保护的决定》等，但还不够全面、具体，更缺少与涉税信息安全相关的法律制度。如制定《税务大数据使用与管理办法》等，以实现其采集、加工、存储、传输、使用、发布、查询、更新和共享的规范化。故此，从既有立法活动中，足见我国立法者对包括涉税信息在内的个人信息和数据安全的重视，但我国保护纳税人涉税信息方面的规章制度，更多的是国家税务总局所作的有益探索，如《纳税人涉税保密信息管理暂行办法》等，要么效力等级较低，缺乏应有的权威性；要么可操作性有限，难以落地实施。

2. 互联社保费征管信息安全性的挑战

互联网已进入大数据时代，税务工作应适应大数据时代的新要求。在“互联网+”战略的引导下，信息化展现出电子税务局、智慧税务、全信息化税务系统、云上税务等区别于传统的信息发展路径。新时代信息化背景下，社保费征管不仅在于社保费信息的归纳整理，更在于信息的清洗与利用，且在税务机关统征社保费后实现了社保费系统与“金税三期”的信息互联。但在“互联网+”模式下，除开对征管服务人员专业素质、大数据信息系统建设、共享协同机制等的挑战外，更为重要的是面临着社保费缴费人信息安全性的挑战。随着互联网在税务征管方面的应用，税务机关在获取社保费数据的同时，也给缴费人的信息安全带来风险。大致可以分为三个层次：一是税务机关统征社保费；二是税务机关征管时单位足额缴纳；三是征管过程中的信息安全保障。

基于缴费人的维度考虑，社保费信息涉及缴费人的商业秘密和个人隐私。

① 纵使明确了网络运营商应履行的网络安全义务，但在纳税人涉税信息保护方面，仍未实现全覆盖。《网络安全法》对网络运行安全、关键信息基础设施安全、网络信息安全等进行了系统的规范，但该法缺少关于网络密码管理的相关规定，也没有对政府信息系统安全的专门规范，部分条款规定过于原则性。

在大数据时代，“税务部门逐步采用云计算进行数据储存与处理，由于云计算通过互联网进行数据的传送，数据信息的安全性受到所处的网络安全环境的影响，集中的云存储也很容易成为被攻击对象，给纳税人造成经济损失”。① 在复杂的网络环境下，社保费征管数据具有透明化、公开化的特点，社保费信息很容易会被除税务部门和缴费人自身以外的其他个人和部门获取，这使得缴费人的隐私保护面临着严峻的考验。由于社保费数据量庞大而且关联性强，在大数据逐步走向开放的过程中，网络黑客可以较为容易地利用挖掘工具和程序破译诸如客户银行账户之类的重要信息，给纳税人造成经济损失。② 税务机关掌握着网上缴费义务人的生产经营、商业秘密和纳税数据等信息，如果其信息外泄就会给缴费人带来危害，甚至是社会上的不良后果；加之网络维护压力增大、容灾系统隐患增多和网上办税人员风险意识较差等因素的存在，导致网上办税系统信息的不安全问题增多、增大。也即，信息安全存在隐患，信息共享的目录清单和共享级次有待明确和规范，保障数据共享安全的体制机制不够完善，存在数据被越权访问的安全隐患。

从内容层次上看，网络安全从系统安全和系统内的数据、应用程序安全至网络使用安全，再到以信息秩序为起始的整个网络空间安全，信息安全均为网络安全的题中之义。③ 整体而言，社保费信息安全包括制度、技术、运算、存储和传输安全等多个层面，可分为内部威胁和外部威胁，前者主要是指税务工作人员的操作失误及其无意识泄露，造成其机密数据失真或外泄；后者主要是指外攻击，如黑客行为、间谍活动对税务机关数据系统进行的攻击，造成数据

---

① 李为人：《大数据时代涉税服务面临的挑战及应对策略》，载《注册税务师》2018年第5期。

② 参见余文韬：《试论大数据时代下涉税服务的优化》，载《审计与理财》2016年第10期。

③ 中央办公厅和国务院办公厅发布《关于进一步加强互联网新闻宣传和信息内容安全管理工作的意见》（中办国办发〔2002〕8号）提出了“信息内容安全”的概念，中央办公厅发布《国家信息化领导小组关于加强信息安全保障工作的意见》（中办发〔2003〕27号）提出实行信息安全等级保护等要求，2004年中共中央发布《关于加强党的执政能力建设的决定》首次将“信息安全”列入党的文件，国家信息化领导小组发布《关于开展信息安全风险评估工作的意见》（国信办〔2006〕5号）使用了“信息安全风险评估”的概念，2011年10月中国国家工业与信息化部信息安全协调司发布了《关于加强工业控制系统信息安全管理的通知》（工信部协〔2011〕451号）中使用了“信息安全管理”的概念，2012年十八大报告用了“信息安全”“太空安全”“网络空间安全”等概念。

外泄、毁损。① 当前，社保费信息面临的主要威胁如下：(1) 非法攻击。非法攻击手段目前可分为两类，一是非破坏性攻击，二是破坏性攻击两类。非破坏性攻击通常采用拒绝服务攻击或信息炸弹，一般不盗窃系统资料，而是扰乱系统运行；破坏性攻击区别于非破坏性攻击的方面则是以侵入他人电脑系统、盗窃系统保密信息或破坏目标系统的数据为目的。(2) 越权或滥用。在 Web 中常见的网络安全缺陷，其原理是对用户提交的参数不进行权限检查和跨域访问限制而造成的。(3) 泄露。数据丢失或被盗取。(4) 篡改。受到非法攻击修改内部参数。(5) 抵赖。发送信息者事后否认曾经发送过某条消息；发送信息者事后否认曾经发送过某条消息的内容；接收信息者事后否认曾经收到过某条消息；接收信息者事后否认曾经收到过某条消息的内容。②此外，当前普遍存在安全意识淡薄、安保制度欠缺、保障办法落后、防护措施疏漏、安保人才短缺等问题。例如，操作人员设置的用户密码过于简单，随意将用户密码告诉别人让人进入系统操作，将系统操作权限授予临时聘用人员使用，将内网系统直接链接外网，通过私人电子邮箱来传输涉及纳税人的相关信息，等等。③

与此同时，互联网、云计算等高科技广泛运用，信息侵权现象变得愈加形式多样、范围广泛、手段隐蔽、结果严重，但信息保护救济手段不足。主要体现为：其一，缺乏事前的预防性救济手段。大数据时代，在信息保护上采用传统的告知义务，并不能很好地保障缴费人的信息安全。告知义务是缴费人知情权的基础，也是税务机关使用信息的前提。较之传统的征管方式，“互联网+”模式下，缴费人很难实现对社保费信息的有效控制，极易出现社保费信息被税务机关在相关机构间共享而缴费人却一无所知的风险。在目前的制度设计中，缺乏缴费人对税务机关收集、使用并在相关主体间共享相关社保费信息“说不”的选择权和控制权的设计，导致了预防性救济手段的缺失。其二，救济方式单一，缺乏多元化救济。目前，我国信息侵权的救济手段主要有诉讼救济和非诉讼救济两大类。长期以来，对于个人信息被侵犯的信息权主体而言，缺乏

① 参见孙懿：《大数据时代对税务工作的挑战与对策》，载《学术交流》2015 年第 6 期。

② 参见任金龙：《网络信息安全技术在税务系统信息化建设中的应用探究》，湖南大学硕士学位论文，2016 年。

③ 更为严重的是，网络犯罪的常见手法有：网络购物、盗用 QQ 号、网络中奖、无抵押贷款、网络荐股等。

民事诉讼的救济渠道，刑事诉讼救济渠道从表面看是畅通的，但必须要达到“情节严重”方能入罪，现实中能达到入罪量刑标准的案例非常少。至于行政诉讼途径，很多人依然摆脱不了“民告官”望而却步的思维定式，况且，由于信息权之诉尚属于新生事物，《行政诉讼法》并未有相应的细化规则来应对，导致事实上行政诉讼这条途径也是行不通的。非诉讼救济则主要表现为协商、投诉、媒体曝光等，税务机关与纳税人之间由于地位不对等而存在明显的实力差异，又缺乏中立、权威机构从中协调，非诉讼救济结果往往难以令纳税人满意。因此，我国相关部门应尽快建立拥有更多包容性、适用性和可操作性的集诉讼救济与非诉讼救济于一身的涉税信息权益多元救济体系，方能为“互联网+”保驾护航，真正加速我国税收现代化的进程。其三，缺乏具体的、细化的救济制度设计。现有针对信息侵权的救济手段过于原则化，缺乏可操作性。例如，大数据时代背景下信息侵权的举证责任如何分配，是否可以实行举证责任倒置，诸如此类的问题至今尚缺乏明确的规则，从而使得包括涉税信息在内的信息侵权救济被架空，难以发挥其应有的功能和价值。①

（二）社保费征管信息的理念导向：从稽征经济到信息安全

从信息的角度看，社保费征管涉及多元主体利益，缴费人作为原始的信息载体享有信息财产权和人身权利益，征管部门享有财政利益和征管效率的利益，相关第三方基于社保费信息的占有关系享有守诺利益，须承担相应的信息保密义务，由此导致不同的信息利益之间存在冲突。② 于此，要消除这种信息资源的孤岛化问题，不仅要坚持利益平衡原则，衡量不同主体的信息利益诉求，推进社保费信息有效整合，尤其是税务部门与经办机构之间的共享；③ 更在于信息共享的安全导向议题。基于缴费人信息之重要性，以及互联网场域的

---

① 参见于春敏：《“互联网+ 税务”模式下纳税人涉税信息保护问题初探》，载《税务研究》2018 年第 11 期。

② 参见王霞、刘珊：《涉税信息共享中的信息利益冲突与平衡》，载《税务研究》2017 年第 6 期。

③ 数据共享本质上是由他人重新收集、利用个人信息。数据共享涉及两个维度：一是从信息收集者的角度而言，数据共享实际上是信息收集者将其所收集的个人信息流转出去，其可能是向特定的主体共享信息数据，也可能是向不特定的人开放和流转数据，让更多的主体占有这些信息数据；二是从被共享者的角度而言，其在利用这些信息数据的同时，也可能将其再次共享。

信息安全挑战，未来社保费征管将面临转型。

1. 前置要件：从信息不对称到信息共享

之所以需要部门合作，其主要直接原因在于部门之间信息的不对称，在于强化信息交互能力和数据处理能力。① 由于管理体制、法律缺失和各部门各领域主导系统开发管理等原因，信息孤岛、信息壁垒现象较为严重和突出，税务部门与涉税第三方、纳税人之间信息不对称的现象也较为严重。信息不对称主要体现在征缴双方之间、税务部门与涉费第三方之间。第三方信息的主要使用方式是获取特定案件的涉税信息作为税务稽查证据的来源，税务机关的信息需求是基于个案的、点对点的信息。② 目前社保征收部门、政策部门、财政、地方政府之间尚未建立社保信息互联的数据平台，数据资源共享效率低下，社保“大数据”环境远未形成。一是筹区间社保费征缴机构数据未实现完全对接，社保费信息与税收信息无法匹配，不同统筹区间软件互不兼容，数据转移不易；二是征收部门与其他部门之间数据调取不易，社保数据与政府数据平台其他数据关联和应用均不强，从而影响了协作配合的效率，带来了社保费征管的落后局面。③ “金税三期征管系统虽然具有较强系统功能，但面对划转后庞大的缴费群体，依然不能满足申报征收、会统核算、大数据挖掘等要求。信息系统功能不足表现为信息交互能力不足、数据处理能力不高、缴费网络建设落后等。”④

信息共享是信息安全的前置要件。通过顶层设计加快税务部门同政府其他部门间数据共享立法，开发信息共享平台，自上而下来改善信息不对称的状况。在目前“碎片化”的税收管理模式下，政府部门间由于专业化分工相互

---

① 参见孙存一、谭荣华：《“互联网+ 税务”推动税收大数据分析的路径选择》，载《税务研究》2017 年第 3 期。

② 综上所述，建立第三方涉税信息报告制度是税收征管法修订需要解决的核心问题之一，而明确第三方涉税信息报告的具体内容、使用规范和各方的法律义务和违法责任，在涉税信息充分共享的同时切实保护好纳税人利益、确保信息安全至关重要。参见张斌：《税收征管新形势下的第三方涉税信息共享》，载《中国税务报》2014 年 12 月 10 日，第 B01 版。

③ 参见福建省地税局课题组：《社会保险费征管体系改革探索》，载《发展研究》2017 年第 3 期。

④ 李勇：《税务机关全责征收社保费存在的问题及对策》，载《湖南税务高等专科学校学报》2019 年第 2 期。

隔离，信息资源呈现“孤岛化”的现象。传统的电子政务建设模式导致“信息孤岛”和“数据烟囱”广泛存在，信息不愿共享、不能共享问题是阻碍政府信息资源开放共享的主要瓶颈，税务管理也不例外。在当今“互联网+”的大环境下，税务机关的核心能力将转变为“以自动化税务管理为前提，以不断规范的流程化管理为基础，以大数据分析和处理能力为核心”。① 2016 年国务院印发《政务信息资源共享管理暂行办法》，厘清了信息共享的权利和义务，框定了信息共享的范围和责任。② 在我国《税收征管法》和《预算法》中都有“各级政府、各有关部门和单位应该支持、协助税务机关执行职务”的规定，此为各地建立部门信息共享机制提供了法律依据。至此，传统人工型向信息化的管理手段转变，竭力提升信息共享能力。要消除这种信息资源的孤岛化问题，必须推进社保费信息有效整合，建立信息共享机制。

“数据是社保经办的核心资产。”社保费信息数字化是指将各类复杂多变的信息转变为可以度量的数据。“通过收集日常经办产生的数据、参保对象的体验数据、基金运行的变化和趋势数据等，全息重现社会保险经办管理各个环节，形成经办管理服务的全景图，形成社会保险经办数据资源池。”③ 也即，大数据思维是将总体数据的收集、挖掘、整合与处理，进而采用随机采样对数据进行有效处理。“数字化的前提是标准化，无论是纳税人自行申报的信息还是第三方涉税信息，必须按照统一的数据标准进行采集和存储，才能够实现数字化应用。”④ “税务部门要对不同来源、不同层次、不同结构、不同内容的涉税信息资源进行搜集、筛选、加工、融合，使其转化为有效的税源信息，形成本部门的核心数据资源。”⑤

信息共享是对多部门社保费信息的集成和整合，极大地丰富了社保费信

① 李为人：《大数据时代涉税服务面临的挑战及应对策略》，载《注册税务师》2018 年第 5 期。

② 参见马敏：《“互联网+ 税务”背景下税收征管现代化问题研究》，载《税务研究》2019 年第 2 期。

③ 李洪吉、何序等：《大数据时代，经办机构如何向数据驱动型组织转型?》，载《中国社会保障》2019 年第 2 期。

④ 余文韬：《试论大数据时代下涉税服务的优化》，载《审计与理财》2016 年第 10 期。

⑤ 刘建徽、周志波：《整体政府视阈下“互联网+税务”发展研究——基于发达国家电子税务局建设的比较分析》，载《宏观经济研究》2015 年第 11 期。

息，提高了其时效性和准确性；在多部门间配置社保费信息有利于加强税务系统、政府部门、金融机构、海关、司法机关协作联动，多维度地优化税源监控，改善纳税环境。社保费信息共享主要指在税收系统与其他部门（工商、财政、银行、工商、海关、司法、国土等部门）之间共享。例如，"涉税服务行业信息系统包括税务数据库（包括税收法规政策资料库、人才库、方案库、客户档案等）、企业信息采集分析子系统、税务风险评估分析系统、税务审计查账系统、风险管理系统等在内的完善的信息系统"。① 在此等信息基础上，建立一套完善的大数据信息系统，在搜集数据方面，包含税务登记信息，申报征收发票信息，凭证、账本、财务报表等信息，围绕企业生产经营的采购、生产、物流等最原始、最底层的信息，并构建模型加以分析。为了更好地运用信息共享机制推动我国依法纳税进程，国家应该出台更具体的相关单位履行税收保障职责的法律制度，明确协作部门的法律责任。②

2. 理念导向之一：从信息共享到信息安全

信息安全以信息共享为前置要件，信息共享以信息安全为基础，二者相辅相成。信息共享"以互联网为基础设施和实现工具的征管模式"③，其目的是为了提高征管效率和遵从度，对于第三方主体对社保费信息共享也仅限于公益性的目的。但一方面，目前我国征收部门、政策部门、财政、地方政府之间尚未建立社保信息互联的数据平台，社保"大数据"环境远未形成。一是统筹区间社保费征缴机构数据未实现完全对接，社保费信息与税收信息无法匹配，不同统筹区间软件互不兼容，数据转移不易；二是征收部门与其他部门之间数据调取不易，社保数据与政府数据平台其他数据关联和应用均不强，从而影响了协作配合的效率；④ "金税三期征管系统虽然具有较强系统功能，但面对划转后庞大的缴费群体，依然不能满足申报征收、会统核算、大数据挖掘等要求。信息系统功能不足表现为信息交互能力不足、数据处理能力不高、缴费网

① 余文韬：《试论大数据时代下涉税服务的优化》，载《审计与理财》2016 年第 10 期。

② 参见李为人：《大数据时代涉税服务面临的挑战及应对策略》，载《注册税务师》2018 年第 5 期。

③ 马敏：《"互联网+ 税务"背景下税收征管现代化问题研究》，载《税务研究》2019 年第 2 期。

④ 参见福建省地税局课题组：《社会保险费征管体系改革探索》，载《发展研究》2017 年第 3 期。

络建设落后等。”① 基于人社部门和税务部门存在数据标准不统一、不一致的问题，需要两部门共同确定业务处理规则，实现金保工程系统数据与税务金税三期系统数据关联比对，进行数据的清洗转换。由于社会保险政策各地存在差异性，且部分险种系统在省级集中，因此，人社部门和税务部门需统筹考虑各类信息共享方案。

另一方面，随着大数据时代的发展，信息安全管理正在形成全新的形态，即数据在线上与线下流动中融合、在政府与行业开放中分享、在万物与人体联接中跨域、在软件与硬件重叠中渗透、在协同与整合中汇聚，极大地增加了信息安全管理的复杂性、交织性、动态性和综合性，形成了前所未有的信息安全实践和挑战。征管部门信息系统中储存着海量的社保信息，但因社保费信息价值高，使得存储载体易受攻击、智能终端防护困难、密钥技术不完善等方面的技术困境，加之信息汇集网络媒体、数据信息表示个人行为、用户自身对个人保护信息认知范围模糊等,② 以致信息数据容易被泄露、窃取、损坏或篡改。③ 社保费征管涉及登记、申报、缴纳等，任何一个环节稍有疏漏，都有可能导致信息的大面积泄露或破坏，引发社保缴纳异常等后果。④ 更何况，数字化信息的特点就是易于复制和编辑，易于传输，黑客完全可能做到不被发现的窃取信息。例如，不法分子会利用社保、医保等账户中的身份证号、头像等信息，伪造身份证，进而进行违法犯罪活动。归结于此，信息共享诱发税务机关的管理风险和技术漏洞所致的技术风险，危害缴费人信息。

信息并非单纯的财产法问题，其涉及个人的信息和隐私，行为人在利用过程中可能多次利用此类信息，甚至将其公开，由此引起信息权、隐私权等的保护问题。大数据技术能够通过特定的算法从信息中不断挖掘出新的信息，这就可能侵害个人信息权利和隐私权，同时，个人信息利用和流转过程中也存在多

---

① 李勇：《税务机关全责征收社保费存在的问题及对策》，载《湖南税务高等专科学校学报》2019 年第 2 期。

② 参见宋璐彤、于菲菲、郑园娜：《大数据时代个人隐私信息共享的安全防范研究》，载《产业与科技论坛》2019 年第 4 期。

③ 参见于春敏：《“互联网+ 税务”模式下纳税人涉税信息保护问题初探》，载《税务研究》2018 年第 11 期。

④ 参见袁显朋、赵联果、王玉、殷雪松：《“互联网+ 税务”的机遇与挑战》，载《会计之友》2017 年第 6 期。

元的利益主体，这也可能构成对个人信息权利和隐私权的威胁。信息数据的收集、开发和利用应当以保护个人信息权利和隐私权为前提，但不能把加强个人信息保护与数据开放共享对立起来。皆因于此，政府数据开放的政策并不意味着可以对数据进行无限制地开放，如果涉及个人信息，则政府也应当采取必要的安全保障措施，防止个人信息的泄露。故此，许多国家在规定信息开放时，也都规定了强化个人信息保护的规则，即既要强调信息的公开，也要强调对个人信息安全的保护。亦如此，在大数据的环境下，既要注重数据的开放共享，又要注重数据安全，以数据安全保障开放共享，以开放共享促进数据安全，保障信息主体的基本权利。

因此，大数据颠覆了传统信息安全管理的范式，① “个人信息收集过程中的安全危机，个人信息使用过程中的安全危机”。② 由此揭示了信息共享和使用中缴费人的信息安全和风险防范问题，相关主体负有充分保密的义务。信息覆盖了缴费人的交易、收入、支出、财产等大部分经济活动，更需要在信息共享的同时最大限度地保护纳税人的利益和国家经济安全。③ 从法律上看，数据共享既是一种数据财产的利用和使用行为，也是一种数据开发与再利用行为，同时，数据共享也可能是一种个人信息的收集、储存、利用问题。从比较法上来看，美国法更注重个人信息的利用，以促进数据产业的发展，而欧盟则更注重个人信息权利保护。但美国法与欧洲法出现了共同的趋势，即在数据的开发、共享中普遍重视对个人信息的保护。正如2016年欧盟《通用数据保护条例》规定“只有当数据转移目的国达到欧盟所认可的充分保护水平的条件，才可以进行数据转移，以此保护个人数据所有人的合法权利”④，即“充分保护原则”。

之所以要关注对个人信息的保护，强调信息安全，直接原因在于数据中包括了大量的个人信息，信息共享包括个人信息的收集和传输行为，是个人信息的再利用方式；根因在于维护个人对其信息的支配，维护私法自治，维护个人

---

① 参见王世伟：《大数据时代信息安全的新挑战》，载《社会科学报》2013年9月4日，第1版。

② 谢尔曼、黄旭、周杨：《互联网金融的网络安全与信息安全要素分析》，载《上海大学学报（社会科学版）》2015年第4期。

③ 参见张斌：《税收征管新形势下的第三方涉税信息共享》，载《中国税务报》2014年12月10日，第B01版。

④ 徐伟学：《大数据语境下的涉税信息共享与信用规制》，载《学术界》2019年第12期。

的人格尊严。数据共享中的个人信息仍然属于信息权利人的权利，与个人信息的收集、利用行为一样，数据共享也应当获得信息权利人的授权。也即，数据共享应当征得信息权利人同意。知情同意规则的目的在于保护信息权利人对其信息的支配权，信息权利人对于信息共享中的个人信息也应当享有支配权。在未来有必要规定大数据中个人信息和隐私的保护问题，在数据开发中应当注重对个人信息的保护，必须要在坚持保护个人信息基本权利的前提下，促进数据开放与信息共享。

3. 理念导向之二：从稽征经济到信息安全

社保费征管之信息共享、扣缴义务经由法律直接创设，充分体现稽征经济原则，① 是提高征管效率、降低征管成本和促进缴费人法律遵从的有效途径。经过“金税三期”的发展后，传统人工型向信息化的管理手段转变，② 税务机关的核心能力将转变为“以自动化税务管理为前提，以不断规范的流程化管理为基础，以大数据分析和处理能力为核心”。③ 源于税务行政的大量存在和行政资源的有限，稽征经济原则要求降低征纳成本，④ 是为税收正义的经济性定位，即技术正义的应然要求。因为税务行政的大量存在和行政资源的有限及“浪费”，要求降低征管成本自然符合“科学效能”的基本原则。征管经济是达到征管经济性的形式手段，应以简化法律规定、降低征缴双方成为目标。一方面，要求有关征缴征管的规定符合成本效益的要求，注意避免增加缴费义务人过多的协力义务，尽量减少征纳双方的缴费与行政管理成本；另一方面，要求征管制度应具体明确，具有可实施性，并尽量简化，避免税制过于复杂而影响税收征管的成效。由此，社保费征管当以征管经济为导向，更多考虑征管的效率性。

在财税治理环境变迁和“互联网+”的驱动下，税务部门以往以税务机关为中心的治理模式逐步向以缴费人为中心的模式转变，“税务机关的治理手段从传统经验管理向现代数据管理转变”，缴费人从被动治理对象向主动参与治

---

① 叶姗：《个人所得税纳税义务的法律建构》，载《中国法学》2020 年第 1 期。

② 参见欧阳晓娴：《“互联网+税务”相关法律制度问题探析》，载《税务研究》2017 年第 3 期。

③ 李为人：《大数据时代涉税服务面临的挑战及应对策略》，载《注册税务师》2018 年第 5 期。

④ 参见黄茂荣著：《法学方法与现代税法》，北京大学出版社 2011 年版，第 265 页。

理转变。这一系列转变，不仅促使作为需求端的缴费人与作为供给端的税务机关之间的征缴关系由单向征管关系逐步演变为协同共治关系，同时也极大地促进了税收征管的技术创新。由此，社保费征管更加关注缴费人利益，尤其是缴费人之信息安全。“技术是基础，管理是关键，必须在安全性与便利性之间寻找到合理的平衡点。”① 随着信息社会的发展，没有网络安全就没有公共安全。但不论何种类型的安全，都聚焦于信息安全。“作为一种整体的安全状态，计算机信息系统安全之中既包括个人的财产安全、隐私的保障，也包括社会的整体财产安全和秩序稳定，因此，计算机信息系统安全是一个包含诸多法益的整体概念。”② 纵使表现形式不同，侵犯个人财产权或个人隐私权不定，但所有的网络攻击行为都会侵害计算机信息系统安全。③ 信息安全保障“经历了一个由信息保密到信息安全，再到信息安全保障逐渐深化的过程”。

从实证法的维度看，2019 年《社会保险费征缴暂行条例》第一条直接规定“为了加强和规范社会保险费征缴工作，保障社会保险金的发放”的立法目的，以便“纳入社会保险基金，专款专用”;④ 《税收征管法》在赋予税务机关信息享有权的同时也规定其负有保密的义务，皆预示了社保费安全保障问题。⑤ 从内涵上看，互联网征管社保费的信息安全包括信息的完整性、可用

---

① 刘建徽、周志波：《整体政府视阈下“互联网+税务”发展研究——基于发达国家电子税务局建设的比较分析》，载《宏观经济研究》2015 年第 11 期。

② 于志刚：《网络安全对公共安全、国家安全的嵌入态势和应对策略》，载《法学论坛》2014 年第 6 期。

③ 根据国际标准化组织的定义，计算机系统安全是为数据处理系统建立和采用的技术和管理的安全保护，保护计算机硬件、软件和数据不因偶然和恶意的原因遭到破坏、更改和泄露。

④ 此外，2019 年《社会保险费征缴暂行条例》第十三条规定：“缴费单位未按规定缴纳和代扣代缴社会保险费的，由劳动保障行政部门或者税务机关责令限期缴纳；逾期仍不缴纳的，除补缴欠缴数额外，从欠缴之日起，按日加收千分之二的滞纳金。滞纳金并入社会保险基金。”第十八条规定：“按照省、自治区、直辖市人民政府关于社会保险费征缴机构的规定，劳动保障行政部门或者税务机关依法对单位缴费情况进行检查时，被检查的单位应当提供与缴纳社会保险费有关的用人情况、工资表、财务报表等资料，如实反映情况，不得拒绝检查，不得谎报、瞒报。劳动保障行政部门或者税务机关可以记录、录音、录像、照相和复制有关资料；但是，应当为缴费单位保密。”

⑤ 例如德国税法规定，除法律另有规定和纳税人同意外，税务机关及其工作人员必须保守税收管理中知晓的个人隐私或者商业秘密。参见徐伟学：《大数据语境下的涉税信息共享与信用规制》，载《学术界》2019 年第 12 期。

性、保密性和可靠性。① 至于信息安全，2000 年国际标准化组织（ISO）在 BS7799 基础上将其修订为国际标准 ISO 17799，并将其定义为“对信息的保密性、完整性和可用性的保护”,② 主要指对政府内部计算机系统安全的被动保护。③ 以此论断，数据信息安全有两方面的含义：一是数据本身的安全，主要是指采用现代密码算法主动保护数据，如数据保密、数据完整性、双向强身份认证等；二是数据防护的安全，主要是采用现代信息存储手段主动防护数据，如通过磁盘阵列、数据备份等手段保证数据的安全。④ 就信息保密而言，即通过控制关键信息的获取和传播，保障信息的完整性、保密性，使其免受侵害，属于狭义上的信息安全。不论是税务机关还是掌握社保费信息第三方主体，均对社保费信息负有保密义务。例如，关于隐私保护，美国明确指出：“当一个联邦、州或地方机构向 SSA 请求数据时，机构必须确保这一请求的目的与它自己的项目管理相容。当联邦、州或地方机构请求数据，是用于在社会保障法案和其他联邦、州、地方的健康和收入维持计划的项目中协助管理，进行相关的资格、受益金额和受益情况的认定时，相容性得以建立；要求电子数据交换伙伴满足信息安全保障的要求，以避免 SSA 提供的信息受到未经授权的访问和不当的披露。”⑤

在信息共享中，其他行政机关与交易第三方对所掌握的社保费信息“均有提供给税务机关的法定义务，这种规则将打破现有的保密格局，其他行政机关和交易主体的保密义务被强行打破，必然会迫使他们丧失对方的保密信赖，很

① 我国立法把信息安全界定为“保障计算机及其相关的和配套的设备、设施（网络）的安全，运行环境的安全，保障信息安全，保障计算机功能的正常发挥，以维护计算机信息系统的安全”。从这一法律规定看，计算机信息系统安全应当包括实体安全、信息安全、运行安全和人的安全。

② 即对计算机数据处理系统建立并采取技术与管理安全保护，防止计算机硬件、软件及数据因偶然的或恶意原因而受到破坏、更改、泄露。

③ 参见相丽玲、陈梦婕：《试析中外信息安全保障体系的演化路径》，载《中国图书馆学报》2018 年第 2 期。

④ 参见郝自飞：《跨平台获取数据与信息孤岛、数据信息安全、资源共享问题的探讨》，载《信息与电脑》2018 年第 1 期。

⑤ 龙怡、李国秋：《美国社会保障号系统的信息共享机制研究——基于政府信息生态链视角》，载《情报资料工作》2018 年第 1 期。

可能降低自身的管理能力或市场交易能力”。① 税务机关对缴费人的基础信息纳入数据库并对外传输，就难免涉及个人隐私和商业秘密。② 据此，信息共享时更应注重缴费人信息的安全，在赋予税务机关社保费信息共享权和缴费人、第三方信息共享义务的同时，要明确和限定社保费信息使用主体的目的和保密义务。社保费征管既要注重系统本身防御外部攻击的能力，又要提高数据传输的安全性，要遵循相应的保密规范，保证系统安全保密性、查错纠错能力、抗病毒能力等，安全等级要达到三级等级保护以上。例如，“通信运营商提供普通用户能够承受的短信和通话加密功能。移动支付和社交网络等应用中对个人信息进行加密，业务提供商在收集个人信息时使用安全技术手段，并保证不作它用”。③

（三）社保费征管信息安全保障的法治进路

简单来讲，“互联网+”就是互联网在各个领域的延伸，基本特征就是“连接”。必须注意的是，“互联网+税务”不是简单的信息化。④“互联网+行业发展”的实践探索不仅依靠大数据技术的信息化社会发展，更依托于信息化的技术供给和制度安排。⑤ 信息安全是一项极其复杂的系统工程，社保费征管应以安全技术为基础，以安全管理为关键，以安全法规为保证，综合保障“互联网+”信息安全。综观各国信息安全法律政策，以信息安全的组织保障为原则，以信息安全的全面保障为基础、以信息安全的技术防范为核心、以信息安全的技术标准为内容。社保费征管信息安全保障路径在于强化信息资源和个人

① 王霞、刘珊：《涉税信息共享中的信息利益冲突与平衡》，载《税务研究》2017 年第 6 期。

② 韩鹏：《银税合作背景下涉税信息纳入征信系统探讨》，载《征信》2016 年第 5 期。

③ 李勇：《移动互联网信息安全威胁与漏洞分析》，载《通信技术》2014 年第 4 期。

④ “+”有三个含义：一是连接的“+”，意指信息共享；二是增值的“+”，在互联网信息共享的基础上通过对海量数据的充分挖掘、科学分析，让数据真正为税收管理与纳税服务提供支撑，使数据真正活起来、用起来；三是是主体的“+”，是税务机关、纳税人及相关部门多个主体的共存互动，税务机关不能只考虑自己的需要，也要搭建公众信息平台，为社会提供税收信息，同时为纳税人提供尽可能多的在线服务。参见钧：《关于“互联网+税务”的几点认识》，载《税务研究》2017 年第 3 期。

⑤ 参见张国钧：《关于“互联网+税务”的几点认识》，载《税务研究》2017 年第 3 期。

信息保护。

1. 征管信息的类型化：区别对待

告知义务是缴费人知情权的基础，也是税务机关使用信息的前提。不过，纵使以往形成了以可识别性为核心判定标准的个人信息界定模式，但以知情同意为核心的传统个人信息保护架构日益捉襟见肘。① 在互联网场域，个人信息的界定在于其“关联性”特征，个人信息高度依赖场景的动态性，但个人信息界定的动态性和场景性会带来信息匿名化处理等问题。倘若继续采用传统的告知义务，将难以保障缴费人的信息安全。亦如此，在以“信息技术与大数据”为基点的电子政务模式下，社保费征管有必要以缴费人信息为切入点，在厘清和平衡好缴费人权益、征管部门稽征效率等信息利益后，对社保费信息进行层级化分类，对不同的信息应采取不同的规制方式和保护力度。② 比如“对于同时满足间接识别性、社会性强、非敏感性三个特征的个人信息……采取财产权益一元保护的模式即可。而对于符合直接识别性、个体性强、敏感性任何一个特征的个人信息，应当采取二元保护模式，即人格权益和财产权益共同受到保护的模式”。③

信息来源应当以多元化和体系化为目标，要遵循“充分保护原则”。比如，2016 年欧盟《通用数据保护条例》规定“只有当数据转移目的国达到欧盟所认可的充分保护水平的条件，才可以进行数据转移，以此保护个人数据所有人的合法权利”。④ 从缴费人信息安全维度看，可根据信息保护程度的不同将社保费信息分为敏感（保密）信息和一般信息，并从静态和动态维度对其予以差别化规制。一方面有必要将社保费信息细化分类，增强信息共享的系统性、规范性。即有必要将社保费信息进行层级化分类，不同性质和类型的信息采用不同的信息共享情形和程序。例如，国家税务总局《纳税人涉税保密信息

---

① 参见齐爱民、张哲：《识别与再识别：个人信息的概念界定与立法选择》，载《重庆大学学报（社会科学版）》2018 年第 2 期。

② 例如国家税务总局《纳税人涉税保密信息管理暂行办法》明确了纳税人涉税保密信息的范围，主要包括纳税人的基础信息、经营信息和纳税人、主要投资人以及经营者不愿公开的个人事项。

③ 项定宜：《个人信息的类型化分析及区分保护》，载《重庆邮电大学学报（社会科学版）》2017 年第 1 期。

④ 徐伟学：《大数据语境下的涉税信息共享与信用规制》，载《学术界》2019 年第 12 期。

管理暂行办法》明确了纳税人涉税保密信息的范围，主要包括纳税人的基础信息、经营信息和纳税人、主要投资人以及经营者不愿公开的个人事项。“对于纳税人的涉税保密信息，税务机关和税务人员除法律或法规要求应予公布、法定第三方依法查询、经纳税人同意公开的情形以外，不得向外部门、社会公众或个人提供。”①“如以是否涉密为标准，将信息分为保密信息和安全信息。而安全信息可以分为主动公示和申请查询两种方式。”根据信息保护程度的不同，可以将其划分为一般信息和保密信息。前者即为税务机关通过一般途径可以公开取得的信息；后者包含纳税人身份证号、联系地址、现任单位、手机号码等身份信息和个人收入、资产数额等财产信息。对于不同的信息应采取不同的规制方式和保护力度，即对涉税一般信息和保密信息进行类型化规制。对于一般信息，税务机关仅需依照法律的规定进行共享即可，但也需要进行脱敏处理，剔除缴费人个人隐私部分，降低可能引发的信息安全侵权风险；对于保密信息，未经纳税人明确的同意，不得基于协助（协力）以外的目的予以公开。对税务机关掌握的信息应当区分密级分别管理，涉及个人隐私利益以及单位商业秘密的社保费信息，应当依法不允许向外开放或共享。② 在信息法学视野中，“个人信息作为大数据下主体的重要隐私利益，承载着尊严与自由等人格价值”。为维护隐私与人格尊严自由，有权保持信息的隐秘状态并反对未经其授权的共享行为。不止于通过维护主体隐私，构造主体隐私保护机制，“更主要地在于促进以信息增值与知识创新为核心的知识服务”。③ 同时，要对网络安全信息共享活动对隐私的影响评估，即隐私保护评估机制。④ 比如，在税务信息化建设中，网络安全保护要实现税务电子数据从创建、使用、传输、存储、销毁的全生命周期中的保护，即根据安全破坏程度将数据安全保护分为税务第三级信息系统、税务第二级信息系统、税务第一级信息系统三类，分别对应不同的信息安全保护诉求。

---

① 韩鹏：《银税合作背景下涉税信息纳入征信系统探讨》，载《征信》2016 年第 5 期。

② 参见徐伟学：《大数据语境下的涉税信息共享与信用规制》，载《学术界》2019 年第 12 期。

③ 李仪：《个人信息共享的治理机制研究——以实现大数据下共享的知识服务功能为视角》，载《情报杂志》2019 年第 12 期。

④ 参见马民虎、方婷、王玥：《美国网络安全信息共享机制及对我国的启示》，载《情报杂志》2016 年第 3 期。

另一方面，对社保费信息进行去个人化脱敏处理，进而将信息分为原始信息和处理信息。除非得到缴费人的同意，税务机关的社保费信息共享必须通过脱敏处理，剔除涉及缴费人的个人隐私部分，降低可能引发的信息安全侵权风险。此外，对于社保费信息的类型化，坚持动态、开放、可修正的标准。① 换言之，设定个人信息移除义务和程序，建构个人信息移除机制。信息共享前将“可能‘知道’的、与网络安全威胁不直接相关的个人信息或可识别特定个人的任何信息，并采取适当的技术措施将其移除”②，保障网络信息安全。

2. 征管信息安全的法律保障

信息共享在提供完整准确的社保信息，促进政策制定和征管管理水平提高的同时，也增加了信息泄露与滥用的风险性。基于充分认识信息安全的重要性，“要通过立法程序保护社保信息，规定纳税人信息共享范围、保密规则，对可能损害纳税人合理利益甚至人身财产安全的信息给予保密，保障纳税的信息安全”。2017 年《网络安全法》③ 第一条言及“为了保障网络安全，维护网络空间主权和国家安全、社会公共利益，保护公民、法人和其他组织的合法权益，促进经济社会信息化健康发展”；更是以专章形式规定“网络信息安全”(第四十条至第五十条)，其中第四十条规定“网络运营者应当对其收集的用户信息严格保密，并建立健全用户信息保护制度”；第四十四条规定“任何个人和组织不得窃取或者以其他非法方式获取个人信息，不得非法出售或者非法向他人提供个人信息”；第四十五条规定“依法负有网络安全监督管理职责的部门及其工作人员，必须对在履行职责中知悉的个人信息、隐私和商业秘密严格保密，不得泄露、出售或者非法向他人提供”，等等。④ 但由于缺少配套制

---

① 参见王霞、刘珊：《涉税信息共享中的信息利益冲突与平衡》，载《税务研究》2017 年第 6 期。

② 马民虎、方婷、王玥：《美国网络安全信息共享机制及对我国的启示》，载《情报杂志》2016 年第 3 期。

③ 除《网络安全法》外，虽有《电信条例》《计算机信息系统安全保护条例》《互联网 IP 地址备案管理办法》《中国互联网络域名管理办法》等法规和规章，但整体立法层级较低、系统性不强。

④ 纵使明确了网络运营商应履行的网络安全义务，但在纳税人涉税信息保护方面，仍未实现全覆盖。《网络安全法》对网络运行安全、关键信息基础设施安全、网络信息安全等进行了系统的规范，但该法缺少关于网络密码管理的相关规定，也没有对政府信息系统安全的专门规范，部分条款规定过于原则性。

度和具体执行措施与程序的支撑，我国目前对个人信息的保护内容不全、保护力度不够。

从既有立法活动中，足见我国立法者对包括社保费信息在内的个人信息和数据安全的重视，① 但随着互联网科技深入推广与适用，信息侵权现象愈加普遍和多样、手段隐蔽、信息保护救济手段不足，既缺乏事前的预防性救济手段，救济方式单一，缺乏具体的、细化的救济制度设计，信息侵权的法律责任制度需要完善。例如，诉讼救济表现不足，民事诉讼救济路径缺位，刑事诉讼救济标准严格，须达到“情节严重”方能入罪，行政诉讼也未有相应的细化规则来应对等。此外，现有针对信息侵权的救济手段过于原则化，缺乏可操作性。例如，大数据时代背景下信息侵权的举证责任如何分配，是否可以实行举证责任倒置，诸如此类的问题至今尚缺乏明确的规则。② 既有法律普遍存在法律层级低、管理权则不清、适用范围小、法律效力低等问题，政策法律的缺位将可能导致有关个人信息安全纠纷的情况越来越多，政策法律风险也会随之增大。③ 社保费征管涉及参保缴费人、税务部门、人社部门、银行、外包服务商等多方主体，在使用过程中，一旦出现个人信息泄露的情况，税务部门作为社保费征收部门，税务部门很难对个人信息的安全进行保护。

依法治理，将法律作为安全边界。课题认为应以缴费人信息安全为核心，建立一整套体现互联网本质特性和发展要求的法律制度和体制机制。我国确立了“总体国家安全观”的立法原则，即以人民安全为宗旨，以政治安全为根本，以经济安全为基础，以军事、文化、社会安全为保障，以促进国际安全为依托，体现出中国特色国家安全保障体系全新的指导思想。为此，有必要对现有法律法规加以完善，提高其专指性以及操作性。具体可从以下几方面进行改进：对特定类型的隐私数据给予额外保护；对特定数据的收集过程加以控制；除非得到授权，否则限制对数据的使用；针对自动决策技术采取适当的制衡手

---

① 例如2014年《网络情报共享与保护法案》、2015年美国《网络安全信息共享法案》旨在鼓励私企与美国政府实时共享网络安全威胁信息。

② 参见于春敏：《“互联网+ 税务”模式下纳税人涉税信息保护问题初探》，载《税务研究》2018年第11期。

③ 根据相关研究者的统计，目前中国有近40部法律、30余部法规及近200部规章涉及个人信息保护，其中包括《民法通则》《电信和互联网用户个人信息保护规定》等。

段，以限制其对用户隐私数据的侵犯。① 完善互联网与税务融合的网络信息收集、交换、共享、保护和公开等相关法律制度，统一规范社保信息采集标准和口径，落实相关各方法定义务和责任。

基于此，要明确缴费人的信息安全保障义务。建立社保费信息安全的相关法律，依据法律保护信息的安全性。要想有效确保计算机网络信息安全，一方面要健全大数据时代信息使用的相关法律条款，另一方面要制定专门的信息安全防护机制，体现法律的权威性与说服力，保障计算机网络信息的安全。当前，除开《网络安全法》，从税收管理方面尽快制定《税务大数据使用与管理办法》等，以实现社保信息采集、加工、存储、传输、使用、发布、查询、更新及共享的规范化、标准化。同时制定一整套约束各级税务机关人员和非工作人员的信息管理规章制度及奖惩制度，包括社保信息保密、机房出入、口令密码和内外网强制隔离等管理制度，以及严密的安全管理责任、考评和计算机监管制度，确保税务部门信息系统的稳定、安全、有效运行。从制度上要严格规范，税务部门应制定严谨的信息披露、提供和查询程序，明确工作职责，指定专门部门负责纳税人社保查询受理、信息披露和提供传输工作。

《税收征管法》对社保信息共享制度规定得过于原则，缺乏可操作性。基于行政法治原则的要求，行政机关的行为必须要有法律依据。因此，税务机关共享社保信息也必须要有明确的法律依据。从权利义务的角度来看，税务机关共享其他部门所掌握的社保信息，实质上就是税务机关享有社保信息共享权，而掌握社保信息的其他部门有向税务机关提供社保信息的义务，其他部门的义务是税务机关社保信息共享权落到实处的保障。所以，要在《税收征管法》中对社保信息共享法律关系主体的权利义务进行明确规定，即赋予税务机关社保信息共享权，规定其他部门有向税务机关提供社保信息的义务。对此，《税收征管法》在赋予税务机关社保信息共享权时，还要为这一权力设定合理的边界和限制，并规定这一权力行使的正当程序，以保证其能为正当目的而行使。此外，为了防止其他部门不履行提供社保信息的义务，《税收征管法》还要明文规定其他部门不履行义务或者不完全履行义务的责任。一言以蔽之，通过建立社保服务相关法律，以此来保障社保费信息的安全性。

---

① 黄国彬、郑琳：《大数据信息安全风险框架及应对策略研究》，载《图书馆学研究》2015 年第 13 期。

3. 征管信息安全的技术保障

“网络信息安全具有普遍性，既涉及保护国家信息安全，又涉及保护企业商业机密、资料不遭窃取以及保护个人隐私信息不受非法泄露、交易和传播，还涉及保护网络自身安全，保证接入网际网络的计算机网络以稳定和良好的状态运行。”① 社保费信息安全不仅涉及如何运用技术保护网络中的各类信息，还涉及与之相关的信息安全监管机制等。随着攻击手段的不断演变，传统的依靠防火墙、加密和身份认证等手段已经满足不了要求，故在现代网络安全体系中不仅是单纯的网络运行过程的防护，还包括对网络的安全评估，以及使用安全防护技术后的服务体系。

网络信息安全具有技术性，如防火墙技术、密码技术、安全控制和安全保护技术等，安全性技术保障是信息安全最为关键的措施，应强化社保费信息安全性的技术保障。故此，要注重应用计算机网络安全技术，培养出更多的网络信息安全防护专业人才，切合实际开展计算机网络信息的安全性管理工作，将信息安全防范工作落到实处，进而防止出现黑客攻击与病毒侵袭，从根源上保证计算机网络信息的安全性。例如，“通信运营商提供普通用户能够承受的短信和通话加密功能。移动支付和社交网络等应用中对个人信息进行加密，业务提供商在收集个人信息时使用安全技术手段，并保证不作它用”。② 由此，要强化社保费征管的安全技术，需从计算机病毒的防范、网络攻击的防范等维度展开。

社保费征管信息平台软件系统具有兼容性，与现有的各级金保工程系统、金税三期系统以及其他平台的应用系统、数据库等相互交互数据，并进行应用级的互连性。由此，针对税务系统计算机病毒预防和控制（网络攻击），要通过应用常规的探测扫描攻击包对信息进行扫描拦截，及时将计算机病毒进行清理，从而提高基础防御水平；也要探索防病毒软件设备，定期进行软件更新，还要针对可能出现的木马攻击情况，要通过严格设置内部和外部网络之间连接的方式来进行防护。比如，建立以防火墙为基础的网络全覆盖防御体系，将防火墙技术应用在计算机网络系统中，安装防火墙，加强网络之间访问控制，可

---

① 何悦、郑文娟：《我国网络信息安全立法研究》，载《科技与法律》2011 年第 1 期。

② 李勇：《移动互联网信息安全威胁与漏洞分析》，载《通信技术》2014 年第 4 期。

以科学地隔离网络内部与网络外部，防范网络外部黑客入侵；① 同时不断开发新的防火墙设备和网络管理个人版软件，从而形成全面的安全防护体系，提高防火墙技术。再如，在计算机网络中设置杀毒系统，借助杀毒系统与相关软件及时发现计算机网络中存在的病毒，及时对病毒进行查杀，进一步降低病毒侵袭的概率，如及时安装漏洞补丁程序、入侵检测和网络监控技术、文件加密和数字签名技术等；② 还要建立社保费信息安全监控机制，定期对操作系统漏洞进行排查，通过工作人员用户认证与访问控制、VLAN、MPLS 及 SSL 加密、密钥交换、防火墙、防篡改和入侵测试等信息技术，升级操作系统，提高信息系统的稳定性。③社保费信息在税务机关和经办机构之间传输时，"双方需建立数据传输专线……采用加密方式通过专线传输给人民银行有关部门，整个传输和接收过程由专人负责，不使用外网，不借助移动存储介质，明确责任并保证信息安全"。④ 此外，借助网络监控技术不断提升计算机网络的安全性能，并加强网络系统安全监控，定期排查安全隐患，提高计算机网络信息的安全性。比如对系统登录账号（用户账号）设置复杂的密码，尽量采用数字与字母、特殊符号的组合的方式设置账号和密码，并且要尽量设置长密码并定期更换，以阻止黑客获取合法的账号和密码攻击网络系统，增加系统的防密性。

同时，应当强化网上办税系统硬件和系统软件平台建设，加大社保数据信息系统维护的投入力度，建立社保信息安全监控机制，通过工作人员用户认证与访问节点控制、MPLS、VLAN 及 SSL 加密、防火墙、密钥交换、防篡改和入侵测试等信息技术，对违规操作进行自动预警和及时查处，防范税务信息风险。在网络层面，加强网络硬件的投入，比如增加高级别的防火墙、网闸等独立的网络设备。在数据层面，可以使用服务器双机热备、异地备份、云等技术手段保证税收数据安全及税收业务的不间断运行。加强社保信息共享平台建设，建立丰富完整的社保信息数据库，集成和整合社保信息。

此外，信息安全保障系统的建立，既需要信息技术、法律政策、管理制度

---

① 根据防火墙所采用的技术不同，可将它分为：包过滤型、地址转换型、代理型和监测型。

② 参见彭珺、高珺：《计算机网络信息安全及防护策略研究》，载《计算机与数字工程》2011 年第 1 期。

③ 参见孙懿：《大数据时代对税务工作的挑战与对策》，载《学术交流》2015 年第 6 期。

④ 韩鹏：《银税合作背景下涉税信息纳入征信系统探讨》，载《征信》2016 年第 5 期。

等方面的有力保障，又需要人来化解信息系统中存在的风险。在信息技术安全保障方面，税务机关要强化网上办税系统硬件和系统软件平台建设，加大社保数据信息系统维护的投入力度，建立社保信息安全监控机制，通过工作人员用户认证与访问节点控制、MPLS、VLAN 及 SSL 加密、防火墙、密钥交换、防篡改和入侵测试等信息技术，对违规操作进行自动预警和及时查处，防范税务信息风险。在网络层面，加强网络硬件的投入，比如增加高级别的防火墙、网闸等独立的网络设备，同时组建一支高水平的网络管理、维护的专业团队，以提高网络的安全性。在数据层面，可以使用服务器双机热备、异地备份、云等技术手段保证税收数据安全及税收业务的不间断运行。在法律政策保障方面，应尽快颁布《网络安全法》，从税收管理方面尽快制定《税务大数据使用与管理办法》等，以实现社保信息采集、加工、存储、传输、使用、发布、查询、更新及共享的规范化、标准化。在社保信息安全性人员保障方面，各级税务机关需要制定一套行之有效的信息管理规章制度（包括社保信息保密、口令密码、机房出入和内外网强制隔离等管理制度）及奖惩制度，来提高工作人员对信息安全的重视程度。同时以严密的考评和计算机监管制度，确保税务部门信息系统的安全、稳定、有效运行。①

4. 网络涉费信息安全保障的法际协调

社保费前端在劳动法上，中端在社会保障法上，后端可能会触发税法。这三个阶段同时引入互联网法以后，问题可能会交织的更加多元和复杂。例如，一个企业对员工缴费里面可能触发很多商业机密，比如员工的人员年龄等构成，员工的薪酬构成等这些企业未必都愿意让税务机关掌握，因为这反过来可能会用到税务稽查中去。这使得社保费信息安全问题错综复杂，从而引发信息安全的法际冲突问题。观测域外个人信息保护模式，既有采取公私合一的立法模式，如德国将公共领域与私人领域的个人信息保护问题规定在同一部法律之中；也有实行公私分立模式，如美国私人领域以单行法律对具体领域进行规范，而公共领域路以法律与行政指令的二元规则予以规制。有学者认为我国适宜采用公私分立模式，② 事实亦是如此。

---

① 参见袁显朋、赵联果、王玉、殷雪松：《“互联网+ 税务”的机遇与挑战》，载《会计之友》2017 年第 6 期。

② 参见谢尧雯：《论电子政务中的个人信息保护：美国经验与启示》，载《中国行政管理》2019 年第 2 期。

经实证考察，我国目前虽有《网络安全法》专章规定“网络信息安全”，描绘了网络运营者个人信息安全保障义务的立法规范，但还没有专门寻求保护个人数据动态安全的《个人数据保护法》；① 2017年《民法总则》虽引入个人信息权与确立数据保护的条款，② 2019年《民法典（草案）》又规定信息收集人、持有人保障个人信息安全的义务，但并没有具体界定和明细个人信息概念及其范围，也没有明确具有可操作性的信息保护措施。由此推论，欲从私法向度保障社保费信息流通与使用安全，兼顾对公民隐私权益的保护，就必须强化对数据共享中个人（缴费人）信息的保护，同时积极回应数据共享中个人信息保护的问题（缴费人），对行政机关保障个人信息的安全保护义务作出规定。③

“个人信息安全有别于公法保护的安全利益，前者只是一种个人权益，由个人信息保护法调整；而后者属于公共利益，由刑法保护。”④ 社保费信息非法利用引发具有社会危害性的安全问题，如脱离具体应用场景的利用个人信息从事诈骗犯罪，则应当受刑法规制。《刑法》通过两次修正案确立的“侵犯个人信息罪”⑤，宣布“出售、非法提供公民个人信息”和“非法获取公民个人信息”违法，情节严重的可以入刑，这说明刑法隐性地确立了个人信息利用与保护规范，为社保费信息安全提供了有力保障。⑥ 在此基础上，尽快制定《个人信息保护法》《税务大数据使用与管理办法》等，从而构造一套逻辑自洽，

① 参见齐爱民：《论大数据时代数据安全法律综合保护的完善——以〈网络安全法〉为视角》，载《东北师大学报（哲学社会科学版）》2017年第4期。

② 《民法总则》第一百一十一条、第一百二十七条。

③ 参见丁晓东：《个人信息私法保护的困境与出路》，载《法学研究》2018年第6期。

④ 高富平：《论个人信息保护的目的——以个人信息保护法益区分为核心》，载《法商研究》2019年第1期。

⑤ 《刑法》第二百五十三条。

⑥ 2014年6月，最高人民法院公布《关于审理利用信息网络侵害人身权益民事纠纷案件适用法律若干问题的规定》，试图将侵犯个人信息作为独立的侵权类型，公开个人信息致人损害即构成侵权；2005年《刑法修正案（五）》中增设的“窃取、收买、非法提供信用卡信息罪”（第一百七十七条之一第二款），是我国法律上第一个关于侵害公民个人信息犯罪的法律规定；2009年《刑法修正案（七）》在《刑法》中新增第二百五十三条之一，首次将窃取或以其他方式非法获取公民个人信息、出售或非法提供公民个人信息的行为情节严重的规定为犯罪行为，从而纳入刑事打击的范围；2015年《刑法修正案（九）》明确了侵犯公民个人信息罪，打击侵犯纳税人涉税信息犯罪无疑也是其中的应有之义，但更多的只是起到威慑的作用。

体系严密的社保费征管信息安全保护体系。

社保费征管的关键在于技术，而技术的根本与安全相勾连，安全又关乎缴费人信息利益。故此，在互联网环境下，不仅要注重信息共享，更要关注信息安全，以信息安全保障信息共享，以开放共享促进信息安全。税务部门统征社保费后，一般仍实行“社保核定、税务征收”之方式，其征管涉及缴费人、经办机构等间的信息共享与信息安全保障。社保费涉及个人缴费和企业缴费，但二者关注的目的不尽一致。不论是单位缴费还是个人缴费，互联网导入以后安全风险必定成倍增加。此种情形下，稽征经济定然让位于缴费人信息安全，于此社保费征管核心将从征缴端转向缴费端，既以“信息治费”方式降低征管风险，但更要以缴费人为中心，探索建立“以征、监、管为前提，以信息化管理为手段的新型互联网征管模式”。为此以信息安全为导向，以风险管理为指针，一方面，根据信息的可识别性、场景性与动态性，实行缴费人社保费征管信息的差别化规制；另一方面，基于场景与风险导向，明示税务机关的信息安全保障义务，并形成以社会保险费（法）为主导，以公法与私法为体系互动与法际协调的法治保障体系；同时从信息风险评估、安全技术保障、防护措施等角度构筑社保费信息安全的体系化防范与保障机制，从而最终切实保障缴费人权益及网络信息的整体安全。

在大数据时代，网络交易当以安全为主旨，交易安全法律体系的保障性构建构成网络交易发展的必然诉求。基于网络交易安全的领域法学特质，课题以《电子商务法》为中心，深刻洞悉了网络交易安全法律之视阈局限与规则不足、《电子商务法》保障网络交易安全的乏力、经济法保障网络交易安全之规则缺位等问题，从而揭示了网络交易安全保障的领域法诉求。并以网络教育资源交易为中心，探讨网络交易安全的实体制度保障，比如网络教育资源交易及其信息安全问题、网络教育资源交易的信息泄露及保护难题等；以社会保险费征管安全为中心，探寻网络交易安全的程序保障，认为互联网社保费征管不仅要注重信息共享，更要关注信息安全问题，以信息安全保障信息共享，以开放共享促进信息安全。惟其如此，方可确保信息的公平性，促进网络交易顺利进行以及优化资源配置，最终保证网络交易的公平公正。

“处在网络安全时代的网络第一大国，网络安全态势的愈加复杂和应对策略的落后残缺形成巨大反差，中国法律必须实现法学理论与法律实践的升级换代与良性互动，及时和全面地保护网络安全及其承载的公共安全与国家安全”。① 在互联网时代，网络交易风险正在由技术风险向法律风险转变，面对这种变革《电子商务法》如何应对，还需通过法律评估当前网络交易行为，进而全面掌握单纯的领域法学对网络交易安全规制存在的问题。在网络交易越来越发达的今天，交易安全法律体系的保障性构建显得尤为迫切。为此，为规范大数据时代网络交易行为，保障网络交易的合法合规，网络交易安全必须注重法际协调与制度创新。

① 于志刚：《网络安全对公共安全、国家安全的嵌入态势和应对策略》，载《法学论坛》2014 年第 6 期。

后　　记

尽管受到新冠肺炎疫情的影响，但珞珈网络治理文库的第二本专著《网络安全的法律治理》终于如期问世。这本凝聚着诸位作者热情和心血的专著，是继《网络强国战略的法治保障》之后，武汉大学网络治理研究院整合研究力量围绕当前网络法治中的重大问题进行协同研究和理论攻关的又一重大成果，也是从不同部门法视角和关联场域对“网络安全”这一重大命题进行探讨的有益尝试。

本书是武汉大学网络治理研究院 2019 年年度重点课题成果的汇总。按照研究院的研究规划和整体布局，武汉大学网络治理研究院于 2019 年 6 月以“网络安全的法律治理”为主题，面向全国从事网络法治研究的学者和专家公开征集选题，经组织专家评审后于 7 月 25 日对十项课题予以立项。广东财经大学孙占利教授，中南财经政法大学朱勇副教授，中南民族大学叶金育教授，湖南大学张东昌助理教授，武汉大学漆彤教授、邓胜利教授、李安安副教授、袁康副教授、周围副研究员、王德夫副研究员分别作为这十项课题的负责人，围绕相关具体选题进行了为期十个月的精细化研究。这批研究成果经过专家评审，最终汇集成书。应该说，本书反映了武汉大学网络治理研究院整合研究力量、凝聚研究队伍、形成研究合理的最初设想，也体现了开放化、精细化、体系化的研究思路。

作为集体智慧的结晶，本书的最终成型凝结着许多人的辛勤汗水。第一章“网络安全的体系界定与法律治理机制”由孙占利撰写；第二章“网络安全法律与政策的全球实践”由朱勇、虞文梁撰写；第三章“网络运营者的安全保障义务”由李安安撰写；第四章“网络安全治理中的政府定位与监管机制”

由周围撰写；第五章“行业协会在网络安全治理中的法律地位”由张东昌撰写；第六章“网络基础设施的安全保障及其法律治理”由王德夫、刘莹佳撰写；第七章“数据安全与个人信息保护的法律治理”由漆彤、张渝撰写；第八章“网络攻击行为的法律规制”由袁康、黄港航撰写；第九章“总体国家安全观视野下网络泄密的法律治理”由邓胜利、王启欣撰写；第十章“网络交易安全的法际协调与制度创新”由叶金育、杨复卫、张成松撰写。感谢国家网信办、湖北省网信办的指导，感谢北京德恒（武汉）律师事务所的资助，感谢武汉大学出版社胡荣编辑的付出，让本书能够最终顺利出版。

网络法是信息技术持续发展和网络社会关系日益复杂背景下新兴的法学研究领域。丰富的实践样本和旺盛的制度需求，给网络法的研究提供了强大的动力。武汉大学网络治理研究院自 2018 年成立以来，积极参与网络法治的研究，凝聚了一批网络治理的研究力量，形成了一批网络法领域的研究成果，入选了全国首批“网络空间国际治理研究基地”和中国互联网治理论坛（IGF）工作组成员单位，取得了良好的建设成果，得到了有关部门、理论界和实务界的高度肯定。目前，武汉大学依托网络治理研究院，设立了网络法交叉学科并取得了博士学位和硕士学位的授予资格，将在网络法治人才培养和学术研究上发挥更大的作用。作为武汉大学网络治理研究院建设和发展中的阶段性成果之一，本书的正式出版既是研究成果的展示与汇报，也是建设模式的探索和总结，将为网络治理研究院在未来持续地围绕网络治理中的前沿课题和重点领域进行更具针对性、创新性、前沿性的精细化研究提供有益的经验。

学海无涯，任重道远，武汉大学网络治理研究院将继续加强网络空间法律与政策的研究，进一步加强自身建设，提高科研创新能力、人才培养能力和社会服务能力，力争建成国内一流、有较大国际影响力的智库型研究机构、产学研协同平台和网络治理人才培养基地。感谢有关部门、网络社群和研究机构的专家和朋友一如既往的关心、支持和帮助！

此记。

编　者

2020 年 6 月 25 日